山村旧事（上）

崔玉堂 著

内蒙古科学技术出版社

图书在版编目(CIP)数据

山村旧事 / 崔玉堂著. — 赤峰：内蒙古科学技术出版社,2019.1（2020.2重印）
ISBN 978-7-5380-3033-4

Ⅰ.①山… Ⅱ.①崔… Ⅲ.①农村经济发展—概况—中国—1978-2018②农村—社会发展—概况—中国—1978-2018 Ⅳ.①F323②C912.82

中国版本图书馆 CIP 数据核字（2018）第 253595 号

山村旧事（上下册）

作　　者	崔玉堂
责任编辑	季文波
出版发行	内蒙古科学技术出版社
地　　址	赤峰市新城区临潢大街鲁商大厦 A2-9 楼
网　　址	www.nm-kj.cn
印　　刷	天津兴湘印务有限公司
开　　本	787mm×1092mm　1/16
印　　张	44.5
字　　数	590 千字
版　　次	2019 年 1 月第 1 版
印　　次	2020 年 2 月第 2 次印刷
书　　号	ISBN 978-7-5380-3033-4
定　　价	148.00（上下册）

1999年
摄于埃及金字塔

崔玉堂，男，汉族，1955年3月出生于赤峰市松山区。1971年初中毕业后曾担任大队文艺宣传队队长、公社整建党宣传队队员、生产队长、大队会计。1976年10月就读于昭乌达盟农牧学院林果系，1979年10月毕业，分配到昭乌达盟（现赤峰市）林业局工作。期间先后担任赤峰市防火办副主任、赤峰市林业工作总站站长、敖汉旗政府副旗长、赤峰市林业局副局长、局长等职务。林业高级工程师职称。

酷爱摄影，并将摄影作为工作手段之一。摄影作品在《人民日报》《光明日报》《新华每日电讯》《瞭望周刊》《全国政协报》《科技日报》《绿色时报》《内蒙古日报》《人民中国》《民族画报》《生态文化》《人与自然》《人与生物圈》《内蒙古林业》等报刊上累计发表200余幅。为林业部、自治区、赤峰市各类画册供稿300余幅。一些作品参加了国家级大型展览。被选为中国农业展览协会会员、内蒙古摄影家协会会员。

摄影作品曾获全国政协人口资源环境委员会、全国绿化委员会、国家林业局、国家广播电影电视总局、中国绿化基金会、中华全国新闻工作者协会等六部委"关注森林文化艺术"二等奖。

散文《家乡的生态往事》，2013年被全国政协人口资源环境委员会等六部委评为"第五届关注森林——梁希文化艺术奖"二等奖。

2008年主编出版了画册《绿色的壮举》，全面记载了赤峰市近50年来林业生态建设过程和建设成就，社会各界给予了高度评价。

2000年被评为全国营林造林先进工作者。

2003年被评为全国林业系统先进工作者。

乡思万缕　栽植成荫
——崔玉堂《山村旧事》序言

鲍喜章

好友崔玉堂打电话给我，说打算出一部家乡往事纪实散文集，要我为之作序。我诚惶诚恐，强推难辞，便到他家与他聊了半晌。轮椅之上的他笑容可掬，手足虽不听使唤，思维却十分敏捷。我像聆听老艺人说书一样，倾听他娓娓讲述农村那一个个过去的故事，有滋有味，耐人咀嚼，蕴涵深意，启迪心智。联想崔玉堂这十几年的轮椅生涯，我心里顿时感到震颤。

崔玉堂，生在新中国，长在红旗下。然而，新中国成立初期那段艰苦的生活岁月，时刻磨砺着他的意志，促使他一步步迅速成长。他担任过生产队队长、大队会计。大学毕业后从事林业工作，从一名普通的技术人员，一步步走上领导岗位。先后任职过敖汉旗副旗长，赤峰市林业局副局长、局长。

就在他的事业如日中天之时，意外发生了——在一次下乡工作中，因车祸造成高位截瘫，终生残疾。那时他才48岁。然而，他以顽强毅力、乐观态度面对现实，重新规划未来。不能读书阅报，就凭借影视资料充实知识，开阔视野。仅VCD、DVD、EVD光盘，就摆满了一面墙的书柜。工作期间，他喜爱摄影，用镜头记录有价值的瞬间。他整理多年积攒下来的珍贵照片,出版了《绿色的壮举》——一本堪称赤峰林业发展史的画册,受到业内人士的好评。画册出版后,仅发表在报刊上的书讯、书评就有20多篇,还有若干以信件的形式表示祝贺和褒扬。之后,他又撰写了2万多字的《老家的生态往事》,在《生态文化》期刊上连续发表并获奖。

出书之后,喜逢乔迁,新居装潢高雅大方,来访者都以为是哪家装潢公司设计施工的呢,原来是"崔设计师"自己设计指导施工的。此后,常常接受朋友和慕名而来的邻居请求,给他们的新居做装潢设计。一个身落残疾之人,手不能动,光凭"脑子"来"设计",还要表述出来,指导他人绘成施工图纸,困难程度可想而知。然而,他以此为乐,乐此不疲。有人欲给他辛苦费,都被他一一谢绝。毫无功利目的,做完也就罢了。

在家闲居作甚?常常给孩子们讲他孩提时代家乡发生的陈年旧事。草根历史,朝花夕拾,追念以往,思忆片段,虽然带些"土"味,却也满室流芳。说者无心,听者有意——孩子们撺掇把这些回忆用文字记录下来,出版一部书传给后世,是一件很有意义的事情。于是便产生了撰写《山村旧事》的念头,在孩子和护理人员的协助下,一部书稿就这样出来了。

岁月沧桑,人在变老。人近老年,总爱回忆。高官尊爵离休退位,有人撰写回忆录,记载社会历史价值;名人学者一旦步入老年,大都眷念过去,披露陈年轶事,让读者以推崇追捧。崔玉堂作为休养在家的伤残之人,虽不比高官名士,却也不甘蛰居家中,靠原来的素材积累,编录书籍,服务社会,够难能可贵的了。

游子在外几十年,老家的一草一木、一山一水,时时浮现在脑海;故乡的一人一事、一情一景,常常萦绕在心间。梦牵魂绕,感慨系之。乡思万缕,栽植成荫。这不,崔玉堂的《山村旧事》已摆在您的案头。二十世纪五六七十年代中国北方乡村老百姓衣食住行生产生活状况,透过一宗宗、一件件小故事的记叙,活脱脱展现在你的眼前。

最近，习近平总书记在文艺工作座谈会上的讲话中指出："文艺是铸造灵魂的工程,文艺工作者是灵魂的工程师。好的文艺作品就应该像蓝天上的阳光、春季里的清风一样,能够启迪思想、温润心灵、陶冶人生,能够扫除颓废萎靡之风。"崔玉堂的作品,谈不上高屋建瓴,称不上鸿篇巨制,却像"蓝天上的阳光""春季里的清风",能够"启迪思想""温润心灵""陶冶人生",这就足够了。我想,面对这部《山村旧事》,中老年人读了,勾起的是回忆,生发的是慨叹;青少年读了,得到的是嘱托,生根的是感恩……恕我不针对每一篇文字一一解读,每个人读了都会有不同的感受。我只希望得到这部书的读者仔细读读,反复咀嚼,自己"品品"其中的"滋味"。

在结束这篇短文之际,一首小诗心底而生,匆忙记下,以表心声:

乡思缕缕总纠缠,剥茧抽丝织彩绢。
大写人生身不老,轻描底蕴智常鲜。
心泉浓墨书宏愿,志笔金犁耕沃田。
热血涓涓滋润久,青苗幼树也参天。

2018年7月6日于赤峰新城德润公馆

[山村旧事] SHANCUNJIUSHI

文章存佚　怀旧颂今
——读《山村旧事》有感

丁建国

《山村旧事》是崔玉堂闲着没事讲给孩子听的一个一个小故事,孩子们听后感到很有趣。女儿崔健鼓励他把这些故事写出来编印成书,说日后没事时再翻出来看看。其实崔健是想让他每天有点事干,她深知她的老爸闲不住,一旦闲下来身体就会出毛病。

从初稿几万字时,崔玉堂就让我看,并就"回忆记载这些事究竟有没有价值"一再征求我的意见。因为我俩基本同龄,同样经历了那个年代;我们同样生长在山村,对那时的生存环境有着同样的感受;我个人又喜欢历史,很关注社会是如何发展过来的,所以对他的这些回忆很感兴趣。我说,可能我读的书还很少,能把一个时代小山村的生产生活如此详细地描写出来的书还真没看过(当时只写出《缺粮挨饿的恐慌》《生产队经济与管理》等部分)。那个时代已经成为历史,如实地把它记载下来,为后人研究那段历史留下真实的资料,应该是很有价值的。我的鼓励,更激发起他的信心,一发而不可收。

当第一稿完成时,我认认真真地读完每一篇,感到我当初的判断是对的。这本书全面客观地反映了二十世纪五十年代末到七十年代末那段历史,内容包括政治、经济、文化、生态等各个方面。全书没有任何的夸张与描写，只是客观的叙述，尽可能真实地把事情说清楚。我以为也许它的文学价值不高，但它的历史价值很大。比如六十年代的开荒，在山区造成的严重水土流失，在沙区丘陵区造成的土壤大面积沙化，后果非常严重，以至于后来曾遭到严肃的批判。从《刨小镐头地》的故事中，我们知道了当时开荒的背景，为了产出更多的粮食，吃饱肚子，放开开荒的口子，其实也是不得已而为之的救急措施。集体经济的很多弊端，现在被很多人当作笑话讲，什么集体财产"大家拿"，集体劳动"大呼弄"，正如《山村旧事》中的《蹭吃骡马料》《夜里看场人》《杀羊的秘密》等，总是想方设法获取点集体的东西，变公有为私有。但是集体经济的优越性绝不能低估。比如新中国成立初期，平均分到土地的农民很快又出现两极分化的局面。是在合作化、土地集体所有的基础上实现按劳分配，才使老弱病残等弱劳力家庭不致于因再次失去土地变为赤贫。人民公社时期，打破村屯界限进行大规模的农田水利建设、植树造林等，虽然不能真正体现按劳分配，存在"一平二调"现象，但能在较短的时间内改善生态环境，改善生产条件，其贡献是不可忽视的。了解这些就会懂得历史的辩证法，任何事都不是完美无缺的，没有"放之四海而皆准"的真理。聪明的做法就是与时俱进，实事求是，在坚持正确做法的同时不断纠正偏差。

　　我们不希望再过苦日子，但不应忘记苦日子，甚至学会过苦日子。《缺粮挨饿的恐慌》一节对二十世纪五六十年代缺粮挨饿的叙述很具体，对那个年代的人来说，真是刻骨铭心。因地区不一样，我又年长他几岁，经历比他还要残酷。在我读小学的时候，学校离家两公里多，中午不回家，好多学生的中午饭就是兜里装着的几片萝卜干。不久前遇到一位经常带萝卜干的老同学，提起此事他说："可别再提那事了，一说都好像还有一种萝卜气味从胃里往上涌。"他说的是否夸张，我不知道，既然他那样说，也许是真的。书中提到"豆角与土豆"，在我的记忆中，到有豆角和土豆吃的时候，而且能供上、不间断，那是莫大的幸福，虽然白水加盐煮熟，起码能咽得下、便得出。好了，不再说这些心酸的往事了。我真正想说的是要珍惜粮食,珍惜我国来之不易的农业形势。其实从二十世纪七十年代开始,粮食缺乏问题就已经有了好转,虽然以粗粮为主,起码不再往粮食里掺糠掺菜了。到二十世纪八十年代农村实行生产责任制以后,人口达到十几亿的情况下,吃粮更是有了根本性缓解。这是一项了不起的成就,我们应倍加珍惜。

说到粮食,还想唠叨几句。现在每当提起某些疾病时,都会有人抱怨化肥农药,每当我遇到此种议论时,就会调侃说,如果没有化肥农药,粮食产量退回到五六十年代的水平,那时的粮食很"绿色",但产量很低,放在现在,别说养活人,连宠物狗都不够吃。这话一点都不夸张,看看现在有多少宠物狗,而且越养越大,每天消费的粮食无法想象。正因为过去粮食产量低,才会出现"缺粮挨饿的恐慌"现象。现在农村的一些老人也说:"也怪,同样是那些地,现在一家打的粮食比过去全生产队还多,过去咋打那么少?"他说的也不准确,现在种的地其实比那时还少,起码那些"镐头地"不再耕种了。像我们那样的山区,粮食产量提高的主要因素还是化肥的使用,其次还有种子、地膜等。化肥不仅提高了粮食产量,也增加了秸秆产量,随着水土流失,还养育了草木。现在山区地边地埂上的草都有半人深,大量的秸秆都扔到山上,没柴烧的困难早已得到了改变,山区植被恢复得也越来越好,防火倒成了一件大事。这一切不能不说是化肥的贡献。当然,过度使用化肥农药的危害也不应该小觑,要随着科技的发展逐渐得到改善。现在粮食虽然多了,但节约粮食仍是一个永久的话题,任何时候都不要忘记。

生产方式代表着一定的历史阶段。《山村旧事》一书较全面地反映了那个时代的农业、牧业以及五行八作的生产方式。翻看《山村旧事》就像进入历史博物馆,一件件生产生活用具,一个个生产生活的场面,全景式地展现了那个时代生产生活的场景。如果有人拍一部反映那个年代的电视剧,本书能提供非常丰富的道具和场景。现在的农民和过去的农民已经大不一样,生产方式基本实现了机械化、现代化,过去那样的生产方式，那样的农活已很少见到了。一年四季积攒粪肥，秋季在地里选种，早春时节用碌碡压地，春播时捋粪，夏锄时几遍几遍地耪地等，都体现了那个时代农民精耕细作的情节。随着现代科学技术的发展，除草剂广泛应用，免耕法成为时尚。把"精耕细作"的做法详细记载下来，或许对将来反思农业发展史时有着重要的参考价值。还有《村子里的老艺人》一节，记载了十多个农村匠人，除了医生、兽医仍存在外，其余如石匠、铁匠、皮匠、毡匠、锢匠、纸匠、编席等已经基本不存在，就是传统的木匠也基本不存在了，这些技艺也将失传，好在崔玉堂把这些技艺大体做了描述，还能让后人能够有一个形象的了解。

  让人纠结的乡村民俗。《山村旧事》中记载了很多民俗，婚丧嫁娶的习俗，过年过节的习俗等。有句话叫"约定俗成"，看来习俗既是一种文化，又像一种"制度"，要求民众都应自觉遵守。作为一种文化，有许多积极因素，但也有许多消极的东西。这些习俗因家庭经济状况不同，内容稍有不同，但整体上大体一致。最值得称道的是，受一些民俗的约束和熏陶，村民间平日产生的一些矛盾，甚至激化到动刀动棒的程度，但在一些"大事小情"中，总能主动化解恩怨，尽力相助。过年过节时送上一句祝福，"相逢一笑泯恩仇"。这些可贵的品格十分有助于农村社区团结互助，提高凝聚力，应该薪火相传。我认为习俗中也有许多陈腐、落后、消极的东西，本应随着时代的变迁有一些更新，可是没有，甚至随着收入的提高，一些不切时宜的东西更加膨胀。更不可思议的是，有些习俗俚语，本没有道理，可还要人们去遵守，要改掉它还真难。看来尔等"规则"还得等全民素质提高，来一个"全民公投"才能解决。

  前事不忘，后事之师。唠唠叨叨说了许多，仅仅提及几个侧面也未见说到点子上。《山村旧事》内容丰富，有兴趣了解过去历史的人，不妨认真读一读，相信定会从中得到您想要得到的东西。

2018 年 7 月 5 日

目录

引言 …………………………………………………… 001

（上）

第一篇　缺粮挨饿的恐慌 ………………………… 005

变革的年代 …………………………………………… 007

办公共食堂 …………………………………………… 009

山野菜充饥 …………………………………………… 016

刨小镐头地 …………………………………………… 020

豆角与土豆 …………………………………………… 023

三餐改两餐 …………………………………………… 027

蹭吃骡马料 …………………………………………… 029

借粮的难处 …………………………………………… 031

农家小菜园 …………………………………………… 034

农忙的犒赏 …………………………………………… 037

粗粮换细粮 …………………………………………… 039

夜里看场人	041
靠山缺柴烧	043

第二篇　穿、戴、铺、盖的尴尬 053

身上着的	055
脚上穿的	059
头上戴的	063
铺的、盖的	065
衣着辅助品	068
山村裁缝铺	071
破布打袼褙	075
奢装"小大衣"	077

第三篇　住房简陋、用具匮乏 081

村民的住房	083
家庭小摆设	088
生活日用品	092
莜麦秸苫房	114
制做水泥瓦	120
黄土泥抹墙	125
土打板子墙	127
土打杆子墙	128
河卵石垒墙	130
土坯的妙用	134

第四篇　山村养殖不可或缺 137

家庭养羊	139

家庭养驴 …………………………………… 141
家庭养猪 …………………………………… 142
家庭养鸡 …………………………………… 146
集体牧业 …………………………………… 149
饲草储备 …………………………………… 151
绵羊改良 …………………………………… 157
疫病防治 …………………………………… 160
劁骟行当 …………………………………… 162

第五篇 生产队经济与管理 …………… 165

组织机构 …………………………………… 167
专兼职位 …………………………………… 169
组织生产 …………………………………… 180
抗旱生产 …………………………………… 187
备耕生产 …………………………………… 191
春耕生产 …………………………………… 195
夏锄生产 …………………………………… 199
秋收生产 …………………………………… 202
集体财产 …………………………………… 208
产品分配 …………………………………… 209

第六篇 生产队的那些事 ……………… 217

中心宝地 …………………………………… 219
一队之长 …………………………………… 227
预防早霜 …………………………………… 238
护秋保粮 …………………………………… 240

兴修梯田 …… 242

修河会战 …… 246

治山会战 …… 249

植树造林 …… 252

封山育林 …… 255

冬日农事 …… 257

小村"臭"事 …… 264

时代精神 …… 266

争做好事 …… 273

强化学习 …… 275

来客接待 …… 277

第七篇 小村的文化生活 …… 287

说书艺人道古今 …… 289

驴皮影戏串乡村 …… 290

评剧团的兴衰史 …… 292

传统小戏看不厌 …… 293

灯会秧歌闹新春 …… 295

露天电影进山村 …… 297

文艺宣传总动员 …… 300

人人学唱革命歌 …… 302

有线广播大普及 …… 305

收音机徒有虚名 …… 307

第八篇 村子里的老艺人 …… 311

自学医师 …… 313

自悟兽医 …………………………………… 315

编席能手 …………………………………… 318

现代鲁班 …………………………………… 321

雕石艺人 …………………………………… 325

擀毡巧匠 …………………………………… 329

熟皮高手 …………………………………… 331

铜匠艺人 …………………………………… 332

熟手铁匠 …………………………………… 335

巧手纸匠 …………………………………… 338

财会精英 …………………………………… 340

笼头艺人 …………………………………… 342

捕猎能人 …………………………………… 343

（下）

第九篇　小村的时代印迹 …………………………………… 347

变废为宝 …………………………………… 349

收获春葱 …………………………………… 351

糖精代茶 …………………………………… 352

散卖香烟 …………………………………… 354

摇把电话 …………………………………… 355

顽童游戏 …………………………………… 357

用药待客 …………………………………… 363

借取往来 …………………………………… 365

四害泛滥 …………………………………… 368

传统豆腐 …………………………………… 372

四季鲜腊肉 …………………………………… 378

粮票的兑换 ………………………………… 379
混合面馒头 ………………………………… 380
回收大片酥 ………………………………… 382
烧吃瞎地羊 ………………………………… 383
大便的苦恼 ………………………………… 385
寒酸的学童 ………………………………… 386
手工搓棒子 ………………………………… 389
火绳的妙用 ………………………………… 391
金贵的物件 ………………………………… 393
崇尚的职业 ………………………………… 397
悼念毛主席 ………………………………… 400

第十篇　村人的生活趣事 …………………… 403

捕捉麻雀 …………………………………… 405
打干粮叶 …………………………………… 407
挖山野菜 …………………………………… 409
采摘山珍 …………………………………… 411
刨山草药 …………………………………… 423
搂树叶子 …………………………………… 426
拔疙瘩蒿 …………………………………… 427
种麻趣事 …………………………………… 427
土法熬糖稀 ………………………………… 431
土法熬麻油 ………………………………… 432
辅助小膳食 ………………………………… 432
穷人吃贵物 ………………………………… 438
杀羊的秘密 ………………………………… 439
烟民的营生 ………………………………… 441

农民的礼物 ………………………………………… 443

第十一篇　村子里的小故事 ………………………… 445

老儿童团长 ………………………………………… 447
能官更能民 ………………………………………… 452
村干部老吴 ………………………………………… 455
派来的社员 ………………………………………… 460
医疗队进村 ………………………………………… 463
人格的魅力 ………………………………………… 465
刚毅的村妇 ………………………………………… 468
盲人与哑巴 ………………………………………… 469
大地主轶事 ………………………………………… 472
放夜牛的倌 ………………………………………… 473
柴油机进村 ………………………………………… 476
农田机耕梦 ………………………………………… 478
请客与做客 ………………………………………… 482
跨省遛土豆 ………………………………………… 486
搬迁户有感 ………………………………………… 490
山村的"蜂客" ……………………………………… 492
夜盗箭杆杨 ………………………………………… 496
无冕护林员 ………………………………………… 499
动物的故事 ………………………………………… 501
大队"办事处" ……………………………………… 509
代销点的兴衰 ……………………………………… 511
万能的介绍信 ……………………………………… 518
抱碾棍推碾子 ……………………………………… 521
卖狗崽的故事 ……………………………………… 525

神秘的敖包山 ············· 526
白马山的传说 ············· 528
水泉和老石庙 ············· 530

第十二篇　不曾逝去的年节 ············· 535

过年之赶年集 ············· 537
过年之备年饭 ············· 538
过年之备年菜 ············· 542
过年之饰新年 ············· 549
过新年 ············· 556
小节日 ············· 564
清明节 ············· 570
五月节 ············· 571
八月节 ············· 572

第十三篇　小村的风俗习惯 ············· 575

婚嫁习俗 ············· 577
生育习俗 ············· 585
丧祭习俗 ············· 589
供神习俗 ············· 601
盖房习俗 ············· 603
结拜习俗 ············· 605
过继习俗 ············· 606
生活习俗 ············· 606
医病习俗 ············· 612
随礼习俗 ············· 615
其他习俗 ············· 617

第十四篇　家族的沧桑岁月 ·················· 623

逃荒之旅 ·································· 625
平民铁事 ·································· 627
路遇劫匪 ·································· 631
几度秋凉 ·································· 633
苦尽甘来 ·································· 640
苦乐人生 ·································· 643
铸就辉煌 ·································· 650

附录一　传诵的童谣谚语 ·················· 661

农　　谚 ·································· 661
童　　谣 ·································· 662
家　　教 ·································· 664
讲　　究 ·································· 667
其　　他 ·································· 667

附录二　小村流行的方言 ·················· 671

人物态势 ·································· 671
动　　物 ·································· 672
植　　物 ·································· 673
食　　品 ·································· 673
衣着用品 ·································· 674
用品用具 ·································· 674
时间时段 ·································· 674
其　　他 ·································· 675

后　　记 ·································· 678

引 言

在赤峰市松山区西部,有一个叫老水泉子的小山村。那里西南面与河北省围场县交界,北面与本公社的东杖房大队毗邻,东面与本公社那戈营子大队接壤。虽说不是鸡鸣三省之地,但也是名副其实的鸡鸣两省之地。

这里南北都是山,中间夹着一道川,川很窄,平均不过五百米。在这三十多平方公里的土地上,有九个自然村落,生活着一千五百多口人,有六千多亩耕地由这里的人们年复一年地耕种着。全大队按自然村划分为九个生产队,由东向西逐次排列,我们生产队排第四,称第四生产队,也称水泉西生产队。我们生产队有耕地七百多亩,七十年代人口最多时达一百八十一口,有付、鲍、李、崔、贾、宋、刘、王、董、周、张、范、郑等十三个姓氏,其中崔、付、周姓是小村的大户,每个姓氏都有二十五六人以上,王、宋、董姓每个姓氏也都有十几人以上,鲍、李两姓各有两户,其余姓氏便是独户人家。

小村坐落在北面丘陵小山的山脚下,住房顺着北山根坐北朝南东西排开,前后(南北)最多两排房子,一排房子的居多。七八成人家院墙的南面有一个小菜园子,小菜园的前面有一条村路,是五、六、七、八、九队出入的必经之路,同时也是去往河北围场县城的公路。路的南面有一片宽窄不等的平地,平地最宽处仅七八十米,是村里最好的土地,平地和村路交界处有一条约一米半高的石头墙贯穿东西,平地的南面有一条小河向东流去,小河的南面是丘陵小山且连着大山。

村子东头老周家有几株最抢眼的古榆树,树高达二十多米,树干周长达五六米之多,树冠直径达十多米,枝叶繁茂,离树很远就能听见风刮树叶、树枝发出的声响。树上搭着好几个鸟窝,有的还窝上搭窝,四五个窝摞在一起,有喜鹊的、有山雁子的。到了春天喜鹊和山雁子在树上争窝,叽叽喳喳地叫个不停。到了孵化期,在树下就能听到小喜鹊和小山雁子的叫声,为小村增添了许多生机和活力。大树的下面有一片果园,到了夏秋季节,果园里五彩缤纷。果园的东南面有一个苇园,两米多高的苇子长得像水葱一般。苇园的东面有一个水泉子称老水泉子,泉水很大,长年流淌不息,村名就是由此而来。水泉的东面有一座不大不小的石庙,石庙的南面有一个长方形的人工养鱼池,二斤多重的大鲤鱼在鱼池里来回上下游动,鱼池的东面流着清清的泉水。向西望去,那美丽的敖包山便映入眼帘,这里是观赏敖包山的最佳位置。每当行人路过此处,都会放慢脚步驻足观望。

久居在这里的村人日复一日年复一年地劳作着,并没感觉到小村有什么特别之处,可是在外村人的眼里,我们这个小村像是个古老的村落,称赞这里是块风水宝地。

河套东部长满了弯弯的榆树,下雨的时候榆树林地上长出一层密密麻麻的地扒皮(学名:地皮菜);河套中部长满了高高的笔直的杨树;河套西部长着一丛一丛的灌木柳,树下面有的地方还长出了青苔。到了阴雨天,山上放着雾,那山头时隐时现如同仙境一般。清早,庄稼和草叶上挂满了晶莹剔透的露珠,当太阳出来后那露珠像珍珠一样慢慢地滚落到地上。有的地方长着一人多高的青草。夏秋时节,山上到处是五颜六色的庄稼和青草,白色的土豆花在深绿色叶子的衬托下像珍珠一般布满山坡,金黄色的向阳花在浅绿色叶子的陪伴下在风中摇曳,成片的白色荞麦花像护士的帽子戴在了山头上,那红红的高粱脑袋连成一片像一块紫红色的地毯铺在山坡上,那一道道梯田埂子像一条条黄色的玉带系在了山腰间。远处看那山、那树、那草、那庄稼、那系在山腰上的梯田埂,像五彩缤纷的大花园甚是好看呢!到了晚上,那小河带着节奏的哗哗流水声,鱼池、河边的青蛙那此起彼伏"呱、呱、呱"的叫声,那蛐蛐和蝈蝈"吱、吱、吱"的叫声,像乐队演奏的音乐,把劳累了一天的人们带入了梦乡。偶尔有几声鸟的尖叫,把人们从睡梦中惊醒,那是鸟儿遇到了天敌,人们会叹息两声又进入下一个梦乡。

观望全村,虽说不上人杰地灵、山川秀美、山清水秀,但也绝不是光山秃岭、穷山恶水。这里的山也很有名,有像成熟女性的乳房重叠在一起的双奶子山,有像人工特意修筑而成的敖包山,有高大、宽广、平坦、山顶呈四方形的四方山,有带着神秘传说的白马山。还有山洞,大石洞子(狼窝)、小石洞子(狐狸窝)、獾子洞(獾子窝)。山上山下还有那一汪汪的清泉,当然最出名的还是小村里的水泉子——老水泉子。很多传说把这里的山啊、洞啊,渲染得神神秘秘、灵气十足。

山上长着白桦、籽桦、家杨、山杨、柞树、大叶橄、油松、落叶松、家榆、山榆、柳树、山梨、山杏、榛子、杜鹃、欧李、沙棘、酸姑奶子、刺玫果、锦鸡儿、山丁子、臭李子、蚂蚱腿等二十多种乔灌木。

大山小山上长满了野生中药材,如大艽、远志、藁本、柴胡、苦参、苍术[zhú]、大[dài]黄、防风、甘草、芍药、百合、地榆、黄芩、小白蒿(茵陈)、艾蒿(艾叶)、萹蓄(扁株芽)、苦麻子、婆婆丁(蒲公英)、山杏(苦杏仁)、石竹子花(瞿麦)等。

还有很多菌类生物,如松蘑、草蘑、白蘑、榛蘑、鸡腿蘑、杨树蘑、地扣蘑、红肉蘑、灰顶蘑、天花板蘑、黏团子蘑、地扒皮(地皮菜)等。

野生动物细数起来有三十八种之多,地上跑的有狼、狐狸、猪脚獾子、狗脚獾子、狍子、兔子、瞎鼠(瞎地羊)、黄鼠狼(黄鼬)、两头乌(艾鼬)、松鼠、跳兔、刺猬、大眼贼、山猫。天上飞的有老鸹子(秃鹫)、老鹰(猎隼)、野鸡、沙半鸡、嘎啦鸡(石鸡)、毛腿鸡子(毛腿沙鸡)、黄鹂、鹌鹑、喜鹊、乌鸦、麻雀、红嘴鸦、山雁子、虎不拉、斑鸠、啄木鸟、布谷鸟(戴胜)、夜猫子(雕鸮)、家燕、驴粪球、山鸽子等。

  这就是我的家乡,也是我的出生地,我在这里度过了童年、少年和青年时期的美好时光。虽然挨过饿、受过冻、吃过苦、受过累,也正是这些,为我日后勤奋地工作、坚强地生活和树立正确的人生观奠定了良好的基础,令我永不忘怀。我在这里念完小学和初中,曾经当过大队文艺宣传队长,当过公社整建党宣传队员,当过第四(水泉西生产队)生产队队长和大队会计。

  一九七六年十月我被保送到昭乌达盟农牧学院林果系读大学,从此,我便离开了生我养我的这片土地,开始了我的另一种生活。现在我病休在家,回想那二十多年的往事还历历在目,有好多事是亲自所为,有好多事是亲眼所见,有好多传说是亲耳所听,这些耳闻目睹的往事至今挥之不去。随着岁月的流逝,社会的发展,这些往事会被人们永远遗忘。怀着对家乡的眷恋,带着对家乡深深的爱,把这些往事记载下来,让那里的后人们了解先辈们在那个历史时期是怎么劳作的,是如何生活的;让先辈们的精神激励着后辈们好好劳动、好好生活、勤奋工作,这就是本书的初衷。

第一篇

缺粮挨饿的恐慌

民以食为天，是说人类的生存，食物是最重要的，没有食物的保障就没有生命的保障。食物的多与少、粗与精，是特定历史时期经济状况的具体表现。当食物填不满肚子时，人们最低的要求是吃饱。当食物能填饱肚子的时候，人们又对食物的质量和口味有了选择性，那就是吃好。在食物基本能够满足吃好这个要求时，人们对吃的产生了更高的要求，对食物的选择上把营养作为主要标准，那就是吃出营养。当食物满足了人们身体所需的营养甚至过盛时，人们最终的要求是吃出健康。

回想旧中国时期，从清末八国联军的侵入和瓜分，民不聊生，到民国时期，军阀混战，时局动荡，没有人顾及老百姓的死活。因缺粮饿死的人不计其数。接着日本入侵，我国人民举其国力、民力来卫国抗战。打败了日本鬼子，又进行了三年的解放战争，国家千疮百孔，遍体鳞伤。新中国刚刚建立，美国又在朝鲜发动战争，威胁我国领土主权的安全，我们又不得不投入大量的财力、物力、军力来抗美援朝。连续几十年的战争，国家的经济状况可想而知。西方人认为，中国共产党根本解决不了四万万人的吃饭问题。因此，从新中国成立初期的五十年代开始，我们国家的各级党组织和各级政府，把解决吃饭问题作为头等重要的大事。当经济稍有好转之后，又遇到苏联逼债和三年严重自然灾害，在这种情况下，饿不死人让人能活下来就是天大的本事了，这是当时的大环境和大背景。我的童年、少年以至青年时期，都是在贫穷饥饿的环境中度过的。饥饿是我刻骨铭心的记忆。

变革的年代

我们这代人遇上了中国历史最伟大的变革,变革的主题首先在农村,我们那个小山村也不例外。变革的内容是土地由私有变为公有,个体农民变社员。回顾历史,凡是改朝换代式的重大社会变革,原因只有一条,那就是土地过于集中。极少部分人拥有绝大部分土地,绝大部分人没有土地或占有少量土地。

共产党领导穷人翻身闹革命,一九四七年实行土地改革,之后建立了新中国。那时我虽然还未出生,但父辈们在一起时经常会说起那时的事,听得多了,不免在脑子里深深地扎了根,如同自己经历的一样。他们说,八路军来了帮助穷人闹土改,把地主的财产和土地分给穷人,驱散了地主的黑恶势力和武装,八路军撤了,地主的残余势力和武装又回来了,叫嚣让穷人把分去的东西送回来,把分去的土地还回来。农民们开始分土地时,表面上很高兴,心里还犯嘀咕,甚至头一两年都不敢种,担心八路军走了不再回来,地主报复没有做主的,土地还得还回去。地主也不敢种这些被分的土地,怕八路军再回来找他们算账,怕共产党革命真的成功,他们会罪上加罪。直到新中国成立后,穷人们才踏踏实实地种这些分到的土地。虽然土地分配相对合理,但因农民家庭劳力身体状况不同,家庭收入却出现了差别,劳力多身体好的家庭,生活马上有了起色,很快成了富裕户;那些劳力少且身体不好的家庭,又普遍缺少耕畜等生产资料,连地都不能及时种上,等人家种完地,借人家耕畜、犁杖种地时,已经过了种地好时节,收成受到了很大的影响。有些曾经带头分地主土地的共产党员、新政权的村干部成了当地富户,他们开始买马、拴车、雇工。而有些贫下中农还没等生活缓过来,又摊上了天灾病变,没办法就要卖地,两极分化又开始出现。

刚刚领导穷人"打土豪,分田地"的共产党,很快就发现了这个问题。不能再让穷人受二遍苦,再遭二茬罪。一些觉悟高的共产党员,就把一些种不上地的农户组织起来,组成互助组,利用有限的耕畜和农具,加上几个劳力搭配,完成依靠一家一户无法完成的各种农活。这种互助组,土地、耕畜、农具和农产品仍为己有,各自独立经营,组员之间实际上是在劳力、耕畜、农具等方面实行换工互助,有的是季节性互助合作,有的是长年性互助合作。无论哪种合作形式,都是发挥群体的优势,产生了新的生产力,使得一家一户因耕畜、农具、劳力不足种不上地的困难得到了初步解决。

互助组的进一步发展就是农业生产合作社。既然几户组成的互助组能克服一些小困难,那么,几个互助组再结合到一起,就会有更大的力量。于是从一九五三年起,一些互助组又自愿组成农业生产合作社。这种合作社的特点是,土地入股,耕畜、农具作价入社,由合作社实行统一经营,个体农民变成合作社的成员,由合作社统一组织集体劳动,劳动产品在扣除农业税、生产费用之后,按照社员的劳动数量和入社土地的多少进行分配。后来这种农业生产合作社被称为初级社,它是以土地为主的生产资料私有为基础的农民合作的经济组织。在初级社里,可根据劳力强弱、各类农活的熟练程度进行分工,集体搞一些副业,增加收入,还可以搞一些修渠引水、叠坝筑埂等农田建设,提高抗御自然灾害的能力。

初级社的这种优越性,很快引起各级党委、政府的重视,也受到入社农民的欢迎。在"组织起来"的号召下,一些地方又不满足于初级社的形式,他们认为合作社的规模再大一些,力量会更大一些,于是又组织邻近几个初级社建成规模更大一些的高级社。我们村也在一九五七年成立了高级社。与初级社不同的是,土地不再归个人所有,而是全部归集体所有,土地也不再参加分配,全部实行按出勤劳动所记工分分配。从那年开始,几千年的农民变成了农业合作社的社员。据说在初级社和高级社那几年,是人们生活改善最快的几年,即便是一些老弱病的人家,因参加一些力所能及的农活,也能参加秋收分配,生活也有很大改善。

解放之初,百废待兴,人们恨不得一口吃成个胖子。既然组织起来力量大,那就让这个"组织"再大一些。于是在一九五八年全国大炼钢铁的跃进高潮中,各地普遍在乡一级的管辖区成立了人民公社。

我参加工作后,看了一些书,才知道人民公社是一个集工农商学兵于一体的经济组织。在一个公社里,不光有农业生产合作社,还有由社员入股发展起来的供销合作社,负责把农民生产的土副产品收上来再销出去,再向农民供应生活所需的工业品。当然粮食是国家的命脉,不能由供销社收购,要由国家设立的粮站直接收购。其次还有由农民入股组建的信用合作社,负责把农民或生产队里的余钱集中起来,然后再以贷款的形式向农民和生产队发放,解决生产生活资金不足问题。一九五八年大炼钢铁后,公社又都纷纷办起了集体形式的小工业企业,主要面向农村,为农民生产生活服务,如农机具修理,简单农机具制造等。办学更是一项主要任务,大队办小学,公社办中学,要让适龄儿童就近上学。成年人也要扫除文盲,要让所有的农民都成为有文化、有知识的人民公社社员,这是百年大计。当时的国际形势也很紧张,跑到台湾的蒋介石天天喊着要反攻大陆,美帝国主义也对刚刚成立的新中国虎视眈眈,于是在人民公社又建立民兵组织,全民武装,保家卫国,也是治国理政的大事。

以上这些都是从父辈那里听来的和后来看书看报知道的。那十多年,时间虽然短暂,却是社会重大变革时期。废除了旧的体制,成立人民公社,公社下面有大队,大队下面有生产队,每个成年人都是生产队的社员。之后的一切事情,都是在这个大环境中发生的。

办公共食堂

那个年代,粮食非常短缺。上至国家领导人,下到普通居民,都实行最低的口粮供应标准。为保证全国粮食平衡,国家对粮食实行非常严格的管控，对农民也规定最低的口粮标准，剩余的都要以公粮和购粮的形式交给国家。当然如遇歉年，国家也会从外地调入粮食补足国家规定的最低口粮标准。成立人民公社后，国家就有了调控粮食的基层组织，从而保证全国的粮食平衡。

就各家各户来讲，过日子的方式千差万别，对粮食的消费也就多少不等。会过日子的人家总是根据家里现有的粮食有计划地用粮，甚至计划到每一天每一顿吃什么、吃多少，省吃俭用细水长流，粮食不足就添加野菜和米糠来撑饱肚子。而有的人家就不一样，他们从不计划，有米一锅有柴一灶。记得我们那个生产队，有一户农民就特别不会过日子，不会省吃俭用，到了秋天第一顿新粮总是他家先吃。玉米还没长成就开始烀青玉米，谷子还没全熟就开始掐熟谷穗，上午分荞麦中午就吃荞面饸饹，头天分黏谷第二天就吃年糕，队里分了麦子马上淘麦子轧面，吃上一顿白面条子。有细粮不吃粗粮，有粗粮不吃野菜，只顾当下不顾长远，像这样的户是极个别的。更多的缺粮户是因家庭人口多、家庭成员男士多和家庭存粮少、底子薄等诸多原因，家里吃粮常常青黄不接。

成立人民公社，实行集体统一劳动，有的地方首先办起了农忙食堂，让社员统一到集体食堂吃饭。办食堂的出发点主要是为了节省粮食，节省烧柴，节省人力，节省时间，让人们减少铺张浪费，集中精力、集中时间搞生产。先办食堂的生产队，都是比较富裕的队，领导者的能力强，管理得好，凸显出一定的优越性。共产党办事向来是哪里有新经验，很快就推而广之，就是"从群众中来，到群众中去"。很快公共食堂在城乡全面铺开。一九五九年秋我们生产队也办起了公共食堂，为了办好公共食堂，促进生产发展，当时上级下派了工作队，给每个生产队下派了一名工作队员，他们一边抓生产，一边抓公共食堂建设。我们生产队的工作队员名叫王玉申，背后人们都叫他"王克篮子"。他一般不回家，每天都很忙，抓生产他是二把手，因为他不懂生产，有些事队长得听他的。

开办公共食堂，首先要求社员把家里的粮食都交到生产队，生产队按交粮数量发给"食堂专用粮票"。社员们听说要把家里的粮食全部交到生产队,有个别社员留了后手,把家里的粮食偷着留下一部分装在缸里、坛里、罐里,藏在灶坑下面、柜底下、炕洞里,留着在食堂吃不饱时充饥。可是当时有规定,消灭"三把火",即早、午、晚,各家不许点火,不允许各家各户烟囱冒烟,其实就是不让在家做饭,下达上述规定说明工作队和生产队长知道有些社员家里还有粮食,才有针对性地制定了相应的措施。还派人到各户巡查,如果发现谁在家里偷着做饭,除了没收粮食以外还要进行相应的处罚。有好多社员在食堂吃不饱,饿急了就借着烧炕的机会偷着做点简单的饭食,胆小的就在夜里摸黑偷偷地做饭吃,如果是玉米等,还要在夜里轧成面再做饭,很费时间,待饭做熟了再吃完了也快亮天了。这样的家庭一是原来存的粮食稍多一点,二是头脑聪明。有好多家庭原来存粮本来就不多,更没想到吃食堂会挨饿,所以就没有私藏粮食,在食堂吃不饱只能挨饿。还有的饿急了在庄稼成熟时,夜里到集体庄稼地里偷粮食,在山上直接打场,比如荞麦、谷子、玉米等。

屋漏偏逢连夜雨,一九五九年秋刚办起集体食堂,一九六〇年就遇上了严重的自然灾害,直到一九六四年才有个丰收年。人们常说的"三年自然灾害",其实我们那里是连续四年闹灾荒。粮食不足,夏天就用瓜菜代,冬天就用糠来代。把谷子、谷秕子不脱皮,直接轧成粗面馇粥,人们称"谷碴子粥";把秕棒子用碾子破碎馇粥,人们称"秕棒子粥";把好粮食掺上苞糠(谷糠)、荞麦花轧成面做干粮;把好谷子掺上苞糠、荞麦花轧成面做糠炒面。食堂的主食很单调,谷碴子粥、棒子面粥(包括秕棒子粥)、糠炒面、糠窝窝头等成了家常便饭。夏锄时天长、活累,为了加快进度,中午给耪地的撒年糕,其他人是无权享受这个待遇的,不过还真管用,装病的懒汉和年龄大的老头为了能吃到久别的年糕也都下地干活了。

食堂分饭是有标准的,干活的分给半斤饭、一大碗菜,干重活的还再分给二两糠炒面,不干活的分给三两饭、一小碗菜,而且早、午、晚数量不等,晚上要少些。那时社员给食堂编了一句顺口溜,"一进食堂冷飕飕,三两炒面二两粥,虽然不是监牢狱,劳动人民在里头"。寥寥数语,道出了公共食堂就餐环境的凄凉,道出了公共食堂饭菜单调吃不饱,道出了农民对公共食堂的不满情绪。糠炒面和谷碴粥吃多了还会憋肚(大便干燥,便不出),那个时候冬天和早春没有青菜,油水极少,憋肚的人不在少数。

食堂里的菜也很寡淡,最困难时,连长满了腻虫的疙瘩白最外面那层老叶子(疙瘩白叉[chǎ]子)、撒拉疙瘩叶子、甜疙瘩叶子都熬着当菜吃,菜碗的上面漂着腻虫,甜疙瘩叶子吃多了拉稀。种的菜供不上吃了,就得组织社员到山上挖野菜吃,熬榆树钱、熬苣荬菜等,野菜加水再加盐熬就是社员下饭的菜。由于吃饭的人多,做饭的人少,挑菜也不那么仔细,吃饭时常常会有虫子漂在菜碗的上面,吃掉的虫子远远比发现的虫子要多得多。有时吃到虫子,嘴里有股虫子的怪味,明明知道是虫子,但还要骗自己,心想如果吐出来真是虫子这碗菜就吃不下去了,最后还是决定咽下去,因为咽下去要比吐出来更好受些。食堂的菜只有盐没有油腥儿,和猪食没有什么两样,很不好吃,就是这样的菜也要限量分发。

食堂很简陋,生产队腾出三间屋子做食堂,厨房、餐厅都在一个大筒子屋里。厨房只有做饭的厨具,没有餐具,因为吃饭的碗筷都是社员自带的,吃饭时带着碗筷来,吃完饭带着碗筷回,后来允许饭菜打回家里吃,打饭的人连碗筷也不带了,只带盆子、盉子或罐子。餐厅很简陋,用土坯垒两个小垛放上一块破木板就是"餐桌",没有凳子更没有椅子,大人孩子都站着吃饭,因为吃的东西不复杂,所以很快就吃完了,后面的人还没打上饭,前面的人已经吃完了。两间屋的餐厅,一百六十多人用餐也并不感到拥挤。到了夏季,人们习惯到屋外吃饭,人们把菜碗放在地上,怕屁股着凉、着湿,就找块石头垫在屁股底下,这时餐厅显得更宽敞。食堂设三个专人做饭,食堂管理员有时由会计担任,有时由保管来担任,食堂里的大事由队长说了算,比如饭菜的分配定量,饭菜品种的确定,粮、糠的搭配比例等。开始要求社员不管男女老少都要到生产队食堂里就餐,后来因为老人和孩子在食堂就餐不便,社员要求把饭菜打回家里吃,队长在征得下乡工作队员同意后,允许社员把饭菜打回家里吃。每到开饭时间,除了光棍汉,大多数社员都拿着盆子、罐子到食堂把饭打回家里吃。当时有三种情况可以在家里做饭吃:一是家里来客人,可以到生产队借点粮回家给客人做饭。二是女人坐月子,在队里有存粮的可以打个支条支取存粮,所谓存粮就是入食堂时个人交粮较多的超出每人平均入粮数的,生产队单记一笔存粮账,但没有特殊情况是不允许支回的。没有存粮的户,生产队借给点小米允许在家给月子人做饭。三是过年过节,生产队杀几只羊或杀头牛,给社员分点肉、分点粮回家做饭吃。听人说入食堂的时候,队长、会计、保管、食堂管理员、食堂做饭的都能吃饱。分析一下也符合逻辑,近水楼台先得月,瘦死的厨子八百斤嘛,换了谁也是如此。

有了食堂,烧柴成为生产队的新问题,没办食堂前生产队根本不用烧柴,有了一百多人吃饭的食堂,烧柴也成了大问题。一九六〇年冬天,生产队牲畜缺草,食堂无柴,为了解决食堂烧柴和牲畜饲草,生产队不得不组织社员到大山上搂白草,每交一百斤白草,生产队给记八分工,补助一斤玉米。记得我父亲在全生产队搂的白草是最多的,每天能搂两挑子白草,每挑子白草一百七八十斤。我粗略地算了一下,每天搂白草跑的山路达到五十多里,一挑子白草需要十六托子,每搂一托子草需要走一里半路之多,如果柴草稀少,跑的路还要更多一些,来回的路程也要三十多里,其中重载(挑着白草)走的路程达十多里,这样算来我父亲每天搂白草走的路程达到七八十里。上山的时候要挑上大笓和大笓托子,大约有二三十斤重。第二天如果不转山,要把大笓和大笓托子找个小河沟藏起来,如果没有河沟要找几块石头把大笓和大笓托子压上,防止被风刮跑了,如果第二天转山还要把大笓和大笓托子挑回来。一般到大山、远山搂白草要三五个人成帮结队而行，挑着白草走路时，要会在行进时换肩，否则跟不上帮。早晨天不亮就起身，晚上天黑才回来，在食堂吃完饭回家，累得走路歪歪斜斜腿打战，多余的话一句也没有，到家倒头便睡。为了给家里多挣点工分和补助粮，父亲就不惜豁出命地搂白草。到了夏锄时节，耪地每天每人补助八两到一斤粮食。那时候生产队一些重大和特殊的生产活动，除了记工分还要补助粮食，一是为了激励干劲，二是为干活的人增加些食粮，社员可以把补助粮食领回家里。

有一年我父亲把补助的玉米领回家，我母亲怕我们偷吃，就放在了帽盒的底下，上面用旧布盖上，然后又放了些杂物，满以为这样我们就找不到了。有一天父母都不在家，我们哥几个在家玩，玩一会就饿得玩不动了，突然想起父亲领回来的玉米还没有吃，可是不知母亲把玉米藏在哪了，我们哥几个就在屋里到处找，找了好半天也没有找到。后来看到柜上的帽盒，就窜到柜上把两个帽盒打开，终于找到了玉米。我们哥几个就你一把我一把地吃了起来，然后又照原样把东西放在帽盒里。有一天母亲去拿玉米准备轧了吃，打开帽盒一看，发现少了许多，就问谁吃了，我们谁也不敢承认。后来我母亲告诉了我父亲，父亲把我们哥几个揍了一顿。

那时候还没有引进新的玉米品种，只有"黄八趟"，每个玉米穗只有八行玉米粒，虽然产量低但是玉米的质量非常好，粒大、皮薄、饱满、脐小，出面率高，轧出的面有筋性，口感好。后来引进的"大马牙"品种，虽然产量高，但皮厚、脐大、出面率低，口感不好，没筋道。黄八趟玉米生着也很好吃。当时吃生玉米的感觉比现在吃爆玉米花还香，真是饿了吃糠甜如蜜，饱了吃蜜也不甜。

那时人们对粮食珍惜的程度是罕见的，食堂分饭的在社员心目中是个实权派人物，分饭时如果给谁打少一点，打稀一点，人们都会恨得直咬牙，记到后半辈，多少年以后还会说，入食堂那几年某某某很缺德打饭不给足量。给谁多打一点，打稠一点，人们也会念他莫大的好处，多年不忘。人们吃完饭两只手捧着一个碗,伸出舌头要把碗壁上粘的粥舔得干干净净,小孩子舔不干净,大人还要再舔一遍,有时不注意弄得额头上都是谷碴子粥,泔水缸里根本见不到粮食和饭粒的影子。我的一位朋友给我讲了他家的一个真实故事,"一天中午他的父母因家庭琐事吵了几句嘴,他父亲一怒之下,把饭桌子掀翻,一盆玉米碴粥扣在地上,这时他母亲也顾不上吵架,赶忙把扣在地上的玉米碴粥捧入饭盆,稍加处理后还是把这盆粥吃了"。那时的地面不像现在的瓷砖地面,也不是红砖铺的地面,只是一个土地面,试想在这样的地面上收回来的稀粥还能吃吗,因为缺少吃的,人们为了填饱肚子,顾不得脏净,只能委屈一下了。

那时,每家每户一没田二没粮,全靠食堂分的饭菜,又没油水,人们是无法吃饱肚子的,饭量小的可吃到七八分饱,饭量大的也只能吃到六七分饱,而且一会就饿,所以人们大腿就像绑着一个铅袋子,走路抬不动腿,有时脚底下像没跟似的,走路打晃。当时邻居见面首先要问:你吃了吗?或问你吃饭了吗?这句话对当时来说特别重要,是一种关心,时至今日有些人见面的问候语仍然是吃饭了吗。那时人们形容吃不饱肚子常说"三根肠子闲着两根半"。孩子们饿得无力玩耍,老人们饿得无精打采,大墙根成了老人和孩子们的"栖息"地。天暖时老人和孩子们坐在墙根下,东一句西一句,有一句无一句无精打采地聊着,有一大半老人和孩子在墙根下睡着了。那个时候油水极少,肚子没底,人们整天吃糠咽菜,没有饥饱,特别能吃。

吃食堂不像开始人们所想象得那样好,年龄大的老人和小孩子就餐很不方便;吃饭的人多做饭的人少,饭菜的卫生状况无法保证,更不用提粗粮细作了;粮食品种单一,再掺糠、掺菜,饭菜的口味不佳;每天都吃那几种固定的饭菜,人们早吃腻了;一家一户节约用粮的积极性得不到充分的发挥;生产队的粮食无法满足食堂的用粮需求,把各家各户缺粮的压力都集中到生产队。原来个人留的"后手"也都用光了,每家每户几乎颗粒皆无。社员对办公共食堂意见纷纷,生产队的粮食也快用光了,食堂也快支撑不下去了,听说有些地方的公共食堂停办了。在这种情况下,我们生产队的食堂不得不在一九六一年秋天也停办了。

山野菜充饥

人们在饥饿和寒冷中度过了漫长的冬季,渴望万物复苏的季节快快到来。经过春风无数次的吹打,榆树上的榆钱在一个早晨偷偷地露出了圆圆的笑脸。这时,老人和孩子们便挎上筐,拿上口袋和长棍,抢捋榆钱。她们知道哪里有榆树,也知道哪里的榆树结榆钱了,她们直奔背风向阳有老榆树的地方,老人们站在树下用一根带钩的长棍把长长的树枝钩下来,把筐挎在胳膊上,一只手拽着树枝,另一只手快速地捋榆钱。孩子们则像只猴子爬到树上捋,还时不时地给老人和妇女们折几根结满榆钱的树枝扔下来。偌大的树冠折几根小枝也无大碍,大树枝是不能折的,如果折了大树枝,队长发现会发脾气的。绝大多数人都能自觉地保护树木,因为过些天榆钱落了,还要捋树叶,杀鸡取卵的道理人们还是懂的。人们把榆钱拿回家,用筛子把榆钱的把筛出去,挑出混在其间的小树棍和虫子,把挑好的榆钱用清水洗两遍,然后捞出做榆钱粥、榆钱干饭、榆钱布勒、榆钱面汤等。因为虫子和榆钱的颜色相同,所以有好多虫子也挑不出来,吃饭时发现虫子就挑出来,看不见的就吃下去了。在粮食极端紧缺的时候,榆钱无论是哪种吃法,米和面都是引子,主要是改变一下食物的结构和味道。

在我的家乡,榆钱是最先开放的,然后杨树慢慢地吐出绿色的嫩芽,绽放出小小的嫩叶。这个时间段,山野菜还没有长出来,榆钱已落,榆树还没放叶,对极端缺粮户,杨树叶就是救命粮。杨树叶味难闻,吃着发苦,但毕竟能充饥。为了消除杂味和苦涩,吃前要用开水焯一下,然后放在凉水里浸泡两天,期间换三四次水,去味去毒后方可食用。吃法基本和榆钱相同,但是比榆钱难吃多了。记得我小的时候见到母亲用杨树叶子做的饭,真是难吃极了,不想吃饭只想哭。

当杨树叶快不能吃时,榆树也放叶了,山野菜也渐渐长出来了,这时缺粮的人们也多了一些选择,他们既可以捋榆树叶子充饥,也可以挖山野菜充饥,还可以两者穿插食用。此时,村里的孩子们又有了新任务,要起早贪黑到山上挖野菜。我们家人口多且有五个男孩子,自然就成了村里的缺粮大户。父亲除了参加集体劳动给全家挣买粮钱,家里的一应大事全包在他身上,三亩多自留地也得由他来摆弄,每天还要挑五六挑子水。母亲承担着十来口人的全部家务,更没有时间挖野菜,所以挖野菜的任务就落在我们小哥几个身上。每天早晨五点多钟父母就催着我们起床,像急行军一样穿好衣服、挎上筐、拿上口袋和镰刀拐子,到远山、大山上挖野菜,每天早晨都能挖一大口袋零几筐山野菜。当我们背着大菜口袋还在回家的路上,就看见学生们都已经上学了。到家后我们以最快的速度洗脸吃饭,一路小跑到学校,有时还是迟到了。中午时间短,去不了远山,但也不敢荒废这宝贵的时间,就近找株榆树捋些树叶子或到附近的地边、河边寻点野菜,来解决两三头猪的"吃饭"问题。晚上放学除了挖山野菜就是弄柴火,直到天黑才回家,吃完饭还要和母亲一起挑菜,把好的、嫩的挑出来人吃,把老的、不太好的喂猪。早晨起得早,晚上睡得迟,中午不睡觉,下午上课时大脑像一盆糨糊,开始强打精神睁着眼珠,但脑子里迷迷糊糊,老师讲的课一点也没听进去,过一会眼睛也闭上了,老师用粉笔头打在脑门上也只能睁开眼勉强支撑一小会,接着再睡。所以我的学习成绩一直很差,幸亏毕业不考试,否则只能得肄业证了。

这个季节女劳力在劳作之余也要挖野菜。那时女劳力上山薅地都要带上四样东西,口袋、条筐、刮锄和镰刀拐子,薅地时把野菜放在兜里或筐里攒起来,在劳动间歇时,女人们利用这短暂的时间疯了似的挖野菜,人们虽然很累,但有了能填满肚子的东西,感觉日子好过了许多。那个年代没有浪费的东西，人们将薅地时拔下来野菜和野草捡起来收工时带回家，把野菜挑出来人吃，把野草挑出来喂牲畜。那时，收工时如果有空手而归的，会被大家耻笑，说这个人不过日子。

好景不长，到了挂锄时节（夏锄结束），庄稼地里的山野菜已被锄得干干净净，地是干净了，可是山野菜却没有了，人们不得不到撂荒地、晚田、远山、大山上去挖山野菜了。

春夏时节，几乎家家闹粮荒，人们为了充饥，凡是能吃的东西全吃了！比如：榆树钱、榆树叶、榆树皮、苣荬菜、婆婆丁、西风谷（反枝苋、苋菜）、山菠菜、山韭菜、山芹菜、苦麻子、车轱辘菜、猪毛菜、山葱、蕨菜、臭蒿、百里香、黄花菜、山白菜、蚂蚱菜、苦利芽、哈拉海、小白蒿、食用大[dài]黄等。不能吃的东西，有的也吃了，比如：杨树叶、灰菜、荞麦花等。杨树叶味难闻更难吃。灰菜口感虽好，但含有毒素，人吃了全身浮肿，多放些盐可减轻毒害，可当时盐又特别少。当时人们编了一句顺口溜："吃了灰灰菜，上膘特别快。"吃了灰菜的人脸肿得像个胖官，一双大眼睛只剩一条小缝，全身皱巴巴的，像结了一层痂，但也没人去医院。如果不继续吃，过一两天就好了。邻居见了就会说："吃灰菜了吧！"浮肿的人会很轻松地说："嗯。"别人也就不再说什么了。因为大家都知道过一两天就会好的，谁都吃过谁都肿过，没什么大惊小怪的。有没有后遗症就不得而知了。有人会问，明知道灰菜有毒为什么还要吃呢？因为没吃的就得铤而走险，至少还能用它来填饱肚子，解决饥饿之苦。荞麦花不是荞麦的鲜花，而是打场时风选出来的干荞麦花。根本就不是人吃的东西，味道苦涩，非常难吃，吃到嘴里咽不下去，吃到肚里还憋肚（便不出来）。过去是用来喂猪的，现在连猪也不吃了。

山野菜的吃法很多，比如蒸菜包（菜团子），用山野菜做馅，把野菜焯了，攥干，切碎放上盐，用玉米面做皮，薄薄的皮，大大的馅，类似豆包。馇菜粥，根据粮食的多少，来确定放米的多少，先把水和米放入锅里煮熟，然后把焯好、洗净、切碎的山野菜倒入锅内，少放点盐，熬熟、熬烂、熬黏。熬菜疙瘩汤，把焯好、洗净、切碎的山野菜放入锅里填水煮熟、煮烂，然后把拌好的小面疙瘩均匀地倒入锅内，少放点盐，烧开煮熟即可。捞菜干饭，先把野菜焯好、洗净、切碎，将捞出的小米干饭和野菜混在一起，再少放点盐搅拌均匀，然后放在锅里蒸熟。蒸布勒，把野菜用开水焯好，再用凉水投一遍攥干切碎，放在箅子上，把面均匀地撒在菜的上面，少许盐面，用筷子把菜和面拌成松散状，然后盖上锅盖蒸熟。这是我们家乡山野菜的几种主要吃法。吃（做）法是这些，但在手法上有些区别，有的做得很细，火候掌握得恰到好处，吃起来口感就好很多。

我们那里春夏秋三季都有可食用的新鲜山野菜，冬天食用山野菜干。夏初人们把采集的黄花晾干储起来留着过年吃个稀罕，初秋季节人们把苣荬菜、西风谷等山野菜放在通风处晾干储起来，冬天用开水焯一焯，拌着吃、熬着吃、炒着吃，干山野菜不像夏天那么多，人们吃的时候更精细一些。那时人们吃的真是名副其实的绿色食品，由于山野菜吃得太多，牙根和舌头都是绿的，时不时地就得找一根竹篾或高粱秆皮刮舌头，用手指蘸着水蹭蹭牙（那时小村里还没人刷牙），不然的话张开嘴牙和舌头都是绿的，显得很难看又不卫生。反复地焯青菜，焯菜水泼在院子里，时间长了院子的地面也是绿的。

山野菜在每个历史时期都发挥着不同的作用。在那个贫困、灾荒频发的年代，它为人们解饿充饥，拯救了很多人的性命。当人们有粮吃的时候，它又成为猪的主打饲料。现代人为了尽量少吃化肥农药污染的蔬菜，把山野菜作为纯天然无污染的绿色食品，而且价格不断飙升。现在看来，山野菜在什么时候都是个好东西，它能高能低，低的时候可以充当猪食，人们没饭吃的时候可以为穷人充饥，高的时候可以上富人宴会的餐桌，一点也不逊色。山野菜帮助人们度过了那个艰难的岁月，山野菜为人们作出了巨大的贡献。让我们有效地保护好这些野生植物资源，让它们继续为人类作出更大的贡献。

刨小镐头地

夏季,是青黄不接的季节。所谓"青黄不接"是指庄稼还没成熟,陈粮已经吃完了。这时节,对缺粮大户来说是个严峻的考验,虽然政府也能帮助渡过难关,但当时国家贫穷,经济落后,拿不出更多的钱粮,且缺粮大户又太多,僧多饭少,政府的救助只能保证以不饿死人为原则。救济粮,只救济没饭吃的,不救济吃不饱的;救济款只救济患有重大疾病,穿不上衣、吃不上饭的严重困难户,不救济吃不饱、穿不暖的一般困难户。

那时遇到特大自然灾害,比如:旱灾、雹灾、虫灾、洪灾、涝灾,在政府的救助下都能渡过难关,光靠个人的力量是很难迈过这个坎的。因为都不富裕,个人借取无门,购买没钱,也无处去买。救济粮的发放虽然不能保证绝对公平,但能够保证基本公平。

对付青黄不接一个最有效的办法就是靠早熟作物接济,豆角是当时最先可食用的作物,而且能摘很多茬,接下来就是土豆。这两种作物成熟得早,既能当副食又能当主食,既能秋收又能夏收,在当时是别的作物不可替代的,因此人们把土豆、豆角当作新粮。其实庄户人家早就知道豆角、土豆是青黄不接时的接济作物,但是个人没有土地,生产队的土地是用来种粮食解决社员口粮的,不可能用来种豆角和土豆,个人想种点豆角和土豆却无地可种,人们渴望有一块属于自己的土地来种植接济作物,以备青黄不接之用。

为了解决青黄不接缺粮的危机,上级政府也采取了很多办法,如前面所说的,发放救济粮,歉年供应返销粮等很多行之有效的措施,但都没有从根本上解决青黄不接的问题。大概是在一九六一年,政府出台了新政策,允许社员在本生产队零星小块荒地开垦耕地,搞生产自救。这项政策得到社员们的热烈响应,头脑反应灵敏、动作迅速的社员,立即行动起来,他们肩扛镐头、铁锹,到处寻找成片的荒地,选着合适的就先挖一小片把地先占上,然后再寻找下一块。离村屯较近的小山上几乎没有成型的大片荒地,面积最大的也不过二三分地,而且也没有几块,所以人们把目光转向偏远的山顶、大侵蚀沟的沟头和沟坡,这些地方虽然离家远一些,但是面积相对大一些。人们纷纷利用下工后和生产队劳作的间歇时间,起早贪黑,披星戴月地开垦荒地。因为面积小用不开犁杖,也没有犁杖可用,所以只能靠镐头、铁锹把生地、荒地刨开、挖开,把草根、石块拣出来然后再种上该种的作物。人们把这种用镐头、铁锹开垦的小块耕地称之为小镐头地。用这种方法开荒尽管速度很慢,人们还是铆足了劲地干,有时借着月光干到下半夜,大人刨地、挖地,孩子往外拣草根和石块,大人和孩子们并没感到过度劳累,有说有笑其乐融融,因为他们看到了在青黄不接时有饭吃的希望。春夏时,一边刨一边种,当年就有收获。晚一些刨的,就得第二年种。通过一两年的努力,镐头地最少的户(没有壮劳力或劳力少的户)也有五六分地,最多的户达到一亩半地。人们不用频繁地舍脸借粮,只要出力就可以了,农民最不怕的就是出力。人们在小镐头地里种上豆角、土豆,解决了青黄不接时节的吃饭问题。不难看出,一项好的政策能解决很多大问题,一项好政策的出台会使很多难题迎刃而解。

后来生产队根据上级有关政策,又从集体的耕地里划给每户半亩薄地,作为猪饲料地,发展养猪业,并明确规定饲料地只准种猪饲料,不准种粮食作物。当时社员在猪饲料地里种了甜菜疙瘩、撇拉疙瘩等。这两种植物的叶子掰下来喂猪,且随掰随长,能掰很多茬。撇拉疙瘩能熬着吃,还能腌制咸菜;甜菜疙瘩能烀着吃,还能熬糖。

一九六三年上级政府决定取消小镐头地,并要求生产队划给每人三分自留地,其中平地每人一分,山地每人二分,由个人自主经营,自主耕种,收益归己。村路的南面从东到西是村里最好的平地,每年都能浇上一两水,除了生产队种菜、种麻用地以外,其余的土地作为平地自留地全部分给个人。平地自留地距离每家每户仅几十米至百米，按理说种土豆、豆角最方便，但是人们舍不得用这么好的地种植这些低产作物，他们要在这块平地上种植当时最高产的作物。当然人们在这块地上投入也是最多的，种子选高产的，农家肥施得最多，化肥要用最好的，尽量多浇几水，锄地时下得工夫也是最多的。因为一出门都能看到各家各户庄稼的长势，所以谁也不甘示弱，好像在这块土地上进行着种地本领的大比拼，谁家的庄稼长得不好，主人也感到很没面子。

山地自留地每人二分，有很多人家用原来开垦的小镐头地做了山地自留地，不足者用生产队的山坡地来补充，在一块小镐头地里，面积超过应分得自留地面积的，生产队也没有把多出的部分收回。不愿意用自家小镐头地做自留地的，生产队把小镐头地收回，从集体的山地里另行分给自留地。这时，原来的小镐头地一部分变成了个人的山地自留地，其余的因坡陡、面积小、过于分散、集体不便耕种等因素变为弃耕地。到此，小镐头地完成了它的历史使命，取而代之的是山地自留地。自留地是按人口等量划分的，所以比原来的小镐头地更趋合理。自留地的划分使个人手里重新有了土地，除了在山地种些豆角、土豆以外，还能在平地种些粮食作物，比如调节粮食品种的黏谷、小麦，还有比较高产的玉米等。自从有了自留地以后，吃粮问题虽然还不能满足人们的需求，但是有了很大的改善和转机，除了生产队分给的口粮外自己还能产些粮食。

那个年代小镐头地虽然解决了青黄不接的难题，但小镐头地都是在本不该耕种的沟坡、陡坡上刨出来的，把固定的草地变成活土层，别说大雨，就是小雨也会造成土壤流失，进而使沟变宽、变深，坡变秃、变陡。在粮食极缺的时候，选择刨小镐头地自救，起码缓解了政府扶贫救灾的压力，在特殊的历史时期，发挥着特殊的作用。人们常说："小镐头地是块救命的地"，人们不会忘记在极端缺粮的时候它对人们所作出的贡献。

豆角与土豆

为什么要写豆角和土豆呢？前面虽然说过土豆和豆角在青黄不接的时候起的重大作用，但我还觉得没有说透。这两种普通的作物，在那个年代不知解决了多少人的苦难，救了多少人的命，实在应该为他们大书特书。

我记得每家每户的小镐头地（后来一部分小镐头地改为自留地）除地头种些麻籽防止牲畜糟蹋庄稼之外，其余几乎全部种豆角和土豆。豆角的品种一般都是"开锅烂""老来少"等，土豆的品种全是清一色的老紫皮。后来生产队为了提高产量，就从河北省引进"大黄瓢""河北五号"等品种。到了七月中旬，几乎隔上一两天人们就要到自家的镐头地（自留地）里转一转，看看豆角开花了没有，看看土豆地裂纹了没有。当看到豆角开花了，主人便高兴地说："咱家的豆角开花了，用不了几天就有吃的了。"第一茬豆角不能长太大，太大会影响到下一茬的接角和生长，即村人们常说的压喷[pèn]。

当第一茬豆角摘回家，人们看着那久违了的"面孔"就像看到了生存的希望。豆角谦虚地弯着腰，让人们掐掉自己的"角"，抽掉自己的"筋"（丝），下到开水锅里，为饥饿的人们填饱肚子。这时候的豆角在餐桌上是绝对的主食角色，连盛豆角的容器都发生了变化。做副食当菜吃的时候，人们把熬熟的豆角盛在一个小菜盆里，放在桌上供全家人一起享用；做主食当饭吃的时候，用盛饭的碗每人盛上一大碗，自吃自的。记得我们家人口较多，而且大部分是饭量大的男士，熬豆角的时候用九印大锅，豆角上面再摆上一层土豆，一顿饭下来所剩无几。豆角还有一种吃法叫豆角干饭，把洗净的豆角切成小段，放在锅里清炒一下，放上调料和盐，少加点水，把捞出来的小米饭放在豆角上面，盖锅、烧火，待水快干时停火，然后把豆角和米饭搅拌均匀即可食之。到了晚秋人们把未长大的豆角纽儿(小豆角)摘下来,掐掉"角"用开水焯一下,放入轧碎的韭花里腌上,翠绿翠绿的很好吃。豆角秧是牲畜的好饲草,人们把它储存起来留着冬天喂牲畜。

当豆角到了结角旺季,土豆也可以吃了。扒土豆要看土豆秧周围的地面有无裂缝,裂缝大的土豆就大,这时每棵秧最多扒两个大土豆,小的不能扒,留着慢慢长。土豆扒出后把土回填,防止晒青了长着的土豆。土豆含淀粉很高,一般都在30%以上,所以土豆充当主食一点也不勉强,连生产队分土豆都要顶口粮,每四斤土豆折合一斤原粮。土豆和豆角混在一起吃,就是无可争议的主食了,有时一连几天都是蒸土豆熬豆角,烀土豆熬豆角。烀土豆是困难时期最常见的吃法,先把锅里填上一瓢水,然后在锅底上扣一个小盆,小盆的周围摆上土豆。如果做饭汤就把小盆口朝上,盆里填上水放上米,在小盆的周围摆上洗干净的土豆,然后盖上笼头烧火烀之,待圆气之后揭开笼头,土豆烀熟了饭汤也做好了。有时烀土豆锅里还可以放些小胡萝卜,橙的、黄的好看又好吃。也有把甜菜疙瘩切成瓣放在烀土豆的锅里烀也很好吃。到了晚秋土豆成熟了含淀粉量很高,当你揭开烀熟的土豆锅时,啊!满锅的大白花真像放大了的爆米花,又像一锅绽放的白兰花和白色的芍药花。把烀熟的土豆扒了皮,放在碗里捣碎,然后放上胡麻盐、芝麻盐、豆盐或玉米盐,搅拌均匀,香喷喷得很是可口(不过要小心点,口大会噎着),再加上一盘小葱拌白菜,就是一顿可口的晚餐。

过去吃土豆也有中毒的时候,因为缺吃的,有时把露在地面晒得发绿的土豆和储藏在窖里长芽子的土豆也都吃了,口感发辣,中毒症状表现为头晕、恶心、呕吐。因为发绿和长芽子的土豆含有大量的有毒物质"龙葵素(茄碱)",正常每一百克好土豆含十毫克龙葵素,而发绿和长芽的土豆含龙葵素是好土豆的五十倍以上。尽管人们不知道吃土豆中毒是龙葵素作的孽,但是都知道吃发绿和长芽子的土豆容易中毒,可是人们因缺少食物却舍不得扔掉这些变质的土豆。到了秋天就好办多了,人们把小的和发绿的土豆磨碎提取淀粉,把土豆渣掺上点面做土豆渣干粮。

镐头地(自留地)的大土豆,在夏、秋季节都扒着吃了,到了秋收时地里的土豆所剩无几,留在地里的几乎全是小土豆,但人们还是用犁杖把土豆地认真地挑三遍捡三遍,尽量把土豆收干净。那些年生产队种的土豆也很多,收土豆时每人能分几百斤。人们把自家的土豆和生产队分的土豆挑一遍,把中等以上的大土豆放在窖里储起来,留作种子和冬天食用,把小土豆、晒绿的土豆和储不住的坏土豆,加工成淀粉和土豆渣分开储存起来。加工过程是将土豆洗干净用刀剁成小块,上碾子轧碎,把轧碎的土豆放在缸里,放适量的水用木棍搅拌,再用笼布过滤,使土豆渣和淀粉分开。为了把过滤出来的土豆渣中的淀粉滤干净,把过滤出来的土豆渣再放到缸里,放上水用木棍搅拌,再过滤。将过滤两遍后的土豆渣攥成豆包大小的团子,放在墙头上或房顶上晾干后储存。吃的时候,把干土豆渣用碾子轧成面,掺点玉米面贴饼子、蒸干粮,做出来的干粮黑黑的。也可以用土豆渣面掺玉米面擦饸饹豆,吃着溜滑的口感还可以。还有直接用比黑淀粉粗、比大土豆渣子细的小渣子掺上粮食面做干粮的,做出的干粮也是黑黑的,口感比干土豆渣面做的干粮更好吃些。

土豆表面有很多芽眼,每个芽眼都能长出一株土豆苗来,种土豆前要把土豆芽连同周围的土豆瓢从土豆上挖下来作种子,剩下的部分称土豆楔子。那时个人家有一些土豆楔子,生产队还要按人口分一些土豆楔子,生产队分的土豆楔子不顶粮食指标,只是象征性的收点钱。人们把土豆楔子烀了当饭吃,吃不了的也用上述办法加工储存,待日后食用。

淀粉混在笼布过滤出来的水里,经过沉淀后,把淀粉上面的清水舀出,头一层是黑淀粉,黑淀粉下面是白淀粉,最底层是土和沙子。先把黑、白淀粉分开,清除缸里的土、沙子等杂质,这是第一遍。然后再把白淀粉放回缸里,放适量的水,用木棍搅匀沉淀,待淀粉完全沉淀后,把缸里的清水舀出,再将黑白淀粉分开,把白淀粉用铲子挖出来,放在笸箩或塑料布上晾干,成为干淀粉。每百斤土豆能出二十三四斤白淀粉,七八斤黑淀粉。

  白淀粉可漏粉,可压粉条,可做凉粉,还可出售给供销社,换点钱填补家用。淀粉多的家也有搞再加工出售的。比如漏粉,请一个粉匠把淀粉漏成粉条,然后再到集市上出售,虽然增值的空间不大,但也能多赚几个钱。土豆淀粉虽然是自家产的,但平时也舍不得吃,偶尔吃一顿粉条、凉粉换换口味改善一下。漏粉很有意思,那时候种土豆多的地方都有漏粉艺人——粉匠,专门从事漏粉这个行当。粉匠把淀粉加上适量的白矾,用水和成粥状。用一个大水瓢(种植的水葫芦锯成两半)做漏勺,有圆粉漏勺和宽粉漏勺。圆粉漏勺的底部有若干个大拇指粗细的圆孔,宽粉漏勺的底部有若干个长约5公分、宽约1.5公分的长方形孔。漏粉时,烧一大锅开水,粉匠端着漏粉勺,把像粥一样的淀粉糊糊倒入漏粉勺里,淀粉糊糊从漏粉勺的孔中直接漏入开水锅中,水开粉条成型。粉条的粗细、宽窄在于漏勺距离开水面的高低,距离开水面越高圆粉条越细,宽粉条越窄越薄。把粉条捞出挂在架起来的横杆或铁丝上晒干。只有淀粉多的家而且把粉条作为商品的才请粉匠漏粉,一般自己食用都用饸饹床子压粉条。压粉条就简单多了,把面和的稠一些,粉条的粗细在于饸饹床子眼的粗细。因为没有长孔饸饹床子,所以压不了宽粉条,如果做宽粉条,只能用擀面条的办法做宽粉条。黑淀粉也可压粉条,只不过比白粉条短一些,大多用于蒸干粮。那时在第二年春季种地时,还能在上一年的土豆地里挑出冻土豆,人们把冻土豆剥皮晾干压成面或直接将剥皮的冻土豆用碾子轧碎,加入玉米面做干粮或擦饸饹豆也很好吃。

  冬天,每家每户都在窖里储很多土豆,人口多的户能储两三千斤。人们在往窖里放土豆时都是小心翼翼的,生怕碰破了皮,影响储藏。在漫长的冬季里,这些土豆既当粮又当菜,时不时得烀一锅当主食。土豆丝熬酸菜更是家家必吃的主打菜,还有土豆块熬疙瘩白也是常吃的,炒土豆片和炒土豆丝虽然好吃但吃不起,因为那是要用油的,油太少了会粘锅的。在那时,土豆像粮食一样在一年四季里都有它的影子。土豆,无论是过去还是现在,无论是农村人还是城里人都吃,不但食用的频率高,而且食用的方法更是多种多样,从炖、炒、炸、烀、烧、拌、蒸、煮,到土豆的深加工等,比如炸薯条、薯片是儿童最喜欢的小食品之一。

据资料介绍,土豆的学名叫马铃薯,原产于南美洲安第斯山区,人工栽培历史悠久。我国是马铃薯的主要生产国,年产量近七千五百万吨,占世界总产量的24%。马铃薯是全球第四大粮食作物,仅次于小麦、稻谷和玉米。马铃薯的营养成分蛋白质比大豆还好,最接近动物蛋白。新膳食指南建议,每人每周应食薯类五次左右,每次食入五十克到一百克。马铃薯富有营养,是抗衰老的食物之一,是优质保健品,还可入药,性平味甘,可以治胃痛、痄肋、痈肿等疾病。马铃薯对调解消化不良有特效,是胃病和心脏病患者的良药。日本对马铃薯研究发现,每周吃五到六个马铃薯,可使中风几率下降40%。同时也发现孕妇经常食用生物碱含量较高的薯类可能会导致胎儿畸形。马铃薯含龙葵素,未成熟、绿皮或发芽的马铃薯龙葵素含量更高,有毒化合物多集中在马铃薯表皮,因此食用时一定要去皮,特别是要削净已变绿的皮,一定要把芽和芽根挖掉,并放入清水中浸泡。

三餐改两餐

刚走出小村到城里念大学时,有两件事不得其解:一是冬天吃三顿饭,二是每天跑早操。总感觉冬天吃三顿饭是一种浪费,有时还在想,大学里没有体力劳动,夏天也可以吃两顿饭。另外,认为跑早操更是一种浪费,不但增加了饭量,浪费了粮食,而且又费衣服又费鞋。这种想法追根溯源是农村的一些生活习惯和小农经济意识的体现。从我记事,我的家乡冬天就一直吃两顿饭,目的就是为了省粮、省柴、省事。可是现在粮、柴充裕了,大多数人家还是吃两顿饭,是传统习惯还是什么原因,也没找到一个准确的答案。我想可能是因为冬闲,白天时间短的缘故。六七十年代虽然冬天也要组织集体劳动,但因为白天短劳动时间也短,一般从早晨八点多钟出工到下午三点来钟收工,所以在缺粮的年代冬日两餐就有了另一层含义——为了省粮。在集体经济时期,每逢秋天打完场,生产队长要在社员大会上宣布:"从明天开始上工一开厢,改吃两顿饭。"到了第二年春种开始前半个多月,生产队长又在社员大会上宣布:"从明天开始上工两开厢,改吃三顿饭。"在六七十年代人们为了节省粮食,不但冬季吃两顿饭,在夏秋季节不能劳动的连雨天也改为两餐,而且家家都这么做,因为雨天不能上工,虽然天长,少吃一顿饭也不会太饿。

记的小时候遇到连雨天,父母格外开恩,总是在八点以后才叫我们起床,因为下雨天不能干活,起来早了也没用,没事干,没处去。父母深知我们的肚子饥肠辘辘,闲饥难忍,不如在被窝里多躺一会。即便是有学生的家庭也不用担心,因为有三分之二的学生住得比较偏远,而且没有雨具,连雨天学校也不上课。有一次连雨天,八点多母亲才开始做饭,因为头一天下午就开始下雨,也没挖山野菜,所以这顿饭就能吃纯粮饭了。母亲捞了满满一瓦盆小米饭,饭做好了,母亲让我到自家的小园里摘黄瓜,且一再叮嘱不要摘准备留作种子的黄瓜,不要摘没长大的嫩黄瓜。雨还在下着,我光着脚丫,披上一块破塑料,进了园子摘了五六根大黄瓜,拔一掐子葱,薅几棵芫荽(香菜),掰些生菜叶,进屋前找个水坑涮涮脚。母亲接过青菜放在盆里洗干净,黄瓜切成条,大葱、芫荽(香菜)切成小段,然后抓把大青盐,放在菜板上用玻璃瓶擀碎,撒在腌菜盆里,用筷子把盐和青菜拌匀,一盆独具青菜芳香的咸菜端到桌上。"龙王爷"赐给的纯粮米饭加上腌黄瓜和生菜蘸咸菜汤,一顿完美的早餐就这样完成了。回想起来还真像朱元璋回味"珍珠翡翠白玉汤"一样,也不亚于现在几千元一桌的大餐,那么可口。

  在我的记忆里,过去的连雨天特别多,有时一连就是四五天。一两天还可以,超过两天,吃的和烧的都会出现饥荒。有时早晨起来没吃的,就饿着肚子一直等到停雨,趁着中午晾晌时,我们哥几个拿上筐和口袋到山上挖野菜,还不能到庄稼地里去挖,那样会把地踩硬的。挖回来的山野菜除了给人吃,剩下的还要喂猪。父亲、母亲便拿着口袋挎着筐,飞快地到小镐头地(自留地)摘豆角、扒土豆,每次都要摘半口袋豆角,扒一大筐土豆,回到家母亲快速地把锅刷干净填上大半锅水,边掐豆角夹边洗边往锅里填。过去农村用的锅很大,一般都用九印铸铁锅,上口直径七十多公分,能容下三十多斤土豆和二三十斤豆角。熬豆角时,首先将轧碎的麻籽用热水泄开,然后用箩过滤,把过滤出来的麻籽汤放在熬豆角的锅里,开锅后分若干次把豆角下在锅里,还可以把土豆放在豆角上面一起做熟。饭做好了已是下午一点多钟了,但还是早饭,尽管早饭吃得很晚,但是晚饭还是要吃的,晚饭要换换样了,熬一锅野菜粥或者熬点饭汤烀锅土豆即可。

  为了省粮,在阴雨天把一天三顿饭改成两顿。也有不同说法,有的说一顿不吃两顿赶上,也有的说两顿总比三顿省,没有做过试验也不知道两顿是否比三顿省粮,但村里人还是坚持在阴雨天吃两顿,省不省粮倒不说,至少省了一顿烧柴,这毋庸置疑。秋天打完场以后,白天也逐渐变短了,我们那地方都改吃两顿饭,一省粮、二省柴、三省事,夏天吃两顿饭就是在阴雨天。那时缺吃的、少烧的,为解决这两个问题啥法都想、啥招都用。

蹭吃骡马料

  集体经济时期生产队按规定每年要给牲畜留下料粮,有使役牲畜的料粮,有怀孕母畜的料粮,有种公畜的料粮,还有一般牲畜的过冬料粮,不同类别的畜种,料粮的标准也不同。料粮品种一般有玉米、黑豆、青豆等。牛的料粮,由大畜饲养员来掌管。拉车骡马的料粮,则由赶车的老板子来掌管。羊的料粮,由接羔保育饲养员来掌管。那时生产队部,又叫饲养处,都放着两口白茬柜子,大车老板子、大畜饲养员和小畜接羔保育员,每人一节柜子用来装料粮,他们从保管员那支回料粮放进柜子锁好,以备随时给牲畜喂料。

  大车老板子原来一直用生豆子喂骡马,后来不知为什么都要把豆子烀熟了喂骡马,即把豆子放在锅里,放上适量的水和盐盖上锅盖,烀到八分熟为止(没有生豆子味即可),然后晾凉拌在草渣子里。每当大车老板子烀马料时,总有一些小孩子和半桩小子们在周边嬉戏玩耍,待马料烀熟了,这些小孩子和半桩小子们围到锅前,你一把、我一把地抓着吃起来,有时大人们也厚着脸皮不时地抓上几把吃。料粮是定量的,人吃了,牲畜的"口粮"就减少了,这些料粮吃到人们的肚里却疼在大车老板子的心里。后来大车老板子想了个绝招,烀料粮时当着男孩子们的面,先往烀豆子锅里撒上一泡尿,还真管用,以后再也没人吃了。

  后来老府办起了榨油作坊(厂),生产队就把做料粮的豆子送到榨油作坊榨出油来,人吃豆油马吃豆渣子(豆饼)。豆饼是圆形的,直径约八十来公分,厚度大约三公分,特别硬。喂马时,首先要把豆饼砍碎,放在料斗子里(柳条编的,不漏水),再放上水泡软、泡碎拌在草渣子里。据说榨豆油时,豆饼已达到八分熟,所以豆饼也很好吃,比烀的豆料还要香一些。新的问题又产生了,车老板子砍豆饼时,孩子、大人们也随时拿着吃。吃豆饼的人越来越多,越来越无所顾忌,有时趁车老板子不注意还要揣上几块,拿到家里放到火盆里烤着吃。都是老邻旧居的,即便是被车老板子看见了也不好意思说什么。吃豆饼的大男子汉明知道车老板子不高兴,但还是厚着脸皮吃。最后没有办法,大车老板子把砍豆饼时间改在夜里或饲养处没闲杂人的时间里,一次砍很多,装在生产队部的料粮柜里,用锁头锁好。在缺粮的年代,只要能吃,只要能解饿,只要能填饱肚子,脸面又算得了什么呢?

借粮的难处

  人民公社时期,根据生产队产粮的多少,首先留足下年的种子和牲畜料粮,再按人口分口粮,按土地面积交公粮(以粮顶农业税),按当年粮食产量卖购粮,剩下的留作储备粮。储备粮应主要用于农忙时节的补助用粮,上级摊派民工的补助用粮,比如修二道河子水库摊派民工的补助粮、修铁路摊派民工的补助粮、专业队人员的补助粮、大会战补助粮等等,但实际上主要用于缺粮户借粮的周转用粮。

  农民口粮,好一点的年景每人能分到三百六十斤到四百斤原粮(带皮的谷物),大丰收年每人最多能分到四百六十斤,一般年景每人分三百二十五斤以上三百六十斤以下,遇到灾年每人分得口粮达不到三百二十五斤的(最低口粮标准),国家售给返销粮,补足三百二十五斤原粮。如果不是大灾之年,生产队自产粮食都能达到或超过这个最低口粮标准。所说的返销粮就是国家给粮食指标,生产队垫付或个人拿现钱,按照国家粮食定价去粮站买粮食,返销粮一般都是玉米。粮食产量高的年份,年人均口粮标准也不得超过四百六十斤原粮。谷子、糜子、黍子、玉米、小麦、荞麦、莜麦、高粱等一斤顶一斤原粮,土豆每四斤顶一斤原粮,豆类、麻籽和瓜果蔬菜类不算粮食,如黄豆、黑豆、青豆、蚕豆、豇豆、豌豆、麻籽、瓜果、大白菜、大头菜、胡萝卜、芥菜疙瘩、甜菜疙瘩、撒拉疙瘩等不顶口粮。除大灾之年,一般每人每年分得口粮都能达到三百六十斤,即每人每天一斤原粮,如果没有其他食物补充,根据当时的食物类别和人们的饭量,光靠口粮这一项,最多只能够半年的用量,小镐头地(自留地)的产粮作为补充,不足者就要到生产队借粮。

  当时我们生产队有三十五户人家,一百八十多口人,大约有25%的人口基本能自足,原因是他们原来底子稍厚一些,人口少一些,有的就靠精打细算，宁可多吃些糠菜也不愿借粮。有50%的人口，每人每年缺粮大概在一百斤到一百五十斤，这部分人缺粮总数约一万二千斤。有25%的人口，由于人口多底子薄，男性多，每人每年缺粮大概在二百斤到三百斤，这部分人缺粮总数约一万二千斤。这样算来，每年生产队留作的储备粮，就得二万四千斤。有的缺粮大户上年借的粮食比下年的口粮还要多，一般的缺粮户，上年借粮也要占到下年口粮的50%～60%。到秋天分粮时，有些户一斤粮不分还不够还[huán]在队里借的粮，扣除借粮马上就得借下一年的口粮吃，有些户扣除借粮外每人也只能剩一百多斤，这部分人不等到过年就得借粮吃。

借粮吃是很难的，不到万不得已谁也不愿借粮吃。借粮时首先要找正队长说明借粮原因、借粮数量，然后按照队长批准的借粮数量、粮食种类（一般是玉米）打借条，队长在借条上扣上手戳以示同意。那时生产队长的衣服兜里，长期揣着手戳和盒式小印台，有时也不用印台，用时用嘴哈一哈。队长扣上手戳，再找保管领粮，保管在过秤时秤头高一些，借粮人都会念念不忘的。那时缺粮户不止一次、两次或者几次借粮，一年要借几十次就特别难为情了，感觉很没面子。有时借粮人找到队长还没等开口，队长首先问道："你找我又是借粮吧！"借粮人很尴尬地说："是。"要是在队长不高兴的情况下更难启齿，担心队长再说道几句就更加无地自容。有时队长会说："你们家吃得也太费了（言外之意就是不会过日子），照你们家这么吃，队里会供不起的。"借粮人要求借一百斤，队长会借给六七十斤让你先吃着，而且还说省点吃吧！队里的粮食也不多了。

那时我们家是生产队的缺粮大户，原因是人口多，男孩子多，加之底子薄，每次生产队借给吃十天的粮食，掺着糠混着野菜，最多只能吃七八天。当时生产队借粮是限量的，原则上每人每天不超过一斤原粮，超过这个定量借粮人要向队长说明原因。所以每次借粮都要把握好时间，在还有最后一顿粮之前借，借早了，甭说队长这个关不好过，就连自己这个坎也过不了,本来就没吃到日子,再提前借更无法开口了。但又不能借晚了,借晚就断顿了,还必须是在非上工时间,即早午晚的下工时间。当家里的粮食勉强够早晨吃一顿的,父亲在一大清早,到队长家请示借粮,按照队长批准的借粮数和粮食种类回家打借条(因为父亲没文化,打不了借条),然后再找队长扣手戳,最后带着借条和口袋找保管到生产队的仓库称粮食,为借几十斤粮食就得忙活一个早晨。上午母亲还要把玉米轧成碴或面,中午才能吃上饭。看得出,每次借粮父亲都特别打怵,因为每次借的粮食都没吃到队长要求的时间,如果队长再说几句难听的话,自己的脸更是没处放了,但为了老婆孩子能吃上饭,他也不得不把脸舍出去。

有一个生产队的社员,"家雀吃了探头粮",借了十天的粮食,只吃了七天就吃光了。找队长借粮,队长不但没借给他粮还把他好顿批。因为没粮食,全家人三顿没吃上饭,孩子饿得直哭,情急之下,他找到了大队书记和主任,泪流满面双膝下跪,要求大队领导帮助借粮。事后,这位社员说:"当时流泪是因为孩子没吃的在家哭喊着要吃的,我心里难受控制不住,给领导下跪,是为了跪出点粮食来,男儿膝下有黄金,只跪苍天和娘亲,这道理我懂,但是为了粮食,为了吃的我也不得不跪。"从这件事我们看到了借粮的难处。不过,分析一下,队长也很难,在那个缺粮的年代,作为一个生产队的当家人不控制借粮数量怎么能行。到了年终,生产队借粮的条子就攒了厚厚的一大摞,最多的一户人家就有五十来张,把所有借条摞在一起能达到一千来张两千来页,比一部长篇小说还要厚。

那时借粮好在不用送礼,如果需要送礼,人还真的就没有活路了非饿死不可。那时的大小官员绝大多数是真正的人民公仆,他们实在、淳朴、善良,他们清廉,他们想着民众,他们爱着他的社员,如果不是因为挨饿,还真想回到那个时代去,重新体会人间的真善美。

农家小菜园

人民公社集体经济时期,每家每户都有两块宝地:一是山坡、沟坡的小镐头地,二是家家门前的小菜园子。这两块宝地解决的都是顶天的大问题。

小镐头地,后来改为自留地,前面已经作了详细的说明,在这里不再重述。小菜园子就是每家每户在院里或在院外的菜地,这个小菜园基本能够解决一个家庭夏秋季节和半个冬季的吃菜问题。开春时,主人们就开始精心侍弄,首先把去年秋、冬季堆放在园子里的作物秸秆、羊草和柴草的碎末清理干净,不能影响化冻。待菜园冻土层解冻至三四十公分深的时候,就用铁锹一锹挨一锹地挖上一遍,然后浇上一场春水。待水分全部被土壤吸收后,再把土坷垃敲碎,用铁耙子搂平,打上若干个畦子,将畦子埂踩得尖尖的、实实的,畦子的大小,是根据园子的大小和种植蔬菜的种类而定,一般长二至三米,宽一米以内。畦子里均匀地撒上一层农家肥,再将畦子里的土和粪挖一遍搂平,第一次搂平是菜园整体的平整,第二次搂平是畦子内的局部平整,并使农家肥和土壤混合均匀。根据园子的大小,还要借助畦子埂修上小毛渠和人行小道,以备浇水、侍弄之用。打好畦子的小菜园,土细如面,地平如镜,埂直如线,像是用笔绘的一般,给人一种美感。

人们在种植蔬菜时更是精细有加,行与行之间距离相等,株与株之间距离一致,像用尺量过似的。畦子里种满了各种瓜果蔬菜,有黄瓜、辣椒、茄子、西红柿、洋蒜、白蒜、小葱、韭菜等等。畦子埂上种着水萝卜、生菜、芫荽(香菜)等。园子的四周种着一圈角瓜、倭瓜。一个夏季、一个秋季,甚至小半个冬季的吃菜问题都寄托在这个小菜园子里。那时候对作物的生长要求不讲工艺成熟,也不讲经济成熟,只讲自然成熟。不像现在黄瓜还没有长大就摘了,吃什么顶花带刺的;玉米还没长成就掰了,吃什么一掐一包水的；羊还没有长大就宰了，吃什么羔羊肉。那时的黄瓜长得喜人，最长的有七八十公分，像镐把一样粗，香味十足，一个人吃黄瓜，周围十几米范围内都能闻到黄瓜的芳香，所以人们常说黄瓜和大蒜是偷着吃不了的。种黄瓜的畦子里还有个特殊用途，那就是每年农历的七月初七，让七岁以下的孩子到黄瓜架下，听牛郎、织女说情话。

那园子里的辣椒先是绿绿的，然后是红绿相间的，最后是红红的。茄子紫紫的发着亮亮的光泽。西红柿有绿的、有黄的，还有红的，伴着白色的小花显得生机勃勃。水萝卜长在畦子埂上，上边顶着绿绿的叶子，下边露着半截粉红色的萝卜根甚是好看。角瓜秧上开着一朵朵黄色的喇叭花，角瓜有白白的、有绿绿的，长得快熟得早。炒顿角瓜片尝尝鲜，包顿角瓜馅饺子改善一下伙食，搜点角瓜条子晾起来备着过年用。大倭瓜长得又大又圆，有黄的、有绿的、有红的，还有很多带着花道的。倭瓜熟在秋季，土豆熬倭瓜可口的面。倭瓜放的时间长，可用作冬储菜，还能当做小礼品送给亲戚朋友。角瓜和倭瓜因为种在园子的四周，瓜蔓爬得墙上墙下到处都是，有的大倭瓜还挂在了墙的外面，这不用担心，它不会丢的，即便是掉了下来也会有人给送回来。

有的小园或院子里还长着一两株果树，品种以杏树、沙果树居多。杏树好种，只要杏好吃就把杏核埋在地里第二年就会长出杏树来，甚至吃杏时随意丢下一个杏核，第二年都会长出一株杏树来。普通杏子熟得早，是农家小院的第一茬水果，当杏子熟了的时候主人会东家给点西家送点，来了亲戚给带上点，让亲戚邻居一起分享初夏的果实。也有秋天才熟的杏子，那叫秋百杏，皮黄白色，个大肉厚，口感更佳。沙果比较好经营，大小年现象不那么明显，又不爱招虫子。还有一种小苹果叫海棠，人们简称楸子，到了晚秋树叶都落了它还长在树上，红红的挂满树冠，有的一株树能产一千多斤果。天冷了把海棠果冻成了紫黑色，人们趁着冻把它从树枝上敲下来，放在花篓筐里冻上，到了腊月拿到集市上卖了，也能换回几个零花钱。自己也储上一点，到了年五更老早地拿出来化化冻就有水果吃了,当然也是冬季里妇女和小孩的零嘴。

这些蔬菜和瓜果除了夏季、秋季用度之外,有的还要留着过冬呢,如大蒜、辣椒、倭瓜、大葱、疙瘩白等等。角瓜搜成瓜条、豆角剪成丝晾干储备,留着过冬吃和过年用,还有些蔬菜要用盐腌制起来过冬当咸菜吃,如芥菜疙瘩、芥菜缨子、芹菜等等。咸菜在那时很重要,一冬天没有那么多的菜可吃,有很多时候就得用咸菜下饭。白菜要腌起来(积酸菜)作为冬天的家常菜。过冬菜,光靠自己种的还远远不够,大多靠生产队分,比如白菜、土豆、大头菜、胡萝卜、芥菜疙瘩、撒拉疙瘩等等。撒拉疙瘩可以熬着吃,也可以腌咸菜。有的年份芥菜疙瘩、撒拉疙瘩种得少,不够腌咸菜的,就用土豆做补充,土豆腌咸菜要煮熟了方可食用。

除了腌酸菜、腌咸菜、晒干菜(角瓜条、豆角丝、茄子干、干白菜),每家的院里或菜园子里还挖一个大大的深深的地窖,把生产队分的土豆、白菜、疙瘩白、胡萝卜和自家种的青储菜等,放在窖里储起来以备过冬用度。到了冬天每隔几天就要下一次窖:一是取菜,二是检查菜冻没冻、烂没烂。为了防冻窖口还要盖些羊草,羊草上面压上大石板,有时还要用泥把窖口封上。

小菜园给人们希望,也带给人们许多快乐。回想起这些和老人们常常向往的"二十亩地一头牛,老婆孩子热炕头"的美好生活,种瓜得瓜种豆得豆,想吃什么就种什么,亲手种植,亲手侍弄,亲手采摘,亲手烹饪,老婆孩子全家人坐在热热乎乎的炕上,分享着丰收的喜悦,这种田园生活是多么快乐、多么幸福的事呀!如果是在冬季,外面下着雪刮着白毛风,坐在屋里的热炕头上,炕上放着一张八仙小桌,桌上放着猪肉炖粉条子,再放上几碟咸菜,酒壶里烫着纯粮小烧,与家人或朋友小酌,边吃边喝边聊,是何等惬意啊!又是何等的悠哉!可惜啊,那时咋就那么贫困,缺吃的,少烧的。本来人们可以过着悠然自得的田园生活,可人们却在贫困中煎熬。

农忙的犒赏

夏锄季节是农业的大忙季节,主要农活是耪地和薅地,这期间社员劳动强度大、要求时间紧、劳作任务重。为了赶在雨季到来之前把地耪出来薅出来,要求社员中午不下山,生产队统一管饭,由做饭的把饭送到田间地头。主食大多都是小黄米年糕,一斤米给一斤四两年糕,还有小米饭汤,是解渴灌缝的,每人有一碗熬青菜,一般是熬菠菜、熬水萝卜、熬小葱或熬韭菜等,有时还腌点水萝卜咸菜,每人发一包(一毛钱的)白糖,蘸年糕吃。因为每人饭量大小不一,吃的多少不一,所以每人吃多少年糕要记账,除了生产队给每人每天补助的一斤米外,超出部分从口粮中扣除。饭汤随便喝不记账,菜、咸菜、白糖不收钱。一般饭量的,一斤米的年糕足矣,饭量大的能吃一斤半米的年糕甚至更多。队里有个叫鲍雅轩的饭量最大,每顿最少吃一斤半米的年糕,最多能吃二斤米的年糕。曾经有个社员和他打赌说:"鲍雅轩,如果你一顿把二斤半米的年糕全吃了就把账记在我名下。"鲍雅轩应了,称了二斤半米的年糕不一会儿全吃光了,君子一言驷马难追,众目睽睽之下,打赌的那个社员只好把账记在了自己的名下。大家满以为下午的贴晌饭鲍雅轩肯定吃不动了,没想到贴晌饭来了他还是照吃不误。也有顾家的男人,称年糕时多要点,自己再少吃点,糖也要剩一些,把剩下的年糕和糖一并带回家,让家里的老人或老婆孩子也吃几口解解馋。但当着众人面只能说,年糕称多了没吃了,因为年糕一般是不准带回家的。

每到中午,人们不停地向山下张望,看送饭的是否上山了。当人们看到送饭人的影子,都喜出望外,脸上露出笑容,把没有耪到头的地以最快的速度耪完,找个背人的地方撒泡尿,做好饭前准备。饭挑子一到,人们马上围拢过来,先盛碗小米饭汤喝下去通通路,然后按着自己的肚量称年糕,再盛上一碗熬菠菜,夹点水萝卜咸菜,把糖放在年糕上,一顿饭很快地吃完了。吃完饭后，找个树荫凉躺在地上休息一会，不管天多热又开始耥地了。有的年份生产队存粮比较宽裕，到下午三四点钟，又送来了贴晌饭，这顿饭很简单，有时是玉米面发糕，有时是米饭，有时是绿豆稀饭，这顿饭没有熟菜只有咸菜。

有的年份生产队的粮食比较充裕，耥地、薅地的男女社员都管饭，有的年份生产队的粮食不宽裕，只管耥地的男社员的饭，薅地的女社员意见很大，她们说男人是干活的，我们女人也不是打谷茬的。妇女队长代表半边天，替女社员抱打不平，找队长提出管饭要求。有时队长也会照顾一下面子，管上几天饭，堵一下她们的嘴。如果生产队的粮食特别紧张，这个口子说什么也不会开的。有时专业人员（大小畜饲养员、牛羊倌、大车老板子等）也提意见，要求生产队管饭，他们说如果不干专业工种，我们也能耥地，他们耥地我们也没闲着，为什么不管我们饭。队长强硬一些就顶回去，队长软弱一些就得满足这些人的要求。不要小看一个生产队，每办一件事情都是牵一发而动全身。

到了秋天，庄稼成熟就要抓紧收割，防止变天（刮风下雨），还怕割倒的谷子落[lào]要子。六十年代中后期按着上级要求，庄稼进场不让打场，男女社员要到山上修梯田，一直修到上冻，梯田不能修了才开始打场。割倒的庄稼，要及时拉到场院垛起来。在拉庄稼之前，首先要把庄稼码到一起，这样便于装车。白天没时间码地就得靠夜间，那时叫"打夜战"。晚上收工吃完晚饭就组织青壮年"打夜战"，一般从晚上八九点钟干到夜间十一二点钟。打完夜战生产队要管一顿饭，这顿饭一般是黏粥，每人两大碗不记账、不扣粮食。每次夜战男女青壮年们都积极踊跃参加，我想这顿夜饭也起到了很大的作用。连续从事几个小时体力劳动的青壮年们吃完了夜饭回家倒头便睡了，有时甚至还没脱完衣服就进入了梦乡，也没有撑着的、胀肚的和胃肠不舒服的，第二天早饭还是照吃不误。现在的人说晚上吃饱了睡不着觉，那是因为他不饿、不累、不困。那时候的人正好和现在的人相反，是饿得睡不着觉。

这两次管饭,是生产队一年当中对社员的最大恩惠,时间长了就形成了夏锄、秋季夜战管饭的习惯,偶尔一年生产队不管饭,社员们很不习惯,如果是换队长了,社员们会说这个队长没能耐,不关心他们。当然也会影响生产,社员们劳动的劲头就没那么足了,劳动质量也没那么高了,有时还要找队长提意见要求管饭。生产队与生产队之间也进行攀比,那时队与队之间影响很大,在有条件的情况下,每个生产队长都不甘示弱,都想当个强人,不想当弱者。一年当中这两次劳动大餐,作为对社员强体力劳动的犒赏,一直延续了很多年。

粗粮换细粮

老家不产大米,我十五六岁之前没见过稻子也没见过大米,所谓的细粮就只有白面了。不知什么原因,小麦不种在平地上总要种在山顶上,产量特别低,并且多少年就是一个品种。到了六十年代末引进了墨麦品种(墨西哥麦),产量高,但要种在平地上还要浇水。墨麦一个最大的特点就是发芽快,如果到了麦熟季节不收割,再下一场雨超不过两天在麦秧上就能发芽,发了芽的麦子吃着发苦、发黏、没筋性。每年生产队分给每户的麦子最多也只有几十斤,磨面时也要精心调制,先把麦子用水淘几遍,然后把水滤净,再用干净的毛巾把麦粒上的毛擦干净后再放到碾子上轧。箩面要用细箩,还要把黑白面和白面分开。我记得小时候,我母亲用黑白面给我们烧焖焖、擀面条。白面只能用于年节或招待特殊客人,比如上门给儿子提亲的媒人,没过门儿媳妇的家人,对这些人不能慢待,否则是要坏大事的,即便家里没有,外借也要吃上白面的。那个年代在外做客,不是最尊贵的客人是无缘吃到白面的,但有"二细粮"(荞麦面、莜麦面)来代替细粮。我们那地方类似高寒山区,每逢春季有严重的晚霜晚冻和春旱灾害,庄稼被冻死或被旱死就要翻种晚田。荞麦生长期短,六十多天就能成熟,是最适宜的晚田粮食品种。山顶地因贫瘠、寒冷适合种植荞麦、小麦和莜麦。这几种粮食作物虽然产量低,但生长期短,耐干旱耐瘠薄,也比较好打理,正常情况耪一遍趟一遍,有时忙不过来耪一遍即可。荞麦面可以包饺子、擀面条、压饸饹、烙饼等等,莜麦面可以搓鱼子、压猫耳朵、蒸二大[dài]王、做莜面窝窝、做莜面炒面等等。

  大概是从七十年代初开始,每逢国庆节,国家给农民供应细粮,起初每人每年供应白面二斤,后来每人每年供应白面三斤,大米二斤。所谓"供应"实际是用粗粮换细粮,即用一斤小米换一斤大米或白面,各有各的价,小米的价格是每斤一毛二分五厘钱,大米、白面每斤一毛八分五厘钱。用一斤小米换一斤细粮,再向粮站交六分钱。生产队集体到老府粮站兑换,回来按家庭人口分到各户。记得有一年分掉秤了,大米、白面分光了还有一户农民没分到,保管还要挨家挨户地按着人口往回收。从国家供应大米那时,我才第一次见到大米的模样,母亲开始还不会做大米饭,像做小米饭一样把大米煮熟捞出来再倒入大铁锅里烱,烱出很厚的饭嘎渣儿。大米饭嘎渣儿不像小米饭嘎渣儿那么酥、那么脆,大米饭嘎渣儿咬不动嚼不碎,还糟蹋了很多大米。后来才知道把煮熟的大米饭捞到盆里再放到锅里蒸。大米汤成了好东西,好喝,还能浆衣服。有了国家供应的这些细粮,使每户拥有的细粮比原来翻了一番还多,且增加了细粮的品种。农民有了这些细粮,年节的生活质量有了很大改善。城市居民每人每月供应五斤细粮,相当于农民一年供应的细粮数,尽管城市居民供应的细粮比农民多,但是城市居民的伙食还是很单调,因为他们没有农民那么多的杂粮来调剂伙食。

  说到细粮,还有一段关于细粮的往事呢。那是七十年代中期我念大学的时候,学校每月发给三十六斤粮票,比普通市民高出六七斤,其中每月供应细粮五斤,学校专门印制了细粮票,学生凭细粮票买馒头和大米饭。那时学校的粗粮也很单调,每周二十顿饭(周日两顿饭)有十四五顿是玉米面发糕,有两三顿小米饭,而且都是陈米,不像家乡当年产的小米那么好吃。学校每个周日的下午都做细粮,周一的中午把周日剩下的馒头或大米饭热一热，新做的饭是粗粮，我只吃周日下午的这顿细粮，每顿半斤，这样每月可以节省三斤细粮，加上寒暑假的，一年可以节省四十斤细粮。我准备用细粮票兑换成挂面或白面，但需要学校总务科长张贵老师的批准。快要放假时我找到张贵老师，说要用细粮票兑换细粮，开始张贵老师有点为难，问："你换细粮做什么？"我说："放假回家没钱给父母买东西，平日里少吃细粮攒了这些细粮票打算换成细粮，放假时想给父母带回去。"张贵老师听了我的回答，便欣然批准了我的请求，把细粮票帮我兑换成了挂面。放假回家时我带着沉甸甸的挂面，像带着一份很厚重的礼物献给父母。当然父母也非常高兴，但他们不知道挂面的来历，如果知道是从我口粮里攒出来的，心里一定会难过的。这样，家里每年又多了四十斤细粮。参加工作了还是想着细粮的事，听说北京的挂面很好吃，每次去北京出差都要想办法弄点全国通用粮票，买回十斤二十斤的北京挂面捎回家去。当时北京挂面是全国挂面和面条的极品，面条细、颜色白、煮不断、不化汤、味道鲜美。

国庆供应细粮，使我们山沟的农民感受到国家的关怀和温暖，没见过大米的见到了大米，没吃过大米的吃到了大米，过年过节增加了许多细粮，还不用磨面。农民深有感触地说："历朝历代都是农民向国家和官府交粮，还没有哪个朝代像现在这样，给农民供应细粮，农民们念着共产党、毛主席的好处和恩德。"

夜里看场人

人民公社那个年代，每个生产队都有一个大大的场院。秋收割完庄稼后，把山上所有的庄稼用车拉、人挑弄到场院垛起来（土豆除外），然后分类打场（脱粒）。最显眼的就是场院东边那金黄色的谷垛，几十米长，七八米宽，十多米高，由于谷穗都朝谷垛的外面，整个谷垛全被金黄色的谷穗所覆盖，远远地看去像是一座金山。各类杂粮杂豆，也整整齐齐地垛在场院的四周。为啥把谷子一般都垛在场院的东面呢？因为打场扬场时要靠自然风去糠去杂质，我们那里多刮西风或西北风，所以把谷垛放在东面，以防止谷垛挡风。

一个场院，集中了全村人一年的劳动果实，也是全村人一年的口粮。这时，保护好场院里的庄稼至关重要。从庄稼进场，生产队就安排人看场了，白天找个老头或找一个饲养员看场，每天给七八分工，晚上社员俩人为一组，轮流看，每夜给每个看场人记三四分工。看场人员的编组由生产队长亲自安排，同姓的、有亲属关系的和来往过密的都不能编在一个组里，防止合伙偷粮。看场值班组编好后，要在召开社员大会时，公布看场值班组和班次，并提出具体要求，然后将轮流看场表贴在生产队部的墙上，供社员们查阅。

看场人的主要责任：一是防火，二是防盗。秋季庄稼快要进场时，在场院的西北角搭一个临时的简易小窝棚，供看场人临时休息。那个时候半桩小子们处于好奇，总愿意替大人看场，但是两个人中必须有一个是大人。三四十岁的中年人和十八九岁二十多岁的小伙子都愿意看场，为的就是借此机会撮上一顿。那时生产队每天晚上都要开会，等散会以后，忙碌一天的人们都三三两两地回家了。待全生产队的社员进入梦乡，看场的便像老鼠一般悄悄地行动了，各自回家准备"作案"工具，如笸箩、粗箩、扫碾子笤帚和和面盆。然后到场院里搓玉米、扒黄豆，把玉米和黄豆轧成面，然后到生产队的饲养处刷刷锅，贴上一锅干面饼子，俩人饱饱地吃上一顿，像过了一个小年似的。为了不留下痕迹，首先得把贴饼子的锅刷好，然后把残留物收拾干净，把剩下的饼子俩人各分一半，连同"作案"工具一起送回家。这时已是凌晨四五点钟，肚子也饱了，目的也达到了，忙碌了一宿的看场人也累了，在这最安全的时刻睡上一觉，到六点多钟便抱着行李回家了。

看场人做吃的也是五花八门，啥好吃弄啥，啥方便弄啥，有时馇黏粥、有时炒豆子、有时烀玉米、有时烧土豆。夜里看场做吃的，一般都发生在四十五六岁以下、十八九岁以上看场人的身上,有人会问为什么不趁夜里往家拿粮食?实话告诉你,那样性质就变了。还有人会问,为了一顿干面饼子折腾一宿值吗?那时的人们肯定说值,太值了。现在把这干面饼子夜里送到人的嘴边,他不但不吃还会骂你一顿,说影响他休息。

这个小故事从侧面反映了当时的生活状况。这些活动时间长了,做得多了也会漏出破绽,肯定有人知道,肯定有人发现,不知道为什么就是没人告发,也许是互相包庇,也许是对饿肚子人的一种怜悯,从另一个侧面也反映了为什么集体经济和小型国有企业一样走入了死胡同。

靠山缺柴烧

柴米油盐是生活中的四大要素,缺一不可。在我们那个三面环山的山沟沟里,说缺吃的,少穿的,都会相信,说缺烧的,谁也不会相信,靠山烧柴嘛,还能缺柴烧,可事实确实如此。在六七十年代,烧柴仅次于粮食那么紧缺。

在我的记忆里,几乎每家每户常年都在为烧柴而犯愁,近山的柴草被割光了,到远山去割,远山的柴草割光了到毗邻的山上去割,用镰刀割,用耙子搂,用扫帚扫沟头、阳坡上的羊粪蛋和柴草末,牛、马、骡、驴、羊粪本来是牧区的主要燃料,在我们的山区因为缺柴也成为做饭的主要燃料之一。谷子秸秆、玉米秸秆、豆科类的秸秆要喂牲畜,不能喂牲畜的秸秆也都当柴烧。因缺柴,烧的东西很杂,如:树枝子、树叶子、树皮、蒿草类、灌木类、秸秆类、谷栅[zhà]子、玉米栅[zhà]子、牛马骡驴羊的粪便等等。那个时候因缺柴,买柴、借柴的屡见不鲜。

夏天最怕连雨天,雨前虽然没有天气预报,但每次下雨都有前兆,当人们根据以往的经验判断雨水即将来临时,做的第一件事就是备烧柴。短时间还可以,一旦连下几天雨,麻烦就大了,有时为了把饭做熟,实在没有办法,就把不能用的旧家具、退役的旧农具也劈了当柴烧。

为节约烧柴，提高烧柴的利用率，人们想了好多办法：一是雨天和冬天由一日三餐改吃两顿饭，每天省去一顿饭的烧柴。二是用做饭的火烧炕取暖，炕热屋子暖，做饭烧的烟火要通过炕箱排出，既做了饭也烧了炕。三是用风匣助燃，那时，每家每户都要准备一个风匣（人多的家庭要准备两个），因为有些燃料不爱起火苗，要靠风匣吹才能起火，如：庄稼栅[zhà]子、柴火末子、牲畜粪便、树叶子等。四是冬天屋里取暖用做饭时未燃尽的炭火，那时的冬天特别冷，因缺柴、缺钱，取暖也很简单。记得当时全大队只有两户在外地当干部的人家，每年冬天拉几吨煤生炉子取暖，把人们羡慕得不得了。其他所有人家，都是靠火盆取暖，即用一个泥做的（后来改成铸铁的）盆子，火盆的底部放一些羊粪蛋或碎柴草末子，做完早饭，把灶膛里的炭火扒出来装在火盆里，再用火铲子把火盆里的炭火摁实，这样挺的时间长一些。除了把火摁实来延长时间，还要节省用火，否则连半天都用不了就变成死灰了。冷冷清清的屋子炕上放盆火，屋子立刻就暖和了起来。早饭后，老人和孩子们围坐在火盆周围取暖，女人们便坐在火盆跟前做着针线活唠着家常，有时孩子在外面玩耍，也要不时地回来烤烤火取取暖。到了下午，大约两点钟左右，火盆里的火全部化为灰烬，正好也该做晚饭了（前面说了，冬天吃两顿饭）。晚饭做好后，还是把灶膛里的炭火装在火盆里，作为后半下午和晚间的取暖用火。一个寒冷的冬季，就是这样日复一日地度过的。这盆火除了取暖还有很多用处，小孩子们围着火盆烧土豆、烧家雀、烧粉条头、爆玉米花、烧咸菜疙瘩，邻居家孩子来了，主人为孩子烧个面焗焗、烧个鸡蛋以示招待，还可以在火盆里用小坛焖肉、焖咸菜、烤干粮，老人们围着火盆抽旱烟等。

那时候，院子里柴火垛的大小，是一个家庭殷实程度的标志，柴火垛大的必是殷实勤劳人家。媒婆为姑娘们做媒，夸耀小伙子能干，家有多少多少么大的柴火垛，姑娘过门后，吃不着苦，受不了罪。姑娘的芳心似乎也被这个夸耀所打动。由此，柴火垛的大小，往往成了父母为姑娘择婿的重要因素之一。

那时一年四季为烧柴奔波,我十来岁的时候,就跟着大人们到十六七里路以外的河北省围场县巴头沟林区去捡干棒(干树枝),不只是我自己,而是全生产队和我年龄相仿的孩子都这样,可以想象得出烧柴难的问题是多么突出。为了弄到烧柴人们想尽办法,绞尽脑汁,吃尽苦头。下面让我们看看那时人们是怎么弄柴的。

割柴 割柴就是把长在地上的蒿草用镰刀割倒。割柴是我们那里最常用的弄柴方法,柴草高的时候,用镰刀割下来,整齐地放好,柴草矮的时候,用镰刀把柴草割倒后用小笆搂起来打成厦子。割柴,一般以蒿草为主,有时也割些小灌木,比如王八柳(当地俗称)、蚂蚱腿(当地俗称)、明榛、毛榛等。丘陵小山上的蒿草除了秃老婆花和酸巴溜以外一般留作牲畜的饲草,到了秋季割完羊草所剩无几,较近一点石质山上的蒿草,经过一个秋季、半个冬季,被人割了又搂,变成了光山秃岭,已无柴可割,人们不得不将目光转向十几里路以外的河北省巴头沟林区,去那里割柴。那是一件特别辛苦的差事,来回三十多里路,从早晨七八点钟出发,中午在林区里吃上一顿午餐(自带的干粮),喝上一顿免费的"矿泉水"(山泉水),到下午两点多钟背(挑)上沉重的柴草返回。去的时候很轻松,回来的时候就艰难多了,大人要背(挑)上一百多斤重的柴草,半桩孩子也要背上几十斤重的柴草,步履艰难地行走在崎岖的山路上,如遇刮风天特别是顶风行走,就更加艰难了,开始能走上千米才歇一歇,后来走几百米就得歇一歇,到家已是筋疲力尽,汗水湿透了衣服,待烤干后,黑色的棉袄面上出现了道道的白印,那是汗水里含的碱性物质。遇到大风天、雪天就得打空坡(空手而归)。

搂柴 搂柴就是用竹齿大笆和大笆托子把地上的碎柴草搂起来。秋冬季节,当人们把长着的柴草割光了,开始用大笆搂地上的碎柴草,起初用十九根齿的,因为草短,笆齿稀,搂不上来了,人们就用二十一根齿的,后来二十一根齿的也搂不上来了,人们改用二十五根齿的,最多达到二十七根齿,这也是有大笆的历史以来笆齿密度最大的,再后来人们改用铁齿大笆,不但能把地上的碎草搂干净还能把一些草根搂出来,铁大笆对草本植物的破坏力是最大的。那时人在前面拉着大笆搂柴火,后面冒着缕缕黄烟,像是汽车行走在砂石路上。

拔青柴 到了青黄不接的夏天,自然也是最缺柴的季节。秃老婆花则是人们比较青睐的燃料之一,这种植物纤维化程度高,拔下来晒一两天就能烧。还有谷地头和豆地里的花麻也是夏季的燃料,人们在山上利用劳动间歇时间,到处拔秃老婆花和花麻,到了收工下山时,男人们肩上扛着大捆的秃老婆花或花麻,女人们手里拎着一大筐山野菜,在狭窄的山路上自然地排成几十人或上百人的长队,远处看去甚是壮观,真像是一个运输大队呢!秃老婆花和花麻被拔光了,人们不得不到远处的石质山上拔一种名叫蚂蚱腿的小灌木。这种植物高四五十公分,叶小,开伞状的小白花,含水量低,易燃,上午割下来,晒一个中午,晚上就可以烧。因为它火硬、易燃、耐烧,所以人们的目光就盯在它的身上了。蚂蚱腿,冬季用镰刀割,雨季人们将其连根拔起,几年之后有的农民说:"这几年蚂蚱腿和秃老婆花咋都不见了呢?"有的农民则接话说:"你将它连根拔掉,既没有留下种,又给断了根,哪还能再有呢!"

花麻、秃老婆花和其他青柴、湿柴不易点燃,要用别的燃料引燃,那时扒过麻的麻秸秆最易点燃,冬天人们把扒过麻的秸秆选整齐的捆起来,放在不漏雨的地方备着夏天引火用,没有麻秸秆就得用煤油引燃。夏天用青柴和湿柴做饭,烟非常大,三间屋子满是黑烟,外屋门口像一个大烟囱忽忽地冒着黑烟,有时还要把窗户打开一起放烟。家庭主妇每做一顿饭都会被烟呛得泪流满面,眼角、嘴角、鼻孔都是黑的,气管不好的咳声不断,每隔一会儿还要到屋外换换空气。青柴不爱起火苗,有风匣的用风匣吹火,没风匣的用个破盖帘在灶火门扇风吹火。

撂酸巴溜 酸巴溜呈丛状生长,株高近两米,冠径足有两米多,开着青白色小花,一丛一丛的遍布在荒山和荒界子上。这种植物做饲草牲畜不爱吃,所以它像秃老婆花和花麻一样可以随便割。到了夏末和秋初季节,缺柴烧的人们,把酸巴溜用镰刀撂(割)倒,在山上晾至半干,再弄到家里晾干当柴烧,虽然不是太好的燃料,但也能解决燃眉之急。

搂树叶子 秋天树叶快落的时候,每家每户都编织几个高大的花篓筐,或者把几条破麻袋拆开缝制成一个大口袋,以备装树叶用。晚秋树开始落叶了,大人和孩子们起早贪黑地抢搂树叶子,越是大风天,越忙得不可开交,树叶落净了也被人们抢光了。人们把搂回来的树叶子储起来作为冬季的烧柴,极度缺饲草的年份,还可以用来喂牲畜。

捡栅[zhà]子 村里人通常把玉米和谷子的根叫栅子(茬子)。春种时用犁杖把谷子和玉米的根子挑出来,大人在劳动间歇时,孩子在放学后到种过的地上捡栅子用作烧柴。种完地,很难在上年种的玉米或谷子地里见到栅子。栅子比树叶子的火苗更高更硬一些,做饭时人们还是借助风匣的风力把火苗吹得更高一些,把栅子烧得更透一些。

捡牲畜粪便 那时候每家每户都要准备两三个用树条(树枝)编的筐子,也叫粪筐子,专门用于装牲畜粪便。冬春季节到山上做农活要背上粪筐子,就连到邻村串门、办事也要背上粪筐子,顺便捡些牲畜粪便。年龄大的老头儿户外溜达,身上总不离粪筐子,手上不离粪叉子,用来捡牲畜粪便。秋冬春季节,羊倌去山上放羊都要背上羊包(用于背羊羔的毡包),不背羊羔时用来装牛粪做燃料。冬天,半桩小子起床后要背上粪筐子到村路、河边和牲畜常去的地方捡粪,将捡回的牲畜粪便进行分类,把牛马骡驴的粪便放在院子里晾干当柴烧,把猪狗的粪便放在粪场里做肥料。大牲畜的干粪便渣和粪末子,人们也舍不得扔掉,要留着烀[ǒu]炕(烧炕)或用风匣吹着烧。

扒树皮 为了弄柴,人们不放过任何一个弄柴的机会,那些年每年生产队都要放(伐)很多树,用于盖房、做农具等,树皮自然是生产队不用的,所以,每当生产队放树时,树下站满了等待扒树皮、捡树枝的人群。榆树皮可分为两大层,外层(老皮)用作烧柴,里层(挨着树干那层)

人们把它晒干磨成面作为玉米面、土豆面的黏合剂。杨树皮主要用作燃料,有的选薄的、光滑的缝制杨树皮篓,用来盛米面等。放树时摔掉的大小树枝,生产队也不要,人们用手把大小树枝捡完了再用筢子把碎树枝搂起来。

掏喜鹊窝 春播过后,孩子们放学后的主要任务就是弄柴火。有一年春天,下午放学后,我既没有捡到柴也没有拾到粪,正在犯愁无法向父母交差时,突然发现了一个"新大陆",在不远的山沟里,有一株树上搭了一个喜鹊窝。那时我还不会爬树,情急之下,也爬上去了,把喜鹊费尽艰辛搭起来的窝拆了下来,足有二十多斤重,父母见了非常高兴,因为喜鹊窝儿全是用干木棒搭起来的,所以好烧、火硬、耐燃。从那以后,我每天放学到处寻找喜鹊窝,本生产队的喜鹊窝捅光了,就到邻队去找,最多一次连捅了三个,哈哈,发了个"洋财",一个春天的时间捅了几十个喜鹊窝。有很多喜鹊已经产蛋,就用单帽子装喜鹊蛋,用嘴叼着帽子的沿,有时稍不注意喜鹊蛋就破在帽子里,弄得满帽子都是蛋黄子。一春天就攒了满满一大水葫芦喜鹊蛋,然后再集中煮着吃或炒着吃,有的喜鹊蛋已开始孵化。那时,生活所迫也没有什么保护野生动物的意识,为了烧柴也顾不了那么多了。衣服被刮破了,皮肤被刮伤了,有几次还险些从树上掉下来。其实如果不是缺柴烧,谁也不愿意冒着生命危险爬那么高的树。一春天的奋战,院子里攒了一垛干木棒,成了生产队里干柴"暴发户",邻居们都羡慕不已。这种事不只是我一个人干,队里的小伙伴和会爬树的大人有时也干。

扫草末子和羊粪蛋 晚冬,丘陵小山上的蒿草被人们用镰刀割了又割,用竹筢子搂了又搂,再加上反复地放牲畜,小山变成了秃山光岭,光秃秃的像个和尚头。大风更是肆无忌惮,无所顾忌的一场挨一场地刮着,把地面上的羊粪蛋、碎草末、草叶子、树叶子、兔子毛草、扎巴棱[lēng]等都吹到了背风坡和沟头里,这时人们挑着挑筐或背个小花篓筐或背个粪筐子,拿着扫帚到背风坡和沟头上扫羊粪蛋和草末子。有的还拿把镐头,到树林子里寻找树疙瘩(伐过的树根桩);到雨季冲刷过的侵蚀沟里寻找裸露的树根和草根;到封山里面寻找死杏树疙瘩;当然遇见大牲畜的粪便也不放过,一并收进筐里。总之一句话,凡是能烧的(活树除外)都是获取的对象,只要人不懒总会有收获的。

搂羊柴 冬天最怕的是下大雪,那个时候不知是怎么的,好像老天爷专门和穷人作对,夏季雨多,冬季雪多,每个冬季都要下两三场中到大雪。一旦下大雪,就会出现柴荒,牲畜也不能出牧,只得圈内喂养,这时缺柴户的烧柴就要靠生产队了。生产队把羊吃剩下的羊柴秆子、树枝子(每年秋天在树没有落叶前,把榆树、柳树、杨树带着叶的树枝砍下储起来作为冬季牲畜的饲草)作价卖给社员(每百斤几毛至一元钱不等),以度柴荒。

早晨六点多钟,缺柴的社员就拿着绳子和小竹筢子到生产队的饲养处等着搂羊柴(冬天生产队有二百多只羊,每天都要喂羊草、玉米秸或带叶的树枝子),待饲养员打开羊圈门子,人们一拥而入,你一筢我一筢的瞬间就将满羊圈的散羊柴搂在一起,再抱到圈外打上捆,找饲养员过秤记账。经过一个夜晚羊在羊柴上拉尿,羊柴湿漉漉的,羊草的秸秆还好些,玉米秸秆本来就不爱起火苗,被羊尿湿了之后根本就点不着火,所以要晾一两天才勉强能烧。即便如此,有数的那点羊柴也不是人人都能摊上的,有的去晚了就会空手而归,家里实在没柴烧,不得不低三下四地向别人匀一些以解当务之急。

开山赈柴 开山即允许社员到本生产队的封山里有计划、有时间地按照统一要求割柴。有的年份林区被大雪覆盖,近山无柴,几乎家家户户都闹柴荒,为了解决烧柴,社员们集体请求开山,生产队长要召开队委会讨论通过方可进行,但要约法三章:一是确定准确的开山时间,即起始时间和结束时间;二是确定开山范围,划定开山区域;三是只许割蒿草不得砍树;四是非本生产队社员不得帮助割柴。开山那天,除了老弱病残几乎全部出动,人们老早就进山抢占那些生长茂密、草质好、地势平坦的有利地块,待懒汉们上山时,只剩下被勤快人挑剩下的次等地块。这天,人们打破了大山以往的宁静,说笑声伴随着嚓嚓的割柴声,顿时热闹非凡。经过几天的奋战,每家的院里都有了一个大小不等的柴垛,柴荒似乎解决了,但人们还是不敢放开手脚全部用好柴做饭,尽量多烧些碎柴和牲畜粪便,把从封山割来的好柴留着年前年后用。

偷山 所谓的偷山就是到封山和林区偷柴。腊月是用柴的高峰,为满足年前年后的用柴,腊月农历初十前后,生产队里的青壮年们开始"预谋"偷封山了,因为农历的十一二日到十八九日有月光,人们可以借着月光偷柴。晚上九点多钟出发,到大队或毗邻生产队的封山里割柴,夜间两三点钟返回。这样连续偷上几次也能满足过年用柴。偷封山有个原则,就是先偷大队的,偷不成就偷毗邻生产队的,一般不偷本生产队的。夜里偷柴,白天还要参加生产队集体劳动。

有的年份大雪封山,封山里也无法割柴,那是真正的柴荒,人们不得不到十六七里路以外的巴头沟林区去偷柴,夜间四五点钟出发,到林区砍桦树枝子或割一人多高的桦树苗子,几十分钟就能砍(割)一百多斤桦树枝子(桦树苗子),太阳出山时就能满载而归。那是一件铤而走险的事,一旦被护林员抓住是要受到重罚的。有几年搞冬季大会战,到腊月二十五六才放假,社员没时间准备过年用柴,几乎家家都闹起了柴荒。记得一九六七年腊月二十九,因缺柴烧队里十几名青壮年手持镰刀,肩背扁担绳子,一大早直奔巴头沟林区,割桦树根上萌蘖出的桦树苗子。人们满以为明天就过年了,今天护林员肯定不会上山,于是放开手脚猛劲地割,想早点回去啃猪骨头。没想到柴也割完了,捆也打好了,护林员王庆余"从天而降"突然出现在眼前,大家全都傻眼了。王庆余说:"大过年的还出来偷山,而且你们割的全是小桦树,这是要重罚的。"大家说,家里实在没烧的才二十九出来割柴,为了早点回去才割了好割的桦树苗子。王庆余又说:"再缺柴、再图快,你们也不能割桦树苗子,多可惜。看在大过年的份上,如果不是缺柴你们也不会今天上山割柴。这样吧,给你们留一根绳子,把桦树苗子背回去,把扁担、镰刀和另一根绳子给我留下。"大家再说什么也无济于事,就这样用一根绳子把两捆桦树苗子捆在一起往家里背,两捆合一捆很不好背,背到半路实在背不动了便把一部分桦树苗子寄放在小沟里,大年三十的早上又到山上把寄放的桦树苗子弄回家。想来,这个护林员还很人性化。

借柴、买柴 社员家暂时没柴烧又弄不来柴的,就到邻居家借柴烧以解燃眉之急。家里没有劳动力弄不来柴的就得在平日里攒点钱买柴烧,买柴不仅仅是在生产队里买,更多的要在个人家买。那些年家里没钱,到了农历的十一二月份,生产队没有那么多农活,父亲就上山割柴,除了满足家里烧柴,还要卖一些柴,换点钱来填补家用。放寒假时我们哥几个也参与其中,那是项不小的收入,每天卖柴所获得的收入就能达到三五块钱,父亲用卖柴钱置办年货,有时也用这个钱给我们买支钢笔,买双球鞋什么的。

那时上山砍柴有四不顺:一不顺"打空坡",即上山砍柴行至半路或已到砍柴地点,但因天气突变(下雪、刮大风、特殊寒冷)空手而归的;二不顺"骨碌坡",即挑着柴行走在陡峭大山的撒坡道上,柴火捆儿被大风刮跑顺陡坡而下,直至把柴散尽,打柴人空手而归的;三不顺"半路寄放",即挑着柴行至半路突然变天,无法行走,半路把柴寄放在背风、背人的小沟里,找块石头把柴压好,待天气转好再把柴弄回家的;四不顺"被挡山了",即到河北巴头沟林区或到大队及生产队的封山砍柴,被护林员抓住,柴火、绳子、扁担和镰刀一并被没收的。

我总认为只有我们那里缺柴烧,我参加工作以后,听说敖汉旗比我们那还缺柴,据说一户农民为了煮熟一锅年夜饭(饺子),连锅盖都烧了。后来,我在敖汉旗工作了几年,相信这件事是真的,不是虚构的,因为那里的林草资源远远赶不上我们那里。后来,敖汉旗成为全国人工造林第一县,被评为全国的治沙造林先进典型和世界生态环境五百佳,我想与原来恶劣的生态环境所迫不无关系,穷则思变嘛。

前几天,家里来了位老乡,我问起现在的烧柴情况,老乡说:"现在满山架岭的柴草没有人割,有的庄稼秸秆也没人要,连自家的树枝子都烧不完,牲畜粪便、树叶子等更没有人烧了,冬春时节防火成了大问题。"天还是那片天,地还是那块地,山还是那座山,人口不比过去少,用柴量不比过去小,怎么会有如此之大的反差呢?

第二篇

穿、戴、铺、盖的尴尬

穿衣不仅仅是为了防冻防晒，还是人类文明进步的重要标志之一。它既是防护罩又是装饰品，所以人们总把吃穿联系在一起，可见穿着多么重要。在五六十年代物质极度匮乏，经济发展又特别滞后，一些富人有钱买不到东西，但相当一部分人是没钱买东西，食不果腹、衣不遮体，衣着不整的现象更是普遍存在。时代就是这么会捉弄人，那个年代做衣服缺布，有布又没钱买，可是越要捂得严严实实的，男的可以穿着露膝盖、露胳膊肘、露肩膀子的破衣服，但不可以穿短裤出门劳作。而现在物质极大丰富，穿多少有多少，穿什么有什么，人们却不穿那么多了，女的穿个小短裤穿个小短裙，上身穿个小吊带即可出门，行走在大庭广众之间。好好的一件衣服硬要磨白了、磨薄了、磨开花、磨出几条口子再穿，有的还要磨出几个洞，这样的衣服穿在身上方显"英雄"本色。如果把这个时代换到五六十年代那该多好，既省布又省钱，衣服破了又不用补。那时因穿着不整，让人尴尬的事情比比皆是，一个挺要面子的人，却穿着一双露着脚趾头或露着脚后跟的鞋（那可不是现在女人穿的前头露"蒜瓣儿"，后头露"鸭蛋儿"的凉鞋）站在人们面前；一个很重要的场合，却穿着一条露着膝盖、裤脚破碎的裤子站在大庭广众之下；一个很露脸的机会，却穿着一件露着肩膀子或露着胳膊肘子的上衣，站在人们面前等等。这种情况，谁会不感到尴尬呢？从穿的戴的到铺的盖的都是如此，只不过铺的盖的不像穿的那样外露，实际比穿的戴的还要寒酸，有时更为尴尬。

身上着的

在五六十年代，无论男女下身穿的都是又肥又大不分前后两面穿的免裆裤。男上衣大多都是对襟袄，算盘疙瘩扣，冬天老年人怕肚子着凉穿大襟棉袄。女上衣都是带大襟的，算盘疙瘩扣。因为缺钱，物质极度缺乏，穿的衣服只有冬夏之衣，根本没有春秋之装。从棉衣直接换单衣，从单衣直接换棉衣，没有过渡衣服可换。殷实人家有的有件夹袄，所谓夹袄就是两层布做的衣服，有里有面，一般外层是新的，里层是旧的，有的里层外层都是旧的，可以在春秋两季穿一穿。六十年代中期家庭经济状况有所好转，有很多家庭都能给干活的做一身薄棉衣服穿，薄棉衣服只在晚春和晚秋穿一穿，因为穿的时间短，所以一身薄棉衣能穿二三年。到了六十年代末，秋衣、秋裤、绒衣、绒裤陆续进入山村百姓家，手巧的大姑娘、小媳妇还能织件毛衣穿，从而代替了夹袄、薄棉裤和薄棉袄。五十年代到六十年代中，冬天没见到有穿衬衣的，都是骡穿棉袄，骡穿棉裤（不穿内衣，直接穿棉衣）。夏天有件手工做的白粗布坎肩，干活时基本是当外衣穿。为了省衣服夏天耪地大多都光着膀子，被夏季灼热的太阳晒上几天，后背一张一张地往下掉皮，到了夜晚后背火烧火燎疼得不敢挨炕，过七八天以后肉皮晒成黑紫色，颜色虽然难看些，但是肉皮不疼了。

孩子们穿的五花八门，就更寒酸了，有的家庭孩子多没钱买布买棉花，十几岁的半桩小子，一冬天只穿一条破单裤过冬。我清楚地记着，水泉东生产队有两户人家的孩子，大冬天上身穿着"开了花"的棉袄，下身穿着一条破单裤，没鞋穿光着脚过冬，脚丫上的皴比大钱（铜钱）还厚，在冰雪地上光着脚到水泉子抬水。当看到他们时，再想想我们，心里有了一种莫大的满足感，比起他们来我们幸福多了。当然父母也常拿他们来说事，来教育我们。

因为没有衣服换,夏装从春穿到秋,冬装从冬穿到春,坏了就补,补完再穿。补衣服时没有衣服可换,晚上老早地钻进被窝,把裤子脱下来补好后第二天早晨再穿上。没有换洗衣服,晚上洗早晨穿,早晨干不了就用火来烤,人们称这种穿法叫"一遭烂"。到了早春换季的时候,旧的棉衣人们也舍不得拆,等春天天气回潮和夏季连雨天时穿一穿、披一披来御寒,人们也称打打短(打打接应)。所以在夏天阴雨天时老年人穿着棉衣出来并不稀奇,有时躲雨不及时淋湿了衣服也要用棉衣临时换一下,实在没有换的,人们就围着被子在火盆里点上一堆火烤干再穿,过去说老虎下山一张皮就是说的这个意思。

当时对穿的要求并不高,冬能穿暖不挨冻,夏能穿单不露肉,就十分满足了。一套棉衣穿到身上不下架,晚上睡觉脱下来还要盖在被子上面御寒。一冬天的重体力劳动,棉裤的两个屁股、两个膝盖,棉袄的两个胳膊肘处老早地就没了棉花,只剩两层布,行衣服的线也断了,棉花赶蛋了,后半冬的棉衣又透风又不保暖。那时把棉衣穿开花的人很多,棉衣面穿坏了露着或白或灰的棉花。当然,衣服打补丁是必不可少的,一件衣服打上几块至十几块补丁并不少见。常坏的地方如棉衣的胳膊肘、袄袖子、前衣襟、后屁股、膝盖、裤脚处,有时在一个位置上要补好几次。实在补不上就得露着棉花穿,单衣补不上就得露肉,那不是女主人懒惰,而是实在没东西可补。一件蓝衣服补一块黑补丁,一件黑衣服补一块蓝补丁那是常有的事。那时巴掌大小的碎旧布都要放起来留着补衣服或打袼褙用。

到了晚秋该做换季衣服了,人们才把旧棉衣拆了,拆下来的旧棉花还要和新棉花掺着用,完全用新棉花做棉衣既没有那么多棉票又没有那么多钱。为了穿着热乎把新棉花絮在棉衣的里层,为了挡风把旧棉花絮在棉衣的外层。那时偶尔有人穿一件"三新"(新里、新面、新棉花)衣服,就会被人们当"话把"挂到嘴上为之炫耀。到快要做棉衣时,晚上家庭主妇开始剋[kēi]棉花,即把旧棉花一张一张地揭开,然后用手指盖把打了卷、成了团的旧棉花剋得薄薄的,再一张一张地摞起来准备做新棉衣用,剋一晚上棉花,柜盖上落一层厚厚的棉花毛和灰尘。为了充分利用旧衣料,把旧棉衣服的面拆下来洗一洗、补一补做新棉衣的里子或者给孩子做棉衣服面。大人穿过的旧衣服拆洗、缝补一下再给大孩子做着穿,大孩子穿过的旧衣服拆洗、缝补一下再给小孩子做着穿,所以,小孩子很难穿到一件新衣裳。

天逐渐冷了,换季的棉衣也逐渐做好了,但这既是换季的衣服也是过年的衣服。怕孩子把衣服弄脏,把整个前衣襟用旧布绷上(简单缝上),袖口用旧的洋袜子桩(针织袜桩)套上然后再绷上(过去人们习惯地把针织袜统称为洋袜子,穿坏的袜子把袜桩留下来),等到过年时把绷上的旧布和袜桩拆下来,又是一件新衣服。这样既解决了换季问题,也解决了过年穿新衣的问题,一举两得,穷人有穷办法。

那时做的棉裤还要加一个二十多公分高的白裤腰,把裤子穿在身上,裤腰都到胳肢窝了。裤腰特别肥,穿时要把肥裤腰免起来,人称免裆裤。弄上一块三尺多长,五寸多宽的白布做裤腰带。上身骤穿棉袄时,衣服肥从棉袄下面进风,人们在棉袄的外面也要扎上一根腰带。部队转业的,用部队发给的牛皮腰带,扎这样腰带的人感觉很神气;没当过兵的农民,有的用熟过的牛皮打上眼,讲究的还要安上封眼,再安个腰带钎子用来扎腰;没有专门腰带的就用布带或麻绳代之,比较讲究的人一般很少用麻绳扎腰,有披麻戴孝之嫌。棉袄外面扎腰带确实很暖和。那时不光是裤腰肥,裤腿也很肥,为了防止裤脚进风,得用专门的腿带子或布带子把裤脚扎上。有人会问,既然缺布少棉,为啥衣服还做那么肥?现在想可能是那时没有专业的服装设计师,服装设计、剪裁不够科学,实际是肥大的衣服更方便劳动,衣服瘦了干活不得劲,干活时说不准哪个动作就会把衣服撕开。现在的人穿着合身合体,那是因为他(她)们不干力气活。你看那些练功的人,哪个穿着都很肥大。

那时候买布要用布票,买棉花要用棉票,买线要用线票,所以有钱没布票也买不来布。大人和孩子发的布票、棉票和线票数量是一样的，但孩子和大人的用量差距很大，如果一家子人都是成人，国家发的布票、棉票就不够用了。那时候的布料都是棉质的，所以抽(缩水)得很厉害，如果用七尺布做一件衣服就得买七尺半布。为了减少衣服的缩水率，做衣服前先把棉布放入热水中浸泡一下缩缩水，然后做的成衣抽(缩水)得就不那么厉害了。

过去做衣服用的布料品种少，很单调，有青士林、青斜纹、白士林、红布、花布等。如果做棉衣服面，买不起青斜纹、青士林布，就得用白布染成黑色或蓝色。染布时，烧一大锅开水，放上两袋煮青或煮蓝，搅拌均匀，放上两把大青盐，将白布放在锅里煮一会，捞出后再用清水投两遍，晾干即可。用染出的布料做的衣裳，新的时候还将就，时间久了就会掉色。用煮青煮的布掉色后灰不灰黑不黑的，像一张失去了光泽的死老鼠皮；用煮蓝煮的布掉了色更是难看，还不如过去家做的装老衣服(寿衣)好看，整件衣服掉的颜色还不一样，深一片浅一片的像花牛屁股。大人无所谓，只要能御寒能遮体就心满意足了，可孩子们极不愿意穿这种染布做的衣服。光棍汉和缺做衣服人手的家庭，连染布衣服也穿不上，直接用白士林布做棉衣服面，单衣服脏了还能洗一洗，棉衣服脏了也没法洗，就只能一脏到底，有时候真能把白衣服穿成黑衣服。实际白布和青士林布也差不了多少钱，可是买白布的钱还不够呢，哪还能有钱再买青士林布呢。真是一分钱难倒英雄汉。青斜纹布滋密、颜色纯正不掉色，好看有光泽，像现在的名牌服装。那时穿一身斜纹布衣服算是很奢侈的了，一般人家只能买二三尺做鞋面用。

到了六十年代末，布料花色品种增多，比如被人们称为"趟子绒"或"南北坑"的条绒、尼龙、的确良、涤卡等。一般姑娘找婆家都要一身趟子绒，做了还舍不得穿，纸包纸裹地放在柜子里，只有在回娘家或参加一些重要活动时才拿出来穿一穿。能穿上一身条绒衣服也是很荣耀的，走在大街上别人都很羡慕。随着新布料的出现衣服的款式也出现了一场新的革命。人们买了缝纫机,开始学着城里人的穿法,年轻小伙子穿前开门裤子,大姑娘小媳妇穿偏开门裤子,裤腿瘦了许多,穿着苗条利落,体型外露,比过去的免裆裤好看了许多,但是年龄大的老人看不惯。七十年代初,大姑娘、小媳妇、小伙子,大部分能穿上裤衩还能穿上秋衣秋裤,中年人和小伙子们把背心或秋衣都塞到裤衩里面,把上衣脱掉,裤衩和秋裤的裤腰露在外面,秋裤裤脚也露在外裤的外面一圈,好像生怕别人看不见自己穿了几条裤子。到八十年代中期,我下乡到乡镇,还有很多乡镇干部也这么穿。

脚上穿的

脚上穿的主要是鞋和袜子,在我刚刚记事的时候,村里还有几个老太婆用裹脚布裹脚,即用宽七八公分,长约八十公分的白布条子把脚一圈一圈缠上,除了大拇指,其他几个脚趾头都折在脚底下,脚趾和脚掌结着厚厚的茧痂,干干的没有一点血色,裹完的脚失去了原来脚的形状,尖尖的呈锥子型,穿着一双尖鞋,用脚跟走路,走起路来一搲一搲的,自己很难受,别人看着很别扭。绝大多数人脚上穿的都是袜子和鞋子,但和现在的袜子、鞋子区别很大。

袜子　那时的袜子有手工布袜和手织毛袜两类,到六十年代中期就有人穿洋袜子(针织线袜)了。手织袜多数为毛袜,如羊毛、羊绒、牛毛袜,也有手织线袜子的,但极少。手织毛袜很慢,要经过三道工序,首先要把羊毛、牛毛、羊绒等弹开,去掉杂质,用经子拨锤把羊毛打成经子(毛线坯子),而后再用毛经子织成袜子。有用钩针勾的,稍厚一些;有用竹签织的,稍薄一些。穿起来很暖和也很舒适,但只能冬天穿,穿坏了不能扔,要把袜桩和脚背部分的毛线拆下来再用。那时候村里四五成的中老年男人都会织毛袜子,有的还会织(勾)毛衣呢。在晚秋和初冬季节,利用早晚和劳动休息时间,把羊毛弹出来,把经子打出来,开始一双一双地织袜子,因为都是抽空织,所以几双毛袜子要织一两个月。有的家庭人口多织的袜子多,为了赶时间,参加集体劳动时也要把羊毛、经子拨锤或羊毛经子带上,在劳动休息时打打经子,织织袜子。

用布做袜子。一般用白布裁出脚底以上部分,分左右两片缝合;袜底是单做的,用两三层布或用一层薄袼褙上下挂面,用针线纳好,然后再把袜底绱在缝合好的袜桩上。袜子穿坏了也要打补丁,最易坏的部位是脚趾、脚掌和脚后跟,脚背部位是很少穿坏的,所以穿破袜子不脱鞋也看不出来。农村有个讲究,来了客人要让坐到炕上,客人不能伸着腿穿着鞋,要把鞋脱掉,盘腿坐着。如果客人盘腿坐在炕上不脱鞋子,不是客人不懂礼貌,而是袜子有问题。

到了夏天很少有人穿袜子,穷时穿不起袜子,后来养成了习惯。有的在耪地时连鞋都不穿,干脆把鞋子也脱下来扔在地头上。中午地太热人们还是要穿鞋的,一是怕烫脚,二是怕上火眼睛长眵目糊。

鞋子 脚上没鞋矮半截,说明鞋子在人的穿戴里面占有很重要的位置。如果穿了一身整齐的服装,可鞋子不好,显得极不协调,整体效果也会大打折扣。脚支撑着整个身体的重量,所以鞋子对整个身体都有很大的作用。鞋子的好赖不但对整个身体有影响,而且还影响着人的形象。

过去每个家庭的女主人都存着一撂鞋样子,最少每人要有一副,有的一个人就有两三副,有方口认脚的,有圆口便脚的,有假鞋(单鞋)样子,还有棉鞋样子,小孩子的鞋样子每年都要换,脚长大了鞋样子也就不能再用了。一副鞋样子只有两张,一张是鞋底样子,一张是鞋帮样子。有人会说,做便脚鞋(便脚鞋:鞋子不分左右脚)可以,做认脚鞋(认脚鞋:鞋子分左右脚)呢? 其实很简单,做认脚鞋裁另一只鞋帮或鞋底时,把鞋样子翻过来绷在袼褙上即可,也可以把剪好的袼褙鞋帮、鞋底翻过来用。那时候有巧妇会剪鞋样子,用手量一下脚的大小就能剪出一副合适的鞋样子。拙妇就得扒鞋样子,就是把别人的鞋样子铺在纸上照原样剪下来。做鞋时,把纸鞋样子绷在袼褙上,用剪子沿着纸鞋样子外缘剪下。大人的鞋样子一用就是多少年,有的鞋样子破了还要用浆子粘一下留着再用。为了使用方便,女主人要把这些鞋样子放好,有的把鞋样夹在一本破书当中,有的用纸壳一层一层地隔开放在柜底下压上。用纸鞋样子剪裁鞋帮和鞋底的办法不知流传了多少年,看似再简单不过的一个办法,多少年来为人们的生活提供了方便。

那个年代鞋子始终困扰着人们,做起来费工、费时、费力,做一双鞋要经过很多道工序。第一步打袼褙,就是把碎旧布一层一层地用糨子粘起来晒干;第二步剪裁,就是把鞋帮和鞋底样子绷在袼褙上,剪出鞋底和鞋帮;第三步挂里面,就是把剪好的袼褙鞋帮里子挂一层白布,把袼褙鞋帮外面挂一层布鞋面,一般都用青斜纹布做鞋面,小女孩、大姑娘和小媳妇喜欢穿花鞋的就用花布做鞋面;第四步严鞋口,就是用和鞋面相同的布封鞋帮内口,用白布条封鞋帮外缘;第五步纳鞋帮,有实纳帮(没有图案等距离均匀地用针线把鞋帮纳一遍)、有万字(用缝纫机在鞋帮上扎出若干个万字形的图案)、有豆腐块(用缝纫机在鞋帮上扎出若干个像豆腐块一样的棱形图案)等;第六步严鞋底边,就是把袼褙鞋底外缘用白斜布条封上;第七步挂鞋底面,就是把鞋底上下面挂上白布,把四到五层做鞋底的袼褙粘在一起;第八步搓纳底子绳,就是把麻放在大腿上,用手将麻搓成约两毫米粗的绳;第九步纳底子,就是把袼褙鞋底子用麻绳等距离一针挨一针地纳一遍;第十步绱鞋,就是把鞋帮和鞋底缝合在一起。新做好的鞋,因为鞋帮很硬,在穿之前要用潮湿的破布把鞋帮撑起来防止磨脚。即便如此,穿新鞋时也免不了把脚磨破或磨出血疱,走起路来一瘸一拐的,不过,不用担心,穿几天鞋面软了,脚就适应了。

鞋子和衣服相比,鞋子是不禁穿的,一双新鞋如果是干活的人一直穿着,两个来月就坏了。干活人穿鞋费,也与做鞋的布料有很大关系,一般用旧布料做的鞋不结实,不像现在鞋底用橡胶等各类材质,鞋帮用经久耐用的化纤等布料结实耐穿。

鞋穿坏了不能扔，经过修补以后还要接着穿。修鞋很麻烦，一是不好操作，二是修不合适磨脚，三是没有现成的修鞋材料。那时不能穿的旧鞋也舍不得扔，把鞋底、鞋帮拆下后将能用的部分剪下来留着修鞋用，把不能用的废料一分钱一斤卖给代销点。掌鞋时鞋帮要用旧鞋帮去补，鞋底要用旧鞋底来掌，后来有了旧轮胎，人们花几元钱买一只，按着鞋底子的形状割下来，再把厚的地方用快刀削薄，用来掌鞋底，又耐磨又结实。修鞋还要有工具，比如大针、掌鞋锥子、上鞋锥子等。由于工具简陋，掌一双鞋甚是费劲，既不好插针又不好拔针，有时掌一双鞋就折断好几根针。我们家男孩子多，所以掌鞋的量就特别大，后来父亲在掌鞋摊看到用钉拐子钉鞋底方便快捷，就找在红花沟金矿工作的二舅做了一个钉拐子，从那时起就不再用绳掌鞋底了，改用秋皮钉钉鞋底，方便省事。有了这件新型的修鞋工具，不但方便了我们家也方便了全村，从这个钉拐子进家，就开始忙碌起来，东家借完西家借，几乎不曾着家。那时候一双鞋从开始修到报废，要维修若干次，穿修补的鞋子要比穿新鞋的时间还要长。一双新鞋重量不过一斤，而修补过的一双旧鞋足有三四斤重。

那个年代，村里几乎所有人都穿家做鞋，个别家有一双用羊毛撵制而成的小毡疙瘩，那是冬天穿的，很暖和也很耐穿。赶车老板子有一双高腰毡疙瘩，那是生产队发给的。还有当过兵的有一双大头鞋，真的很保暖。赶车老板子的高腰毡疙瘩、个人的小毡疙瘩、大头鞋等是可以借的，谁家有特殊事情，比如接送没过门的媳妇住婆家，接送丈母娘住女婿家等等怕冻脚都要借着穿一穿。供销社也卖鞋，但很少有人买得起，后来经济状况有所好转，个别人家有给孩子买球鞋穿的，全生产队的孩子都垂涎三尺、羡慕不已。那时人们干泥水活时要光着脚，宁可伤了脚也不愿湿了鞋。为了省鞋，大人告诫孩子走路时要挑好道走，孩子玩的游戏也要捡省鞋省衣的玩，比如踢疆（费鞋）和老鹞子叼小鸡（费衣裳）

游戏,家长是禁止玩的。那时穿一双新鞋也是很上眼的,不管大人还是孩子,穿上新鞋都愿站在人们眼前。如果是穿一双大头鞋站在人群里,穿者很自豪,看者很羡慕。

头上戴的

五六七十年代女人头上戴的很单调也很简单,年轻女子和中年妇女头上扎一块四边带穗的针织方形头巾,颜色有红的、粉的、蓝的、绿的等等,头巾既能保暖、御寒,又能防尘,同时也是女人的装饰品。用来防尘御寒时,把方形头巾对角折一下,把折好的头巾长边当中盖在头顶上,长边的两头系在下巴颏儿底下。春秋季节把对折好的头巾系在脖子上,既能保暖又能起到装饰作用。老太太大多戴一顶圆形平顶黑色的栽绒帽子,帽子的两边分别缝着一朵黑栽绒布做的小花,帽子前面还镶着小拇指肚大小绿色的亮片。那时老太太把头发梳到后脑勺下面再挽个疙瘩揪,用黑色的网罩(网子)把疙瘩揪套上,再戴上帽子,疙瘩揪露在帽子外面,这顶黑帽子能起到装饰、御寒的作用,对掉头发的老太婆也有遮丑之嫌。

男人们夏天一般戴单帽,多数人不戴,热天、雨天戴个苇连头,不戴时拴在后背上。冬天男人都戴帽子,青年、中年男子几乎一人一顶皮帽子。老年人大多戴顶毡帽头,形状像瓜皮帽,帽头前面有个毛皮小迎风,两边有个毛皮小耳扇,冷时打开,平时折进帽盔里,春秋冬都能戴。这种帽子戴在头上,看着总有几分不舒服的感觉,像电影里的汉奸、地主、四类分子形象,哈哈,反正不像好人样,但老人们戴着很实惠,一年能戴三季,也很科学,既解决了冬天头部御寒的问题,又解决了春秋时头部保暖问题。

皮帽子有好几种,最讲究最豪华的是狐狸皮帽子,最常见的也是最普遍的当属狗皮帽子,也有兔皮和猫皮的,但没有狗皮帽子暖和禁

[jīn]戴。七十年代末商店里卖栽绒帽子,好看,不太暖和。冬天要到大山上砍柴和野外做农活,寒风刺骨,没有帽子是不行的。狐狸皮帽子戴着高档、美观、暖和,象征着富有、身份高贵。不但不好买,而且价格不菲,每顶帽子要二十来块钱,不是每个人都能戴得起的,也不是干活人戴的。戴狐狸皮帽子就像现在穿裘皮大衣,要特别注意保护。通常都戴狗皮帽子,这种帽子经济实惠,也比较好看,戴着暖和、随便,不用刻意保护。狗皮比较好弄,那时候几乎每家都养狗,需要时把自家的狗勒死,花几块钱找人把狗皮熟一熟即可。一张中等大小的狗皮能吊三顶皮帽子。

做一顶狗皮帽子也很麻烦:一是要买棉帽衫子;二是得买皮子,如果自己有狗皮还得找人熟;三是得买新棉花;四是要找专人裁皮子、吊帽子(把皮子缝在帽衫上)。所以帽子不旧到一定程度人们是舍不得扔的,总是把长毛的戴成中毛的,把中毛的戴成短毛的,最后戴成几乎没毛的。不过狗皮帽子很禁戴,一顶狗皮帽子能戴四五年,节省着能戴六七年。皮帽子的戴法一般有四种:第一种是把帽扇子折上去,把帽扇子下面的两根带系在上面,这是天不太冷时的戴法。第二种是把帽扇子折上去,但帽扇子下面两根带不系,让帽扇子耷拉着,这是天比较冷但不是特别冷的戴法。第三种是把帽扇子全落下来,是天很冷时的戴法。天特别冷的时候,不但要把帽扇子落下来,而且还要把帽扇下面的两根带系在下巴颏儿底下,这是第四种戴法。

不可想象,仅仅四五十年的光景,天气就暖了这么多,现在回老家,那些中年人和小伙子们冬天已不戴皮帽子了。在五六十年代,冬天到邻居家串门,一百多步远都得戴上皮帽子,不然就把耳朵冻得像猫咬似的疼,胡子冻上冰溜子,眼毛挂白霜。冬天来了客人,第一件事是把火盆挪到客人跟前,再把火盆上面的灰扒开露出明火,为客人取暖御寒。那时每个冬天,村里都有很多人被冻伤,比如冻伤脚的、冻伤手的、冻伤耳朵的。冻伤的脚和手肿得像个馒头;冻伤的耳朵肿得像个铃铛,还放着亮光,有时不及时治疗还会发展成冻疮。如果形成习惯性冻伤,每年着冷就发作,奇痒无比。那时人们常用一种土办法治冻伤,即把谷糠放在火盆里面,用谷糠火烤冻伤的部位,糠火特别呛人,但是治疗效果很好。过去的天气确实比现在冷多了,但还有一个不可忽视的原因,那就是御寒的衣服少而薄,如果过去能有现在这么多这么好的保暖衣服,也不至于把人冻成那样。

铺的、盖的

说到铺的盖的就得先说说睡觉的炕,五六十年代全大队几百户人家都睡炕,那时只听说过床但没见过,一九七六年读大学时才初次见到床的模样,但都是简单的木床。参加工作后单位里的"小光棍"们准备结婚时都疯狂焊床,即弄点钢管、角钢、钢筋等,找个师傅给焊接在一起,再刷上蓝漆,弄几块木板和草垫子铺上就能睡觉了,这时才对床有了一个基本的了解。对比而言,我觉得农村的土炕还是最实惠的,天冷时可取暖,劳累时能解乏,从现在保健角度看,热乎乎的土炕能增强血液循环,具有保健功能。山村的炕都是在屋子的南面靠着窗户,这样采光好,人们坐在炕上由于阳光的照射身体格外暖和。

在我们那里把垒炕叫盘炕,炕腔(箱)是用长条坯搭起来的,炕面子大多用方形大块土坯,土坯炕面热得慢但热得时间长,也有用石板铺炕面的(石板上面抹上一层泥),这种炕面子热得快但凉得也快,好处是不用年年托坯。炕面要抹两遍泥,头遍泥用的穰秸要粗一些长一些,要保证结实,二遍泥用的穰秸要细一些短一些,达到平的效果,这样躺在炕上才舒服。

土炕面上要铺一领席子,可在我记事的时候,小村里还有好几户人家买不起炕席睡土炕,连炕席都买不起,毡子、褥子更无从谈起,睡觉时身体直接挨着土炕,炕硬硌得慌,炕热烫得慌,炕凉冰得慌,早晨起床时身上、被子上都是土,如果小孩尿在土炕上就会和成尿泥,炕热的时候满屋子尿骚味。还有人家买不起炕席弄几块炕席头拼接起来铺在炕上,睡觉时要格外加小心,稍不注意就会把皮肤划破,有时一觉醒来发现炕上有血,仔细一看是炕席篾把身体划破了。

多数人家的炕上都铺着炕席。炕席分两种:一种是高粱秆席,是用高粱秆外皮编的,颜色为黄色,节子多也大,铺在炕上看起来不那么干净,躺在上面硌得慌。这种炕席,一般能铺两三年。还有一种苇席,是用苇子编的,新席颜色为乳白色,用的时间久了就被热炕煲成了浅黄色,苇席节子少也比较小,铺在炕上很干净也很漂亮,躺在上面不那么硌得慌,一般能铺五六年,如果没有小孩的家庭能铺七八年。一张苇席七八块钱,一张高粱秆席三四块钱。经济条件好的买苇席,经济条件差的买高粱秆席。

那时约有一半的家庭每家有一床长条毡子(毡子有牛毛毡、羊毛毡),是给长辈们铺的。条件更好一点的家庭,毡子上面还铺床褥子。有一半的家庭既没毡子也没褥子。两口子盖一床被子,枕一个枕头,孩子按性别分,男孩一般兄弟两三个伙盖一床被子,女孩也要和姐妹伙盖一床被子。过去做的被子很简单,一层里一层面当中絮棉花,没有被头、被衬、被罩。到了七十年代初,连大队的行李也只有被子和毡子,没有褥子,盖的被子既没被头也没被衬更没被罩,盖久了,白色的被里挂了一层厚厚的油泥变成黑灰色,用指甲一划一道白痕,油泥进到指甲里,被子盖在身上冰凉还有一股油泥味。公社书记、主任下乡在大队住宿,也只铺床毡子盖床被子没有褥子。比较讲究的下乡干部怕被子上有虱子,晚上睡觉时把脱下的衣服搭在手巾杆上,睡前把被子的里外检查一遍,如果发现虱子就地"正法",早晨起床时还要脱下内衣围着被子认真的检查一下。

那时一般人家根本没有多余的被子,来了客人很犯难,特别是冬天就更难办了,有时不光是没被子盖,还没有地方睡。冬天没有那么多柴火烧炕,一般没有儿媳妇的两代家庭都烧一铺炕,五六口之家就睡满了,来了客人就得到别人家或饲养处去找宿。有客人了就提前打发孩子到饲养处或邻居家告知一声,到了晚上睡觉前把客人送到饲养处或邻居家。到谁家找宿主人都能尽其所能热心接待,有的还把自己的好被褥让给找宿的客人,为了让客人睡得舒服些,还要把炕再烧得热点。晚上将客人送去睡觉,早晨接回来吃饭。那时给客人找宿住,客人也不感到意外,在客人看来好像是一件很平常的事,说明在当时给客人找宿的做法很普遍。到了夏天就好办多了,炕不用烧得那么热,点把火解解潮气即可,人口多的人家一般都烧两铺炕,来了客人一铺炕住着不方便可以分两铺炕住,不用出去找宿。行李不够也不用借,主人可以不盖被子和衣而睡,将被子让给客人就把问题解决了。

  记得小时候我们哥几个挤在一个被窝里,孩子们睡觉都不老实,炕小人多,为了充分利用空间,小孩子们有打横睡的(打横腿),还有头朝里睡的(正常睡姿,头朝外),头朝里外都有的睡姿,看上去很像扑克牌里的J、Q、K图案。人多被子小两头拽被子,上下扯被子,都嫌被子小,为此争吵不休,有时吵到父亲一声吼才肯罢休。冬天除了蒸年干粮、做豆腐、杀猪和煮骨头那几天,屋子一直都是冰冷的,即便穿着棉衣待着还觉得冷,每喘一口气都冒着"白烟"。睡觉时,挨着炕的那侧身子是热的,另一面的身子是冰凉的。一是屋子冷,二是被子薄,三是棉花旧,有的被子里的棉花都赶蛋了,只剩下两层布。睡觉时把脱下来的棉袄、棉裤盖在被子上面用来御寒。过去农村有捂炕的习惯,在睡觉前一个多小时把被褥铺在炕上(捂炕),睡觉时被窝是热乎的很舒服。

  因为没有内衣穿,所以干活出汗时身上的油泥全都挂在棉衣的里子上,时间长了,衣服里子上就积了一层厚厚的亮亮的油泥,穿着时不觉凉,睡觉起来再穿衣服,那层油泥就像铁板一样凉,因此谁都不愿意起床。做母亲的不怕凉不怕冰,老早起床把锅里填上水,灶膛里多填些柴点着火,再把灶膛里的柴往外拉一拉,把孩子们的衣服挨着个的烤一遍。上衣烤热了,马上卷起来送到孩子跟前。随手再把裤子拿到灶前,手提着裤脚,裤腰朝下在灶门上烤,裤子烤热了,卷起裤腰送到孩子面前。就这样挨着个的烤,孩子们穿着热热乎乎的衣服高高兴兴地起床了。这时洗脸水也热好了,几个人用一盆水洗脸,把水弄得像泥汤子一样,如果家里有客人要让客人先洗脸。大家共用一块毛巾,把白毛巾弄成灰毛巾,整个起床洗漱就这样完成了。

衣着辅助品

除了正常穿戴的还有很多与穿戴有关的衣着辅助用品,这些辅助用品在当时对保暖、保护衣服、保护身体起着很大的作用,有些还能起到装饰作用。衣着辅助品有传统的,比如女人戴的红兜兜;有带有时代特征的,比如护袖、羊皮套袖等;有在当时生活中必不可少的,比如纳底子绳;有在生产生活实践中创造发明的,如风镜、垫肩子等。

护袖 套在衣服袖子上的布套(布筒)称作护袖,长三十多公分,直径一般要比衣服袖子肥二三公分,在两头的折边里穿上松紧带,通过松紧带的弹性将其固定在胳臂上,也有用别针把护袖的上口别在袄袖子上的。选用布料的颜色,一般与上衣的颜色区别开,有蓝的,有黄的,有花的(女人戴的)。在六十年代末七十年代初,人们时兴胳臂上戴护袖。感觉戴护袖很时尚,也很适用,它能保护袄袖子,干活时也感觉干净利落。去年看《海棠依旧》电视剧,我们国家的总理在伏案工作时,也戴着护袖。说明那时戴护袖很流行也很普遍,更主要的是周恩来总理那种朴素的生活态度,不愧是人民的好总理。

垫肩子 集体经济时期很多农活都是靠肩挑、肩抬和肩扛来完成的,自家有很多活也是如此,为了防止扁担等磨衣服、硌肩膀子,每家每户都缝制一两个垫肩子备着扛、挑、抬东西时垫在肩膀上。垫肩子长约四十五公分,宽约二十五公分,厚约四毫米,上下用白布做面,当中用碎布垫心,用线纳好,后来用缝纫机扎。垫肩子当中剪裁一个比脖子略粗一点的圆孔,用时套在脖子上,圆孔的前边从正中裁开,垫肩子的四个角和中间开口处各缝一根带子,用时将两头的带子系[jì]在腋下,将中间剪口两边的短带系[jì]在一起。过去上山打柴,每人要带着一根扁担,两根绳子,一把镰刀,一块小磨石,一个小笆。人们把两根带铜牙的柴火绳挽在扁担的一头,其中一根柴火绳要留出一米多长拴在扁担中间做挎绳,然后斜挎在肩膀上,肩上带一个垫肩子,冬天小臂上各带一只白茬羊皮套袖。回来时挑着一百多斤重的柴火,这垫肩子作用就大了,戴上它不硌肩膀,不研肉,换肩方便,还省衣服。打柴、挑庄稼、抬东西都离不开它。

红兜兜 女人和小孩戴的红兜兜是用一块正方形的红布做面,用其他颜色的布做里,兜兜的大小根据身体上身长度和腰围而定。做兜兜时将四个角中的一个角剪掉,剪掉的长度根据人的脖子粗细而定。剪掉的那个角变成两个角,在这两个角上各缝一根布带,戴时把两根布带系在脖子后。中间左右两边的角上也各缝一根布带,戴时系在腰后面。过去女人和七八岁以下的男女孩都要戴这样一个红兜兜。孩子戴着这个红兜兜主要是为了保护肚子,不让肚子着凉,因为肚脐直通内脏容易着凉。成年女人戴这个兜兜,除了保暖遮羞之外还有一层用意,把兜兜两边的带子系紧,防止乳房下垂,使乳房更加丰满,与现在胸罩的用途有相同之处。后来人们没有注意到这层用意,把兜兜当中的布带缝得很靠下,所以就失去了这个作用。

羊皮套袖 羊皮套袖的制作过程比较简单,材料大多采用山羊皮,因其毛长、绒多,御寒、保暖效果更佳。羊皮套袖和护袖形状差不多,把带毛的山羊皮熟好后,缝制成四十来公分长,比棉袄袖子略肥一点的皮筒,戴时皮板朝外毛朝里,靠手的那一头往外翻一截有八九公分长。那时村里每家都有一两副羊皮套袖,冬天干活时每只胳膊戴一只,特别是冬天上山割柴,人人必戴,戴着它保暖不冻手,还能保护袄袖子,比手套、手闷子更实用。在电影里我们常常看到有很多大家贵妇,把两只手伸在一只套袖里保暖,那是有钱人的一种保暖方法和装扮,在农村是见不到的。

手闷子 手闷子有两种:一种是棉的,叫棉手闷子,里和面用布,当中絮棉花。另一种是皮的,叫皮手闷子,是用熟好的绵羊皮缝制而成的。它和手套的区别是,一只手套有五个手指套,每个手指头都有单独的套。而每只手闷子只有两个手指套,大拇指有一个单独的手指套,其他四个手指共用一个大手指套,把四个手指都放在这个共用的手指套里。人们习惯性地把两只手闷子用一根长约一米半的布带子连在一起,并挂在脖子上,不用时把两只手闷子从前腋下穿到后腰上拴在一起。手闷子比手套暖和,不干活时戴着保暖还可以,干活时戴着它不但不方便,而且也不禁戴。

擦鼻子布 过去没有卫生纸,也没有条件买手绢,年龄大的老人都要在上衣(大襟衣服)前面的右上角拴一块或缝一块手绢大小的布用来擦眼泪、擦口水,也用来擦鼻涕,人们把这块布称为擦鼻子布。做法是用一块手绢大小的薄布,在布的一个角上,包上手指肚大小的棉球,在包好的棉球下面用线绳系好,线绳的另一端系在上衣右上角的衣扣上,擦鼻子布平时掖在上衣大襟里面,用时拽出来。小孩也在衣襟前拴块擦鼻子布,是专门用来擦鼻子的,时间长了不洗,擦鼻子布上挂了一层厚厚的、黑黑的鼻子嘎渣儿,有时鼻子嘎渣儿都翘了起来。

纳底子绳 过去穿的都是手工家做鞋,鞋底都要用麻绳密密麻麻地纳一遍,人们把纳鞋底的麻绳叫纳底子绳。做鞋离不开纳底子绳,所以在当时纳底子绳就成了必不可少的衣着辅助品。那时,每人每年得穿两三双鞋,人口多的家庭每年要做十几双鞋乃至更多。做的鞋多所需的纳底子绳就多,用麻搓纳底子绳,就是一个很大的工程。纳底子绳长两米左右,粗两毫米左右。在当时搓纳底子绳只有一种办法,就是用手在大腿上把麻搓成绳,连着搓上十几根,麻的粗纤维把大腿扎得又红又肿。

我们家孩子多,而且多数是男孩,男孩穿鞋费,所以我们家每年都要做好多鞋,做的鞋多搓的纳底子绳就多,绳搓多了我母亲的大腿就承受不住了,没办法就用我们哥几个的大腿搓纳底子绳。晚上,我们哥几个轮着班的把大腿伸到我母亲面前,一条腿搓红了换另一条腿,两条腿用完了换另一个人的大腿,就这样一晚上能搓几十根。每搓好一根绳我母亲都要把麻绳一圈一圈地缠在四个手指上,然后从手指上把挽好的麻绳退下来系好,整齐地放在针线笸箩里。

搓纳底子绳对于做一双鞋的全部工作量来说还不足二十分之一,搓纳底子绳就要费这么大的劲,可想而知做一双鞋得需要费多少事,投入多少时间、劳动和精力。从搓根小麻绳到做一双鞋这件小事上回想那个年代,我们的父母为我们做了多少事情,投入了多少精力,投入了多少劳动简直无法想象。一茶一饭当思来之不易,一针一线当思穿针引线之苦。

风镜　所谓风镜就是一种防风沙的眼镜,冷眼看来像一个防毒面具。镜片是一种普通玻璃,它的特殊就在于眼镜的侧面也有镜片,为的是挡风沙,侧视时又不影响视线,正面和侧面两块镜片之间用一对小折页连着,眼镜片的周围用一种水龙布做一个凸出来的小围子,用一根松紧带扎在眼镜两边的布围子上当眼镜腿,戴时把松紧带套在头上,能把眼睛保护得严严实实。防风、防沙尘,特别是扬场时戴上不迷眼,六七十年代,春天种地时点籽的、捋粪的、扶犁杖的都要戴上一副这样的风镜,秋天扬场时也都戴上这样一副风镜。风镜很实用,是一款真正为农民劳动方便设计、制作的眼镜。

山村裁缝铺

大约在六十年代末,山村里出现了一个新的行当——裁缝铺。它悄然而至,没有隆重的开业仪式,没有专门的铺面,在自家睡觉的屋里摆上一台缝纫机就开始营业了。它不用办理营业执照，不用缴纳各种税费，也没有工商、税务等有关部门的检查，有一台缝纫机再有一个熟练的人操作即可。用缝纫机可以纳鞋帮、纳袜底、纳鞋垫、补衣服、做衣服，还可以做一些其他的针线活，省事、省时，做出来的衣服板正、好看、穿着舒适。裁缝铺的出现大大地减轻了家庭妇女的劳动量。

记得全大队有十七八户经济条件比较好的家庭买了缝纫机，有十三四户以自用为主不对外营业，只给家人做一些简单的针线活和缝缝补补的小活，在熟手的帮助下可以做比较简单的衣服。有时给比较要好的邻居扎双鞋帮、扎双鞋垫、补补衣服也不收费，给谁做活谁带线，搭工夫不搭线。

全大队能对外做活收费的裁缝铺只有四五户，这些裁缝铺大体经历了三个阶段：第一个阶段自学自悟，以自用为主，同时也义务地为亲朋好友做点小活、零活。第二个阶段除了能够熟练地做些小活、零活外，还能做一些简单的衣服等，象征性地收点钱。第三个阶段能够熟练的剪裁，制作普通款式的衣服。收费参照毗邻地区价格明码标价，那时候山村裁缝铺的收费标准都是自然形成的，既没有指导价格也没有限价，只收线钱和工时费，而且这些价格很稳定，一直坚持数年不变。做一条制服裤子七八毛钱，做一件制服上衣一元五六角钱，扎一双"万字"鞋帮一元钱，扎一双"豆腐块"鞋帮五六毛钱，扎一双鞋垫两三毛钱，能给现钱的占一半左右，另一半有赊账的，本生产队社员还有拨工分的。

裁缝的水平不一，手艺较高的量体裁衣，手艺一般的比照衣服样子裁衣，根据人体情况适当缩放尺寸。手艺好的活就多一些，裁缝按照送活的先后顺序做活，活太多时就暂不收活了，结婚的、急着穿的还要给裁缝说些好话。这个行当到了过年的时候更是忙得不可开交，但到腊月二十以后就不收活了。每逢旺季，有时还要昼夜加班，裁缝家的红堂柜上垛着一大摞衣服料子，按着先后次序排队，排到最后面的有时要等十几天，即便排在最前面也要等上七八天。做裤子一般要买六尺布，个子高的要买六尺半布,还要买一尺白布,做兜布和裤腰里子,买一副铁裤钩子订在裤腰上,买两三个小扣子订在前开门上。如果你不带这两样东西裁缝很高兴,衣服做完了他告诉你把扣子和裤钩订在什么位置就完了,裁缝省了很多事。上衣一般用七尺布,胖人还要多一些,一般用七尺半或八尺布,还要另买一尺半白布做兜布、垫肩布,买五个大扣子订在前衣襟上,买两个小扣子订在小兜盖上,买一副领钩子订在上衣领子两头。

裁衣工具很简单,一根软尺用来量体,一个弯尺用来裁袖子和裤子的裆部,一个折尺用来量长宽,一根市尺用来量小料,一块三角形的画线笔用来画剪裁线,一把裁衣剪用来剪裁衣服料子。早期的缝纫机没有下箱,都是固定在台面上,所以人们保护缝纫机像保护自己的眼睛一样,不用时有的用布盖上,有的要做一个罩把缝纫机罩上,有的只把缝纫机头罩上,有的把整个缝纫机都用一块大布单子盖上,后来有了下箱的就省事多了,用完后把缝纫机机头放下去,盖上盖。

一九七三年我三弟在老府修铁路挣了三百多元钱,最后只给一百多元,剩下二百多元怎么也要不回来了,找公社,公社让找施工队,找施工队,施工队让找公社,来回地推,最后就不了了之。我们家人口多,做鞋做衣服劳动量很大,为了减轻母亲的劳动量,决定用这一百多元钱买一台缝纫机,当时也买不到名牌的,只好买了一台辽宁产的"前进牌"缝纫机。那时我大哥分家另过,我三弟参军了,我母亲用不了缝纫机,只能我用这台缝纫机一早一晚做一些小活进行简单的缝缝补补。我总想着做成衣,却苦于投艺无门。有一次到赤峰办事,在新华书店买了一本关于衣服剪裁方面的书,书名叫《服装剪裁》,十六开本一百多页,图文并茂不太复杂易读易懂,包括男式制服、女式服装、衬衣衬裤、短裤、裤衩等剪裁方法,按着人体比例量体裁衣很实用。当时我在大队当会计,正好有一些时间,抽空我就看书,研究服装剪裁,经过大半年的努力,能够剪裁制作制服上衣、制服裤子、衬衣、衬裤、制服短裤等等,最快的时候一个白天再加个夜班能做八条裤子。有时还能帮邻居们挖个兜口、上个兜盖、上个袖子、修理个缝纫机什么的。如果不念大学很可能成为一个山村小裁缝,不过如果真是那样也早就下岗了。

制服裤子很简单,较难的只有三处:一处是前开门,一处是上兜,另一处是上裤腰。前开门不上拉锁只订两三个扣子,挖扣眼、锁扣襻都是手工的,挖扣眼也是技术活,挖得太小系不上,挖的太大容易开扣,扣襻锁不好既不好看又不结实。裤腰的里和面不能扎拧了,裤腰上在裤子上也不能拧了,要板板正正,裤兜要上在裤子的中缝上,裤子穿在身上裤兜处不能有明显的缝隙。那时候做的制服裤子中缝处要扎三条线,一条是暗线即把前后片缝合在一起的线,还有两条明线即沿着缝合的中缝扎两条明线,后来由两条明线改为一条明线,再后来就不扎明线了。裤子做完了要在裤腰上订上五个裤襻子和一副裤钩子,还要用烙铁沿着裤子的缝隙部位熨一下。上袖子、上领子、挖兜口、上兜、上裤腰、上前开门、上裤兜,这些是做工的关键部位,也是最难做的部位,最是考验裁缝的技术活。

那时候做衣服剩的边角料人们也很当回事,正常情况裁缝要把裁下来的边角料如数还给来做衣服的,窄面布边角料少一些,宽面布边角料多一些,女人们把这些边角料放起来,留着修补衣服用,下衣的膝盖、裆部、臀部、上衣的袖肘、肩膀、袖口都是最容易损坏的部位。除此之外,人们还要用这些下角料做个鞋面呀、袜底呀、鞋里呀、鞋垫呀,小孩的围嘴呀等等。有时还会用很小的碎布角、碎布头做些小手工艺品,比如在二月二做一对马蛇子订在孩子上衣的肩上,在端午节抽个荷包订在腋下,做几根飘带订在烟荷包上,用各色碎花布剪成三角块对一个坐垫等。所以女人们对这些边角料特别在意,有的裁缝把大块的边角料留下,剩下的小块边角料还给来做衣服的,女人们很不高兴,会说裁缝落[lào]布了。

实际那时候的成衣铺设备单一,没有辅助工具,没有码边机就得窝边或毛边,没有扣眼机锁扣眼要靠手工,没有电熨斗只能用热烙铁烙烙缝。没有现成的辅助材料,比如没有现成的垫肩,就要用块布做成垫肩,没有现成的裤腰里要用白布做等等。那时人们对成衣的要求也不高,只要肥瘦长短基本合适就可以了。做肥一点,人们会说没关系还抽（缩水）呢,冷天里面再套件衣服就不肥了,做瘦一点也能将就,只要能穿上不太箍身子就行,裤子做长了把裤脚再往里挽一截,做短了把裤脚拆开再放一放。当然也有做得太瘦或太肥拿回成衣铺改造的,上衣瘦了把掐腰线拆开放一放,肥了再往里煞一煞,也有个别做的衣服实在不能穿成衣铺给顾客赔布料的。

我们那个小山村的成衣铺一直延续到八十年代初期,后来各种成衣、内外衣充斥市场,各种花色、各种款式齐全。男士制服、休闲装、夹克衫,穿着舒适合体,女人和孩子的服装更是各式各样,价格低廉,没人再到成衣铺做衣服了,从此山村成衣铺在历史的舞台上无声地消失了。因为山村裁缝铺来时没有轰轰烈烈,去时更是悄然无声,所以当它消失的时候连一点痕迹也没有留下。

破布打袼褙

小时候,看见母亲把实在不能穿的破旧衣服拆了,衣服上的补丁也一块一块地拆下来,再把布片子和补丁上的线头一根一根地摘掉,用碱水洗得干干净净,然后分门别类地收起来。把那些不太过性的部位剪下来,大块的略好一些的留着给孩子做衣服,如果掉色了就买两袋煮青（染布的黑染料）或煮蓝（染布的蓝染料）染一染。次一些的做衣服里子,小块的剪下来留着补衣服用,过了性的糟烂部位也舍不得扔掉和裁衣服剩下的小碎布、小边角料、旧补丁（过去人们把用过的破旧碎布也叫"铺衬"）叠放在一起,压得板板正正,用包袱皮包起来放在柜子里,留着打袼褙用。

那时我见过母亲打袼褙的全过程,有时还帮着打打下手,这个活凡是农村妇女稍加指点都会干,虽然不是什么技术活,但也有好多不可忽视的环节。打袼褙用料有两种:一是打糨子用的面,白面最好,黏合力最强,没有白面就用荞麦面,有时候荞麦面不足了还要掺点玉米面,但黏合力就差了许多。记得那时过年我母亲总要留出一点白面备着打袼褙用。二是打袼褙用的碎布(铺衬),大小不限,新旧均可。打袼褙用的工具,主要是粘布的板子。

打袼褙时,先要打一盆白面糨子,打糨子时先把白面用凉水澥开,不能太稠,把澥开的面糊放在锅里,边加温边搅拌防止糊锅,烧开锅即可,这时糨子的黏合力最强。记得我们家打袼褙都用门板,偶尔也用面板。糨子打好后,我母亲从门框上摘下一扇板门来,把门板两头分别搭在炕沿和春凳上,再把门板用清水刷一下,然后从柜子里把"老家底"(碎布)取出来。把糨子盛出一点来放在另一个小盆里,用温水稀释一下,再把稀释过的糨子用手抹到门板上(防止袼褙粘板,晾干后的袼褙容易从木板上揭下来),然后挑选大块碎布粘在抹好糨子的门板上(把大块布放在袼褙的上下层,看着好看,用着方便同时也是为了方便从木板上往下揭袼褙),把布捋平,不能有皱褶。第一层粘完了,在第一层布的上面均匀地抹上一层没有稀释的糨子,要用手指和掌心用力地来回抹一抹,把糨子腻到下一层的布眼里,使两层布黏结得更好。如果打四层袼褙,当中的两层要用小块布,而且上一层布的接缝和下一层布的接缝要错开,第二层布和第一层布粘好后要把布捋平,防止出皱。最后一层布也要挑选大块的。袼褙打好了,拿到屋外晾干后,再从门板上把袼褙揭下来。为了防止袼褙返潮及层与层之间开裂,在袼褙边上穿个小洞拴根小绳挂在墙上,也有的放在炕席底下,这样既不返潮又不走形。袼褙厚度一般三至五层布,四层布的居多,五六层布的极少。三层布的一般用来做袜底或女士鞋帮,四层布以上的用来做鞋底或男士鞋帮。那时袼褙的用途很大,是真正的生活必需品,做鞋帮呀、鞋底呀、袜底呀、鞋垫呀、垫肩子呀等等。用得很普遍,家家户户都做、家家户户都有、家家户户都用,到谁家串门都能看到屋里墙上挂着一张或几张袼褙,有时家里的袼褙用光了还要到邻居家去借。

过去布少,为了弥补袼褙用料的不足,还有用麻穰打袼褙的,即把用过的废旧麻绳拧的劲给破开,剪成一公分多长的小段,用手摘开,再用木棍抽打成麻穰,用水浸泡几天捞出,蘸少许稀稀的糨子,均匀地用木板拍打在门板上,用来做袼褙。这种麻袼褙不能太厚,一般不能超过三层布袼褙厚。还有一种做法,就是打麻、布混合袼褙,上下层用布,中间的一层用麻穰。麻袼褙一般用作鞋底,夹在上下两层布袼褙中间。

袼褙曾经是人们生活中的必需品,人们不知道它是怎么来的,是什么时候来的,给人们的印象就是当人们需要时它悄悄地来了,当人们不需要时它又悄无声息地走了。它其貌不扬,表面看去黑一块、白一块、灰一块、蓝一块的,一副脏兮兮的"面孔"。当人们用它时,也不让它露个"脸",上下都用新布包裹着,用它做的成品也被改了名,叫什么袜底、鞋垫或鞋子等,还被一双臭脚长期地"熏陶"着,它就这样默默无闻地承担着它应该承担的事。

奢装"小大衣"

"小大衣"这个名词,对年轻人来说,一定是很陌生的,对五六十年代出生的人来说,不但知道是什么,而且还能勾起许多往事,在这里不妨给读者介绍一下。小大衣顾名思义就是指比棉、皮大衣小,比正常的棉上衣大一点的棉、皮上衣。小大衣有棉的和皮的两种,棉小大衣的里子是用棉花絮的。皮小大衣也不是现在皮衣服的概念,过去说的皮袄、皮裤、皮大衣等,指的都是熟制好的带毛皮子做成的衣服,而现在的皮衣服一般是指去了毛的皮子加工成皮革而制成的衣服,什么牛皮的、羊皮的、真皮的、仿牛羊皮的等等。小人衣流行于八七十年代,八十年代后穿着的人逐渐减少，到九十年代羽绒服问世，小大衣就退出历史舞台了。

小大衣比棉袄长一寸多，因为要套在棉袄外面穿，所以比较肥大。面料有蓝、黑色两种，二三十岁的人穿，一般用蓝色斜纹布料做面。四五十岁以上的人穿，多数都用黑色斜纹布料做面。棉小大衣和皮小大衣就是棉花里子和羊皮里子的区别。制作工艺，以机器制作为主兼手工缝制，要到专业成衣铺制作。皮小大衣用料：面料九尺；秋天的大绵羊皮三张或春天的羊羔皮六到八张，带毛熟好后做里子；棉花半斤；栽绒大衣领子一个（狗皮的也可、狐狸皮的更佳）；扣子十个，左右衣襟各一排，每排五个，靠右面的一排扣子系在扣眼里，靠左面的一排扣子做装饰。小大衣也分男式和女式，主要区别在兜上，男式的衣襟左上边有个小兜，左右衣襟下边各有一个大兜，兜口是直的，有兜盖。女式的无小兜，左右衣襟下边各有一个斜口大兜，无兜盖。

小大衣在六七十年代，不是每家每户都有的，只有经济条件较好的家庭有那么一件。在那个年代小大衣是一件奢侈品，不亚于现在几千元一件的皮夹克，一个小村里最多也超不过两三件，所以就有点像公众用品，冬天谁家儿子相亲、娶媳妇，谁家聘闺女，谁家有个大事小情的，都要借着穿穿，如果是干净利落的人借用，主人一般都很痛快，如果是邋遢的人借用，主人就会担心把衣服穿脏了、弄坏了，所以态度就比较勉强了。小大衣在当时很时髦，很好看，所以就有了装饰意义。人们借用时不仅仅是为了御寒，更多的是有装扮的因素在里面。在当时的经济条件下，谁家有了这样一件衣服，在人们眼里这个家庭一定很富足。那时小大衣的装饰意义和代表生活经济层次的意义远远超出它御寒的意义。所以非重大场合、非特殊场合它的主人也很少穿的。只有在天冷的时候或是人多露脸的场合，比如走亲戚、串朋友、赶个集、上个店、看个戏、看个电影什么的才将它穿在身上。

这种衣服在穿着时也比较讲究，也要相对配套。如果穿着小皮大衣,下身穿着一条免裆裤子显得极不协调,一般要配制服裤子;鞋也不能太寒酸了,总不能穿件小大衣,穿一双三斤重的掌子鞋;头上戴的也得讲究点,总不能穿件小大衣,戴一顶毡帽头,蓬头垢面也不得体。所以小大衣就不是干活时穿的衣服,对一些经济条件优越的农民来说只不过是仿照那些有身份的人消费而已。记得那时候,公社机关干部、大队干部、学校教师、赤脚医生、赤脚兽医、拉药橱的、信贷员、售货员等,穿小大衣的比较多,这些人穿小大衣才是真正意义上的御寒和装饰,同时也代表着一种身份阶层和经济地位。那时还有特别有钱的和一些职位高一点的领导有一件皮大衣,我们那的老百姓管那叫"大氅",当老百姓看到穿皮大衣的就说见到大官了,还穿着"大氅"呢!在老百姓的心目中,如果小大衣是人们身份和贫富的象征,那么"大氅"就是人们地位的象征。

在当时皮小大衣的价格不菲,以我们那儿劳动日值计算,一个壮劳力干三个月才能挣一件皮小大衣钱。

第三篇

住房简陋、用具匮乏

吃的、穿的、住的是人类生活的三大组成部分，缺一不可。住房本来是一个"窝"的概念，能遮风、能挡雨、能御寒，这是住房的最基本特征。住房还有家的特性，作为家本来是以人为本，没有人就不成其为家，但有了人没有住所，这个家也不完整。随着社会的发展，人们对居住条件的要求也在不断提高，从简单的遮风、挡雨、御寒向着舒适、美观、整洁、宽敞、高档次、人性化方向发展。所以住房就有了等级划分，从土房到砖房，从草房到瓦房，从平房到楼房，从楼房到别墅，面积也在不断飙升，从每人几平方米到十几平方米，从每人十几平方米到每人几十平方米，从每人几十平方米到每人几百平方米。有了住房，还要有生活用品，生活用品是人类文明和技能的充分展现。走遍大街小巷，生活用品几乎占商品总量的六成以上，而且不断向高档次、人性化方向发展。在生活用品中，又增添了基本没有使用价值的装饰品，让家更温馨，更有美感。回过头来，看看我们那个小山村在五六十年代，住的、用的、摆的是怎样的呢？

村民的住房

人有穷富之分,生活条件有高低之分,这些差距更多地表现在住房方面。有的虽然叫房,实际是个窝儿。有的则是青砖小瓦马头墙,回廊挂落花格窗。现在城里也是如此,没钱的住边缘地段、楼层差的、小面积的、简装修的,条件好一些的住好地段、好楼层、大面积、精装修的房子,富翁则住别墅、豪宅。在我们村,户与户之间的住房,虽然不像前边所说差距那么大,但也分三六九等。

土房 所谓土房,就是房子所有的墙都是用土打起来的,没有立柱没有梁,在墙的顶端搭上檩子,檩子上面铺上大树枝子笆条,有的用盾子笆(把高粱秸秆捆成捆,也叫盾子),笆上面抹上泥。这种房子墙体特别厚,打墙时窗户口上、外屋门口上、里屋门口上的位置各放一块方木做过梁,在过梁下面刨窗口、门口。这种房子很少有里屋门,仅在里屋门口挂一个帘子,用来挡烟、保暖、御寒。因为屋子小,窗户自然就小了许多,进到屋里又闷又黑像钻进了窑洞似的。这种房子的防水,一般都是用黄土泥抹房顶,然后在抹好的黄土泥上面均匀地撒上一层盐,也有用麦秸、莜麦秸苫房的,冬天保暖夏天隔热。土房一般都是两间,是盖不起大房的人住的,那时我们村有几个光棍汉和搬迁户住这种房子,也有的家庭暂时不具备盖好房子的条件,先盖两间土房临时住几年,待有条件再盖好房子。

连檐橛子房 这种房比土房多了两架柁(梁)和四根柱子,所以也叫土木结构房。三间房二梁四柱二十一檩,每间房七根檩子,也有二十七檩的,即每间房九根檩子,前后檐用七十二根长约七十公分,宽、高约六公分的长条方木(也叫连檐橛子)封上,周围土打墙,屋里的两个算子墙是用土坯垒起来的。东西屋开间为二百七十到二百八十五公分,中间屋开间为三百一十八公分,跨度为四百八十到四百九十五公分,外墙厚三十六公分,箅子墙厚(用坯垒)二十公分。坯垒的墙,墙体比较薄,不像土打墙那么厚那么蠢。由于有梁有柱子比土房坚固了许多,空间也大一些,比土房也秀气了很多。连檐橼子房一般都是三间,个别也有四间五间的,用的笆条和土房的差不多,防水更多的是用麦秸子和莜麦秸子苫房,个别户也有用黄土泥撒盐的,那时村里有七八成的户都住这种连檐橼子房。到七十年代初,时兴用水泥瓦做防水。

橼房 这种房也叫四梁八柱房,即三间房用四根大梁,八根柱子,十五根檩子,一百四十四根橼子(从房檐到房脊用两根橼子对接),如果用通橼(从房檐到房脊用一根橼子),用橼总数则是七十二根。两个外山墙也有柁和柱子。柁上面搭檩子,檩子上面搭橼子,橼子上面铺笆条。两个山墙和前后檐墙用土打,屋内两个间算墙一般用土坯垒,类似现在的框架楼,即便把房子的墙都拆掉,房子也不会倒塌的。笆条一般有木板笆,还有用废旧木头劈的条笆,橼子与橼子之间的空隙比较小,所以用板笆和条笆都可以,用这种笆条房顶看着干净秀气。这种房子的防水一般都用小青瓦瓦房,后来用水泥瓦、矸子瓦和陶瓷瓦。橼房造价高,外形美观大方,村里只有几户人家住这种房子,除了一户是新盖的,其他几户都是上辈留下来的老房子。这些住户都是经济条件较好,有一定经济基础的。

那时,村里的社员几乎都住三间房,五间房的只有两户,有六间连脊房的也是住两户人家。三间房一般都是东西屋住人,中间屋(外间屋)南面做厨房和过道,北面盘仓子。四间的为套间,五间和六间的都要开两个外屋门(入户门)。外屋门(入户门)都设在外间屋南墙的正中间,一般有一副朝外开的风门子,风门子的下半截用木装板,上半截有窗棂糊窗纸,也有用半截风门子的人称半门子,白天用来挡猪鸡。外屋门口的里面有一副朝里开的用一寸厚木板做的板门,板门里面有门插关,夜里关上板门,插上门插。在板门外面有加锁的设置,家里没人时,可将门锁上。冬季在风门子和板门之间还要挂一个棉门帘子,用来挡风御寒。

窗户都是正方形的,一般窗户长宽各一百零八公分,大一点的窗户长宽各一百二十六公分。那时小村住户的窗户有两种:一种是上在窗口里边的,分上下两扇,也叫呱嗒嘴子窗户,上扇往里向上开,可挂在屋顶上,下扇可摘下,但一般不摘。窗户棂很小,约十公分见方,由于窗户棂小,屋子显得比较暗。另一种是上在窗口外的一扇大窗户,窗棂大些,横竖都是六个棂,每个棂一般长宽各二十公分左右。由于窗棂大,屋子显得比较亮堂,开窗时用一个"丫"形木棍把窗户支起来即可。窗户外面糊窗户纸,早些年糊的全是毛头纸,后来人们为了亮堂、美观,改糊白纸了,但是白纸没有毛头纸有韧性,到了夏天就会崩口子,有时不注意也会把窗户纸弄破,窗户纸破了也要打补丁,一个窗户打十几块补丁是常事。到了冬季要溜(糊)窗户缝,即把窗口和窗户框的结合处用纸条糊上防止漏风。

纸糊的窗户,再点一盏煤油灯,用不了多久屋里的那面窗户纸上就挂了一层黑黑的油灰。为了观察院子里的情况,就在窗户纸上戳个小洞,后来有了玻璃,人们想办法弄块小玻璃固定在窗户上,那时玻璃奇缺,有的就把旧梳妆镜子上的水银刮掉,糊在窗户的中下方,再后来玻璃不那么紧缺了,人们到供销社买一块 40 公分 × 40 公分的玻璃(正好占四个窗棂),用板条和铁钉把玻璃固定在窗户上。盖新房时直接在窗户的中下方打一个玻璃框,把玻璃镶嵌在玻璃框上,玻璃比原来大了许多,屋子也亮堂了许多,院子里的情况坐在炕上就能一目了然。

那时候冬天冷,屋子潮气大,夜里窗户纸里面挂一层厚厚的霜,早晨做饭时屋子变暖,风刮窗户纸,霜雪一片一片地从窗户纸上往下落。玻璃里面不但挂霜,有时还结一层薄冰,自然呈现出各种图案。透过光线你会看到,有的像山峰,有的像悬崖峭壁,有的像冰川雪地,有的像森林,有的像大树,有的像芭蕉,有的像动物,有的像抽象画……各种图案汇集在一起,千姿百态,美轮美奂,好似画家经过深思熟虑构思而成的精美作品。这些图案有时还会把你的思绪带入到那种意境中,勾起你很多遐想,久久不愿离开。当阳光照射在玻璃上,屋子温度升起来的时候,玻璃上美丽生动的图案随着冰霜的融化而消失,心里总在想,这些画面将永远消失了,内心感到几分惋惜。

到了夏天,下雨时如果刮西南风,一两分钟的时间,窗户纸就会被雨淋得稀烂,雨水会直接流到炕上,这时不管是白天还是夜里,人们都要冒雨到屋外用盖帘、菜板等物在外面挡上窗户,再用木杆顶住,不然的话雨水会被刮进屋里流到炕上。

那时房子装修简单,里外墙面用黄土掺麦糠和[huó]的泥抹两遍,第一遍粗抹,用泥把墙面找平,第二遍细抹,把墙面抹光。后来经济条件逐渐好转,人们开始在住人的屋子用高粱秆吊顶,用报纸、白纸、毛头纸、蜡花纸等把屋子糊一遍,干净、美观又保暖。窗台一般都是泥抹的,少数人家窗台上放块木板做窗台面。

那些年,庄户人家整天为自己的房子操心,下大雨时院子里的水排不出去,担心雨水泡了墙根脚,下雨刮大风时,担心把墙体淋湿了,最担心的是房顶漏雨,房顶一旦漏雨人没处待,东西没处放。用黄土泥抹的房顶,遇到暴雨很快就会被冲刷掉,雨水渗透屋顶。若遇到连雨天,那就更惨了,外面下大雨屋里下小雨,外面雨停了屋里还在下,接雨的盆子满屋都是,有时连墙体都浸湿了很大一截。草苫房稍好一些,如果几年不维修也会漏雨。那时候不知道为什么越怕下雨雨越多,而且还经常连雨天,一连就是三四天,有时五六天,到处都是水坑,水坑的上面布满了大大小小的水泡。下雨时屋顶一堆一堆地往下落土,抬头一望见天了。由于大多是老房子,且年久失修,雨下多了,墙体倒塌的、房倒屋塌的事情时有发生,院墙倒塌更是常有的事,所以住破旧的房子除了遭罪还很担心,没有安全感。那时一场大雨或一次连雨天过后,村里人都会忙碌起来,有的补院墙,有的修缮房。

那个年代,盖几间房子很不容易,需要筹措资金、筹措材料、筹措粮食、办理相关手续等。首先要向公社写一个盖房用地的申请报告,写明盖房缘由,盖几间房,打算在哪盖,需要多少土地等等,如果是翻盖旧房这道手续就免了。盖房所需木材也要申请,写明盖几间房子,所需柁几根,所需檩子几根,所需柱子等其他用料多少。那时一般是不批盖椽房的,因为那要伐好多小树。待批复下达后,按着批准的数量和指定的地点伐树,有时批的数量不够,生产队长还会让偷着多伐几棵树,钱虽然照付,但省去了审批这一关。那时候盖房子的户几乎都超伐树木,但是无人举报,因为每家每户都要盖房子,只是早晚的事,村人们除了怜悯之心,也为自己留了一条后路。还有盖房子用的辅料如笆条、打墙用的瓢秸、抹墙用的麦糠等,也都要提前和生产队长沟通。

  盖房免不了要用生产队的大车,拉运木料、土石等,要提前和生产队长打招呼,还要和大车老板子约定好。盖房用粮是个很大的问题,因为盖房时来帮工的人都要管饭,粮食不够用要提前向生产队长提出借粮申请,写明所借粮食数量、种类等。盖房用工,集中用工比较多的是打地基、立架(上梁)、打墙、上笆泥等,还有一些专业性的零活,生产队长都会大开绿灯的。盖房要尽可能避开雨季,躲开农忙季节,一般在春播后开始,夏锄前完成主体,剩下的都是一些零活和木工活。

  盖房子,宅基地不掏钱,用生产队的树木不掏现钱,余钱户用生产队欠的工分钱来顶,只是走一下账即可,缺钱户给生产队打欠条。弄笆条时生产队长指定地点,自己镏树一般不收钱。瓢秸生产队定价很低,象征性地定价,记账不收现钱。用车生产队不收费,用户拨给大车老板子几个工日即可。用工除了木工,其他力工一般都是帮工。筹措的资金主要用于购置干木料做门窗等,盖房用的铁活、小材小料等,雇用木工工钱,买肉、买菜等。虽然开销不大,但有很多人家也是盖不起房子的。盖房子除了筹措材料和资金以外,操心、受累也是非同小可的。我在敖汉工作时,听到一句调侃的话:"你跟谁有仇,你就撺掇谁盖房子,即使死不了也得扒层皮。"可见盖房子有多艰难,特别是在那个缺料少钱的年代,更是难上加难。

小村的房屋全都坐北朝南,三五间房一处院,一户一院,每个院落大约四至七分地。五间房的院落一般都在七分多地。地势低房地基高的,在房子前沿墙的前面垒一个两米多宽的月台,高度视房地基的高度而定。院子中间有一条道,院道两边一边一个小菜园,也有院道和小菜园各占一边的。绝大多数人家院门朝南开,有个别人家院门朝东或朝西开,走伙胡同。

按照房子的朝向可分为以下几种:坐北朝南的为正房,坐西朝东的为西厢房,坐东朝西的为东厢房,坐南朝北和正房同样高的为倒座子房,坐南朝北比正房小的叫门房,正房两侧盖的两顺水小房叫耳屋子,正房两侧盖的一顺水小房叫偏厦子,在院子的四面都盖大房子的叫四合院。

五六十年代,房屋的结构既简单又比较统一,住的房子如果是坐北朝南的正房,东西屋住人,人口少的住一间,一般住东屋,西屋放粮食或其他闲杂物品。如果是有儿媳的两代人,东西屋都要住人,一般长辈的住东屋,晚辈的住西屋,这种长[zhǎng]东少[shào]西的住法可能是源于古代皇室。古代皇室的东宫为正宫,是皇后的住所,西宫为嫔妃寝室,古书曰:"西宫者何? 小寝也。"所以就有了住房长东少西的说法。中间的屋子(外间屋)一般是走廊和厨房,挨着北墙盘土仓子,多在南墙正中开入户门。

家庭小摆设

那时,住人的屋子要放些装饰品,人们称之为摆设,这些摆设大多都与日常生活有关,所以摆在屋子里的东西和墙上挂的挂件大多数既是生活用品又是装饰品。

卧室设施 住人的屋子(卧室)家具也比较简陋,北面一般放一口三节红堂柜,没有红堂柜的盘个土仓子放粮食和杂物。讲究的人家柜前放一个春凳。春凳比柜略短一点,凳宽四十多公分,高约四十五公分。其制作工艺比较讲究,春凳两头各有两条腿,腿的左右挨着凳面板镶着镂空的围板,距地面二十来公分高有两根横撑,横撑上有一块搪板,搪板上放鞋。春凳主要用来坐人,搪板上放鞋不返潮,它既是一件生活用品,同时也是一件摆设。山花墙那面有的摆一口小两节柜,更多的家庭什么也不摆,到六十年代末,姑娘订婚流行向婆家要一对木箱子,结婚后用来装些新衣服及私人物件等。两个箱子长期上着两把锁头。箱子一般摆在里屋门对过的山花墙面,为了防止箱子受潮,箱子下面还要做一个木架子,木架的前面通常挂上一块花布帘,有钱的人家把箱子架直接做成橱柜。现在看似一对很简单的木箱子,在当时可是一件值钱的家当。在那个年代,手工制作箱子工序十分繁琐,做箱子的板,要用柳木或杨木,而且要用干木料,如果是买落房木(旧柁、旧檩木)等,还要请木匠破板、刨光、开榫、黏结、组装,然后用腻子把箱子外面抹平,用砂纸搓光,刷两到三遍红油漆,最后还要刷一到两遍清漆。正面有红堂柜,侧面摆着一对红箱子,视觉效果很好。南面(靠窗户那面)搭炕,一是采光好,二是暖和,三是能把锅台和炕连在一起,在做饭的同时也把炕烧好了,省柴、省事、方便。

墙上挂的 在红堂柜子上面的北墙上,有的家庭挂一幅大镜子,有人叫挂镜也有人叫墙箅子。挂镜由四块镶着框的玻璃组成,当中的一块是水银镜,宽七八十公分,高一百一十多公分,四边镶木框。这块镜子的上头有一块长七八十公分,宽二十多公分,四边镶木框的玻璃,上面写着几个大字,类似对联的横批。水银镜子两边各有一块与水银镜子等高,宽二十多公分,四边镶木框的玻璃,上面写着一副对联。"文革"前的对联如,上联:文章西汉两司马,下联:经济南阳一卧龙。或者,上联:欲高门第须为善,下联:要好儿孙在读书。"文革"时如,上联:四海翻腾云水怒,下联:五洲震荡风雷激等。上边横着的玻璃书写横批。有的上边和两边的长条玻璃也是水银的。有了这件摆设,感觉屋子亮堂了许多。还有的人家挂六扇镜,由六扇高约一米、宽约二十公分带框的水银玻璃镜组成。每个镜框上面都安着一个挂钩,六块镜子一块挨一块地竖着挂在屋内的山花墙(东屋东墙或西屋西墙)或北墙上,水银玻璃上画着彩色的花鸟鱼虫,还有婀娜多姿、身着长裙、肩担花篮的美女,有的写着诗句,增添了屋内的美感和文化色彩,也增加了房间的亮度。靠着红堂柜的南边上方,在东西墙上各钉上一个大钉子,再到供销社买一根比屋子开间稍短一点直径两三公分粗的竹竿,竹竿两头拴上细绳挂在钉子上做手巾竿,用来搭手巾,有时也用来搭衣服,挂一些较轻的东西,这个竹竿子几乎家家都挂。

墙上贴的 墙上不挂镜子的,除了贴年画还挂一些镶着照片的镜框,贴着大人或学生的奖状(奖励证书)、毕业证书等等,有的把结婚证也贴在墙上。用这些来装饰美化屋子,感觉屋子不那么空荡荡的,还有点文化气息。

柜上摆的 除了墙上挂的和贴的还要在红堂柜子上面摆上东西称作摆设,稍早一些的家庭,在红堂柜子上面放一块横镜也叫柜戳,一块长宽各八十公分左右的水银玻璃,周围镶着木框,戳在一个木制底座上。底座长约九十公分、高十几公分。底座上有的雕刻着各种图案,有的用不同颜色的漆涂上各种图案。这面镜子一是为了照人,二是显得房间亮堂。前面说的挂镜是后来才有的。红堂柜北面的东西两侧,摆着一对帽盒(用薄木板做的圆形容器),大的直径约四十公分、高约四十公分,小的直径约三十公分、高约三十公分。小帽盒放在大帽盒的上边,是用来装帽子的。挨着帽盒摆着一对高六十来公分,直径约二十五公分的白底带有蓝色图案的敞口瓷制插掸瓶,是用来插鸡毛掸子的。挨着插掸瓶还摆着一对高三十多公分,直径约二十多公分的带盖瓷茶坛,据说是用来装茶叶的。我看茶坛对北方人来说只不过是和插掸瓶配套的一种摆设而已,不过这个瓶子也没闲着,里面也装了一些精粮细面等。这两样东西很少是自己买的,一般都是女主人结婚时娘家陪送的,说明娘家当时的经济状况还很不错,也有的是祖上传下来的。

也有很多家庭没有摆上面说的几样东西,但红堂柜的上面也没闲着,摆上一排瓶瓶罐罐,如酒壶、酒盅、酒瓶、玻璃瓶、茶壶、茶碗、梳妆镜、梳妆匣子等,把这些东西摆在了红堂柜子上面当摆设,总比光秃秃的好看些,就是穷到这份上也没忘了审美。那时候装东西的容器特别少,盛液体的容器就更少了,所以人们把喝过的酒瓶和其他玻璃瓶要留下来,留着装豆油、打火油、打散装酒或装一些液体性的物品。后来供销社也卖大玻璃瓶子,有三斤装的类似普通酒瓶子形状的,有类似手雷形状的,每个售价三元钱。人们把这些装液体的瓶子摆在柜上做装饰品感觉也很好看。

炕上放的 炕分两头,挨着锅台的叫炕头,另一头叫炕梢。人们习惯把枕头、毡子、被子、褥子和暂时不穿的棉衣垛在炕梢,称之被垛。讲究一点的人家,在被垛的外面要罩一个单子或罩一个线毯子,显得屋子整洁。那时姑娘相亲也要看被垛的大小,以被垛大小来判断这家的贫富。那时的夫妻枕很有意思,又长又高,长足有九十公分,高二十来公分,枕头两头的堵头是方的,是用两块长宽约二十公分的花布或绣花布做堵头,当中用一块长约九十多公分,宽约八十公分的黑布缝制而成。每对夫妻都有一个这样的枕头,这种枕头都是夫妻共枕的。其他家庭成员都枕单人枕头,由于没有枕巾,又不能做到及时拆洗,时间长了黑枕头上挂了一层厚厚的放着亮光的油泥。垛被垛时用枕头打底,枕头上面依次是衣服、被子、褥子、毡子等。后来人口少的、经济条件好的家庭,在炕梢放一个小衣柜,把行李和衣服都放在小衣柜里,屋子显得干净、利落。

在炕头那面的墙壁上,距炕面六七十公分高处挖一个高三十来公分,宽二十多公分的长方形通透的洞做灯窝,是放煤油灯和火柴的地方,一灯二用,里外屋兼顾,黑天做饭用得更多些。后来有了玻璃,人们把灯窝扩大了许多,在灯窝处的外屋墙面上安块玻璃,既不透风又能解决里外屋照明问题。灯窝的上面挂着厚厚的一层灯烟子,时间长了不清理,灯烟子就像倒立的小山峰一样,有时候夜间点灯时一不小心把灯烟子碰下来,弄得满身满被褥都是黑的,因为灯烟子含油脂所以很不好洗。

这就是五六七十年代,小村农民家庭的屋内结构设置和屋内摆设。在当时看来很实用,也很合理,有的虽然土气但很人性化。什么时代说什么话,什么时代穿什么衣,什么时代用什么工具,什么时代有什么样的审美观念,对当时人来说很难超越,因为它受社会大环境的影响。人们在社会实践过程中不断创新,用新的代替旧的,用先进的代替落后的,阻碍生产力发展的,跟不上社会进步步伐的自然被淘汰。社会总是要向前发展的,这是人类社会发展的自然规律,不到时机无法超越,当时机成熟时也无法阻挡。

生活日用品

日常生活用品是人类生活当中的重要组成部分,在日常生活中不可缺少。随着时间的推移,科技的进步,新型的、先进的、更加人性化的生活用品替代了老式的、陈旧的、落后的生活用品。让我们回过头来看看五六七十年代的日常生活用品(当然也包括一些小型的生产工具)是什么样的。

锄头 到了夏锄季节,耪地时社员要自带锄头,这件农具是生产队时期社员个人自备的季节性农具。锄头由铁锄板、铁锄钩和木把组成。锄板也有名牌,好锄板材质好,表面光滑,耪地透落,人也不觉得很累。差一点的锄板,表面发涩,耪地时爱挂土,人也累。一张好锄板能用二三年。锄杠也有优劣,好锄杠柔软不发热不起刺,越用越光滑。锄杠的后头一般都用牛角或椴树皮做一个箍,耪地往前伸锄时锄杠不至于脱手。

铁锹 铁锹是由铁锹头和木把(铁锹把)组成的,铁锹是用得最多、用途最广的一种劳动工具。铁锹有尖锹、方锹和大板锹三种。方锹笨重、不透落,不太好用,有了尖锹后方锹基本被淘汰。大板锹,一般是生产队饲养员清理牲畜粪便用的,个人家不常用也很少有。尖锹是生产生活的常用工具,参加集体劳动时是个人自备工具。

镐头 镐头是由铁镐头和木把(镐把)组成,分平镐和尖镐两种。平镐是个人家必备的工具,用来刨粪、刨茬子、刨疙瘩、劈柴火、种菜搂沟等,集体劳动用得不多,是个人家的常用工具。尖镐一头是尖的,另一头是平的,一般用来刨砂石,不常用,个人一般不购买,由生产队统一购置,那时候每个生产队都有十把二十把的尖镐,参加集体劳动时需要者可到生产队保管那去领,用完送回。

镰刀 镰刀是由钢铁混合的镰刀头和木把(镰刀把)组成,用于割庄稼、打羊草、割柴火等,是参加集体劳动的自备用具,也是个人家的常用工具。那时每家每户都准备四五把镰刀,劳力多的准备的更多。割地和割柴用的镰刀不同,割地(割庄稼)用的镰刀木把长一些,打柴用的镰刀木把短一些。那时候干净利落的人家要在仓房的墙上钉一个挂镰刀的架子,平时把镰刀整齐地挂在镰刀架上。镰刀也有名牌,记得那时都用"泊头"牌镰刀,钢口好、锋利、透落、耐用。

小刮锄 小刮锄是由铁锄头和小木把组成,总长二十多公分,是薅地时耪草用的小农具,种园子时用的也比较多,是个人自备小农具。

镰刀拐子 镰刀拐子是用旧镰刀改装而成的,把旧镰刀把儿退掉,把镰刀头往上折个小弯,再安一个十来公分长的小木把,用来挖山野菜,有时用来薅地,特别是连雨天谷子没有及时薅出来,谷子根扎的很深,薅地间苗时拔不出根来,要用镰刀拐子间苗。

韭菜镰子 韭菜镰子是专门定做的,头像镰刀,有一个短铁把,短铁把上安一个十来公分长的木把,总长三十来公分。主要用来割韭菜,种园子人用的多一些,一般由个人购置。

大筢 大筢是个人家用来搂柴火的用具,大筢齿是用竹子做的,大笆杆是用木杆做的。笆齿十九至二十七根不等,通常用二十一根笆齿。柴草长而多的,用十九根稀齿的;柴草少而小的,用二十三根以上密齿的;柴草特小特稀的,有用二十七根笆齿的。大笆齿都是单数,因为大笆杆要绑在大笆中间的齿上。大笆有竹子大笆和铁大笆两种。竹子大笆是用南方的竹子和柳条编织而成,笆齿要用灯火或麻柴火烤热煨个半圆形的钩。煨大笆是个技术活,火大了笆齿钩发脆没韧性,搂柴时容易断钩,火小了返潮时容易直钩。钩的大小也有学问,大钩搂长草,小钩搂短草。铁大笆一般是用八号铅丝编制而成的,笆齿能钻地,有时能把柴草的根搂出来,对植物的破坏性很大。大笆和大笆托子像一对"夫妻",大笆搂柴,大笆托子装柴,谁也离不开谁。

大笆托子　　大笆托子是用生牛皮、麻秸秆和榆木棍编织而成,这种用具都是个人自制,商店里买不到。搂柴时把大笆托子挂在大笆杆上,每搂满一笆子柴草,要把笆齿上的柴草卸下来装进大笆托子里,碎柴草也能直接搂进大笆托子里,当搂满托子时,要把大笆托子里的柴草卸下来集中放在一起,然后再搂。一托子柴草有十五六斤,柴草多时一天能搂二十多个(托子),柴草稀时一天搂十多个(托子)。秋天割完地掉在地上的庄稼叶子、割过羊草地的碎羊草、被牲畜踩断的杂草,都用大笆搂起来,所以大笆托子就成为农家常用的工具。

小笆　　小笆和大笆一样,有竹子的也有铁的,所不同的是竹子小笆齿是单数的,一般十一根笆齿,铁小笆齿是双数的,一般十根笆齿,都是个人购置,主要是冬天上山打柴用。上山砍柴时,先用镰刀把柴草割倒,再用小笆把割倒的柴草搂起来,还用于秋天搂树叶子、搂院子里的碎柴草等等。

扁担　　扁担是搬运东西的辅助用具,一般用来挑或抬东西。比如挑庄稼、挑羊草、挑柴火、挑土、挑粪等,还用来抬东西,比如抬土、抬粪、抬石头等等。扁担长约两米。在扁担的两头各栽两个小木(竹)橛子,是用来固定绳子的。扁担的用料很讲究,要求既能承重还要有韧性,挑起东西来扁担是软的,挑东西的人感觉很轻松不那么累。这种工具都是个人自备的,供销社也有卖的,大多是自制的。

木签子 木签子是搬运柴草、庄稼的辅助用具。是用木头做的,高一米四左右,宽七八公分,厚四五公分,上头削尖呈锥形并打一个七八毫米粗的孔,下头方形,距离签子下头两三公分处钉上一个铁环用来穿背绳。把成捆的蒿草或庄稼横着插到签子上,蒿草插到签子的七八十公分高时把背绳绕在签子上,左边那股绳子绕到签子右面,右边那股绳子绕到签子左边,然后再继续往签子上插蒿草,蒿草插满签子后用一根筷子粗细的木棍插入签子尖头的孔里,用来挡蒿草。有时用一根长绳子把签子上的蒿草全部捆上,这样就可以不用在签子尖上插木棍了。那时半桩孩子个小挑不起来柴草,一般都用签子来背,大人用的时候也很多,所以签子用的次数一点也不比扁担少,有时还会用的更多一些。

柴火绳 柴火绳主要是用来捆庄稼、柴草的,与其他绳子不同之处在于,在绳子的一头拴着一个用"丫"形木煨制的焗牙子,椭圆形。焗牙子一头是将两根分枝用火煨一下并交叉起来,两根分枝的交叉处用细麻绳绑实,柴火绳的一头也拴在这头;另一头是"丫"木的主枝(即"丫"木的分叉处),靠分叉的地方留三四公分长削成尖状。捆柴草时,把绳子铺在地上,把柴草放在绳子上,然后将绳子的一头穿入焗牙子里刹紧,并把绳子挽在焗牙子的尖头上,这样能把柴草捆紧不返松。柴火绳一般都是成双的,两根、四根或六根,它和扁担一般是同路而伴。绳长四五米不等。绝大部分是用麻纺制而成的,是农家不可缺少的,庄户人家每隔一两年就要纺一些绳子,其中少不了的是柴火绳。

草绳 生产队时期,绳子的用量很大,麻绳、皮绳不够用时就用草绳代之。草绳是用羊胡子草纺制而成的,把割回来的羊胡子草稍加整理,清除其他杂草杂物喷上水放上两三天,用手工搓成草绳坯子,然后纺成约两公分粗的草绳。这些草绳用作抬筐绳等,大大地缓解了麻绳、皮绳的不足。个人家因麻少,有时也要割点羊胡子草,纺点草绳用。草绳发硬，不太好用，不结实，用力过大易断，使用时间短。

挑筐 用榆树小枝条编制筐头，用山榆树枝做筐系，编筐时就把筐系编在筐头里。每个筐头用四根筐系，高约一米。在筐系的上头，把相邻的两根筐系拴在一起，然后再把两组筐系用绳拴在一起，用扁担挑这个连绳。一副挑筐为两只，挑重的东西用筐头，挑轻的东西筐头筐系一起用，挑碎柴草，挑树叶子，挑牛粪等都很实用。这种用具虽然不是家家都有，但几乎家家都用。

条筐 条筐是用榆树、柳树小枝条编织而成，有圆的、方的，还有扁圆的。这种树条筐是农家必不可少的，每家少则两三个，多则七八个。用胳膊挎的筐，分大筐和小筐。大筐用来挖山野菜、扒土豆、摘豆角、扒玉米等；小筐用来装精细怕打怕压的东西，如用来盛鸡蛋等。捡牲畜粪便用的筐叫粪筐子，一般是半圆的或方形的，筐子的梁是用榆木棍煨制而成的。一般捡粪的人，把粪筐子挎在左肩上，右手拿粪叉子。还有一种叫花篓筐，高大，上下两头编的密，当中很稀编成插花型，用来装一些比较轻的东西，比如装树叶子、碎柴草、干牛粪等。大号的花篓筐背着用，中号花篓筐可以挑着用。

这几种筐子在那个年代用途很广，用的次数也很多，没有可替代的工具，也比较科学，比如用来捡土豆，它可以把土豆带的土漏出去，装其他东西透风、不发热、不受潮、不腐烂等，很实用也很耐用，一般都能用两三年。这种工具在那个年代是人们捡、装、运东西的主要用具。村里编筐窝篓的巧人，就地取材用山榆树枝、家榆树枝、柳树枝、杨树枝、毛榛秸等编出各种各样的筐，除了自己用还能拿到集市上卖，换一些零花钱填补家用。

坯模子 坯模子是托土坯的模具，由四块五公分宽，二三公分厚的木板组合而成。坯模子有长方形与正方形两种：长方形的，内边长三十六公分，宽十八公分；正方形的，内边长宽各三十六公分。长方形土坯主要用于砌筑屋内小山花墙、搭碗架子、垒盛粮食的土仓子等。正方形土坯主要用作炕面子、土仓子底等。

泥抹[mǒ]子 泥抹子是抹墙的专用工具,当然也抹其他东西。泥抹子是用熟铁板做的,有大小两种。大泥抹子长约三十多公分,宽八九公分,前尖后圆,用铁板做抹板,把略粗一点的铁棍焊在抹板上,并在铁棍上安一个长十多公分、直径五六公分的木把,主要作用是能把一个平面抹得更平。小泥抹子比大泥抹子短一些、窄一些,形状相同,主要抹一些边边角角的地方。过去盖房子,屋里屋外的墙壁都要抹上一两层泥,一是为了挡风御寒,二是为了美观好看,三是屋子显着干净利落。抹屋子里外墙用黄土掺麦糠和泥,很漂亮也很结实。这种活不是谁都会干,有专门抹墙的手艺人,他们抹出来的墙又平又光,速度又快。泥抹子不是谁家都有的,有这种手艺的人才准备这种工具。过去农村的手艺人也很讲服务意识,同时也为了方便、顺手、好用,自己有什么手艺就准备相应的工具,比如会杀猪的自己准备尖刀子、剥刀、猪挺杖、麻子石、围裙等。

泥兜子 泥兜子是专门用来提泥的,盖房子上笆泥、抹房顶、抹墙、苫房都离不开它。有白布的和猪皮的两种。布泥兜子是用一块长宽各五十公分的白布,把四个边向内折五毫米缝好,用两根八十公分长的麻绳做提带,麻绳的两头分别拴在白布相邻的两个角上。布泥兜不耐用,但很轻巧人们都愿用。猪皮泥兜子是用猪皮做的,谁家的猪死了,把猪皮剥下来做泥兜,这种泥兜子耐用,但很重,使用前一两天就得用水泡上,泡好的猪皮泥兜子比半兜子泥还沉,且用着很不方便,人们不愿用。

水扁担 水扁担是挑水用的,一般用榆木做扁担,两头各安着一个铁链子,铁链下端有一个铁钩子叫水扁担钩子,大多是铁匠炉专门打造的。半桩孩子挑水时个子小的挑不起来,就把水扁担钩子挽起来,一头往上搭向左面,一头往上搭向右面,来缩短铁链的长度。

扫帚 扫帚是用来扫院子的日常用具,用扫帚草捆制而成,后来供销社进来了南方的竹扫帚,扫帚的种类又多了一种。那时人们常说的一句话,"常扫院子少赶集",意在多讲卫生少花钱。会过日子的家庭总少不了扫帚,每天把院子扫得干干净净,一进院给人的感觉就是个过日子的家庭。那时的农村不像现在的农村更不像城市,每家每户都养着猪、狗、家禽等,烧的都是柴草或树叶,院里总免不了有家畜、家禽粪便和柴火末子,如不及时清扫,再泼上脏水,显得整个院子破烂不堪。特别是冬天,脏水把猪禽的粪便和柴火末子冻在地上,显得院子又脏又乱,一进院给人的感觉就不像个过日子人家。所以,扫帚看似一件可有可无的简单用具,但对一个讲究卫生的家庭是必不可少的。

粪叉子 粪叉子是用来捡粪(拾粪)或放牲畜的用具,一般用木把、八号铅丝合制而成。用于捡粪的叉子齿多,一般五六根齿;用于放牲畜的叉子齿少,一般三根齿。工具虽小却是过日子人家必备的工具之一。那时每家都有粪叉子,少则一把,多则两三把。过去用的农家肥,一是牲畜圈里的,再就是从外面捡回来的。勤劳的人出门粪叉子不离手、粪筐子不离肩,哪怕是赶集上店也背着,只要见到牲畜粪便就捡回来。那时我记得有两个老大队干部到各生产队工作,手里还拿着粪叉子,肩上背着粪筐子。那时各家各户都养很多牲畜,但是在村路上很少见到牲畜粪便,牲畜刚拉出来的粪便还冒着热气就被人捡走了。放牲畜用的粪叉子,主要是用来捡石子然后扔出去把远离畜群的牲畜圈[quān]回来,粪叉子把的另一头拴个鞭头子用来赶牲畜。后来这种工具进行了改革,把粪叉子改成羊铲,羊铲头宽七八公分,长十五六公分,安个木把像一把小铁锹,没有石子的时候挖锨土甩出去也能把羊圈回来,既能捡石子又能挖土块很实用。

大磨 大磨是石匠用青色花岗岩石雕凿出来的,外形像块传统月饼,分上下两扇。大磨上扇:直径约五十七公分,厚约十七公分;磨扇的下面正中间凿一个直径约三点七公分,深约二点五公分的磨脐眼;从磨扇外缘向中心方向约十五公分处对着凿两个直径约六点五公分上下通透的孔,用来填豆碴;在磨扇的侧面上边和下边对着各凿一对深约六公分、直径约三点五公分的孔,安上四根木棒,上边的两个木棒用来绑磨杆,下边的木棒用来托磨杆;磨扇的上面外缘有一圈高于磨扇平面约一公分、宽约五点五公分的磨边,是用来挡豆碴的,有了这道磨边,推磨时就不至于把磨扇上面的豆碴甩在地上,而且还增加了磨扇的美感。

大磨下扇:直径约五十七公分,厚约十二公分;磨扇的上面正中间镶一个高约二点五公分,直径约三点五公分的磨脐;磨扇底面距离磨边三公分处对着凿两个深约三公分、长约三公分、宽约三公分的方孔,用来固定磨扇。

大磨盘　磨盘是承载大磨和临时接盛豆腐沫子的。最早的磨盘是用石头做的,可能是因为太重,不太方便挪动,后来把石磨盘改为木磨盘。磨盘要平放在磨架子上面。木头磨盘呈圆形,磨盘直径约九十七公分,比大磨直径长约四十公分;磨盘上面的外缘做一个高约十公分、厚约二公分的沿;距磨盘外缘约三公分处对着开两个约十公分长、五公分宽的方孔,用于漏豆腐沫子;磨豆碴时每个孔的下面放一个接豆腐沫子的桶。在磨杆上还要拴一个刮沫板,把磨盘上的豆腐沫子刮到磨盘孔处漏入接豆腐沫子桶里。

大磨架子　大磨架子是承载磨盘和大磨的,上面(挨着磨盘)是个十字架,在十字架的四个头各安装一条腿。磨架子高约六十公分,磨架子长与磨盘直径相同。

小磨　小磨和大磨一样都是用青色花岗岩石做的,圆形,分上下两扇。小磨上扇:直径约三十四公分,厚约十二公分;磨扇的下面正中间凿一个直径约三点七公分,深约二点五公分的磨脐眼;离磨扇外边约十二公分处凿一个直径约五公分上下通透的孔(填料孔),用来填豆碴;磨扇上面离磨外缘约四公分处凿一个直径约六公分的半孔(磨把孔),用来安装磨把,用一根长约四十公分辘轳把形的木棍做磨把;磨扇的上面外缘有一圈高于磨盘平面约一公分、宽约四公分的磨沿,是用来挡豆碴的,有了这道小边,拐磨时就不至于把撒在磨盘上的豆碴甩在地上,而且还增加了磨盘的美感。

小磨下扇：直径约三十四公分，厚约十一公分，在磨扇上面的正中间凿个半孔镶一个高约二公分、直径约三点五公分的磨脐。小磨上扇的磨脐眼和下扇的磨脐吻合，上下两扇形成一体成为小磨。

小磨架子 小磨架子顾名思义是放小磨的，也是人们拐磨时的座位。磨架子长约一百六十公分，宽约三十公分，高约四十八公分（也有窄面炸腿的）；磨架子上面两头分别装一块约三十公分宽的木板，是拐磨人用来坐着的；磨架子正中间装两根厚约三公分，宽约五公分的横木撑，两根木撑的内边距离约二十公分；把小磨放在磨架子中间，用四个大钉子把磨下扇固定在磨架子上。

缸 按用途可分为水缸、酸菜缸和咸菜缸等，简而言之装啥就是啥缸。用处很多，盛水、积酸菜、腌咸菜和装些特殊食品。按材质分有木缸和瓷瓦缸，木缸是用松木板对起来的，外边打上三道铁箍，和木水桶一样怕风干，风干后容易散落。瓷瓦缸普及之后再没人用木缸了。瓷瓦缸，按大小分为大缸、二缸、三缸和缸腿。那时买一口大缸要七八元钱。到了冬天用缸积菜、腌咸菜，就没有盛水的缸了，只能用水筲（水桶）盛水，随吃随挑，吃一桶挑一桶很不方便，有时晚上打回的水，到了早晨水桶上面结了一层厚厚的冰，做饭时还要凿冰取水。

锅 锅是真正的生活必需品，没有锅就做不熟饭，人们就吃不上饭。那时家庭的人口较多，即便是人口少的家庭也要用大锅，除了做饭还要用来馇猪食等，所以家家用的是七至九印大铸铁锅（锅上口直径七十多公分）。由于是生铁铸的，有的有沙眼漏水，要用不怕烧的东西把沙眼堵上。生铁是脆的怕摔，也怕冷热的急剧变化，比如烧得很热的锅马上填凉水就会炸锅。还有时饭做到一半，锅不明原因炸了，有的锅底裂个大缝隙，有的锅底掉了，漏的满灶膛是水。如果有两口锅可以换一口再做，但很多家只有一口锅，没办法就得到邻居家暂借一口临时用一用把饭做熟。有的坏锅锔一下还能用，锅锔好后还要渗（漏）几天水，做饭时渗出来的水有时会把灶膛的火给浇灭了。锔过的锅就不太好用了,易挂脏,抢锅底挡铲子,刷锅也不好刷了,不能锔的就要重新买。那时做半道饭炸锅的事屡见不鲜,比用煤气罐做饭时半道没煤气还烦心。过去人与人之间有仇有恨的,除了杀人打人以外最狠的一招就是把对方的锅给砸了,以解心头之恨,可见炸锅是有多么糟心。

盆 在日常生活中盆的用途很广,用的地方也很多,人们常说锅碗瓢盆缺一不可。盆按用途可分为饭盆、汤盆、菜盆、水盆、洗脸盆、洗衣盆,还有尿盆等。盆少的还可一盆多用。按材质分那时比较常用的是瓦盆、瓷盆和木盆。瓦盆用的最多,用的最广,有的家庭连洗脸都用,九成的家庭都用瓦盆做尿盆。洗衣有的用木盆,厨房用的盆全是泥烧的瓦盆。瓦盆按大小一般分为大盆、二盆、三盆和小盔。

过去有专门烧制瓦盆的,每过一段时间就有到村里卖瓦盆的或用瓦盆换粮食的,有用小驴车拉着卖的,有用独轮推车推着卖的,每到一村都要停两次,嘴里喊着"瓦盆咯[lo]",但从来不喊"卖"字和"换"字。当时用钱买瓦盆的少,用粮食换瓦盆的多,所以不喊卖和换,或许因为卖和换都有局限性。瓦盆不结实特别容易坏,端盆时要俩手捧着端,不能单手端,不能端盆沿。像盆子裂缝或掉块岔这样的小毛病,用破剪子在裂缝两边对着钻几个孔,用麻绳锔(连)上,再用蒜泥把缝隙和孔腻上即可。瓷盆有两种,一种是粗瓷的,像陶瓷,比如瓷水缸、瓷水盆等,这种瓷盆结实、笨重、粗糙,但很耐用,比起瓦盆来价格偏高,所以人们用瓷盆的少。另一种是搪瓷盆,怕磕碰,价格更高,那时有的家庭买一个做洗脸盆,用着轻巧、干净、美观。

碗 那时用的都是粗瓷大白碗、大花碗,碗底刺手,碗边刺嘴,粗糙得很。使用一段时间,碗里就会挂一层灰色的东西,无论如何是洗不掉的,有可能是釉面脱落后挂的脏。那时缺少吃饭用具,有了好多条裂纹的碗还在继续用着,有很多碗边碰出了几个豁子也还在用着,只要不漏水就不"下岗"。就是这样的碗每个家庭也是不多的,有时来了两三个客人碗就不够用了,有时让客人先吃,有时就得到邻居家借碗用。

筷子 那时候用的筷子有竹子的、有木制的,还有用细高粱秆和小木棍儿做的临时筷子。家里用的筷子也不整齐,长的长短的短,粗的粗细的细,黑的黑白的白,弯的弯直的直,不像现在的筷子这么标准好用。筷子少还不好用,勉强够自家人用,来几个客人就不够用了,有时到邻居家借几双,有时给客人用筷子,自己人用细高粱秆或木棍当筷子。

水瓢(水舀子) 人们把种植的葫芦一锯两半,抠除葫芦瓤晾干用作舀水或舀东西的用具称作水瓢。有种植葫芦用来出售的,在集市上就有卖水瓢的,大、中、小个的都有,一般一块来钱一个,大一点的也不到两块钱,小一点的几毛钱。有的人家有两个水瓢,大一点的用来舀水,小一点的用来舀面、舀粮。这种水瓢用完扔在缸里不沉底始终在水面上浮着。水瓢不但能舀水,而且是淘米的好炊具,米比沙子轻,会随水漂流出去,沙子比重大,沉在瓢底下,凹凸不平的瓢底把沙子挡在瓢里面。到七十年代初,有很多人家用铁水舀子了。有一事不得其解,那时每家每户都有菜园子,为啥自己不种两株还要花钱去买呢?是因为无霜期短葫芦不能成熟,还是没有种子的缘故呢?

饭勺 在五六十年代用的都是木匠手工凿制的木勺子,又厚、又笨、又蠢,盛东西又少,盛饭时沾得满勺子都是饭,像个饭榔头,还得时不时地用筷子清理一下,盛汤时半碗汤要盛好几次。后来供销社卖铁勺子,比木勺子好用,但那时的铁勺子是熟铁打制的,勺子头又厚又大,勺子把也是熟铁的,长约四十来公分,铁把上还安着一个短木把,一个铁勺子足有一斤多重。

铲子 用熟铁板制成的长约十五公分,宽约九公分的铁铲子,安一个木把。这种铁铲子用时间长了不见油水,容易生锈,但是很耐用,一般一把铁铲子能用五六年,甚至更长。

笊篱 在我记事的时候,笊篱还是用柳条编的,几年后供销社就卖铁笊篱了,柳条笊篱和铁笊篱外形差不多,圆笊篱头上带个把。柳条笊笊是用细柳条人工编的,把细柳条割回来撸掉皮,趁着湿就可以编了。笊篱把也用柳条编,除了自编自用,集市上也有卖的,一个柳条笊篱也能用一两年。铁笊篱是用铁丝编的,圆圆的笊篱头上安上一个约三十公分长的木把,很秀气也很好用,但不太经用,因铁丝经常泡在水里容易氧化生锈,有时成段的铁丝掉在饭里,不小心还会把嘴扎破。过去没有电饭锅,做干饭都要先煮熟,然后再用笊篱捞出来,焯过的蔬菜也要用笊篱从水里捞出来,所以笊篱就成了厨房里不可缺少的炊具。

锅耙子 锅耙子是用一根长约一米的木棒,在木棒的一头安一块长约十五公分,宽约八公分,厚约三公分的木板,木板的长面做成圆弧形。用来在大锅炒东西时翻锅,比如炒莜麦、炒玉米、炒面等等,还可以用于熬麻油、熬糖稀、馇猪食时搅拌锅里的东西,防止糊锅。

土豆杵子 土豆杵子是擩(捣)豆馅和擩土豆泥的用具。长约三十公分。杵子当中有一个长约二十公分的木棒,木棒的一头横着安一个长约十公分,粗约五公分的木把,木棒的另一头安一个直径约十三公分的馒头形木头。用来把烀熟的土豆擩成土豆泥,把煮熟的豆子擩碎,做豆包馅。

筷笼子 筷笼子就是装筷子的容器。好一点的筷笼子是用木板做的长方形木箱,木箱上口敞开,箱底打上若干个眼儿,把木箱挂在墙上,用来装筷子。大多数人家是把高粱秆用绳穿起来,制成圆形或方形的筷笼子,挂在墙上装筷子。

箅子 箅子是用来蒸干粮、熥干粮、熥热其他食品和滤水的用具。制作方法是用木头做一个比锅上口小的箅子耙头,然后把高粱秆一根挨一根地用麻绳绑在箅子耙头上,高粱秆两头用细麻绳绑在半圆形的榆木棍上,再用刀把高粱秆切成和锅一样的圆形,达到既透气又不漏食物的效果。

锅叉 锅叉是用榆树枝丫制作的,很简单很实用。用时把锅叉平放在锅的中间,上面放上浅了,下面放上水,浅子里放上米饭或干粮熥热。

浅子 浅子是用高粱秆和麻绳编制而成,用于燸食品,也用于捞干饭,还可以用于清洗蔬菜时滤水。燸食物时要放在锅叉上,滤水时要放在盆上。

锅盖 锅盖有高粱秆做的圆形锅盖,还有用木板做的两扇半圆形锅盖,后来供销社也卖铝锅盖。

笼头 笼头形状像草帽,是用麦秸和麻秸秆或椴树皮编制而成。老家蒸干粮时,习惯用笼头盖锅,当笼头四周都冒热气了,人们称上圆气了,就可以停火了,过十几分钟干粮就熟了。蒸干粮用笼头盖锅不漏气,不压气,熟得快,不往干粮上滴水,省火省时间。

盖顶(盖帘) 盖顶是用高粱秆订制而成,盖锅、盖盆、盖缸等都用盖顶。把包好的饺子放在盖顶上不沾皮,用莜麦面做猫耳朵也用高粱秆盖顶。这种盖顶表面光滑,不易腐烂,体轻,好打理,不变形,造价低,经济实用。那时亲戚之间走动都要带点东西,有的就带几个盖顶,有的带几把炊帚或笤帚什么的。

擀面杖 擀面杖是用木头做的,两头稍细一点,大擀面杖长约八十公分,粗约五公分,是用来擀面条的。小擀面杖长约二十公分,粗约三公分,一般是用来擀饺子皮或捣蒜的。用料一般为桃木、梨木等硬杂木。

面板 面板是做面食的主要用具,如蒸干粮、擀面条、包饺子等都离不开面板。农家用的面板都是用木板制作的,呈长方形,长约九十公分,宽约七十公分,板厚三公分。

菜板 菜板大多是用榆木、柳木做的,主要用来切制熟食、肉食、青菜等。那时农村条件有限,大部分人家用一块板子既当菜板又当面板,一面当面板,一面做菜板。还有的用直径五十公分以上的原木,横着锯下厚约二十公分的一截,做菜墩,用来切菜。

饸饹床子 饸饹床架子用木头做,压饸饹的床底用铁皮打眼并钉在饸饹床上,用来压饸饹、压豆馅、压粉条等。不是每家都有,但家家都用,记得那时候小村三十来户人家只有三个饸饹床子,有时一个中午一个饸饹床子就得"跑"好几家,张家用完李家用。

饸饹豆板子 饸饹豆板子是用铁皮和木板制作的,用两块长约九十公分,宽约五公分,厚约三公分的木撑做竖边,用两块长约三十五公分,宽约五公分,厚约三公分的木撑做横边,钉在两个竖边的中间位置,两个横边的距离约四十五公分,在两个横边之间钉一块长四十五公分,宽三十五公分带眼的铁皮,用来擦饸饹豆和过滤食品。

蒜臼子 蒜臼子有瓷的也有木制的,是用来捣蒜泥的,买的蒜臼子里面还带个捣蒜杵子。那时吃面条、饸饹时,总要放到桌上两头蒜,成瓣吃,吃饺子时要把蒜捣成泥放上调料,蘸饺子吃。蒜臼子虽然用得不多,几乎家家都有。因为这种东西价格不贵,顺手买一个用着方便,省的到别人家去借。

药吊子 药吊子是用土和砂烧制的,专门用于熬药的锅具,形状像茶壶。这种用具不是家家都有,像我们那个生产队只有两三个,借的药吊子用完了不能往回送(犯忌讳),谁用谁去拿。

碗架子(碗橱) 靠锅台南面有一个宽约六十公分的空间,下面做鸡窝,上面盖上盖垒碗架子。在鸡窝的顶上东西两边用立着的坯垒,当中横着隔两层搪板,没有板的放几根小木棍做搪板,周围用黄土泥抹好。讲究的在碗架子前面还挂一道布帘,里面放碗、盘子、筷子、铲子、勺子、炊帚等。那时,九成以上的人家都用这种土坯垒的碗架子放餐具、炊具等,很少见到木制碗橱子。

水筲(水桶) 木制水筲是用两公分厚的松木板条拼起来的,外面打上铁箍,这种木水筲漏水、盛水少、很沉,一副空水筲就有二三十斤重,易风干,轻度风干漏水,重度风干就散架了。还有一个关于水筲的小故事,是在五十年代,我父亲从朝鲜战场回到祖国,转业回家时带回一副银白色的铁皮水筲,不漏水、又轻快、又好用,全队的人都震惊了,谁也没见过,村里谁家有大事小情都轮着借用。据说,是我父亲用捡来的炮弹壳子换的。后来到六十年代中期,供销社才有了铁水筲,基本上结束了用木水筲挑水的历史。那时庄户人家买副水筲相当于现在的农户买台小型农用车。

饭桌 这里所说的饭桌,是过去吃饭用的炕桌,大的方形炕桌长宽约一百公分。长条饭桌,长约九十公分,宽约七十公分。饭桌高二十六到三十公分不等。饭桌有精制的和简易的两种。简易的炕桌用木板做桌面,在桌面的四个角上钉上四条腿,腿与腿之间用木撑拉上即可使用。比较讲究的饭桌,制作工艺复杂,桌表面是用很小的木块和木条拼接而成的,由于木头的颜色和木纹不一,所以拼出的桌面有很强的立体感,图案别致新颖。桌腿也很讲究是有造型的,桌腿之间的围板,镂空或雕刻成各种花色的图案,工艺讲究,制作精细。除桌面是用天然的驴皮胶粘接,其他部分完全用卯榫连接而成,整个桌子没有一个钉子,制作费工费时,还得是能工巧匠。据说做这样一张桌子,一个快手木匠也要十来天。用料也很讲究,有梨木、桃木、杏木等硬杂木。记得那时我们队鲍文明家有这样一张桌子,据说木料是明开夜合(白杜,小乔木)的,特别上眼,使用几十年没有一丝裂缝。

风匣 风匣是用木板和鸡毛合制而成,放在锅台的侧面,做饭烧火吹风用,比如烧牛粪、羊粪、驴粪、马粪、树叶子、碎柴火等用来吹风。风匣长约七十公分,宽约二十三公分,高约四十公分。空箱体里面竖着放一块高宽和箱体内径大小相似的一块木板,木板四周打上孔,用麻绳把鸡毛勒在板孔上,木板中心位置穿一个方木拉杆,用木塞把拉杆固定在木板上,拉杆的另一头安一个木把。风匣中间的底侧面安一个出风嘴。风匣上盖的正中间安一块十五公分宽的楔形抽板,以备调换拉杆和取抽风板勒鸡毛用。这种风匣左右锅台都可以用,当从一个锅台换到另一个锅台时,把拉杆从风匣的一头换到另一头即可。也有两个底侧面都安装出风嘴的,用一个出风嘴,把另一个出风嘴堵上。刚勒上鸡毛的风匣,风量大,拉着沉,用一段时间,鸡毛磨少了、磨小了、磨没了,拉着轻了,风量也小了,就要重新勒鸡毛。记得我小时候坐在一个玉米皮编织的坐垫上拉风匣,开始一个手拉,后来两手拉,再后来俩手也拉不动了。这种做饭用具,在那个缺柴的年代发挥了很大的作用,是家家必备的。后来,这种风匣逐渐被鼓风机所替代。

烧火棍 这种烧火用具虽然简单,只是一根木棍儿,但它的作用却非同小可,它不是用来烧的,而是烧火的辅助用具同时又是节柴用具。过去烧柴不足,烧火的人要看着锅底烧,要把柴火填在锅底正中,柴火不能填太多,要少填勤填,让柴充分燃烧,所以烧火时手中离不开烧火棍。当灶膛里的火苗小时,要用这根棍子把火挑旺;当灶膛里的火苗过大时,要用这根棍子把火压小。在没有树的地方,找根儿耐用的烧火棍也是很困难的,因此就有了新媳妇回娘家,带回一根儿烧火棍的故事。

掏火耙 掏火耙是用来掏灶膛烧完的灰和炭火的。它是用一根长约一百公分的木棍,木棍的一头安一块长约十五公分,宽约十公分,厚约三公分的木板。冬天做熟饭要及时把烧过的炭火掏出来放在火盆里取暖,夏天怕把炕烧得太热,做熟饭也要把灶膛里的灰及时掏出来,掏火扒灰都离不开掏火耙。烧火棍、掏火耙这两样用具,看似简单的都不能再简单了,但都是烧火做饭离不开的小用具,天天用,顿顿用。

火盆 五六七十年代,火盆是农村居家过日子必不可少的盛火用具。回想起来,那些年的冬天极其寒冷,人们穷的连炉子都买不起,更不要谈其他高级的取暖设施了。为了抵御严寒,每家的炕上都有一个大火盆。火盆都是泥做的,即把黄土和猪毛掺均匀和成泥,糟上几天,做火盆时,里面放个瓦盆当模子,火盆厚度三四公分,端起来很沉。后来供销社有了铸铁做的铁火盆,比泥火盆轻了很多,方便挪动,看着秀气。最大的缺点是导热快,有时稍不注意就把炕席煲糊了或者把手烫起了疱。那时火盆就像现在北方城市楼房里安装暖气片一样平常。

烙铁 烙铁是火盆配套的用具。烙铁头呈三角形,在烙铁头上焊一个L型的铁把,主要用于摁火、扒拉火。女人做针线活,有时要把烙铁插进火盆的炭火里烧热,烙一下布料的皱褶和折叠部分以及用糨子刚粘过的部位使其平整。

火铲子 火铲子也是火盆的配套用具。把刚扒出来的火,用火铲子摁实,需要的时候再把火盆上面的灰扒拉到火盆的四周。

火箅子 火箅子是用铁条煨制而成的,用来在火盆上面烤干粮,热得快沾不着灰,烤出来的干粮,焦黄的嘎渣儿,又好看又好吃。

火筷子 火筷子是用铁棍儿做的。在火盆里烧粉条头、烧豆子、烧棒子粒(玉米)、烧爆米花,都要用火筷子夹。烧这些东西最容易脏屋子,尤其是烧爆米花,每爆一个玉米花就冒一股白烟,崩得满屋灰。

扫地笤帚 顾名思义,扫地笤帚是专门用来扫地的,这里说的扫地笤帚是指扫屋内地面的笤帚。用一种名叫笤帚苗子的高粱穗子脱粒后手工扎制而成,扎制工艺很简单,很好用,用的也很普遍,真可谓物美价廉。有了笤帚苗子可以自己扎制,也可以到集市上去买。

扫炕笤帚 也有用扫地笤帚扫炕的,讲究的人家,扫炕与扫地笤帚是分开的,专门的扫炕笤帚是用黍子或糜子的穗子脱粒后扎制而成的,比扫地笤帚小一些。

扫碾子笤帚 扫碾子笤帚也是用黍子或糜子的穗子脱粒后扎制而成的,用来扫碾子上的粮食等,很好用也很耐用。

刷锅炊帚 刷锅用的炊帚,大多用笤帚苗子手工扎制而成。也有用普通高粱的穗子脱粒后扎制的,很粗糙不太好用,人们把这种炊帚称打锣锤。

笸箩 笸箩主要用于罗面时接面,也用来盛装晾晒谷物,几乎家家必备。它是用剥了皮的柳条和麻绳编制而成,上口用薄柳木板封边。笸箩为圆形,笸箩大小不一,大的笸箩口直径约九十公分,高约十八公分;最小的笸箩,笸箩口直径约三十公分,高约十公分,常用于放针线,故称之为针线笸箩。

簸箕 簸箕是家庭常用工具,用于磨面,盛装东西,风选粮食等。它和笸箩一样是用剥了皮的柳条和麻绳编制而成但形状不同,用椴树皮和柳条封簸箕口的上边,用薄柳木板做簸箕舌头,形状类似铁撮子,但没有梁。

筛子　筛子有两种:一种是竹筛子,是用竹子皮编制的,主要用来筛草;另一种是铁筛子,是用细铁丝编制的,主要用来筛粮食等。两种筛子都为圆形,且大小差不多,筛子高约十五公分,筛子口直径约六十公分。

罗　罗分粗罗、二细子罗、细罗,它主要用来罗面和过滤东西。罗为圆形,薄柳木板做罗帮,铁丝或铜丝编织的网做罗底,过去也有用马尾巴毛编织罗底的,罗底松,罗面不透落易糊罗底。罗帮高约十五公分,罗底和罗口大小一致,直径约三十五公分。

口袋　口袋是用白色大帆布缝制而成的,高约一百一十多公分,直径约四十公分。它是庄户人家的百宝囊,什么都能装。当时只有口袋没有麻袋,几乎家家都有一条或几条口袋,生产队就更多了,大约有几十条,口袋都是在供销社买的。

燎壶(快壶)　燎壶是用来烧开水的,用铁皮焊接而成,集火膛、烟筒、水壶、水嘴于一身。这种用具不是每家都有的,平时不用,谁家有个大事小情的借着用一用,烧的全是小木桦子,因为铁皮薄,火又硬,所以烧水很快。

夜壶(尿壶)　也有把夜壶叫"尿憋子"的。为什么把尿壶叫夜壶呢,因为过去都是老年男人夜里用来接尿的,所以人们习惯把尿壶称作夜壶。过去天冷,年龄大的老爷子怕冻着,夜里不到屋外小便,也不愿下地往尿盆里便,用夜壶在被窝里接尿。睡觉前把夜壶放在炕沿帮下面,有的怕夜壶冰着,把夜壶放在脚底下,用时伸手可取,很方便。过去的夜壶是瓷制的,又大又蠢,但为老人提供了方便。

鞋拔子　鞋拔子是用牛角做的提鞋用具。过去一般都穿家做鞋,不太好穿,穿鞋时要把鞋拔子放在鞋后跟里面把鞋提上来。

线拨锤　线拨锤是用硬杂木做的,中间粗两头细,长十几公分。也有用羊小腿骨头棒做的，用来缠各种线。过去商店卖的大多是成桄的线，人们怕线乱了不好用，就把桄线缠在线拨锤上。

经子拨锤 有硬杂木做的，中间细两头粗，长约二十公分，两头直径约四五公分。有用羊小腿骨头棒做的，在木棒或骨头棒中间打个眼安上一个铁挂钩，用来打经子，把羊毛、羊绒、牛毛等打成经子（毛线坯），用来织衣服、织袜子等。

纺绳车子 纺绳车子是用来把麻纺成绳坯子的工具。不是每家必备，一个生产队也就有一两台，生产队和个人都用。

摇车子 摇车子是过去用来哄婴幼儿睡觉的用具。长约一百公分，宽约六十公分，用五根小竹板（大耙齿子），把两根约一百公分长、五公分粗的圆木用小竹板连接起来。把五根大耙齿子煨成半圆形，在每根圆木的一侧均匀地打上五个孔，孔的大小和竹板头的大小相等，把竹板的两头对应穿在两根圆木孔里，凸出的半圆形竹板挨着炕。圆木的一头安一个半圆形朝上的竹板，用布蒙上，防止风吹孩子脑袋。摇车子里顺着放一块宽约二十公分，长约一百公分的木板，木板上面放一个长约一百公分，宽约六十公分的口袋（糠口袋），口袋里装着荞麦皮。荞麦皮口袋上面放上尿布，把孩子放在尿布上面，盖上被子，用布绳把孩子绑在摇车子上。孩子哭了摇一摇车子，孩子就停止了哭声。摇车子时孩子的全身都在跟着车子一起左右摇摆，对孩子的大脑有无影响无从考究。摇车子既是哄孩子的用具，又是婴幼儿的睡床。有的老人说，要是不睡摇车，不用布缠着孩子腿，孩子长大就成了罗圈腿。我想这个说法不准确，孩子罗圈腿可能是缺钙的缘故，现在城里的孩子没有一个绑腿的，也都很健康没有长成罗圈腿。那时，摇车子不一定每家都有，但是家家都用。

草囤子 草囤子是用麦秸或莜麦秸和麻秸秆或椴树皮编制而成的。平时用来装粮食或杂物，冬天用来装年干粮，有的大户人家用来装冻饺子。为防止干粮风干，放一层干粮撒一层薄薄的小碎冰块。

柳条囤子 五六十年代，盛装东西的容器极少，木柜子虽然好看、好用、方便,但一家只能打一口,多了打不起,而且柜子也不能全装粮食,除了装点精米细面还要装些衣物等。为了把粮食、谷糠、荞麦花等谷物装起来,人们想了很多办法,比如垒个圆仓,垒个土仓子,编个树条囤子等。在这里专门说说柳条囤子,在我家乡把几十公分到两米来长的小树枝称作树条,所以把用树枝编成的筐叫条框,把用柳枝编织的笆条称作柳条笆。那时候为了把粮食等装起来人们突发奇想,用柳条编一个大囤子,有圆形的,有长方形的。圆形的:直径一米左右,高一般不超一米半。长方形的:长两米左右,宽一米左右,高一米左右。囤子编好后,用黄土掺上榆树皮挠子或麻穰和成泥把筐子里面抹一遍,既光滑又不漏东西。条囤子可以放在地上也可以放在炕上,无论放在哪,都要用圆木段或木板把囤子垫起来防止粮食受潮。

桦皮篓子 桦皮篓子是用白桦树的树皮缝制而成,用于装面和粮食等。那时盛装东西的用具缺乏,人们跑到河北省巴头沟林区剥桦树皮,回来缝制成桦树皮篓子。现在想起来真够糟践人的,活生生的白桦树,硬是把树皮给剥下来,白白的树干上露出了一段一段的紫黑色。

纸笸箩 纸笸箩是用废纸和少量白面做的,把废纸放在水里糟几天,搅碎后少放些黏合剂(白面糨糊),用瓦盆或瓷盆做模子,把糟好的混着糨糊的纸浆均匀地拍打在模具外面,拍得越紧越实越均匀越好,晾干后取出模具。为了光滑好看里外再糊一层纸。人们用来装些零星物品或装一些米面什么的。

针线笸箩 针线笸箩是家庭主妇必不可少的家当。针线笸箩多数用柳条编的,也有用竹子皮编的,还有用纸笸箩的。里面像个杂货摊,装满了针头线脑等各种用具和用品,比如剪子、顶针、大针、小针、绣花针、大锥茬子、掌鞋锥子、纳底锥子、针扎[zhá]、黑线、白线、蓝线、丝线、纳底子绳、线拨锤、经子拨锤、花撑子等,家庭主妇做针线活时总有一个针线笸箩摆在面前。

梳头匣子 过去结婚的女人有一套属于自己的小家当,梳头匣子便是其中之一。梳头匣子盖里镶着一块水银镜子,打开梳头匣子盖就可以对着镜子梳洗打扮。匣里面装着胭粉盒子、胭脂盒子、木梳、洋拢子、红纸(涂口红)、黑碳棒(画眉)、红头绳、刮头篦子、簪子、发卡子、手镯、戒指、耳坠儿、耳环、网罩、嘎达针(别网子)等,这些小家当根据家庭和个人的经济条件,以及个人的爱好有所不同。

烟具 过去抽烟的人很多,男人几乎都抽烟,还有很多女烟民。那时,人们都抽旱烟(自种的烟或买烟叶),抽烟都用烟袋,很少用纸卷烟,因为纸很缺。烟民们用的烟袋很讲究,烟袋锅有银的,有黄铜的,有紫铜的,有银铜混合的,烟袋锅上面雕刻着云子勾等各种图案。烟袋嘴有玉石的,有玛瑙的,有玻璃的,也有铜的。烟袋杆有纯木的,有铜的。烟袋是抽烟人的心爱之物,也是抽烟人的脸面。烟荷包是用来装烟的,做工也很精致,有熟皮子做的,有布做的。烟荷包是一个长二十来公分,宽约八公分的扁形口袋,烟荷包的前后两侧钉着四至六根飘带,烟荷包底上缝着穗子。有的烟荷包上还用五色丝线刺绣着各种图案,烟荷包上口镶着四个风眼,是用来穿烟荷包绳的,烟荷包绳上拴着烟荷包疙瘩(掖在裤腰带上,不易掉下来)、剜烟刀(用来清理烟袋锅里的烟垢)、掏耳勺、剔牙签等。烟荷包集用品、工艺品和装饰品于一身,是随身携带的户外用品。除此之外,家里还有一个烟笸箩,用来装烟叶、火柴、烟袋、卷烟纸等,过去差不多每家炕上都放着一个烟笸箩。

灯 过去用的都是瓷煤油灯,由灯座、灯碗、灯壶、灯盖、灯捻(在灯盖当中)组成。灯捻是用旧棉花搓出来的,烧的是煤油,灯的亮度取决于灯捻露出的高低,人们需要灯亮一些时,就用一根大针把灯捻挑高一点,不干活时为了省油就把灯捻往低调一点。煤油灯的油烟子很大,当你在点着煤油灯的屋子里待上两个小时,吐沫、鼻涕都是黑的,如果待的时间更长一些连眼窝都是黑的。尽管如此,人们对油烟子并不反感,反而习以为常。后来有了带玻璃罩的煤油灯,亮度高,油烟子小,灯捻要到商店去买,不但用油多且不好打理,容易炸罩子,所以人们用的也很少。有了电灯以后很多年这种瓷煤油灯都没有被淘汰,因为农村经常停电,点蜡费用高,停电时还是用瓷煤油灯照明,经济实惠。

手电筒　过去的手电筒都是薄铁皮的,用两节或三节一号电池。两节电池的手电筒,灯泡用2.5瓦的;三节电池的手电筒,灯泡用3.8瓦的。手电筒的后盖上放着一个备用灯泡。手电筒不是家家都有的,谁家夜里有急事,互相借着用,很实用也很方便。

棒铩子　棒铩子很简单,用一块一公分宽、约八公分长凹形厚铁皮,把一头打磨成尖形,另一头安在木把上,是搓棒子(玉米)的辅助工具。

猪铤杖　用一根长一百多公分,直径约一公分的铁棍,一头带尖,另一头焊一个约十公分长的横把或安一个横木把,是杀猪的专用工具。

玻璃瓶　那时候生活用品极缺,特别是盛装液体一类的容器就更少了,所以空酒瓶子是绝对舍不得扔,盛东西时没有瓶盖就用棒子瓤把瓶嘴塞上。人们把医用蒸馏水瓶子更视如珍宝,因为它装热水不炸,上面有刻度,还有一个橡胶瓶盖,输完液把玻璃瓶子留下来,用来打酒、打油、打酱油等,夏天上山干活带饮用水,冬天灌上热水放在被窝里用来取暖。后来供销社卖三斤装的大玻璃瓶,形状像玻璃酒瓶,也有三斤装的大肚子玻璃瓶,人们奔走相告争相购买,用来装酒、煤油、酱油、植物油等,夏天,人们上山劳作时用来带水。

塑料制品　那个年代塑料制品很少,最先进入小村的塑料制品当属自来水笔,除了笔尖、笔箍、笔囊、笔挂之外整个笔杆、笔芯和笔舌头都是硬塑的,相继而入的就是洋拢子(女人用来拢头发的)和香皂盒,但人们不知道是塑料制品,把那些塑料制品都称作"化学"制品。

那时的生活用品虽然落后,但绝大多数都是就地取材,纯天然、原生态、无污染的。买的用品虽然没有厂家的售后服务,但是有很多民间手艺人填补了这个空缺,这些艺人走街串巷,每隔一段时间大街小巷里就会响起"锔锅、锔盆、锔大缸嘞!""修理水筲,补搪瓷碗嘞!""磨剪子嘞,戗菜刀!"的吆喝声,听到这些洪亮的吆喝声,人们就把要修补的物件拿出来交到艺人手里,大活要预约到家里去做。收费虽然没有限价,但也很合理,料钱加工钱再加点工具费就等于收费标准。因为生活用品缺乏,农民手里又没钱或钱很少,所以用坏的生活用品也舍不得扔,要修一修补一补接着用,有的要进行多次修补,所以这些修修补补的手艺人就有了用武之地,当然也延长了物品的使用寿命,那真是新三年,旧三年,修修补补又三年。

莜麦秸苫房

我的家乡地处丘陵山区和高寒漫甸的结合部,接近高寒漫甸的气候,所以在丘陵小山的顶部种些莜麦或小麦。这两种作物不光是用粮,其秸秆也有很大的用途,主要用来苫[shān]房。所谓"苫房"就是为了保暖和防止屋顶漏雨,在房顶上面整齐地盖上一层厚厚的既能顺水又能接雨的作物秸秆或野草。我们把能用来苫房的作物秸秆和野草统称为苫房草。苫房除了用小麦秸、莜麦秸,还有一些替代材料,比如铁杆蒿、顺山流草,这些替代材料,一是资源有限,二是要人工去割,劳动量太大,算起来比买苫房草还要贵很多。

莜麦、小麦的籽粒解决吃的问题,其秸秆则解决住房的防雨、保暖问题。秋天,人们把这两种作物割倒捆成捆儿运到场院里,用一个特制的工具——莜麦刷子,把莜麦粒子从莜麦秧上刷下来,把小麦从脖颈处铡下来,然后把这两种秸秆打成捆儿,整齐地垛起来,等待着苫房子的买主。在当时,莜麦、小麦的秸秆很贵,正常年份和谷草价格相差无几,紧缺的年份比谷草的价格还高,一般每百斤三到五元钱不等,在当时看来价格不菲。房子有大有小,苫的有厚有薄,用草量有多有少,苫三间房需一千五至两千斤。

说苫房就不能不说苫房的主要工具——拍板。板长约四十公分,宽约二十五公分，厚约三公分。拍板正面横向等距离地开着深一点五公分，上口宽一点五公分的三角形凹槽，冷眼看来像搓衣板一样，细看这些凹槽与搓衣板有很大区别，拍板的凹槽和凸起的部分都是直角三角形，而搓衣板的凹槽和凸起的部分是等腰三角形。在拍板背面的中间位置垂直钉一个二十来公分长的木把。这就是苫房时用来拍打苫房草的专用工具。

再说说苫房的辅助用具——莜麦刷子。它由刷子头和刷子把两部分构成。刷子头和刷子把是由一块厚约两公分的木板做成的，总长约三十公分。刷子头长约十八公分，宽约十公分，在刷子头上垂直于刷子板安着四排长约八公分的竹签称刷子齿，排与排之间的齿交错排列。刷子把长约十二公分，宽约六公分。这种工具是专门用来刷莜麦粒和莜麦秸秆的。

苫房时，人们要提前做些准备，首先用莜麦刷子把莜麦秸自梢部向根部像梳头一样把秸秆上的叶子梳下来（防止这些叶子挡水，使雨水能顺利地沿着秸秆流下来），然后再把梳好的莜麦秸秆捆成捆儿。苫房前一两天把莜麦秸秆用水浸湿，防止苫房时拍不瓷实、打滑不方便操作。苫房时黄土是必不可少的，也要提前备好。苫房的用具和辅助工具更要提前借好。

兵马未动粮草先行，苫房人的伙食要认真对待，马虎不得，要尽其全力办好。苫房一般在春种前后进行，那段时间除了羊角葱和韅菜，根本就没有别的青菜，生点黄豆芽子、压点粉条子、做一锅豆腐，再把去年的干角瓜条、干豆角丝、咸菜疙瘩利用起来，还有鸡蛋、鸭蛋什么的等，家里再有腊肉就齐了，没有腊肉的还要到邻居家借点，因为那时候一般买不到新鲜猪肉，集市上也时有时无的。弄点小黄米提前淘一淘，轧成面撒锅年糕，午饭就有了。再弄点小米捞点干饭，晚饭也有了。

苫房有专门的苫房师傅，一个小自然村里也就三两个，所以要提前预约，其他帮忙的倒不必担心，当你做苫房准备的时候邻居们早就把苫房的日子打听准了,到苫房那天,生产队除了特殊活计不能换人外,其他的社员不用请假就可以直接去帮忙。这天帮忙的早早地就到场了,男的、女的、老的、少的,以男的和青壮年为多数,家里男的不在家或有事来不了,就来个女的帮忙。这天,东道主要管帮忙的午饭和晚饭,为了给东道主减少不必要的破费,有时来帮忙的看人多用不开,就会主动找个借口跟东道主说一声就撤了,当然东道主还是要挽留一番的。

这天东道主几乎不干活,但要张罗一些零散事。苫房的事,苫房师傅会当仁不让地主动承担起来,小工们一切听从师傅们的指挥。帮忙的到齐后,苫房师傅作一个简单的分工,女的主要是帮着做饭,做饭用不开的就在外面打打零杂,也不给安排顶劲的重活。年轻力壮的男人挑水、和泥,年龄大的、女的和半桩小子搬运苫房草。有经验的巧手搭架子,找几根檩子或粗木杆子斜着戳起来,上头戳到前檐墙上,下头戳到地上。要在戳檩子的地方挖一个小坑用来挡檩子,防止檩子打滑塌架子。在檩子上头交叉绑上一根短木杆子,交叉木上面横着放块长条板子或几根长木杆子。架子高度距离连檐橛子约一米,这个架子除了站人还是上料的转运台。苫房草要在架子上备着,需要时马上就能递到房上。一切安排就绪,帮忙的便七手八脚忙活起来了,用不了一会准备工作基本就绪,开始苫房了。

苫房是从沾檐子开始的,沾檐子是苫房三大关键技术活之一。师傅安排小工们把苫房草捆成约十公分粗的小捆儿用来沾檐子,在檐子上面横向抹上一层三十多公分宽的浆泥,然后把小捆儿苫房草一捆挨一捆地摆在抹好的浆泥上面。苫房草要长出房檐十多公分,用木板把沾檐子的苫房草拍齐后把捆草的要子解开并拽出来,再用浆泥把沾檐子的苫房草抹上,到此沾檐子的活就完成了。

接着就是苫房的第二大关键技术活——封梢。所谓的梢就是房子两头超出山花墙的那一部分,一般宽为十八公分。先把梢头部分抹上浆泥,从房檐开始一磴一磴地往上铺苫房草,铺完一磴用大穰秸泥压一磴

（把苫房草的上半截抹上），封好的梢头要高于房顶的苫房草。封梢是为了不让梢头漏雨，保护房顶的苫房草不被大风掀开吹跑，而且还增添了房子的美感。

檐子沾好了，梢头封完了，就开始苫房顶了，苫顶子要从房檐开始一排一排地往上苫。先把苫房草梢朝房脊一捆一捆地摆在檐子上面的浆泥上，然后打开草捆，用拍板把苫房草拍实、拍匀，达到厚度一致，并把草的根部拍成斜面，然后在苫房草的梢头处横着抹一层三十多公分宽的浆泥。苫第二排时重复第一排的做法，把草捆一个挨一个地摆在抹好的浆泥上面……依次类推，直至苫到房脊为止。苫完第一排后，在苫好的苫房草上面横着通长放几根粗一点的木杆子，木杆子的两头用绳子拴好并固定在房后坡，每苫完一排，杆子就向上挪动一次，一是为了压苫房草，二是房顶干活的人站在上面不打滑，也防止人把苫房草蹬跑。

前坡苫完了，人们用扫帚把房顶上面横七竖八的乱草扫下去，苫房师傅从后坡趿着梯子下房，赶紧走到院子当中，认真端详房子苫得好赖，当看到师傅的脸上露出笑容时，不用说就知道房子苫得很好。这时人们都从房顶和架子上下来，东道主早已把糖精或三毛钱一包（一两）的花茶水盛在吃饭的大碗里，把饭桌子放在院子里，将水碗放在饭桌上，干活的人不像坐办公室的干部那么斯文，端起水碗咕咚、咕咚喝上一两碗解解渴，然后用手抹掉嘴巴上的水。小饭桌上还放着一个烟笸箩，里面有旱烟、有小孩用过的旧作业本（是用来卷旱烟的），有时还会放两盒香烟。老烟民不爱抽香烟，有的也会拿一支香烟先闻一闻然后点着抽几口，有的抽半截就捻灭了，嘴里叨念着香烟味虽然好闻，但是抽着燎嘴、发飘、没劲、不过瘾，剩下的半截烟也舍不得扔，将烟卷剥开，把烟丝放在烟笸箩里，然后抄起烟袋，装上一锅子旱烟点着使劲吸两口，嘴里说着："还是这个过瘾。"带着烟袋的就用自己的烟袋抽，大多数用纸卷旱烟。有的东道主买不起香烟，买一包烟丝放在烟笸箩里来满足小烟民的需要。那时香烟不贵,一盒两毛来钱,比较讲究的就是"红玫瑰"牌的,一盒两毛七分钱。当然"大前门""恒大""钢都""大生产"牌的香烟更好,但很少见到,一是老百姓困难,经济条件不允许,二是这些香烟在当时是限量销售的,一般买不到。

休息的时候人们东一句西一句地聊着,也没有个中心话题,小伙子们和屋里做饭称呼嫂子的时不时开几句玩笑,寻寻开心,遇着泼辣的女子,小伙子也赚不着啥便宜。烟民们的烟抽透了,使劲往鞋底子上磕磕烟袋锅子,再用嘴叼着烟袋嘴子用力吹吹,然后把烟袋掖在裤腰带上。师傅喊一声——干活喽!这时有往房后挪架子的,有把苫房草捆成小捆备着沾檐子用的,架子搭好了,人们各就各位,重复着前坡的苫房程序。此时供泥的和运递苫房草的比苫前坡时累了很多,运草的一溜小跑,房上抹浆泥的也闲不着,先把草运到架子底下,供泥的也要加快速度,和泥的抽空也帮助供泥的提几兜子泥。檐子沾完了,如果时间还早,饭还没做好,师傅开始封梢,梢封完了,无论饭做没做好大家也都下房准备吃午饭了。东道主准备了一盆温水,大家洗洗手为吃饭做准备。中午饭以炖菜为主,腊肉、黄豆芽炖粉条,干角瓜条炖豆腐,咸菜疙瘩拌羊角葱等。主食是模式饭——小黄米年糕。小黄米的前身就是黏谷子,较大黄米(黍子)味道差些,档次低些,但因其产量低种的少,很难弄到,所以只能用小黄米招待帮工的。因缺钱,且酒不好买,也怕误了活计,午饭是不上酒的。吃完饭抽袋烟休息片刻,苫房师傅招呼一声又开始干活了,那时候给个人家帮忙都是赶早不赶晚。苫后坡和前坡的工序一样,大家手也不那么生了,所以很快就能把后坡苫完。

拧脊是三大关键技术活中的重中之重,人们给拧出来的脊还取了一个很好听的名字——滚龙脊。这个活如果做不好不但会影响整个房顶的美观,还会出现漏雨或苫房草被风揭开等现象,因此,苫房师傅是要认真对待的,绝不敢有丝毫马虎,怕丢了手艺、折了面子、让人笑话,更怕给东道主造成损失。两个师傅从房脊中间开始往两头拧脊,先把前后坡房脊处的苫房草用泥一段一段地抹（勾压）在一起，勾一段拧一段脊，拧脊的时候要把滚龙脊底层左右两边的脊草各留出四十公分长，像个蓑衣披在房脊上，以此用来做房脊的防水，固定房脊两侧的苫房草。为了美观，滚龙脊的两头要翘起来。滚龙脊做好后，要弄几根直径七八公分的长木杆子，两根为一组，用两根约一米长的铅丝把两根木杆子的两头分别连在一起，铅丝搭在滚龙脊上，两根杆子在滚龙脊两侧（房顶前后坡）一面一根，压在滚龙脊两侧的脊草上，然后每隔两米左右用大瓢秸泥或石板压杆子。压在房脊前后的木杆子能起到固定滚龙脊的作用，还能压住滚龙脊两侧的脊草，总之是起固定作用的。虽说不上是固若金汤，但也是风吹不动雨淋不掉。新苫房的房顶呈金黄色，随着时间的推移，金黄色慢慢地变成了土黄色、浅灰色、灰色、黑灰色。

  房子苫完了，帮忙的清理一下场地，把剩下的苫房草归拢到一起，把苫房垃圾清理出去，然后用扫帚把院子简单地扫一扫，有时还要帮东道主送还借来的用具等。人家忙碌了一天，完成了东道主家的一件人事，了却了东道主的一桩心事，三年五年之内不用担心下雨天房子漏雨的事了。人们站在院子中间，仔细地端详着金黄色的房顶，心里也有几许高兴和欣慰，虽然不是自己的房子，但毕竟有自己的手艺和劳动在里面。有的还感慨地说："这回人家在四五年之内不用再担心房子漏雨了，唉！可惜咱苫不起呦！"旁边有人调侃说："过两年你住瓦房呀，几十年都不用担心漏雨的事。"感叹的人说："这辈子是住不上瓦房了，等下辈子（指死后在托生）吧！"还真甭说，真应了调侃人的话，几年后全村家家户户的房子几乎都被水泥瓦所覆盖，当然也包括感叹人的房子。

  晚饭要丰盛一些，帮忙的干了一天活又不要工钱，要好好地犒劳犒劳。尽管酒很难买但也要想法弄些，没酒不成席嘛。要多做几个菜，炒的、炖的、煮的、炸的、拌的各种做法俱全，鸡蛋炒韭菜、咸菜条炖鸡蛋、酸菜腊肉炖豆腐、角瓜条腊肉炖豆腐、羊角葱拌咸菜条、煮鸡蛋（把鸡蛋煮了切成瓣）、粉条拌葱丝、炸虾片（油炸淀粉片）等，反正就那么几样菜,来回地调着个得用,怎么也能对付六个八个的菜。

晚饭开始了,东道主要到饭桌前说几句感谢的话,还会谦虚地说酒不好、饭菜不好,请大家多担待。并招呼大家要吃好、喝好。几杯热乎乎的"老白干"进肚以后,饭桌上开始热闹起来,平时不苟言笑的也眉开眼笑地打开了话匣子,小辈的、年青的嘴里说着"借花献佛"什么的,开始殷勤地向长辈的、年龄大的敬酒。年龄大的长者也不甘示弱,嘴里边念念有词"待要好大敬小",边向年轻人敬酒。敬酒过后,凭本事让别人喝酒,那就是划拳定输赢,不会划拳的砸杠子,即双方各持一根筷子,两根筷子每撞一次,都要同时说出鸡、虎、虫、棒的其中之一(棒打虎、虎吃鸡、鸡吃虫、虫嗑棒),谁输谁喝酒。那时候,谁家有事都离不开酒,喝酒几乎都要划拳,好像喝酒不划拳就不尽兴。

过去苫房对个人来说也是一个很大的工程,材料、资金、粮食、人手缺一不可,对极端贫困的家庭来说也是望尘莫及的,所以就采用了很多万不得已的省钱、简易的土办法。资金不足的苫八蹬,即从房檐到房脊苫八排(八蹬)草,而且很薄,三间房子只需六七百斤苫房草。钱太少的就用黄土泥抹房,再往泥上面撒点盐。连盐也买不起的就用黄土泥掺杨树叶子抹房。这些土办法抹得房最多能挺两年,而且应对一般的雨水天气尚可,若遇大雨、暴雨或连雨天就招架不住了。

草苫房、泥抹房的时代已经过去了,当回首身边往事的时候,惊人的发现,原来整村的草苫房、泥抹房仿佛在一夜之间被瓦房所替代,天哪!这个世界竟变得如此之快,真是让人不可思议。

制作水泥瓦

六十年代末期,村里的能人不知从哪里学的开始打水泥瓦,用水泥瓦[wǎ]瓦[wà]房子,仅仅四五年的时间,小村里一半以上的房顶被水泥瓦所覆盖。在此之前,大多用草苫房,比草苫房低一档的就是用黄土泥抹房。比草苫房高一档的是用小青瓦瓦房,这种瓦房在当时来说是最豪华的,住这种瓦房的都是家境殷实的人家,全大队屈指可数。我们那个小自然村三十多户人家也只有三户用小青瓦瓦房的。

水泥瓦的问世,解决了困扰人们多年的房屋漏雨问题。那些年,一场大雨过后人们纷纷忙碌起来,抹房的、苫房的,还有补修房顶的,盐和莜麦秸等材料也因此成了抢手货。村人手里没钱,不到万不得已是不会提前做这些事情的,总抱着一种侥幸心理,能将就则将就,能拖则拖,能省则省。用水泥瓦瓦房这个新生事物很快被人们所吸纳,其主要原因是物美价廉,经久耐用,瓦一次房子能挺几十年。人们算了一笔账,用水泥瓦瓦三间房子(包括打瓦用料、瓦房辅助用料、损耗等),用425#水泥零点八吨,每吨价格一百零五元,费用八十四元;运费包括单程住店过栈费、骡马草料费、大车老板子补助费等五十元;租用瓦模子费十元;拉沙子打瓦招待费四十多元;其他费用十多元;打瓦、瓦房子请邻居帮忙不付工钱,这样瓦三间房子,不包括粮食和人工费,总开销不足二百元。这个价位是中等以上生活水平的家庭能够承受的,有些低收入水平的家庭通过努力也能办得到,陶瓷瓦和小青瓦虽然经久耐用但价格昂贵,人们只能望洋兴叹无能为力。

水泥瓦瓦房、草苫房和泥抹房效果相差悬殊,水泥瓦瓦房达到三四十年不漏雨,草苫房达到五六年不漏雨,而泥抹房最长两年不漏雨,如遇大雨或连雨天当年就漏雨。如果算总账,水泥瓦瓦房投入是最低的,分摊到每年不到五元钱,而草苫房分摊到每年近二十元钱,就连泥抹房分摊到每年也近十五元钱。实践证明了这一点,我们村现在仍然有三户人家没有进行老房舍的改造,房顶上还是七十年代初的水泥瓦。虽然水泥瓦的抗压强度降低了,但还不至于漏雨。用泥抹房和草苫房费时、费力,还存在不安全、易着火等安全隐患,如遇大雨或连雨天就会漏雨。水泥瓦房不仅省钱、省事、省力、安全、经济适用,而且房顶外形美观。

制作水泥瓦的原材料主要是水泥和沙子,三间房子的水泥瓦只需两马车沙子,而且沙场近在咫尺,取材方便。那时候水泥价格很低,425# 水泥不含运费每吨一百零五元。325# 水泥不含运费每吨九十元。三间房一般用一千三百块瓦,每块瓦五斤,水泥、沙子比例为1∶4,即一斤水泥混四斤沙子,每块瓦用一斤水泥。那时水泥很缺,买水泥难,买好水泥更难,所以村人们找熟人、托人想办法弄水泥。没啥门子的买赤峰产的325# 水泥,有点门子的买赤峰产的425# 水泥,门子硬的能买到本溪产的425# 水泥。那时候谁家用425# 本溪水泥打水泥瓦,人们都会刮目相看。

　　水泥瓦的制作经历了打瓦和压瓦两个阶段,起初打造水泥瓦时完全靠手拿铲子(锅铲)拍打而成,大小形状和陶瓷瓦基本相似,人们把这种瓦称大鼻子瓦。

　　大鼻子瓦的制瓦工具主要有瓦模子和打瓦铲子。为了保证水泥瓦的质量,使其达到规格一致,标准相同,首先要定做一组高标准的木制瓦模子,瓦模子的用材很严格,要选择材质好不易变形的松木,要求制作精准,尽量减少模与模之间的误差,如果模与模之间规格标准差异大,瓦房子时瓦与瓦之间不易衔接。因为新打制的水泥瓦要在瓦模子上凝固定型三个多小时方可脱模,所以瓦模子少了周转不过来,一般都要准备一百三四十块。

　　水泥瓦的制作工艺并不复杂,首先要选择有水源且地势平坦的地方作为打瓦场,以方便洗沙、和灰、打瓦、晾瓦、养生;其次将地面整平踩实,防止瓦变形。用铁筛子把沙子筛好,再用流动的清水把沙子里的土洗净。按着水泥和沙子比例把水泥和沙子充分地搅拌均匀(为了不让水泥粘上土,弄一口大铁锅或一块大铁板和水泥)。打瓦时要有一个师傅作指导,还需要很多帮手,比如打瓦的需要四五个人,和水泥、供泥的两个人,搬运、晾瓦、撤托、刷浆和养生的要两个人。每天打四五百块瓦,一般三间房三天时间即可完成水泥瓦的制作。养生一般在十五天左右,才能使水泥瓦达到最大强度。养生有两种方法:一种是把水泥瓦一片挨一片地立着戳在地面上,上面盖上杂草或草袋子,每隔一两个小时撒一次水;另一种方法就是挖一个五十公分深的池子,把水泥瓦一片挨一片地立着戳在池子里,然后放水养生,水面要高于瓦面。

打瓦的时候要在现场临时搭建一个打瓦操作台,五六个打瓦匠集中在操作台前,每个人手持一把铲子,跟前都有一个打瓦的模子,一个盛水泥的盆子。为了防止水泥粘模子,先把报纸铺在瓦模子上,把和好的水泥用铲子装在瓦模子里,把亏欠的地方填平,把多余的水泥铲出去,然后用铲子拍打装在模子里的水泥,直至把水泥拍打瓷实,然后用模具在左面压出一个小凹槽,在中间压出一个半截大凹槽(瓦鼻子),一片瓦就打完了。打瓦师傅高喊一声:"来模子",这时运瓦的迅速递上一块瓦模子,顺手把打好的水泥瓦搬走放在晾瓦场上。新打的水泥瓦要在瓦模子上待三四个小时才能凝固,确保撤模具时瓦不碎、放在平地上不变形。最后用水泥浆涂刷瓦面,堵塞瓦面上的沙眼,使瓦面光滑,降低瓦的吸水量。

打瓦的人胸前围一块破围裙,有的穿一件破衣裳,女人还要戴上一块破头巾或一顶破帽子,胳膊上带着护袖,有条件的还戴着口罩和手套。因为打瓦时打出来的水泥浆溅到打瓦人的身上、脸上、手上,水泥是碱性的,防护不好水泥浆会把皮肤烧得煞白。打瓦的场面也很热闹,运料的、和灰的、运瓦的,他们之间密切配合有条不紊地进行着。每个人都很认真地履行着自己的职责,总担心自己做得不好,虚心向高手学习。打瓦场上劈里啪啦的打瓦声伴随着人们的说笑声此起彼伏,当你看到大家笑逐颜开,干得热火朝天那个劳动场面,那劲头不像是在劳动,更像是在做一种有趣的游戏,打瓦匠那挂满水泥点子的脸上透着灿烂的笑容。尽管这种活很脏很累,却看不到他们一丝一毫的疲劳感。中午收了工,这些帮工的洗洗脸洗洗手,然后饱饱地吃上一顿,稍作休息又继续开始重复上午的劳动。一天的工作在欢笑声中开始又在欢笑声中结束。晚餐,主人更是尽最大努力做几个好菜,再上点小酒,因为活很累,要尽量把伙食办好,用这种方式犒劳大伙。这个活一般都选在夏锄结束后,好在北方雨水少,所以人们很少担心雨水的打扰,不过有时候还真的赶上了下雨,主人就要多破费一些。

又过了三四年,一种新的水泥瓦制作工艺出现了,用手工压瓦代替了原来的手工打瓦。随着制作工艺的改进,瓦的形状也有了改变,新型水泥瓦形似小青瓦,但比小青瓦大了许多,每块瓦防水面积和大鼻子瓦差不多,人们把这种瓦称作大凹垄瓦。瓦模子本来应该用铁板制作,但因制作一百三四十块铁瓦模子成本太高,打瓦匠动了心思,先制作一块铁瓦模子做母模,然后用这块铁瓦模子制作水泥瓦模子。瓦模子成本降低了,但水泥瓦模子用的时间长了就会缺边少沿,打瓦匠每隔一段时间就要更换一些瓦模子。

手工打瓦瓦面挨着模子,打瓦时把水泥浆拍打到瓦的底面上,瓦面则出现了很多沙眼,为了填平瓦面沙眼,增加瓦面的光洁度,打出的水泥瓦脱模后,还要在瓦面上均匀地涂上一层水泥浆,既增加了工作量,又浪费水泥。而压水泥瓦,就其工艺而言更具合理性,手工压瓦瓦面在上,通过铁压板反复地推拉挤压把水泥浆挤压到瓦面上,使瓦面光滑、细腻、密度加大,其内部结构更合理,且省去了刷浆的环节,省时又省料。制作大凹垄瓦比制作大鼻子瓦,降低了劳动强度,节省了人力。一位压瓦师傅每天能压五百多块水泥瓦,相当于五个人打水泥瓦的总量。压瓦要比打瓦节省劳力,这个工作小团体只需六个人足矣,一个压瓦的师傅,两个和灰供泥的,两个运瓦、养生的,还有一个打下手的。压瓦师傅自带一个压瓦的架子(操作台),自带一百多块水泥瓦模子(瓦托),自带一个铁制的压瓦推拉板,操作台上放一个盛水泥的破洗脸盆子,盆子里放一把锄灰的小铲子,瓦模子上铺一张报纸,防止水泥粘在模子上。两种水泥瓦的制作工艺虽然不同,但水泥和沙子的比例、沙粒的粗细、晾晒、养生等都相同。

水泥瓦来得突然火得很快,但它的生命力却不长,从问世到消亡仅仅十二三年时间,替代品是矸子瓦和陶瓷瓦。究其原因,主要是农民家庭经济状况的改善,农民有经济实力购买质量更好的陶瓷瓦和矸子瓦。陶瓷瓦和矸子瓦比水泥瓦具有更多的优势,它完全由机械压制成型,比手工打造的水泥瓦形状更标准、薄厚更一致、使用寿命更长、防水性能更好、色泽鲜艳、整体美观,虽然多花些钱,但对农民来讲是百年大计,也值得。

黄土泥抹墙

黄土泥抹墙与现代的刮大白和刷涂料有着相同意义,与现代的内外装修有一些相似之处。过去和现在一样,房子盖完了,要进行内外装修。那时候所谓的装修就是把壁子墙间(垒)上,把炕搭上,把锅台盘上,把土仓子垒上,把屋里屋外的墙壁用黄土泥抹一两遍(屋外一遍,屋里两遍)。抹墙要用好黄土掺上一定比例的小麦糠(就是小麦粒外面的那层壳和麦芒)和成泥,麦糠既能起到拉筋的作用使墙面不裂,又能使墙面美观。

抹墙时要请一位抹墙的师傅,还要有一个小工打下手,就是和泥供泥的。和泥时先把麦糠均匀地混拌在黄土里再用水和成泥,泥和好后要来回地倒[dǎo]几遍、闷一闷、醒一醒,达到泥里面没有干土,增强泥的黏稠度,使麦糠和黄土泥融合得更好。锄泥时把铁锨翻过来用锨尖一点一点地从泥堆里往外刮,再用铁锨锄起来放在泥盆里。

抹墙要从高处向下抹,要用木杆子搭个架子,架子上面再铺上板子,板子上除了站人还要放一个盛泥的破盆子。抹墙师傅一手拿着泥抹子,一手拿着一个木头做的泥托板,用托板托着泥,用泥抹子在托泥板上熟练地把泥来回翻几个个儿,然后用泥抹子从托泥板上把泥刮抹到墙上,再用泥抹子把泥平平展展地抹在墙壁上。由于原来的墙面上用铁筢子搂出了一道道小沟,加之搂出来的瓤秸,很容易把泥牢牢地粘在墙壁上。抹完泥的墙壁，既没有凹凸不平的坑包，也没有泥抹子抹过的痕迹，侧面观看平平的像一面镜子，墙壁光滑、保暖、不透风。抹过的墙面呈深黄色，伴着金黄色的麦壳像星星在天空中闪烁，给人一种干净整洁特别温馨的感觉，这种暖色调比白色看上去更舒服一些。纯白色虽然显得干净、亮堂，但是让人看起来很不舒服，夏天还好些，冬天就感觉格外的凉。

新盖的房子外墙也要通通地抹一遍，和抹里屋墙是一样的。墙根脚比较高的也要抹泥，先用大瓢秸泥堵石头缝隙和找平，再用麦糠黄土泥挂面，抹完的房子里里外外焕然一新。房子墙抹泥就等于给房子穿了一层"外衣"，既好看又保暖。

房子住久了墙皮脱落，也要不失时机地抹一抹，脱落面积较大的，要清理掉老墙皮重新抹一遍，脱落面积小的进行补抹，不能露着墙体。除此之外，还有很多零零星星的小抹活，比如锅台、碗架子、土仓子、炕面子、炕沿帮、土炉子、鸡窝、牲畜的圈舍等等。还有过去的贫困人家苦不起房子，也用麦糠黄土泥抹房顶做防水，但是要在泥的上面趁着湿均匀地撒一层盐面子。再就是每年过年时，人们要把大门口贴对联的那块墙面，提前抹一层麦糠黄土泥，因为院墙大部分都是土打杆子墙，粘不住对联。

这里所说的大瓢秸就是打莜麦、小麦时压碎的秸秆。那时候生产队打完场，在场院的角落里放着大堆的瓢秸，还有一大堆麦糠，留着来年春天生产队和社员家打墙抹墙用。社员用个百八十斤的不要钱，谁家用点抹墙、谁家老母猪和小狗要产仔絮个窝啦，跟队长说一声就不用掏钱了。用瓢秸、麦糠的量比较大时，就要掏钱了，每百斤一元钱，也不用过秤，把瓢秸、麦糠弄回家，队长、会计或保管到家估一下斤秤，让保管把账记上即可。现在偏僻的小山沟也很少用麦糠黄土泥抹墙了，用这种材料"装修"房子或已成为历史，也许在不远的将来会在人们的记忆中消失。

土打板子墙

　　过去盖房子都是土打墙,通常人们把打房子墙称之为踩墙框。打房子墙和打院墙用的工具不一样,打院墙用的是墙杆子,而打房子的墙用的是墙板子。打房子墙的工具:墙板子两块,板长约三米、宽约四十六公分、厚约三公分,一般用松木,有韧性、不变形;墙板夹子两个,是打墙时用来固定墙板子的;石磙子一个,长约三十公分、直径约二十公分,石磙子两头各打一个深约八公分、直径约八公分的圆孔;铁锨四张。材料:黄土、莜麦瓤秸和水。一般六人为一组,其中四人往墙上扔土,一人踩土、撒瓤秸,一人夯实。

　　盖房子对农民来说是百年大计,打房子墙是盖房子过程中的重要环节,是盖房人把握的重点,墙体不牢就会房倒屋塌。打墙要把握住两件事:一是要用好材料,巧妇难为无米之炊嘛!所以打房子墙时要用好土,一般用黄土,因为黄土黏性大,打出来的墙体坚固。我们村有专门的黄土坑,谁家盖房子打墙、抹墙、抹房子等用土都从黄土坑取土。瓤秸也要用莜麦秸,比小麦秸经烂耐久,能够使墙体坚固稳定。二是要有好的手艺人,主要是请个好打墙师傅。要把土拌湿,土太干了土粒之间结合不实,土太湿了发黏夯不实,墙体不结实容易坍。房子墙要一圈一圈地往上打,所以打墙时为了使前后两板墙的接头衔接得更好,打完一板墙再打另一板墙时,前后两板墙的接茬应是斜的,而且上一层的接茬和下一层的接茬都要错开。墙打完后要用铁耙子把里外墙皮搂一遍,一是为了找平,二是铁耙子搂出的凹凸不平的耙齿印子,再加上露出的瓤秸,抹墙的时候好挂泥,使泥牢固地粘在墙体上。搂墙是个技术活,不是谁都能干的,是打墙师傅干的活。

　　打墙时先要用石头把墙根脚(墙地基)垒好,然后把固定墙板的夹子支在墙根脚上,把两块墙板子横着立在墙板夹子里,防止墙板往里倒,在两块墙板两头的中间位置各横放一根三十六公分长的撑木(支棍)。墙板支好后,墙两边各有两个人往墙板里扔土,墙板子里有一个人踩土、撒瓢秸,这个人很重要,大家都称之为打墙师傅,房子墙质量的好坏都掌握在打墙师傅的手里。墙上还有一个人是专门夯实的,这个人不但要有力气而且还要有准,不能把石磙子砸在墙板上。当填大半板土时就要夯实一次,这个人两只手抠着石磙子两头的孔,抡过头顶用力往下砸,直到均匀地把土夯实为止。

室内的壁子墙一般都是上笆泥以后再打,也有的为了秀气、好看用土坯垒,也叫间壁子墙。

打墙这个活很累,墙体越高耗费的体力越大,特别是往墙上扔土的更累,快打到墙顶时,扔半锨土都要使出全身的力气,所以人们说托坯打墙活见阎王。用好材料,加之规范操作,各种工艺的有机结合才能达到墙体坚固、耐久的效果。

现在已经见不到土打板子墙的手艺人了,这项技术已经失传,打墙的工具自然也消失了。

土打杆子墙

凡是山村住户,家家都有一个小院子,院子的大小不等,最大的有一亩来地,最小的也有三四分地。无论院子大小都要打一圈院墙,才像个过日子人家。在五六七十年代,几乎所有的院墙都是用土打的杆子墙,既形成了一种习惯又形成了一种风格,说实在的当时也没有什么可替代的。

打墙的工具:松木杆子六根,杆长约三点五米,小头直径约十二公分;绳子六根,绳长约两米,粗约两公分;木制梯形堵头一块,高约两米,底宽约四十五公分,顶宽约三十公分;墙杵子四个,墙杵子是用一块拟柱体的石块和T型木把制作而成,拟柱体的石块下底约三十公分见方,上底约二十多公分见方,高约二十公分,在上底当中竖着打一个直径约六公分,深约十公分的直孔,在直孔里安一个约八十公分高的木棒,木棒顶头还要横着安一个约三十公分长的木把;填土用的铁锨四张。打墙用料:土(黄土或黑土)、瓤秸(莜麦瓤秸或小麦瓤秸)和水。一般五个人为一组,其中一个人在墙上踩土撒瓤秸,四个人填土、夯实、倒[dǎo]杆子。

打院墙要提前做好准备,首先要准备好打墙工具,如墙杆子、绑杆绳子、墙堵头板和墙杵子等,这套工具个人家很少有,谁家打墙要到生产队去借,帮工的要自带铁锨;二是准备好打墙的材料,如打墙用土,黄土最好,黑土也可,土层较深的一般都就地取土,打完墙再用垃圾土回填,土层薄的就要另寻土源取土,提前把土拉运到打墙地点,打墙的前一两天用水把土拌湿;还要准备好打墙用的瓤秸,莜麦瓤秸最好,小麦瓤秸也可;三是提前约定好打墙师傅和帮工的。

打墙用的墙杆子六根为一大组,两根(左右各一根)为一小组。以大组为例:打墙时,墙的两面每面三根墙杆子,墙杆子的一头用绳子固定在墙上,另一头用绳子固定在墙堵头的挡板上,然后往杆子当中填湿土,墙上有一人把扔上来的湿土踢碎踩匀,边踩土边撒瓤秸,瓤秸能起到拉筋的作用,使墙体更坚固、更耐久。土填满一层墙杆子后,开始用墙杵子夯实。接着上第二层墙杆子,填土夯实。然后上第三层墙杆子,再填土夯实。到第四层时,把第一层(最下边)的左右两根墙杆子卸下,摞在第三层墙杆子上面把两头绑好,也称作倒杆子,然后填土夯实,以此类推。农村的院墙高约两米,一般倒十几次杆子就够高了,墙的最顶端要用湿土拍出一个半圆形或尖形的墙头帽子,以防渗水。然后往前延续打,直至够长为止。

打墙时,当填满一层杆子的土后,填土的四个人中要有三人上墙夯土,墙下的那个人负责把墙杵子递给墙上的那四个人,墙上的人开始用墙杵子夯实。打杵子的人将杵子一起抬起,一起落地,嘴里喊着抑扬顿挫的号子,抬杵子时号子声变低,杵子落地时号子声加重,有的不喊号子,只是喊嘿——吆、嘿——吆、嘿——吆,喊"嘿"时两手把杵子抬起,喊"吆"时杵子落地。打杵子时要转360度的角,每90度为一次,转四次,到转弯时号子声加重,打杵子的转弯动作一致,四个杵子起落一致,号子声铿锵有力,既好听又好看,不亚于现在的舞蹈组合。那时每当有打墙的,总有一些大人、孩子在跟前看热闹,像在观看一场舞蹈表演,久久不愿离去。

为了雨天保护墙体和增加墙体的美感,打墙倒(撒)杆子时不能把上下两根杆子之间凸出来的土檩子(墙眉)给碰掉了。打墙时地势低的地方,要用石块垒地基,防止雨水泡墙;地势比较高时也可不垒地基,在地面上就地打墙。院子里的菜园子墙也有打杆子墙的,但比较矮,一般在一米高左右,但更多的是用石头垒或打板墙。

随着时代的发展,土打杆子墙在一些地区已经不复存在,以后人们只能在影视片里看到这种比较古老的筑墙方式。

河卵石垒墙

说到石头墙就不能不说石头,说石头就不能不说石头的来源。我们家乡人常说的一句话:咱这地方最不缺的就是石头。小村的前面有一条主河道,它的源头在敖包山后九队上头的两条沟里,从源头到我们家门前有八九里路。在六七十年代这条河长年流水,经久不息,雨季河水量大些,非雨季节河水量小些,冬季则结成一条宽宽的冰带。随着时间的推移水流量不断变小,几十年后非雨季节河套就没有水了,大雨天发洪水,晴天便成了干河套,冬天那条宽宽的冰带也消失了。除了这条主河道,在小村周围还有三股支流,也是洪水河道。一条是村南梯子梁下的干河套直接对着主河道,另一条是村西南宜肯坝村前的干河套呈45度角斜对着村南的主河道,还有一条是村子西头北山小垛子沟的干河套对着小村的主河道。这三条干河套都是三面环山,每当暴雨降临,山上的石头随着雨水的冲刷,纷纷奔向河套。洪水来临时,河套里不停地发出咣咣的响声,这个响声是石头与石头的撞击声。每发一次洪水,河套里的石头就增加了许多,而且河套里原来的石头大的变换了位置,小一点的被冲走。由此看来,这些石头来源于河套周边的石质山上,洪水就是搬运石头的"工具"和"动力",这几条河套便成了石头的运输通道和载体。

村人们把这些石头作为一种可利用资源,大用特用。垒墙为主要用途,垒园子墙、垒猪圈墙、盖房子垒墙根脚(房地基)、垒院墙根脚(墙地基)。用这些石头垒墙不用花钱买,只要弄台车运回来即可。村路南面是一片平地,为了防止猪、鸡等进入,也要用石头从东到西垒一道一米多高的石头墙,几乎所有矮一点的墙都用石头垒。进入老水泉子大队几乎每个生产队都是如此,现在看来还真是一道特殊的风景线呢!

石头各式各样,色泽不一,有黑色的、有白色的、有花色的、有杂色的,以白色和杂色的为主。形状各异,有方的、有圆的、有长的、有短的、有厚的、有薄的、有大的、有小的,以方不方、圆不圆、扁不扁不规则形状的石头占绝对多数。这些石头取之不尽,用之不绝,当人们把河套的石头快用光时,一场洪水过后又送来了很多新石头。

人们用石头时也是有选择性的,根据各自的用途,挑着样的选,挑着样的用,尽管如此,这些没有经过加工的纯天然石头形状也是千差万别的。在日常生活中,我们用统一规格的砖垒墙也要用技术人员——垒砖的师傅,避免把墙垒歪,何况用这些形状不规则的石头垒墙更是需要技术的。这些会垒石头墙的人也没有技术头衔,可是人们都知道谁垒墙的技术最高,所以垒石头墙的时候,除了一些修修补补的小垒活是自己干,那些成总的大垒活就要请垒墙师傅了。垒墙时除了"大工"还需要"小工"来打下手,实际就是搬运石头的力工。

那时候我大爷垒墙是村里最拿手的,谁家有垒墙的大活都会请他来帮忙,生产队垒墙的活也交给他来完成。他凭着多年的垒墙经验,不用任何泥浆,更谈不上用水泥了,就能把石墙垒得既整齐又牢固。垒墙时他把最大的石头放在最底层,一是方便挪动,二是增强了墙体的稳定性,然后把不大不小的石头放在中上层。每垒一层用小块石头来填墙心、堵墙空,使石头之间互相咬合,防止松动。不管石头大小、好赖都能用得上,墙垒完了,大大小小的石头也都用光了。虽然石头形状不规则,但垒出来的墙既整齐又牢固,还好看。正面看来,石头大小配合,长短接合,再加上石头的各种颜色,形成很多图案,有的呈几何形,有的还像抽象派的画,使墙面更富有美感。

我去过四川的阿坝地区,那里的石头墙可谓无与伦比,那里用石头砌的碉楼几十米高,多少年来,经过那么多风风雨雨不坍不倒,细心观看就是一件活生生的艺术作品。但那里有一个我们那无法比拟的条件,就是石头颜色一致,都是土色。石头的形状都很整齐,全是石板,几乎每块石板的外缘都有一个直边,即便石板的外缘不规则,用锤子一敲就能出来一个直边。特殊的材料,加之巧夺天工的技艺,使那里的石头建筑堪称一绝。

五六十年代,我们那个小村每家每户的院子里都有一两个小菜园子,而且家家都养些鸡呀、鸭呀、鹅呀,还有猪、狗、羊、毛驴等。为了防止这些家禽、家畜糟蹋蔬菜,菜园子的外缘都要垒个石头墙。为了增强墙体的牢固性,石头墙顶上还要用瓢秸泥垛一个墙头帽子。为了防止家禽飞入菜园子,人们除了把小鸡的翅膀剪掉一段(打翅子),还要在垛墙头帽子时用小树枝或专门割些毛榛柴,插在墙头帽子上。树枝与树枝之间的距离约十公分,一根树枝向前倾斜45度,挨着的一根向后倾斜45度,以此类推,然后把两个方向的树枝编成菱形,形成一个整体,像一个通透式的小篱笆。在园子外面就能看到园子里面的瓜果蔬菜,有绿的、黄的、红的、紫的,五彩缤纷非常养眼甚是好看,显得整个院子分外整洁,增添了院子的美感,构成了一幅美丽的田园景色。

住房简陋、用具匮乏

进入老水泉大队最先进入眼帘的就是那些石头墙,从沟外一直延续到沟里,队队如此,到处都是石头墙。每个生产队村路的南面几乎都有一片耕地,耕地与村路之间也要用石头墙隔开,村路路面高于耕地地面的,要在村路的侧面耕地的上面附上一道石头墙,防止路基滑坡;耕地地面高于村路路面的,在耕地的侧面村路的上面附上一道石头墙,防止耕地滑坡,也防止家畜家禽进入;村路路面和耕地地面一平的,在村路和耕地之间也要垒上一道石头墙,把村路和耕地隔开。个人家院外的园子围墙是用石头砌起来的。生产队房子和牲畜圈棚的墙根脚(墙地基)全是石头垒的。圆仓的地基都是石头筑起来的。小村西头和村子中间有两口几丈深的吃水井也是用河卵石纣(砌)起来的。如果把石头用品和用具罗列出来就更丰富了。比如碾子、大磨、小磨、碌碡、磙子、石条、石阶、门墩、磨石、夯石、墙杵子、拴马桩、大石槽、小石槽、唋羊石、压缸石等等。

那时当你走在村路上,每迈一步都能踩到石头;当你环顾四周,路两边一道道的石头墙又进入了你的视线;当你走进农家的小院,小菜园的石头墙和石头垒的猪圈墙又进入你的眼帘;当你走进生产队的饲养处,仓库的石头围墙、场院的石头围墙和牲畜圈棚那高高的石头根脚(墙地基)又展现在你的眼前。只要你进入小村,在哪都能看到石头的影子,小村就是一个典型的石头城。

后来听说,原来河套那么多石头都被人们全用光了,对其不解,问村人何故?村人说:"现在山上的植被好了,加之这些年干旱,大雨很少,不发洪水了,自然河套的石头就少了,还有一个很重要的原因就是人们用石头的量增加了。过去盖房子的墙根脚只有五六十公分高,现在房子比过去的房子重量加大了,为了增强墙根脚的承重力,人们把墙根脚垒到两米多高,石头的用量成几倍增长。"

随着社会的进步,经济的发展,石头墙迟早会被新型的建筑材料所替代,再过几年,除了墙根脚,其他石头墙的影子,将会在人们的视野中彻底消失。本文把那个年代功不可没的石头墙留个影子,以其微小事物的变化来见证时代的变迁。

土坯的妙用

土坯是用土和瓤秸和成泥,再用土坯的模具托制成型,晾干后即可使用。土坯模子分两种:一种是长方形的,用四块厚一点五公分、宽五公分的木板制成一个内边长三十六公分、宽十八公分的长方形木框,作为托长条土坯的模具。另一种是方形的,也是用四块厚一点五公分、宽五公分的木板制成一个内边长、宽各三十六公分的正方形木框,作为托方形土坯的模具。人们把托坯的模具称之为坯模子。

托坯的工具很简单,一个坯模子(托方形坯用方形坯模子,托长条坯用长方形坯模子)、一张铁锨、一个水盆即可。托坯用的材料:黄土或黑土,黄土最好,黏性大,托出来的坯结实。一般用压碎的莜麦或小麦的秸秆(莜麦瓤子或小麦瓤子)做瓤秸。

托坯一般在春秋两季雨水少的时候进行,以防土坯未干就被雨水给浇坏了。托坯的方法也不复杂,为方便、省事、省力,最好选择一处有土源、有水源的平地作为托坯场地,托坯前先把地整平。把土和瓤秸混拌在一起和成泥,泥不能太稠更不能太稀,太稠抹坯时费力抹不动,太稀了托出来的坯易变形不爱干。托坯时两人为一组,一个供泥的,一个抹坯的。抹坯的把坯模子平放在地上,供泥的用铁锨把泥盛到坯模子里,抹坯的用手把泥抹平,重点是把四个角要压实抹好,坯的四周要和坯模子一样平,坯的中间要向下凹一些,这样垒墙时好用,砌出来的墙比较稳定,墙体坚固不走形。坯抹好后取下模子,用水盆里的水把坯模子的内壁刷一下,这样托出的坯四边既光滑,又容易脱模。托坯看似是个力气活没有什么技术含量,实则不然,会托坯的和出来的泥稀稠适度,瓤秸适量,搅拌均匀,锄泥时一锨泥正好托一块坯。有时或稍多一点,但宁多勿少,泥多一点抹坯的会把多余的泥捧出来放在下一块坯的位置上,如果少了,锄泥的还要再锄一次。待土坯晾到七八分干,把坯立起来用破菜刀把坯底沾的土清理掉,晾一下坯底,坯底晾干后把坯集中到一起码成垛。码垛时把坯横着或横斜着立起来,一层一层垛好,不能平码,平码会把坯压坏。托坯不仅是个技术活,更是个力气活,庄户人常说:"托坯打墙,活见阎王。"

土坯是我们那地方搭房盖屋常用的材料,除此之外,土坯还有很多用途。

如用土坯垒房子的山花尖:打房子墙框时到山花尖处,墙太高扔土太费劲,打墙的人便停下来,留着用坯垒,比土打墙方便、省力还牢固。

用土坯垒箅子墙:人们盖带柁的房子一般不用土打箅子墙,大多都用土坯垒,土坯墙比土打墙薄,显着房间秀气,屋子宽敞。

用土坯搭炕:把长条坯横着立在炕厢上面垒出炕洞,再用方形大土坯搭在上面,做炕面子,土坯炕面子虽然比石板炕面子热得慢一些,但热得时间长,且温度适中,不至于凉、热温差过大。

用土坯垒仓子:在五六七十年代,几乎家家外间屋靠着北墙都垒个土仓子,用来装粮食呀,装谷糠等。有的贫困人家里屋打不起柜子,也要垒土仓子装东西用。讲究一点的和有点条件的,仓子上面做个木头盖子。生产队的仓库里为了装粮食也盘了很多土仓子,只不过比个人家的土仓子要大一些,因为盛的粮食多,所以仓子的底和帮都是用两层坯垒起来的。

用土坯盘(垒)锅台:那时农村住户的外间屋都有一两个锅台,人口多的盘两个锅台,人口少的盘一个锅台。这些锅台都是用土坯坐着泥垒起来的。

用土坯搭碗架子:过去每家每户锅台后都有一个土坯搭的碗架子,用来放餐具和炊具等。简陋的搪板是用木棍或向日葵秆子代替,上面再抹一层泥,豪华一点的搪板是用木板做的。碗架子上面还要用坯和木棍搭个盖并用泥抹上,只留一个侧面,放取餐具。

用土坯砌筑圆仓:集体经济时期,每个生产队都有几个圆仓,用来装粮食。大生产队有三四个,小生产队也有两三个,个人家也有建圆仓的。由于圆仓的墙壁是圆的,没法用土打墙,所以都用土坯垒。

在没有砖的年代,土坯就是砖的替代品,但比起砖来它还是逊色了许多,它没有砖的硬度、怕水、易碎、抗压力小、光洁度差,但它的制作过程比起砖来也简单了许多,它对土质没有特别严格的要求,它不需窑烧。在那个经济、技术落后的年代,土坯为人们的生产生活立下了汗马功劳,给人们的生产生活带来了诸多方便。

第四篇

山村养殖不可或缺

集体经济时期，山区农业收入包括农副产品收入在内占农牧业总收入的百分之五十左右；牧业收入包括羊毛、羊绒、菜牛、菜羊、粪便、使役投入等收入占总收入的百分之五十左右。农牧业收入的比例，实际是二分天下各占其一。可人们总认为，牧业收入占农牧业总收入的百分之三十左右，把牲畜粪便的收入和牲畜使役的投入给忽略了，认为在牧业收入中羊毛的收入是最高的。实则不然，在牧业收入中牲畜粪便这个隐形收入是最高的，其次就是牲畜使役投入的收入，可是人们不但未把这两个方面的收入记入账册，而且还忽视了这两笔收入的存在。总之，集体牧业在生产队集体经济中和农业一样占有同等的位置，不可小视。

一个生产队所有社员家庭养殖业收入的总和要高于生产队集体养殖业的总收入，特别是直接经济收入明显高于集体养殖业。集体养的牛、马、骡、驴，是供耕地、拉车使役的牲畜，它只有头数和间接经济收入，直接的经济收入很低。而家庭养的羊、猪、鸡，直接经济收入则较高。比如养一头猪的收入就相当于养五六只羊的收入。因此养殖业在家庭经济收入中不可小觑。

一个壮劳力，全年劳动总收入只能够买四口人的口粮。如果算上生产队分的其他有价物品，比如蔬菜类、粮食秕子、肉食类和其他有价物品，一个劳动力一年的劳动所得只能买生产队分配给的三口人的全部有价物品，其余家庭各项开支基本都靠家庭养殖业。一个壮劳力一年最多能挣四百个劳动工日，每个劳动日值按五角钱计算，那么一个壮劳力一年的劳动所得仅二百元钱，相当于养二十只母鸡的收入，相当于养一头老母猪的收入，相当于养两头肥猪的收入，相当于养十二只羊的羊毛收入。一个家庭的经济支出，吃的部分仅占家庭经济总支出的百分之三十到四十，其他开支占总支出的百分之六十到七十，而家庭的其他开支基本靠家庭养殖业来解决。所以尽管家庭养殖业不发达，但是在山区家庭生活中的作用非同小可。

家庭养羊

我们那个地方草场比川区多一些,那时每家每户都养三五只羊,一年四季都可放牧,本队的草场不足,就到毗邻的生产队、大队和外省的草场放牧,冬春两季需要补饲一些饲草,除了作物秸秆,每年还能打一些羊草,所以养羊还是有些优越条件的。全生产队的养羊户雇一个羊倌,养羊户每只羊每年要拨给羊倌三个工日(三十分工)的放牧费,每只羊每年的放牧费合一元五角。现在每只羊每年给一百五十元的放牧费也不一定有人干。当时一个羊倌放一百五十多只羊,能挣四百五十个工日,比一个壮劳力一年挣的工日还要多一些,羊倌也很合算。

那时养羊主要的目的不是为了吃肉或卖肉,而是为了卖羊毛和羊绒。每年春秋各剪一次毛,以前养的土种蒙古羊,产毛量很低,每只绵羊只产几斤毛。后来搞绵羊改良,引进国外细毛公羊做种羊,人工改良配种,品种改良后平均每只绵羊能产十多斤毛。按当时价格每只羊的羊毛能卖到十多元到二十多元钱。

养羊能解决生活中很多开销,比如:盖房、修房、春种、治病、衣服换季、儿子娶媳妇、增添新农具等等。那时绝大多数人家都是人等钱用而不是钱等人用,多是寅吃卯粮,不等到卖羊毛的时候,早已把卖羊毛的钱安排完了。所以那时借钱户许诺还钱的时间,一般都说等春天或秋天羊毛季还钱。当时养羊虽然不能解决农户中的全部大型开支,但在大型开支中却占有绝对大的比例,也能解决农民的急需开支。年景好时,到了八月节还能几户搭伙杀一只羊供节日食用。

养羊,除了晚冬和早春需喂一些草料外,其余时间基本全靠牧饲,搭一个羊圈棚,剩下的就是早撒晚圈。每家的羊都有记号,也不用担心混群找不回来。冬季母羊下羔时,为保护好羊羔,要把羊羔和母羊一起接到人住的屋子里,人在炕上睡,羊在地上眠,人畜一屋。为了防止羊上炕、扒东西,用根绳子把母羊拴在红堂柜腿上。

到了剪羊毛的季节,早晨撒羊的时间要比往常晚一些,人们利用这个时间剪羊毛,快手一早晨能剪两三只,慢手一个早晨只能剪一只,而且把羊剪得遍体鳞伤。有的自己不会剪,就请人给剪。羊毛也是按着等级和实际斤数算账,一般每斤羊毛一元二角一分钱。为了多卖点钱,个别人卖羊毛时做些手脚,如往羊毛里喷水、掺沙子、掺玉米面,供销社收购员收羊毛时,要把羊毛放在一个大筛子上面,筛掉杂质和杂物。极个别的人为对付检质员,在往羊毛里掺完沙子或玉米面后还要喷上一些水。当然,检质员也不是白给的,一旦被发现轻则扣斤称,重则拒收。

养羊在家庭各种养殖中属于本小利大的养殖项目,但是个人养羊也没有大的发展,户均养羊始终停留在三五只的范围内,不是老百姓不会算账,也不是老百姓不愿养,除了政策原因还有冬春季节饲草不足的问题。草场虽然比川区多一些,但仅仅是夏秋季节还可以,到了冬季和春季,晚上回来还要喂些草,下雪天全天都要喂草。生产队养着三百来只羊,养着七八十头大牲畜,也需要很多草。所以每年到了秋季,好的集中连片的草场都被生产队打光了,剩下边边溜溜的才允许社员个人打。生产队的庄稼秸秆也都要留下来喂牲畜,个人只有小镐头地或自留地那点秸秆,也没有多少。另外,到了冬天和春天,对母羊和瘦弱羊是要喂料的,否则这些羊会因营养不良而死亡。当时粮食又那么紧缺,连人吃都不够哪还有粮喂羊。饲草和烧柴、集体养殖所需饲草和个人养殖所需饲草这两对矛盾影响着个人养羊业的发展,所以阻碍当时个人养羊的真正原因还是草料问题。在那个年代,虽然每家只有三五只羊,但也为小山沟的农民增添了很大一笔收入,解决了很多的经济困难,起到了不可替代的作用。

家庭养驴

那时社员没有养牛马的，个人养的大畜就是毛驴，有六七成的户都养一两头毛驴（一头大驴，带个驴驹子，有的带个骡驹子）。毛驴性情温顺，不挑食不爱闹毛病（不易生病），主要用于拉碾子、拉磨、拉小车、拉犁、拉磙子、驮东西，有时还为人代步，出远门时驴背上驮点东西，人走累了骑到驴背上歇歇脚，悠哉悠哉也很惬意。毛驴就是家庭的"劳动力"。那时主粮是玉米，玉米轧成面才能食用，几乎每一两天就要轧一次面，没有毛驴就得人抱碾棍轧面。春种的时候用驴驮东西打磙子，有时生产队借用个人毛驴打磙子，生产队还管毛驴"饭"呢。

毛驴有草驴（母驴），有叫驴（公驴），还有骟驴（去势的公驴）。个人家一般养草驴，除了使役还能下个驴驹，有时还能下个骡驹。叫驴不安分也不好饲养，除了做种驴一般很少养，不做种驴的就骟了养。那时养驴费用不高，花二三十块钱买头半大驴，第二年即可使役，花五十多块钱就能买一头一等好母驴。夏秋季不用喂，交给队里的牛倌牧饲，因为牛倌是生产队花公分雇的，也不用个人再花钱，到过年时请牛倌吃顿饭以示答谢即可。使役时，干完活找块草地用縻绳縻起来取食即可。冬天和早春就要坐槽喂，白天撒出去溜达溜达，到喂草的时候不用人往回找，自己就会按时回来，除了喂草还得适当喂点料。冬天把驴粪蛋清理出来晾干烧火，把粪末子清理出来留着沤粪。

养草驴（母驴）除了使役还期待着产个驴驹，饲养两三年也能卖个大羊钱。有的草驴要用来配驴骡，因为属于品种杂交，所以草驴怀孕的概率很低，一旦草驴怀了骡驹，主人就会加料换草，定时饮水，精心饲养。一头品相好、毛色好、个头大的驴骡最高能卖到六百来块钱，一般都能卖到四五百块钱，不亚于现在买彩票中了五六十万的奖。那时谁家的母驴产下一头驴骡就能发大财，主人会天天乐得合不拢嘴，邻居也会垂涎三尺,如果家有适龄未婚男子,媒人也会不请自到。

老驴和受伤的驴只能杀了吃肉。人们都说,"天上的龙肉,地下的驴肉",以此来形容驴肉是天下之美味,但是村人吃不惯,一般都不愿吃,所以驴肉卖不上价,一头大驴肉也只能卖到三十多块钱。

那时个人养大畜一直没发展起来,一是集体经济,个人养大畜用处不大;二是大畜的经济效益也不高,一头一等菜牛在收购站只能卖到一百一十元,相当于一头大肥猪的价格。所以个人养大畜不光是政策问题,还有收益高低问题。

家庭养猪

最近和老乡聊天,听说农村除了专业养猪户以外,大部分农户几乎不养猪了,问其原因,答曰有臭味不卫生。问其过年吃什么,答曰到养猪场买猪杀着吃。还有的说喂猪麻烦、费事。这几条不愿养猪的理由,细想起来都是经济发达的表现。六七十年代每家每户都养猪,不养猪的家庭会遭人耻笑,说这家子人不会过日子。一般家庭养一两口,最多养三口猪,养多了喂不起。养一口猪的,用来解决过年和平时吃肉吃油问题。养两三口的,除了解决过年和平时吃肉吃油问题,还为了解决家庭大项开支。有的特困户虽然也养一口猪,但不是自己吃,而是全部卖掉,解决比吃还紧要的问题。

古语道:"家藏万贯,带毛的不算。"那些年猪瘟很多,时常就有猪瘟来袭,听说来了猪瘟家庭主妇彻夜难眠。猪瘟发病快死亡率高,无药可医,最严重时几天之内一个自然村的猪全部死光,死猪既不能吃又不能卖只能埋。后来听说肉联厂做高温肉,说把带病的猪宰杀之后,进行高温消毒灭菌处理后食用,但是对于急病猪还是来不及宰杀就病死了。有的一家两三口猪一场猪瘟即刻清圈,家庭主妇一连数日以泪洗面,痛惜养猪的艰辛和经济损失。那时没有用好粮食喂猪的,最好的猪食是谷秕子、荞麦花,在卖猪和杀猪前一个月进行育肥,把谷秕子和荞麦花轧碎,掺上苞糠和晒干的山野菜熬熟了。喂猪时要与其他猪分开喂,还要有专人看着防止其他猪抢食。记得那时候每当给猪上食以后,我母亲每隔几天就要用手量一下猪的长度和宽度,急盼快快长大、长肥。猪上食是猪一生中最好的待遇。夏天喂泔水、山野菜、树叶子、甜菜叶子、撒拉疙瘩叶子等,冬天喂泔水、谷糠、苞糠、荞麦花、粮食的皮子和晒干的山野菜。山野菜有的用开水焯一下,有的直接放在泔水缸里糟一下喂猪。那时人都没吃的,所以猪也很担待,给什么吃什么,不像现在的猪这么挑剔。猪吃喝不好自然长得就慢,一头猪从春养到冬,长到一百七八十斤就算快的,那时养一口猪真不容易。

正常年景,一般人家每年都能卖上一口商品猪,最多能卖上两口。那时候个人卖猪一般都卖给收购站,很少有个人之间买卖的。实际国家每年都下达猪的养殖计划,因为农民养得多,一般都能大大超过国家下达的计划数,所以养猪的计划很少下达到生产队。收购站每年收两次商品猪,猪的收购按着等级以质论价。六七十年代一等猪每斤(毛斤)五毛二分钱,二等猪每斤(毛斤)四毛多钱。大点的猪一般在二百斤左右,小点的猪在一百二十斤左右,大多数都在一百五十斤左右。大的肥的都能卖到一百多元钱,一般都能卖到七八十元钱。对农民来说,这可是一笔可观的收入,有很多大事等着这个钱来办,有很多饥荒(欠债)等着这个钱来还,卖一口猪相当于卖四五只羊的收入。

当时收购站的质检员那是真神气,是个实权派人物,猪的等级完全由他们定,他们说几等就是几等,他们可以把一等的说成二等的,也可以把二等的说成一等的,当然这是少数,大多数是公平的。在收猪前,公社收购站的质检员要到卖猪的社员家提前确认一下,对符合收购等级的发给一张收购证,卖猪时凭证出售,不够等级的不予收购,当然也就不给收购证。当时对等级的要求很苛刻,主要是收购站一家收购,没有竞争者参与,另外社员养猪多也是造成这种现象的原因之一,也说明当时社员养猪的积极性还是蛮高的。有特殊情况急等用钱的,有因饲料短缺喂不起的,如果基本达到收购标准却没被质检员看中的,这时就要托人说情,否则是不收购的,特殊关系的除外。

收购站质检员在收猪前提前到社员家检质这个办法出发点是好的,因为收购站都设在公社附近,偏远生产队离收购站有三十里路,如果不提前检质,把猪送到收购站,因不够等级再把猪弄回家,不但浪费了时间、人力和物力,还会把猪折腾坏。收购员每到一处,都能受到热情的欢迎,特别是急用钱、喂不起、猪又小的社员更要加紧"溜须",达到收购标准的也要"溜须",为的是能卖个好等级。想招待质检员一顿饭可不容易,一般关系的农户是请不到的。这些没有官衔的"无冕之王",可不像当官的有所顾忌,他们对事物的态度和评价标准伸缩性非常大,所以农民们谁都不敢惹,谁都不敢得罪他们,能拿到一个比较公平的等级也就非常满足了。

到了卖猪的那天早晨,卖猪户是不会吝惜粮食的,用干粮食把猪喂得饱饱的,也是这头猪自打进了这个家门以来吃得最好、吃得最饱的最后一顿"饭",真像过去被执行死刑人的最后一顿饭。一斤玉米九分四厘钱,生猪收购价格每斤五毛多钱,还是合算的。各家各户抓猪的喊叫声和猪的号叫声连成一片。我们小队距离收购站二十里路,有找推车子推着猪去卖的,有找小驴车拉着猪去卖的,一般是两家搭伙用小驴车拉到收购站。有时候村里卖猪的多,队长给安排一两辆马车把猪送到收购站。猪多时,马车只有拉猪的地儿,没有坐人的地儿,卖猪的只能跟在马车后面跑,尽管如此,人们还是喜滋滋的,像是要发一笔横财似的。人们都愿早去,能排在前面早点过称,等的时间越长,猪拉尿的就越多,减秤肯定就越多。一般上午去下午一点多钟才能回来,能卖个好等级的,脸上挂着喜悦的笑容,回到家里边吃饭边眉飞色舞谈论着卖猪的经过。没买上好等级的,责怪着收购员的不是,有时还要骂上几句。卖猪那天,那些"要账鬼"们也云集在收购站,信用社的信贷员等着扣借款,收税的等着收税款,还有其他要账的也不肯放过这个难得的机会,他们把各项费用和欠款扣完后,剩下的卖猪款才能到卖猪人的手里,自古以来就是欠债还钱嘛,无可厚非。

六十年代中期人们的生活水平有所提高,每家都能养一口留给自家吃的肥猪,一般都是春天抓猪(买小猪),腊月宰猪,一是过年用,二是平时吃,猪的大小在一百多斤。在进入旧历的十一月,开始育肥,改善饲料结构和质量,到腊月中旬便开始杀猪了。猪小的、人口多的、会过日子的,都要等到腊月二十几才杀猪。每年社员杀一口肥猪,除了过年用,还要解决一年三百六十五天的吃油、吃肉问题。猪的好赖主要看膘情,最好的膘情是猪的前槽一巴掌厚的肥膘子,三四指厚的肥膘属中等膘情,一两指厚的肥膘属下等膘情,膘情的好赖价格差距也很大。猪越肥越受客户的青睐,当然肉价也越高。当时猪油很金贵,熬菜可以不放肉,但不可以不放油,杀完猪摘完肠子油,主人马上拿一杆小秤来称一称这头猪出了多少斤油,出的油多不但全家高兴,而且女主人也很有面子,说明喂猪喂得好。猪油有三种:一是板油,是指开膛后猪肚子两边的油,因其瓷实、成张、含水量低、含油量高故称板油;二是水油,是挂在肠子上的油,因其含油量低、含水量高故称水油;三是肥膘油,是用猪肥肉提炼出来的油,故称肥膘油。这三种油如需长期储存,要用热锅把原油提炼后装入坛子里,如果储存条件好,半年不变味。

由于家庭经济状况不同,经济条件差的急等用钱的,杀了猪只留下头、蹄、下水和猪油,猪肉全卖。还有的杀了猪卖一半用来购置年货,留一半自用。经济条件稍好一点的把整头猪全留下自用。那些年我们那个生产队,每年都有几户杀不起猪的,有的是猪病死了,有的是没粮食育肥。这些农户的过年用肉就得到集市上买,有的从本队卖肉户那买几斤,实在没钱的还能赊着。买的肉不禁[jīn]吃,还不如杀了猪把肉全卖的户,能吃上一顿杀猪菜,还能留下头、蹄、下水、猪油。过年能杀口猪,大人孩子有盼头;过年不能杀猪的户,给人的感觉很凄凉、清贫,感到缺失了很多。按习俗腊月二十八(过年的前一天)要煮猪骨头,不杀猪自然猪骨头就煮不成了,不煮骨头感到寡淡了许多,所以,那时总想办法过年杀口猪。那时经济条件有限,一年当中仅有四顿饭能多吃些肉,一顿是杀猪那天,一顿是腊月二十八煮骨头那天,一顿是大年三十中午,一顿是二月二煮猪头、猪蹄那天。如果不杀猪就少了三顿。另外,进了腊月杀猪以后油腥几乎不断,杀猪那天的猪血肠和熟猪肉总要剩一些,中等人口的家庭剩的杀猪菜省着吃能热十来顿,在剩杀猪菜里有时还能碰见煮破的猪血肠,味道特殊很好吃。除此之外,还能吃到猪心、猪肝、猪肺等等。

那时候猪的品种也单一,一般都是黑笨猪,不然就不会有"喜鹊落在猪身上只看到猪黑看不到自己黑"这句话了。抓猪(买小猪)得会挑的,一般选择耳朵大而圆,嘴巴粗而短,肉皮松全身带皱褶的小猪,这样的小猪才能长得大长得快,人称大坯子猪。如是紧皮荷包猪那真是不爱长。

养猪还有一个间接效益,就是攒粪积肥。小镐头地(自留地)所用的肥料都要靠养猪、养羊来解决,一头猪管理好了一年能积上万斤农家肥。

家庭养鸡

如果说养猪、养羊能解决家庭的大型开支,那么养鸡无疑能解决家庭日常小型开支问题。那时养鸭养鹅的比较少,原因为:一是吃得多食量大;二是吃一半糟蹋一半,浪费食物;三是产蛋期短,产蛋量低,所以人们即便是养也仅是养三只两只的。前面已经说过二十只母鸡就能顶一个壮劳力正常年景的劳动所得。每斤鸡蛋七毛钱左右,每只母鸡每年的毛收入约十元钱,一个壮劳力一年最多能挣四百个工日,每个工日五角钱,那么一个壮劳力一年的毛收入二百元。如果按纯收入计算,二十只母鸡要比一个壮劳力创收还要高出许多,因为人的吃、穿、住消费很高,而母鸡只是吃点糠、菜和少量的秕粮食,所以,一个农户年养十只母鸡收入就很可观。

一个家庭的日常小型开销基本全用鸡蛋来解决,从孩子上学用的纸、铅笔、橡皮、书费、学费到家庭的日常花销,如买灯油、咸盐、火柴、五香面、窗户纸、头疼脑热吃的零药(过去买药可拆开包装按片卖),连来客人买几根香烟都要用鸡蛋去换,有时还能买点布做些衣服换换季。在春夏秋的季节里很少看到空手去商店买货的,胳膊上都挎个筐子装着数量不等的鸡蛋,去兑换所需用品,所以鸡蛋像金蛋一般金贵。有文化的人说鸡屁股就是农民的银行。不管是挖苦,还是调侃,反正是有些道理。有位朋友说,某旗供销社连续多年获"鲜蛋收购先进单位"称号,原因就是农民有鸡蛋也吃不起,要用它换更迫切需要的生活用品。

刚开春,每家每户的女主人每隔两三天就用手指量一下母鸡的肛门,看看开几指裆了,一般开三指裆就快下蛋了。鸡下蛋以后,每天早上家庭主妇喂鸡时要把所有下蛋的母鸡屁股都摸一遍,检查一下鸡有没有蛋,知道这天能下几个蛋,然后再下地干活。待中午收工后,到家的第一件事就是到鸡窝里捡鸡蛋,如果鸡蛋数量和早晨测算的数相等,便小心翼翼地把鸡蛋收起来放在米柜里埋上,这样可以防止鸡蛋失水。如果窝里的鸡蛋和早晨测算的数不符,首先是到柴火窝等可能产蛋的地方寻找,如果还是找不到,就怀疑是被偷了,泼辣的女人还会破口大骂。

当时的鸡蛋,几乎都是商品蛋,虽然是农户家自产的,但农民平时是舍不得吃的,真是望"蛋"兴叹,俗语讲"编炕席的睡土炕",虽是自家产的东西也吃不到嘴里。只是在清明节,按当地习俗要吃鸡蛋的,每人煮三五个鸡蛋,还能破格炒上一盘。大人们也不例外,和孩子一样多,有时比孩子还要少。一旦有煮坏的,大人要吃煮坏的,给孩子分好的,孩子们拿着分到手的鸡蛋舍不得吃光,总要留上两个下顿想和大人一起吃,但是无论如何大人是不会吃的。平时来了客人偶尔也炒一盘鸡蛋,但是,鸡蛋里面要放一些菜或放一些小米饭。现在人们炒鸡蛋放一些菜是为了调味,过去炒鸡蛋放菜和饭是为了节省鸡蛋,因为舍不得放那么多蛋才放些菜或米饭来充数、壮堆。

母鸡产过两三年蛋以后,产蛋量下降,就不能再养了,就要把老母鸡淘汰掉,再孵一窝小鸡来补充。一只母鸡一窝能孵二十来只小鸡,真正能养大的也不过十几只,还有一半是公鸡,最多能落下七八只母鸡。所以每年都要淘汰几只老母鸡。到了冬季把老母鸡杀了冻起来,大多留着过年吃,或是招待特殊客人时宰一只,大人、孩子还能跟着吃几天带油腥的菜。

记得有一年冬天吃完早饭,母亲把鸡剁成小块,把腌制好的芥菜缨子切成小段,再剁些辣椒一并装入小坛里,再放上盐、大料、山花椒等,然后把小坛放在火盆里老早地用炭火焖上,从早晨一直焖到下午两三点钟,一整天满屋子都是香味,香气诱人,巴不得吃上两口才过瘾。吃晚饭时,母亲把焖好的鸡肉、芥菜缨盛在大碗里,给每个孩子的碗里夹上两块,孩子们先吃上一块解解馋过过瘾,为了能多品尝一下鸡肉的味道,要在嘴里多嚼一会才恋恋不舍地咽下去。剩下的一块就舍不得吃了,放在碗里饱眼福,留到最后吃,时不时地到大碗里叨点芥菜缨下饭。因为八九口人连肉带菜就一小坛,所以芥菜缨也不能大口叨。鸡头、鸡爪子、鸡屁股都是我父亲的事。大家吃得很精细,小骨、软骨、脆骨都嚼了,嚼不动的大骨头上没有一丝肉,像是用刀刮过似的。母亲把鸡汤给每个人分一小勺泡在饭里,剩下的还要留着下顿熬菜吃。那时常说的一句话,"鸡吃骨头,鱼吃刺",不像现在肉都没吃净就把骨头扔了。

那时养的鸡都是现在所说的笨鸡(土鸡),各种颜色的都有,黑鸡、白鸡、芦花鸡、黑白花,大公鸡则以红色和白色为主,也有杂色的。大公鸡的羽毛不但颜色鲜艳而且很长,杀鸡时人们把又长又漂亮的羽毛拔下来做鸡毛掸子,好看又适用。在当时来看,鸡可谓是个宝,能产蛋、能报晓,肉可食又可卖,鸡内金可入药,绒毛做垫子,翎毛佛掸子。所以那时有少数社员家不养羊,也有特殊原因不养猪的,但你绝对看不到不养鸡的(光棍汉除外)。

集体牧业

  我记得到六十年代末,我们生产队养了二十来匹马,三十多头牛,十几头驴,十来头骡,三百来只羊。骡、马、牛、驴主要用于生产,拉车拉犁;羊主要用于产毛,另外卖给国营食品公司,供应城市居民用肉。国家每年都给生产队下达三四十只羊,两三头菜牛的征购任务,虽然收购价比市场价低很多,但也都能完成交售任务,当然也必须完成,这是政治任务。菜牛、菜羊的收购数量是按照六月末各生产队的牲畜存栏数来确定的。收购价格,二等菜牛每头一百一十元,二等菜羊每只十八元,一等的极少,因为出售的菜羊、菜牛基本都是老、弱、病、残等淘汰的牲畜。每年过八月节生产队都要杀五六只羊,社员每人能分到六七两肉,每斤肉售价三角钱。在小雪之前把过不去冬的羊杀了冷冻储起来,也叫"卧羊",生产队留一些招待客人用,剩余的作价分给社员。小雪以前牲畜遛庄稼茬子是增膘长肉的好时机,小雪以后牲畜就开始掉膘了,所以要在小雪前"卧羊"。每年羊的增长数和减少数(卖给收购站的、社员用的、生产队公用的)基本相等,年末羊的存栏数和上年年末存栏数基本持平。按着草场面积这个数量基本处于饱和状态,甚至还有些过。

  生产队养的骡、马、牛、羊等牲畜,最大的一笔直接收入是卖羊毛钱。每年卖两次羊毛,春秋各一次,春毛要比秋毛卖的钱多一些,每次都能收入两千多元钱,秋毛卖的钱要少一些,每次能卖一千多元钱。每到春秋两季剪完羊毛,生产队的马车拉着一大车羊毛,队长和保管美滋滋地坐在车上,到那戈营子供销社去卖。虽然羊毛不是他们家的,但是看到这满车的羊毛就要变成钱了,他们的心里也有几分兴奋的感觉。去时一车毛,回来就是几千元。在那时,说到几千元,几乎就是天文数字了,相当于现在的几十万元。实际真正到手的钱并没有那么多,信用社早就把生产队借的钱数告知给了供销社,还有赊购的化肥款等其他方面的欠款也都要扣下。不过即便卖羊毛的钱不够还欠款的,信用社也不全扣下,总要给生产队留下一部分,解决当务之急。有了这笔钱,就能解决春种时的许多大项开支。上年结算时欠余钱户的钱,这时要兑现给人家一部分,总欠着不给会挫伤社员的劳动积极性;把外面赊欠的物资款还给人家,不能落下欠钱不还的坏名声;还要购置些生产资料等。那时候也有三角债,缺钱户欠生产队的口粮钱还不上,生产队又欠着余钱户的劳动日值钱无法兑现。余钱户向生产队要钱,生产队找缺钱户要钱,总是很难平衡。只要生产队有了闲钱,就要先垫付一些给余钱户。

六十年代中后期,生产队开始对当地的杂交种蒙古羊进行改良,引进国外的细毛羊种羊,公社畜牧站为每个生产队都培训一名专职绵羊改良配种人员。通过羊的品种改良,每只羊产毛量翻了两三番,且羊毛质量好,价格也高,每年的羊毛收入大幅度提高。

集体养殖业最大的效益就是解决了全生产队七百多亩耕地的粪肥问题。这些牲畜每年积肥二三百万斤,试想生产队如果没有这几百头牲畜,种地用肥从何而来,这样算来生产队养牲畜的间接效益比直接效益还要高出许多。

牧业投入在当时来看是比较低的,基本包括五大项:第一项经营管理投入,主要是经营管理的用工方面,大小畜的经营管理用五个人,其中小畜放牧员二人,大畜放牧员一人,小畜接羔保育饲养员一人,大畜饲养员一人,这项投入每年近两千个工日,折合人民币一千元。第二项饲草投入,生产队自产的谷子秸秆添加少量的玉米秸秆做大畜的饲草自给有余,是农副产品的再利用,虽然有价值,但不花钱也不用记账,秋季打一些羊草,砍一些树枝储起来作为小畜越冬的饲草,只是花些工也不花现钱。第三项饲料投入,不是特别缺粮的年份,生产队自产粮食就能满足料粮的储备,不用花现钱,走一笔账即可,大小畜一年的料粮折合成人民币仅一千多元钱。第四项棚圈建设投入,花几十个工日打圈墙,找几个社员伐些集体的树木做棚杆,找本队木匠做几个圈门子,秋天把玉米秸秆、谷子秸秆捆成捆盖在棚杆上保暖,春天再把这些秸秆撒下来铡了喂牲畜,每年维修和搭棚撤棚子也花不了几个工日。第五项疫病防治投入,这项投入很低,花二三十块钱买点六六六粉给羊药浴,花一二百块钱给牲畜防疫治病,这项支出每年二三百元足矣。

论牲畜们的贡献却是十分了得!春天,牛拉着犁杖要把七百多亩耕地一垄一垄种上,毛驴还要拉着磙子把种过的地压两遍;夏季,牛拉着犁杖要把这七百多亩庄稼地一垄一垄趟一遍;秋季,骡马牛拉着车要把这七百多亩耕地产的庄稼一车一车运到场院里,牛还要拉着犁杖把这七百多亩的庄稼地一垄一垄挑(翻)一遍;冬天牛儿们拉着碌碡还要把这七百多亩耕地压两遍,一个冬季半个春季,马、骡、牛拉着车还要把这二百多万斤的粪肥一车一车送到耕地里;农闲的时候马车还要出去拉点脚为生产队挣点零花钱;集体和个人大大小小的运输都要靠牛马车来完成;二百多万斤的粪肥也是靠这些大小牲畜一点一点地积攒起来的;城镇居民、生产队和个人生活用肉也离不开它们,肉、皮、毛除了自用还能换回很多钱,解决生产中的各种用度。

综上所述,山区集体经济时期,集体牧业既是一个季节性的"小银行",又是一个"农业机耕站和运输队",也是一个"皮毛供应商",还是一个"肉食品储备库",更是一个"有机肥料加工厂"。没有牧业,农业生产、社员生活寸步难行。如果说种粮是解决吃饭问题,那么养殖就是解决吃饭以外的所有相关问题,所以在那个年代山区养殖业和种植业并驾齐驱,缺一不可。

饲草储备

牲畜的饲养方式有两种:一种是牧饲,也就是人们说的放养;另一种是舍饲,也是人们常说的圈养。集体经济时期大小畜的饲养都是牧饲、舍饲相结合的,只是舍饲和牧饲的时间长短不一。生产队不使役的大牲畜虽然全年都牧饲,但在冬季牧饲吃不饱时,每天晚上还要进行补喂,雪天和特别冷的天不能出牧也要舍饲。因为大牲畜每个品种的数量都不多,不可能分种类放牧,所以放牧时要把牛、马、骡、驴放在一个群里,那时我们生产队集体饲养不使役的大牲畜和社员饲养的大牲畜(驴、骡),只雇一个人放牧,大家习惯称其牛倌。实际骡、马和牛是放不到一起的,牛走得慢,骡、马跑得快,为了限制骡、马的行进速度,人们用一根长约四十公分,直径约七八公分的木棒,木棒中间安一个铁环,铁环上拴一根绳子或铁链套在骡、马的脖子上,木棒悬在骡、马的膝盖下,骡、马跑快了木棒碰腿,用这样的办法来控制骡马的行走速度。

拉犁的牛,在夏、秋季节使役时也是牧饲,中午要提前一会卸犁杖,放夜牛的牛倌开始在小山上牧饲,到下午三点来钟归牧,把牛赶到河套饮完后交给犁杖头。下午七点来钟卸犁杖开始牧饲,到夜间十点多钟圈牛,圈牛的时间以牛吃饱为准。牛吃饱后肚子后面凹下去的浅窝就会撑起来,这时牛会聚到一起趴在地上悠闲地倒[dǎo]嚼[jiào],牛吃饱了集中趴在地上也叫"打盘",牛在起盘时几乎都拉一泡屎。冬天拉车、压地和春天种地的使役牛都要舍饲。

拉车的骡马,如果不出场几乎全年都舍饲。那时候有专门季节性放马的,从夏初到寒露为一个放牧期。三四个马倌放一群骡马,从一百多匹到二三百匹不等。六十年代末七十年代初,每头骡马收取五元钱的放牧费,当地人称"马放钱",个大、相貌出众的儿马子一般不收或少收马放钱。夏初,马倌们到各个生产队找大车老板子和生产队长揽马放。那时候大车老板子对自己使用的牲畜珍爱有加,如果这个夏季不外出拉脚,大车老板子会极力地撺掇队长把拉车的骡马交给马倌出场放牧,因为那是一个提高膘情的好时机,一个夏季出场的骡马会长得膘肥体壮,毛色发亮。

那时候马场基本都选在河北省围场县大素汰梁与内蒙古松山区大阴坡的交界处,那里是个高寒漫甸区,草场面积较大,由于地处两省的交界处,草场也没有明显的使用界线,马倌可以在两个省的草地上随意放牧,马场里的骒马有河北省的也有内蒙古的,连马倌都是两个省的人自由组合的。马场没有圈舍,只有一个很大的马盘,是出场骒马的栖息之地。马盘的选择条件:一要视野开阔,二要背风向阳,三要离水源较近,四是不泛水。马盘的周围既没有围墙也没有围栏,当骒马进入马盘后基本靠儿马子来"维持"栖息"秩序",使所有的骒马在出牧前都不能走出马盘。骒马进入马盘后,马盘里的草用不了几天连吃带踩不见了,光光的一片,不过不用着急,因为有骒马的粪便,过一二年就会长出蒿草来,且比原来还旺盛。

那时候马场里有很多小传说和小故事,成为人们茶余饭后和劳动间歇时谈论的话题。比如神奇的儿马子,人们说儿马子在骒马群里是"首领",每个儿马子身边都有很多匹母马跟随,而且从入场一直跟到散场,儿马子与儿马子之间为了一匹母马斗得不可开交,直至分出胜负,胜者会将被争夺的母马领走。它们"承担"着马群的"管理任务"。特别是夜里,儿马子守护在马群的周围,一匹马也休想走出马盘。有时候儿马子领着一群母马离开马群"另起炉灶",这时马倌会及时制止,有了儿马子马倌就省心多了,所以就有了马倌揽马放时儿马子少收费或不收费之说。还有很多传言和传说,传言马群里的马被雷劈死了,情景惨烈,让人不寒而栗。传言马群里的两匹公马为争夺一匹母马而厮打,双双滚下山崖,被摔得皮开肉绽,惨不忍睹。传言马炸群了,马群里的马四分五裂各奔东西,马倌们要用几天的时间才能把失散的马归拢到一起。这些传说和传言大多数是真的,但事发情节和过程被人们演绎的神乎其神。马场丢马是常有的事,但都是暂时的,少则一两天,多则三五日就能找回来,那个年代几乎没人敢偷马。马有转纲之病,马因病或意外死亡,马倌也不用赔偿,说实在的马倌也赔不起。

马倌最大的本事就是骑术好。他们自己没有可乘之马,骑的都是各生产队出场的马,还不能总骑一匹马,要轮换着骑,今天骑这匹,明天骑那匹,什么样的烈马都会被他们驯服,马在他们的屁股下面服服帖帖,任其摆布。马倌们还要具备眼力好、记性强的本事。一个马群有几百匹马,哪匹马有什么特征,哪匹马是哪个生产队的,马倌们记得一清二楚。有一次我和大车老板子去马场牵马,当我们见到马倌说明来意之后,马倌骑上马直奔马群,不一会就把我们要牵的那四匹骒马一匹不差地给赶了过来。

马倌们也很辛苦,住的是地窨[yìn]子。马场位置确定后马倌们挖个小地窨子,上面搭个两顺水的棚,抹上泥,地窨子里有炕,有锅灶,马倌们除了在里面睡觉,雨天还要在里面做饭。地窨子外面也有锅灶,是晴天时用来做饭的。马倌们吃的是半生不熟的小米饭和玉米碴粥,咸菜疙瘩和山野菜就饭,喝的是山泉水。马不吃夜草不肥,所以每天天不亮就开始出牧,晚上很晚才归牧。马鞍子和雨衣是马倌们必备的,越是下雨天马越不好管,虽然穿着雨衣,但浑身也是湿漉漉的。地窨子还时不时地漏雨,行李都是潮湿的。

小畜和非使役的大畜以牧饲为主,冬季和哺乳期进行短期的舍饲。牲畜的饲草种类:大畜以庄稼的秸秆为主,其中谷子秸秆占八成左右,豆秸、玉米秸秆占两成左右;小畜则以羊草(在山上打的蒿草)为主,占饲草总量的八成左右,带叶的树枝和玉米秸秆占两成左右。

立秋,标志着草本植物的成熟,这时植物的茎叶已经纤维化,植物的种子绝大部分已成熟,此时的植物茎叶不易腐烂,还未成柴,牲畜爱吃,营养丰富。这时庄稼还未完全成熟,不到收割季节,所以是打羊草的最好时机。此时生产队长的主要任务是组织社员打羊草,解决生产队二三百只羊一冬天的"吃饭"问题。生产队选择几个坡面、几道梁,作为生产队的集体打草场,如果不足还要到生产队的封山、大山、远山去打。几天的时间山坡上半人高的蒿草被割得精光,割过的草场就像用剃刀刚剃过的"光头"一样。

小山上的草要留出一部分给社员个人打。生产队打完了草,给社员放三天假,让社员打草。放假的前几天,社员们就铆足了劲,买新镰刀,安好把,开好刃,把刀磨得锋快,把旧镰刀也都拿出来收拾好,家里念书的学生也要提前请假,那些年每到春种、夏锄、打草、秋收季节有很多学生都要请假。到了打草那天半夜刚过,家庭主妇就起床做饭,不等天亮一家男女老少就带上镰刀、磨刀石和干粮上山了。太阳出来的时候,就已经割了几十个(捆)羊草。磨刀不误砍柴工,这时人们喘息一下,磨磨镰刀以备再战。到了九十点钟,人们歇一会儿,吃点干粮,磨磨镰刀又开始了。中午下山后,男人们在大磨石上磨刀腮,女人开始做午饭。就这样用不了两天的时间,就把生产队留给个人的草场全部打完了。第三天,社员们到生产队打过的草场上捡落[là]脚。给生产队打草时,沟边沟沿的草人们怕挨摔没人打,沟帮沟底的草人们怕累、嫌麻烦没人打,矮草稀草人们嫌不出数没人打,社员打草时要把这些地方的草都得割回来。有的在一条沟里就能割几十个羊草。沟帮上的草,大多都是豆科草,比如草木樨、紫花苜蓿、山豌豆秧等等,都是牲畜最爱吃的草,且营养成分特别高,冬天喂豆科牧草可以不喂料。我记得我们家最多的一年打了六百多个羊草,垛在院子里的小园里,二百多个垛一垛,垛了三大垛,院子顿时丰满了许多,邻居和客人看了都羡慕不已。那一年,除了留足自己家的羊和驴吃的,还卖了一些,卖羊草的收入相当于半个肥猪钱。有时生产队也把社员打草场划到户,按着户数划出草场的片数,一家一片,为了防止分的不公有意见,采取先划片后抓阄的办法。

生产队集体和社员个人打完羊草,就允许学生们放学后到山上打羊草,中午放学后学生们把镰刀磨得快快的,把签子、绳子、磨石和镰刀准备好,晚上放学后回到家连屋也顾不得进,拿上这几样工具飞快地往山上跑割羊草,到天黑能割回几十斤甚至一百来斤羊草,放在自家的院墙顶上晾干,一个秋天能割一千多斤羊草。当然一个秋天也不完全打羊草,还要收秋、捡粮食等。

庄稼进了场,人们抽时间扛上大筢到山上搂草,有割羊草时丢下的小草,有庄稼的叶子等等。坝沿上、沟坡上、沟底下都刮满了草和庄稼的叶子,这些东西能喂牲畜还能烧火,但一般舍不得烧火,待牲畜吃剩下的烧火。秋天过去了,长着的草割光了,倒下的草搂光了,连树叶和庄稼叶子也被搂得一干二净。山上变得光秃秃的,即使一堆牛粪离着一里多路也能看得见。所以在那个年代到了冬天,小山上一片荒凉的景象。

串羊柴。立秋前后,生产队为了补充羊草的不足,组织攒[cuán]树杈子,储备起来冬天喂羊。六七十年代,我们生产队的榆树是全大队最多的,大部分长在河岸两边和平地头上,还有一些山榆树长在沟坡上。河边上的榆树因为地下水充沛,树长得又高又粗又壮,有很多榆树都长到了一搂多粗,有几丈高。树干上每年都长出一些新枝条,把这些新枝条和树下面的灌丛砍掉捆好储起来。下雪天不能出牧,用这些带叶的树枝喂羊,羊很爱吃,除了叶子连嫩枝也都吃了,吃剩下的树枝子,生产队按每百斤一元钱,作价卖给社员做烧柴。

那时我们生产队有几个能上树的小伙子,王树成、李树学还有我,都是镏树的主力。这个活很累,还有危险,但是我们会上树的人还都愿意干,一是工分高,二是干活比较随意,还能在大树上掰一些干树枝归己当柴烧。三四个人,七八天的时间,就能把河两岸和地头的榆树全部攒完。

镏树时每人一把定做的大砍刀,上树时把砍刀别在裤腰带上。从上往下镏,几丈高的树,每天都能镏十多棵,有时自己还能选点锅叉、镐把、锨杠、三股叉、两股叉、辘辘把、镰刀把、粪叉子把、大笆托子梁等等。树镏完了我们的衣服也都被树枝和树皮刮破了,肚皮、胳膊和两条大腿刮得伤痕累累,刮伤的痕迹有的几个月以后才消失,实际多挣那点工分远远不够衣服钱。

大畜的饲草主要是谷子秸秆、豆子秸秆和玉米秸秆。打场时把谷子秸秆捆起来垛好,把豆子秸秆和玉米秸秆也要垛起来,留作大牲畜的越冬饲草,当然也包括拉车牲畜的日常用草。冬天铡草时,人们把豆子秸秆裹在干草里铡碎,这两种秸秆不够用时再掺一些玉米秸秆铡碎喂大牲畜,掺多了饲养员和赶车的老板子都不愿意,因为玉米秸秆牲畜不爱吃,吃了不顶劲,牲畜干活没劲,而且剩的草渣子多。

集体经济那些年,生产队长们要抓好两件大事:一是人的吃粮,二是牲畜的饲草。人的吃粮不必多说,就说牲畜饲草吧,如果牲畜饲草发生了饥荒,牲畜的体质会大幅下降,小畜因体质下降易染病出现大量死亡,直接影响到生产队的经济收入,间接地影响到粪肥的积累,使粮食产量下降。大畜因体质下降不能使役,直接影响到庄稼的种植、粪肥的运送等,总不能人拉犁杖种那七百多亩的土地,总不能让社员把几百万斤的粪肥运送到田里。所以那时最怕的两件事:一是天旱,草场上的草长不起来,草源不足。二是冬季连续的降雪,牲畜不能出牧,饲草出现饥荒。所以立秋后,生产队长抓的首要大事,就是给牲畜准备足、准备好过冬和早春的"吃粮"。

绵羊改良

这里说的绵羊改良指绵羊的品种改良和由公母羊的本体交配繁殖改为人工授精繁殖。我们生产队从七十年代初开始搞绵羊改良,从那时起集体饲养了多少代的大尾巴土种羊逐渐被新的品种——国外细毛羊所替代,由原来的纯肉用型改为肉、毛兼用型。大尾巴土种羊在我们那也叫沙毛杆子羊,每只羊产毛量仅二三斤,且毛短、毛稀、毛粗,为混型粗毛,毛质极差。而改良后的细毛羊,羊毛产量是大尾巴土种羊的七八倍,单只最高产毛量达到十五六斤,最少也在十斤以上,而且毛细、毛密、毛长,毛的质量好。细毛羊比土种羊的经济价值翻了一番还多。每只大尾巴土种羊一般只能卖到十七八元钱,最高售价也不过二十多元钱,而改良后的澳大利亚细毛羊,仅羊毛一项就超出了大尾巴土种羊的总价值还多。绵羊品种的改良是山区养殖业的一场革命,是一次较大的变革,虽然在数量上受饲草料的制约没有较大的发展,但经济效益明显提高,以其同样的投入能够获得双倍以上的经济效益。

一九七三年在全公社范围内推行绵羊改良,公社组织畜牧兽医工作站和各大队实施此项工作。绵羊的改良要做好三件事:第一件事就是良种的引进。大队从克旗好鲁库种羊场引进国外细毛种公羊,养羊多的生产队分配三到四只种公羊,养羊少的生产队分配两只种公羊。种公羊的价格不菲,每只都在一百多元,相当于六七只土种羊的价格,比一头大犍牛的价格还要高。那时候根本就找不到运羊车,大队只好组织各生产队有经验的羊倌徒步赶运,从克旗好鲁库种羊场到我们那可是好几百里的山路,他们边放牧边赶路,每天风餐露宿走几十华里,用了六七天的时间才把种公羊赶运回来。每只种公羊的质量不同价格不等,大队干部把每只种羊编上号,让各生产队抓阄,抓到哪只算哪只,抓到哪只按着哪只的价钱付款。村里人还第一次看到那么大的羊,一百七八十斤重,长得很威风,和当地羊比起来像一头小骆驼,又俊俏又好看。两只大犄角又粗又长,长着粗粗的横向螺纹,向后卷曲着都超出了一个闭合圈。四条腿像四根柱子似的又粗又壮。绒毛又厚又密像毡子似的,一把抓不透,走起路来随着肉体的颤动,背上的羊毛会裂开一条条缝隙。每只种公羊能产二十五六斤毛,相当于十多只大尾巴土种羊的产毛量。剪羊毛时,队长会告诉保管要把这两只种公羊的毛单独放起来,卖羊毛时收购员能给一个好等级,卖个好价钱。这种羊毛含的油脂特别多,一些细小的尘土粘在毛上不易脱落,也增加了羊毛的重量。种公羊的尾巴比大尾巴土种羊逊色了很多,不及土种羊的十分之一大。那时候缺油吃,买肉羊都喜欢大尾巴羊,因为羊尾巴能当油吃,花个肉价却能买到羊油,所以羊尾巴备受人们的青睐。尽管如此,人们绝不会忽略改良后成倍翻番的经济效益。

生产队为这两只种公羊单独盖个圈舍,圈舍不能冷了,怕冻坏种羊;不能热了,怕伤热掉毛。圈门子做得很结实,防止种羊撞碎。喂好草、喂足料、住单间、吃小灶,到配种时还要喂鸡蛋。专人放养,一个小羊倌就放这两只羊,不去大山,只在小山上放,一是草好,二是不用跑很远的路,节省体力。像伺候"老爷子"一样,精心照顾这两只种公羊。

绵羊改良的第二件事就是要有技术人员。公社在东沟账房大队实地举办绵羊改良技术培训班,要求每个生产队选一名有点文化、心灵手巧的社员参加培训。人工授精配种虽然是一门技术,但实际并不复杂,也不深奥,只要认真都能学会,简而言之,这门技术比较简单。这些未来的绵羊改良技术人员在专业技术人员的指导下,仅仅用了一周的时间就学业有成。从这时起,每个生产队都有了一名绵羊改良技术员,绝大多数是女的,因为女人心细,工作比较认真,加之是非体力劳动。

绵羊改良的第三件事就是置办一些工作用具和用品。队长安排木匠用老榆木做了一个人工授精架子,用来固定授精母羊,这个不用花钱,放棵树即可。还有几样人工授精用具,如临时保存精液用的暖壶、采精器外壳、采精器内胎、玻璃输精器、玻璃试管、开张器、集精瓶、消毒盘、温度计、大镊子、酒精棉、酒精瓶、酒精、来苏儿、凡士林油等,一共也花不了几十块钱,比起种羊的价格就是小巫见大巫了。完成了这三件事就具备了绵羊改良的工作条件。

到了母羊发情季节,即晚春,羊倌撒羊的时间要比往常晚一两个小时。技术员在饲养处先烧点热水备用,因为没有储藏精液的地方,所以每天都要在公羊身上采精液,找一只发情母羊做诱饵,待公羊进行交配时技术员迅速地用采精器接取精液,并把精液放在暖壶里进行保温。羊倌用他那双敏锐的慧眼准确地找出发情母羊,然后到羊圈里把发情母羊拽出来,固定在人工授精架子上,还有一个助手抓住母羊的后胯,技术员熟练地用几分钟的时间就能完成授精。由于技术人员精心操作加之种公羊精液质量较好,母羊的受孕率达到百分之九十五以上。

绵羊改良除了人工授精还有好多注意事项,比如,尽管进行人工授精,不用公、母羊进行本体交配,但是为了刺激母羊发情,识别发情母羊,每个羊群里还是要留两三只公羊(羊耙子)。为了防止这些二代公羊交配繁殖,人们想了一个办法,用一块四十厘米见方的白布,四个角各拴一根小麻绳,把拴着绳的白布兜在羊肚子下面,四根小绳前两根为一组,后两根为一组,系在羊背上,用这块白布隔开了公、母羊的本体交配。但有时候也会出问题,羊兜布绳一旦系不紧或开了扣,就会产出几只有问题的后代。除了留用的两三只公羊,其余的公羊都要进行去势(劁骟),人们习惯地把骟过的公羊称为羯羊,这种羊肉质鲜嫩,不膻不腥,出肉率高。为了防止母羊与杂种公羊交配,不得和个人的羊群混群,因为个人的羊还没有进行品种改良。为了避免近亲繁殖,降低品种优势,每隔几年就要调换一下种公羊。为提高改良羔羊的毛质,对改良羔羊进行断尾处理,即把羊羔的尾巴在十一二公分处剪断,然后用热烙铁止血。

在集体经济时期,绵羊改良是山区集体养殖业的一大进步,在整个养殖业的增效措施中品种改良的收效是最大的,仅此一项牧业的直接经济收入就翻了一番还多。在众多的增收措施中,就其经济效益而言绵羊改良也是最突出的。

疫病防治

集体经济时期,有好多事不像现在一些人想的和所说的那么一团糟,政府办的很多事都是利于民众、利于集体经济发展的,而且是卓有成效的。就拿养殖业(牧业)来说,就是一个明显的例子。比如绵羊改良、发展山区兽医、大搞牲畜疫病预防等,政府也动了很多脑筋,花费了很多心思,采取了诸多措施,收到了可喜的成效。赤脚兽医听起来很土气,但按照现在的话说很接地气。在六七十年代这个名字很实在、很实际,也很实用,他的出现解决了很多山区养殖业的大问题。那时不像现在大学生遍地,那时候有文化的人很少,何谈技术型的人才。在当时困扰山区畜牧业和山区养殖业发展的最大问题，就是"牲畜和家禽的疫病防治"问题，都知道牲畜的抗病能力很强，但对疫病的抵抗能力却极端脆弱。政府想民众之所想，急民众之所急，为了确保山区畜牧业的正常发展，为山区畜牧业的发展提供有力保障，要求每个大队选拔一名有文化的优秀青年作为赤脚兽医的培养对象。所谓赤脚兽医，本人理解就是土生土长的年轻农民，经过培养当兽医，不挣工资，挣工分。这些赤脚兽医都是土生土长的当地人，他们人地两熟，对工作有较高的热情，积极性高，上进心强，队伍又相对稳定。

在此之前听说附近地区发生了牲畜疫情，人们就像大灾大难即将临头一样恐惧。疫病来了，人们眼瞅着自家的鸡一只挨一只地扑啦扑啦翅膀就死了，从发病到死亡仅仅几个小时，却无计可施；人们眼瞅着邻居家的猪一头一头地死去了，自己家的猪也未能幸免，一个小村的猪在两三天之内死得一头不剩却束手无策。自从有了赤脚兽医，每年都进行多次防疫，根据不同的畜种采取不同的预防措施，发现疫情及时采取行之有效的办法，减少了牲畜的死亡率，降低了经济损失，给山区的牧业生产和养殖业带来了一线曙光。

那时主要防疫工作有：给牛注射"五号病"、"蹦虫"疫苗；给骡马驴注射"炭疽"疫苗；给羊注射"三联"肺传染病疫苗、"五号病"疫苗，饮用"布病"疫苗，灌敌百虫水（驱虫），预防"蛔虫""线虫""脑包虫"，用六六六粉药浴，预防"疥癣病""羊草耙子"等；给猪注射"五号病"疫苗、"肺传染病"疫苗；给狗注射"狂犬病"疫苗；给鸡鼻滴"鸡瘟"疫苗。

赤脚兽医每年都要到各生产队搞牲畜疫情防疫，注射疫苗。这种防疫操作很简单，兽医把药水（疫苗）吸进畜用的针棒里（玻璃管外面套着不锈钢套子），几个社员抓住大牲畜的笼头，兽医用一个特制的"耳拧子"把大牲畜的耳朵拧紧，大牲畜就会老老实实任人摆布，兽医用最快的速度把药注入牲畜的皮下。

还有口服的防疫药，比如驱虫药，就是用稀释好的敌百虫水，用灌角灌到羊的嘴里，要定量不能灌多了，也不能灌少了，灌多了容易中毒，灌少了达不到药效。这些比较简单且不必多说，就说药浴吧！每年春天剪完羊毛后，选择比较暖和的天气，给羊"药浴"。赤脚兽医根据每个生产队羊只的多少，找个牛皮纸口袋，装上几十斤"六六六粉"，背到生产队的饲养处，烧一大锅开水，如果没有适宜的容器给羊洗"药澡"，就找一口喂大牲畜的石槽，把槽帮下面的两个眼用破布或旧棉花堵上，把开水倒入石槽里，然后兑些凉水，待水温到四十度左右，按照每百只羊十七八斤"六六六粉"的比例，把"六六六粉"倒入石槽里，用木棍在水里搅拌，直至"六六六粉"充分稀释为止。药浴的过程还是流水作业呢！有从羊圈里往外抓羊的，有抱羊头的，有抓羊腿的，有给羊搓澡的，还有负责擦干羊身上药水的。他们把羊四脚朝天放在盛着"六六六粉"水的石槽里，把羊的绒毛全部浸透，用破布像给人"搓澡"似的全身擦拭，为防止羊中毒把羊捞出来用干布把毛擦干。二百来只羊需要五个来小时。通过药浴消灭羊身上的寄生虫、跳蚤、草耙子等，预防寄生虫的滋生，达到灭菌消毒的目的，还能增加羊毛的油脂。

对马、骡、驴鼻疽发病情况用"点眼"法进行诊断，即用"鼻疽菌素"药水滴入马眼结膜囊内，进行定时观察，每两小时观察一次，观察24小时，可以鉴别出感染鼻疽的马匹。患病马匹流浓黄色的鼻涕，眼睑肿胀，眼睛被浓黄色的眼屎所封，次日马皮肤上起密密麻麻的疙瘩。确诊后要对病马进行枪杀、掩埋、消毒处理，防止疫情传播。

劁骟行当

那时候，每个生产队都有几百头（只）大小牲畜，加上个人养的猪、羊、驴等就更多了。猪，除了留作产仔母猪和种公猪以外的公母猪都要劁，育肥后作为肉用猪。公马、公牛、公驴、公羊，除留作种公畜的不骟，其余的都要骟，这几种母畜不骟，公骡都要骟。过去农村有一个劁骟牲畜的小行当,不是兽医也不给牲畜治病,只是劁猪、骟羊,不骟骡、马、驴、牛。大牲畜的劁骟都是由兽医来做的,还轮不到他们,况且人们也不相信他们的"医道"。他们就是普通的庄稼人,只是有了一门劁猪、骟羊的手艺。分布也没有规律,有的一个大队有一个,有的在毗邻地区有一个。因为活计不多加之季节性很强,所以也构不成一个专门的职业,属于身兼的小手艺。有时出去转转谋点收入,有时候坐家等客挣点小钱,谈不上用这个手艺养家糊口,混点零花钱填补点家用罢了,在人们眼里就是个小营生。

这个活计也不是这个行当独揽的,兽医也兼着劁骟这门手艺。过去的兽医很少是专科学校毕业,一是靠家族传承,二是学徒,三是自悟加名医指点,实际就是为牲畜治病的江湖郎中。他们在适合劁骟的季节里,为牲畜治病的同时顺手也劁个猪、骟个羊的。记得过去我们村里的牲畜病了,就到河北省围场县羊草沟门请一位姓曹的兽医,他就不是专业学校毕业的,不过医道还不错。他的行医范围南北四五道川,东西近百华里。这个人除了行医还兼着给牲畜劁骟,但这不是他的主业,都是顺手而为。而从事劁骟这个行当的小手艺人则不然,到了劁骟季节走乡串户上门劁骟,每到一村都要停留一会,吼上几嗓子——劁猪骟羊喽!对这些生面孔的劁骟手艺人,骟大牲畜人们是不敢用的,劁个猪骟个羊的人们不用怎么担心。有的或被请进门,劁头猪、骟只羊的,至于劁骟费早有定价,劁骟的价格因畜种不同价格各异,羊是最低的,猪分公母,公猪低于母猪。劁骟艺人边劁骟边告诉主人注意事项,不一会就把一只羊或一头猪劁骟完了,主人端来一盆热乎水让劁骟艺人洗洗带血的手,主人不用问价早已把劁骟费准备好了,顺手把钱递给了劁骟艺人,尽管主人热情地请劁骟艺人进屋坐坐,喝碗水、抽袋烟,但如果不是特殊关系,艺人们是不会进屋的。

五六十年代,我们村有个叫郑天禄的,他不是兽医,只会劁猪骟羊,上下营子谁家劁个猪、骟个羊的都找他,他的手艺只限于劁公猪和骟公羊,母猪和大牲畜他劁骟不了。

劁骟艺人当然也包括兽医,他们都有一把形状很特殊的劁骟刀子,刀头呈心形,刀的两面中间位置呈鱼脊形,刀尖和两个刃面磨得锋快,心形刀片的底部有一个铁把。还要配一个很精致的刀套,是用熟压杠皮缝制的,像个尖底的烟荷包,除了装劁骟刀子还要装一根带着针眼的三棱针,是用来劁母猪时缝合刀口的,还有一根大宽针是用来放血的,不用时把这个装着刀子的套子别在裤腰上。

劁骟公畜时,劁骟艺人用特制的刀子把牲畜的睾丸皮割一道口子,然后把连接睾丸的血筋、白筋用手指撸细自然止血,防止大出血,在最细处用手指盖刮断取出睾丸,然后用碘酊在睾丸皮里冲洗消毒,不用缝合,最后用"来苏儿水"喷洒裆部,防止蚊蝇近前。骟过的大牲畜尾巴上都要拴一根红布条,防止有感染源的人和持有感染物品的人靠近。

劁骟时间要选在清明后,一是这个季节天气凉爽、不冷不热,便于刀口的愈合;二是没有蚊虫的袭扰,减少刀口的感染概率。在一天之间要选在上午而且要选择晴天,避开下午和阴雨天,防止潮湿,避免刀口感染,易于刀口愈合。对劁骟后的牲畜要进行专门护理,大牲畜骟后要有人牵着遛,不能趴下防止淤血,也防止因刀口粘土造成感染。也有的兽医主张对骟过的大牲畜减少活动量,避免因活动量过大造成刀口的第二次损伤,延长刀口的愈合期。那时候生产队一次就骟几十只羊羔子,小畜饲养员就有事干了,拿个树枝看着羊羔子不能趴下,有趴下的用树枝赶起来。大牲畜则由大畜饲养员牵着找个清闲的地方来回遛。个人家刚劁骟过的猪和羊也要有专人看着,防止趴下淤血。

现在生产队没有了,集体的大小牲畜也不存在了,除了专业户其余的农户几乎不养家畜了。而专业养殖户买来的小猪在养殖场已经给劁好了,所以这个行当也就没有用武之地了。

第五篇

生产队经济与管理

不同的历史时期、不同的经济体制、不同的所有制形式,生产方式各有不同。人民公社时期,土地集体所有,生产资料除铁锨、镐头、锄头、镰刀等小型生产用具归个人所有外,其余全部公有。实行以生产队为单位的集体劳动、生产和经营管理,生产队是最基层的生产单位,也是最小的经济核算单位,是集体化和人民公社化的真实表现和具体体现。

生产队有着完整的组织领导体系,也有着比较完整的生产、物资和资金管理体系。那时的生产队长,既是一个生产队的领导者,又像一个家庭的家长,一个家族的族长。从组织生产到收获分配,从衣食住行到婚丧嫁娶,从邻里纠纷到打架斗殴,从小偷小摸赃物的搜查到大的偷盗案件的破获,从婆媳不和到子女不孝都无所不问、无所不管、无所不为。生产队或谁家丢了东西,生产队长就可以带上几个人挨家搜查,既破案又断案,既做调解工作又能做处罚决定,几乎无所不能。

生产队也有办公场所,人们习惯叫饲养处。这个场所选择在生产队的中心位置,占地面积很大足有十来亩,它包罗万象,是队长、会计、保管办公和召开各种会议的地方,是经营繁殖饲养牲畜的场地,是集体财产的存放之地,是社员集体活动的场所,也是社员出工前的集聚地。真可谓是生产队政治、经济、文化、集体活动的中心。

组织机构

生产队的最高组织领导机构就是队委会,是由生产队长、副队长、会计、保管、妇女队长、贫协代表、生产小组长组成。重大问题都由队委会讨论决定,如种植计划、农产品的分配、重大项目的建设、对社员重大错误的处罚等等。生产队长、副队长是由大队领导主持,全体社员选举产生的,中小型生产队(二百人以下的)一般设一正一副,人口较多的生产队(二百人以上的)设一正二副。生产队长、副队长主持组建队委会,队委会成员(会计、保管、妇女队长、贫协代表、生产小组长)由队长提名,半数以上社员通过即可,队委会成员分工明确。

生产队长 是生产队的最高领导。生产队长全脱产,负责生产队的全面工作。每年由生产队给固定的工分作为报酬,视其生产队人口的多少确定报酬的多少,人口多的(300人以上)每年最高五百个工日左右,人口少的(200人以下)每年也不低于四百个工日,中等人口的(200~300人)一般为四百六十个工日。

副队长 是主抓生产的,"文革"期间也叫业务队长,除了抓生产还要协助队长做好其他方面的工作,不脱产要跟班生产,但自由度很大,队长不在时副队长主持生产队的全面工作。那时不像现在通讯这么方便,有事可随时请示。只要队长不在家,副队长就名副其实地主持工作,但是有很多聪明的副队长对一些大事和棘手的事一般也不拍板、不处理,总是等正队长来处理。报酬每年比正队长要少五六十个工日,一般每年生产队给四百个工日左右。

妇女队长 主要是带领妇女参加集体劳动、组织妇女学习和参与一些社会活动等,也是全生产队妇女的代言人。妇女队长不脱产,年终生产队给三十至五十个工日的补贴。

会计 是负责全生产队财务工作的,包括种植计划的提出,生产队财务预算、决算等等,是生产队财务的当家人,是生产队的"三号人物"。他的自由度很大,哪天家里有事或不愿意干活,就以整账的名义告假不出工。会计是不脱产的,享受误工补贴,一般每年生产队补贴二百个工日左右。

保管 负责全生产队农具和生产工具的管理,粮食的保管,现金保管等。总之,凡是生产队的钱、财、物都归他保管,出入库都要经他手。保管员是脱产的,工作虽然不累但很零乱,每天早晨和中午出工前都要在饲养处候着,有领农具的,有支取钱物的,还有借粮的,都要一一应对,忙得不可开交,像个旧时的管家,事少的时候要主动干点零活。生产队每年给三百六十个工日的固定报酬。

生产组长 是协助副队长工作的,主要是带领社员完成生产任务,当然也协助队长、副队长进行生产分工、工分评定等等。一般情况设两位生产组长。生产组长的用人标准:一是能干;二是听从指挥;三是比较公平,还得有点组织能力。生产组长不脱产,年终生产队给几十个工日,作为补贴。

记工员 是负责把每个社员每天劳动时所从事的工种和所挣得工分数进行登记,日记月累然后定期报给会计。兼职不脱产,生产队每年给几十个工日,作为补贴。记工员不是队委会成员,但有时由生产组长兼任,他不能享受双重(组长、记工员)公分补贴,只享受两者的最高公分补贴。

贫协代表 是替贫下中农说话的,是全体社员的代言人,有监督职责,还有主持公道的责任。这个人很重要,他可以把社员的意见带到队委会去,有分歧意见时他可以跟队长据理力争。当然生产队长也不能或者也不敢轻易地得罪他,如果一旦队长和贫协代表对立起来,队长开展工作就有很大难度,因为贫协代表是全体社员选举产生,生产队长是无权取消贫协代表资格的。贫协代表既不脱产也不享受工分补贴。

这些脱产的、半脱产的和不脱产的生产队管理人员,享受的报酬和工分补贴,实际都是由每个社员来承担的。以我们生产队为例,粗略地算一下,按生产队总劳力计算,平均每个劳力一年要承担二十七个工日,按生产队总人口计算,平均每个人承担九个工日甚至更多一些,如果一个六口之家就要有一个人白白干上两个月的活才能完成这个负担,而且生产队越小,人口越少负担越重。我们应该看到在人民公社时期,这些脱产、半脱产和不脱产享受工分补贴人员,都做了大量的工作,但是也确实给社员增加了很大的经济负担。

专兼职位

生产队除了队委会管理人员外,还有一部分专兼职生产人员。专职生产人员包括放牧员(牛羊倌)、大畜饲养员、小畜接羔保育员、大车老板子。阶段性的专职技术人员,包括木匠、小畜配种员等。这些专兼职生产人员都是生产型的。常年专职生产人员每年生产队给三百六十个至五百个工日不等,阶段性专兼职技术人员按天记工分,工分标准高于普通社员,比如木工每天比正常劳动力的工分要高出一倍多(包括技术含量费和工具磨损费)。有的兼职生产人员采取误工补助的办法。这些专兼职生产人员,有全体社员推选的,也有自荐的,如牛羊倌、大小畜饲养员和大车老板子。受人口的局限性,有的专业职务则非他莫属,没有选择的余地,比如木匠只能谁有这门手艺用谁。这些专兼职生产人员虽然是群众推选,最终还是由生产队长一锤定音。这些专兼职生产人员比其他社员的工作责任更重,虽然有些工作也很枯燥无味,但对有些人来说还是很有吸引力的。

牛羊倌 顾名思义就是放牛、放羊的。生产队有三百来只羊,用两个羊倌,社员个人有一百三四十只羊,要雇用一个羊倌。生产队有常年牧饲的大牲畜(牛、马、骡、驴)五十多头(匹),社员个人有十几头驴骡,用一个牛倌。牛羊倌属于专职人员,挣固定工分,羊倌每年四百五十个工日,牛倌每年四百个工日。

村里人常说,百事百行不如放牛羊,远离了人群远离是非,又不像体力劳动那么累,这可能就是人们羡慕这个行业的原因吧!其实则不然,他们每天吃完早饭,带上雨衣(用白布涂上清油做的,用着硬邦邦的,披在身上发出刺鼻的味道),拿上中午吃的干粮,直到晚上快天黑时才能回家。中午,独自一人在大山上吃凉饭喝山泉水。夏天要全天候承受着酷暑和太阳的暴晒,下雨的时候没处躲没处藏,下雹子的时候头顶上还要顶一块石板防止砸破脑袋。到了冬天,顶着寒风跟着畜群转。每当下大雨、下冰雹、下大雪、天气寒冷时,家里的人特别担心。一年三百六十五天没有节假日天天如此。

牛倌清早一声高吼:撒牛了啊。人们便把自家的驴骡赶出来交给牛倌。到了晚上再把这些牲畜交到生产队饲养员和个人家中,如果发现牲畜少了还要到山上去找。到了冬季羊倌的后背上又多了一样东西——羊包,即用羊毛或牛毛擀成厚厚的毡片缝制成一个大兜子,再缝上两条毡带或绳子做背带挎在双肩上,是用来背羊羔的。在寒冷的冬日母羊在山上产了羔,为了给小生命御寒,羊倌便把刚出生的小羊羔装在羊包里,晚上圈羊时背回去交给饲养员。让我更赞佩的是那些羊倌的观察力、辨别力和记忆力,是常人无可比拟的。比如一大群羊从一米多宽的羊圈门口一起放出,他能一个不差地数出它们有多少。几十户人家一百多只羊,他能分辨出哪只羊是谁家的,这些,一般人是做不到的。有的放牧员还真当了公安的侦查人员,真是好汉子不愿干,赖汉子干不了的行当。

大畜饲养员 顾名思义是管理饲养生产队集体所有的大牲畜的,比如拉犁、拉车的牛,使役的驴,即将产仔和产仔后的大畜,管喂不管放,除了喂草喂料饮水,每天都要清理牲畜粪便,还要推土垫圈。大畜饲养员属于专职人员挣固定工分,每年三百六十至四百个劳动日。

这个活是个良心活,使役畜和产仔母畜的料粮,都由他来掌管,喂多喂少他说了算,有的大畜饲养员,还会偷偷地把牲畜料粮拿回家,但这毕竟是极少数。这个职业不是谁都能干得了的,他每天都要观察牲畜的状况,采取相应的措施,发现牲畜有病要及时请兽医治疗,喂草料的多少要恰到好处。大牲畜的饲草主要是谷子、玉米和豆子秸秆,把这些作物秸秆用铡刀铡成一公分多长的小段,喂牲畜时要用竹筛子(草筛子)把土筛干净,填草也有学问,要少填勤填。大牲畜"吃饭的碗"叫槽,骡马用的叫马槽,驴用的叫驴槽,牛用的叫牛槽,是用大石块雕琢出来的。也有简易的,用木板和铁皮做的,携带方便,如马车上带的马槽。

那些年,牲畜的料粮一般都是玉米和豆类,先要把玉米和豆子用碾子轧碎,叫做破料。饲喂时,把碎料放在一个柳条编的料斗子里,用温水泡透泡软,然后把泡好的料,拌在牲畜吃剩下的草渣子(草节子)里,不但喂了料而且还把草渣子也吃了,一举两得。牲畜经营得好,膘肥体壮,生长健壮,牲畜的毛向后或向下贴着肉皮长(鬃毛例外),毛色又光又亮。

饲养员与使役员是一对矛盾,开始所有的使役牲畜都由大畜饲养员来饲喂,使役员抱怨饲养员没有把牲畜喂好,料粮喂得不足,牲畜体质不好干不动活。饲养员则责怪使役员使用牲畜过度、伤力,牲畜不上膘。实际饲养和使役脱钩,两个方面的问题都会存在。后来,拉车的骡马改由大车老板子饲喂,使役的牛和驴因使役者太多而且大多是阶段性使役,还是由大畜饲养员来饲喂。饲养员也很辛苦,冬天不管多冷,天不亮就要起床喂拉车(送粪)和压地的牛。到了春种季节饲喂的使役牲畜达到高峰,而且每天起早贪黑地喂三次,除了喂草、喂料、饮水还要清理粪便推土垫圈等。到了夏季轻松了许多,使役的牲畜由饲喂改为专人牧饲。大畜饲养员因长年守家在地足不出村,夏能避开户外的酷暑,冬能避开户外的严寒,加之掌管着所有大牲畜的料粮,所以这个工种颇受年龄偏大社员的青睐。

小畜饲养员(接羔保育员) 农历的十一月到次年的二月是羊的产羔期,在这期间小畜饲养员要搬到饲养处去住,夜里睡觉不脱衣服,不管天多冷每隔一会就要起来一次,手持提灯到每个羊圈转上一圈,如发现有产崽的要马上把产崽母羊和羊羔接到屋里,把羊羔放在炕上,防止冻死或压死羊羔。如果天特别冷,还要在灶膛里点着火,把点着的柴火向外拽一拽,把羊羔身上的羊水烤干,同时也为羊羔暖暖身体。

接羔保育员既是"接生婆",又是"月嫂"。这个活是个辛苦活,也是个技术活,要把难产的羊羔给接下来,把患病的羊羔给救治好,把瘦弱的羊羔给喂强壮。经营羊羔既要有耐心,又要有经验,喂羊羔的豆子要炒成八分熟轧成面,把豆面用温开水拌好,然后用手指头一点一点地往羊羔嘴里抹,喂多了撑着,喂少了吃不饱,是否喂合适,全靠饲养员的经验。有的母羊不让羊羔吃奶,饲养员还要抓着母羊让羊羔吃奶。同时还要为哺乳期的母羊增加草料。

冬春季节大羊出牧,羊羔要留在家里,早晨撒羊时羊羔使劲地往外跑,要跟大羊一起走,饲养员和放牧员要在羊圈门口把羊羔截住。白天要给羊羔喂草、喂料、喂水,饲养员清理食槽、水槽时,羊羔会围着饲养员转,饲养员走到哪羊羔跟到哪。到下午四点来钟快要圈羊时,几十只羊羔想妈妈、想奶吃,守着圈门口咩、咩、咩地叫个不停。当大羊到圈门口时所有的羊羔一拥而上,在一百多只羊中用很短的时间找到自己的妈妈,双膝跪地咬住奶头用力撞几下便使劲地吸起来。母羊还时不时地回头看几眼自己的孩子,有时还要在孩子身上舔一舔,尽享着天伦之乐,这也是饲养员工作中的乐趣。

到了夜晚大羊趴在地上,羊羔依偎在大羊的身边休息。大羊还时不时地把白天吃到胃里的草,返到嘴里咀嚼后再咽下去,人们把这种现象称之为倒嚼,这样既有利于营养的吸收,又有助于消化。在饲养的食草类大小牲畜中只有羊和牛有这种功能,所以羊和牛的粪便要比骡马驴的粪便细腻得多。

冬天,小畜饲养员在大风天、大雪天不能出牧时还要和羊倌一起背草喂羊。那些年我们生产队的接羔保育员一直由宋国忠担任,羊羔成活率都在80%以上。春天青草长出地面,生产队找个半桩小子把羊羔子赶到小山上放牧,待羊羔身体强壮后再和大羊一起去远山出牧。夏秋季节小畜饲养员轻松了许多,用木制手推车(木架、木轱辘,在木架上面拴个抬筐)每天推几十车子土垫垫圈就完事大吉了。小畜饲养员是挣固定工分的,每年三百六十至四百个工日不等。

大车老板子 不能小看这个职业,需要全才人物才能胜任。首先要会伺候牲畜,能把牲畜经营得膘肥体壮,能有驯教牲畜叫一套拉一套的本事。这个人还要有应变能力、交往能力、办事能力,是个强势人物,到哪都不吃亏,到哪都能说上话,是个八面玲珑的门面人物。所以大车老板子没有孬种,当然一般人也当不上,除具备上述条件外,生产队长还要看得上用得了。一辆大车是一个生产队的半个家业,也是每家每户的依靠,谁家有大事小情都离不开它。所以大车老板子的身价自然就提高了,谁也不敢得罪,谁也不敢惹,时间长了,大车老板子的性子也被大家惯成了。有的大车老板子还参政,是六七十年代汽车司机的缩影。

大马车是生产队的门面,要用好木料做,要用好骡马拉,要把生产队最好的骡马用在马车上。一辆马车必须要有一个好辕马,下陡坡时要靠它控制车速防止意外,倒车时靠它把车倒在适当的位置,临时停车除了刹车主要靠辕马把车立刻刹住。还要有一个好打里的(拉车时靠左边的),能按着老板子的口令、鞭子指向(拐弯抹角用鞭子和专用口语来指挥)掌握行进方向,指哪去哪。一辆马车一般用四个骡马,一个驾辕的三个拉梢子的,也有五套的。车老板子要把马和车装扮得漂漂亮亮,看着上眼听着有声。大鞭、小鞭和骡马的脑门都拴上红缨,有的在骡马的脑门上还用熟压杠皮打着中国结,在夹板的下面还拴着小铜铃铛,走起路来丁零当啷的响个不停,又威风又漂亮又好听。车老板子甩出的鞭声又响又脆,鞭子也打得特别准,指哪打哪,要打牲畜的耳尖绝打不到耳中。

那时候生产队和社员一样穷,到了农闲时节,为了给生产队挣点零花钱,大车老板子还要赶着马车出去拉脚。一是到锡林郭勒盟盐泡子拉盐,价格很便宜,进货价每斤二三分钱,拉回来的盐按进货价分给社员一些作为食用盐，生产队留一部分用来唊羊，剩余的高于进货价卖给供销社（那时供销社盐的零售价每斤一毛四分钱），既解决了生产队和社员的廉价用盐问题，又能赚点钱。按理说这种盐没经过处理是不能食用的，但在那个经济不发达的年代，人们管不了那么多。拉一次盐来回十几天，有很长的一段路无人烟。那时也没个电话，从出村到回村这期间无影、无信、无踪，家里的人每天都在惦记着。从赶车出发的那天起，家人就一天一天地掐指算计着回来的日子，在快要回来的前一两天，每当大街上有啪啪的鞭响声和吱吱的刹车声，家人就会马上跑出去看一看，如果是自家赶车的回来了，家人喜出望外，一颗悬着的心终于落了下来，赶忙跑到车前收拾东西往屋里拿行李，还要做顿好吃的犒劳犒劳。如果是过路车，家人感到很失望，悬着的心不但没有放下来反而还增添了几分不安。二是去赤峰给供销社进货，去赤峰拉一趟脚往返要七天时间。去三天，回来三天，装一天货，这个时间是约定俗成的，也是个定制，我们大队各生产队的大车老板子都坚守这个定制。有时六天就能拉一趟脚，但是谁也不能改变这个规矩，否则这个大车老板子就会受到其他大车老板子的谴责。记得有一次有几挂大车去赤峰给供销社拉货物，第七天一早就赶回来了，在供销社卸完货，为了拖延时间，就把骡马卸下来拴在大车旁喂草。当时公社书记王景阳看到这几挂车从早晨一直到下午两三点钟还在那停着，就问车老板子你们是哪的，老板子们说是老水泉子大队的，王景阳又说大忙忙的你们不回家搞生产在这里待着，你们想干什么，老板子们支支吾吾地也没说出什么来，赶紧套上车溜了，走到半道又歇了两三个小时才回去。即便这样，去赤峰拉脚七天的时间也没有改变。

每当大车要出门，消息传得都很快，村里很多人找大车老板子捎东西，捎的东西都是在附近的供销社买不到的。有的实在没钱而又急用钱的，和大车老板子关系不错的，就偷偷地让大车老板子捎着卖点自留地产的杂粮杂豆，这种事不能让队长知道，否则日后缺粮时，他会不借给你粮食的。拉脚走时要带七八袋子干草和一大口袋料粮,自带行李和盘缠(路费)。到了大车店抽两个鞭响,大车店主便快速出来迎接,满嘴的客套话说得你很肉麻,一边帮着卸牲畜,一边问着吃什么,实际问不问都是猪肉炖粉条子。大车老板子吃饭、住店不花钱,住店费由生产队报销,炕也烧得很热乎,吃完了饭大车老板子把牲畜喂饱饮完水,打开行李睡得也很惬意。第二天老早起床先把牲畜喂饱,自己却不吃饭天不亮就出发赶路了。

大车老板子在生产队的各类工种中属于高危工种。大牲畜本身就很不定性,当周围环境发生异常变化时,使骡马的视觉、听觉和肌体受到严重刺激时,就会无所顾忌,兽性大发,难以控制。有时遇见不曾见到过的物体或听到一些特殊的声音都会使骡马受惊,比如汽车、飞机、拖拉机等的声音。还有牲畜的视觉误差(眼差)也会使骡马受惊,夜间行车时偶尔遇见一头猪也会把骡马吓得魂飞胆破。拉车的骡马受惊后出现的异常举动,轻者,赶车的耍费一番周折才能控制住;重者,就会车毁人亡(伤)。还有机械故障,比如车辆在下陡坡时,刹车失灵,马车"放箭"导致重大事故的发生。

说来看到大车老板子冬天身上穿着公家发的大皮袄,脚上穿着公家发的高腰毡疙瘩,手上戴着公家发的皮手闷子,坐车、吃饭、住店都不花钱,外出拉脚时,除了生产队每天给十二分工分以外,还有六毛钱的出差补助,出差补助比一个壮劳力一天的劳动日钱还要多,这些优越性很诱人。人们往往只看到了大车老板子工作的优越性,而没有注意到这个工种的辛苦和随时都会有意外发生的危险性。当看到大车老板子们所付出的辛苦和承受的危险时,就会让人们对大车老板子这个行当有了一个更全面的认识。

生产队有两挂牛车也叫铁车,轱辘是用榆木和盖瓦钉制作的,车上整天挂着个黑黑的厚厚的油瓶子,油瓶子里还有一把膏油的刷子,送粪时每送一趟粪都要给车轴膏一次油。牛车不出远门,送粪、拉垫圈土、拉庄稼等等,人称牛车是压地头子的。牛车比起马车来就寒酸多了,人们常说"老牛破车疙瘩套"。牛车没有固定的赶车老板子,用车时生产队长临时安排赶车的,虽然这个岗位不固定,但是也有几个固定人选。

木匠 是生产队必不可少的工种。生产队和个人家所有的木工活都由木匠来完成,如搭房盖屋的木工活,农具、家具的制作与维修等等。木匠给生产队干活也和其他社员一样不挣现钱挣工分,因为是技术工种,还要自带木工家具,所以他比正常劳力挣的工分高出许多。个人家用木工干活就得给工钱了,有的实在给不起现钱就得把自己挣的工分等价拨给木匠,个人家请木匠还要管饭呢,而且要做点好吃的。那时候我们生产队的木工活和大多数个人家的木工活都由周木匠来完成,他叫周庆云,需要小工时,儿子周惠国是他的首选。

过去的木匠是真正的手艺人,用的工具虽然也很专业,但比起现在的专用工具就逊色多了,所以有很多技术环节要靠人来把控。比如盖房子把两根檩子连接到一起要用卯和榫对接,桌面和桌腿也要用卯和榫来连接,包括抽匣帮也是用卯和榫连接在一起的,而且比现在胶粘的、钉子钉的都牢固,它的技术性在于凿卯和开榫的精准度,卯大榫小不牢固,卯小榫大安不上,即便强力安装上了也容易把卯撑开。

搭房盖屋木匠是主角,打地基(码地盘)木匠首当其冲,由他来确定房向和具体位置,要和左邻右舍的房子方向一致,要确定房屋开间的大小,要确定房子的四个边并挂线定位,还要测出地基的水平线。盖房放树(伐木)时木匠也要到场,看看要放的树直不直、上不上线、够不够材料,把伐倒的树木打枝、去皮、截成所需的长度,然后放线开榫凿卯,把木头做成柁、柱子、檩子、椽子等,再把这些组装到一起(立架),最后用干木头制作出门口、窗口和门窗,就连一块窗台板、一根炕沿都要经过木匠之手。

过去做一件很简单的家具工序也很复杂,首先要把原木晾干放线用大锯破成一寸厚的板,然后再根据需要锯出木掌或小板,用手推刨子找平刨光,用锯开榫,用凿子凿卯,用驴皮胶粘接,组装成型,用腻子抹平,用砂纸打搓,最后刷漆。所以老人们常说土木之工不可擅动。

那些年生产力水平低下,商店销售的生产用具和生活用品匮乏,所以木匠这个行当距离人们的生产生活很近,大到修房盖屋做个铁车马车,中到为故去的人打口棺材,给要结婚的小伙子打口红堂柜做一对箱子,小到用几根小木杆做个简易的猪羊圈门子,弄几块板子粘个菜板面板,安个锹杠、镐把等都要经过木匠之手。生产队里没有木匠很缺手,靠外请,一要给现钱,二要管吃住,本队有个木匠,生产队和社员有个大活小活的,随叫随到很方便还省钱。

皮匠 生产队有些技术工种是外请的,我们生产队外请的技术工就是皮匠,两年就得请一次,生产队给工钱管吃住。我记得我们生产队,一连多少年都请河北省围场县一个名叫孙树亭的皮匠,人们都叫他孙皮匠。他个子不高,圆盘脸,脸上有很多麻子,一脸精明相,干活利落,说话办事不惹人,不招惹是非,唠嗑时说远的不说近的,说好的不说坏的,当别人说到敏感的话题时他赶紧打住,岔开话题说别的,没人唠嗑时边干活边哼着小曲,是个典型的手艺人。孙皮匠随身携带二十多件油黑锃亮的工具,井然有序地放在一个用熟[shú]皮子做的工具包里,皮工具包上有很多长短不同、大小不等的分隔,每当打开工具包时,围观的有心人总会琢磨着每件工具的用途。当孙皮匠用这些工具熟练地做活时,有的人还要感慨地说:"人家手艺人不光手巧,家什也妙啊!"

生产队集体经济时期,到了秋末冬初季节总要杀几头牛,保管把牛皮毛朝上铺在地上晾干,放在库房里,一进库房就能闻到牛皮散发出来的腥臭味。不要小看这些臭皮子,它是有大用场的,马车套、牛车套、大车用的刹绳都是用这些牛皮纺制成的,牛马骡的笼头、马车上的搭腰座鞍、大鞭小鞭的鞭头、鞭头上用的鞭梢子等都是用熟出来的熟牛皮做的。有时候生产队的牛皮不够用还要外买,在当时来说价格不菲,一张牛皮要三四十元钱。

孙皮匠每次来熟皮子，都先把牛皮放在大缸或大铁桶里用盐水泡上，之后他又到别处去干活了。过三四天估计牛皮泡软了泡透了他又回来了，找一根粗圆木垫高六七十公分，把泡好的牛皮捞出来搭在圆木上，用一把两头带把刀刃凹成月牙形的专用刮刀，把牛毛和皮里子上的油和肉刮净，然后用他那双巧手，把一张刮了里子刮了毛的生牛皮割成宽约一公分的皮条，一张牛皮只割一根皮条不断头，且皮条的宽窄基本一致。用割好的皮条纺成皮绳，用来做牛马车套、刹绳等。因为皮绳很硬不能系扣，所以做车套时把皮绳两头栓上一个短木棒，用时一头套在夹板的绳套上，一头套在车套根的绳套上，用作刹绳时用绞锥、绞棒来固定。这种皮绳特别硬，怕着水，但很结实。

熟皮子是用盐水把生牛皮泡软，用专用刀具退净毛，再用芒硝、盐水浸泡，把皮子里的脂肪通过芒硝的化学作用使其变质，把皮子的纤维泡软、泡蓬松后捞出，把泡好的牛皮割成约五公分宽的皮带浸泡在麻籽油里。搭一个压杠皮架子，把两根约两米半长的原木竖着埋入地下几十公分固定，两根原木之间的距离三米左右。在两根圆木的顶部（距地面两米多高处）横着绑上一根直径二十来公分的木杆子，然后将油浸的皮带宽向对折搭在绑好的横木杆上，皮带的两个头系在一起。然后在皮带的接头处拴上一个碌蛋子，拴好的碌蛋子要距离地面十公分以上，皮带里面穿上一根两米来长光滑的木杠，转碌蛋子给皮条上劲。上满劲后两人各持木杠的一头猛劲向下压，皮带受压后向反方向破劲碌蛋子也同时向反方向转。当木杠迅速抬起时，碌蛋子旋转的惯力把皮带又上好劲，再把木杠向下压到底并迅速抬起。这样反复地上下抬压木杠，直至把皮带压软，把皮带里的脂肪压出来，把麻籽油压进皮带里。成张的皮子也要放在麻籽油里浸泡，捞出搭在一块长条木板上，然后两人用一根木杠在皮子上面来回地推拉、挤压，达到上述效果。这样熟出来的皮子叫熟[shóu]牛皮也叫压杠皮。

孙皮匠熟出来的熟皮子弹性大，韧性强，像缎子一样柔软。他用熟皮带做大牲畜的笼头、纲绳、马嚼子绳等。用成张熟皮子,剪裁缝制成搭腰座鞦等;把熟皮子割成宽窄不同的皮条,手拿转车子通过三次变径熟练地纺制成上粗下细的大小鞭头;把精致的熟皮子割成小皮条制作成经抽、爱响、不易断的皮鞭梢子;用薄熟皮子条编织的中国结,挂在骡马的脑门上显得格外精神漂亮。他用皮绳当线绳缝制皮活,针脚大小、距离长短一致,还能缝制出各种漂亮的图案,增加了制品的美感。孙皮匠制作皮鞭梢子时几个半桩小子在跟前求候着,偷着跟他要几根鞭梢子,有时他会趁队长不在时偷着扯下几根来每人分两根,满足了半桩小子的要求。有时用边角料偷偷地给年龄大的烟民缝制个皮烟荷包,很实用也很耐用。烟民们在一起闲聊时还时不时地拿出来炫耀说:"这皮烟荷包还是孙皮匠给做的呢!"话语里蕴含着对孙皮匠的敬佩和感激。那些年每当生产队请来皮匠,就像生产队里出现了新生事物,给村里的人增添了一些活力,闲聊时有了新的话题,大老爷们有空闲时总爱往"皮匠铺"里跑,孩子们玩的时候也总在皮匠周围转,就连不太好事的村妇路过此处也要瞥上几眼。皮匠的到来给小村传递了许多外界的新鲜事物,同时也把小村的新鲜事物传播到了外村,皮匠表面看来是个艺人,但在某种程度上像个看不见的小媒体。

生产队还有些工种虽然没有确定专职人员,但是用人也比较固定。那时我们生产队挑大粪的一般都用付振明、付振江;赶牛车的一般都用崔广文、崔广兴、周庆荣、付振明等;压地的一般都用付振明、付振江;那些年生产队每到春种、夏蹚、秋翻的时候都套七副犁杖,扶犁杖的也叫犁杖头,一般都用付振有、付振江、付振全、付振明、崔广文、崔广兴、刘汉臣、周庆荣、王兴等。为了防止犁杖头们挑牲畜用,队长组织犁杖头们把使役牛一对一对地搭配分开,一个好用的、能打里的、有劲的,再配一个劲小的、不太好用的,然后让这些犁杖头抓阄,抓着哪对算那对,这个搭配组合一连几年都不变。那时生产队根据每个大牲畜的特点都给起个名字,什么大犍牛、二犍牛、三犍牛、晚骟子、大黑秃子、大黄秃子、黄眼圈、黑眼圈、大花屁股等等，骡马驴也是如此。工种用人相对固定，一是为了发挥劳动者的特长，二是防止使役者乱挑乱选使役牲畜，还有一个原因就是让这些使役者自觉爱护使役牲畜。

组织生产

　　组织生产是生产队集体经济时期的一项主要内容，它贯穿于全年的每个季节和每一天，它涉及生产过程中的方方面面。所以那时的生产队长不像人们想象得那么轻松，有很多工作要有前瞻性、预见性和超前性，每个生产环节都是一环扣一环的，要不失时机地做好每一项工作。晚上社员们可以躺在炕上无忧无虑的休息，可生产队长们的心却静不下来，既要考虑长远的生产计划，又要考虑当前的生产安排，有些生产项目还要提前筹划。比如粪肥的积累是一项全年性的工作，等到种地时才发现粪肥不足已经晚矣；修壕引洪也要提前做好，等洪水来了再想修壕已经晚矣。他们每天都在想近期要做哪些事，明天要做哪些事，要考虑社员们每天做什么，每个社员做什么。

　　组织生产既有长期宏观的，也有短期常规的。还好，过去那些老农们也会不失时机地给队长们提个醒，提一些建议，提醒队长什么事该做了，什么活该干了，因为集体的利益和社员们的利益是息息相关的。当然队长每年都要召开很多次队委会或队委扩大会，专门研究生产问题。

　　劳动分工　组织生产首先要搞好人员发动，然后要做好劳动分工。生产队日常劳动的组织形式：一是同一时间出工(专职劳动人员除外)，二是要进行劳动分工，三是劳动时要有领工。劳动分工有专业性的分工，比如牛羊倌、大车老板子等分一次工一般都能干一年以上，有的一干就是几年；也有阶段性的分工，比如参加大队、公社和县里组织的大会战和生产队特殊的阶段性工种等，派一次工少则几天多则几十天乃至几个月；最主要的是日常劳动分工，就是每天出工前的分工。队长们在劳动分工时也很人性化，充分考虑每个劳动者的身体状况、技能状况，充分发挥每一位劳动者的特长，扬长避短。社员有事不能出勤的要在前一天请假，特殊情况（急事和病假）也要及时请假。

在前一天晚上生产队长就把第二天的生产劳动做了详细的分工，确定每个工种的领工人员。每天早晨和下午出工前，队长或生产组长吹响出工哨，从村东头吹到村西头或从村西头吹到村东头，不到十分钟的时间，社员们便齐聚在饲养处等待分工，也有一些社员不等吹出工哨就在饲养处候着。队长用几分钟的时间宣布完劳动分工，同时宣布每个工种的领工员，社员们跟着各自领工的到劳动场地。那时社员们都很自觉地服从分工，虽然都是干活，但是有好干的活也有难干的活，有轻快活也有累活，分到脏活、难活和累活也基本没有挑剔的，有些劳动强度过大和过脏的活，比如挑大粪之类的活要用工分来平衡。

社员们虽然不挑活但也期盼着能分配到轻快、好干的体面活，可是这种活不多，一般人也摊不上。队长也有亲人、近人，还有巧人和能人，这些人灵透、能干，也很会干，他们才有资格、有机会干到这些轻快、不累、好干的体面活，比如做饭、给技术人员当小工、跟车拉东西等。

劳动报酬　社员的劳动报酬实行工分制，十分工为一个劳动日，正常劳动，一个男劳力一天挣十分工，即一个劳动日。晚春和夏秋之季吃三顿饭时，正常劳动，男劳力每人每天十分工，上下午各五分工，女劳力每人每天八分工，上下午各四分工。冬天和早春吃两顿饭时，正常劳动，男劳力每人每天八分工，女劳力每人每天六分工。男女劳力工分高低有别，一般男劳力比女劳力每人每天高二分工。夏锄季节天长活累，提高工分标准，男劳力每人每天十二分工，女劳力每人每天十分工，身体差的和半桩孩子挣的工分比正常劳动力要低一些，特殊工种比如挑大粪的工分适当高一些，加班加点的另加工分。一个壮劳力一年最多能挣到四百个劳动日（四千分）。工分是以年度进行结算的，那时社员的劳动报酬是真正的效益报酬。生产队的产出、收入高，社员的劳动报酬就高，如遇大灾年份收不抵支,社员有劳无酬,要把亏损部分和社员的劳动日移入下年进行平衡决算。

社员的劳动报酬最初是以工分的形式进行评定和记载,最终是以人民币来计算,计算的标准就是劳动日值。劳动日值的计算方法:劳动日值=(农牧业总收入—农牧业总支出—当年提取的公积金总额—当年提取的公益金总额—农业税)÷生产队当年劳动日总个数。

工分是人民公社集体经济时期社员的代金券,工分就是钱。工分含金量的高低取决于劳动日值的高低,而劳动日值的高低又取决于农牧业总收入的多少,而农牧业总收入的多少与种植业的收成、牧业的收入、农牧业的总投入和农副产品价格有关。受上述因素的影响劳动日值很不稳定,队与队之间、年与年之间差距很大。记得那时候我们生产队的劳动日值(十分工)最高六毛钱,有时两三毛钱,大灾之年劳动日值还要出负数,当然生产队不会这么算账。

粮食的价格是国家规定的,生产队无权改变。农副产品的价格由生产队来定,有很大的伸缩性,可高可低,可收可不收。比如每斤谷秕子最高收二三分钱,有时不收钱;牛羊肉每斤三角到四角钱;小葱、白菜、疙瘩白、胡萝卜等每斤最高收一二分钱,最低收几厘钱,虽然劳动日值很低但含金量很高。有的生产队长不张扬、不图虚名,把农副产品价格定得很低,虽然劳动日值低社员却很实惠,但也有点弊端,挣工分多的户有点吃亏。

工分的评定 包括三个方面:一是阶段性工分标准的确定和执行时间等,即从什么时间执行什么工分标准。比如夏锄开始执行夏锄最高工分标准,男劳力每天十二分工,女劳力每天十分工;入冬从三餐改两餐开始执行冬季工分标准,男劳力每天八分工,女劳力每天六分工;除了上述两个阶段其他时间都基本执行常规工分标准,男劳力每天十分工,女劳力每天八分工。这些都是由正副队长来决定的。二是长期专业工种和管理人员工分的评定,比如放牧员、饲养员、大车老板子、队长、副队长、会计、保管和享受工分补贴人员的工分标准等,都是由队委会来评定。三是日常工分的评定,这项工作贯穿到每一天,除了正副队长,领工的也要参与工分的评定。评定工分主要依据:劳动量、劳动质量、劳动时间、劳动工种等。有时候社员对工分的评定也有意见,但总的来看那时候的工分评定还是比较公平合理的,基本能够做到按劳取酬,对不同劳动强度、不同劳动工种、不同劳动态度等,工分的多少有别。对出工时间晚的、下工时间早的、中间耽误工的、劳动质量不合格的和劳动态度不好的都要扣减工分。基本能够体现同工同酬,遵循多劳多得,少劳少得,不劳不得的原则。

生产队设一名兼职记工员,晚上收工时由领工的把每个社员当日挣的工分报给记工员,由记工员记在社员工分簿上,到月末记工员在社员大会上,把每个社员本月份的出勤天数和挣得工分数进行公布,还要做一张社员出勤明细表,张贴在生产队部的墙上,这张表记载着每个社员每月的出勤情况和每月的工分数。那时工分很重要,工分就是钱,有句口头禅"工分、工分,社员的命根"。漏记工分就等于丢了钱,所以社员们对这张出勤表很在意,都要反复地查看。没文化的社员自己看不懂还要找个文化人代看,如果发现自己的工分漏记了,就会找记工员核对补记,有时记工员也想不起来,还要找当时一起干活的或领工的核对证实后才予以补记。那时候缺纸少笔的,有很多社员家把每月挣的工分数用木棍写在自家屋子的土墙上,以示记载。

分户结算 集体经济时期,生产队财务除了有总账还有分户账,即每一户社员都要单独立账户。社员挣的工分虽然记在每个劳动者的名下,但年终是以户来进行结算的。

社员以户为单位的结算方式是:劳动日值×劳动日数+社员有价物品的投入+上年结余款-(年度分配的有价物品折合资金数+社员购置生产队的有价物品折合资金数+上年欠款数)。

例一:张三,全家6口人,有劳力2.5个,全年挣工分750个工日,每个工日(劳动日值)0.50元,劳动日值金额为375.00元,交生产队大粪折款35.00元,上年结余款80.00元。全家分口粮折款194.40元,分豆类折款40.80元,分油料折款12.00元,分蔬菜类折款81.00元,分肉折款4.20元,分得其他零星物品折款14.50元,从生产队购置零星物品折款32.00元。即375.00元+35.00元+80.00元−(194.40元+40.80元+12.00元+81.00元+4.20元+14.50元+32.00元)=111.10元(余款)。由此可见张三就是名副其实的余钱户。

例二:李四,全家8口人,有劳力3个,全年挣工分970个工日,每个工日(劳动日值)0.50元,劳动日值金额为485.00元,交生产队大粪折款42.00元,上年欠款22.00元。全家分口粮折款259.20元,分豆类折款54.40元,分油料折款16.00元,分蔬菜类折款108.00元,分肉折款5.60元,分得零星物品折款16.80元,从生产队购置零星物品折款142.00元。即485.00元+42.00元−(259.20元+54.40元+16.00元+108.00元+5.60元+16.80元+142.00元+22.00元)=97.00元(欠款)。由此可见李四就是欠(缺)钱户。造成社员欠款的主要原因有两种:一是家庭人口多,劳动力少导致欠款;二是盖房、修屋等特殊原因所致。因盖房在生产队购置木料等造成欠款的,经过努力很快就能"翻身"。而因家庭人口多,劳力少造成欠款的,不但在短时间内难以"翻身",而且欠款数量还会不断增加。

那时缺钱户占的比例很大,约占生产队总户数的40%左右,余钱户约占总户数的25%左右,收支基本平衡的户约占总户数的35%左右。余钱大户和缺钱大户都很少,因缺钱户多,加之缺钱大户欠款额度大,有的欠款户欠款数额高达四五百元。所以一些余钱户也不能及时兑现全部余款。

集体经济时期摊派款和摊派物资很多,诸如大会战摊派的人工、物资、车工等,大队干部和大队勤杂人员(大队做饭的、养骡马的)的工资等,各类专业人员(赤脚医生、赤脚兽医、拉药橱的、代销点售货员)的工资等,还有很多名目繁多的摊派款,这些摊派款和物资,大多都是按着生产队的人口摊派的,生产队把这些摊派款、物资等直接列支,表面看来并没有直接摊派到社员头上,但生产队开支加大,劳动日值降低,减少了社员的收入,实际也都间接地摊在了社员的头上,只不过人头之间不平衡,人口多的劳力少的占便宜,人口少劳力多的吃亏。

劳动工种 那时生产队的农活种类和劳动工种很多,这里将主要农活列举一下,同时也作为资料予以记载。压地,刨粪,跟车,送粪,放树(伐树),铡草(续草,摁刀、烧火、扒灰),垫圈,起圈,倒粪,挑大粪,修渠,看渠,浇地,耙地,编笆,打墙,码地盘,立架(上梁),上扒泥,苫房,抹房,托坯,散粪,砸坷垃,挖山芋牙子(挖土豆籽),处理种子,种园子,种地(扶犁杖、点籽、捋粪、拉波索、打磙子),剪羊毛,耪地(锄地),薅地(间苗),栽树(造林),大小畜人工配种,药浴,驱虫,追肥,耘地,蹚地,放夜牛,拔草(拔莠子),压绿肥,防雹,修壕,筑坝,挖树坑,修路,打羊草,防霜,扦谷种,压场院(杠场),割地,码地,挑地,挑羊草,拉地,起土豆,扒棒子,蹚茬子,翻地(扣地),掐谷子,捆干草,打场(摊场、溜场、翻场、搂场、堆场、扬场出糠、过筛、扬场出风、下场),沤麻,出麻,出菜,镩树,搭棚圈,修梯田,修河,放牛,放羊,赶车,跟车,饲养牲畜,做木工,拉大锯(破板),纺绳子,打井,拉脚,做饭等等。农活、工种一般除了季节性的变化较大,平时变化不大,除少数人工种有变化,大多数人工种变化不大,有时一连多少天就是一种活,比如耪地、薅地、割地等等。参加劳动的社员大部分从事的是一种农活,极少数社员从事一些特殊农活,这些农活不是每一个社员都会干,有很多农活具有专业性,要求有很强的技能。

劳动工具 生产工具,常规的由个人准备,如起圈、倒粪要自带铁锨、镐头,耪地要自带大锄,薅地要自带小锄,打羊草和割地都要自带镰刀和磨石,起土豆、扒玉米要自带条筐,其他生产用具由生产队准备,大到犁杖套小到口袋绳都要到生产队去领。集体经济时期生产队有好几间存放农具和社员劳动工具的大库房,装得满满的。看似很不上眼的东西,但都是生产劳动中必不可少的,不光是集体劳动要用,社员个人也常借着用,比如社员种自留地从牲畜到农具全都借用生产队的,日常用的特殊工具也要到生产队去借。

劳动休息 集体劳动时,期间也休息,夏天上午休息两次(两歇),下午休息三次(三歇);冬天从上午八九点钟出工到下午三点来钟收工,中午不吃饭社员们叫一开箱(一烟冲),期间休息两次(两歇)。具体什么时候休息,休息多长时间由领工的来掌握,一般每歇三四十分钟。活特别累有时多休息一次或多休息一会,有时干活的人比较少领工的也会特别开恩,把休息(歇着)的时间安排得长一些。

包工包时 生产队集体劳动有时也搞些小包工,有的按时间包,把有些活按时间包给几个社员,早完成早收工,生产队在包工时间内不再安排新的工种。有的按工分包,把一些急活或成总活,确定出工分的数量包给一个或几个社员,无论干的时间长短都不增减工分。按时间包的都能提前完工,按工分包的在同等时间内都能比平时劳动挣的工分多。小包工在集体经济时期就有很强的吸引力和刺激性,它能充分激发劳动者的潜能,还能充分调动劳动者的积极性,但如果监工不力,有时劳动质量会受到影响。

有时大帮干活,如果队长和组长都不在场,有的社员也会偷懒(磨洋工),很少的活能干很长时间,只管说话唠嗑不好好干活,有时即便领工的在场也有偷懒耍滑的。比如挖土,人家挖一整锹他挖半锹,人家挖两锹他挖一锹,能混则混能懒则懒。这种人分东西的时候一定走在最前面,分的东西差一点也不行,少给一点都不让。大帮干活领工的是很负责任的,薅地时谁薅得不好,领工的会把谁揪回来让谁重薅,谁耪地不合格让谁重耪,不认真改正的,干活跟不上的,除了返工、批评、扣工分外,晚上还要在社员大会上点名通报。

休假制度 生产队集体经济时期每年都要给社员放几次假,每次放假的含义都有所不同。种地假:生产队种完地,要给社员放三四天假,让社员们种自留地,生产队为社员无偿提供种地的牲畜和农具,人口多的三四户搭伙用一副犁杖,人口少的四五户、五六户搭伙用一副犁杖。
农闲假:是指在夏锄生产结束后,耪完三遍地的挂锄时节,最少放四五天假,最多也有放十来天的时候。这次假社员们除了侍弄一下自留地,因为雨季即将来临,还要利用这个时间修缮房屋和院落。其余的时间就可以进行暂短休整,有时生产队还要请戏班子唱几天小戏娱乐一下。**打草假**:是指在立秋后,生产队打完羊草给社员放三天假打羊草,解决冬季个人养羊的饲草问题。**秋收假**:为了让社员把自留地的庄稼收回来,生产队给社员放一两天收秋假。**过年假**:是指在农历的腊月,有的年份不搞冬季会战,从腊月十七八开始放假一直放到正月十五;有的年份生产队活不多,进腊月门就开始轮休,安排几个铡草的、刨粪的和送粪的,其余的社员放假,几天换一次班。正常情况一般从腊月二十三(小年)开始放假放到正月十五;"文革"期间有那么几年不许社员"猫冬",提倡搞冬季大会战,到腊月二十七八才开始放假,过完正月初五就开始组织劳动。放假期间生产队是不给工分的。

这种生产、劳动组织方式几乎形成了固定的模式,在生产队集体经济时期贯穿始终。

抗旱生产

干旱是我国北方发生最频繁的自然灾害,也是困扰农牧业生产的大问题。人们常说十年九旱,如果不按着季节和干旱程度来划分,这个说法一点也不过分;如果按着季节和干旱程度来划分,这个说法可能就有点过。我们村是高寒漫甸的过渡带,西南与河北省围场县毗邻,西边是河北省巴头沟天然次生林区,因其独特的天然小气候,每年比周边地区都能偏得几场雨。六七十年代比较干旱的时期十年总有七八年闹干旱,特别干旱的年份十年也总有三四年,有的年份颗粒不收。那时候即便是特殊干旱的年份也很少有河、井、泉干涸的现象,井水和泉水的水量看不出有明显的变化,小河的水量明显减少,但还不至于断流。那些年,抗旱是贯穿全年农牧业工作的主题,所以一年的农牧业生产有很多都是围绕着一个"水"字进行的。

修筑梯田 把山坡地按着山的等高线筑埂再进行土地平整,变成平坦的小台田,提高了地面的存水能力和土壤的吸水能力,使雨水停留在台田上,确保土壤充分吸收水分,减少降雨后的地表径流。有效地遏制了雨小不管用,雨大遍地流的现象,有效地拦截了地表径流,减少了水土流失,充分利用天然降雨,也是确保有效灌溉,节约水资源,使有限的水资源发挥更大作用的一种手段。修筑梯田实际更是一种抗旱保墒的措施。

耢压保墒 从秋收结束,准确说是在山上的庄稼被运回场院之后,人们就开始为下年的种植保墒做准备。秋翻地:在能上水的平地搞秋翻,即用翻转犁把耕地深深地翻一遍,疏松土壤,改善土壤结构,把地下害虫翻到地上风干冻死。另外,浇地时能浇透,使土壤能充分吸收水分。对墒情好不能浇水的平地也进行秋翻,但要秋耢保墒。秋翻不仅仅是疏松土壤,也是一种增墒措施。压地保墒:这项保墒措施贯穿整个冬季,即用一个圆柱形的碌碡在蹚过茬子的和秋翻不能浇水的地上压一至三遍,把地表面的土坷垃压碎,减少地下水分的蒸发。耢地保墒:山地在春季进行,把山地的庄稼茬子拖断,把土坷垃拖碎,防止土壤水分蒸发失墒,同时也为了方便种植。平地在秋季进行,对浇不上水的秋翻地,在没形成硬土坷垃之前进行秋耢,把翻起来的土块拖碎保墒,确保秋翻后不失墒;对能上水的秋翻地,待春浇后地表土块干松之后进行春耢保墒。蹚茬子保墒:秋收结束,用犁杖沿着垄背把庄稼地挑一遍,把硬土板挑开切断土壤的毛细管,防止水分从土壤毛细管蒸发失墒。

开发水源 进入冬季要挖掘水源,打井是开发水源的一项重要内容。那时没有机器全靠人工打井,水浅的时候打的大井像个水塘,水深的时候就难以操作。有时打在铺山石上就会半途而废,因为人工是无法穿透岩石块的。没有电即便打出水来还需有配套设施,如柴油机、水泵、管道(那时没有塑料的全是铁的或橡胶的)等等,这些设施只有上级有关部门下拨,靠生产队是无力购买的。所以人们把目光盯在现有山泉的挖掘利用上,如果在山上挖掘出水来就不用抽水设施,修一条渠就可以了。我们队南山中上部有一处小山泉,北山小垛子沟有一处小山泉,这两处山泉的水量都不大,但长年流淌不息。几个老庄稼人提议把那两个山泉开发出来,如果水量大,泉子下面那几坡耕地就能年年保丰收,队长欣然同意。入冬后安排几名社员先在南山山泉开凿破土,七八个人挖掘十几天水量也没见大,人们判断这是一股空山水,没有水源潜力可挖,对这里的水量人们不再抱大的希望,队长决定不再挖掘。

　　南山的水源挖掘失败了,生产队长把目光又转到了北山。北山的大山上小垛子沟口,有一处山泉,水量不大但长年流淌,山泉的下边距离泉子一千多米的地方,有两坡耕地,人们想如果能在这里挖掘出大流量的水源,这些地的收成就有了保障。待晚秋农田基本建设结束了,生产队长安排我们四五个人去那里掏泉子找水源,每天吃完早饭在生产队支取八磅的大铁锤、钢钎子、尖镐,带上自己家的铁锹,到小垛子沟挖掘水源,下午三点多钟再带上这些工具回来。因为地处大山又是阴坡特别冷,有时还要在生产队背上一些干树棒,特别冷时点着火轮班烤一烤,真是火烤胸前暖,风吹背后寒。挖掘时用镐刨、用钎子撬,刨不动、撬不动时就自制炮药(把硝铵混上锯末子翻炒,再混拌柴油,用雷管和导火线引爆)打眼放炮崩。因为是石质山所以放一炮也崩不下多少东西,还不敢放大炮怕把水崩漏了。一个冬天过去了,凿了一个很深的石头坑,水量还是那么大。那时候没有塑料管,靠修渠引水浇地,水源的水量过小,渠底渗水,不等水到地就渗没了,北山的水源开发也失败了。

　　筑坝截浅　南山的山泉水源没有挖掘出来,生产队长决定在山泉的下边筑一条土坝,把山泉水用土坝拦截起来,夏天储水,冬天储冰,然后修一条渠把水引入农田。没想到开春冰融时,山泉地处阴坡,积冰融化的很慢水量太小,冰水在水渠里地下渗漏地上蒸发,还没等进入农田就干了。夏天因为泉水的水量太小都渗入地下,下大雨时土坝也被冲垮了。想利用山上的泉水筑坝截浅,灌溉山坡耕地的想法都失败了。

引水上山 从敖包山后到我们门前有条小河,夏天有水,冬天有积冰,积冰最多的年份,冰融时河套的冰水像洪水那么大,而且一直能延续十几天。生产队就组织劳动力,从苇子沟门河套西南修了一条一千多米长的引水渠,把主河道的冰水引入敖包台子,敖包台子下的梯田和南沟门的近百亩耕地,每年都能浇上一次春水。因为渠道很长再加上拐弯抹角的,雨季就被雨水冲坏,所以每年的早春都要对引水渠进行检修。尽管如此,春天浇地时还是要安排三四个身体强壮的小伙子看渠,看渠的人不停地沿渠巡查,一旦跑水,看渠人就像进行一次激烈的战斗一样来修补渠道。为了充分利用有限的冰水,生产队还要组织社员夜间浇地,浇地的手里拿个提灯,看渠的手里拿个手电筒。有了这条渠生产队的水浇地扩大了近百亩。

坐水点种[zhòng] 秋旱、冬旱再加严重的春旱,浇不上水的耕地,土壤含水量极低,墒情更无从谈起。人们应对这种严重干旱的办法有三种:一是对能插进犁杖的耕地就先种上等雨(干埋等雨),二是对插不进犁杖的耕地采取等雨播种的办法,三是对浇不上水的平地和梯田地就要采取坐水点种。比如坐水点种玉米,用犁杖挑沟,年龄大的刨坑、点籽、浇水、覆土,青壮年墩粪、挑水,或用马车拉水。那时候几乎每个生产队都有一两个大铁水罐,能盛两千多斤水,水罐的一头下端有一个放水管,水罐的上顶有一个灌水口。装水时跟车的用水桶从泉子提水递给站在车上的车老板子倒入水罐里,一罐水需要六七十桶,省着用能种三四分地。一天能拉四五车水,一天拉水坐水点种最多能种两亩来地。三十来人挑水坐水点种能种两亩多地,算起来大车拉水、人工挑水,每天能种四亩多地,一个春天最多能种六七十亩地,相当于总面积的10%。这种办法把人们累得死去活来,肩膀子磨压得又红又肿。挑水时有的把水扁担当中用布包上,一挑水七十来斤,铁皮水桶二十多斤,如果是木桶还要重一些。青壮年挑水上山汗流浃背步履艰难,实在走不动了就找个平甸放下水桶稍息片刻,待下个人到此就赶紧启程让位。下山的时候来了精神头,一溜小跑谁也不甘落后,挑水时为防止洒水每只水桶里要放一两根高粱秆。"天大旱人大干,多种一亩是一亩,多种一分是一分,不靠天吃饭,与天斗与地斗"是当时的抗旱口号。县政府、公社、大队都下派抗旱工作队,层层都有抗旱要求,还有流动监督检查组,几乎每隔一两天就要上报一次坐水点种进度,如出勤人数、出动车辆、完成面积等,从生产队逐级上报。夏季是庄稼生长的旺季,人们常说三天一小旱,五天一大旱,这时严重干旱也要重复春种的办法,拉水、挑水浇灌。初秋干旱也会影响庄稼籽粒饱满度,重者绝收,这时遇着特殊干旱也要拉水、挑水浇灌。实际那些年用人工拉水、挑水灌溉的成效甚微,如果算经济账入不敷出,但是体现了人们与自然灾害抗争的精神。

春夏耪地(锄地)不单是除草、松土,也是一种抗旱措施,就是人们常说的锄板下面有雨水。耪地有三个作用:一是锄掉杂草;二是疏松土壤;三是切断土壤的毛细管,减少地下水分蒸发抗旱保墒。所以越是旱天人们越是不停地耪地。我记得天旱的时候,有的勤快人家把自己家的自留地耪四五遍。

集体经济那些年,十年有九年上级政府要求抗旱,有时抗春旱,有时抗夏旱,有时抗秋旱。春天号召抗旱抢种,夏天号召抗旱保苗,秋天号召抗旱保收,冬天号召抗旱保墒。

备耕生产

农业生产中的准备阶段和经营管理阶段是一个很漫长的过程,像人的十月怀胎,而收获相对备耕和经营管理来说是一个短暂的过程,像一朝分娩。

种子准备 备耕生产最重要的内容之一就是准备好种地用种,以谷子为例,在收割之前,就要在谷地里为下一年种植选种,挑选生长健壮,穗头大,籽粒饱满的做种子。过去每到收割前生产队长便安排几个有经验的老农到谷地里选谷种,选中的谷种用镰刀从谷穗的脖颈下端割断,谷穗朝两头当中用草把谷种一捆一捆地捆上,然后做上品种记号。生产队库房的屋顶上挂着很多木杆子,把谷种搭在木杆子上储存,以备来年种植。过去农作物品种单一,替代品种少,越种产量越低,越种品种优势越差。所以,每隔一两年就要到气候条件相同的外大队调换种子,其他粮食作物也大同小异。现在的种子都是经过杂交或选优培育出来的商品代种子,是作物生长的最佳一代,只种一年,下年种植再买新种子,可以充分发挥农作物的遗传优势,确保高产高效。

粪肥准备 积肥是贯穿全年的重要生产内容,肥源主要是生产队的大小牲畜粪便。另外要挖掘肥源:一是压绿肥,夏季组织社员割青草放在粪坑里,青草上面盖上土放水腐熟。二是要求社员家建尿池子,垫尿池子的土由生产队负责拉,要求社员把尿撒在尿池子里,生产队定期把尿池子土无偿收回。三是要求社员家积攒草木灰,生产队定期无偿收集。四是社员家的大粪(人粪便)要求有偿归生产队,个人不得留用。那时如果个人想用点大粪都要偷着用,不能让生产队长知道。每隔一段时间,生产队都要组织社员到个人家,收集草木灰、尿池子土,设专人到个人家收大粪,每百斤大粪三元钱。社员家的牲畜粪便留给个人,作小镐头地或自留地的肥料。

每年生产队都积二三百万斤土粪,积肥的多少与大小畜的多少和饲养员责任心有直接关系,春夏秋每隔几天生产队就要拉一大堆垫圈土,饲养员把垫圈土用小推车推到大小畜的圈里,均匀地散在地上,圈垫得勤一点、垫得厚一点粪肥就积攒的多一些。每隔一段时间就要组织社员起一次圈,把牲畜圈里的粪土起出来,放在粪场里进行发酵(沤肥)。秋天把发酵好的土粪倒出来再一车一车地送到地里,要把这么多的粪肥从粪场送到山上是个很大的劳动量,从入冬一直到第二年初春,生产队里两挂马车、两挂牛车不停地往耕地里送粪。送粪时为了防止大风把粪刮跑,还要在粪堆上面盖上几锹土。一般每亩山地施土粪约三千斤,每亩平地施土粪约八千斤,常言道:"不施万斤肥难打千斤粮。"

说到积肥,不妨把那时的粪肥种类介绍一下。

土粪:晚春、夏季和秋季,把大小牲畜的粪便和土放在粪坑(粪场)里,放水沤制发酵,经过一个夏季半个秋季,把原来的生粪土腐熟,然后砸碎(倒粪),因为粪里面掺了很多土故称土粪。这种粪肥适用面很广,几乎所有的农作物都适用。在集体经济时期土粪是主体肥料,占肥料总量的80%以上。

黄粪:冬季和早春大小牲畜的圈舍不垫土(不垫圈),每天把大牲畜的粪便清理出来集中堆放在一起,早春把积累一冬天的羊粪蛋起出来和大牲畜的粪便放在一起,不掺土直接腐熟发酵。由于牛和羊的粪便密度较大不易发酵,所以要倒一次粪,把马、驴、骡的粪便掺和一下,把粪块砸开整齐地堆放在一起腐熟发酵,把发酵好的牲畜粪便再倒一次,使其充分细化,这种粪肥颜色呈黄色故称黄粪。这些粪便主要是饲草的粗纤维,加之没有土和水的参与,在腐熟发酵时最容易发热,此时如果发酵过度,粪堆中间会自燃成灰,降低肥效。土豆、豆类、韭菜、大蒜适合用黄粪,谷子、糜子、黍子、玉米、荞麦等切忌用黄粪,因为黄粪最容易生虫子。

大粪:把人的粪便掺上适量的土拌匀堆放发酵,把发酵好的人粪便晾干砸得碎碎的、倒得细细的,这种肥料称大粪。大粪劲大、肥效高、肥效长,由于数量少一般用于蔬菜和高产作物的追肥。

农家肥:泛指猪、狗、鸡、鸭、鹅的粪便,人的小便土,草木灰等发酵的肥料。集体经济时期个人家的猪、狗、鸡、鸭、鹅的粪便也都腐熟成肥料作为自留地的用肥,小便土和草木灰等生产队无偿收集后和大小牲畜粪便混在一起沤成土粪。

压绿肥：在初夏季节把没有纤维化的草本植物割下来，放在土坑或土池子里，一层青草压一层土，然后放水腐熟，把腐熟的青草和土倒一遍，这种肥料称压绿肥。集体经济时期，主要是响应政府号召，只是一种积肥措施而已，在实际工作中意义不大。因为在山上搞压绿肥缺水，在山下搞压绿肥草源不足，所以始终没有较大的发展。

制订种植计划　生产队那么多耕地，种什么、怎么种都要有个计划。冬末初春，队长要组织副队长、会计、保管、贫协代表和有丰富种植经验的老农制订种植计划。

制订种植计划主要依据耕地的种类、作物的生长习性，依据农民口粮品种搭配比例，依据各项用粮种类，依据国家下达的作物种植任务，当然也要考虑粮食的总产量。

制订种植计划要对全生产队七百多亩耕地的每个山头，每个坡面，每块地的名称、面积、土壤、所处环境和上年种植的作物了如指掌。首先要知道每一块地上年种植的是什么作物，然后按着老祖宗的种田法，安排下年的种植作物，什么作物不能重茬，什么作物不能隔茬，什么作物喜欢什么土壤，什么作物喜欢什么气候，什么作物生长期多长，哪些作物不能种在风口上，哪些作物不能种在低洼地。要逐地块进行落实，确保有些作物不重茬、不隔茬，既能完成生产队自身的种植计划，还要确保完成上级下达的种植任务。那时，县、公社、大队都逐级下达种植任务，春种前下达，春种后检查完成情况。

农具准备　农具的制作和维修是春种前的重要工作。有的生产队没有木匠，还要到外面去请。那时候每到春种前对农具都要进行一次全面检修，犁杖、犁铧子、磙子、簸梭、点葫芦、粪簸箕、粪扒拉等，缺的要补上，坏的要修理，还要纺制一些绳子更换犁杖套和磙子套，确保及时春种不误农时。

种子处理　春种前要对种子进行处理，比如用扇车把谷类种子进行风选提纯,玉米和豆类也要进行提纯,把秕的坏的筛选出去,有的还要拌一些农药防止鸟类和地下害虫的危害,如把土豆种子拌上草木灰消毒灭菌,同时也能防止风干失水。

春不种秋不收,而春种的关键在于备耕。

春耕生产

春种是整个农业生产中的最重要一环,春不种秋不收嘛!春种突出一个"早"字,确保一个"精"字。所谓"早"就是早种,充分利用解冻前的墒情,顶凌播种,延长农作物生长、发育期。早种还能等雨接墒,春雨贵如油,使有限的春雨发挥出最佳效益。播种后少量接墒雨就能保障出苗,如果是雨后种植,少量的接墒雨就不会发挥大的作用。春天的气温决定着种地的时间,春暖气温高,土壤解冻快,可适时早种;春寒气温低,土壤解冻慢,插不进犁杖。所以,快到春种时,生产队长每天都拿把铁锹到背风向阳的地块查看土壤的解冻情况,以便适时春种,阳坡种完了阴坡也解冻了。生产队与生产队之间也在暗暗地进行着春种速度的比赛,谁都不甘落后。

所谓"精"就是精耕细作,种植作物的深浅,覆土的薄厚,播种量的多少,株行距的大小,捋粪的均匀程度,打磙子时间的早晚,都需要春种时来把握,这些耕种细节无不体现着一个"精"字。

我们生产队每到春种时,能套出六七副犁杖,两头牛拉着一副犁杖。每副犁杖有一个扶犁杖的,人称犁杖头;有一个点籽的;有一个捋粪的,平地施肥量大时,每副犁杖要有两个捋粪的;有一个打磙子的;种山地时把簸梭挂在犁杖上,平地种大垄时覆土厚还得有一个拉簸梭的。在每个环节,都充分地体现和发扬着古老的精耕细作传统。

扶犁杖 扶犁杖的一般都是五十岁以上有经验的老手,多年的实践使他们在农业种植方面的技能比年轻人更胜一筹。一些农活相对固定在某些具有某种技能人的身上,扶犁杖的亦是如此。种地通常一组四个人,扶犁杖的自然是这组的领头人。扶犁杖要有技能,做到垄沟深浅一致,垄的宽窄相同,对不同农作物采取不同的种植深度,调整垄的宽窄,达到农作物所需要的种植深度和行距,确保作物生长空间。种植深度主要在犁杖上进行调整,而垄的宽度(行距)则是由犁杖头来控制掌握的,功夫都在眼和手上。弯弯犁杖尺二垄的老祖宗种田法一直延续着。后来种植高产玉米(大马牙),最宽垄达到一尺五寸。从那时起人们也用其他农作物搞稀植高产试验,发现有些作物适当稀植加大株行距不但不会减产,反而还能提高产量和质量,改变了株数越多产量越高的观念。有些作物在单位面积上不是种的株数多产量就高,比如土豆适当稀植,土豆个大,含淀粉量也高,不但能提高质量而且也能提高产量。

点籽 点籽也需要技巧,种植谷子、黍子、糜子等作物,首先在点葫芦出籽的一头绑上小树枝,使种子落地时散开不聚堆,这样出来的苗散落,苗与苗之间有一定的间距,在薅地间苗时防止因谷苗间距小而带出保留苗。大风天点葫芦尽量贴近垄沟,防止大风把种子刮跑,风小或没风天,把点葫芦抬高一些,使种子均匀地散落在垄沟里,用木棍敲打点葫芦时用力的大小也要恰到好处。

那时种植谷子、黍子、糜子等作物时,点籽的要准备两个兜子或袋子,一个兜子或袋子装谷种放在地头上,另一个兜子装麻籽斜挎在肩上,种到地头点籽的从装麻籽的兜里抓出一点麻籽来,熟练地撒在地头的垄沟里。点籽时也有点多或点少的,所以用种量不同,几个点籽的支取种子数量同样多,在山上调剂余缺。那些年那么缺粮食,就从来没听说更没发现点籽的偷种子,说明都知道种子的珍贵,可能这就是人们做事的底线。

种玉米和大粒豆子都是人工点播,要求距离合理相等,几粒种子要散开不能聚堆。种土豆,一副犁杖要七八个人点籽,如果垄头长需要点籽的人更多。点籽时不可能用尺子量着点,都是目测的,种出来的庄稼株距基本相等,所以这些点籽的都有一定的技能。

捋粪 捋粪是个力气活,也是技术活,要选择壮劳力,还要有技巧。我记忆中队里捋粪技能最好的是鲍亚轩、付宝强、崔玉生等等。他们会把粪均匀地捋在垄沟里,而且能根据粪量的大小来掌握每根垄捋粪量的多少。捋粪时用粪扒拉子把粪坷垃砸碎,如遇风天,捋粪的为防止风把粪吹跑,要弯着腰,粪簸箕舌头紧挨垄沟。无风天,那些捋粪的老手们在距离下一个粪堆四五米远处,把粪簸箕使劲往前一甩,粪簸箕里的粪像一条线似的均匀地落在垄沟里,动作利落、潇洒,给人一种美感。种植玉米等大株距的作物时要墩粪,在种子附近撒一堆粪,没种子的地方不撒粪,所以捋粪的更需要有技巧。当庄稼长到几十公分高,如果发现庄稼的颜色深浅不一,颜色深的肯定是粪肥多的地方,颜色浅的就是没粪或粪肥少的地方,原因是春种时粪捋得不均匀。

打磙子 打磙子也要掌握时机,地过湿,磙子打早了,垄沟出现裂纹,庄稼人叫龇牙,一是把地压得邦邦硬,二是失墒不好出苗。磙子打晚了,种过的地被晒干了土壤失墒,要不干不湿恰到好处。那时打磙子的都是半桩子丫头和半桩小子,所以打磙子的时机要由犁杖头来掌握。一般要打两遍磙子,两副磙子跟三副犁杖。

那时候大风天也很多,有时大风刮得天昏地暗,河套是从西到东的风口,大风天人们常说的一句话:风太大了,"都拉骆驼了"。这种天气只能停犁杖(停工)。我记得在一个春种的季节里停五六次犁杖(停工)的时候不在少数。

在春种的季节里,远远望去,那山坡上的耕地里到处都是人、牛、驴、犁杖、磙子的身影。两头牛在前面拉着一副犁杖,犁杖头在后面一手扶犁一手扬鞭;点籽的一只胳膊夹着点葫芦上头,手抓着点葫芦下头,另一只手拿个榆木棍有节奏地敲打着点葫芦杆;捋粪的一手拿粪簸箕,一手拿粪扒拉弯着腰紧随其后;一头驴拉着两个磙蛋子,打磙子的一手牵着驴,一手拿着小鞭沿着垄沟来回穿梭。在一个坡面上,六七副犁杖,四五副磙子你来我往，形成十几条美丽的风景线，而且离着很远就能听到当、当、当地敲打点葫芦和吱扭吱扭磙脐磨轴碗发出的响声，布谷鸟（杜鹃）也在不时地喊叫着，催着人们不误农时抓紧播种。下午放学后一群孩子跟在犁杖后面捡茬子，三四个孩子跟一副犁杖，每个孩子占一段，犁过茬子光。孩子们的到来又为这里增添了几分热闹。一个春种季节到处都是人欢马叫，一片生机盎然的景象。

  农村集体经济时期，村里种植的农作物种类繁多。种植的粮食作物有谷子、黏谷子、糜子、黍子、荞麦、莜麦、小麦、大麦、高粱、玉米等；种植的豆类作物有大豆、小豆、青豆、黑豆、绿豆、蚕豆、豌豆、红芸豆、花豇豆等，种植的薯类作物有土豆，种植的经济油料作物有向日葵、胡麻、大麻籽，种植的纤维作物有大麻，种植的糖料作物有甜菜。这些粮、豆、经、麻、油、糖料作物等达二十五种之多，几乎年年都种。

  现在和五六七十年代相比，农作物的种植种类发生了很大的变化。过去老百姓吃啥就必须种啥，因为市场调剂功能太差，想吃就得自己种，不种就吃不上，想买买不到。而现在啥作物产量高，啥作物价格高种啥，吃的东西大部分去市场购买。这些变化，市场经济起着主导作用，经营管理方式的改变和经营理念的变化也是原因之一。人民公社集体经济时期种植的农作物，主要用作农民的口粮、牲畜的料粮和向国家交售的公购粮，所以种植的农作物种类多，品种齐全。现在种植的作物主要是面向市场，种的太少了不够量没人来买，所以要讲究量化，讲究规模种植，方便经营管理。近些年种植的农作物主要有玉米、谷子、黏谷子、土豆、向日葵等，而这些作物除了农民少量留用，其余大部分是走向市场的。而平时用作口粮的其他品种，基本靠市场调剂解决，比如，大米、白面、豆类等。自用的粮食品种，种的量很小。农民春种伊始就把自用的和走向市场的粮食种类分得清清楚楚。用成品食品来调节口味，省事、省时、省力、好吃。现在的成品食品代替了过去的山沟民间小吃，一是没有这种原料，二是嫌麻烦不愿做，三是有些小吃类的手工艺失传。比如过去农村吃的麻籽小豆腐,现在几乎无人会做。过去是城市见不到,现在是农村见不到。而城市做的麻籽小豆腐主要是饭店的利益取向。

夏锄生产

夏锄是农作物田间管理的关键环节,夏锄要突出一个"细"字,确保一个"严"字。当谷子长出地面时,为了使谷苗生长健壮,用磙子压一遍青苗才开始耪地。农作物夏季田间管理包括耪地(耘地)、薅地(间苗、拔草、拔茇子、拔枪秆)、追肥、病虫害防治和蹚地等。

耪地(锄地) 在五六七十年代要耪三遍地,以谷子为例,耪头遍地是在谷子长到三四公分高的时候,劈掉垄背,耪窄垄眼,锄掉杂草,疏松土壤,为薅头遍地做准备。待薅完头遍地时耪二遍地,铲除杂草,疏松土壤,切断土壤毛细管,减少水分蒸发抗旱保墒,为薅二遍地做准备。待薅完二遍地时耪三遍地,其作用和耪二遍地基本相同,耪三遍地有时用耘锄代之,即耘地。每一次降雨过后土壤的表面都会结一层硬土层,下层的土壤也会因雨水的作用沉得更实,接通了土壤中的毛细管,加快了土壤水分蒸发速度,所以耪地切断了土壤的毛细管减缓水分蒸发,充分地体现了"锄板底下有雨水"之说。

那时生产队到了夏锄季节,参加生产队耪地的有几十人。耪地时,五人为一组,分为头锄、二锄、三锄、四锄、五锄(末锄)。头锄都由生产组长或劳动骨干来担任。二锄一般都是有锄地经验的人,二锄与头锄之间相距六米左右,二锄不能跟头锄太近,二锄离头锄太近,把头锄撵毛了,耪得飞快后面的太累跟不上。五锄与四锄、四锄与三锄、三锄与二锄之间的距离在三米左右,他们耪地时一起扔锄,一起拉锄,一起向前迈步,动作一致,步调一致。如果在一个山上有几十人耪地,远远看去像几群飞行的大雁,甚是好看。耪地也很有技巧,有的人耪出来的地垄眼窄,几乎无杂草,耪得深。不会耪地或偷奸耍滑的叫拉锄板,垄眼宽,耪得浅,地不疏松,杂草也多,待下个环节薅地时,就要遭到薅地人的责骂。这种人常常会受到生产队长的批评,有时还要减少工分。

薅地(间[jiàn]苗) 以谷子为例一般要进行三遍,薅两遍地拔一遍莠子和枪秆。耪完头遍地开始薅头遍地,薅地的每人拿一把小刮锄,薅(刮)杂草,间谷苗,掌握好谷苗的间距,尽量保留大苗、粗壮苗,间掉小苗、瘦弱苗。待耪完二遍地,当谷苗长到约二十来公分高开始薅二遍地,薅掉杂草、莠子和原来间苗时没有拔出根的半截谷苗。待蹚完地谷子吐穗时薅三遍地,即拔莠子和枪秆。莠子是谷子的退化变种,莠子丛状,一丛多株,穗小,吐穗早,籽粒随熟随落,如果不及时拔除,第二年地里就会长出很多莠子,幼苗期谷莠混淆很难分辨。枪秆不结谷穗,也叫白发病,枪秆有从根拔的也有抽芯的,也要尽早拔除或抽芯,否则枪秆的粉末落在谷穗上或土壤里下年会出更多枪秆。

薅地比耪地要慢很多,一般都是妇女、半桩小子和半桩姑娘的活,要比耪地的人多一些。薅地时半桩小子(丫头)俩人盯一条垄,成人每人一条垄,依次排开,在一天的时间里不得换位。薅地有两个把边的,翻趟子时,把边的要负责数垄,有斜子(短垄)的地块,把边的要负责把斜子折合成长垄。靠着荒界子上的边垄也叫边瞎子,因为杂草多不好薅,一般都俩人薅一根垄。妇女队长不盯垄,负责检查质量,发现不合格的责令其返工,严重者扣工分。除了检查质量,还要帮助落后的薅地,不能落得太远,不然就没法管理这些人。薅地的活基本都由妇女队长负责。妇女队长这个职业一般人干不了,要敢说不怕得罪人,又没有多大实权。耪地、薅地是一项时间性很强的农活,尤其在雨水好的年份,小苗长得很快,如不及时耪出来、薅出来,就会耽误庄稼生长。

薅地这个活我也干过,十三四岁的时候给生产队薅地,我们那些半桩小子和半桩丫头们两个人薅一条垄,每人每天挣五分工(半个工日)。大人每人薅一条垄,每人每天挣十分工(一个工日)。半桩小子们虽然干活不顶用,可打闹玩耍浑身有使不完的劲。上山的时候打着、闹着,你追我跑,一会跑到山顶,一会又下到山半坡,到歇着的时候也没有一点老实气,打斗摔跤闹个不停。时隔几十年,所经历的那些事至今让我记忆犹新。

蹚地 待谷苗长到四五十公分高时进行蹚地,就是用犁杖在垄背上挑一条沟,把原来的垄背变成垄沟,为庄稼培土固苗,疏松土壤,下雨时把雨水集中在垄沟里增加储水量。

追肥 为加快庄稼的生长和成熟,在庄稼生长期追肥(施肥),没有化肥时主要用大粪(腐熟的人粪便)在能浇水的平地上追肥。后来有了化肥,追肥的面积不断扩大,由水浇地扩大到不能浇水的平地和山地。过去农业科技不发达,种子退化,缺少高产高效的良种,所以人们提高粮食产量的手段就是精耕细作和多施粪肥,虽然不能大幅度提高产量,但在当时确实收到了良好的效果。

现在传统式的田间经营管理发生了翻天覆地的变化。耪地,过去都是用传统式的锄头来耪地,而且耪三遍,现在有的只耪一遍地。耪地用的工具由过去的锄头改为现在的推锄,推锄由两块锄板组成,锄板的间距可以调整,可宽可窄,宽垄窄垄都能适用,据说每人一天能推四亩多地。传统式的耪地每人一天耪一亩多地,相比之下现代的推锄耪地比传统的耪地方式省时、省力,更具先进性。过去耪二遍三遍地全是用人工来完成,而现在是用牲畜拉着耘锄来锄地,这种变革主要是因为农村壮劳力大多进入城市。有很多农作物在种植上采用了集约化经营管理模式,减少了很多的田间管理环节,比如,覆膜玉米、覆膜土豆等等,只要在种植时覆上一层塑料薄膜,就省去了耪地、薅地、蹚地等田间管理环节。用除草剂除草,只长苗不长草。现代化的生产方式,悄悄地代替了过去传统的生产方式。现代人忽视了这种变化,所以他们并没有感到现代生产方式的优越性。

秋收生产

秋收要突出一个"快"字,确保一个"净"字。秋收包括收割(割地)、码地、拉地(挑地)、打场等环节,每个环节都完全由人工来完成,没有任何机械的参与,秋收的整个过程几乎全部采用传统的方式。所以为了确保粮食颗粒归仓,防止到手的粮食损失掉,就得抢时间争速度,在秋收的各个环节中,收割是重中之重。庄稼割倒了风就刮不走了,没有割倒的庄稼特别是荞麦、谷子等,可能在一夜之间被风吹走四五成粮食,这些快到手的粮食是社员一年的血汗。那时种的谷子多,占总面积的一半以上。赶上春旱,翻种的荞麦也很多,荞麦最怕风,招风就落,一场大风过后荞麦只剩下一二成的粮食,而且都是不太成熟的。地头的麻籽也是最怕风的,一般都提前拔下来。这些麻籽不可小觑,一个夏天熬豆角可都指望着它呢,麻籽多的时候还要熬点油,添补食用油的不足,有时为了改善口味还要做点麻籽小豆腐。无论是谷子还是荞麦或者是其他作物,被风刮走的都是最成熟的粮食,而剩下的都是一些还没有完全成熟的粮食。

收割(割地) 我们那地方白露以后就逐渐开始收割,尤其到秋分以后,队长和老农们天天观察着天气的变化,发现要变天,队长就会发动全生产队的男女老少上山突击割地,遇到特殊天气,学校也要放假,让学生回到生产队搞秋收。收割时节社员们早出晚归,中午吃口饭顾不得休息就得赶紧上山,先割荞麦和谷子,然后割糜子、黍子、豆类等。割地时要确保一个"净"字,就是要割干净,不能落下,割地时还提倡多割一刀草,要求割谷子时把镰刀贴近地面,割地技术好的割过的地上看不见庄稼茬子,不会割的会留下白花花几公分高的庄稼茬子,队长会把社员们叫到现场看看差的、参观好的,割的不干净的丢掉粮食的,队长会严肃批评。

割谷子五人为一组,每人割一垄,十条垄为一趟子,一个来回算一遭地。开趟子的人在最前面,其他四人依次排在开趟子的右侧后面,前后距离一米左右。开趟子的负责在他左侧的垄上开要窝,后面四个人负责打要子(用来捆谷子),谷子当时不捆,码地时再捆。割其他作物如麦子、莜麦等,开趟子的负责割要窝,当中三个人打要子,最后一个人负责打捆。远处看来,满山、满坡金黄色的庄稼地里,割地的人们弯着腰距离相等,井然有序地劳作,庄稼有的立着,有的变成了等距离分布的"珍珠",像是一幅画供人们欣赏。几百亩、上千亩的庄稼不可能在几天的时间里割完,秋天的天气像孩子的脸,说变就变,一会云、一会雨、一会雹、一会风的,风灾对成熟的庄稼损失极大,人们常说"雹打一条线,风刮一大片",特别是荞麦、谷子、糜子、黍子、麻子,遇到大风一夜之间可刮走好几成粮食。记得有一年秋收时刮起了大风,黑黑的荞麦粒子落了一层,黄黄的谷粒落了一地。秋天是庄稼成熟、增加籽粒饱满度的最佳时间,所以人们在天气允许的情况下总是把收割的时间尽量往后推,这样既能促进粮食成熟,又能增加粮食产量,所以,适时收割是秋收的关键。

码地 就是把庄稼相对集中放在一起。割庄稼时有的庄稼打捆,比如谷子、糜子、黍子、莜麦、麦子、麻子等;有的庄稼不打捆,比如豆类、荞麦等。码地时十个谷子码一撂,顺着垄沟挨着码三撂,隔十条垄对着再码三撂,这六撂谷子上三撂下三撂当中隔着十条垄,拉地时马车就停在这十条垄中间,方便装车。不打捆的庄稼每一堆叫一铺子,人们把一铺子一铺子的庄稼也相对集中在一起,和谷子一样分上下两大片,上下两片相隔十条垄也是为了方便装车。每隔一段距离码上两排。码地是个粗活,比割地要快许多,人们舍不得占用白天时间,一般都在晚上搞夜战。晚上吃完饭,青壮年们听到出工的哨声齐聚到生产队门前也不用带什么工具,跟着领工的直奔劳动地点,在月光下有捆的有搬运的,几个小时一个坡面的庄稼就整整齐齐地码了起来。割谷子时要子发脆,一折就断,要困二五天才能打捆,但又不能困的时间过长,时间长了就会落

[lào]要子(捆庄稼的要子干了一折即断)。

拉地(挑地) 过去把庄稼运到场院非拉即挑,两挂马车从码完地就开始一车一车地往场院拉。偏僻的地块、没有车道的地块和不能进车的陡坡地要人工把庄稼挑进场,挑地时用绳子把庄稼捆成两捆,用扁担挑,也可用绳子和签子背,统称挑地。挑地有个要求,不管多远都不能歇着(怕庄稼掉粒子),特别是豆类、荞麦和谷子等。

打场(脱粒) 五十年代末到六十年代中期庄稼进场就开始打场,从六十年代中期开始,庄稼进场后要关上场院门子,开始搞农田基本建设——修梯田,一直到土地封冻才开始打场,社员们极端不情愿,因为天冷了冻手冻脚地伸不出手来,但是秋季搞农田基本建设这个号召谁也抗拒不了。一个生产队十几万斤粮食完全靠人工脱粒也是一个很大的工程,从开始打场到结束,顺利的话也得二十多天,如果赶上变天下雪时间会更长,更不得劲干。尽管如此,人们打场的认真劲一点未减,因为打出来的粮食绝大部分是要做口粮的,所以社员们对打场的每个环节都认真对待。打谷子的工作量是最大的,谷子的产量要占到粮食总产量的一半以上。

挑[tiǎo]谷子:打谷子时谷垛上有一个挑谷子的,手持二股钢叉,衣上兜别着一支笔,下兜揣着个小破本子,给掐谷子的挑完谷子随手把谷子个数记在小本子上。这个活在打场期间是个体面活,一般人摊不上,不过队长们怕摊嫌疑,每年都用记工员来挑谷子。对掐谷子的人来说挑谷子的是个实权人物,谷垛上的谷个子大小不等,他可以挑个大的,也可以挑个小的,所以掐谷子的都不能得罪这个人。

掐谷子:把谷穗从谷秧上割下来叫掐谷子,有两种方法,手巧的是用一把又长又窄的扇刀梢(掐)谷子,只见梢(掐)谷子的人抓起一把谷秧子手起刀过穗落,快手一天能梢(掐)一百五六十个谷子。笨手用镰刀掐谷子,把镰刀尖朝上,镰刀把[bà]平放在地面上,用一块重重的石头压上。还有的把镰刀尖朝上,镰刀把用绳子绑在长条凳子头上,掐谷子的人坐在长条凳的另一头,一手抓谷秧一手抓谷穗,用镰刀在谷脖处把谷穗割下来,这种方式比梢(掐)谷子慢了许多,一天最多掐八九十个谷子。那时掐十个谷子给一分工。

捆干(谷)草:掐谷子时要有专人捆谷草,除了捆草还要负责检查掐谷子质量,如果发现把谷穗落在谷草里,捆草的要让掐谷子的把谷草里的谷穗挑干净,否则不捆她的谷草。每天清早捆干草的在饲养处烧锅开水,把又细又长的谷草用热水闷上,谷草闷软后拧成要子(简单的草绳)用来捆谷草。打好捆的谷草(干草)个很大,一个干草捆儿六七十斤,能捆十来个谷子的谷草。一个捆草的能捆五六个人掐下来的谷草。捆草比其他打场的活累一些,所以也比其他打场的多挣二分工,有时按捆草的数量挣工分。捆草的怕把衣裳磨坏了,身上系个破帆布围裙。

打场:打场的一般四五个人,先把谷穗推到场院当中均匀地散开也叫摊场,摊完的场像一个圆形的大饼,两匹骡马拉着一个大碌碡,溜场的用一根长长的绳子拴在马笼头上,绳子的另一头系在自己的腰上,站在中心位置上,手里拿着一个长长的大鞭子,想让骡马跑得快一点就挥动几下鞭子。打一场谷子四五个小时,要翻三遍叉子,把碌碡压过的谷穗子每隔一会要用木叉子(四股叉)翻一遍,目的是把谷穗上的谷粒打得更干净。翻完三遍叉子后要把谷挠子(脱完粒的谷穗)用搂场筢搂在一起清出去,再用扫帚草专门做的扫帚打略,把草叶、草棍扫出来。为了把谷把打下来(串把),还要用木锨翻两遍锨。

堆场:用一个木制大刮板,前边有两个人用绳子拉着,后边有一两个人连扶带推的,把打下来的谷粒子要堆放在场院的上风头,便于扬场去糠。

扬场去糠:用木锨把谷粒子扬三四米高,风大可扬低些,风小可扬高些,通过扬场风选把谷子和糠分开。这是个技术活,会扬场的糠里无谷,谷里无糠。扬场风选出来的糠当地人称暴糠(谷糠),碾米时出来的糠称碾糠(米糠)。

过筛去杂：去糠之后要把谷子筛一遍，把混在谷子里的草棍、石块、土块等杂物筛出去，过筛时，一个人端个铁筛子过筛，一个人用簸箕往筛子里填。

出风：就是把过了筛的谷子通过扬场风选把成粮和秕粮分开。出风时要求扬场的技能更高一些，否则就会把秕粮食混在成粮里，也会把成粮混在秕粮里。那些年生产队有几个专门出风的老农，那真是出锨一条龙，风大用扣锨，风小用撇锨，风选出来的粮食成秕分明，当然上风头的粮食是最饱满的，下风头的粮食是最秕的。把成、秕粮食分开之后，还要把成、秕粮食分别进行倒堆掺匀。

因为口粮严重不足，所以社员们不让任何杂物和秕粮混在成粮里，人们形容谷子好，说像鸽子眼一样（又圆又亮）。当然打其他粮食也都像打谷子一样认真毫不含糊，因为这些粮食绝大部分是要分给社员做口粮的。但遇到灾害年份，如早霜、秋旱等，粮食的质量就会大打折扣。

那时割地前要做好两件事：一是修山路。打完羊草生产队就组织社员修山路为拉庄稼做准备，拉完庄稼正好送粪。第二年夏天雨水把山路冲得支离破碎，到了秋季还要修山路，这是年年秋季都要做的事，因为秋天雨水少了，修好的路不至于再度被冲毁。但有的年份秋雨多，刚修好的路又被冲毁了，一个秋季修两三次路的时候也是有的。

二是压场院（杠场）。在割地前把场院压出来，为庄稼入场做好准备。这也是每年秋天都要做的事，因为每年春天都要在场院种上早熟作物，到了秋季还要压场院。人民公社集体经济时期，每个生产队都在适当位置建一个大大的场院，我们队的大场院就设在生产队部的南面，长七八十米，宽五六十米。每年春天场院里都要种些早熟作物，比如，小麦呀，土豆呀等等。入秋后老早就把场院里的庄稼收了，用翻转犁把场院翻一遍，用耢把场院托平，再用碌碡拖着树枝子压几遍，然后往地面上铺一层青草（串场草），再泼一遍水，待地面干松之后用碌碡在青草上面碾压镇实。压好的场院硬硬的光光的，不起沙，不泛土，打出的粮食无土无沙。

  这个场院是多功能的,除了种粮、打场外,冬天便成为孩子们玩耍的"大舞台","老鹞子叼小鸡""撞拐""跳绳""踢口袋""打沙袋""踢疆""打球""打尕""搧片子""滚铁环"等活动都在这里进行。有的年份生产队把麦糠、谷挠子、莜麦和小麦穰子都放在场院里,孩子们还能在场院藏猫猫,为了不让对方找到,钻到庄稼秸秆堆里藏身,弄得满身满脑袋都是碎秸秆,但是孩子们玩得都那么开心,那么尽兴。

  秋收生产视粮如宝,从始至终贯穿着一个"净"字,一要把地里的庄稼收干净,二要把庄稼上的粮食打干净。收完的土豆地还要用犁杖再挑[tiǎo]两遍,一副犁杖后面跟着两个捡土豆的,挑第一遍时还真能捡到一些土豆,挑第二遍时就捡的很少了,说真的一天捡的土豆还不够这三个人的工钱。割倒的豆子干后角自然开裂,豆子炸在了地上,把豆铺子拉走后,还要派社员把豆铺子底下的豆子捡完后才允许孩子们捡粮食。如果谁到生产队没捡过的庄稼地里捡粮食,被队长或护秋员抓住,当场没收所捡的粮食,还要痛斥一顿。打场时打完头遍打二遍,打完二遍还要打落[lào]穰,达到颗粒归仓。打完场,场院的四周有些混在土和碎秸秆里面的杂粮(土粮食),队长安排两个老头,把那些带土的粮食集中到一起,按着户无偿分下去,土粮食里面真是五谷杂粮什么粮都有,社员把这些土粮食弄回家,用筛子筛了,用簸箕簸了,再把各种粮食分开,费了好大的事才折腾出五六斤粮食。从几个侧面不难看到集体经济时期对粮食是如何倍加珍惜的。

  尽管现在的农业面临着严峻的考验,农药、化肥等的污染,但是飞速发展的农业生产科技水平和较先进的生产力,使现在的生产能力达到了高产、高效、速成的先进水平,传统农业和传统的生产方式已告别了历史,但珍惜粮食的精神不能丢掉。

集体财产

财产包括现金、物资、房屋、土地等物质财富。生产队集体经济时期的集体财产主要包括集体资金和集体资产。

生产队集体资金，主要是公积金和公益金两大部分，这"两金"属于生产队集体经济的资本积累，都要从生产队的总收入中提取。公积金是按着农牧业总收入的3%提取，公益金是按着农牧业总收入的2%提取。按规定公益金用于集体福利、公益设施、文教卫生、照顾烈军属、五保户、困难户、计划生育、农民因公伤亡的医药费、生活补助及抚恤金等项开支，公积金用于扩大再生产、大型农机具的购置等。实际在集体经济时期，大部分公积金和公益金都用在了垫付款方面，成为流动资金。

生产队集体资产，主要包括固定资产和库存物资等。固定资产主要包括耕地、林木、房屋(仓库)、园仓、牲畜、牲畜棚圈、马牛槽、马车、牛车、水车等。库存物资主要包括储备粮等。低值易耗品主要包括小型生产工具(农具)。比如，木制手推车、犁杖、耘锄、耢、耙、犁铧、簸梭、碌子、点葫芦、粪簸箕、粪扒拉、鞭子、抬筐、扁担、尖镐、大铁锤、铁钎子、碌碡、二股叉、三股叉、四股叉、木锹、搂场耙、连筋、铡刀、铡刀床子、大磨石、砍刀、纺绳车子、草绳、麻绳、皮绳、刹绳、撇绳、纲绳、笼头、架杆、绞锥、绞棒、车套、犁杖套、牛鞅子、夹板、搭腰、座鞯、粪帘子、粪拍子、刮板、大板锹、口袋、马鞍子、树锛子、莜麦刷子、料柜、料桶、扇车、二齿子、三齿子、羊毛剪子等。碾子、水井等虽然没有记入账册，实际也是集体资产的一部分。集体经济时期除了镰刀、锄头、铁锹和镐头这几样社员自备工具以外，其余所有的生产设备和大小生产工具都由生产队购置保管，用时使用者到保管那领取，用完交回。所以那时候出工前保管要在库房附近等着社员领工具。

那时的集体财产，除了"两金"、粮食、土地、林木、马车，其他财产现在看来绝大多数既没有经济价值,也没有使用价值,是一堆废品,卖破烂都卖不上好价钱,而在当时都是花钱做或花钱买的,都要登记造册记到账上,放在库房里,用锁头锁上。每少一件,保管都要挨家挨户地找,每丢失一件保管都要向队长做出相应的解释,有的还要赔偿。看似不起眼的破烂物品,在集体经济时期它的使用价值远远超出它的经济价值,都是集体生产、劳动中必不可少的。

产品分配

生产队集体经济时期,各级政府对农产品、农副产品的分配都有相关的政策,多少年一贯制,特别是对粮食的管理是极其严格的。在当时的社会经济条件下,要解决好几亿农民和几千万城市居民吃饭问题非同小可,所以政府对各种用粮都有严格的规定。各种粮食的价格也是由国家确定的,生产队无权改变。由于农产品、农副产品的分配直接涉及社员个人利益,所以社员对分配问题很敏感,也十分关注。

各种用粮的分配　那时生产队产出的粮食主要用于种子、牲畜料粮、社员口粮、公粮(农业税)、购粮、储备粮等。

第一要留足种子。那时种地都是自己选种、留种,有个别品种到外队进行调换,所以为了保证第二年的种植,首先要留足种子。下年种什么粮就留什么种子,种多大面积就留多少种子,新增粮食作物品种要到外队提前调换。粮食作物种子用量不大,所以准备的种子要高于实际用量很多,为春季调整种植面积做准备。土豆种子用量很大,生产队要挖两个大窖,用来储藏土豆种子,队长和保管要定期下窖检查,防止腐烂。为防止土豆种子丢失,窖口要做一个窖门子,用一个大铁锁锁上,窖口上面还要盖上一些柴草防冻。生产队把种子作为最重要的用粮放在各种用粮之首,留好种留足量。

第二要留足料粮。牲畜的料粮很重要,是下年春种的保障。料粮不足牲畜体质下降,体力不支,难以保证春种顺利进行。无论怎么缺粮,使役大畜的料粮是要留足的。那时使役大畜的料粮,政府规定的标准是:每头每年不低于三百二十斤,最高每头每年不得超过六百斤。专门用于配种的种公畜料粮每头每年五百斤。小畜与大畜比起来就寒酸多了,每只小畜每年只留五至十五斤的料粮,根据收成好坏可适当增减,留给小畜的料粮只能满足产仔母畜和特别瘦弱畜的用料。由于饲草不足和料粮的严重不足,生产队和社员家每年春天都饿死一些羊,先是趴蛋起不来,后来再喂什么也无济于事,等待它们的只有死亡。那时冬春两季晚上圈羊时,羊倌时不时地就告诉生产队长或某个社员家,说队里或社员谁家的羊在哪趴蛋了,人们拿上抬筐扁担,奔赴羊趴蛋的地方,如果羊还活着就抬回来,如果羊死了就把羊毛剪回来。那时无论怎么挨饿,瘦死的羊和死羊羔子是没人吃的。那时料粮的品种主要是黑豆、青豆和玉米。在当时看来使役牲畜的料粮比人的口粮还要重要。

第三要留足公粮。公粮就是上缴的农业税,按照每个生产队土地面积计算出粮食的常产,再按粮食常产总产值(总收入)的8%上缴农业税。用粮食来交农业税,以粮顶税以价核算,国家一举两得,第一是能够将农民的农业税及时收缴;第二是把这些粮食用作城镇居民的口粮,一入一出减少了很多中间环节,既减少损耗又节省支出。那时我们生产队一年的农业税在五百元左右,折合成粮食五千多斤。打完场把公粮交到老府粮站,粮站给生产队开个收据作为上缴农业税和生产队支出下账的凭据。

第四要留足口粮。农民的口粮标准是政府规定的,上限每人每年不得超过四百六十斤原粮(带皮的谷物),下限每人每年不低于三百二十五斤原粮。因自然灾害收成不好,生产队分给社员的口粮每人达不到三百二十五斤的,国家用返销粮补足三百二十五斤,即国家按粮食的收购价格卖给农民口粮,生产队垫钱或社员筹款统一从粮站买回分给社员。土豆要折合成粮食作为口粮分配,每四斤土豆折合一斤原粮,社员分得豆类不顶口粮指标。

对死亡、迁出、迁入和新出生人口的口粮分配有着严格的规定。

死亡人口：当年十月一日十二时以前死亡的，不分给当年口粮和农副产品，已经分到手的农副产品生产队也不再收回；十月一日十二时以后死亡的，分给当年口粮和农副产品。

迁入人口：当年十月一日十二时以前迁入的而且各种手续完备，分给当年全年口粮和农副产品；十月一日十二时以后迁入的，不分给当年口粮和农副产品。

迁出人口：当年十月一日十二时以前迁出的，不分给当年口粮和农副产品；十月一日十二时以后迁出的，分给当年全年口粮和农副产品。这样既保证了搬迁人口能分到粮食，又不会在迁出、迁入两地漏分或分得双份口粮。

新出生的人口：当年十月一日十二时以前出生的，分给当年全年口粮和农副产品；十月一日十二时以后出生的，不分给当年口粮和农副产品。那时生育无计划，完全是一种自然状态的生育，所以生育时间也都是随机的。不像现在计划生育，能计划孩子的出生年月，剖宫产还能计划出生的日时。那些年无计划生育，村里哪年都有在十月一日前后出生的孩子，十月一日前几天出生的孩子就很有脸面，全家都乐得合不上嘴，说这孩子有福，一出生就给家里带来好几百斤粮食和农副产品。十月一日后几天出生的孩子就没有那么体面了，大人们会不高兴地说："这孩子真没福，生的真不是时候，只差几天就没分到口粮。"细想起来这与孩子无关，如果要骂也应该骂自己。

秋收打场时，在场院把口粮直接分给社员一大部分，减少生产队的库容，减少出入库的中间环节，最后到生产队的粮库里找补。平时不借粮或借粮少的户，从场院里一趟一趟、一口袋一口袋地往家里分粮食，借粮大户只能帮着别人家扛粮食，自己却分得很少或一点也分不到，心里空落落的。特别是丰年粮食质量特别好的时候，分不到粮的社员说：

"今年这粮食真好,可惜咱分不到啊!"言语里带着几分凄凉,听着这些话心里酸酸的很不是滋味。

第五要留出购粮。购粮也叫征购粮,是根据生产队当年粮食产量按比例确定的卖粮数,是一种任务,多卖不限少卖不可。征购粮是供应城镇居民的口粮、战备用粮和工业用粮。生产队交的购粮,国家按着当时的粮食价格付款。那时每年的秋天,公社、大队都要组织各生产队长到各个生产队进行粮食产量评估,生产队长生怕把自己队里的粮食产量估高了,如果粮食产量估高了,下达的购粮任务就大。

第六要留储备粮。储备粮虽然也有数量限制,但是它有很大的灵活性,丰年可以多留些,歉年可少留些。按规定储备粮主要用于农忙时劳动补助用粮,外出民工补助粮,大会战补助粮,专业队人员补助粮,招待用粮和一些应急用粮等等,实际主要是用于社员借粮的周转用粮。

各种杂粮的分配　生产队种的杂粮很多,有些是必种不可的,比如,贫瘠的山顶地种植生长期长的作物难以成熟,只能种植早熟作物,如莜麦、大麦、小麦等。荞麦主要是因春旱种不上地或种上没出苗的补种作物,因为荞麦生长期短,补种时没有可替代的粮食作物。有些杂粮是生产队为了调剂粮食品种而种的,比如黏谷产量和谷子差不多,品种好的比谷子产量还要高一些。种这种粮食不仅是调剂粮食种类,更主要的是村人办红白喜事、搭房盖屋和生产队夏锄时管饭的主要饭食用粮,也是馇腊八粥、过年时撒年糕不可缺少的粮食种类。黍子、糜子虽然更好吃一些,但因为产量太低,好地舍不得种这些低产作物,在薄地上适当种一点分给社员做几顿差样饭吃。豆类种的比较多,大豆适当多种一些分给社员过年过节、办红白喜事、搭房盖屋做豆腐、生豆芽。青豆、黑豆主要用作牲畜的料粮,六十年代后期生产队把豆子榨油分给社员,把豆渣子给牲畜做料粮。豌豆、蚕豆少种一点分给社员二月二炒着吃。红芸豆、花豇豆这两种豆子角不能吃而且产量又低,社员很少种,生产队在薄地上适当种一些,分给社员撒年糕、蒸豆包、馇腊八粥、做点豆饭改改口味。种点向日葵榨点油分给社员。地头和豆地里混种点麻子分给社员,数量比较多时熬点麻籽油,少的时候把生麻籽压碎了过滤后熬豆角子。

有些杂粮作为口粮分配给社员,比如黏谷子、糜子、黍子、荞麦、莜麦等。有些杂粮和经济油料不作为口粮指标按人口分给社员,比如各种豆子、麻籽、葵花籽等,但社员要按照各种粮价计价付款。实际生产队集体经济时期每人每年分得的粮食、豆类、经济和油料的总量,都能超过口粮标准的30%左右。比如当年的口粮标准为三百六十斤,而实际分得粮豆总量能达到四百六七十斤,有的年份还会更多些,即便是这样,对从事重体力劳动的社员来说,吃粮的缺口仍然很大。

农副产品的分配 农副产品包括蔬菜、肉食、秕粮食等,除了吃的还有烧的、用的等等。

蔬菜,仅次于粮食,饭桌上顿顿都离不开它。个人在自家院里院外的园子里种一些蔬菜,因为面积小,无法满足社员长年吃菜的需求,所以生产队年年都种很多蔬菜。夏秋季节社员以个人种的蔬菜为主,生产队种的蔬菜作为补充,冬春季节基本靠生产队分的蔬菜。开春生产队找两个会种菜的(园头),在村子前面能浇水的地种上一些蔬菜,比如疙瘩白、胡萝卜、撒啦疙瘩、芹菜、小葱等,夏末拔了麦子种白菜、芥菜、大萝卜等作为社员的冬储菜,适当作价,按人口分给社员。生产队也种一些商品菜,比如青椒、辣椒、茄子、韭菜、大蒜、角瓜、芫荽(香菜)、西红柿、水萝卜等,不做分配,作价出售,社员照价自行购买,欠钱户现钱购买,余钱户记账购买。因为不是统一分配的所以作价较高。社员们买点青椒、茄子、角瓜等,给客人做个菜或自家改善一下伙食,五月节买点韭菜包顿韭菜馅饺子。秋天买点韭菜花轧点韭花,买点辣椒用绳穿成串晾干储起来,爱吃辣的人用来解解馋,买点大蒜编成辫晾好储起来,冬天调调味。人口多的,秋天积两大缸酸菜,人口少的也要积上一大缸,有时白菜不足,把疙瘩白切成几瓣积在酸菜缸里充数。把芥菜疙瘩、芥菜缨子单独腌在一个缸里,把撒啦疙瘩、胡萝卜、大头菜、芹菜、尖椒、香菜腌在一起,作为每天下饭的咸菜。把积酸菜、腌咸菜剩下的大白菜、疙瘩白、芹菜、胡萝卜、大萝卜和土豆储藏在窖里作为冬储菜。土豆可当主食也可作副食当菜吃。

秕粮食,是打场时风选出来的不成熟的粮食,丰年秕粮食质量相对好一些,每斤谷秕子能出四五两小米,但数量比较少,歉年秕粮食质量差几乎无粮,但数量比较多,社员们称这种秕粮食叫鸭子欻欻。好一点的秕粮食每斤作价二三分钱,按人口分给社员,质量差的秕粮食按人口分给社员不收款。土豆穰子(土豆楔子)是挖完土豆种子剩的下角料,一般不收款按人口分给社员。

肉食,那时每年过八月节,生产队都要杀五六只羊,按人口分配,每人少则六七两多则一斤,每斤羊肉三毛钱。羊油、羊血、羊下水等都按人口分不收钱,羊头、羊蹄、羊骨架等太少没法分,适当高作价现钱卖给社员。凡是能按人口分开的就要按人分,按人口分不开的按户分,按户也没法分的,适当高作价现钱卖给社员。小雪前后还能杀一两头牛,生产队留一些招待客人,分给社员一部分,每斤牛肉四毛钱,牛头、牛蹄子给杀牛的做报酬,牛下水、牛油、牛骨架适当高作价现钱卖给社员。

烧的,羊吃剩下的羊草秆子、树枝子等不分配,一般每百斤作价一元钱卖给社员。碎庄稼秸秆不收钱,按户分给社员煴炕,缺柴户则用风匣吹着做饭用。

用的,如麦秸、莜麦秸每百斤三至五元钱,卖给社员苫房用。麦糠每百斤一两元钱,卖给社员抹房用。莜麦穰子、麦穰子每百斤作价一元钱卖给社员打墙用。树木,社员搭房盖屋写个申请作价卖给社员,一般价格不高。这些用的虽然家家都用,但不是年年都用,所以一般不做分配,按着需求卖给社员,因为家家都用所以作价不高。

生产队每年都种一片大麻(麻秆),把沤好的大麻(麻秆)按人口分下去,按比例向生产队交麻。因为队里每年都需要大量的麻,用作犁杖套、牛车套、牲畜纲绳、抬筐绳,小到口袋绳等。社员家也需要很多麻,大到柴火绳,小到纳底子绳。生产队种麻,社员扒麻,把扒下来的麻按比例返还给生产队一部分,剩余部分社员自用,互惠互利。那时候供销社大量收购麻,每斤一块多钱,以质论价,社员们还可以把剩余的麻卖了换点零花钱。

劳保用品,这些劳动保护类的用品,是生产队无偿发给一些专业人员的。比如,给大车老板子发放白茬羊皮大衣(不吊面的皮大衣)、高腰毡疙瘩、皮手闷子、雨靴,有的还发皮帽子;给牛羊倌发白茬羊皮袄,用白布刷上清油做的雨布;给饲养员发雨靴等。

上述涉及社员花现钱买吃的、烧的、用的,余钱户(劳动日挣得多的)用余款抵支,缺钱户要付现款,没有现钱的,队长又不同意赊欠的,就得找余钱户垫付。

照顾性的分配 一些缺粮大户,到了秋季打场时一斤粮食都分不到,因为他们把大下年的粮食都借光了。比如张三家六口人,应分口粮两千一百六十斤,他的借粮数达二千一百斤,扣除下年应分得的口粮数,把大下年的粮食都借了一千零六十斤。对这样的借粮大户,生产队在口粮的分配上还是要照顾的,比如杂粮还是照分不误的,像黏谷、小麦、黍子、糜子、荞麦、莜麦等等,一点不少地按人口分给每一户,把分得杂粮顶借粮。这些杂粮是用来调整伙食的,黏谷、小麦、荞麦等都是过年过节用的,因为借的粮食种类特别单调,谷子占百分之二十多,玉米占百分之七十多。杂豆不顶口粮,也能一斤不少地分给缺粮户。

一些农副产品的分配就有些伸缩性,大多数按人口分,有少量的按户分或按劳力分,不管怎么分都会有意见,这个意见谁也无法平衡。按户分,人口多的户有意见;按人口分,人口少的户有意见;按劳力分,劳力少的户有意见。大部分农副产品都是按人口分的,个别比较少的东西,无法按人口分就只能按户分。有些东西为调动劳动力的积极性,按劳力分。还有些农副产品要现金买不能赊欠,这些东西都是社员可多可少、可吃可不吃、可用可不用的,不是生活必需品。

瞒产私分　比如大丰收的年份,粮食产量大幅增加,但是老百姓分的口粮数是有上限的,超过这个上限,政府是不允许的。为了让老百姓得到实惠多分点粮食,生产队长向上瞒报粮食产量,一是按人口分粮不记数不收款,二是成粮食按秕粮食分,少收款或不收款。这种瞒产私分的行为是违法的,风险也是很大的,一旦被上级发现,生产队长是要受处分的,轻者被罢免队长职务,重者还要受到处罚,被私分的粮食还要收回上交国家。那时社员举报的少,多数是社员与亲戚朋友说话走嘴被上级发现。那时家家缺粮,老百姓能多分点粮食也是一个千载难逢的好机会,一般情况下谁也不愿说出去,谁说出去了,不但得罪了队长,而且还把全生产队的社员都得罪了,所以谁也不愿当这个遭人唾骂的"坏人"。

人民公社集体经济时期的分配问题始终是人们最关注的,在物资极度缺乏的年代,生产队里的东西有众多双眼睛盯着,大的分配问题有政策,小的分配问题有社员的监督。社员们对分配问题特别敏感,那个时候,社员们吃要靠生产队,花也要靠生产队,用还要靠生产队,可以说离开生产队谁都活不了。总体来看,集体经济时期,在当时的经济体制下,产品的分配还是比较公平合理的,想达到全体社员百分之百的满意谁也做不到,回想起来谁当这个家也不容易。对任何事物的看法以及评价,都不能抛开当时的社会背景和历史现状,否则你的评价就会不准确,就会有很大的片面性。

第六篇

生产队的那些事

生产队这个名词经历了初级社、高级社,到人民公社时期被固定下来。从五十年代到八十年代初,生产队作为最基层的生产单位做了很多事,包括成功的、失败的和未完全达到目标的,经验尤可嘉,教训更是宝贵财富。在那个年代,农村那些基层干部们把集体的作用发挥得淋漓尽致,靠集体的力量创造了很多奇迹。比如,全国的先进典型河南省林县的红旗渠、山西省昔阳县的大寨田等。就赤峰市而言,治山、治沙、修河、农田基本建设都是以生产队为基本生产单位组织实施的,如松山区的太平地农田防护林、城子黄土丘陵防护林、当铺地沙地治理等,敖汉旗的乌兰巴苏治沙工程、黄羊洼草牧场防护林工程、马鞍山山地治理工程等,宁城县的老鹰山山地治理工程、大尖山山地治理工程等。我们大队也有现成的例子,比如每个生产队一坡一梁的水平梯田,一坡一岭的水平沟和鱼鳞坑,一坡一山的人工造林等,都是集体力量的结晶。当然也有劳民伤财的治河工程,只造不活的造林工程,造成这种结果有很多原因,诸如科技水平低下,缺乏工作经验等。无论成功还是失败,都体现着集体经济时期的特征,都展现了一个时代人们的精神风貌。

中心宝地

集体经济时期，每个生产队都有一个饲养处，也有叫生产队队部的，在我看来这两种叫法都不确切，叫"饲养处"，有点名不副实，里面有很多与"饲养处"无关的设施，比如生产队部、粮库、农具库、场院、碾道等。叫"生产队部"，也有点过于牵强，里面有好多与"生产队部"不相符的设施，比如牲畜圈棚、草屋子、粪场、场院、碾道等，且大小牲畜也在这里饲养。如果叫"生产队综合处"我看更为贴切。在这里为了介绍方便，还是按照过去人们的习惯叫法，把这个综合的场所统称为"饲养处"，把社员集中活动和开会的地方叫"生产队部"。各生产队"饲养处"的布局虽然有所不同，但建设内容基本相同。"饲养处"是集体经济的载体，是经济体制、经济类型、生产能力和生产方式的集中体现。联产承包责任制以后，"饲养处"已不复存在，但作为一个历史时期的精神遗产留给了后人，供人们去回顾，去了解，去思考。

我们生产队的"饲养处"坐落在小村的中心位置，占地面积五千多平方米（八亩来地）。我想在建队选址时这个负责人应该是煞费苦心，想必也做了一些人的工作，那么好的地段不可能原来是空场，等着建"饲养处"。"饲养处"有房屋十八间（队部2间、五保户宿舍2间、碾道4间、米面加工厂3间、库房4间、草屋子3间），圆仓（粮仓）两个，土豆种子窖两个，带盖的敞棚四间，羊圈两个，牛圈两个，粪场一个，大场院一个。"饲养处"是生产队政治、经济、文化、物资储备的中心，生产队的大小会议都在这里召开，一些政治、文化活动都在这里举行，生产队三百多头（只）大小牲畜都在这里饲养繁衍，生产队所有的种子、牲畜料粮、储备粮食都库存在这里，生产队所有的物资和农具也都集中存放在这里。

生产队部　在饲养处西厢房的最北头与羊圈一墙之隔有两间屋，外间屋（南屋）有一副对开的板门，冬季白天有人时关一关，晚秋、冬季、初春小畜饲养员住在这里,夜里为了御寒在屋里把门插上,从来没见上过锁。里屋(北屋)东面有一铺炕,在晚秋早春和冬季,炕上始终放着一个行李卷,那可不是公家的,是小畜饲养员个人的行李,里屋西面和外间屋西面各放着一口没上油漆的白茬三节柜,两口柜子是用来装牲畜料粮的,大、小畜饲养员和两个大车老板子每人一节柜,还给每人一把锁用来锁料柜。外间屋(南屋)东北角盘着个锅台安着一口九印大锅,是用来烧炕、烧水、烀料、炒料的。这两间屋子用处很大,如果说是队部更贴切,各类会议,如社员大会、学习讨论会、队委会、妇女会等都在这里召开,不过涉密的队委会要在队长家召开。每当召开社员大会时,两间屋子挤得满满的,没有桌椅板凳,炕上、柜上、窗台上、锅台上面都坐满了人,连这几个地方也抢不到的就倚着墙根坐在地上或蹲在地上,满屋的旱烟味熏得你喘不过气来,有气管炎的还时不时地咳嗽一阵。这里谈不上是办公场所,因为会计、保管不在这里下账,队长不在这里办公,说是大会议室或小畜饲养员的住所倒是更贴切一些。小畜饲养员从晚秋到早春一直住在这里;大羊下羔子也要在这屋里住上一两天;大畜饲养员和大车老板子喂牲畜时也在屋里落脚;谁家来了客人,家里住不开,和小畜饲养员打声招呼,到这找个宿,找宿人要自带行李,要睡在第三铺位上,炕头当然是小畜饲养员睡的地方,当中还要空出一个铺位,防止睡觉打把势碰着饲养员,久而久之这间屋就成为公共借宿之地;白天闲人和孩子也要到这里聚一聚,这个生产队部虽然面积不大,设施不多,却是多功能的。

粮食、杂物库 位于"饲养处"的东南,一栋五间房子,东三间是粮食、杂物库,屋里盘着很多土仓子,盛着谷子、小米和各种杂粮以及各种农作物的种子。梁柁上搭着很多木头杆子,金黄色的谷种搭在木杆子上,打场用的工具、生牛羊皮等也放在木杆子上面。冬天招待客人的牛羊肉、油、面都放在这里,啖牲畜用的盐、纺绳用的麻、熟好的压杠皮、几十条口袋也都放在这个库房里。这个库房装着整个生产队的"金银细软",这三间库房像个杂货铺更像个超市,吃的、喝的、用的几乎应有尽有,当你进入库房,眼睛总觉得不够用,那么多好东西进入你的眼帘,勾起你的很多欲望。犁杖头进入这个库房看到墙上挂的皮鞭梢子,张开嘴跟保管员说:"给咱两根皮鞭梢子呗!"保管员沉思了一下不情愿地说:"拿两根吧!"张嘴三分利不给也够本,犁杖头也感觉没白张嘴还是有点收获的。人说见景生情,我看睹物也生欲,就像一个爱车的人看见马路上跑着的豪车;就像一个爱石头的人看见一块上好的鸡血石;就像一个喜爱首饰的女人进入了珠宝首饰店一所产生了强烈欲望。所以管钱物的人要有较强的控制力,否则就会对自己管理的钱和物产生贪念。这三间房子没有窗户,在房檐墙的最上边有三个约四十公分高的小亮窗,是用来透气透光的,亮窗中间有几根粗木棒竖着固定在墙里,即便把木棒锯掉人也进不去。

五保户宿舍　在粮食、杂物库房的西面还有两间房,原来是生产队部,后来队部挪到"饲养处"的西北角厢房里,这两间房就腾给了五保户老张婆母子俩,作为她们的吃住场所。老张婆的老伴叫张青,还有个哑巴儿子人称大哑巴。土改时他家分得大地主张起的两间房子,后来张青因病早逝,老张婆和哑巴儿子因无生活来源,生产队把张氏母子评为五保户,由生产队保吃、保穿、保住、保医、保葬。为了照顾方便,生产队把她们母子俩接到这两间房居住,吃粮生产队给,烧柴生产队负责,每年生产队用"公益金"为她们解决穿戴和油盐酱醋的用度,过年过节生产队给称点肉。有靠着场院和粮库近的优势,老张婆还养了十来只母鸡,几乎不用喂食,产的蛋除了自己吃还能换点零花钱。有吃、有穿、有住,还有点零花钱,老张婆母子的日子过得还比较滋润。因为老张婆住的屋子和东边的那三间库房是一栋房子,进库房必经老张婆的外间屋,所以老张婆的到来除了自己方便还无意中成了生产队的"义务保安员",这个"义务保安员"起到了双向监督的作用。首先生产队长和保管员的心里踏实多了,不必担心库房失窃了;其次也打消了社员的心里疑虑,即便队长、保管想中饱私囊从这个库房往家拿东西，必经老张婆的外间屋，当然躲不过"保安员"的这双眼睛。

圆仓（粮仓） 在粮食、杂物库的东南面有两个南北排列的大土圆仓，墙壁是用土坯垒的，高约三百五十公分，直径约三百公分，没门，距地面高约一百八十公分处有一个高约一百公分、宽约七十公分的长方形口，有一个很厚的榆木框镶在口上，竖框的内边开着两公分深、两公分宽的凹槽，是用来插装板的。把若干块十多公分宽、七十多公分长的木板插入凹槽封口，顶木装板是确定不变的，顶木装板和木框上着锁吊，把顶板锁在木框上。这个长方形口既是装粮口也是出粮口，为了防鼠、防潮，圆仓的内底高于地平面约五十公分，圆仓顶是用麦秸或莜麦秸苫成的，形状像个草帽子，因为坡道又陡又短一般不漏雨。这两个圆仓基本都用来装玉米，满满两圆仓玉米，不等新粮食下来，就被社员给借光了。

空圆仓要敞着口晾一晾再装粮食，防止装新粮食返潮。晾圆仓这段时间，圆仓就成了顽皮孩子们的玩耍场所，他们从圆仓口跳进去，在里面玩，有时来尿来屎，来不及出去就偷着便在圆仓里，把保管和队长气的脖子、脸上冒青筋。有时生产队长碰着成群的男孩子们在饲养处玩耍，就走到孩子们跟前敲山震虎放狠话说："你们听着，今后发现谁再往圆仓里撒尿就割掉他的……，发现谁再往圆仓里拉屎就挖掉他的……。孩子们瞬间停止了玩耍，默不做声地溜走了。那时在孩子们的心目中队长比老师还要威严，因为他们知道连自己的父母也被队长管着呢！

农具库 队部南隔壁是一间农具库，装的大多是种地用的农具，有犁杖、犁杖套、簸梭、点葫芦、粪簸箕、粪扒拉，还有抬筐扁担等用具，为了利用空间在库房墙壁一米八高处还搭了一层架子，提高了这个屋子空间的利用率，还有个简易的门子长期锁着。

米面加工厂 在粮食和杂物库的后面（北面）有一栋房子共五间，是七十年代后期盖的，东三间是米面加工厂，西两间是碾道，在盖房之前,这个地方春夏用来晾羊,秋天放带秸秆的玉米,冬天垛羊草、谷草等。这个院子原来的主人叫周庆堂,因为这个院子西面是"饲养处",前面也是"饲养处",后来生产队把老鲍家房东的菜地给了周家做宅基地换下了这块地。

碾道 "饲养处"里有两处碾道:一处在米面加工厂的东面(两间房),一处在粮食、杂物库的西南角(两间)挨着村道。除此之外还有两处碾道,一处在鲍文明的院里,是私人碾道,一处在董振刚院子前面。自从有了米面加工厂,碾子就基本被闲置起来了,偶尔用几次也是因为停电,或因为一些老年人吃不惯机器加工的面,她(他)们说机器加工虽然快,但加工出来的不是面而是小碴,碾子轧出来的才是真正的面,所以她(他)们把一些不多的杂粮放到碾子上轧成面,做着顺手吃着顺口。还有一年一度的轧韭花,人们都习惯了在碾子上轧,基本不用机器加工,她(他)们说:"碾子轧的韭花黏糊,吃着细腻,口感好,机器加工出来的韭花像青草沫子,吃着发柴,口感不好。"

土豆窖 在圆仓的西面约六米处,有两个深二百七十多公分,宽一百八十多公分,长二百五十多公分的土豆窖(山芋窖),是生产队用来装土豆种子的。窖上面用粗榆木和树枝子棚上,树枝子上面盖上厚厚的一层土并夯实,用老榆木做的窖门子又憨实又结实,装土豆时用一把大铁锁把窖门子锁上,为了防止冷天把土豆冻了,窖门子上面还要盖上厚厚的柴草。生产队每年都要种六十来亩土豆,土豆种子就得一万六千多斤,准确地说这两个土豆窖是土豆种子窖。

羊圈 饲养处的西北面是牲畜的棚圈,靠西头并排有两个没有棚顶的大羊圈,为了防止夜间狼进圈,在羊圈的墙头上用大瓢秸泥垛上墙头帽子,在墙头帽子上插着五十来公分高的大树枝子。这两个羊圈面积大致相同,每个羊圈能容纳一百六十来只羊,羊圈里放着十来个三米多长的木制羊槽子,用来给大羊喂料,给羊羔喂料喂水。

牛圈 羊圈的东面是两个牛圈,比羊圈略窄、略长一些,两个牛圈从北到南在正中间放着一行牛槽,西边那个牛圈是使役牛吃住的地方,东边那个牛圈是非使役大散畜(牛、驴、骡)吃住的地方。

为了御寒,入冬后在牛羊圈墙顶上,横七竖八地搭一些木头杆子,把成捆的玉米秸摆在木头杆子上面,待开春天气变暖逐渐把玉米秸撤掉,铡了喂牲畜。

啖羊石 不知道什么时候,村人从哪弄来了二十来块,直径五十来公分,厚二十多公分近似菱形的青石头,石头有一个如同机械打磨过既平正又光滑的面,也不知道是人工打磨的还是天然形成的。人们把这些青石头用河卵石垫至四十来公分高做啖羊石。在我们那,每隔几天至十几天就要给羊喂一次盐称之为啖羊,啖羊用的石板叫做啖羊石。喂盐的方法有两种,在非冬季节快要圈羊时,小畜饲养员把轧好的咸盐面撒在啖羊石上让羊舔食,羊见了盐拼命抢,把盐吃光了还舍不得走,仍然在石板上舔来舔去。在冬季,将盐面拌在饲料里。食盐有调味作用,能刺激羊的唾液分泌,促进胃肠消化,增进食欲。

这些啖羊石在场院的南面村路边上整齐地摆放着,有时老头老太太坐在啖羊石上抽袋烟小憩一会,唠一会嗑说点家长里短的;有时大人和孩子们在啖羊石上用白石子画个棋盘,玩一盘五虎,来一盘狼吃羊,下一盘象棋或军棋,下棋的不多,观棋的不少,有时还争得面红耳赤。夏天的夜晚人们坐在啖羊石上纳凉,也不用担心屁股会着凉,啖羊石被太阳晒了一天,到了晚上还在从里往外释放着余热,人们像坐在热炕头上,有的盘腿打坐,有的拧个鸭子腿,还有的跷着二郎腿,嘴里叼着小烟袋,仰望蔚蓝色的星空,群星闪烁,闲哉!悠哉!联产承包责任制后生产队没有了,集体的羊自然也就不存在了,这些啖羊石也被人弄走了,大街上失去了一景,昔日夏天晚饭后的小聚也一去不复返了。

敞棚 所谓敞棚是指有房盖但仅有三面围墙的房子,敞开的那面非南即东,避免冬季寒冷的西北风直接吹进敞棚里。那时饲养处里共有两处四间敞棚。牛圈的东面有两间敞棚,坐西朝东,东面无墙是敞开的,是两挂马车拉车的骡马吃住的地方。另一处在农具库南，草屋子北，坐西朝东，东面无墙是敞开的，这里像一个机动的牲畜吃住场所，有时队里配种用的儿马子在这里吃住，有时使役的毛驴在这里吃住，有时怀孕的大畜快临产时在这住上几天，有时刚生完崽的大牲畜在这里休息几天享受点特殊待遇。

草屋子 在饲养处西厢房最南头，即西敞棚南隔壁有三间房，是专门用来铡草和装碎草的，里面长期摆着两盘铡刀，两套包头（续草人用来包腿和胳膊的皮子或旧大帆布），还有两个竹筛子，是用来筛草喂牲畜的。夏天这三间屋基本都空着，晚秋、早春和整个冬天在这个草屋子铡草和储存铡过的碎草。那时，过年前要铡满三间屋子的草，两盘铡刀要铡二十多天才能把这三间屋子装满，后来有了铡草机只需铡两三天草，就能装满这三间草屋子。草屋子没有窗户只有一个门，有草的时候把门关上挂好，没草的时候长期不关不挂。

粪场 粪场设在牲畜圈的南面场院的北面，比周围地面低一米多，生产队所有的牲畜粪便都集中到这里，春季黄粪在这里进行发酵腐熟，夏季要在这里沤制土粪。沤制土粪要有水的参与，雨水多的时候，把粪场周围的雨水都引入粪场里，雨水少的时候还要专门放上一些水，整个夏天粪场的水面上都布满了密密麻麻的沼气泡，离着很远就知道粪场的位置。可不要小看这个地方，全生产队七百多亩农田所需的粪肥都来自于这里。在那个年代粪肥是增产增收的最主要途径。

大场院 粪场的南面村路的北面是大场院，占地面积三亩左右，场院南边垒着两米多高的石头墙，场院的地平面与这个石头墙顶等高，场院高出东西地面，所以不窝风不背风。在场院西北角有一间牛顶架（人字）式的小窝棚，是看场人临时休息的地方。每年快到庄稼进场时，队长安排一个人收拾一下小窝棚，小窝棚的东墙根放着一个一头粗一头细的碌碡，这间小屋和这个碌碡常年守候在场院里。秋收时除了土豆其余全生产队所有的庄稼几乎都放在这里，这块地春夏种庄稼，秋收前收了庄稼做场院，冬季则成了全队孩子们玩耍的场所。

除了上述一些固定的房屋、棚圈、粪场、场院和土豆窖等，还有几件大小家当长期放在饲养处的外面。

四挂大车　两挂马车和两挂牛车不用时放在牛羊圈和西厢房的前面，马车老板子把车套挽起来挂到车辕子上，外面用自制的雨布（白布涂清油）裹起来，放下车梯把车支起来，找几块石头在轱辘的前后打上眼。两挂牛车原来两个轱辘是木制的，轱辘的侧面钉着密密麻麻的铁盖瓦钉所以也叫铁车，大概在六十年代末把木轱辘也改为胶轮了。这两挂车就没这么幸运了，因为没有固定赶车的，不用时保管把车套摘下来放在库房里，剩下的光板车像个没用的东西放在一边，孩子们有时坐在车厢里，一个孩子手里拿根树枝子坐在车厢前面嘴里不停地喊着驾哦、驾哦的假装赶车，如果不是队长看见了别人是不会管的。

两个独轮手推车　手推车是用老榆木做的架子、木头做的轱辘、圆铁棍做的车轴，用来推土时车架子上面拴一个抬筐，用来推大件时把抬筐解下来，不用时将其放在羊圈前面。这两个推车子是饲养员和大车老板子清理牲畜粪便和推土垫圈用的，他们不在时，孩子们也要趁此机会推着玩几圈，如果饲养员或大车老板子在场，孩子们就没有那么大的胆子了。谁家修房盖个屋啦、打院墙推个土啦也借着用一用，借用这个推车子不用找队长，也不用找保管，直接跟大小畜饲养员打声招呼即可，不过可不能耽误饲养员垫圈、清理粪便哦。

一块大磨石　一块长七十多公分、宽二十多公分、高四十多公分的大磨石，放在一个榆木做的磨石架子上面，常年在队部门口南侧摆着，是生产队铡草时用来磨铡刀的。有很多社员家没有大磨石，买张新镰刀要到这块大磨石上开开刃、磨磨腮，菜刀钝了也要到这磨一磨。

一架大梯子　一架高三米多、宽五十多公分的大梯子，生产队不用时几乎不着家，谁家修个房屋、打个烟筒等，不用跟任何人打招呼拿走即用。秋冬季节半桩小子们抬着这个梯子挨着家的掏家雀，在谁家结束把梯子就放在谁家,队长也不管。大梯子、手推车、大磨石似乎成了公用物品,谁想用谁就用。

本篇对饲养处的各种设施、外部特征、内部结构及其用途做了详细的介绍,篇后用一张平面图还原了饲养处的本来面貌,让人们对集体经济时期的饲养处有一个更直观、更详细、更全面的了解,进而从一个侧面对生产队和集体经济有一个更深入的了解。

一队之长

人民公社时期每个大队都辖着几个到十几个生产队。生产队一般是按着自然村落而划分的,山区自然村落比较分散,生产队的规模也大小不等,大一点的生产队三百来人,小一点的生产队一百来人,中等的生产队二百来人。那时我们大队辖九个生产队,从东向西排位,瓦房生产队称第一生产队,魏家沟生产队称第二生产队,按序以此类推水泉东为第三生产队,水泉西为第四生产队,宜肯坝为第五生产队,苇子沟门为第六生产队,长林子为第七生产队,敖包山后南为第八生产队,敖包山后北为第九生产队。

我们水泉西生产队即第四生产队,属于中等生产队,七十年代人口最多时一百八十一口,总面积不详,耕地面积七百多亩,大小畜总数约四百来头(只),其中羊三百来只。由社员、土地、生产工具、牲畜和有价地被物等构成了这个集体经济实体。生产队是集体经济时期最小、最基层的,也是最基本的经济核算单位。当时有句顺口溜:"公社下面是大队,大队下面是小队,小队下面是社员,社员下面是农田。"还有一种说法叫"公社管大队,大队管小队,小队管社员,社员管农田"。这个经济实体的领导核心由生产队长、副队长、会计和保管组成,而这个核心的"首脑"就是生产队长,也叫小队长或队长。

生产队长的产生 是由大队领导主持,生产队全体社员选举产生的,选举分无记名投票选举和提名举手通过选举两种方式,以提名举手通过选举方式为主,一年一选,有连选连任的,也有干不好落选的。中等人口的生产队一般设一正一副。我们生产队第一任队长是周庆堂,在任时间最长的队长是宋国贤,几上几下前后在任十来年。曾经当过生产队长的还有董振刚、董桂珍、宋国文、崔玉生、付宝珠、周庆荣、崔玉堂等,任职时间最短的一二年。算起来二百来人的生产队几十年只有九个人当过生产队长,应该说人选相对很集中了。生产队长人称举手"官",社员举手他就是"官",社员落手他就是民。

生产队长的职级 生产队长是个有职有权无级别的小头目,就其职务而言似是而非。队长非行政领导之职,但却行使行政领导之责,党和政府对农业、农村、农民的方针政策靠队长来落实和实施。队长非企业领导之职,但却行使企业领导之责,生产队的劳动用工管理和生产定额管理都采用了企业管理办法,但又不像企业管理那么规范。生产队长既不属官也不算吏,是特定历史时期的产物。他没有级别,他没有受过培训,没人教他怎么当队长,也不考虑他有没有工作经验,有的甚至没上过学也不识字,签不了名,刻一个手戳代之,需要签字时对方把纸上的文字念给队长,然后队长决定这个章盖还是不盖,或进行必要地改动后再盖章。

生产队长的职责 生产队长没有明确的工作职责,个人认为基本分为三大块:第一块,落实党和政府对农村、农业、农民的方针政策并负责实施,完成上级下达的各项任务,诸如生产任务,粮食产量任务,粮食征购任务,农业税上缴任务,菜牛、菜羊、生猪交售任务,以及其他农副产品的征购任务。负责县、公社、大队大型工程劳力抽调、物资筹备等。第二块,负责生产队的全面工作,诸如农牧业生产计划的制订与实施,集体财产的管理,集体生产的组织,农产品、农副产品的分配。第三块,就是对社员的管理,简而言之就是对人的管理,诸如组织社员参加集体生产,进行劳动分工,确定出、收工时间,为社员做好服务工作,维持生产生活秩序,审核上报社员所需上级审批的事宜,调节社员之间的分歧和矛盾等。总而言之,上级下达的任务要队长来完成,生产队所有的事物都要队长来管,社员家办不好、办不了的事也要队长来操办。

生产队长的权力 生产队长是个实权派的人物,虽然不掌握生杀大权,但生产队所有的事都归他管,社员的衣食住行、婚丧嫁娶、邻里纠纷、家庭矛盾,大事小情都离不开生产队,实际就是离不开生产队长。

社员盖房子需要宅基地,给不给、位置的确定、面积的大小都是队长说了算,处理不好不是其他社员有意见就是当事人有意见;盖房子和逝人所需的木料,给不给,给多少,给的好与赖也都是队长说了算,放树时队长要亲自到场一株一株地确定,让你放哪棵就得放哪棵;红白喜事用粮、日常生活缺粮也由生产队长来解决,借给多少粮,借给什么粮,都是队长说了算;红白喜事用车、帮忙用人,有时缺钱也得由生产队长来协调解决;家庭矛盾、邻里纠纷都由队长来调停;还有临时性的困难和难题也需要队长来帮助解决。生产队的大事更不必多说都是由队长来拍板定夺、一锤定音,诸如农副产品的分配、生产安排、重要工种的人选、重大工程的确定等等。

物资的分配队长要亲自把关。物资的分配是最敏感的事,哪些东西分不分,怎么分,分多少,怎么作价都要对社员有个交代。一场谷子打出来了,队长安排把上风头的和下风头的掺匀,然后估一下斤称按人口分下去,剩下的入库。收获疙瘩白时,把砍下来的疙瘩白分成三等,大个的、芯抱得实的为一等;中等个的、芯抱得实的为二等;小个的、芯抱得不实的为三等。然后把这三个等级的疙瘩白分别称出实有斤数再按人口进行分配。每次分东西,队长都要亲自把关,不能出错。

一些农副产品的价格也是由队长一锤定音的。从表面看或对劳力少的家庭来说,似乎农副产品的价格越低越好,因为农副产品价格太高会让劳动力少的家庭承受不了,但农副产品的价格太低,使劳动日值随之降低,劳动力多的家庭吃亏,会直接影响到劳动力多的家庭收入,间接影响到劳动积极性,继而影响劳动效率。作为生产队长要全面考虑,除考虑上述因素外,还要纵向参考前一两年度农副产品的价格,横向参考毗邻生产队农副产品的价格。

社员有事不能参加集体劳动要向队长请假。社员请假主要有以下几种情况:亲戚朋友有个大事小情需要前往的,赶集上店买东西的,没烧柴上山割柴的,生病长灾不能出工的,垒个猪圈、打个院墙、修缮房屋等等,总之不是在放假期间,社员不参加集体劳动的都要向队长请假,而且要严格按着批假时间执行,没有特殊情况不准超假。当然队长也不是什么假都给批,有时队长认为不该给的假还是不批的。

生产队长的"仁政" 这里所说的"仁政"就是队长用手中的权力为社员提供好处和便利,也可以认为是队长为社员施以的恩惠,这些都是可办可不办、可多办可少办的事。有些事情属于一次性的,有些事情办完后就会形成惯例,形成惯例的好事,今年办完明年还要办,不办社员就有意见。有的事虽然是取之于社员用之于社员,但在表面看来是队长对社员的恩惠,而实际这个恩惠也是来自于社员的,比如给社员分的东西不收钱,社员的劳动日值也会跟着降低,但社员的个体之间有所差异。这些好处和便利都不同程度地提高了社员的积极性,在特定时间发挥着特定的作用。队长多动些脑筋为社员的生产生活想得更多些,既可方便社员又能促进生产,事半功倍。有些恩惠属于人性化范畴,有些则属于生产资料潜能的利用。这些恩惠有的是为了提高社员劳动的积极性,有的则是对社员劳动强度的补偿,有的是为加快生产速度提供方便,当然也有临时动意。

办集体食堂那几年,牲畜缺草食堂缺柴,生产队长不得不发动社员到远山上搂白草喂牲畜,再把吃剩下的草秸秆作为食堂的烧柴。为了提高社员搂白草的积极性,队长出台了个"小政策",每搂一百斤白草,除正常记工分外还补助一斤玉米。社员们为了多挣些补助粮,起早贪黑不遗余力到远山上搂白草,每天搂三百多斤,超出正常数量的一倍多,取得了良好的效果。

　　夏锄大忙季节为了加快夏锄进度,提高劳动效率,队长作出决定为社员提供午饭,并把饭菜送到山上,中午社员不用下山就能吃上午饭。社员的饭量有大有小,要按着实际用餐量记账,按出勤天数补助粮食,每天每人补助一斤小米,超出部分从口粮中扣除。社员们吃完午饭找个阴凉地稍息片刻就开始劳动了。有的年份除了管中午饭,到下午三四点钟还加一顿贴晌饭,社员们一直干到看不清东西才收工,干一天顶一天半的活,大大加快了生产进度,提高了劳动效率。

　　秋收时节社员们白天割地、夜里码地(就是把割倒的谷子捆成捆集中到一起)。吃完晚饭一声哨响,青壮年们到山上码地,从晚上八九点钟一直干到夜间十一二点钟。为犒劳参加搞夜战的社员,除每人记三四分工外,下工后生产队还请一顿"大餐",每人定量给两大碗黏粥,不收粮不记账。也有特别开恩的时候,队长高兴了告诉保管给做饭的称点牛羊油再称上几斤肉,做饭的把牛羊油、肉切成小肉丁,在热锅里放上作料炒一炒,把油挤干,然后填上水和米放点盐熬顿肉粥,那味道没的说就是个香。一个晚上能挣三四分工还能白喝两碗粥,社员们踊跃参加码地夜战,四五个夜晚就把谷子全部码完了。

　　五月节到了,队长临时动意,把生产队种的韭菜无偿给每人分半斤包饺子吃,事不大钱不多,社员们却很知足,到处游说:"我们生产队过节分的韭菜队长没收钱。"对方也会随声附和地说:"你们生产队真好。"游说者也有几分自豪感。这点恩惠让社员们有了几分满足感。这点好处实际是取之于社员用之于社员,只不过户与户之间不太平衡。

　　每年腊月是推碾子轧面的忙季,每家都要轧一两锅年糕面,轧两三锅豆包面,轧一次麦子面(白面)。大多数人家都没有毛驴,靠抱撑棍轧面实在是吃不消,特别是劳力少的家庭更是难以应对。队长突发奇想,想出个妙招,决定把生产队送粪的马车停下来,把闲散的使役牲畜利用起来,借给每户三头次的牲畜供社员轧面,人口少的借给毛驴,人口多的借给骒马，对此社员们无不欢欣鼓舞，一桩难题就这样迎刃而解了。大车老板子和大畜饲养员有点不赞成，担心把牲畜用过力，但他们拗不过队长，轧面时他们每天监督着轧面人。有的社员逮着生产队的牲畜总想借此机会多多轧些面，把牲畜累得大汗淋漓，大车老板子或饲养员很不高兴，轻者说几句责备的话，重者要向队长报告，队长还要批评这个人几句，给大车老板子或饲养员出出气。人口最多的户用骒马轧三次面也基本能满足用面的需要，人口少的用不了三次就够了。有了第一次就有了依赖性，第一年社员很感激，第二年不这样做社员就不满意。后来每年都坚持这样做，形成了惯例，就如同国家干部的工资一样，在正常情况下，涨上来的工资如果再降下去，就会令人不满意。生产队的"小政策"也是如此，一些有利于社员的政策，出台了就难以再收回。上述这个"小政策"实际是生产资料潜能的挖掘和利用。

到了每年的春种季节，社员们老早地把自家的自留地侍弄好，送上粪，粪堆又大又密，至于种什么不用现想早有打算，虽然每人才三分地但寄予的希望还是蛮高的，万事俱备只欠东风，当下想的是早点把地种上。队长似乎十分了解社员们的心思，把生产队大面上的地基本种完，决定把犁杖停下来，放两三天假，让社员种自留地。队长宣布把生产队拉犁的牛、拉磙子的驴和所有春种用的农具都借给社员，让社员们自由结组，三四户结为一组，人口多的要和人口少的搭配。自留地是按人口来的，如果地多的和地多的组合，在两三天内是种不完的，人口少的和人口少的组合人手不够，种地时干活的人打不开点。那时候有的大户自己就能组织一副犁杖，年龄大的老头扶犁杖，老婆儿点籽，年轻的小伙子捋粪，小媳妇打磙子，除此而外还有两三个半桩小子（丫头）打零杂。有的户老的老小的小，那真是老的骑不上能行的马，少的拉不开宝雕弓。像这样的户，靠自己的人手是种不上地的，不过那时人们互帮互助的意识很强，人情味很浓，这些劳动力少的户不用担心种不上地，每年种地结组时总有几户人手多的人家找上门结组，所以劳动力少的户春种时也能顺利地把地种上,有时还把劳动力少的户排在前面。社员的自留地种完了,队长再组织种地的原班人马,进行春种扫尾,分别到山顶地、边角地和偏远地块春种。这个时间不太长,最长不超五天,一般三四天就能种完,春种就彻底结束了。我们生产队最远最薄的地是南梁的长吉拉嘎、梯子梁,北梁的大北沟、转山子,西梁的敖包台子。因为山高、路远、地薄、无霜期短加之送粪困难,也不能种植高产作物,只种点莜麦、小麦、大麦、豌豆等早熟低产作物,管理也很粗放,做不到精耕细作,只是种上地锄一遍趟一遍,就等待秋收。队长很聪明,让社员先把自留地种上,再种这些"兔子不拉屎"的地也不迟,这些地晚种几天对收成也没大影响,还赢得了全体社员的心。集体的虽然也都是社员的,但并不是自己的,自留地虽少却是社员自己的,当社员们的直接利益得到了兼顾时,就满足了他们的要求。个人的地虽然只早种个三五天,但效果大不一样,赶上接墒雨,就能早收三五天,甚至早收的时间会更长一些,就有可能躲掉一场风灾或早霜冻,获得一个好收成。

集体经济时期生产队每年都要给社员放几次假,比如,春种假、挂锄假(农闲假)、打草假、秋收假、腊月轮休假、过年假等。这些假放不放,具体到哪天放,放多长时间都是队长说了算。社员们对这些假日很关注,希望这些假都能放,还希望每个假期放得长一些。在不影响生产的前提下,有的生产队长尽量满足社员们的要求,以此来调动社员们的生产积极性。

上文所述,是生产队长实施"仁政"的实例,其实也是生产队给予社员的小恩小惠,他的伸缩性很大,有好多事都是可办可不办的,办与不办没有规定,办多办少没有限制,好事办的越多,社员得到的实惠就越多。仁政的本身就是一种调动社员生产劳动积极性的有效手段。

生产队长的艰辛 人们往往只会看到事物的一个方面,却忽视了事物的另一个方面,那时对生产队长的看法就是如此,人们只看到生产队长手中的权力和实惠,却看不见生产队长工作中的艰难和辛苦。表面看来，队长是脱产的不参加体力劳动就可以把工分挣到手，却没有看到社员们都在休息的时候，生产队长却在为队里的琐事忙活着，早晨要老早起床到生产队去转转、去看看，看看仓库有什么变化，看看牲畜有什么毛病；早春到山上看看解冻情况，以便适时播种；庄稼出土了看看哪些地块该耪了，哪块地该薅了，以便适时夏锄；入夏看看哪块地该趟了，哪块地该追肥了，那块地招虫了，以便适时田间管理；入秋随时观察庄稼的成熟状况，以便适时收割；到早熟的庄稼地里转转，看看丢了没有，以便及时采取措施；一场大雨过后要看看防洪坝冲毁了没有，山上的土壕冲毁几处，以便适时抢修；冬日看看母羊产羔、成活情况，以便加强管理；夜里下大雨要第一个起来观察雨情，采取相应的措施；秋收季节半夜里起风队长要老早起床催促社员起早做饭，起早上山抢收。社员家刚吃早饭队长早已经在饲养处候着了，晚上开会要第一个到场，开完会还要安排第二天的生产，要最后一个离开会场，回到家里脑袋枕在枕头上也不能马上入睡，还在想着生产队的事。

　　自己家的活顾不上干，年节也休不踏实。那时，人们认为体力劳动才是真正的劳动，而脑力劳动不算劳动，人们往往注意到劳动时队长可以不顶岗，累了有一些躲闪，社员们劳动时，队长可以这看看，那转转，却没看到社员们回家做家务、休息时，队长还在想着、干着生产队的事。一个家庭随时都会有事件发生，何况一个生产队几十户人家、几百口人、几百头牲畜、几百亩农田，突发事件时有发生，一旦有了突发事件，队长正在吃饭要撂下饭碗、正在睡觉要赶快起床，马上赶到现场。算起来挣的工分也不多，如果按着队长实际付出的劳动记工分，要远远超出给他的固定工分。生产队长内心的难处没有几人知晓，工作中的艰辛没有几人理解，只有从事过这项工作的人才会有切身的体会。

　　生产队长的素质　　生产队长这个"官"，虽然在学历上没有要求，但在某些方面的素质要求是很高的，有时要比党政机关的科长和一些事业单位的环节干部素质还要高。首先要会种地懂生产，其次要会管人。

生产队长是个好汉子不愿意干，赖汉子干不了的活，不仅在社员中得有威信、有人缘，还得具备管理人、财、物的能力，办事公平合理，敢说敢做不怕得罪人，而且家庭出身还要好，雇农和贫农成分的可以当生产队长，中农成分的如果被选上了，也只能当副的不能当正职，富农和地主成分的不能选为队长。

被生产队长管的人，都是在一起生产生活的人，有的甚至在一起混了几十年，有近亲、有远亲、有朋友、有近邻，还有不沾亲、不带故的人，当队长的能把这些关系理顺了、摆平了就要耗费很多的心思，有些事情虽然没有达到牵一发而动全身的程度，但也是拽着耳朵腮动弹，处理不好就会失去平衡，就会给他人留下把柄，给社员造成不好的影响，挫伤社员的积极性。生产队的所有事情都与每个社员息息相关，不可马虎。还有社员的衣食住行看似平常小事，在那时都是大事，非同小可。

有人看不起生产队长这个职务，贬低队长形象，其实在集体经济时期，生产队长很重要，一个生产队几十户人家，几百口人的管理，靠的是这个当家人；生产劳动的组织管理，也要靠这个当家人；农牧业收入的高低，除了"老天爷"还要靠这个当家人；生产队这个经济肌体的运转更要靠这个当家人来把控。队长是社员选出来的，社员们在选举时也要为自己负责，虽然在选举时持有不同观点，但也绝不会把一个"刺头""二流子""五毒俱全"的人渣选为队长。那时我当过大队会计，与九个生产队的队长都有过很多工作接触，给我的印象他们的个人素质都是比较高的，论本质都是好的或比较好的。当然论工作能力和水平参差不齐，这样或那样的缺点还是有的，比如有的工作方法简单，有的不善于团结，也有的私心过重等，但就其整体而言，好的和比较好的占绝对多数。

生产队长的苦衷 生产队长的甜酸苦辣，别人是难以体会到的，每当办完了一件大事、每当完成了一项大的工程、每当有了一个好的年景，队长那种喜悦的心情难以言表，这就是甜。当做对了一件事情，社员们不理解；大队摊派的劳力社员不愿出，摊派的物资社员不愿拿；上边的政策，社员们认识不了；正常的一件事，被有的社员歪曲，队长内心的那份苦别人是难以感悟的。人们看见的是队长手中的权力，认为张嘴说了算，却没看见队长遇到疑难问题时的苦衷。比如，大队给一户救济款的指标，你给了张三，李四有意见，你给李四，张三有意见。谁得了救济款也不会领情，认为这笔救济款非他莫属，你却把没得到救济款的人得罪了。如果你把一户的救济款一分为二，张三李四一家一半，两家都有意见，都说该我一家得的却分给了两家，况且政策不允许。但是只要你心里是公平的，误解和委屈都是暂时的，终将会被人们所理解，心底无私天地宽。绝对的公平合理谁都做不到，老百姓常说的一句话就是"差尺不差丈"，说明绝大部分社员是理解的。秋天一场旱灾或一场早霜冻，把一个即将丰收的年景瞬间变成了一个大灾年，社员们辛辛苦苦干了一年，收获的却是轻飘飘的谷穗，秕秕的玉米和豆子，无花少果的荞麦，作为队长那种心情别人是无法想象的。每当看到社员们吃了上顿没下顿，大人孩子端着满碗的菜糊糊却无力帮助，作为队长那种心情是可想而知的，远远比自己吃不上、喝不上还要难受得多，这种情感和责任感的折磨只有队长才能体会得到。

生产队长的甜头 当生产队长也能得到一些甜头，不然就没有那么多人争这个"官"了，队长的甜头廉则少，贪则多。下面列举的都是正常情况下的甜头。生产队来了客人公费招待，队长陪着吃点喝点；在家里公费招待生产队来客，老婆孩子跟着吃点残汤剩饭，还能刀前刀后盆里盆外的剩点；还有每年至少有一半的社员家请队长吃饭，有过年过节亲戚朋友想联络一下感情的，有求队长办事希望给个方便的，有事后答谢的，也不乏溜须拍马的想拉拢关系的，有社员家过年杀猪请吃顿杀猪菜的。有些社员平时家里没有条件请队长吃饭，趁着过年过节有面、有肉、有酒的时机想表达感情的，这些都是当队长才有的待遇。另外，生产队分东西时即便队长家的大人不到场，也不会分到档次差的，更不会出现缺斤少两的情况。队长办事比普通社员方便了许多。

我曾经当过两年生产队长，体会过生产队长的滋味。那是一九七三年,当时我十九岁,由大队领导提名全体社员举手通过,我被选举为水泉西生产队队长。副队长叫付宝珠,长我十二岁,中农成分。我年龄小,他成分不太好,所以我们俩做起事来都谨小慎微,"夹着尾巴"做人。谁家请喝酒,主请当然是我了,但是这个主宾的位置我不能坐,要长幼有序,要让年龄大的长辈坐,自己找一个不上不下的位置坐。东道主敬酒时,即便是先敬我,自己也是不能接受的,要谦让给年龄大的长辈。对社员我要称呼尊称,该叫大爷、大娘、叔叔、婶子、大哥、大嫂的,我不但要照常称呼而且叫的声音要更大、更热情一些,否则,人们会说你当上队长了高高在上、六亲不认、老少不分。当了队长不能以"官"自居,更不能高高在上,要更加谦虚谨慎,农村很讲这个。

我虽然务了几年农,但驾驭整个生产队的农业生产,还是心有余而力不足,所以经常征求老农们的意见,尽量发挥副队长的作用,我和我的副手配合得很好,时常他家做点好吃的,就把我叫去边喝边吃边唠着队里的事。有些事举棋不定自己拿捏不准的,要相互沟通一下,大事难事要商量一下,我们都能各抒己见,有时还争论得面红耳赤。那时候虽然没有太多经验,但却有使不完的劲,脑海里有那么多宏伟的目标,想着把河滩垫成平地,想着把荒山变为良田,想着把泉水引到山顶,想着把沟壑修成水库……当然,工作中也会遇到一些不愉快的事,但回想起来还是蛮有味道的,那时每天都有想不完的事,每天都是精神饱满、劲头十足,每天都那么充实。

简而言之,生产队长像个变形金刚,在不同的环境、不同的场合变成不同的角色。他扛着生产队的大事,是社员的依靠,这时的队长是社员的"主心骨";社员有事想不通发发火、撒撒泼,这时的队长是社员的"出气筒";社员说的好赖话都要听,还要装在肚子里,这时的队长是社员的"泔水缸";某些工作大队压、社员顶,这时队长是块"榨豆饼"。

生产队长是新中国初期阶段最基层的"官"。有了他们,党的方针政策才能得以顺利实施;有了他们,政府的各项任务、生产指标才能落实到千家万户。他们是沟通政府与百姓的桥梁,是推动生产力发展的杠杆,是推进人类社会进程的助推器。

预防早霜

　　每年春季出现的霜为晚霜,春季最后一次出现的霜叫终霜。在每年入秋以后发生的霜称为早霜,第一次出现的早霜叫初霜。从春季的终霜到秋季的初霜这期间称为无霜期,无霜期越长对庄稼生长越有利。在天气寒冷、晴朗无风、温度在零度以下的夜里,接近地面空气中的水汽直接凝结在庄稼上的白色晶体称作白霜。温度在零度以上,空气中的水分在庄稼上凝结成露水,当温度降低到零度以下时露水便形成白露,也叫冻露。日夜平均温度在零度以上,土壤表面空气中的温度发生短时间的降温,当温度降到零度以下时出现的一种看不见的霜冻现象称为黑霜也叫霜冻,当地面湿度过大时也会出现白霜。

　　集体经济时期每年秋季生产队都要进行防霜,在霜冻即将来临时,公社大队都要提前通知各生产队,并要求各生产队做好防霜准备及时预防。其实队长和那些老庄稼人也能观察到霜冻的前兆,所以每当进入防霜冻的季节,队长就提前做好了防霜准备,把羊草和夏天从谷地里拔出来的芰子运到霜口处和庄稼地头上。

　　夏季人们把在谷地拔的芰子有意地集中放在地头上晒干留着秋天防霜用。由于这些芰子拔下来时还没充分纤维化,不易点燃不起火苗,所以要用一部分干羊草引燃。

　　霜冻一般都发生在早晨四五点钟,霜冻来临的前一天晚上队长就做了周密的部署,确定并通知防霜人员,明确防霜地点,提出有关防霜要求。四点多钟一声哨响,参加防霜的社员们迅速起床披上棉衣,按着预先布置好的位置直奔各自的防霜地点,做着防霜前的各项准备。首先测试风向,然后把防霜用的柴草堆在庄稼地的上风头,待冷空气即将降临时便迅速点燃柴草。引燃的芰子不起火苗冒着滚滚的浓烟,浓烟随风飘在庄稼地的上空,把冷空气挡住或赶走。用烟雾防霜,还真灵,只要防过霜的庄稼都能躲过霜冻这一劫,使庄稼免受霜冻之灾。所以过去晚秋的时候总会在庄稼地头上看到一堆一堆防霜燃过的柴草灰。这种办法防霜成效比较突出,投入不大且效果明显,但要掌握好点火的时间,不能太早了也不能太晚了,要把握好时机。

早霜要比晚霜可怕得多,农作物即便被晚霜霜死,还有翻种的机会,轻微的早霜影响庄稼的生长和粮食产量,重度早霜能把农作物霜死冻死,且没有补救措施。早霜降临的时候从春种到夏锄整个田间管理全部完成,种子、化肥也已全部投入,遭霜冻灾害的庄稼又不能翻种,所以人们把早霜称为苦霜。

当时的防霜办法对轻霜比较有效,对严重的大面积霜冻灾害几乎不起作用。记得有一年谷子刚灌半浆,玉米的籽粒里面全是白色的浆汁,这时发生了一场严重的霜冻,有七八成的庄稼被霜死。霜死的庄稼叶子像用开水煮了一样,起初成铁青色,干了以后变成惨白色,风刮庄稼时干叶子沙沙作响。霜死的玉米颗粒瘪瘪的,玉米粒附着在棒子瓢上搓不下来,即便是搓下来的玉米粒也轧不出面来,全是玉米皮子,没办法只好把秕棒子连瓢带颗粒一起放入粉碎机里打碎喂猪,有的干脆把这些秕棒子扔在院里让猪随便啃。被霜死的谷子轻飘飘的,连三成的粮食也收不到,而且秕秕的,全是扁扁的小阴米,吃着发柴还不出数。霜死的荞麦只剩下一根红秆,直挺挺地站在地上。豆子秕秕的,全部做了牲畜的料粮。霜冻对土豆影响不大,此时土豆已基本成熟。那一年因大面积的早霜灾害致使全大队都吃了返销粮,我们生产队每人吃了二百六七十斤的国家返销粮。会计、保管每隔一段时间就要挨家挨户的收买粮款,每隔二三十天大车拉着会计、保管到老府粮站买一次返销粮。那年,到年根的时候我们家也和往年一样杀了一口猪,和往年不一样的是猪肉除了留几斤过年,剩下的全卖了,又从两个亲戚家借了一百多元钱,借的钱和卖的猪肉钱都买了返销粮。

护秋保粮

　　护秋就是确定专人看护庄稼,护秋员也叫看青的。集体经济时期每年从庄稼灌浆到庄稼进场,生产队都要安排两个护秋员,负责看护满山架岭的庄稼,两个护秋员各有分工,一个人负责北山,一个人负责南山。护秋员的选择是很严谨的,要选择那些工作认真敢于负责,不怕得罪人,肯下辛苦的人。护秋员,有的是队长指派的,更多的是社员推选的。那时候,我们生产队有两个最合适的人选,人称"铁面包公",一个是宋国忠,一个是我的叔伯哥崔玉祥。无论是谁来偷粮,只要被他们两个抓到,都不会被私自放过。所以爱偷东西的人也都很怵他们。他们两人做了很多年护秋工作,有时换个人干上一年,发现还是不及他们二人,下一年这副重担还会落在他们的肩上。

　　由于多年搞护秋工作,他们积累了很多经验,对重点地块、重点人员、重点时段进行有效设防。一是他们把周边庄稼地作为重点,防止外生产队人员来偷粮食;二是对爱小偷小摸的人进行重点防控;三是注意挖山野菜人员的行迹,防止借机在野菜筐子里面藏粮食;四是抓住重点时间,早、晚和中午吃饭时间。有时他们在村屯的暗处洞察,有时藏在庄稼地里窥视,有时站在山的最高处观察。他们看到挖山野菜的快要进村时探头探脑地四处张望,或者观察他们行为举止很不自然,就要走上前去把筐子里的菜翻个底朝上,装野菜的口袋也不放过。一旦翻出粮食,全部没收,还要把人交给生产队长处理,或者把事件向队长报告,由生产队长处理。在歉收年份护秋员更是百倍防范。他们每天手里都拿着个镰刀,我想可能是用于护身。

　　生产队长每隔几天也要到山上查看一圈,一是看看庄稼熟了没有,二是检查一下护秋员的工作。即便如此防范,每年生产队也要丢一些粮食,不怕贼偷就怕贼想,只要被贼惦记上了就难保全。实际每个村都有那么几个手脚不干净、爱偷东西的人,大家心知肚明,心照不宣。有的人几乎见着什么,只要方便就偷什么。粮食,他们偷;瓜果蔬菜,他们也偷;生产队的东西他们偷,个人的东西他们也不放过。他们偷东西也有一套章法,选择最佳的时间,选择最佳的地点,选择最佳的偷盗方法。有的把粮食放在羊草捆里,有的把粮食放在菜筐子底下,有的把粮食放在菜口袋底下,有的把偷到手的粮食放在山上藏起来,等待风声过后再拿回家。每当生产队和个人丢了东西,他们首先是被怀疑的对象。但那时想着生产队庄稼(粮食)的不仅仅是这些人,有些人想偷但胆子小,有些人想偷却没合适的机会。那时候人们对入户翻(搜查)东西习以为常,被翻(搜查)的人没有任何想法,没偷东西的人心里坦荡,想证明自己清白,不怕翻(搜查),偷了东西的更无话可说,所以那时生产队长随时随地都可以带着几个人到各家各户搜查丢失的物品。他们翻(搜查)东西时也是有重点的,对本分的人家只是走走过场罢了,对重点怀疑对象翻查(搜查)的更仔细一些。

在集体经济时期,有些人为了把集体的东西弄到手,绞尽脑汁、挖空心思地算计着集体财物,其中一招就是用鞋子往家弄粮食。谁都知道鞋子是用来保护脚的,在那个缺粮食的年代,鞋子又有了另一个用途,人们用它往家里弄粮食。打场阶段,一打就是二十多天。打谷子、糜子、黍子、莜麦、荞麦、玉米等,一些社员在这时换上了又肥又大的鞋,有的甚至连袜子都不穿,有的社员却穿上了冬日里冷天才穿的毡疙瘩,穿黄胶鞋的还把鞋带松开,这些人专门往粮食堆里站,到歇着的时候就往家里跑,到家赶紧把鞋里的粮食倒出来。一双鞋最少也能倒出一斤多粮食,如果是穿毡疙瘩,每次至少也能倒出四五斤粮食,一天按四次算,最多能装回十几斤粮食。就是一双普通鞋一天也能装回五六斤粮食,粗略地算,二十多天少则装回一百来斤粮食。不太缺粮的人家,将弄回来的粮食用来喂鸡、猪、鸭、鹅等。缺粮的人家还舍不得喂猪鸡呢,要和家里的粮食放在一起留着人吃。后来,生产队长发现了这个秘密,开会强调严禁穿毡疙瘩打场,但普通鞋是没办法限制的,总不能让人光脚打场。

在有些人看来,队里财物只要没分到个人手里,就是公家的,至少不全是个人的,只有把集体的变为自己的才是最直接最实际的。现在回头想一想,缺粮吃不饱肚子,经济条件差,经营体制不合理,是造成这种局面的主要原因。

人民公社时期,每个生产队都有一个用木头做的粮食印子,长四十公分,宽二十八公分,厚三公分,板子的正面刻着"粮满仓"三个大字,和手章一样字是反的,印出来的字是正的。板子的背面钉一个把,用来握着盖印的。秋天打场时,天太晚了粮食收不进仓或来不及给社员分下去,成堆的粮食就得在场院里过夜。一大堆粮食在场院里放一夜,如何才能保证粮食安全?为了检验粮食在场院里是否丢失,队长用这个粮食印子,在粮食(谷子)堆上面,像盖章似的盖上一圈印子。第二天早晨,队长要当着看场人的面检查粮食堆上印子的印迹,如果印迹还清晰地印在粮食堆上,表明粮食没有丢;如果没有了印迹,队长就要追查原因。不是因为刮大风或是有人偷拿粮食,印迹是不会消失的。

这个印子一般都是由队长保管,盖印子也由队长来盖。粮食储存在生产队的仓库,队长还要把粮食印子印到粮食的上面,特别是对那些种子、特殊粮食都要盖上印子,防止保管弄丢。如果队长和保管合伙做手脚,这个印子也就不起什么作用了。我记得有几年这个粮食印子由贫协代表来掌管,表明人们对集体粮食安全的重视。从粮食印子这个小事情可以看出,人民公社集体经济时期,对粮食的管理保护是何等的重视,真的是想尽了一切办法,也不难看出粮食在当时的重要性。

兴修梯田

前面提到,我们村是个山村,绝大多数耕地都在南北山坡上,坡地不保水不保肥,甚至每年的地表熟土也要冲走一些。为了把坡地变为平地,从六十年代中期开始修水平梯田。在每年的秋季,把庄稼收割完拉进场,关上场院门,大队就开始组织修梯田。为了集中连片、形成规模,把九个生产队的劳力集中到某一个生产队修梯田,人们把这种形式叫做"修梯田大会战"。任务是按照每个生产队的劳动力数进行分配的,地块整齐的按照生产队的排序从梁根往梁上排,地形复杂的就采取抓阄的形式来抽取地块,抽哪修哪。一年完成一到两个生产队的梯田建设任务。各生产队一律三自,即"自办伙食(自带干粮),自带工具,自记工分"。

那时候人们对水平梯田的认识还是蛮高的,因为在同样的年景、种植同样的作物、采取同样的管理措施,梯田的收益要比没修梯田前的坡耕地单位面积产量提高百分之三十以上,所以队长和社员们对修梯田没有抵触心理,人们争论的焦点是先给哪个生产队修。凡事都有个先后,如果大队领导们没有私心,排序的问题也不是个问题,让大家没有意见的办法他们是有的,比如用抓阄的办法来决定先后次序,队长们肯定无话可说,社员们也会口服心服。可偏偏就由大队领导们主观确定,恰恰还从大队领导所在的生产队开始,有很多生产队长和社员们有意见,认为大队领导有私心。不管怎样有意见,最后还是要按照大队领导的意见办。好在那时候的生产队长很听话,不但服从领导,而且回去还要做社员的思想工作。

每年修梯田大会战开始的时候,大队都要召开一次生产队长会议,把大队班子商量的意见通报给各生产队,主要是确定修梯田的地点、分摊任务、开始时间、质量要求等。

到了"开战"那天,各生产队都不含糊,社员们早早地带上铁锹、扁担、抬筐、镐头、拍板等,扛着一面鲜艳的红旗,到了山上将红旗插在制高点上,九个生产队加上大队的那面红旗,十面红旗迎风招展,甚为壮观。人们的说笑声,工具、石块的碰撞声交织在一起,山坡上人欢马叫,人们早已把谁先谁后的问题抛在脑后,在指定的地块开始了紧张的劳作,人们争先恐后、争分夺秒比着赛干得热火朝天。队与队之间也在比速度、比干劲、比质量。有的生产队为了加快进度,把六七十岁的老人和十几岁的小半桩子也动员到山上。社员们起早贪黑想着早一天完成任务回去打场。那满场院的庄稼可是社员们一年的收获,生产队长更是心急火燎,怕下秋雨庄稼返潮不好打,又怕粮食着湿变质没法吃,也怕征购粮卖不上价。

大队干部也亲临会战现场,既当指挥员,又当督察员,也当质检员,有时还当"战斗员"。他们随时掌握各生产队的进度、质量,发现哪个生产队质量差、进度缓慢,便及时要求采取改进措施。发现速度快、质量高的,就随时组织现场参观,将好办法加以推广。

距会战现场最远的生产队有七八里路,那时候没有交通工具,都是步行,早晨步行出,晚上步行归,下工时把工具寄存在附近的社员家。中午个人带饭或就近找户人家办伙食做顿饭。给哪个生产队修梯田,就由哪个生产队提供开水和办伙食的烧柴,有时还给提供点青菜。

六七十年代我们那里修的都是水平梯田。田埂高一米半到两米不等,梯田的宽度视耕地坡度的大小而定,坡度越大梯田越窄,坡面不太复杂的缓坡地,梯田可适当宽些。梯田的长度因地而宜,田埂越高说明原坡面坡度越大,动土量就越大。梯田质量的高低取决于梯田地面的水平度和田埂的坚固度及埂面的光滑度。修梯田筑埂时人们为了把埂面拍实、拍光,还特制了长一百五十多公分、宽十五六公分的木头拍板,专门用来拍打埂面。这个活既是个力气活又是个技术活,为了使田埂坚固,筑埂时有专门在埂上踩土并负责修理田埂曲直的,所以筑埂的人一定是个巧人、能人。修梯田一般都在耕地上进行,所以在筑埂和平整田面时要把地表熟土刻意地堆放在一边,用生土筑埂和平整田面,待田面平整后再将熟土均匀地回填在田面上。

梯田修好后,还要把梯田装饰一下,在梯田埂的立面上用白灰书写振奋人心的口号。例如,"备战备荒为人民""深挖洞,广积粮,不称霸""水利是农业的命脉""农业学大寨,工业学大庆,全国人民学解放军""抓革命,促生产""以粮为纲,全面发展""先治坡后治窝,先生产后生活""一不为名,二不为利""一不怕苦,二不怕死""与天斗,其乐无穷;与地斗,其乐无穷;与人斗,其乐无穷""下定决心,不怕牺牲,排除万难,去争取胜利"等等,这些口号大多是毛主席语录。半个秋季的时间,一片山地变成了整整齐齐的水平梯田,远远望去很是壮观。

五十年代末山西省昔阳县大寨大队,在狼窝掌上修筑了三十亩高标准的水平梯田,亩产粮食达到了七百斤,堪称奇迹。在五十年代后期,国家制定一个《全国农业发展纲要》,提出黄河以北粮食亩产要达到四百斤(称为达纲要),黄河以南长江以北粮食亩产要达到五百斤(称为过黄河),长江以南粮食亩产要达到八百斤(称为过长江)。位于黄河以北的山西省大寨大队,水平梯田粮食产量亩产达到七百斤,让国家领导人看到了新希望,于是毛主席号召"农业学大寨"。全国各地农村掀起学大寨的高潮,学大寨人战天斗地、苦干实干的精神,学大寨人修的高标准水平梯田,学大寨人在青石板上建良田、创高产。那时候在老百姓心目中,学大寨就是学修梯田,修梯田成了学大寨的代名词。

据史料记载,梯田起源于古代,阪田是梯田的雏形,距今三千多年。梯田修筑历史悠久,世界各地均有。梯田分四种类型:一是"水平梯田",沿着山的等高线每隔一定的宽度修筑田埂,并把田面整平,形成水平的阶梯农田,这是最常见的一种,也是保水、保土、增产效果较好的一种;二是"坡式梯田",在坡耕地上隔一定的距离沿等高线修筑田埂,埂内地表不加平整,仍保留原有坡度,也称顺坡梯田,利用田埂保土蓄水;三是"隔坡梯田",梯田与自然坡地一并设置,即上一阶梯田与下一阶梯田之间保留一定宽度的原山坡地,既不平整也不种植,作为下一级梯田的集水区;四是"反坡梯田",梯田田面坡向与山坡坡向相反,田面微向内倾斜形成三至五度的反坡梯田。反坡梯田具有较强的蓄水保土能力。

查阅资料才偶然发现,实际我们村原来的坡耕地上的荒界子都属

"坡式梯田"，这些梯田可能在开垦耕地时，人们就把梯田的埂筑上了，但是后人不了解这个过程，也不认为这是梯田，也不知道它的来源，所以就把这些"坡式梯田"统称为坡耕地，把那些梯田埂子统称为"荒界子"，人们以为那些荒界子都是自然形成的，实际那些荒界子都是先人在耕作时修起来的，以减少水土流失，只不过没有进行田面平整。由于这些田埂修筑时间久远，田埂的背风面风积了很多熟土和粪肥，那些"荒界子"凭着土壤肥沃、通风透光良好的生长条件，长满了杂草、灌木，甚至零星的榆树杨树等。每到立秋后，庄稼收割前，人们都要把"荒界子"上的杂草割下晒干，作为冬春季节牲畜的饲草。细想，先辈们很会利用土地资源，做到了农牧结合，农牧互补。

现在看到的各生产队一坡一岭的水平梯田都是在六十年代中期和七十年代初期修建的。从那时起才有了真正的水平梯田，并形成了一定的规模。梯田是坡地水土保持工程的重要措施之一，它可有效地防止水土流失，创造良好的水土生态环境，有利于耕作，提高单位面积农作物产量。

修河会战

记得童年时自家的门前有一条弯弯的小河，清澈透底，河水不深，非雨季节，最深处仅有半米，浅处二三十公分，宽几米到十几米不等，河水四季不断。河套两边长满了天然落种的河柳、杨树和榆树，河滩上长着绿绿的青草，时不时地还有几头驴、几匹马、几头牛或是几头猪光顾这里，它们摇着尾巴悠闲地吃着青草；河里有鱼（泥鳅、白漂子），有蛤蟆（青蛙）、小虾，有时人们拿着盆子、笊篱到河水里捞蝌蚪喂鸡，或是到河里抓一些小泥鳅，做一顿干炸小鱼。到了雨季，水量就大了许多，人们在河水里洗衣、洗菜，男孩们在河水里洗澡，嬉戏。人们在山上劳作收工回家，路过小河的时候，总要在河边停留一下，放下手中的农具、烧柴、野菜，洗一下沾满泥土的手和挂满尘土的脸，一来省水，二来省事，也很惬意。到了夜晚,月光不停地在河水里有节奏地晃动,河水发出哗哗的流淌声,蛤蟆发出呱、呱、呱的叫声,人们就在河水的流淌声和蛤蟆的鸣叫声中酣然入睡。现在回想起来,还真有点小江南的味道呢!在河的上游,修上一条引水渠,还能浇地。

到了冬天,小河能结出几十米宽的冰面,凸起的冰包能达到两米多高,淘气的孩子们把冰包凿一个洞,做个煤油灯,在家里偷点煤油在夜里点着,像一个大型的冰灯,甚是好看。到了傍晚,半桩小子和半桩子丫头们到冰上去玩耍,有打冰出溜(滑冰)的,有站着滑的,有坐冰车滑的,没有冰车的就靠跑时的惯力坐在一个光滑的石板上,也能滑出很远,玩得开心极了。

好像过了几年,由于村民搭房盖屋,生产队搭牲畜圈棚、制作农具、家具等,致使河两边的树减少了很多,河水逐渐变小了,小鱼也逐渐消失了,小虾也没有了。又过了几年河水干涸了,变成了洪水的河道,发洪水时就有水,不发洪水时就剩下一条又宽又长的干河套。原来小河的哗哗流水声,变成了洪水来临时冲击石块哐哐作响的怒吼声和哄哄作响的咆哮声,原来长满绿草的河滩上布满了大小不等的干石块。后来才知道这种变化不是河道自身的问题,都是山上植被急骤减少,水位下降惹的祸。过去也发过洪水,但没有那么凶猛,危害也没那么大。

小河的消失破坏了自然环境整体结构的和谐。比如,有青青的山、绿绿的树、方方的田却没有那弯弯的河,反倒多了一条堆着乱石的干河套,极不协调,大煞风景,感觉很不舒服。当这条小河存在的时候,人们并没有发觉它给人们带来多大好处和方便,当它消失的时候人们会感到莫大的缺憾,当它变成另一种状态出现的时候,甚至对人们的生产生活乃至生命造成危害和威胁的时候,它会变得十分可怕。

六十年代中后期,与我童年时期相比发生了很大的变化,天旱不下雨,有雨就成灾。山陡、山秃不能有效拦截雨水,所以每当天降中到大雨都会暴发山洪,山体被雨水冲得遍体鳞伤,像被挠破的脸出现了道道伤痕。雨前一条不到一米宽的小沟,一个雨季过后变成了一条又长、又深、又宽的大侵蚀沟,山间小路被冲断了,人们不得不另辟新路,绕沟而行了,一块整齐的农田,雨季过后,变成了两块。

那个时候每年都要重复地做着几件事,如:扎沟,为了截流;筑坝,为了拦洪;修壕,为了引洪;修路,修好被雨水损毁的路,便于送粪、拉运庄稼。河道被洪水冲宽了,平地冲走了,甚至威胁到了村庄。大队在水泉子东南角修了一个几亩地的养鱼池,一场大水过后,鱼池被冲垮了,平均二斤多重的大鲤鱼被冲个精光,两米多深的养鱼池被泥沙淤平。为了抵御洪水的侵害,保住自己的家园,人们不得不与洪水发起抗争,进行河道修理。

秋收过后粮食进仓的非雨季节,由大队组织各生产队的劳力,开始修挡水坝。一批批劳动大军的进驻,第一次打破了河道以往的宁静,人们的说笑声、石块之间的撞击声,在河道里回荡。人们把大的、方的石块垒在了坝的外面,把不成形的和小的石块填在了坝的中间。一个冬季过去了,靠着河的北面(村屯的南面)一条宽约五米、高一米五到两米不等的长坝展现在人们面前,看上去河道整洁了很多,也增添了一道靓丽的风景线。人们在欣赏这个伟大作品的同时,更期待着明年的雨季里它能发挥出人们想象中的作用。

这一年的雨季到了,几场小雨过去了也没有形成大的山洪,挡水坝依旧安然无恙,人们的心中似乎有了几分底气。夏末一场大雨终于降临了,巨大的洪水,从坝顶越过,把拦水坝冲得支离破碎、七零八落,几场山洪过后河坝便荡然无存了,人们想用水坝挡住洪水的梦破灭了,几百人一个冬季的劳动成果,瞬间被洪水冲没了,人们的第一次尝试失败了。

为了整治肆虐的洪水,第一次的失败并没有打消人们与洪水抗争的决心,大坝拦不住洪水,人们试想在河道开一条大槽子,把洪水引入河槽,于是,这年的冬天,人们再次涌向河道开始挖河槽了。在河套的中间挖一条宽十几米、深近两米的笔直的河槽,铁钎磨短了、铁锹用碎了、铁镐用坏了、抬筐被石头磨坏了一大堆,一根拴抬筐的绳子打了七八个结头。人们冒着刺骨的寒风,手被磨出一个个血疱,震出一条条血口,不得不天天涂抹蛤蜊油减轻疼痛。人们忍着血口的疼痛,轻伤不下火线,奋战了一个冬季,一条宽十几米、深近二米的河槽终于展现在人们的眼前,等待着第二个雨季洪水的检验。没有想到的是,一场山洪过后,整个河槽被泥土、沙石淤平了,几百人一冬天的劳动成果又被毁掉了,人们的尝试又一次失败了。

河坝挡不住洪水,河槽盛不住洪水,两次大的失败,人们还是没有气馁,为了挡住洪水,又开始修石笼了。生产队买来了很多八号铅丝(铁丝),编织成一个大的铅丝网兜,把石块装在铅丝网兜里,把几十斤到几百斤的石块集中在一起,形成一个上千吨重的整体,人们想,再大的洪水也不会将这个千吨多重的庞然大物冲走,人们的底气似乎比前两次大多了,认为这回可是万无一失了。可谁都没有料到,洪水将石笼下面的沙石冲走,石笼便沉入地下,这个庞然大物竟卧在了河套的下面。这次的失败,可亏大了,生产队用集体的钱买来的铅丝,也被埋在河床下面,铅丝在当时来说是很贵重的东西,想用弄不到。有个农民想做一个拾粪的叉子,向生产队保管索要,保管偷着给他不到一米长的一段,他当时感觉都给了好大面子了。这次的失败使人力、物力、财力一起付之东流。一次次的失败,为了房屋不被洪水冲毁,平地不被冲走,保住这赖以生存的家园,人们并没有停止治理洪水的脚步,仍在探讨怎么才能控制住如猛兽一般的洪水。

治山会战

修河没有解决洪水肆虐的问题,人们发现洪水来源于山上,于是开始在山上做文章了,在山上挖坑蓄水,这个办法不知是高人指点还是大队的主意,似乎比治河的办法高明了许多。人们在夏末和秋尾时节,带着工具、吃的、喝的，开始向荒山、秃山进军，全大队几百人集中在一个流域或一个山头挖水平沟、鱼鳞坑。水平沟和鱼鳞坑呈品字形排列，每亩地挖几十个水平沟或上百个鱼鳞坑。在沟里修拦水坝，根据沟的宽窄和深浅来确定水坝的薄厚高低，用这些坑坝来拦截雨水。

山头、山坡上红旗招展，人欢马叫很是壮观。到了中午用餐时间社员带的饭五花八门，有荞麦面饼、玉米面饼、莜麦面炒面、玉米和土豆的混合面饼、熟土豆、菜包子等。菜包子是用山野菜做馅、玉米面做皮蒸制而成的，馅很大，不像饭店的肉包子第一口咬不到馅，第二口咬过了，包子吃完了，还没有见到馅。通过这些吃的也展示出各家生活水平的高低。所以午饭时带土豆的、菜包的和混合面饼的就找一个偏僻的地方一吃了之。我们家就是找个旮旯吃那伙的，但我们家也有值得骄傲之处，就是带水的绿色铝制军用背壶，那是父亲参加抗美援朝战争时部队发的，在劳动大军中也算是个亮点呢！人们时不时地用羡慕的眼光看上几眼。

在当时，挖山这种办法与治河相比在短期内也算是一个行之有效的办法，能拦截几十到上百毫米的降雨。作用的大小主要看被挖的山面积的大小，治理面积大控制面大，显然作用就大些，就某一个山头、某一个坡面、某一个流域而言其作用十分明显，洪水的流量也小了许多，确实起到了很好的作用，被治理的坡面或流域也真能达到水不下山、土不出沟的目的。这个办法老百姓比较认可，也取得了一些成效。可三四年过后鱼鳞坑、水平沟、拦水坝全被淤平，每当雨水来临，山洪照发不误，人们又发现挖鱼鳞坑、水平沟、拦水坝也只是权宜之计，非永久之策，还是没有从根本上解决问题。按照当时的劳力情况，每年挖山二三十天，把全大队的山挖上一遍则需二十多年的时间，当挖到第三四年时，第一年挖的山已经被淤平了，这样反复地挖也挖不起呀！人们发现被淤平的水平沟土质发生了很大的变化，土变肥了，土质提高了，土壤结构也和周围的土壤有很大区别，是造林的好地方。也许，过几千年以后考古学家也会拿着小铲和毛刷到漫山遍野的水平沟上小心翼翼地进行考古勘察,还疑为是古墓群呢?

人们在治河、治山的同时对树木有了新的认识,发现树木不但能用于搭房盖屋制作生活用具,还能有效拦截雨水,有树的地方洪水就小很多,形不成大的洪水,所以人们总结经验,来一个长短结合的措施,既挖水平沟又在水平沟里造林。水平沟的积水能促进树木成活,又能加快树木生长,这样可谓一举三得。老百姓有了这样的体会和认识,听说上边也有这样的要求,老百姓的认识和上边的要求不谋而合,认识统一了事情就好办多了。后来才知道,这种做法也称作工程措施与生物措施相结合的治理办法,要求造林必须整地,不整地不造林,而且整地方法也细化了很多,如按照不同的立地类型确定整地标准、熟土回填等。

六十年代末七十年代初,大队为了搞农田水利基本建设,从各生产队按劳动力比例抽调专人,组织专业队(创业队)。专业队设队长一名,队员三十多名。生产队给专业队员每人每天补助一斤原粮,此外还给带些麻籽、黑豆、黄豆、疙瘩白、土豆,轧点麻籽熬疙瘩白、土豆吃,把豆子炒熟了放上盐,腌咸豆当咸菜吃。专业队办集体伙食,吃饭记账,超过生产队补助部分由个人承担。这些人长年在各生产队轮流挖水平沟、修梯田、植树造林、搞农田基本建设。后来就变成了大队的直属专业队,在大队所属的荒山上挖山种树等等,大队负责把每个人挣的工分数介绍到专业队员所在的生产队,由生产队支付工分日值。这个专业队搞了很多工程,因管理不善也付出了血的代价,专业队在大队所属的大石洞子山上种杏核时,晚上下了工,大家在宿舍内炒山杏核吃,有个叫李学的专业队员,不慎多吃了一把山杏核,就把年仅二十岁的生命葬送了。

那些年大会战有三种形式,即跨公社大会战,由县组织,称全县大会战。跨大队大会战,由公社来组织,称全公社大会战。跨生产队大会战,由大队来组织,称全大队大会战。说是集中会战,推磨转圈,欠工补工,实际是一平二调。

我曾经参加过修二道河子水库全县大会战。对一个县来说是一项巨大的工程，从劳动用工到劳动工具都层层摊派下达任务，凡是工地上用的几乎没有不摊派的，抬筐、扁担、绳子、拉土的车子都由各生产队来负责，并按着摊派数量派车送到工地，民工自带粮食，自带咸菜。全大队抽调了很多人参加二道河子水库大会战，在二道河子水库干活，回到自己的生产队领工分，全县三十来个公社都参加了水库建设。二道河子水库的受益者是水库下游和赤峰县东八乡，到后来县里和受益的公社，也没对非受益的公社采取任何补偿措施。

一九七三年公社组织全公社大会战，兴建扎兰营子塘坝。公社按着各大队的劳动力数抽调劳动力，抬筐、抬筐绳、扁担、尖镐、铁锹等，凡是工地用的都要自带。工地上设有会战指挥部，指挥部和各大队在扎兰营子村设有食堂，人们把河套下面的砂石挖出来，抬到坝上筑坝，参加会战的社员腿和脚整天泡在水里和泥里。会战三班倒，昼夜不停，费尽了心思付出了千辛万苦，用了很长时间，只是建成了个很大很大的卵石坑，根本存不住水，那么多人的辛勤劳动付诸东流。即使修成了，受益者也是老西营子大队和姜家营子大队，社员也是在那里干活回到本生产队领工分，公社也没给过什么补偿。

那时大队更是频繁的组织大会战，比如修河、挖山、修梯田等，说是推磨转圈，但是有的生产队到最后也没轮到。但总体来看比全县和全公社大会战还是公平一些。大会战延续了很多年，到二〇〇二年才基本结束。总体来看，大会战确实存在着队与队之间、大队与大队之间、公社与公社之间的不平衡问题，但就大型工程建设来看，大会战起到了不可替代的作用，功不可没。那时，机械化程度低，国家对大型工程投入少，只能靠群众的力量来完成。

植树造林

造林这个话题，应该是个很老的话题，不是什么新名词，但真正能造活一片林子,需要有一个很艰难的过程。在我们老家很早就开始造林了,但那时造林没有苗子,人们把小叶杨树的树枝子砍下来,作为造林用苗,在雨季埋入鱼鳞坑、水平沟里或沟坝上,进行埋干造林,把山杏核埋在树坑里进行直播造林。在我的记忆中当时就是这两种造林方式,成活率极低。山杏核没等发芽就被山鼠给挖出来吃了,到第二年所剩无几,即便能长出几株山杏苗,由于保护不当又被牛羊给吃了。杨树所谓的埋干造林就是将砍下的树枝子埋入土中,由于造林总是在夏季进行,树木已经放叶,萌蘖力差,成活率也很低。如遇雨水较多的年份,还能活几株,雨水较少的年份,除沟道的沟坝上因积水较多能活几棵,其余几乎"全军覆没"。到第二年夏秋,人们把树坑、沟坝上埋的干树枝子拔出来烧火了。所以年年植树不见树,年年造林不见林,在一块地上造了三四次林,仍不见成片的树木,即便能活几株也保存不下来,有幸存活下来的也是小老树,永不能成材。那时大队每年都上报造林数字而且不少,原来不知道,后来我当了人队会计亲自上报各类统计数字,除人口、耕地面积、粮食产量、家畜养殖量、生产队大小畜存栏等数字是真的外,其余大部分是房巴数字(凭空想象的数字)。上报的数字高了,公社统计员就让你往下压一压;上报的数字低了就让你往上提一提,最后以公社统计员敲定的数字为准,可见造林的数字还会有准吗?难怪有人开玩笑说:"有的地方把从新中国成立以来上报的造林统计数字累计起来,连锅台和炕上都是树,有的地方造林面积已经超过那个地方总土地面积的几倍。"

我老家的东面六十多里处有个老府林场,六十年代末七十年代初他们在我们公社造了几片林子,那真是造一片活一片,活一片成一片,成一片绿一片,老百姓羡慕不已。他们造林时有技术员指导,造完林有专门的护林人员保护,护林员骑着大马,很是威风喽。林场的职工每年还能分到很多树枝子。林场在山嘴(地名)征用了一块地做苗圃,育的杨树苗子长得像水葱似的,油松苗子长得壮壮的。后来,听我们大队的"大明白"说:"人家林场种树苗比咱们种庄稼还精细呢,人家把四五寸长、小拇指粗细的杨树棒(杨树插穗),按照一定的距离插在地里,杨树苗就长出来了。油松种子不播在垄沟里而是播在了土台上(育苗床),用喷壶浇上水,过几天苗子就出来了,他们还定期给苗子上粪(施肥)、浇水、打药。"似乎从那时候起我们那里的人才对育苗、造林有了一些初步的了解。

记忆中,在七十年代初期,才有了第一次油松的植苗造林,真可谓大开眼界。大队给我们生产队发了几捆用草袋子裹着的油松苗子,湿漉漉的,根上还带着黑黑的泥蛋蛋。还派了技术员作指导,按着技术员的要求,队长让木匠制作了栽树用的木榔头。栽植采用"三埋两砸(或两踩)一提苗"的方法,栽植时把苗木剪根沾浆(保湿不窝根)。你还真别说,成活率蛮高的,达到60%以上,那是我第一次见到这么高的造林成活率。后来我才发现,有些地方也过于教条了,比如,夯实用的木榔头,完全可以用其他工具代之,如镐头之类。那是我们生产队造林技术的一次突破,至今那片树还长着,已经成材了。后来,用树枝造林的办法就逐步被实生苗造林所取代,不过,彻底取代那是几年以后的事情了。改为实生苗造林后,树种也增加了许多,有赤峰杨系列、油松、落叶松、沙棘、山杏等,造林成活率也随之提高了许多,雨水多的年份,成活率会更高一些。

在我们这个地区,国有林场和国有苗圃不仅仅在治沙造林、治山造林、保护森林、苗木培育等方面做出了突出的贡献,而且还对集体和个体造林起到了示范作用,对造林实用技术的推广起到了积极的推动作用,为集体和个体造林用苗起到了保障作用,为改变树种、林种结构做出了很大贡献。赤峰的林业生态建设成果有他们的功劳,功不可没。国有林场造林育苗的事对我产生了很大的影响,所以我念大学时,报的是林学专业,毕业后想当个林业技术员。天不遂人愿,毕业后一直做林业行政管理工作,一九八七年我任赤峰市林业工作总站站长,工作性质由原来的林业行政管理改为林业技术推广，所以我就想为家乡造一片像样的林子。我找到了自治区三北站的领导汇报了我的想法，三北站的领导表示支持,同意在我的老家搞一个林业推广项目(落叶松造林技术推广)。自治区林业厅三北站齐振邦站长亲自到实地勘查,地点确定在大队所属的大阴坡,那里的立地条件较好,符合落叶松的生长条件,面积一千多亩,自治区三北站投入了六万元技术推广补助费,我们站承担造林规划、造林技术指导、造林苗木(落叶松)筹措和造林后的生长观察数据记载等。一九八九年落叶松造林项目顺利完成,成活率在80%以上，长势良好,是当时全大队人工造林面积最大、成活率最高的一片,完成了我的一个心愿。由于造林地权属系大队所有,所以造林后的林权归大队(村委会)所有。二〇〇八年搞了一次间伐,前几年听老乡说:"大队要卖这片林子,我还真有点心疼呢!"

封山育林

现在提倡封山育林、育草,六七十年代只提倡封山育林,所谓的封山育林就是划定区域,禁止打柴、放牧和破坏植被的各种活动。封育区确定之后，在封育区的边缘埋上木制或石制的标牌，一是作为封育标志,二是明确封育区界限,三是起到宣传警示作用。那时我们生产队在封育区的边缘埋的都是长约两米、直径约二十公分的圆木,一头埋在地下,另一头削成三棱锥形,在三个平面上用红漆分别写着"封山育林""禁止砍柴放牧""违者严厉处罚"等字样。与此同时,在生产队部张贴封山育林公约,确定专兼职护林人员。

人们在经过一次次尝试后发现,不但树木能有效地拦截降雨,而且蒿草也能拦截降雨,草多草密的地方效果会更加明显。不知是政府的号召,还是大队的统一组织,从那时起,每个生产队都建立了一到两处封山区,大队也在大石洞子、大阴坡、敖包山等三处建立了封育区,而我们生产队则在砬同子沟建立了封育区。

　　一处兔子不拉屎的石质山地,经过几年的保护,封育区里的草长到半人多高,草的品种也多了,树木也随之长了起来,如平榛、山杏、榆树等。雨水到了那里也真的减缓了速度,部分雨水渗到地下,减少了地表径流,人们真正认识到封山育林、育草是一个投资少、见效快、效果好的办法。草长得少的年份和极端缺柴的时候,对封育区进行开山(就是有计划、有时间、有组织到指定的封育区内进行打草、砍柴),开山砍柴时有专人监督,只能打草不得砍树,这项活动都在秋冬季进行,秋季打草,冬季砍柴,开山结束后再封起来。

　　通过封山,恢复了原来的林草植被,原来的光山秃岭,又恢复了往日的生机和活力。风刮山石阴森森的可怕怒吼声不再出现,只有微风吹树叶、花草发出的沙沙响声。小鸟又回来了,在这里搭窝筑巢,繁衍后代,组成一个个幸福的"小家庭",过着"小康"一样的生活,它们欢快地唱着、跳着。野鸡、沙鸡、嘎啦鸡在这里发出咕咕的鸣叫声,向它的异性伙伴发出阵阵的求爱信号。兔子在这里奔跑着,狐狸在这里出没,就连多年不见的狼也时不时在这里露上一面。

　　有人不禁要问,那么好的效果为什么不都封上呢?甭说都封上,就是多封一些也做不到。那个时候每个生产队都有几百只羊、几十头牛、几十匹马、几十头驴和骡子,社员也饲养着驴、骡、羊等,它们得活着,这几百张嘴都要吃东西,还有二百来人的做饭、取暖用柴等。那时烧柴没有可替代的,不像现在有钱拉点煤取暖,买点煤气做饭,用电饭锅焖饭,买点熟食等,省去了很多烧柴,那时全靠烧柴做饭、取暖。

　　本人认为,时至今日封山育林育草,封沙育林育草,仍然是土壤贫瘠的大山、远山、高山、石质山地及沙化土地快速恢复植被的好办法。投资只需造林费用的百分之几,而且林草种类丰富,容易形成良好的生物链条,达到植物类型多样化。

冬日农事

集体经济时期,冬季如果不搞大会战,生产队主要有四种农活,即刨粪、送粪、铡草和压地,这四件农事贯穿整个冬季和半个春季。刨粪用三四个人,四挂车送粪用八个人,两盘碌碡压地用两个人,两盘铡刀铡草用八个人,四种农活共计用二十多人。冬季农活少用人不多,社员们可以轮班砍柴准备过年和正月用柴。看似很简单的几种农活,但在寒冷的冬日里干起来却不容易,它更需要劳动者的密切配合及精心的劳作方能达到预期的效果。

刨粪 入秋,一个盲人和一个哑巴开始了漫长的倒粪历程,哑巴在他老母亲的指导下把刨下来的粪坷垃砸得细细的,盲人把砸碎的粪用大板锨锄起来整齐地堆放在粪场里,高高的粪堆足有两米多。他们二人用了两个多月的时间,把占地面积七百多平方米,约二三百万斤的粪肥倒完了。因为牲畜的棚圈紧挨着粪场,撒圈牲畜时把粪堆上层踩得邦邦硬,踩得越实到了冬天粪堆冻得越深。那些年冬天也特别冷,呵气成霜、滴水成冰,用不了多久粪堆的冻土层就能达到一米多深。为了送粪不窝工,生产队要安排三四个有劲的青壮年专门刨粪,因为刨粪是个累活,所以比正常工种挣的工分要高一些。

初冬粪堆的冻土层还没那么厚,刨粪的从冻土层下面把没有冻的粪掏出来,然后用磙蛋子在冻土层上面砸,有时用钢钎子撬,为了方便装车,把砸或撬下来的大块冻粪再用镐头卸开(块太大装不上车)。随着寒冬的来临天气越来越冷,连续几个冷天过后把粪堆冻得又深又实,用镐头刨不动,每刨一镐显出一道白印。此时,光靠人工刨粪供不上四挂车送粪,就得采取放炮崩粪的办法。放炮是个技术活,不是谁都能干的,和现在的定向爆破差不多,只不过定向爆破要进行计算,而放炮崩粪不需要精确计算而是靠经验来把握。放炮有很多技术环节,比如炮眼的粗细、深浅、角度、方向及药量的多少、导火索的长短、炒药配料等。因为粪场周围都是房屋,弄不好就会砸坏房子甚至伤着人。这些问题处理得当炮声不大,只听"嗵"的一声崩下好多粪;处理不好炮声震天不说,还会把冻粪块崩向半天空,粪块飞得到处都是,危险性很大,还崩不下多少粪。

放炮崩粪要找有经验的人严格按着程序来操作。记得那时候生产队有几个能人把硝铵和锯末子炒干拌上柴油制作炮药,然后指导刨粪的打多深多粗的炮眼,并亲自装炮。放炮时要把粪场周围的牲畜赶到安全的地方,安排两个人挨家挨户地通知人不能出屋,村子两头和路口也要设专人把守禁止人畜通行,还要安排身手敏捷、反应快速的人点燃导火索。要记住装几炮还要数着响几炮,如果装的炮全响了则万事大吉,如果有没响的哑炮,人们在短时间内不敢近前,警戒也不能解除,唯恐有导火索燃的过慢出现意外,只有过了危险期之后,放炮工才小心翼翼、提心吊胆地开始排除哑炮。回想那时候的事真是家大、业大,人的胆子也很大,连刨粪都要放炮崩,如果是现在可能就没人敢做,当然也不允许做。看似一件很简单的事却动了那么大的干戈,回忆起来也是一件玄事。

送粪 所谓送粪就是把腐熟倒好的粪肥用马车、牛车拉到庄稼地里。入冬生产队安排送粪,两挂马车、两挂牛车全部出动,马车有固定的赶车老板子,一挂马车再安排一个跟车的,牛车还要找两个赶车老板子,每挂车也要安排一个跟车的。往山地送粪每十条垄卸一趟子粪堆,每个粪堆二百多斤,粪堆与粪堆之间相隔十米左右。往能上水的平地送粪不卸小粪堆,成车地卸在地头或地当中,浇完地后再人工散粪,主要是防止浇地时把粪浇湿不好捯粪,同时也影响耢地作业。

拉车的牛和骡马都要坐槽喂,按惯例,大畜饲养员喂拉车的牛,大车老板子喂拉车的骡马。拉车的牲畜要起早喂,所以喂牲畜的每天五点多钟就得起床,冬天天太冷时,大畜饲养员和两个大车老板子要订个"君子协议",三个人轮流起早喂牲畜,这样就不用冷呵呵的天天都起早。喂牲畜时用竹筛子把碎草里的土筛净填到马牛槽里,每天早晨要填三次草才能把牲畜喂饱。给牲畜填草时一次不能填得太多,要少填勤填,一次填多了牲畜不爱吃,剩的草渣子还多,所谓的草渣子就是大草节子。饲喂时,要先喂草后喂料,把草喂完了才开始喂料。为了节省饲草,饲养员把牲畜吃剩下的草渣子拌上料,一来让牲畜把剩下的草渣子和料一起混着吃了,二来把料也喂了。给牲畜喂料一般互相之间不代喂,两个大车老板子和大畜饲养员喂各自饲养和使用的牲畜。

早晨八九点钟赶车的、跟车的把车套上,开始装车,如果是往山上送粪每挂车只装两千来斤土粪,如果是往平地送粪每挂车可装三千多斤土粪。往远山上送粪一天只送四五趟,往近山上送粪每天能送五六趟。有时跟车的勤快,在头一天吃完晚饭后就把车装好了,第二天早晨省去了装车的事,因为早晨天冷伸不出手来,后来晚上装车就形成了一种习惯。如果跟马车的也会赶车,就可以一人一趟轮班往山上送粪,送一趟粪歇一趟。马车要比牛车快一些,每天比牛车多送两趟粪,到下午三点钟左右卸车,期间不休息,也称一开厢。春季天变长了,到中午要卸车喂牲畜,赶车和跟车的有时也回家吃点东西,到下午五六点钟卸车,也称两开厢。

赶马车和赶牛车用的鞭子不一样,赶马车用长鞭子,赶牛车的家伙事儿土话叫"懒牛愁",是用一根直径两公分左右、长八十来公分的木棍做鞭杆子,在木棍的一头用铅丝绑上一根一米多长的皮绳或粗麻绳做鞭头,当牛拉车不用力时就用这个"懒牛愁"使劲地往牛背上抽。牛车拉着粪走出粪场时赶车的把"懒牛愁"放在车上,随手拿起挂在车上的油壶子,用油刷子蘸着黑油使劲地往车轴上膏[gào]油,膏完了这头膏那头,路远的时候送一趟粪要膏两次油,膏油能使车轴润滑,牲畜拉着轻快。这种油是黑色的因此也叫黑油,弄到身上怎么洗也不掉。赶车的在平道上也可以坐在车上,因为轱辘是木头的,不能减震,颠得厉害,所以一般没人坐,人们常说坐牛车省鞋费帽子。到八十年代后期,牛车的木头轱辘也改为轴承橡胶充气轱辘。

有的年份生产队积的粪肥多,队长就会告诉送粪的:今年粪肥多,粪堆可稍大些。有的年份粪肥少,队长告诉送粪的:今年粪肥少,粪堆不要太大了。为了不让大风把粪刮跑,送粪的还要在小粪堆上盖几锨土。冬天送粪,活不太累还很整齐,如果跟车的也能单独赶车送粪,俩人一人送一趟,就等于干一半歇一半,工分还不低,很多人都愿意干。

铡草 把干草(谷草)、玉米秸秆或豆秸秆等,用铡刀铡成约两公分长的小段用来喂牲畜。因为生产队种的谷子多所以谷草最多,还有一部分玉米秸秆和少量的豆秸秆,论质量豆秸秆和谷草是最好的饲草,玉米秸秆是最差的。那时生产队在饲养处西南角盖了三间草屋子,专门用于铡草和盛装铡过的碎草。一盘铡刀铡草只能供拉车的八匹骡马和十头拉车压地的牛吃,两盘铡刀铡草就能有吃的有攒的。进腊月门儿生产队就要安排两盘刀铡草,准备好年前年后牲畜吃的,人要过年,牲畜也不能没吃的。当铡出来的碎草装满两间草屋子时,铡草的就要到草屋子外面去铡,到腊月二十几儿铡的碎草就能把三间草屋子装得满满的。

草铡的长短是有要求的,一般两公分左右,铡的草太长草节子又长又多,牲畜不爱吃,剩的草渣子就多,即便是拌上料,牲畜把料吃了草渣子还是剩下了,剩下的草渣子只能烧火,还得用风匣吹着才能起火苗。那个年代什么都是缺的,饲草也不例外,所以要尽量提高草的利用率。那时生产队长也时时处处都在讲节约,减少铺张浪费,尽量提高物品的利用率,也是从点点滴滴做起。记得有的年份生产队的草不够用就从社员家买,社员家的草买光了还要花现钱到外队去买。谷草很贵,每斤三到五分钱,而一斤玉米才八分多钱,有人会说那就干脆喂玉米吧!粮食虽然好,但是对大牲畜来说全喂粮食是不行的,还得以草为主,粮食只能做辅助性的料粮。草铡得好不好续草的是关键,所以铡草时队长对续草的人选很在意。行行出状元,那些年队里的社员刘汉臣、崔广文、付振江、崔广兴、周庆荣等都是续草的高手,生产队铡草时总是用他们几位续草。

　　一盘铡刀用四个人,一个入草的,两个摁刀的,一个扒灰、烧火的。续草的要把脚背、小腿和胳膊小臂用包头(破皮子或破口袋布)包上,破皮子外面用细麻绳缠上,防止谷草等把衣服磨破。续草时坐在一个铺着破皮子的小木墩上,面对摁刀的,在铡刀床子的右侧,两只手把草紧紧地拢在一起,用右小臂压住干草,摁刀的把刀抬起,续草的把草送入刀下,手里的草拢得越紧摁刀的越省力,草铡得越齐越碎。续草的每天都有点小收获,续草时发现草里面有谷穗、玉米棒等立即停下来把粮食拣出来放在一边,到收工时喜滋滋地把捡到的意外收获拿回家。

　　扒灰、烧火两个活是由一个人来完成的,扒灰就是用四股叉把铡出来的碎草扒拉到一边并整齐地垛起来,烧火就是把要铡的草弄整齐并打成厦子递给续草的,铡豆秸秆时因为秸秆短要用谷草裹上。这个活一般都是由半桩小子来做,草铡得快慢与烧火的有直接关系,他掌握着每次给草量的多少,给多了铡不动,给少了窝工不出活,要恰到好处。烧火的把草弄整齐、整瓷实续草的就很省事,给多少草、啥时候给要掌握火候,把弄好的草用两个手掐着在入草的胳膊上面等着,草给早了等的时间长,给晚了不出活,会烧火的把草刚搭在续草人的胳膊上,续草人随即一抬手就把草揽在两手之间,给与接这个过程没有留下明显的痕迹,动作娴熟、流畅都是那么顺理成章、自然而然完成的。

　　摁刀是由两个人共同完成的,在铡刀把上横着再绑上一个八十公分长的木把,一人抓一头,需要两个人的密切配合,要一起抬刀,一起摁刀,一起用力。所以铡草这个活是一个紧密合作的过程,每个环节都很重要,有一个环节跟不上就会影响到劳动的效率和质量。如果是两盘刀铡草,速度要求一致,一盘刀提速另一盘刀也赶紧跟上,一盘刀减速另一盘刀也跟着慢下来,而且始终是一盘刀起一盘刀落,节奏一致。那时离草屋子很远就能听到"咔哧、咔哧、咔哧、咔哧"有节奏的铡草声,这个声音也能分散铡草人的注意力,减轻疲劳。

铡草是个脏活,铡草时草屋子里始终弥漫着尘土,弄得铡草人满身满脸都是尘土,鼻子眼、耳朵眼、两个眼角尘土成堆,眼角的尘土在泪水的作用下形成了泥蛋蛋,人从草屋子出来除了牙是白的整个脸都是土色的。休息的时候第一件事就是简单地敲打一下身上的尘土便开始清理鼻孔和口腔里的尘土,然后用手擦擦眼角,再用手指甲掏掏耳朵眼儿。续草的从腰里摘下烟袋荷包满满地装上一锅子烟,点着狠狠地吸上两口解解乏。摁刀的还不能马上休息,要在大磨石上把铡刀磨好,磨刀时先把铡刀的一头(没把儿的那头)用绳子摽上一根木棍搭在一只胳膊上,两只手抓着刀的两头使劲来回地推拉,边磨刀边搩水,时不时地用手指盖刮一刮刀刃,如果手指盖轻轻地刮刀刃就能把指甲盖刮掉薄薄的一层(或刀刃挡[dàng]指甲),说明刀已经磨快了,这时磨刀的把铡刀上的磨石浆擦干净才开始休息。扒灰的半桩小子撒两个欢儿,有时帮助磨刀的搩点水。一天休息两次,每次休息三四十分钟。

下午三点多钟该下工了,续草的先把包头(护皮)解下来,放在固定的位置,互相之间敲打着身上的尘土。这次敲打得很认真,从帽子、上衣、下衣到鞋子逐一清理,回到家还要温上一盆热水再洗洗脸,把头上各部位的尘土进行一次彻底的清理。

压地 压地是一种抗旱保墒措施,由于干旱地硬,秋季蹚过茬子的地上布满了小土块,把土块压碎一是方便来年种植,二是细土覆盖在地表层,减少地下水分的蒸发,抗旱保墒一举两得。初冬伊始开始压地,生产队有两盘专门用于压地的碌碡,是用青石头雕凿出来的,是个圆柱体,长九十多公分,直径三十多公分,在碌碡两头的中心位置凿个眼儿镶个轴碗,轴脐和碌碡框子安在轴碗上。压地的碌碡与打场的碌碡不同,因为是直线作业,所以两头直径一样;打场的碌碡是转圈作业的,所以一头粗一头细,打场时粗的那头朝外缘。全生产队七百多亩耕地有五百多亩需要压二至三遍,一盘碌碡一次压两条垄,一天压十四五亩地(压一遍),两盘碌碡需两个多月才能完成这个任务。如遇冷冬,雪天多,大风天多,特殊冷天多,不能出工的时间长,所需的压地时间更长。

压地是集体经济时期冬季的四大工种之一。铡草在屋里,休息时还能回家干点小活;刨粪虽然累些但工分较高,冷了还能进屋烤烤火暖和暖和;送粪的每送完一车粪都能到饲养处暖一暖身子;压地却要全天候在山上度过,又冷又寂寞,寒冷的冬日独自一人在山上压地,谁也不愿意干。队里有两个人,一个叫付振明、一个叫付振江,他俩是叔伯哥们,俩人耳朵都很聋,付振江聋得更严重些,他俩几乎年年都干这个活,在开始压地的前一天队长找到这两个人,大声地说:"明天你们到北山去压地。"他们点点头。

第二天吃完早饭,二人找保管支上碌碡套,拿上鞭子赶上两头使役牛直奔山上(压地用的碌碡一直放在山上)。这两个人全副武装,头戴一顶缺皮少毛的破狗皮帽子,肥大的棉袄免上怀扎根麻绳子,大棉裤的裤脚套在羊毛袜子外面,免上肥大的裤脚扎一根布腿带子,脚上穿一双厚厚的掌子鞋,眼睛戴一副用四块玻璃做的防风眼镜了,冷眼看还真像个老飞行员。挎兜还揣着一盒火柴,付振江腰里还披着烟袋、烟荷包。不管多冷的天在山上一干就是一天。两头牛拉着一个碌碡,压地人在旁边牵着牛,在庄稼地里顺着垄沟一遭一遭来回不停地走着。当牛走得太慢时,还时不时地往牛身上抽几鞭子,有时还自言自语地说几句话,尽管戴着防风眼镜但眼泪挂着尘土还是顺着鼻子两边流了下来,形成两道黑色的泪痕。当牛累的时候便停下来歇一会,把牛套解下来,把牛纲绳拴在碌碡框上,自己找个背风向阳处或找个小沟头,划拉(捡)点碎柴草点上一堆火烤烤麻木的手,暖一暖冰凉的身子。

在寂静的山坡上只有风声、人和牛的脚步声、碌碡轴脐摩擦轴碗发出的吱吱响声,还有从远处和头顶上偶尔传来的鸟叫声。到下午三点多钟,他们完成了一天的任务才赶着牛下山,回到村先把两头牛交给饲养员然后三步并做两步赶快回家。

一天的劳作不但很疲劳,而且整个身体都是冰凉的,饥寒交加,肚子里空空如也不时发出咕噜咕噜的叫声,脸冻得煞白煞白的,有时把嘴冻得说话都不听使唤了。到了家第一件事就是到火盆跟前把灰扒拉到一边露出明火,烤起手心手背来,还时不时地用烤热的双手搓搓脸。当把饭菜端上桌时,便迫不及待地大口大口地吃起来,不管好赖饭吃得都是那么香甜,那么可口。随着热饭一口一口地落肚,身子暖了起来,脸色也逐渐由惨白色变为紫红色。几十个寒冬,他们二人基本都是这样度过的。

生产队长还是很人性化的,下雪天则不必多说,如遇大风天和特殊冷天就会告诉他们俩:"天不好不要上山了,在家歇一天,天好再上山吧!"他们内心对生产队长的关照很感激,自然会高兴地点点头。

小村"臭"事

集体经济时期,社员家的大粪不得私自留用,要全部有偿交给生产队,每年生产队定时安排专人到社员家收几次大粪。生产队有两副水桶,两根水扁担,两个铁制大勺子(直径三十来公分的铁勺子安一个一米多长的木把),都是专门用来挑大粪的。那时社员家的茅房(厕所)都设在自家的房后,挖一个长约两米,宽约七八十公分,深一米左右的粪坑(大粪窖),粪坑上面用几根木杆子棚上,木杆子上面放几块石板,一来当粪窖盖,二来蹲大便时踩着。

春夏秋季节,挑大粪的每隔一段时间就到社员家收一次大粪,他们肩上挑着一副大粪桶,手里拿着一把大粪勺子,挑空桶时把粪勺放在粪桶里。那时没有胶皮或塑料手套,更没有替代工具,挑粪人只能直接用手把粪坑上面的石板和木杆拿到一边,然后用粪勺一勺一勺地把大粪舀到粪桶里。挑最后一趟时要用自带的铁锨把撒在粪窖外面的大粪清理干净(不能用别人家的铁锨,因为手上沾有大粪怕把别人家的铁锨把弄脏了,宁可脏了自己也不能脏了别人),然后用手把木杆搭在粪窖的上面,再把石板盖在木杆的上面,把一个最脏的地方收拾得干干净净、利利索索后再转到下一户。

冬天大粪都冻成了冰坨,只能用镐头刨,我们管这叫起大粪,即便如此寒冷的季节里,谁家的粪窖满了,挑大粪的人也要及时地把大粪给起出来,起大粪时要用镐头刨,刨粪时崩得身上脸上都是大粪渣儿,回家得赶快把衣服脱下来用刷子蘸着水刷一刷,把脸洗一洗,满身都是臭烘烘的,连家里人都不愿靠近。挑大粪的挑着大粪挑子,走到哪臭到哪,路遇行人都捂着鼻子、憋着气、加快脚步躲得远远地。

挑大粪的每天都要向保管或会计报告每家大粪的数量和质量,每挑子大粪按一百斤算,每百斤三元钱。有的社员为了增加大粪的数量,往大粪里掺杂物,如果被队长知道是要扣斤称的,每百斤大粪就会按七十斤或八十斤计算。队长还要找这个社员问一问,你家大粪是怎么搞的,那么稀那么多杂物,这个社员会解释说是老婆孩子不注意把脏水或杂物倒入大粪窖里,队长说每百斤按七十斤算吧,那个社员会点头默认并表示道歉。那时,社员很少有耍赖的,只要说得对一般都能接受。

大粪场不能设在村屯里,那时生产队的大粪场设在小西沟嘴东面的北山根下,挑大粪的把大粪倒在大粪场里,然后拌上土再堆起来,上面盖上土发酵,待大粪发酵后晾干并倒得细细的,待用。大粪主要用于高产作物的追肥和菜园子用肥,因为它属于有机肥料,劲大用量少,我看比二铵更胜一筹,所以人们很珍惜,往庄稼地里运送大粪时车厢板上和挑筐底上都用炕席头什么的垫上防止大粪漏出去,用铁皮做的大粪撮子专门用来捋大粪。

村里有两个人几乎成了专业挑大粪的:一个是付振江,因为耳朵聋,哥几个当中排行又是老大所以绰号叫"大聋子"。他没娶过媳妇光棍一人,一直跟着他三弟过,冬天在棉袄外面整天扎根绳子,裤腰带上常年掖个大烟袋和烟荷包,不苟言笑,有点倔脾气,有时队长安排的活他不愿意干时会表现出不高兴,但不拒绝、不误工,该怎么干还怎么干。另一个是付振明,中等个,耳朵有点沉,见人总要乐呵呵地打个招呼。跟他说话时要大点声否则你说东他道西,虽然不是太爱说但是有问必答,你说什么他就跟着你唠什么,没人跟他唠嗑时也会自言自语地说几句,没脾气,与世无争,是最听话的社员。这两个人干农活的特长也基本相同,赶牛车、扶犁杖、耪压地等是他们常干的拿手活。不怕脏、不怕累、不惜力、不挑活是他们的共同特点。这两个人队长分配什么活就干什么活,都能服从分配,从不挑活。挑大粪虽然工分比别的工种要高一些,但是谁也不愿意干,年轻人给多少工分也不干,岁数大的嫌脏嫌臭也不愿意干,队长在安排这个活时也不愿意吃"闭门羹",挑大粪这个活"理所当然"地落在了他们身上,他俩就成了小村"臭"事的骨干。

当一盘香喷喷的饽饽端上桌时,你可曾想到是那些不怕脏的人把恶臭的大粪变成了肥料滋养着芳香的五谷;你可曾想到农民们汗滴禾下土,一滴汗珠落在地上摔成八瓣儿付出的艰辛劳动;你可曾想到一盘做好的面食要经过种子准备、粪肥准备、土地的耕耘、播种、三遍耪地、三遍薅地、趟地、追肥、浇水、收割、运输、脱粒、脱壳(去皮)、磨面、制作、蒸熟等二十多道复杂的工序,当你想到这些就不会把可口的饭菜倒入垃圾桶。珍惜粮食、节约粮食是国人的传统美德,更是对劳动人民的尊重。

时代精神

二十世纪七十年代初,赤峰县自力更生建设二道河子水库,当时国家很穷,一些较大型的工程无力投资,靠少数几个受益单位也难以完成,要靠全社会的力量来完成,用工及所需用具几乎全部摊派到全县的每个生产队。我也曾经参加过水库的修建,时隔这么多年修水库的那些往事仍然记忆犹新,每当出差路过二道河子水库都要下车伫立凝望,那情那景就会浮现在眼前。

一九七〇年三月至一九七二年十二月,县里组织二道河子水库第三次复工兴建,除了摊派的车工、民工和一些小型工具外,还给我们生产队摊派了两个拉土胶轮车的任务,为此队长安排木匠放了两棵又粗又直的榆树。这两株榆树很上眼,都是社员们看着长大的,社员盖房子队长都没舍得给放,但是这次必须得放,因为做车辕子的材料要求是很严格的,一是木料结实,二是材料要直,三是不能有节花。在我们那里只有榆树可以做车辕子,太弯的榆树不能用,有节子的榆树不能用,为了完成任务,队长只能忍痛割爱。一个木匠和一个助手做了七八天,车子做好了还要安排大车送到水库工地。本生产队有木匠还好些,没木匠的生产队还要花钱雇木匠做车子,因为雇木匠做车子要比买车子省些钱。

各生产队的大马车也是被摊派之列,水库会战指挥部给每个生产队都下达了车工任务,每次十几个到二十几个车工不等,大生产队多一些,小生产队少一些,摊派的车工要按照水库会战指挥部要求的时间出车。出车的任务有时拉石块,有时到赤峰为水库拉运工程所需物资。因为出车时间长,需要带很多的草料,出车前大车老板子都要找人帮助装干草。那时候大车出远门为了给牲畜带吃的,生产队给每挂大车都做了十来个高一米七八,宽一米多的大帆布口袋,用来装干草。去赤峰拉脚来回七天要装六七袋子干草才够用。装干草也有窍门,会装的一袋子可装一百多斤,不会装的一袋子只能装几十斤。装干草时一个人站到草袋子里,大车老板子用草筛子把草筛干净倒在草袋子里,草袋子里的人用力地把草踩实,十几袋子碎草两个人要装一上午。装车时要绑上架杆,十几个草袋子就装了满满的一车。还要带上一口袋料粮,再带上一个简易的木槽子用来喂骡马,四匹拉车的骡马十来天的"口粮"都在车上了。大车老板子坐在草袋子上面大鞭一甩,很是威风。

水库会战指挥部对摊派民工的人数、天数、出工时间等都有详细的要求,派去的民工出勤天数、任务完成情况有专人记录。有时按天算,有时按工日算,把民工拉运的土方量折合成工日,即多少土方量算作一个工日。也真有战地英雄,一个班次最多能挣到三十来分工,即三个工日,完成任务后民工可以返回本生产队。起初给民工发工票,民工每完成一个工日发给一张工票,民工凭工票回本生产队记工分。但是这样做大队很难掌握各生产队摊派工日的完成情况,为了让大队随时掌握各生产队摊派工日的完成情况,指挥部把发工票改为给每个民工开据介绍信,把民工出工的起始时间、出勤天数、所挣工分数等介绍给民工所在的大队,让民工随身携带并交到大队存档,再由大队开具介绍信把民工的有关情况介绍给民工所在的生产队。因参加会战的人数太多,后来水库会战指挥部把给民工开介绍信改为年末统一做表,把每个大队的所有民工的出工天数、所挣工分数分别登记造册,交到大队,由大队介绍给各生产队。公社按大队算总账,所欠工日第二年补足。民工按照大队开具的介绍信在生产队记工分结算劳动日值,按照规定领取补助粮。

一九七一年我作为一名普通民工有幸参加了水库的修建,那个过程和那些场景至今依然历历在目,让我难以忘怀。

那年我十七岁,初中毕业后在生产队务农,有一天生产队长通知我(实际我早就知道,之前队长已和我父亲打过招呼),让我做一下去二道河子修水库的准备,说真的也没啥可准备的。出发的那天早晨,母亲老早地起床给我做点好吃的,让我好早点赶路。母亲让我把家里唯一的一床褥子带上,说水库那地方干活的人那么多,睡觉的地方也不会好,把褥子铺上防潮,家里怎么也比外面好过,并嘱咐每天要把被褥晒一晒,别把身子睡坏了。我找根细麻绳,但不够长,又找麻现搓了一根小麻绳接了起来,把被褥横竖各两道捆成一个"井"字,又找了两根布带做背带。临走时,队长说:"路途太远又是步行,粮食就先别带了,跟大队领工的说说,过几天有去水库的车就把粮食给你们捎去。"就这样,吃完早饭就赶早出发了。我们家距离二道河子水库走大川八十里路,走山道四十多里路。那时候不通班车,无论是走川路还是走山路都要步行,还要背上随身携带的生活物品,被褥呀、毛巾呀,那时候没有牙具,没有香皂肥皂,更没有供出门用的脸盆和换洗的衣服。

  那天我和伙伴走的是山路,因为第一次走这条路,所以要边走边问路,到了山上没有人家也没遇见行人,只能根据人们说的大致方向前行,好在山间小路岔道不多,一般也走不错路。大约上午十一点钟,在纱帽沟梁顶远望到了二道河子水库工地。啊!第一次看到那么大规模的工地,有那么多人在一起干活。工地上,人来人往像蚂蚁倒蛋似的,拖拉机的轰鸣声时大时小,一会儿冒青烟,一会儿冒黑烟,不停地在水库大坝上来回穿梭,人拉着土车子,你来我往,交织在一起,车水马龙,红旗招展。大广播喇叭也哇啦哇啦地响个不停,但由于大山里有回音,在远处也听不清说的是什么。工地上到处是热火朝天,一派繁忙的景象。当我看到这个场景时还真有点心潮澎湃的感觉,恨不能马上进入工地也充当一个角色,成为其中的一员。

  那个年代的人只要有吃、有住、有活干就足矣,没有那么多奢望。我们住的是工棚,十几个人住在一个棚子里,木板搭的通铺上面铺着草垫子,有条件的带床毡子,没条件的也拿床小破褥子铺在草垫子上,有条件的带个掉了瓷的破洗脸盆子,没条件的就得等人家洗完了借用一下。晚上睡觉时满屋的酸汗味和臭脚丫子味,但并没有感到多难闻。不像现在的人那么挑剔,有点异味睡不着觉,也可能是因为特别累,也可能是习以为常,也可能是无奈,总之并没有感到特别的不适,睡的总是那么香甜。

  工地昼夜不停,三班倒,早八点到下午四点是一个班次,下午四点到夜间十二点是一个班次,夜间十二点到早晨八点是一个班次。每个班次中间吃顿饭,七天倒一次班。

  我上的第一个班是下午四点到夜间十二点的小夜班,晚七点多钟工地上亮起了灯,到处灯火通明像白天一样。大队领工的告诉我们从哪取土,往哪送土,然后领着我们到停车场每人支取一张铁锹,又选了一个拉土车。车子有大有小,太大的咱劲儿小拉不动,太小的又拉不了多少土不出活,只好选择一个不大不小的车子,最多时一车能装零点三立方米土。"车主"集装车、驾辕、拉车和赶车的于一身。拉土车的前车厢板和左右车厢板是固定在车架子上的,后车厢板是活的,拉土时把后车厢板插在左右车厢板的后面。拉土的车子上拴一根拉车的绳子,为了防止拉车绳把肩膀子磨破,拉车时肩膀上要带一个垫肩子,不带垫肩子的,就把靠着肩膀部位的拉车绳用旧布包上几层。运土的路有平道,也有上下坡道,拉车人的姿势随着路况的变化而变化。在平路上拉车人走得快一些少用一点劲,再加上车子的惯性就能跑起来,拉车人直着腰板脚步很轻松。下缓坡时拉车人两只手抓住车辕子,两脚向前身体向后倾斜,车子推着人走,拉车人很是轻快。下陡坡时人们把车辕子扛在肩膀上,车尾子拖在地上,吃力地扛着车辕子生怕车子"放箭",时间长了把地皮拖得溜光锃亮。上坡时拉车人猫着腰撅着屁股步履艰难地向前行走,上陡坡时还有两个人专门帮坡,把这个车送到坡顶,再回去推那个车,每拉一车子土拉车人都浑身是汗。在坝口处有几个"能人"专门在那等着量土方,人称量方的,他们用米尺把车里的土量一下长、宽、高,计算出土方量记在本子上。量方的技术员量土方时量的宽松一些,我们的内心很是感激。按照土方量挣工分,想偷懒是不成的。到大坝上有人指挥把土卸在哪里,卸车也有窍门,抽掉后厢板猛抬车辕子,车里的土就倒的差不多了,再往前走两步抬着车辕子再掂两下,车上的土就全光了。真有能干的一车能拉半方土,一天能挣三十来分工。像这样的民工在大喇叭里时不时地会听到他的名字。我们大队魏家沟生产队有个叫常玉春的社员,是全大队最能干的,一车能拉零点五立方米,拉得多跑得快,在工地是出了名的大力士,曾经多次在广播里受到表扬。当然别人虽然拉不了那么多,但也不甘落后,你追我赶,能多拉一点是一点,多跑一趟是一趟。活累自然吃得就多,一般每顿都能吃一斤多米的发面,饭量大的吃得会更多一些。

　　工地上最显眼的是那个总指挥部:一是它的位置最高最显眼。二是大广播喇叭里的声音都是从这里发出的。一般的广播都是由播音员来广播,大事或重要的事,都由总指挥或副总指挥亲自广播。如果没有记错的话,总指挥叫周万昌。三是一些重要的决定都来自这里。

大坝是工程的中心,有几个"二手"指挥在那不停地忙活着,在大坝上没有他们不管的事,指挥拉土的车子往哪里卸土,指挥拿着铁锹和铁耙子的民工,把土散匀搂平,指挥洒水的把水洒到何处,洒多少,指挥拖拉机在哪碾压,压几遍……

取土是在大坝的西北坡上,全是黄土,好像是专门为修这个大坝准备的。为了方便取土,把死土变成活土,有十几个专业的放炮工,在这里一条龙作业,有负责炒炮药的,有负责打眼的,有负责装炮药的,还有点火放炮的、放炮警戒的和排除哑炮的。放炮崩下来的黄土,被人们一车一车地运送到大坝上,把一个圆圆的丘陵崩成了一个大土崖子。

尽管要求安全生产、安全施工,但有些事故还是难以避免。有翻车砸坏人的,有放炮崩坏人的,还有土崖子坍坏子埋着人的。由于天热超载,轮胎放炮的、车轮"包饺子"的、断辐条的、切(断)轴杆的更是屡见不鲜频频发生。好在工地上有修车的,车子坏了送到存车处,那里有专门修车的,铁锹坏了到工具库换一张即可,但不能丢。

一个公社有一个食堂,有三四个做饭的,百分之九十以上都是玉米面发糕,偶尔做一顿小米饭如同改善生活吃细粮似的。各地送的粮食也不一样,有陈粮还有轻度发霉的粮,所以做出来的干粮也不好吃,有的吃着发黏,有的吃着发苦,做饭师傅也抱怨粮食不好很难做出好吃的饭。因为活太累所以民工的饭量也很大,没有咸菜就把黄豆炒熟,放点盐加水腌成咸豆子下饭,菜很简单也没啥油水,清水熬土豆、清水熬疙瘩白或者土豆熬疙瘩白,有时候熬顿大葱或熬顿水萝卜等差差样,即便吃得如此简单,人们还是吃得津津有味。

二道河子水库的修建曾经两次下马三次上马,一九七〇年是第三次复工兴建,第一次修建主要是清坝基,都是用镐刨、用锹挖、用抬筐抬土。据说那时工地上男女老少齐上阵,年龄大的五六十岁,年龄小的十五六岁,人们都是拼着命地干。正常都是两个人抬一个抬筐,但在水库工地上除年龄小的和年龄过大的以外,大多数都抬两个抬筐,有的抬三四个,人们争先恐后比着赛的干,生怕落后于别人。有一个女民工绰号"穆桂英",和壮年男子抬抬筐,一次抬四个盛着满满土的抬筐,在工地传为佳话,听说时间不长她就病倒了,一年多就离开了这个世界,后来人们都说她是修水库累死的。第二次修水库把用抬筐运土改为独轮车运土,路不好加之独轮车子很不好推,一个人推车子还得有一个人扶车子,即便这样还是频频的翻车。第三次复工兴建,运土工具比前两次有了较大的改进,由抬筐、木制单轮车运土改为木制双轮拉土车运土,大大提高了工作效率,加快了工程进度。

二道河子水库建成后受益者是水库下游原赤峰县东八乡(公社),至今都在享受着水库带来的效益。其他二十多个公社都是非受益单位,但在人力、物力、物资的摊派上都和受益公社是一样的,苦了非受益公社的农民,而这些非受益公社都是极其贫困的山区。那些物资负担、劳力负担、粮食负担、经济负担表面看是摊派给生产队的,实际都是由社员来承担,队长和社员们心知肚明,但他们还是不顶不抗、毫不含糊、保质保量地按时完成各种摊派任务。任何事物都有它的两面性,在表面看来即便全是负面性,但在间接方面仍有它的正面效应。

那时候有好多工作都是靠上级领导层敢想敢干的工作魄力和决心,靠公社、大队干部的全局观念、整体意识和密切配合,靠生产队长和社员们可歌可泣的奉献精神来完成的,正是靠这种精神克服了种种困难,攻破了各种难关,完成了一个又一个艰巨的任务;也是靠这种精神促进了社会全面发展,促进了社会文明,促进了社会进步,促进了经济繁荣。我想应该把这种奉献精神称之为时代精神。

一个时代、一个社会、一个民族、一个地区、一个单位,具体到每一个人都要有一种奉献精神,有了这种精神,就没有克服不了的困难,就没有攻不破的难关,就会产生不可抗拒的力量。工作的办法是可以选择的,但时代精神是需要世世代代永远传承和发扬的。

争做好事

从六十年代末到七十年代初,大概有四五年的时间,小村里的青年人做好事成风,且不留名,都做无名英雄。记得我们生产队的青年人做了很多很多好事,小的好事不计其数,比如给五保户挑水,给生产队义务捡粪,给生产队干临时零活不要工分,脏活、重活、累活抢着干等等都记不太清了,但有三件大的好事,至今记忆犹新。

一件是为生产队打防空洞。六十年代中期,毛主席作出"备战备荒为人民"的重要指示,一九七二年十二月,毛主席又作出了"深挖洞,广积粮,不称霸"的重要指示。"深挖洞"就是修筑战备工事,挖防空洞,根据上级要求每个生产队都要挖一至两个防空洞。我们生产队防空洞的位置选在了生产队部的后面,因是生产忙季,选好了地点也未开工,队长说等过了忙季再开工。得知这一消息,生产队的团员、青年们决定利用夜晚义务(不要工分)修建防空洞,把团员、青年分成两个组,每天一组,工具自带,灯油由每个团员、青年从家里带,家长不给的就偷着拿。每天吃完晚饭开完会,就偷偷地回家拿上工具等,开始挖防空洞,挖到夜间十二点多,有时收工太晚了,回家怕惊扰家人,就找几个粪拍子铺在地上,在防空洞里睡一觉,亮天回家吃点饭又上工了。一孔长达几十米的防空洞,仅用了二十多个夜晚就打成了,队里没花一分工,没花一分钱,一个很大的工程就这样完成了。战争没打起来,军事设施变成了民用设施,生产队用这个防空洞储存了几年土豆,后来又变成了临时物品库。

另一件是为生产队锛树杈子(树枝子)。我们生产队榆树比较多,每年秋天都要锛树杈子,几个人一连锛十几天,把树杈子带叶储起来冬天喂羊。要把诸多的树杈子扛到队部附近垛起来，劳动量很大。团员、青年们商量了一下说，要干就干大的，决定利用夜晚的休息时间把这些树杈子扛回来。于是青年们晚上下了工，吃完饭不顾一天的疲劳，夜里扛树杈子，大家比着赛的干，看谁扛得多，看谁跑得快，用了十来个夜晚终于完成了这项任务。扛回来的树杈子垛起来像座小山，生产队没花一分工。

　　第三件是为生产队义务码地。那几年秋天，社员们都忙着割地，一个一个的小谷堆星罗棋布地洒满山坡，团员、青年们看着这些洒满山坡的谷堆，便决定搞几个夜战，把谷子码起来。几天之后，满山满坡的谷子都被团员、青年们码了起来，时任生产队长宋国贤望着满山码起来的小谷垛，喜滋滋乐得合不上嘴，说现在的年轻人真好，真是党的好接班人。团员、青年做了那么多的好事，每次都能得到生产队长的高度赞扬，在各种会议和各种场合从不吝啬时间和语言进行表扬。队长说："咱们队的团员、青年是全大队最好的、最优秀的，有了他们，不愁生产搞不上去，不愁粮食产量上不去，不愁劳动日值上不去。全体社员都要向他们学习，学习他们任劳任怨、积极肯干的精神，学习他们不怕苦、不怕累、苦干会干加巧干的精神，学习他们以队为家，热爱集体……"

　　除了主动做好事外，还有好多临时性的任务，比如民兵持枪巡逻、站岗放哨，防特、防盗等。那时，"苏修"在我国北部边疆闹事，党中央号召全民皆兵做好备战。大队发给每个生产队一两支半自动步枪，不发给子弹，执行特殊任务都要带枪，比如在哪个地方发现打信号弹的，在哪个地方发现可疑目标等，都要及时出动，有时听起来还真有点毛骨悚然。这些都是义务工作，不给工分，但积极性比给工分的还要高。此外，基干民兵军事训练、完成临时下达的各项紧急生产任务都是没有报酬的，但都能做到招之即来，来之能战，战之能胜。每个基干民兵对组织上的号召都能积极响应，争先恐后地完成组织交给的各项任务。那时要求基干民兵要起到"三队"作用，即毛泽东思想宣传队，反修防修战斗队，劳动生产突击队。有好多重大生产任务都是以基干民兵的建制,以突击队的名义来组织完成的,达到快速、省工、高质量的效果。

在团员和基干民兵的带动下,小青年们也都积极做好事,不图名不图利,做好事不留名不要报酬,比如每天早晚背着筐子捡粪,把捡来的粪倒在生产队的粪场里。几个小青年轮班给五保户挑水吃,从不断档,越是雨雪天,水供应的越及时。有时还主动找生产队长要任务,决不放过每一次做好事的机会。每做一件好人好事,生产队长知道后都要在社员大会上进行表扬,听到这些表扬,小青年们打心眼里高兴,高兴的是能够为队里做一些力所能及的好事并能得到认可,内心感到无比欣慰。

做好事的组织形式,有时以生产突击队名义进行组织,有时以民兵排的名义进行组织,有时以青年团的名义进行组织,也不乏个人单独做好事的。大队有党组织、团组织、民兵营组织,生产队有团组织、民兵排组织。那时越是集体大帮劳动,青年们干得越起劲,比干劲、比速度、比质量,都不甘落后,比、学、赶、超、帮、带成风。

强化学习

从一九六五年开始,村里就组织学习毛主席著作了,一九六六年以后,学习毛主席著作逐渐达到高潮。毛主席著作有四卷,内容很多,为了突出重点,便于学习,精选了其中的重点文章,出版了毛主席著作甲种本和乙种本。后来又从四卷毛主席著作中挑选出经典段落和经典句子,编成一本几百页的《毛主席语录》,还有《为人们服务》《纪念白求恩》《愚公移山》三篇文章(称为"老三篇")的单行本和合订本。那时,要求每个人都要会读、会背毛主席语录和"老三篇",最终达到活学活用的目的。当时我们村除了在校学生以外,绝大多数人都没文化,有一半以上的社员连自己名字都写不出来,可想而知学习任务之艰巨,生产队长为了完成学习任务,克服困难,下大工夫,晚上收了工吃完饭,把社员集中到生产队部学习,劳动休息时间,在田间地头挤时间学习。每一个在校学生都有任务,要负责教会几个没文化的家庭妇女。真有笨人舌头不翻个,发音不准的。队长指派我负责教五保户老张婆学习《毛主席语录》,她不但是文盲,连最简单的阿拉伯数字也不认识,而且她还大舌头,吐字不清,把"谨慎"说成"井绳",把"戒骄戒躁"说成"借锅借灶",教到下半夜,也背不下几句来,偶尔能背下几句到第二天忘得一干二净,让你哭笑不得。也有聪明的,脑子好使的,虽然没文化功底但记忆力超强,学几遍就能背下来,经过几个月的努力,大多数人都能背上几段甚至几十段,有些社员背的又多又熟练。

我们队有个接羔保育员名叫宋国忠,时年六十多岁,名不见经传,说话办事直来直去,是个有名的老倔头。他大概用了半年的时间,就把《毛主席语录》和"老三篇"背得滚瓜烂熟,《毛主席语录》不但能从头背到尾,而且还能从尾一段挨一段倒背如流。这个年龄段的老人能把《毛主席语录》和"老三篇"熟练地背下来的,全大队仅此一位。这个老人因此被评为全大队、全公社学习《毛主席语录》积极分子,是不是全县的积极分子我记不清了。我记得他多次到大队、公社学习《毛主席语录》讲用会上发表体会,也是很风光呢。他不但《毛主席语录》学得好,而且思想进步,劳动积极,夜间为生产队看场不要工分,本职工作成绩显著,接羔成活率达到85%以上,是全大队最高的,后来还被评为学习《毛主席语录》立竿见影的学习标兵。

受文化水平所限,学习《毛主席语录》虽然没有真正达到预期的目标,但是人们所用的心劲和所付出的精力令人折服。那时的人不像现在的人有那么多的抱怨,如果现在早有人说学这个干什么,有什么用? 那时一是没人敢说,二是也没人去说,当面没人说,背地里几乎也很少有人抱怨,只是抱怨自己没文化,脑筋不好使。绝大多数人认为学这肯定有用,因为听着就有道理,有很多问题就是用《毛主席语录》解决的。比如完成一项比较艰巨的任务,大家开始总要念一段《毛主席语录》:"下定决心,不怕牺牲,排除万难,去争取胜利。"这些口号可谓催人奋进,使人们的精神倍增。人与人之间有了矛盾,就要背一段《毛主席语录》:"我们都是来自五湖四海……"来缓解和解决矛盾。谁要有了私心杂念就要念"要斗私批修"。当时为了向毛主席表忠心,大队在敖包山顶上,垒了一个大大的"忠"字,字的上面涂上白灰,在很远处都能看得清清楚楚。

那时候每天晚上都要开会:一是学习政治,学习《毛主席语录》和有关政治文章。二是开展批评表彰,表彰当天的好人好事,虽然是精神上的鼓励,但被表彰人的感觉不亚于现在得五百元奖金。有大错的要点名批评,大多只说事不点名。三是开展讲用活动,讲学习《毛主席语录》和"老三篇"的体会,讲学习毛主席语录立竿见影的体会。四是搞革命大批判,批判"群专"对象,批判重大错误行为和错误言论等等。当时的口号是"抓革命,促生产"。

《毛主席语录》在当时是人们的精神支柱,是克服各种困难和解决各种问题的法宝,表面看来是《毛主席语录》的作用,实际我认为主要是毛主席这位伟人,在人们心目中的地位和人们对他的敬仰。因为是毛主席把亿万劳苦大众从水深火热中拯救出来,是毛主席给他们分了田地,是毛主席让他们做了新中国的主人,毛主席在他们的心中无比神圣,更具有实际意义。

来客接待

集体经济时期的生产队、大队也和现在一样,需要接待县里和公社下乡工作的领导、县里和公社下派的工作队、专业技术人员,如电影放映员、拖拉机手、柴油机手、聘请的手艺人,还有长期蹲点的工作干部,当然也有来办事的客人等。相比之下,生产队来客比大队来客要少许多,在生产队吃饭的客人就更少了。绝大多数来客都是带着工作任务来的,这些人也不可能背着锅灶来工作或办事,管点饭招待一下无可厚非，个人家来了客人还要好好招待招待呢，何况人家是来工作的呢。就我们那个小山村而言，过格招待的情况几乎没有，大、小队一年的招待费寥寥无几，因为粮、菜和肉都是自产的，个人家自产的老旱烟不用花钱，有时买只鸡、买点蛋、买点调料、买一斤散白酒也花不了几个钱。

那些年我当过生产队长，见证了生产队的管饭和招待。那时生产队管饭和招待的范围也不大，招待县里和公社领导的次数不多，其他招待也不是很多，主要是为下乡工作人员和专业技术人员提供必要的食宿，对不同来客采取不同的管饭方式和招待方式。

轮饭　对一驻就是几个月乃至一两年的长期蹲点驻队工作人员，因为时间长，有时采取社员轮流管饭方式，即从村子的一头开始一家吃一天，吃完一遍，然后轮第二遍，这样循环往复地轮。轮饭时队长尽量避开那些卫生极差的人家。

下乡人员每人每天要交一斤粮票和两三毛钱的伙食费，有时下乡人员把粮票和伙食费按标准直接交给管饭的社员家，生产队再给每个管饭的社员家每客每天补助一斤粮食（小米）。这对下乡人员来说会更实惠一些，因为有好多社员家拒收下乡人员的粮票和伙食费，越是拒收粮票和伙食费的人家伙食越好，变着花样为客人做点好吃的做点顺口的。也有极少数人家对下乡人员交的粮票和伙食费照收，饭菜质量却一般。也有时下乡人员把粮票和伙食费，按标准统一交到生产队，生产队给管饭的社员家每客每天补助二斤粮食（小米），下乡人员和队长的关系处好了，有时粮票和伙食费就免收了。

我曾经当过公社整建党宣传队员，在社员家吃了六个多月的轮饭，亲自体验了在社员家吃轮饭的那些感受。一九七三年，公社从每个大队抽调一名劳动积极肯干、思想要求进步的先进青年，组建公社整建党宣传队，由公社副书记李宪章任宣传队队长。从各大队抽调的宣传队员，不能回本大队工作，要到其他大队工作。我和东沟账房大队的于勇、那戈营子大队的周军为一组，先被派到姜家营子大队后平顶山小队工作，那是个极其偏僻的小山村,从下窑子村步步上坡,徒步十来里路才到后平顶山小队。小村坐落在山顶下的一个小山坳里,坐西北朝东南,山坳后面的山,中间高两侧低呈半圆形,整个小村就像在一个"太师椅子"里面,给人的感觉是块风水宝地。小村有二十来户人家,除一户姓李的和三户姓张的,其余全都姓郑。小村虽然不大人口不多,但是给我们的感觉这个地方人杰地灵,当时老郑家有三位很了不起的人物,一个叫郑化东,在公社供销社工作,专门卖土产、日杂、副食等;另一个叫郑顺义,是个开汽车的;还有一个叫郑顺甲的,是公社收购站收购员。在那个年代在一个小队一个姓氏里就有三个人在外面工作实属不多见,而且他们的工作都是人们最羡慕的职业。我们在那工作了三个多月,他们三人也回来过几次,郑化东回来的次数更多一些,因为他家还在小村里。每次见到他们都有一种说不出来的感觉,可能是一种距离感,但更多的是羡慕。不光是他们三个,整个老郑家所有的人给我们的感觉都是那么精明。

我们三人住在郑化坤家,吃饭从村子的一头轮,每家吃一天。大多数家庭的卫生都不错,个别家庭卫生较差,饭菜好赖并不重要,关键是卫生条件要好,卫生不好做什么好吃的也吃不下去。后来想了个办法,让卫生差的家每天给烀一顿土豆吃,因为土豆是要剥皮的,所以这顿饭就能吃饱,她们也很愿意做。那年我十八岁,很少在外面吃饭,所以很不习惯,特别是我们在炕上吃饭,地上有人看着,更不知道饭怎么吃怎么咽,吃一顿饭急得脸通红。吃饭时屋里没人看,感觉心里放松了许多。每顿饭最多能吃八分饱,不好意思多吃菜,像一盘炒鸡蛋我们三人吃不到半盘,吃饭时我们三人都互相照顾,吃饭快的放慢点速度,吃饭慢的加快点速度,基本一起撂碗,好饭也不多吃,怕给人家吃光了,赖饭也不少吃,怕人家说挑饭。听老人们常说吃饭有很多规矩,吃饭时老想着那些规矩,担心犯规被人家笑话。

那时下乡蹲点的人很多,一般都吃轮饭,有的人不讲究,有的人缺乏生活经验,弄出了很多让人啼笑皆非的事。有一位下乡干部在社员家吃饭,这个社员家有个六七岁的孩子,这天中午这家主妇给下乡干部烙一大盘子饼,孩子在外间屋就央求妈妈要饼吃,孩子的妈妈怕端上去的饼少客人吃不饱,所以就对孩子说:"盘子里最底下这张饼就是你的,等屋里的叔叔吃完了你再吃。"孩子乖乖地进屋站在地上看着那个叔叔吃饼,担心叔叔把他的饼给吃了。当那个下乡干部吃到只剩最后一张饼时,孩子有点着急,当下乡干部把最后一张饼拿起来咬了一口时,孩子哇的一声哭了,跑到外屋对妈妈说:"叔叔把我的饼也给吃了!"叔叔很尴尬,妈妈很意外,孩子很生气,这就是人没有生活经验的趣事。这个下乡干部吃饭时犯了一忌,在外吃饭忌讳把桌上的饭或菜全部吃光,饭和菜都要适当留一些,免得主人尴尬。

还有一件吃饭的尴尬事,也是一个下乡干部在社员家吃饭,这家主妇给这个下乡干部擀了两大碗荞麦面条子,当下乡干部把第二碗面条吃完后又把碗伸了过来,让主妇盛饭,主妇端着空碗很为难地说:"面条没了,有我们自家人吃的小米饭可以吗?"那个下乡干部不知所措,语无伦次地说:"那就算了。"双方都很尴尬,下乡干部脸红到脖子,赶紧下地灰溜溜地走了。实际这个下乡干部犯了两忌:第一忌,当吃完第二碗面条时,主人不张罗给你盛饭说明面条已经没有了,所以即便是没吃饱也不能再让主人给你盛饭。第二忌,既然已经开口让主人给盛饭了,不管有什么饭都应该再来半碗解除双方的尴尬。

那个年代的人不求吃好但求吃饱,所以我们在哪下乡对饭菜没有过高的要求,只要吃饱就好,不像现在人吃饭还要对口。有一点是可以肯定的,就是社员为下乡干部做的饭菜总比社员自己日常吃的饭菜要好得多,更比在我们自己家吃的饭菜好多了,至少每顿饭都是粮食做的,没有瓜菜代,有精粮的做点细饭,没精粮的也要粗粮细作。

房东郑化坤全家对我们都很好,每天把我们住的房间收拾得干干净净,把炕烧得热热乎乎,晚上散会回来睡觉时房东大婶早已经把炕给我们捂好了,钻进被窝滚热的很舒适。有时发现我们在谁家吃不饱,还给我们再送点吃的。我们走的那天郑化坤的大儿子郑顺和还送给我一个蓝塑料皮的日记本,在扉页上他还亲手画了一幅小画,画工还不错,在那个年头这个礼物是很时髦的也是很珍贵的,这个笔记本一直跟着我到参加工作也没舍得用,结婚后几次搬家也不知落在哪里,真的很遗憾。

在后平顶山工作结束后,我们又被派到下井大队下洼(张家洼子)生产队,住在社员张文明家。生产队长叫张丛,是个大个子,脸上有几个麻子,不爱说笑,他有一个当飞行员的哥哥,据说还是个团政委,张氏族人都以此为荣。张丛对我们也很照顾,轮饭时避开那些不太卫生的家庭。这里的生活条件要比后平顶山好一些,每天都能吃到两顿较好的饭菜,最常吃的菜是炒鸡蛋、腊肉丁炒韭菜、腊肉丁炖咸菜条等。有细粮的给做点细粮,没细粮的也能做到粗粮细做。由于这个小队是在川区,人们的思想意识和后平顶山人有些区别,社员们好像见过很多世面。后平顶山和下洼子两个生产队一个是山区一个是川区,相隔仅几十华里,但无论说话、办事和生活习惯仔细观察都有区别,所以在开展工作时也要采取不同的方法。

我们在后平顶山、张家洼子工作期间,住在社员家,吃在社员家,白天与社员一起劳动,晚上组织社员学习公社发的专题学习材料,还有报纸等。工作队除了与社员同吃、同住、同劳动、同学习外,还要了解掌握队长、党员和社员的思想动态及时向公社领导汇报。我们在这两个地方工作了六个多月,虽然在表面上看,我们除了劳动和组织学习也没有做其他事情,但却无形中使我们从很多方面得到了历练。

派饭 对一两天或三五日下乡工作人员,实行派饭。派饭一般都选择那些比较干净的社员家。被派饭的社员家,早晨家庭主妇可以晚出工,中午和晚上可以早收工,工分不减。生产队按派饭顿数给社员补粮食,因为时间短一般不收下乡工作人员的伙食费,这种派饭一般人家是摊不上的,只有卫生好,饭菜做得好和队长信得过的人家(防止吃饭时社员说队长的坏话)才摊得上,。这种派饭队长不陪餐,管不管酒是社员家的事,生产队不提供酒。吃派饭,有一顿一派的,有一天一派的,还有三两天就在一家吃的。一顿两顿的每客每顿补助一斤粮食(小米),时间长一点的每客每天补助二斤粮食,还给点烧柴、蔬菜什么的。

公费招待 所谓招待,就是要对客人的饭菜作出具体安排,要做几个菜,要有酒,要有陪餐人员,不收粮票和伙食费。那时生产队招待客人除拉电招待电工之外,从没公费买过烟。招待范围有公社领导、大队领导、柴油机手、拖拉机手、电影放映员、电工、收购员、特殊客人等。招待公社、大队领导和有头有脸的人物,为了交谈方便,一般都在生产队长家,由生产队负责提供米面、蔬菜、肉食、酒水、烧柴等一切用度,队长陪着吃喝。实际队长家也没有多大落头,只不过是刀前刀后剩点,大人孩子们吃点残汤剩饭什么的。如果在队长家招待次数过多,社员意见很大,觉得队长占了很大的便宜,有时为了避嫌,招待一般客人时就安排到和队长关系比较好、嘴比较严、卫生比较好、做饭手艺好的社员家,避免一些意见的产生。这也集中地反映了那时粮食的极度缺乏,对吃喝特别敏感。生产队大型特殊招待极少,记得生产队有史以来第一次拉电那年,招待拉电的电工、力工,应该属于高规格招待。那时,生产队听说在别处拉电招待规格极高,伙食差了电工还要有意找点小别扭,所以不敢慢待,杀羊、杀鸡、买猪肉、买蛋、买烟、磨面、打酒等,生产队找了三个人做饭,队长、副队长、会计、保管陪餐,那些人干完了活便放开吃呀、喝呀、抽呀,把自己喝得酩酊大醉、胡言乱语、胡诌八扯,把陪客喝得昏天黑地、不知所措。还有一年一度招待估产的。每年收割前,大队都要组织各生产队长和大队班子成员,到各生产队进行粮食产量评估,生产队长们都怕把自己队的粮食产量给估高了,到哪个生产队都要热情招待,要杀羊或买肉、杀鸡、买蛋,要磨面、打酒等,要找专人做饭,也是由队长、副队长、会计、保管陪餐。

大队公费招待,无论是次数还是费用都要比生产队多得多,所以大队在招待客人时也不敢大手大脚,招待范围也很谨慎,陪客人员控制得也比较严格。那时大队有个驴骡场,有几头驴,有几匹骡,有一匹种马,有一百多只羊,每年招待用肉基本都从驴骡场解决。夏秋季节杀只羊,把羊肉、羊油用咸盐埋起来以备来客用。到了初冬季节,准确地说是小雪前后,大队和生产队都要杀几只羊再弄点牛肉冻起来以备招待客人。肉食不用花钱,青菜是自己种的不用花钱,储菜也是自己种的不用花钱,只花点油盐酱醋和酒钱。夏季储存羊肉有时处理不好就会变质,肉里面生了白花花的蛆,做饭师傅找根棍把蛆挑出去,再将肉切成丝或片,热锅倒点油,放上调料(五香面),把切好的肉放在热锅里翻炒,之后再放上青菜再翻炒几下,最后放上盐填上水烧开锅再炖一会儿,就是一个菜。说是炒菜实际是炖菜,炖出来的菜一股子熏味,有时处理的不干净在菜汤上面还漂着蛆,公社书记、主任也照吃不误。羊肉炖疙瘩白、牛肉丝炒酸菜或牛肉片炖酸菜,牛肉根本就不烂,放在嘴里像嚼生皮子似的,尽管如此,人们吃得还是津津有味。青黄不接时到代销点买几斤鸡蛋做几样菜,如炒鸡蛋、煮鸡蛋、鸡蛋炒韭菜、咸菜条和粉条荷包鸡蛋,有时炖只小鸡,再弄点酒这就算招待。那时无论是个人家还是公家招待客人,都离不开鸡蛋,鸡蛋成了那时招待客人的主打菜。

凭票就餐 这种管饭方式,一般发生在大队,和轮饭、派饭所不同的是:轮饭、派饭,客人按标准交伙食费,每天交一斤粮票和三毛钱,而凭票就餐,就是客人按着实际就餐量付钱和粮票,每吃一斤米的米饭要付一斤粮票和一毛二分五厘钱,菜钱另付。我当过大队会计兼管吃喝拉撒睡,见证了大队来客凭票就餐那些事。那时甭说大队附近没有饭店,就连公社附近也没有,来的所有客人、下乡人员和上级领导基本都在大队凭票就餐。那时大队有一个专门做饭的师傅,每年给三百六十个劳动日,除了做饭还要负责给大队看门,春夏还要负责种菜。来了一般客人和下乡的,做饭师傅给做点小米饭,夏天熬个青菜,再腌个咸菜,弄点蘸酱菜,冬天熬点酸菜、疙瘩白,如果不放肉,菜钱收的很低,因为青菜是大队产的,酸菜是大队腌的。来客吃一顿饭就走的,吃完饭把粮票和伙食费交给伙食管理员或做饭师傅,吃两顿以上的客人,都是先记账最后一起结算。

公社书记、主任下乡工作,他们骑个自行车,有时直接到生产队工作,到了中午吃饭时间才回到大队。如果饭够吃公社领导也不让另做,有啥吃啥,但更多的时候还是要加个菜。如果在大队住,虽然不招待,但晚饭也要加个菜还要上点酒。那时在大队部门前有近三亩地属大队所有,在这里种着多种蔬菜,有做熟菜的,有腌咸菜的,还有蘸酱菜的,都是那时下乡干部最喜欢吃的。那时公社书记王景阳、主任马文义、副书记李宪章到大队工作,吃完饭临走时问做饭师傅要付多少钱、多少粮票,然后就悄悄地把钱和粮票放在大队的柜盖上,走时告诉一声说粮票和钱在柜盖上呢,很少直接把钱和粮票交到伙食管理员和做饭师傅手里,他们是怕我们推来推去的不好意思收,显示了领导人特有的风范。

回忆那些年的公费招待,根据当时的生活水平,应该说不算太低但也不高,既体现了对客人的尊重和热情,也体现了节俭,连客人吃剩下的残汤剩饭也被服务人员给吃了,那时候人们对食物特别珍惜,铺张浪费现象很少见。正常的招待和工作餐到什么时候也避免不了,下乡工作和专业服务人员都要吃饭,又不可能自带锅灶,这些人辛辛苦苦的工作连饭都吃不上,也有点太不尽人意,只要不过格,不铺张浪费,招待一下无可厚非,人们也会理解的。

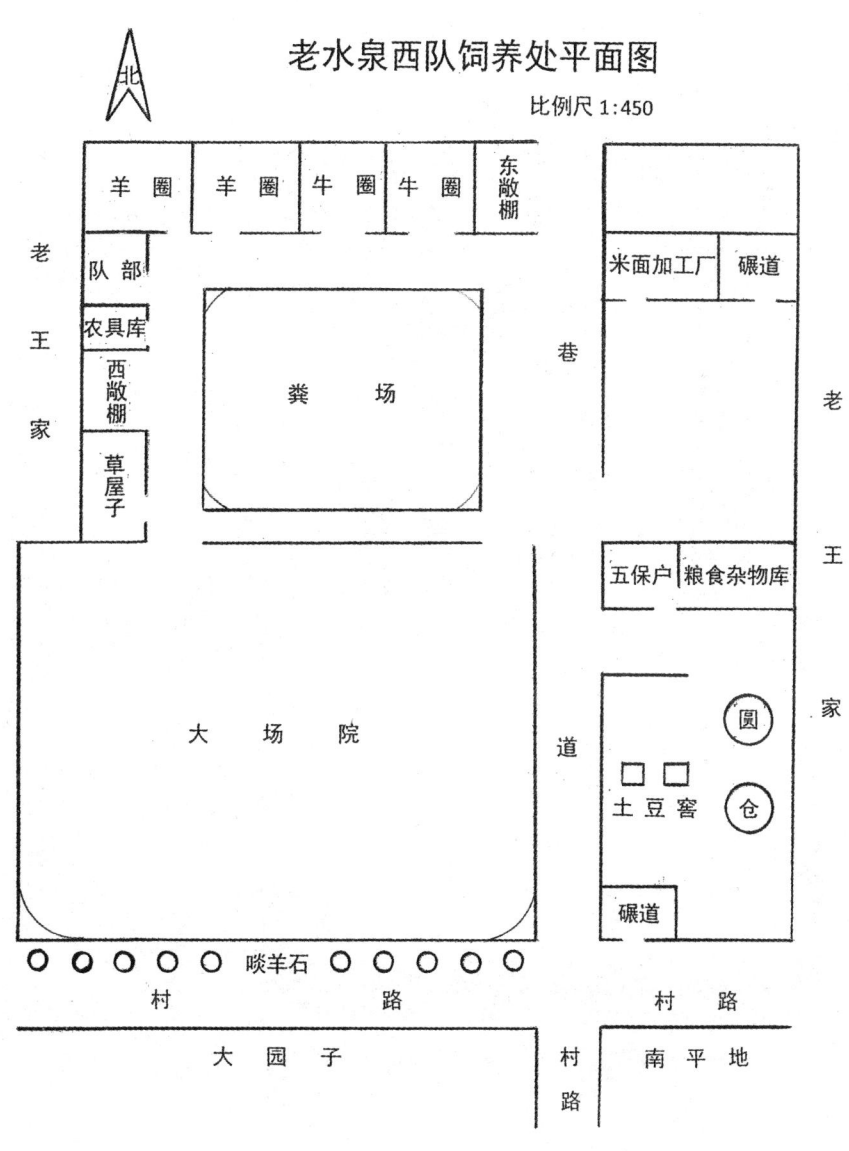

老水泉西队饲养处示意图

第七篇

小村的文化生活

五六七十年代，农村的文化娱乐从多样到单调、又从单调到多样。过去，说书的、唱皮影戏的、搭台唱大戏的很受人们欢迎。后来由于"破四旧""立四新"，废除了原来带有迷信、帝王将相、才子佳人等内容的传统文艺曲艺，农村文化生活一时出现了单调枯燥的局面。后来虽然收音机、有线广播、电影的出现，给村人带来耳目一新的感觉，但是那些老年人仍然怀念着说书的、唱戏的、老式办会的。那时几个老年人围坐在一起，听听书、看看戏，是他们文化生活的最高享受。到七十年代末，基本放开文化娱乐市场，一些传统的文化娱乐重新登上舞台。传统的、现代的融合在一起，使得农村的文化娱乐生活再次丰富多彩，更加多元化。

说书艺人道古今

过去人们总把说书的和唱戏的连在一起,说明说书也是一种文化艺术,也是老百姓喜闻乐见的。那时候我见过的那些说书的,有二人合说的,即一个人说唱,另一个人伴奏的;也有两人各持一乐器,两人轮流说唱的,比如一个人弹三弦,腿上绑上一个竹板,手弹三弦,腿打竹板,另一个人双手击打扬琴;大多数是一人单说的,手弹三弦,腿打竹板,说唱弹打都由一人来完成。最常见的说书的和现在说评书的没有什么两样,没有乐器,书中情节靠华丽的词汇渲染,说书场子的气氛靠声音的抑扬顿挫来烘托,说书人手持一块方木,方木拍桌以示提醒听众注意。

那时候经常看见盲人说书,大多是两个人,盲人说书,另一个人是做服务工作的,为盲人引路,二人手持一根长约两米的木棍,各持一头,前面领路的人怎么走,后面的盲人就怎么跟着走。每到一地这个领路人还要做好各项服务性的工作,如打水、端饭、收拾行具打点行装等。他们游走于乡间,在哪说书就吃住在哪,原来一般都住在个人家里,一是光棍汉家,二是比较宽敞的大户人家。后来有很多说书艺人就住在生产队饲养处里,生产队找人给做点吃的。

留或请说书的,多是富裕一点的人家,有一家请全村听的,也有一家管吃住,给听书的点赏钱。赏钱没有数量限制,可多可少,虽然给的不多但也不特别吝啬。赏钱里面既有说书的辛苦费,也有对盲人的怜悯钱,所以一般没有不给钱的。其实这些民间说书艺人也挣不了几个钱,除了生活用度所剩无几,过去也从来没听说有说书发财的。

说书主要在冬季的农闲季节,有的白天说晚上也说,有的只在晚上说。听书的坐在炕上围在火盆周围,聚精会神地听,说书的坐在地上的凳子上,一丝不苟全神贯注,把自己完全置入到了书中的各种角色,声音抑扬顿挫,各类形容词汇张口就来,把听书的也带入了书中的故事情节里,几个小时过去了,听书的仍然没有一点倦意。当说书的说道:今天就说到这里,预知后事如何,请听下回分解。此时,听书的仍然意犹未尽,在回家的路上还津津有味地议论着书中的人物和故事情节,等待着听下回分解。

在众多的文学艺术当中,说书的表演形式简便易行,一两个人就能掌控全场,不需要更多的道具,不需要很多的行头。演说场所可大可小,小到炕头上,大到几间屋子。听众可多可少,少则两三人,多则几十人乃至上百人。和戏曲相比,唱戏的台词有很多听不清或听不懂,而说书的台词基本都能听清听懂,加之收费低廉,所以这种文化艺术的表现形式更为偏僻山村的人所喜爱。另外,听书的人也有很大选择性,有时间可长,没时间可短,可听长篇的,可听中篇的,可听短篇的,还可听片段。五六十年代人们对《岳飞传》《杨家将》《十二寡妇征西》《铡美案》《呼延庆打擂》的老段子都是百听不厌。如果整篇地听,能把一部书从头至尾地听完,听书人能够掌握故事的系统性和完整性。片段选听,则是在一部书中选择最精华、最经典的部分,人们听了干脆、过瘾、解渴,不拖泥带水。性子急的人更喜欢听一些片段。对那些民间段子、改编的民间段子和自编自演的段子,听众们也很喜欢。这些民间段子文化色彩不那么重,荤素搭配,雅俗共赏,老少皆宜,更接近人们的生活,更是脍炙人口喜闻乐见的。

驴皮影戏串乡村

驴皮影戏这种娱乐形式很古老,比传统的评剧简单得多,不用准备行头,乐器简单,用人少。皮影戏的关键是要有驴皮影人子和道具,驴皮影人的制作过程:首先把驴皮退掉毛,通过特殊处理后,呈半透明状态,把处理好的驴皮剪刻成人体各部位、动物各部位、各种道具,然后着色,用线或铁丝把影人子的肢体可动部位组装起来,组装成各种人物、各种动物和各种道具等,再用细木棍把影人子的可动部位连接起来。演出都要在晚上,搭一个演出棚子,或借用一处大房子,房子中间挂一块白色的幕布,比放电影的幕布小而且很薄,透度好。影人在前,灯光在后,用灯光(气灯、嘎石灯)把影人子照射在幕布上。戏班子只有四五个人,都是身兼数职,撂下"耙子"就拿起"扫帚",忙得不亦乐乎。有手持木棍耍弄这些驴皮影人子的,来表现各种动作、各种表情、各种活动内容。由于驴皮通过处理后呈半透明状态,所以影人子的颜色、眼睛都很逼真。有奏乐的,最多不超两人,一个人操作好几种乐器,小锣、小鼓、小镲、板胡、喇叭等运用自如。有说唱的,根据人物的表现内容来编说唱词,有按原编词说唱的,也有现场即兴发挥的。也有耍影人子兼顾说唱的。皮影戏班子,其实就是集耍功、乐功、唱功于一体的密切配合的整体,台后几人操作,台前如同一人,很难看出衔接的痕迹。

皮影戏班子每到一处,先把一个晚上演出用的影人子组装好,据老人们传说影戏班子不演出时要把影人子的脑袋卸下来,身子和头要分开放,演出时都要现往影人身子上安脑袋,否则影人身子和头在一起如遇"仙气"就会跑掉,是真是假不言可知,但七行八作,行行都有自己的规矩,没规矩不成方圆嘛。他们把组装好的影人子和所用道具按照出场顺序井然有序地挂在影棚壁上,演出时用什么拿什么很方便。这些艺人把一个皮影人子耍得栩栩如生,唱的不但是南腔北调,而且是阴阳怪气,有时他们还要用手捏着喉咙,发出尖尖的不男不女的声音。也有很多打打杀杀的场面,两个人骑着高头大马,手拿一杆长矛,在互相厮杀着。一个驴皮人出来一边走,一边唱:"十三那个太保哇,李春孝哇哈嘿……"每唱一句就有一个伴奏,那个伴奏都是那把板胡拉的。那时我也很好奇,我一个人偷偷地去幕后看他们表演。一个男人用手捏着嗓子在学着女人腔调龇牙咧嘴地说唱。他们不停地摆动驴皮影人身上的木棍,那些敲锣和打鼓的也在根据节奏忙乎着。

那些老皮影戏班子有主动走村串户演出的,也有应邀演出的,比如谁家办喜事邀请演出的,有许愿、还愿邀请演出的,也有丰收庆贺邀请演出的,还有休闲娱乐邀请演出的,总之,就是为了图个喜庆、图个热闹,以示祝贺。由于皮影戏班子人数少,设施简单,收费低廉,所以,是那时家庭请戏的主要对象。已有多年没看到驴皮影戏了,驴皮影戏在农村大概已经消失了。驴皮影戏属于民间的一种传统文化娱乐形式,在当时用传统艺术,宣传了传统文化,为人们带来了许多欢乐,也颇受老百姓的喜爱。

评剧团的兴衰史

老水泉子大队评剧团,始建于六十年代初期,到六十年代末解散。评剧团三十来人,董桂珍任团长,请了一个教戏师傅,名叫张汉三,演员都是从各生产队的社员中挑选的,演员挣工分,误工补工。剧团各种角色齐全,如青衣、花旦、彩旦、小生、小丑、老生、花脸等都有扮主。为了办评剧团大队花了血本,卖掉了大队的五头骡子,筹措了三千多元钱,为评剧团购置了戏装、鼓乐器和各种道具。武场伴奏乐器有板鼓、梆子、锣、镲等;文场伴奏乐器有板胡、二胡、中胡、低胡、喇叭、笛、笙、呱哒板等。戏装头饰有皇帝戴的皇帽,有文官戴的纱帽,有武官戴的盔,有藩王、大将盔上插的雉鸡翎。服装更是多种多样,有皇帝穿的上身绣云龙,下身绣海水的黄色蟒袍;有后妃、贵族妇女穿的绣着龙凤图案的女蟒袍;有臣僚穿的各色蟒袍,还有配蟒袍的腰围玉带。有文官穿的官衣,无纹绣,在胸前和后心有方形补子各一块,上绣仙鹤等飞禽,颜色各异;有女人穿的女官衣。有皇帝、武将、公差、老军穿的箭衣。有武将穿的靠。有戏靴,还有罪衣罪裙等三十多套件。购置刀、枪、剑、戟、马匹等道具二十余件。

剧团办得红红火火。由于教戏师父不辞辛苦、一丝不苟地教,演员们积极努力地学,在短短的几年时间里学会了二十多个剧目,如《王小借粮》《赵连壁借粮》《哭井》《下江南》《旋风案》《冯奎卖妻》《茶瓶记》《铡美案》《绣鞋记》《打龙袍》《大劈棺》《双婚配》《桃花庵》《莲花庵》等,都是他们拿手的,而且唱得字正腔圆,有板有眼,表演得有声有色。剧团成立时间虽短但知名度很高,名气很大,方圆一百多里都知道老水泉子大队评剧团。评剧团除了在本大队演出,还应邀到外地演出,如老府公社的老爷庙沟,河北省围场县的巴头沟、羊草沟门等,每次到外地演出,都有大马车专车接送,像搬家似的装满一大车,演员们都有一种自豪感。演出收入归剧团所有,用于添置服饰道具等。

正当剧团如日中天时,"文化大革命"开始了,要求"破除四旧,立四新",因为剧团演出的剧目都是古装戏,所以,评剧团被当作"四旧"给解散了。人们无不对评剧团的解散感到惋惜,演员们更是为评剧团的解散感到痛心,十来年的艰辛付诸东流,人们不愿接受这个事实。剧团解散了,戏装、乐器和道具都分给了个人。分这些东西的时候,剧团保管顶着不给开箱子锁,最后没办法硬是把箱子撬开。其实,那位保管员不光是珍惜那些服饰,更是为解散剧团而惋惜,那些服装道具在剧团里能发挥出它的作用,但分散到个人手里,就失去了它的价值。剧团解散了,从此这个评剧团就永远从舞台上消失了。此后的若干年,每当到了农闲季节,人们总是谈论着:如果咱大队评剧团还在的话,现在该给咱们唱戏喽!

传统小戏看不厌

夏锄结束,庄稼地里的农活告一段落,从春种到夏锄忙碌了几个月的人们需要休整一下。这时,生产队要放几天假,大队、生产队或几个生产队联合请个评剧戏班子唱几天戏,少则三四天,多则五六日。当时最大的娱乐活动就是唱评剧,当地人称唱小戏。请戏的名目很多,谁家有大喜之事要请戏祝贺,许愿的要请戏还愿,有讨子还愿的、除病还愿的、消灾还愿的、求雨还愿的,大多是纯娱乐型请戏。费用有大队承担的,有生产队承担的,有几个生产队联合承担的,也有个人承担的,总之谁请戏谁花钱。六十年代基本都由大队评剧团演出,谁请的戏班子谁管饭。

生产队请戏班子按家吃派饭,唱戏的挣工分。

那时每个生产队都有一处比较宽敞的露天地,是专门用来唱戏的。唱戏时用又粗又长的木杆子和木板子搭一个大戏台子,然后用大帆布棚上,不但遮阳,还能避雨。戏台子靠后有一道幕布,演员们化好妆都要在幕布后面候着,该谁演出谁出场。戏台子两边分别坐着鼓乐队手,比如司鼓的、打镲的、拉二胡的、拉板胡的、吹喇叭的等等,有的一人操着几种乐器。幕布后面还坐着一个神秘的人物——提词的,他坐在一个凳子上,前面有个方桌,手持一本戏书,聚精会神地看着,台上唱戏的如果忘了唱词,他在台后及时把唱词提示给演员。如果是现在就更好了,演员耳朵上可以戴个耳麦。

开始唱戏的那天,主持人要有一个开场白,说明请的戏班子是哪里的,是谁花钱请的,请戏的缘由,然后报戏名。这天,看戏的人们老早地拿个小板凳、玉米皮编的坐垫、破皮子做的垫子去占地方,能够抢到前几排位置的沾沾自喜,坐在前面不但听得清而且看得清。看戏的也不能太寒酸了,要炒点瓜子、炒点豆子、炒点棒子粒,拿点水果或蔬菜,比如杏、樱桃、沙果、黄瓜等,边看戏边吃点闲食,时不时地给左邻右舍也抓上两把。拿一瓶子凉水,口干了喝上两口,感觉很惬意。除了自带些闲食,戏台底下也不乏卖闲食的,比如杏、樱桃、沙果等。卖瓜子的也不用带秤,装瓜子的口袋里放一个茶碗,一毛钱一碗。中老年人是真喜欢看戏,小孩子们看戏是小,玩耍凑热闹是大。大姑娘小伙子们,把压箱底的衣服拿出来穿在身上,到戏台底下显摆显摆,吸引一下大众的眼球,看戏是小,寻开心是大。那时,没有钟表,很难确定具体的开演时间,所以在开演前半个小时,击鼓、打镲、打锣也叫开同(开场),铿锵有力的锣鼓声告诉人们演出即将开始。评剧团一个剧目能演很多年,一年又能演很多遍,在三队演的剧目到五队、七队、九队还演,看戏的在三队看完到五队、七队、九队还看这出戏,去年看这出戏,今年还看这出戏,真是百看不烦,百看不厌。演悲剧时,年龄稍大一点的观众,第一遍看到伤心动情处情不自禁地哭,看第二遍、第三遍还擦眼抹泪地泣。

这项娱乐活动对农民来说也是一件大事,表面看来是唱戏,而戏外的活动往往比唱戏更重要,借着唱戏的引子办了很多很有意义的事。出嫁的闺女,要以此为由,把闺女接回娘家住几天看看戏。那时出嫁的闺女,不像现在回娘家这么频繁,一是交通不便,二是受传统的礼教束缚,回娘家的时间很少。娶了媳妇的男人要把岳父岳母接来看戏。有没过门媳妇的人家更不能错过机会,要把没过门的媳妇也接来看戏,给男女双方提供见面、接触的机会,创造条件,加深感情。三亲六故也是被请来看戏的对象,如姑父、姑姑、舅舅、舅妈、姨父、姨母、干亲,朋友等,表面是看戏,实际也是亲戚走动、亲朋交流、拉近关系、情谊回报的过程。除了看戏,三亲六故们互相之间聊聊天、唠唠嗑,交流着各地各家的大事小情。出嫁的闺女回来看戏,自家和亲朋好友老邻旧居还要请到家里吃顿饭。那时农村的娱乐活动非常单调,没有电视,电影到后来才有还极少,过年时扭秧歌,夏秋时节唱几台小戏,这就是最大型的娱乐活动。

灯会秧歌闹新春

办会,也叫组秧歌队。五六十年代办会的形式,主要以大队组织为主,也有几个生产队联合举办的,各生产队的中青年男女社员都可参加,演员若干,可多可少,办会的组织者叫会首,演出指挥者叫拉伞,演员挣工分。服装、道具等费用摊派到各生产队,演出收益(赏品、赏钱)归演员所有,在哪演出哪管饭。演出内容有踩高跷、扭秧歌、跑旱船、舞龙、耍狮子等。队员分工明确,有司鼓的,有打锣、打镲的,有吹喇叭的。各种人物角色齐全,有唐僧、孙悟空、猪八戒、沙和尚、济公、文官武将、才子佳人、公子小哥、大家闺秀、老做婆子等等。猪八戒背媳妇、小媳妇骑毛驴、新媳妇坐花轿、舞大龙、耍狮子、跑旱船等是人们的看点。演员演出时要化妆,头戴各类头饰,身穿鲜艳的戏剧服装,脚踩高跷。龙、狮子、毛驴、花轿、小车、旱船、花篮、大头娃娃等各种道具齐全。

会首也叫秧歌队长，他既是管理者也是联络员。他负责组建秧歌队、组织排练、进行道具和服装的准备，演出前要提前到各生产队和有头有脸有钱有喜事的个人家联系出场，有时也即兴出场，当然也有请会的。

拉伞也叫伞头，是演出总指挥，他既是唱喏的也是秧歌队的演出总指挥。他手持一把旱伞，演出时在秧歌队的最前面，唱喏的时候，要双手握伞并把旱伞举得高高的，象征双手抱拳作揖拜年，口唱颂词，到什么地方唱什么词，到生产队唱的是什么风调雨顺大丰收，骡马成群羊满坡呀；到个人家根据家庭情况编唱词，对有现役军人的家庭，唱一人参军，全家光荣、天天进步、早立军功等；对有大学生的家庭，唱耕读人家，文曲照亮、儿孙才俊、荣登金榜等；对有刚结婚的家庭，唱早生贵子、孝敬公婆等；对有老人的家庭，唱祝福老人健康长寿、寿比南山等祝寿词；没有什么特殊事例的就唱恭喜发财、万事如意、家丁兴旺、身体健康等内容的祝词。一般性的贺词、祝词，只是让东道主高兴高兴、乐和乐和，送个喜气，当那些贺词、祝词编到了极致，就会刺激东道主的神经，使其高度兴奋，做出一些超乎寻常的事，赏品加倍，原来没打算给赏钱的，增设了赏钱；原来计划给十元赏钱的，提高到二十元甚至更多。那时办会演出是外在表现形式，伞头的祝词才是真正的内涵，所以伞头的表现影响着整个团队的演出效果和收入。

会中人物要数老做婆子最活跃，最具挑逗性，类似杂技里的小丑，头上梳个疙瘩揪子，有时还戴一顶黑栽绒的老婆儿帽子，画的满脸红一道黑一道的褶子，耳朵上挂两个大红干辣椒，上身穿一件黑褂子，下身穿一条又肥又大的红裤子，裤脚还扎着腿带子，手拿一把蒲扇，缩头曰脑、妖道把式、前蹄后跳的，哪人多往哪里钻，撅着屁股、猫着腰，扭得最欢，时不时地跑到观众面前挑逗一番，遇到活跃的男观众也跟着互动一番，遇到腼腆的女观众则臊（羞）得脸通红，调节了场里场外的气氛。最具滑稽和喜剧性的是孙悟空，他手握金箍棒，动作自由，表情夸张，蹦蹦跳跳地在队伍里来回地穿梭。最悠闲、最具幽默感的是济公,他身着破衣烂衫,手摇破蒲扇,腰上披着一个酒葫芦,时不时地取下酒葫芦喝上两口,行动自由自在,对周围的事物不屑一顾,优哉游哉。文官武将穿戴整齐,昂首挺胸,步伐稳健,举止不凡。小媳妇和大家闺秀举止文雅,迈着小碎步,扭动着纤细的腰肢,显得几分羞涩。总之这些人物表现千姿百态,各有特色,都是根据各自的身份表现不同的表情和动作,表面看个热闹,细心观察有很多内涵供人品味。

秧歌队在每年的腊月和正月初组织排练,正月十四开始演出(打场),前三天在本大队各生产队和个人家演出,三天后有时也到周边小村演出。秧歌队所到之处都鞭炮齐鸣,以示欢迎,烘托气氛,增加了节日的喜庆色彩。在一个小村里演出,村里的男女老少尾随秧歌队,每到一处人们抢先站在制高点上,墙头上、粪堆上站满了观会的人,没有抢到制高点的就站在平地上跷着脚,伸长了脖子观望,东家看完西家看,百看不厌。半桩小子们则一直跟在秧歌队的后面,在这个生产队看完跟到那个生产队看,除了看会凑热闹,没响过的鞭炮是他们的最大收获。演出结束后东道主要打赏(发赏品),赏品主要是块糖、香烟和瓜子,有的也给点赏钱,少则五元、十元,多则二十元。会首把这些赏品和赏钱集中到一起分给每个演员。秧歌、灯会不是年年都办,其内容和形式也有所不同。有的年份筹集的钱多,内容就丰富,形式也多样;有的年份筹集的钱少,内容就很简单,形式也很单一,只是扭扭秧歌、踩踩高跷,简单地搞一下节日庆祝活动,热闹热闹。一年一度的秧歌会是新年伊始小村最大的文化娱乐活动,这个活动给村里的男女老少提供了见面的机会,他们借此机会互致问候,互相拜年,不亚于城里机关单位的团拜会。

露天电影进山村

电影进入山村,是农村文化娱乐生活的一件大事,也是农村文化娱乐活动的一大进步，老百姓不用去电影院，在自家门口就能看到电影。从那时起村里的人们对电影有了最原始的认识。公社文化站有电影放映队，说是放映队实际就两名放映员。不知道他们是不是国家正式编制，反正他们是挣工资的。他们赶着一挂小毛驴车，轮流到全公社各生产队放映电影，车上拉着两根带着铁环的长木杆子，是挂幕布用的，一块长约三米、宽两米多的白色幕布，一台电动放映机，一台脚踏式发电机，一个装电影胶片的铁箱子，还有一捆很长很长的黑色电线，这些基本就是放映队的全部家当。因为是山区，无论冬夏都不用给毛驴带吃的，在哪放电影哪生产队管毛驴的吃喝，放映员就更不用说了，要尽量做点精细饭，还要上点酒，免收伙食费。

  每当放映队来放电影，大队都给每个生产队发个通知，告知什么时间、什么地点、放什么电影等，生产队长则安排早些收工，准备晚上看电影。在哪个生产队放电影，哪个生产队的社员们都提前把位置占好，其他生产队的社员就没有那么优越了，只能随遇而安，就近搬块石头坐着。在那个年代，放映队放什么电影大家就看什么电影，老百姓是没有选择的，不过，无论放什么内容的电影，大家都感觉很新鲜，与其说对内容感兴趣，倒不如说大家更在意的是这样的娱乐形式，电影内容的好赖没有选择，无法调整大众的口味，大众也没那么挑剔，对剧中情节弄明白了即可，不像现代人总要挑出点毛病来才肯罢休，否则就显得自己没有水平。有时也不是现代人事多，与人们的文化水平和对事物的认知有关。远道来看电影的都是一些轻手利脚的年轻人和半桩子，东道主生产队除了不能动的老人和小孩子几乎倾巢而出，春夏秋还好些，冬天看露天电影保暖就成了主要事，家有皮衣、棉鞋、毡疙瘩的都要用上，在这时候，牛羊倌、大车老板子就有了他们的优越性。看电影虽然是在晚上，那些大姑娘、小媳妇和年轻小伙子们像迎接重大节日一样把最好的衣服穿上。看电影时每隔一会儿就会儿有"啪啪啪"的响声，请不要误认为是观众的掌声，是天太冷把人们的脚冻疼了、冻麻了,跺跺脚缓解一下。露天电影没有统一的座位,观众千姿百态,有席地而坐的,有坐在小板凳上的,有坐在石头上的,有蹲着的,有站着的,有在人群后面站在凳子上看的,五六岁的孩子则骑在大人脖子上看,实在找不到合适位置的,干脆到银幕背面看,虽然影子和文字是反的,影像也不太清晰,但总比看不见好得多。每次放完电影,场地一片狼藉,附近的石头墙都要矮一截,满地的石块伴着瓜子皮、雪糕棒、矿泉水瓶、破烂废纸是绝对没有的,第二天队长要安排两个青壮年搬石头,安排一个会垒墙的老头把石头墙重新垒好。

那时全大队都没有拉上电,放电影是靠脚踏式发电机发电,这种发电机的踏板和自行车脚踏板一模一样,与自行车摩电灯是一个原理,开始村里的小青年们当乐景,争着抢着去蹬这个发电机,他们感觉很好玩。这个发电机有个特点,蹬快了电量足、灯光亮、影像清、音色正、音量大,蹬慢了电量变弱、灯光暗、影像模糊、声音小而不正,换人的时候速度慢了还停电,所以很难保证放映质量,小伙子们你蹬一会儿我蹬一会儿,用不了几次就都不愿意干了。

人工脚踏发电机历史很短,像昙花一现,稍显即逝,仅仅一两年的时间就被小型汽油发电机所替代,电影放映队的小驴车上少了一台脚踏式发电机,多了一台汽油发电机和一个装汽油的大铁桶。发电机发电时"嘟嘟嘟嘟"的声音很大,为不影响电影的音响效果,要把发电机放在离放映机很远的地方,这个铁家伙比脚踏发电机有很大进步,有时虽然也坏,但总体来说比脚踏发电机耐用多了。

后来,有了交流电就更方便了,到哪里放电影找个电源接上就行了,但又怕停电,那时农村经常停电,有时一连几天都没电。社员们大老远去看电影,没一会儿停电了,高兴而去,扫兴而归。停了电,放映员到大队给公社电管站打个电话,打听一下停多长时间,如果时间长就把放映设备交给生产队保管锁起来,放映员便赶着驴车回公社了,等来电后回来再接着放映。由于电影放映设备落后,机械故障频频发生,有时,一个晚上不知道要断多少次片（胶带），看着正起劲的时候，放映机"哼"的一声发出一声怪叫，胶带断了，幕布上的影子随之消失，出现了一片光亮，放映员就得导带接片子，片子接好了，好大一块儿电影内容却没有了。有时出了大故障，就得把放映机拉回公社或送到县里维修。

当时放的电影大都是革命题材的，如"八大样板戏"，故事片有《奇袭白虎团》《刘胡兰》《英雄儿女》《董存瑞》《黄继光》等。一部电影在一个大队的几个生产队连续放映好几遍，人们不顾一天的劳累，吃完晚饭，老早地拿着凳子，步行几里甚至十来里路，跟着电影放映队重复地看着一部电影。每当看完一场电影，人们在茶余饭后和劳动时就有了新的话题，影片里的故事情节、影片里的人物、影片里的是是非非成为人们近期的议论中心。影片里那些幽默的对话，经典的语言被人们所引用，有的还能成为人们的口头禅。

电影这个新生事物在村里的出现，老年人觉得耳目一新，在他们看来看电影比看评剧和驴皮影真实多了。有些年龄大的老人总是带着很多疑问，比如电影里的人物、动物、山水、物品、场景、声音怎么和真的一模一样？他们感觉电影里的一切都是真的，有好奇的还要到幕布的后面看看，或趁放映员不注意小心翼翼地摸摸幕布，然后说这么薄的一块布怎么能装得下那么大的场景和那么多的人呢？在当时这些问题小村里的人没有谁能说清楚，即便是有人能说清楚，老人们也听不懂，这些疑问给老年人留下了很多困扰。

文艺宣传总动员

纵观历史，历朝历代的政治宣传力度都无法与"文革"期间的政治宣传力度相比拟。"文革"期间，其政治宣传达到了巅峰，宣传力度之大，宣传面之广，宣传形式之多样，宣传手段之高明，堪称史无前例。除了用足用好各种宣传工具，还开辟了一些新的宣传途径，比如学校的老师、学生到户宣传,国家干部到基层宣传,组建各种形式的宣传队等等,做到政治宣传到公社、到大队、到生产队、到每家每户、到每个人。七十年代初,按照上级要求各大队都组建了文艺宣传队,从字义上理解是搞文艺宣传,实际是在宣传政治,宣传毛泽东思想,是以文艺宣传的形式来宣传政治,文艺要为无产阶级专政服务,文艺宣传要服从于政治,要服务于政治,不得偏离政治轨道。那时我们大队也组建了文艺宣传队,我担任文艺宣传队队长,文艺宣传队的队员都是初中刚毕业不久的十七八、二十来岁的男女青年,农闲时白天排练节目在大队记工分,回生产队领工分,晚上轮流到各生产队义务演出,不挣工分。

  大队文艺宣传队不像原来大队评剧团装备那么精良,没有演出服装,扮演解放军时,把自己的绿色制服穿上,没有的就借一身,制服的领子上钉两块红布做领章。那时仿军帽盛行,几乎每个小青年都有一顶,做个红色铁五角星别在帽子上当帽徽。演农民、工人就省事多了,因为没有统一装束。扮演正反面人物主要是靠化妆,扮演正面人物,在脸上涂脂抹粉,美化一下;如扮演反面人物,脸上划几条黑道道,把眼睛画得恶眉瞪眼的;扮演特殊反面人物做个假面具,弄个水葫芦糊上几层纸,待纸干成型后揭下来,画几根头发,恶眉瞪眼,蒜头大鼻子,厚厚的嘴唇,大大的嘴巴,在面具的眼睛和嘴巴处挖个窟窿,两侧拴个绳系在后脑勺上。虽然装备简陋、演出条件很差,但是全体队员们排练节目的劲头却很足,练得都很起劲,演出时特别认真,一丝不苟。乐器也很简单,锣、鼓、镲不用买,大队原来就有,笛子、二胡、口琴、竹板也花不了几个钱,没有音响,全靠嗓子嚷。演出的节目形式也比较单调,有快板、天津快板、山东快书、三句半、相声、双簧,独唱、合唱、口琴、笛子、二胡独奏等等,以独唱、合唱为主。到各生产队演出要把各生产队的好人好事、模范人物也要编入节目当中,那时报纸上、宣传材料上登载着很多文艺段子,有的直接用,有的根据本大队的实际情况做一些改动。我还清晰地记着一段天津快板的台词:"竹板这么一打,别的咱不提,说一说某某某他访问印尼。哎！就说这么一天吧，正赶上礼拜一，雅加达的机场上，喳喳叽叽，有的领着狗，有的抱着鸡，还有的没嘛拿了挎着个照相机……"宣传队每到一都也能表演两个来小时。

在生产队演出，没有舞台，也不可能有舞台，就在生产队部（饲养处）演出，没有电，在屋里的高处多点两个煤油灯或在墙上挂个提灯。观众和演员都挤在一个屋里，有的母羊还在这个屋里"坐月子"，演员在演节目，羊也跟着瞎起哄，演员唱歌，羊也在"咩咩"地叫，弄得观众哄堂大笑。因为演出场地窄小，舞台就在屋子当中，演员不分台前幕后，该谁演谁上场，演完的就退下来。演节目的那个小破茅屋被观众挤得满满的，去晚了进不了屋的还得扒窗户看，演员演得很起劲，观众看得也很来劲。文艺宣传队除了在本大队演出，还要参加公社举办的文艺汇演比赛。我们大队的文艺宣传队在全公社文艺汇演比赛中还荣获了第一名，当时队员们都很兴奋。

在当时看来，文艺宣传队的存在，一是政治需要，通过这种方式，宣传毛主席的最高指示和党的方针政策，让无产阶级思想文化占领农村文化阵地；二是丰富农村文化娱乐生活的需要，服务农村、服务农民。

人人学唱革命歌

"文革"期间，无论男女，无论老少，都要学唱革命歌曲。一般在晚上开会前、散会前学唱革命歌曲，劳动间歇时在田间地头也学唱革命歌曲。生产队选择几名有文化、嗓音好的男女青年教唱革命歌曲，大队定期对各生产队的唱歌骨干进行培训，所谓的培训就是把各生产队教歌的组织到一起，找个音乐老师教唱歌，这些唱歌骨干再回到各生产队教社员。要求人人必会唱的有：《东方红》《大海航行靠舵手》《社会主义好》《三大纪律八项注意》等。教唱歌也不是一件容易事，年龄大、没文化成了学唱歌的障碍，他们咬不准字，记不住词，不懂其意，

小村的文化生活

所以学唱歌时就是跟着瞎哼哼,有很多年龄大的到最后也没学会一首完整的歌,对他们也没有太苛刻的要求,只要跟着学就足够了。唱歌时以合唱为主,少数独唱。有时男女青年之间举行拉歌比赛,男青年一组,女青年一组,一组起哄,要求另一组唱歌,一人高喊口号,全组跟着。一组唱完另一组的带头人高喊:"唱得好不好?"群呼:"好!""妙不妙?"群呼:"妙!""再来一个要不要?"群呼:"要!"如果对方不唱,接着高呼:"快!快!快!"对方则高喊:"革命歌曲大家唱,我们唱完你们唱!"直至一方起唱为止。

那时经常唱的有以下几首歌曲,歌颂毛主席的,如《东方红》:东方红太阳升,中国出了个毛泽东,他为人民谋幸福,他是人民大救星,共产党,像太阳,照到哪里哪里亮,哪里有了共产党,哪里人民得解放。

《大海航行靠舵手》:大海航行靠舵手,万物生长靠太阳,雨露滋润禾苗壮,干革命靠的是毛泽东思想。鱼儿离不开水,瓜儿离不开秧,革命群众离不开共产党,毛泽东思想是不落的太阳。

歌颂共产党的,如《爹亲娘亲不如毛主席亲》:天大地大不如党的恩情大,爹亲娘亲不如毛主席亲,千好万好不如社会主义好,河深海深不如阶级友爱深,毛泽东思想是革命的宝,谁要是反对它,谁就是我们的敌人。

歌颂社会主义的,如《社会主义好》等。

歌颂学习榜样英雄人物的,如《学习雷锋好榜样》等。

鼓舞士气的,如《全世界人民一定胜利》:东风吹战鼓擂,现在世界上究竟谁怕谁,不是人民怕美帝,而是美帝怕人民。还有《三大纪律八项注意》等。

毛主席语录歌唱得最多,百唱不厌,如:领导我们事业的核心力量是中国共产党……下定决心……世界是你们的,也是我们的……

那时的革命歌曲,人们唱起来热血沸腾,心潮澎湃,精神倍增,有一种勇往直前的感觉。那时不许唱靡靡之音的歌曲,也没有那样的歌曲可唱。除了年龄大、没文化的都会唱几首革命歌曲,有很多小青年还会识谱,有的还会用乐器,比如笛子、口琴、二胡等等演奏革命歌曲,劳动和开会时要随身带上口琴、笛子,唱歌时还有简单的乐器伴奏。我记得公社的吹笛子高手叫崔助民,他的演奏不亚于现在电视里面的笛子独奏,如果到《黄金一百秒》肯定能得奖。我们大队的笛子吹奏高手要数宋连生了。其实我也会吹,但是没有人家吹得好。那时买一根笛子八九毛钱,好一点的一块多钱,买一包笛膜几毛钱。为了省钱,我们就到周家的苇地里,找几株干苇子扒苇膜做笛膜,和买的笛膜没有什么差别。笛子的音质取决于笛管的材质和笛膜,好的笛膜发出的声音清脆、高尖,有时没有苇膜,用薄纸代替,笛子发出的声音酣绵。贴笛膜也很有学问,贴紧了声音太尖,贴松了声音太颤音色不正。上山劳动有时带着口琴、笛子,休息的时候吹一曲,练练嘴、练练手。

集体经济时期,除了少数工种,多数时间男女老少都在一起劳动,干活比着赛地干,有说有笑,再加上间歇时的各种活动,增添了诸多乐趣。劳动休息时岁数大的热天找阴坡,冷天找阳坡,抽袋烟歇一会儿,年轻的教唱歌、学唱歌、拉歌,有时还要摔两跤,显示自己的力气。男女之间摔跤,好像没有性别概念,头脑里也没有那么多想法。通过学唱革命歌曲,增加了青年社员们的凝聚力,生产队像是一块巨大的磁石吸引着他们,成为年轻人的乐园,那些年轻人在这里时时都散发着青春的活力。那时的年轻人集体劳动不知疲倦,虽然也盼望休息,但不是为了身体休息,而是为了精神上的放松,在休息时搞一些娱乐活动,家里有事请假是年轻人最不情愿的事。

通过学唱革命歌曲,宣传了伟大的中国共产党,宣传了毛泽东思想,宣传了党和政府的方针政策,宣传了英雄人物,给人们增添了情趣和活力,增添了文化娱乐的活动内容,增添了文化娱乐形式,对年轻人来说也是一个提高文化素养、提高自身素质的极好机会。

有线广播大普及

一九七〇年夏,仅仅几天的时间,全大队家家户户都安装了有线广播喇叭,速度之快,覆盖面之广,前所未有。有线广播的到来,使偏僻山沟的普通农民,能直接聆听党中央的声音、北京的声音,能听到全国各地及全世界的重大新闻、新人新事,还有各种文化娱乐节目,公社领导有时也用有线广播讲话,指导生产、下达紧急生产任务。穷山沟的农民不花一分钱,躺在热炕头上就能听到袁阔成、单田芳等艺术家说书,这是老百姓做梦也想不到的事。那时,常常听到老年人们说:"这个国度真好,这个国度真牛。"

从县里到公社,从公社到大队,有线广播的传输线用电话线代之,那时候在早、午、晚定时开通有线广播,播放广播时电话线路被有线广播占用,电话停用,无论有多么要紧的事,都得等广播结束后才能打电话。从大队到各生产队的线路由国家和各生产队共同负责,电线杆由生产队负责,生产队放几棵杨树就解决了,不用花现钱。购买电线、瓷壶的费用由国家承担,入户线路、简装喇叭、开关等费用由个人承担,距离主线路远的费用就高一些,距离主线路近的费用相对低一些,高低之差不到一元钱。公社广播站负责立杆、拉线的技术指导和安装等,生产队出劳力负责挖坑、立杆、拉线等。每户社员支付四五元钱就能收听广播了。

那时的有线广播喇叭构造极其简单,是直径不过二十公分的灰色的小纸盆,纸盆的后面连着一个线圈,线圈上面有两根线,一根接传输线,另一根接地线,人们把一根八号铅丝挨着炕沿帮插入地下,再用一根细铁丝上头接到喇叭的地线上,下头接到八号铅丝上,有时喇叭的声音小了或有杂音,人们习惯地往插地线处浇点水。一个简装的广播喇叭售价不过两元钱。精装广播喇叭用现在的话说是豪华型的,价格就贵多了,每个售价五元钱。这种喇叭纸盆的四周用一个金属铁框固定,铁框的后面固定着线圈,看上去就结实多了,也好看多了。还有的更讲究,在喇叭的外面再扣上一个小木箱,是起装饰作用的,木箱三十公分见方,箱体的上底厚一些,下底薄一些,外面刷着清油,前面有镂空图案,最讲究的是五星图案,五星上面涂着红漆。挂精装喇叭的人家不多,挂带木箱喇叭的更是少之又少。广播喇叭一般都挂在炕头墙的上头,基本和炕沿对齐。挨着喇叭有一个开关,开关上拴着一根线绳,来广播时不想听的时候一拉线绳就关了,想听的时候再一拉线绳就又打开了。那些岁数大的老人们,晚上躺在炕头上,闭着眼睛欣赏着评书,困了拉一下线绳,过不了一会儿鼾声就响起来了,很是惬意。

  这个小喇叭有时也出故障,如果屋内湿度太大,喇叭纸盆就会返潮,发音时就会有"吱啦吱啦"的响声,严重时听不清广播里说的什么;有时线路也会连接不实,发出的声音断断续续;有时线圈坏了,要拿到公社广播站去维修。

  这个小喇叭是这个小村自古以来从没有过的。记得早晨广播来的时候先奏一首《东方红》乐曲,然后是节目预告,几声"吱、吱"的响声过后,就听播音员说:"刚才最后一响是北京时间七点整,下面是新闻和报纸摘要节目时间。"到了广播结束的时间,广播里就会响起播音员的声音:"亲爱的听众同志们,这个时间的节目到此结束了,下次再会。"每天早、午、晚各一次。有线广播的普及大大地提高了人们的政治意识和文化素质。因为那时候的有线广播,只播革命的、健康的内容,虽然节目内容比较单一,但都是积极向上的。

  那时大队也利用这个有线广播喇叭当作通讯工具,大队买一个"三用匣子",其实就是一个多功能的收音机,接在有线广播的线路上,这个"三用匣子"有收音机的功能,有转播收音机里节目的功能,有通过"三用匣子"和小广播喇叭直接对话的功能。大队有什么事可直接通过"三用匣子"通知到各生产队和社员,人们还可以对着小喇叭回话,当然保密的、不方便公开的事,还是不能用这种方式。没有这个"三用匣子"时,大队有什么事都要以文字的形式通知到各生产队,非急事把通知放到代销点或放在学校里捎,如果有急事大队干部们就要亲自跑一趟或找人专门送通知。有了这个"三用匣子"大队发个通知或临时找队长到大队议事,大队干部们就可以打开"三用匣子"对着"三用匣子"发话,在当时看来极其方便。

有线广播,传播了政治,传播了文化,传播了文艺,传播了上级领导层的声音,传播了上级党委、政府的方针政策,对广大农民来说,不是简单的一个新生事物,更主要的是潜移默化地开阔了人们的视野,提高了人们的文化素质,改变了人们的思想意识和观念。

收音机徒有虚名

在六十年代中期,山区农民们的思想和生活都处于一种半封闭状态,普通庄稼人除了参加一些大会战或是走亲戚串朋友以外,极少有外出的机会。小村到赤峰市区仅二百华里,村里上一辈的老人有七十多位,去过赤峰的不足十人。去过赤峰的这些人大多是大车老板子、义务兵、生产队长、大队干部、去盟医院看大(重)病的和"不务正业"的盲流,绝大多数人没见过城市的模样。谁家有亲戚在城里,人们更是刮目相看。村里的人除了赶集上店和走亲戚串朋友几乎足不出队,所以对外面的世界了解甚少,外出的人所见所闻都是新鲜的。他们把山外的那些新鲜事讲述给村人听,满足了人们的好奇心;他们把那些新鲜玩意儿拿回来给村里人看,人们可一饱眼福,增长见识;他们弄回来先进的生产生活用品,刺激人们对高档产品的拥有欲,有些新生事物也由此而诞生。

那时候社会上把不愿在生产队劳动,总在外面跑(漂)的人叫"盲流"。在村人心目中"盲流"就是不守本分、不过日子、不爱劳动、不务正业的人。队里有个社员名叫李化民,二十多岁,其父李金财从外地迁入,村人从来就没见过李化民的母亲,家里只有父子二人,由于缺乏母爱,疏于管教，李化民从小就不愿劳动，长大以后也不爱参加集体劳动，总在外面跑，少则几十天多则几个月。有一年冬天，李化民在外面跑了几个月回来了，还带回一件新鲜玩意儿——收音机，那可是村里第一台收音机。那时候还没有小型的收音机，都是台式的大收音机。李化民带回来的自然是台式收音机，机长四十多公分，高三十多公分，厚二十多公分，木板做的机箱，机箱里面装满了电子管、电容等零部件。在箱体前面上端还镶有一块木板，木板两端各锯一个比收音机喇叭口稍小一点的圆形孔，喇叭口对着圆形孔固定在木板上，木板的前面贴着缎子布，木板的下端镶一块长条有机玻璃，玻璃上标着长波、中波、短波的标志，中间还有三个波段按钮。玻璃板两头各安着一个直径约三公分、高约两公分的化学（塑料）旋转钮，一个是搜台的，另一个是电源、音量开关。这台收音机的到来，给村人开了眼界，村人第一次见到了收音机的模样。半桩小子们看到这个稀奇的玩意，互相传递着这个新闻，村里的好事者和半桩小子们齐聚到李化民家，观看这个新鲜玩意。

李化民找了一根长长的木杆子，在木杆子顶头用铁丝绑上一个旧铁丝笊篱头，把木杆子大头朝下埋在房后的地下，弄一根长长的细铁丝，一头接在笊篱头上，另一头接在收音机的天线上，弄一根铁棍插在地下用细铁丝连接到收音机的地线上。收音机的背面有块可拆卸的背板，把背板卸下来，在收音机里面装上四节一号电池，打开电源开关（音量控制开关），旋转选台钮，选好台后就能听到电台的广播了。除了播音员的播音外还有音乐，人们感觉这个东西很先进，什么时候想听什么时候打开，想听什么还有很大的选择性。晚上村里的小青年和半桩小子们忙里偷闲到李化民家听广播，至于内容并不重要，主要是满足好奇心，夜深人静时偶尔还能偷偷地听一会儿苏联对华广播。不过有时候收音机的杂音（干扰）很大，有时听着听着就跑到另一个台去了（滚台），还有一些外国语嘀噜嘟噜的，也听不懂说的是什么。一时间他家挤满了好事的小伙子和半桩小子，对此，李化民不但不嫌烦，反而很自豪，他坐在自家小土屋的窗台上,高高在上、比比划划地,像给学生讲课一样,讲述着收音机的故事,讲述着外面的新鲜事和新鲜玩意儿,听得人们目瞪口呆,津津有味。

收音机作为政治、经济、文化、娱乐的传播工具,在村里虽然轰动一时,但始终没有得到普及。全生产队三十多户人家最多时才有三台,究其原因它属非生活必需品,加之经济不发达,在当时电子产品价格昂贵,属于高档消费品,所以东西虽好却极少有人问津。后来收音机成了有钱人家的高档装饰品,当时收音机除了收听广播还是最超前、最时髦的家庭摆设,谁家的柜子上摆台收音机给人的感觉就很富有,也很上档次,所以也成了天姿绝色姑娘婚嫁的高档聘礼"四大件"(自行车、缝纫机、收音机和手表)之一。

照理说收音机比广播喇叭要先进得多,至少要比广播喇叭有很大的选择性,不受时间限制,有很多台可任意选择,然而却没有发展起来。有线广播相对收音机来说,就有很大的局限性,广播站播放什么就得听什么,无论在性能上还是在功能上,有线广播都无法与收音机相比拟,而有线广播却在很短时间内像雨后春笋般遍布城乡各地,进入千家万户。有线广播的快速普及和迅速发展,除了经济实惠,还有一个很重要的原因,那就是政府的推动。而收音机就没那么幸运,虽然人们认识得较早,名噪一时,作为"四大件"之一,但因其价格昂贵却没有大规模发展起来,有其名无其实,徒有虚名罢了。

第八篇

村子里的老艺人

我们村面积不大，人口不多，但这个弹丸之地上也是人才济济，有很多手艺人、技艺能手和技术高手。这些人，在某个方面有着很高的技艺和本领，有些技艺在今天已经没有用武之地，但在那个科技落后、经济不发达、物质匮乏的年代，都发挥了它应有的作用。这些人用他们高超的技艺，面向农村，服务于农民，为这里的人们提供了生产、生活便利，为这里的人们提供了良好的服务，为这里的人们提供了快乐，他们真诚献艺(医)，真挚服务，博得了人们的好评。这些艺人都没有进过专门的学校，都没有受过专门的训练，有的甚至连汉字都认不了多少，但论技艺，让一些现代的大学生汗颜，他们可能有点天赋，但更多的是个人后天的努力学习和艰苦拼搏的结果。让我们记住他们曾经为这里作出过贡献，让我们学习他们艰苦奋斗、拼搏好学的精神。

自学医师

刘忠信，是我们大队有史以来第一位赤脚医生，他从一九六〇年开始自学中医，时年二十岁。我刚记事的时候，就看见他在劳动休息时间，整天地抱着一本药书看，好像是《药性四百味》，还有一些关于诊病、治病方面的书籍。为了提高医术水平，丰富临床经验，一九六九年他在大庙公社参加了昭乌达盟卫校举办的为期两个月的赤脚医生培训班，一九七〇年在初头朗医院进修一年，后来考取了从医证书。二十七岁开始从医，同年被聘为老水泉子大队赤脚医生。刘忠信从六十年代末就是一个全科医生，从内科到外科，从妇科到儿科，从五官科到心脑血管科，从医病到护理，从病情诊断到开方拿药，再到打针输液都是他一个人的事。治疗采取中西医结合的方式，急病西药治，慢病中药疗。大队每年给他四百个劳动日，作为全年的劳动报酬。改革开放，农村土地联产承包责任制以后，从挣工分改为自负盈亏。从医五十年，到二〇〇五年，他把这份职业交给了儿子刘志敏，子承父业，由于他的言传身教，再加上刘志敏本人勤奋好学、刻苦钻研、热情周到，也博得了公众的好评。

五十年的风风雨雨、酸甜苦辣，让他的人生很充实。回顾走过的五十年，每天都在忙忙碌碌中度过。病人得病不择时间，求医者也就不分早晚、不管忙闲、不避年节，早晨还没等刘忠信起床，求医的人便开始敲门了，他就穿好衣服、背上药箱不吃早饭马上出诊；有时刚端起碗筷还没等开口，有了急性患者就得放下饭碗马上出发；晚上刚躺进被窝里又被叫走了，夜里睡得正香，有急病人也得深夜出诊；白天不管在家里忙什么、有什么急活都要放下手中的活计给人看病；过年过节家家都在喜庆团聚，一旦有了病人也要出诊，试想一顿丰盛的年节饭菜不能与家人共享，心里是何等滋味。家里不管有大事小事，在他看来都是小事，病人的事都是大事。他从医几十年，还没听哪一个人说过因故请不动的事例。

他信守着"不管有钱没钱都给治病"的原则。六七十年代家家都很穷，而闹病又不管穷富，有时越穷越生病，病得治还给不上钱，就得他来垫着。一些无儿无女的老人和光棍汉，实在没钱他就免费治疗。往往越是严寒酷暑的极端天气，人越容易生病，别人热天找阴凉，冷天进热屋，可他却得应热应寒而出。不管雪天雨天，都要冒雪冒雨出诊。有时病人说不管忙闲、不管早晚就把他给请来了真过意不去，他笑笑说，人哪有选时间生病的，一句很普通的话语却道出了他对医生这个职业特点的认知。

在他的从医生涯中，也不乏远道慕名而来的患者专门找他治病的，比如瓦房生产队一个社员的亲戚，久病不愈，从远道而来，专门找刘忠信治病，病治好了，患者无比高兴，执意要拿出五块钱以示答谢，被刘忠信婉言谢绝了。在七十年代，五元钱是个不小的数目，相当于现在的几百元钱，一个农民患者，能拿出这么多钱答谢给他治病的医生，足以说明这位患者对刘忠信的医术水平和医德医风的高度肯定。也不乏有些患者在其他医生那久治不愈，再求刘忠信诊治，结果药到病除的事例。

他的医德医风有口皆碑，作为医生，医德医风是首要的，一个医生如果没有医德，他的医道越高就越可怕，就像一个坏人，头脑越聪明，就越能办坏事。刘忠信的医德医风是人所共知的，他言语不多，实实在在，不狂不骄，以其扎实的医术功底，为全大队两千来口人服务。有很多患者病治好了，都要请刘忠信吃顿饭以示答谢，能谢绝的他就婉言谢绝，实在谢绝不了的，就只得恭敬不如从命了。吃饭离不开酒，但从未见他喝多过，更谈不上醉酒行医了。他穿着普通但干净利落，给人一种踏实、安全的感觉。他把整个心思都放在从医的事业上。

他的木制小药箱如同一个小药房，又似一个小型医疗器械室，装着各种常用药和急救药，装着常用的医疗用具和用品，如血压计、听诊器、注射器、输液用品、消毒用品、包扎用品等等。他一直背着这个小药箱，几十载不离身，这个小药箱默默地伴随了他几十年。

他没有祖传秘方,也不是医学专家,只是一名普通的医生。他没有什么惊人的壮举,也没有什么可歌可泣的英雄事迹,他一直默默无闻地做着一名普通医生应该做的事。半个世纪以来,他的从医事业经久不衰,找他看病的人经久不息,靠的就是热情周到的服务、扎实的医术功底和良好的医德医风。为人除病消灾是他的职业追求,也是他的最大心愿,他常说的一句话就是"为人治好病是我最高兴的一件事"。他认为医生这个职业对他来说是甜的,患者的病痛让他的内心酸楚,患者久医不愈对他来说是一种痛苦,工作中的酸和苦对他来说是一种历练、是一种提高、是一种责任,为患者医好病是他的乐,酸甜苦辣乐在其中。

凡是有人群的地方,就需要治病医生,有了需求,医生才有用武之地,需求者越多,说明医生的医术越高、服务越好。只要有人类的存在,医生这个职业就永远不会消失。在这里也祝愿,他儿子刘志敏的从医事业不断发扬光大,医术水平不断提高,解除患者的病痛之苦,造福一方百姓。

自悟兽医

六十年代中期,畜牧部门开始培养乡村兽医,也称赤脚兽医,基本上每个大队都有一名赤脚兽医。这些人一般都是初中、农中、高中文化,没有进过专业院校,有的是确定了岗位以后才进行培训、自学这门手艺,有的是原来就自悟自学了这门手艺,在确定岗位后边实践边学习,基本上是靠自己的悟性。我们大队的赤脚兽医崔玉学,从公社农中毕业后,就从背诵《药性四百味》《牛马经》开始,自学兽医。有了一些基础知识后,开始拜公社兽医站李彦兽医为师,从二十二岁开始搞防疫,二十五岁开始为牲畜治病。不脱产,误工补工,即为本职工作耽误多少工,大队给补多少工,非工作期间参加集体劳动。崔玉学兜里长期揣着个小本子,记载着每天从事兽医工作的具体内容,每隔一段时间都要向大队报工,后来采取年度工分定量补贴的办法,每年补助工分 1800~2000 分。

　　崔玉学的从医之路,从自学摸索中入手,从拜师求教中提高,从实践锻炼中求精。他真诚求教,精心钻研,不放过任何一次求教的机会,更不放过任何一次专业培训学习的机会。公社畜牧站站长刘景昌是从县里派来的,科班出身,崔玉学经常找他查阅资料,咨询探讨有关牲畜疾病治疗等有关问题。公社兽医站的兽医每次到村里给牲畜治病、搞防疫,崔玉学都要紧随其后,在当好助手的同时,还细心观察求教学艺。师傅李彦每次到村里出诊都要叫上崔玉学一同出诊,并让徒弟先拿出诊疗意见,然后再加以补充和纠正,大小牲畜的劁骟都是师傅手把手示教。崔玉学的虚心也博得了各位老师的热心传授,使他的业务能力和医术水平迅速提高,在较短的时间内就能够独立出诊而且医道不凡,得到了村人的认可和好评。

　　崔玉学从二十五岁开始行医,在较短的时间里即被人们所接纳,有牵着牲畜上门求医的,有上门请出诊治疗的,从生产队的大小牲畜到社员家的家畜家禽,每天治疗的牲畜最多达到十几头只,平均也在四五头只。他的家就像一个兽医站,但仅有他一名兽医,他兼顾中西兽医,从病情诊断到开方抓药,再到中药的煎熬,最后把药灌到牲畜的肚子里。不管天寒酷暑,有求必到,有病必医。记得崔玉学家的院子里立着好几个拴马桩子,还有一个给大牲畜诊病、治病、灌药的木架子,每天牵着牲畜来就医的络绎不绝,有时早饭快到中午才吃,午饭下午才吃,为了医好牲畜的病他废寝忘食。除此之外,他还兼顾兽医外科、接骨、大小牲畜的劁骟等等,无所不能。他尽量降低收费,劁骟一头大牲畜别人收费五十元,他只收三十元。全大队几千只羊每年两次注射防疫,每年夏季驱虫药浴都由他来完成。

　　治疗小畜的产后风和牲畜幼崽的"三七风、四六风"是他的拿手绝活。小乌梁苏有一姓王的农民家的驴产下了一头小骡驹子,一家人非常高兴。可没几天小骡驹子患了病,先后请了两名兽医治疗未愈,情急之下找到了崔玉学。他仔细观察发现骡驹不吃奶、走路眼不好使等症状，诊断骡驹患的是"三七风"，对症治疗后药到病除，两天后小骡驹子开始吃奶了，活蹦乱跳。这头驴还真给这家添财，接着又连着下了三个骡驹子，更巧的是三个骡驹子产后都患有"三七风"，这个姓王的农民就再也没找别的兽医，每次都找崔玉学医治，且人到病除。从此他这个拿手绝活得到了人们的称赞，传为佳话。

牲畜的破伤风是个难治的病，发病时颈项僵直、四肢如柱、牙关紧闭、眼球向上、两耳直立。和崔玉学住在一个生产队的社员王树清，一大清早牵着自家的大骡子找到崔玉学，说他家的骡子得了结症。据其发病症状，崔玉学诊断为破伤风，王树清说骡子身上没有伤怎么会得破伤风呢，肯定是结症，并要求按结症治疗，最后还是没有拗过崔玉学，仍然按破伤风下药治疗。灌完药，崔玉学让他回家在骡子身上仔细找伤，王树清回家后经过认真查找，终于在骡子身上找到了伤口，原来是笼头的上脑皮绳过紧，加之皮绳着湿，干后变硬变短，未能及时发现，皮绳已勒进了肉里达两公分深。由于诊断准确，治疗对症，病情很快好转，第二天骡子就开始吃草了。这时，王树清又找到了崔玉学，开口便说："老弟，你真神了，我真服你了。"

就是这个"光着脚丫"的泥腿子兽医，通过多年的潜心钻研及工作经验的积累，保护着全大队牲畜的平安，在周边地区也小有名气。他的工作能力和工作热情，得到了社员群众的认可，也得到了县畜牧局和公社兽医站的好评。一九九九年公社兽医站改制，崔玉学被聘到公社兽医站，负责全公社的牲畜防疫和疾病治疗工作。后来农用机械大量增加，随之而来耕畜大量减少，小畜开始规模养殖，兽医的工作量也不多了，他不得不辞去兽医工作，承包了大队所属的两千多亩荒山。

编席能手

炕席,现在已经没人铺了,年轻人对这个名词也逐渐陌生了。要知道,炕席可是过去家家户户必不可少的。炕席有苇席、高粱秆席两种。苇席看着光滑、细腻、质感好,比高粱秆席高一个档次。

我们村东头水泉子的西边有一片苇子地,属于老周家的。苇地靠近水泉子,地下水分充足,有着得天独厚的生长条件,加之周家也有着多年经营芦苇的经验,每到春天苇子还没发芽的时候,周家人就在苇地上铺一层农家肥,然后再用三齿子把苇地刨一遍,也叫翻根。苇子有了良好的生长环境,长得又高又粗又壮。苇子的根是空心的,人们称气根,喜水,土壤含水量太多的时候,它可以利用气根呼吸,所以苇子喜欢生长在低洼地或下湿地,怕旱不怕涝。

有了这片苇子地,村里人不但铺席子方便了,就连端午节包粽子都不用买苇叶了。每年的五月节,村人包粽子用的苇叶都从这里无代价地取之。两片苇叶对上就可以包出一个很大很大的粽子。现在市场上卖的苇叶,比原来周家的窄了许多,要用三片苇叶对接起来,才能包出比较大一点的粽子。

周家有老哥仨,周庆云是老大,周庆凡是老二,周庆荣自然是老三了。他们老哥仨共同经营着这片苇子地。苇地的北面还有一大片果树园,园子里有梨树、杏树、桃树和大小苹果树等等。周家老哥仨靠这个园子过着比较富足的生活,果树产下的果子基本不用出去卖,人们会主动上门来买。我记得有三种水果的口感和味道很特别,自从离开老家再也没吃到(闻到)那种味道。一种是桃,个头不大,外面长了一层密密的毛,挨着桃核的果肉是粉色的,桃核上的核纹清晰地印在果肉上,吃起来清香可口,味道鲜美;第二种是梨,也不知道是什么品种,这种梨中等个儿,形状像葫芦,很好看,渣很少,含水量很大,含糖量很高,味道独特,真是吃了第一个还想吃第二个;第三种是槟子,熟了之后红绿相间,形状和口感都很一般,皮厚,瓤子吃着发硬,熟大了的果子水分很少,吃起来像棉花套子一样,它最大的特点就是气味鲜美。每到八月节,几乎每家都要买几斤,放在红堂柜里,一进屋就能闻到槟子散发的香味。一敞柜盖,浓郁的香气扑鼻而来。

这老哥仨虽然都单独过日子,可是这个果园和这片苇园是他们的共同财产,由他们共同经营管理。三家的大人孩子谁有空谁就去剪剪枝、扩扩穴、翻翻地、浇浇水,果子熟了的时候三家谁都去摘着吃、摘着卖,苇园也是如此,三家都用这片苇园的苇子编席子,各编各的、各卖各的。没见过他们劳作时有分工,收获时有分配,也没见过因物资投入不均、投劳不均和收获分配不均有分歧闹意见,也没听说有什么内部协议,这一切都是在悄无声息中进行的,非常和谐,颇有过去大家族的风范。

周家靠着这片苇园和果园过着殷实的生活,老大周庆云还是村里唯一会做木工的手艺人,给生产队做木工活挣的工分比普通劳力高出许多,给个人做活挣现钱还能带出一张嘴来,因此成了小村的首富,谁家经济上有过不去的坎儿需要求助时首先想到的是他。老二周庆凡是生产队的大车老板子,家庭生活也很富足,记得小时候小村里孩子穿的第一双球鞋就出在他家。一天早晨我去他家找我的小伙伴周惠民一起上学,很意外地发现周惠民穿了一双崭新的篮球鞋,那白色的鞋底厚厚的,走起路来富有弹性,那蓝色的鞋帮上还镶着两行银白色的凤眼,雪白的鞋带子穿在凤眼上增添了鞋子的美感,我和全村的孩子们羡慕极了,这种鞋我也穿过,不过那是两年以后的事了,我利用学校放假时间刨药、卖柴火挣钱买的。老三周庆荣性格内向,每天不声不响地做着自己应该做的事情,在生产队劳动下工后总闲不着,翻苇地、浇果树、剪树枝都有他的身影。到了冬天他在他家的一个不烧火的闲屋子里默默地编着苇席子,晚上别人家和他家住人的屋子灯都熄了,他那间冰冷的屋子里烛光还在亮着,一个高大的身影时不时地在窗户纸上来回地晃动。

他省吃俭用从不铺张、不张扬,仔细地过着自给有余的小日子。

呀!扯得太远了,书归正传,还是说苇子的事吧!到了秋天,老哥仨把苇子割倒,平铺在苇地上,太阳把苇子晒成浅黄色。靠一早一晚的时间,大人和孩子们把苇叶摘光,并把苇叶基部的节子用刀子削光。用一个铁制的苇镩子把一根苇子劈成二至五份,然后找一块空闲地儿,把地整平,用碌碡压得平平的、硬硬的、光光的。把削好的苇子薄薄地铺在压好的平地上,人工推拉着一个短粗的碾轱辘,在苇子上来回碾压,直至把劈开的苇子压扁。苇子压好后,在苇子上面掸一点水,以增加苇子的柔韧度,防止编席时折断。编一张席子一个人大概需要三天的时间。在当时看来,周家好像是一个家族小手工业作坊,除了老哥仨以外最早参与编席子的是老大的儿子周惠国,再后来参与的人就更多了。记得编织技术最好的还属周惠国。周家的苇子席在当时来说也是很有名的,上上下下、前前后后村子包括河北省围场县的一些毗邻村子的老百姓,都到他家买席子,和水果一样,坐在家里卖,很少看到他们到集市上去卖,这也足以说明了周家的席子质量好、编织技术高。有的年份买席子的人多,供不应求时还要提前预订,个别年份家里存的席子多了就拉到集市上去卖。一张苇席的价格大概在六七元钱左右,有的买席人没有现钱,还要和周家商量赊一段时间,席子质量的好坏直接关系到席子的寿命,席子的质量好,能多铺一段时间。当时编苇席的在方圆几十里地仅此一家。

到九十年代,有了地板革,逐步代替了席子。其实地板革比不上苇席,苇席透气性好,席子上面的尘土能漏到席子下面,坐在炕席上不脏衣服,也很舒适,不那么滑,纯天然无污染。地板革花色图案很丰富,价格低廉,但容易挂土,坐在地板革上,如果坐前不打扫就会沾一裤子土,另外其颜色过重、图案杂乱显着特别眼,但是老百姓还是很喜欢。地板革的出现给苇席编织业造成了致命的打击。也不是那里的老百姓不愿意铺苇席,主要是苇席和地板革价格差距太大,按着当地现在的劳动力价格，每人每天一百二十元，编一领苇席一个人需要三天的时间，光人工费一项就得三百六十元，如果再算上苇子钱，每领席子成本四百多元钱，而买一铺炕的地板革不足百元。一领苇席和相当大小的地板革差价最低也在三百多元，所以论经济实惠老百姓还是要选择地板革的。

苇席的市场没有了，周家的苇园也不再仔细经营管理了，席子的编织技术也无法再施展了。现在席子在人们的生活中已经消失，但是人们不应忘记在相当长的历史时期，席子曾经是人们生活中必不可少的用品，给人们的生活带来舒适和温馨。

现代鲁班

在五六七十年代，木匠这个职业距离人们的生产生活很近。搭房盖屋，木匠首先不可或缺，盖房子时，木匠要第一个介入且贯穿始终，从伐树到柁、檩子、椽子、柱子等的制作安装再到门口、屋门、窗口、窗户等木制设施的制作安装等都要由木匠来完成；农具和劳动工具的制作与维修离不开木匠，每年生产队都要维修旧农具，制作新农具和一些常用的劳动工具；个人家的生活用品制作也离不开木匠，小到盛饭的木勺子，大到箱箱柜柜的打造；谁家死了人，木匠更是忙得不可开交，要在下葬前一天把棺材赶制出来。所以在农村特别是偏僻的小山村，木匠这一行当在人们的生产生活中显得尤为重要。特别是生产力落后、科技水平不发达的时期，木匠作为传统的手工艺人，也显出它固有的优越性。农村称这种手工艺传人为手艺人，随着生产力的不断发展，科技手段的不断创新，这种手工艺也随之发生了很大变化，淘汰了不适合生产力发展的手工艺，被新的科技手段所代替，其中不乏许多精细的工艺技术的失传。

那时全大队的老木匠屈指可数，如夏殿元、李世臣、杨凤春等，是继承和传承传统木匠技艺的元老。他们循规蹈矩，按照祖师爷的要求严格去做，按照祖师爷的要求去传，使得这门技艺得以不折不扣地传承，并不断发扬光大。他们用的是老式传统工具，采用传统的手工艺技术和方法。记得有很多木工老艺人，还供奉着鲁班。

李永昌、周庆云、杨瑞峰、夏国林、李瑞山、夏国军等是新中国成立后的新一代木匠，他们敢于突破，敢于创新，敢于吸纳新技术、新手段和新方法，采用新工具，不但继承和发扬了老一代艺人的一技之长和技艺精华，而且还能够博采众长，突出各自的特点。李永昌的木工活突出了一个"快"字，别人三天干的活他两天就能完成，以其利落快捷而闻名于乡里。李瑞山的木工活以一个"巧"字而著名，在木匠这个职业的范畴内，他几乎达到无所不会、无所不能，做啥像啥。夏国军以一个"精"字而著称，他精益求精，能把老祖宗传下来的技艺发挥得淋漓尽致，还以其广博的知识面，丰富拓宽了这门手艺的技能技法，过去有很多木工活都有固定的尺寸，时至今日夏国军对各种木工活的规格、尺寸还记忆犹新，张口就来，倒背如流。

看似很平常的木工手艺，实际包含着很多深奥的技艺，比如过去打造的一些家具、箱箱柜柜、门窗等，除了合页、箱扣用几个螺丝钉来固定，其余全部由卯和榫链接并固定，而且链接后的零件与设计的尺寸分毫不差。比如抽屉底不是钉在抽屉帮上，而是在抽屉帮下面和抽屉底的四周开出卯榫，然后把抽屉底板和抽屉帮用卯榫连接在一起。制作大一点的物品，比如柜板、门板、菜板、棺材板等，都要用驴皮胶把木板黏结在一起，要把凝固的驴皮胶化成胶水也是一门技术，要掌握化胶的火候，一般用80℃左右的热水化胶最佳，黏着力最强，水温高或水温低，胶的黏着力差。木板的粘接也有技巧，把两块甚至几块木板用驴皮胶粘接在一起，看不到粘接的痕迹，真可谓天衣无缝，如果不是木纹的区别，还真以为是一块独板呢。特别是用窄到几毫米的木条，小到七八毫米的木块粘接的八仙桌面堪称艺术精品，就像在一块木头上长出的花纹一样精美，无可挑剔。当然这里面包括严缝、抹胶、粘接等重要环节。木面雕刻和镂空的技巧更是一绝,木工艺人们能把一块板子或一块木头用锯、凿、刀、锉等工具,通过精雕细刻,雕刻出各种栩栩如生的图案。

过去木匠用的工具也很讲究,有句俗语"人巧不如家什妙",光有好的技术没有对应的工具,一些细活、精活也是难以完成的。现在有好多工具已经更新换代,比如机械、电动工具比比皆是,而且使用简单,操作方便,更加人性化。过去把一根长两米、直径一米粗的大原木锯成三公分厚的板子,一个木匠师傅和一个助手要用三四天的时间才能完成,现在用电锯几分钟就能完成。随着一些机械电动工具的问世,传统的木工用具被淘汰,再过几年传统的木工用具有可能成为古董。

在这里不妨把过去木匠用的传统工具再回顾一下。大锯,长一百五十公分左右,用来把原木锯成板子(破板),二人操作,木匠师傅拉上锯,助手拉下锯。现在由电锯(带锯)来替代。四手锯,二人操作,锯一些较大的方木和板材,现在用电刨子来代替。六手锯,一人使用,一般用来开榫,现在用开榫机来代替。小腕子锯,尺寸最小的锯,用来做细活的。削锯子,用来锯圆形、半圆形的木制品(削弯、削圆)。搂锯子,用来伐槽、开口的。严缝刨子,长七十到九十公分,用于严缝、找平、打柜、打棺材、打箱子、打大门粘接板子时严缝用的。半刨子,长四十到五十公分,用来推荒、炝荒。镜面刨子,做高档家具找细用的,清除板子表面的疤癞、节子、毛刺。槽刨子,是用于开槽的。线刨子包括双线刨子、单线刨子、阳线刨子、眼珠刨子、打洼刨子、皮条线刨子等,一般用于做边框起凸线或开凹线等,现在用电刨子代替。凿子,从一分到一寸宽,一般用于开榫、开槽等。钢锉(鱼脊锉、三角锉),用来伐锯的。木锉,用于打磨家具,现在大多用砂纸代之。墨斗,用于打线。划线笔(划签),用牛角做的,用来划线,笔头又扁又薄,类似刀刃,现在用铅笔代之。木匠尺,过去是木匠专用的,一木匠尺比一市尺小五分,一木匠尺等于零点九五市尺,现在用盒式米尺代之。木钻,由钻头、钻帽、钻杆、拉杆和皮绳组成,在木头上打眼用的,现在用手电钻代之。锛子,用来打枝、打节。斧子,用于砍木头、砸钉子、砸凿子、合榫。过去的老木匠每人都有一个设计合理、做工精细的家具箱子,凿子等带刃的长形工具立着插在箱子帮上,其他小型工具分层放在箱子中间,所有常用的小型木工用具全部收纳在这个箱子里。

  随着科技的不断进步,生产力的不断发展,木匠作为一门手工艺术,距离我们的生产生活有越来越远的趋势。比如搭房盖屋,不用木柁、檩子、椽子而用钢筋架子代替,门窗、门窗口用塑钢代替。红堂柜、箱子用现成的免漆板组装成的衣柜所代替。马车、牛车、小驴车用机械农用车代替。种地用的木犁杖用铁犁杖或播种机代替。有好多过去普遍使用的木制农具被新型的合成材料农具所代替,有一些木制农具已经被淘汰。木匠这门手工艺术,还能走多远?在不远的将来,如果不加以保护性传承,势必会有失传的危险。现在城里楼房搞室内装修的木工,大多用现成的材料组装,用现代化的工具代替了老式的工具,传统的手工艺被现代的机械工艺所代替。比如各类木制镂空板、镂空造型、门窗口、镜框等等,图案应有尽有,造型丰富多彩,都是由电脑操作机械制造;砸钉子用铆钉枪,手电钻代替了过去的手钻,机械开榫代替了人工开榫,用自攻钻头拧螺丝钉代替了人工螺丝刀上螺丝钉;各类合成板材应有尽有,如三合板(胶合板)、五合板(胶合板)、刨花板、纤维板、中密度板、高密度板、复合板、细木工板、薄密度板、大白板、免漆板、奥松板、强化木板、生态板、瓷面板、高分子板等等,这些合成板代替了过去的实木板。在制作上也减少了很多环节,比如破板、严缝、粘接、镜面、刷漆等等。连木工用的尺子也发生了变化,现在木工用的都是公分尺、米尺,过去的木工尺基本没人再用。当我们享受现代化生活元素时,不免对传统的生活元素还有几分怀念,怀念那些原生态无污染的生活元素,怀念那些传统的纯手工艺术。

雕石艺人

过去在人们的生产生活中离不开石头制品,比如压地、打场用的碌碡,春种时用的磙子,打墙用的墙杵子,轧面脱谷皮用的碾子,磨豆腐用的大磨、小磨,喂牲畜用的各类石槽(马槽、驴槽、牛槽、猪食槽等),上大门的门墩,外屋门框下面的过门石,屋门口外的石头台阶,有钱人家大门口两边的门当、石狮子和院里院外的拴马桩子,各类石条,还有石庙、石碑等,这些石头制品和石头工艺品都是出自石匠之手,所以就有了雕石艺人,我们生产队的鲍文明就是其中的一位,他雕石的技艺远近闻名,东西百余里,南北几道川,方圆百里都请他做石头活,特别是一些精细的石头活非他莫属。老一辈人都夸他的石匠活很全面,做得精细、认真,扒碾子、扒大磨、扒小磨都是他的拿手绝活。他扒的碾子轻快好用,他扒的石磨不但用着轻快而且磨得豆腐沫了细腻,扒磨、扒碾子是个技术活,像磨剪子一样,不会磨剪子的磨出来的剪子剪不了东西,就是人们常说的剪子被磨哑巴了,碾子和磨也是如此,如果扒不好,碾子拉着沉,轧不了东西,拐磨时又慢又费劲,磨出来的东西颗粒粗。

那时候我们生产队有一盘大磨、三盘碾子,每隔一段时间他都要到碾道看看碾子的沟纹磨平了没有,看到碾子钝了,沟纹磨平了,他就主动地把碾子扒好,从不收钱,集体经济时期也不要工分。我曾经亲眼见过他扒碾子,有一次母亲让我去碾道占碾了,走到碾道门口听到碾道里有"当、当"的响声,走进碾道看见鲍文明正在扒碾子,他手里拿着一把铁锤,铁锤的一头带着凹槽,凹槽里面安着一个长与凹槽等长、宽五六公分、厚一公分左右一面带着刃的錾头,用錾头刃仔细地在碾盘上敲凿。他头上戴个毡帽头,眼睛戴着一副眼镜,他看着我手里拿着扫碾子笤帚,放下手中的锤子说:"要推碾子吧,这碾子这些天是不能轧面了,过些天才能用,先到别的碾子轧吧。"因为新扒过的碾子轧东西时掉石渣，轧出的面吃着牙碜，所以新扒过的碾子是不能用来轧面的，都要进行串碾子，开始用苞糠串碾子，之后用新扒过的碾子脱谷皮、破猪食等，至少得串几十次碾子才能轧面。说完他又拿起那把锤子在碾盘上认真地敲凿起来。我好奇地看了一会儿，看着他凿出的沟纹深浅一致，沟纹与沟纹之间的距离上窄下宽，从碾盘中心向外呈放射状，像画上的太阳放出的光芒一样，沟纹越靠近碾盘的中心部位越少，越靠近碾盘的外缘部位越多。他打凿的马槽、牛槽、驴槽、猪食槽子，大小合理，宽窄适当，深度适宜，坡度恰到好处，纹理细腻整齐。他打凿的拴马桩子造型独特，图案别致，这些都是有目共睹的，还有人说他曾经打造过石狮子。一个艺人有这么高的技艺，还有那么高尚的品德，实属不多见。

鲍文明除了石匠这个名号和高超的雕石技艺，还有很多传奇的小故事。他是个蒙古人，有两位夫人，大夫人是蒙古人，婚后没生孩子，二夫人是汉族，婚后生一子，孩子生下后就过房给了大夫人，孩子称大夫人为嬷嬷，称二夫人为婶婶。孩子名叫鲍雅轩，到了二十几岁，他还认为大夫人是他的亲妈。听上一辈的老人说，鲍文明和他的名字一样文明，在家里他和两位夫人说话从来都是和颜悦色的，言语不多，有事商量着来，从没听说家里有过纷争，一辈子没有和两位夫人红过脸、瞪过眼、吵过架，这也说明两位夫人也很贤惠。鲍文明在外更是文明有礼，出门虽然都要骑着高头大马以马代步，但在小村里从来都不骑马，出门时要牵着马走到村外方才上马，回家时到了村头下马步行进村，以表谦卑。邻里之间和睦相处，谁家有大事小情找他从不推脱。他精通周易，卜卦算命、看阴阳二宅是拿手活，上一辈的老人都信他。人们信他的原因有两个，一是他不乱"忽悠"，二是他不乱敛财。

还有一件很有趣的事，他家的院子中间有一个高高的灯笼杆，比房脊还高出很多，奇怪的是灯笼杆的顶上还有一个风车常年"嘎啦、嘎啦"地转个不停。风车的一头安着两片风扇叶，风车的另一头拴着一绺约三公分粗的马尾巴毛，风车的叶片不停地垂直转动，风车车体也在不停地水平转动。风车响声很大,离老远就能听见风车的转动声。由于灯笼杆很高,离老远就能看见风车在不停地转动,也成了小村的一景。这种带着风车的灯笼杆在别处是看不到的,原以为这个高高的灯笼杆就是过时挂灯笼的,但杆顶上的风车又无从解释,后来才听说因为鲍文明的大夫人有一只眼睛不好,这个灯笼杆子是为祈祷大夫人的眼睛早日复明而立的,灯笼杆上的风车转了几十年大夫人的眼睛也未复明。新中国成立前鲍家经济富足,是小村的首富,新中国成立后被定为上中农,没被定成富农,足以见得他的人缘很好。

新中国成立后人民政府废除一夫多妻制,他和二夫人解除了婚姻关系,二夫人是林东人,离婚后又回到了林东。大夫人在六十年代初因病去世。鲍文明的儿子在二十五六岁的时候经人介绍和本公社一个姓任的女子结了婚,结婚时还是我牵着生产队的大白辕马和介绍人一起去接的媳妇,婚后两三年他媳妇也没生孩子,不知什么原因媳妇回了娘家,再也没回来。又过了两年,鲍文明让他儿子去林东找他妈妈去了。让鲍雅轩到他妈妈身边,可能是鲍文明对二夫人的慰藉或所欠情分的一种补偿。鲍雅轩走后,只剩鲍文明一人在家,时年已六十有余,生活过得很拮据,他把房子卖掉,开始借住别人的房子,后来成为"游僧",边给别人看事边做些石活度日,七十多岁时胳膊上长了一个大疖子久治不愈,忽一日病情恶化,医治无效,他离开了这个世界,终年七十三岁。论年龄在当时也是一位寿星级别的老人,只是走时很凄凉,没有儿子和至近亲人为其送行,也没占上棺材,用席裹尸体下葬,虽然没土打脸,在人们看来鲍文明的人生结局很悲惨。

我和鲍老爷子还有过一次近距离接触的机缘,那是我十几岁的时候,鲍大爷受父亲之托,领着我和我三弟到河北省围场县后碧柳一个偏僻小山村的亲戚那里遛土豆。路很远,如果全走山路有四五十里的路程,如果走山川路要走六七十里路,可能是为了让我们能吃上午饭,所以鲍大爷选择了山川路(三分之一的山路,三分之二的川路),因为走山路途中没有人家,吃不上午饭。下了山入了川,所到之处几乎人们都认识他,都热情地跟他打招呼,互致问候,嘘寒问暖,还诚恳地留我们吃饭,看到人们对他的热情和尊敬,感到他的人缘很好。我问:"鲍大爷你怎么认识这么多人?"他说,一是常来这里给人家看事,二是在这些地方常做石匠活。中午,他领着我们到他的一位朋友家吃饭,尽管他那位朋友家看起来也很困难,但是中午饭还是特别尽力置办,炒鸡蛋、煮鸡蛋、腊肉炒咸菜条,主食是荞面条。我们走了半天的路,都很累,肚子也饿了,这顿饭很顺口,吃得也很尽兴。虽然鲍大爷和我们是同路,但是我们要去的地方比鲍大爷要去的地方远了十多里路,鲍大爷不顾旅途疲劳专程把我们送到目的地后又当即返了回去。一路陪伴,成为我永远的怀念。

  徐振起是全大队为数不多的几位石匠之一,更多的详情不太了解,只知道他除了做正常的石匠活以外,还与别人联手建造了一座石拱桥。我们村瓦房和水泉东队之间有一条大沟叫炭窑沟,这条沟很长。原来这里有一座木桥,因年久失修,人在桥上走还勉强,马车走在桥上就很危险,汽车根本不敢走。这条大沟和这座年久的木桥成了村人出行的一大不便。后来,大队决定重修这座桥,把原来的木桥改建成石拱桥。大队抽调专人、专车从白马山拉运石块,安排徐振起、韩荣、常玉春等三位石匠负责石块的雕凿和拱桥的砌筑,徐振起是大桥建造的技术负责人。石匠活对他们来说并不陌生,但用石头造桥还是第一次,徐振起和两位石匠边探索边建造,还要抢时间,要在雨季来临前完成石桥的修建。经过全体建桥人员的努力,仅用了两个多月,一座石拱桥就竣工通车了。新桥的位置向南移了一段,桥面比原来宽了,路面弯度比原来小了,桥面比原来提高了,桥两头路的视线也通透了许多,不要说行人及马车了,就连大客车、大货车都能在桥上坦然行驶。这座桥虽然是三位石匠的处女作,但从设计到施工,从结构到质量都达到了预期的效果,知情人走在桥上总不免会想起三位石匠。

擀毡巧匠

把羊毛、牛毛、驼毛通过一定的技术手段黏结在一起,形成一个一到二公分厚的毛垫子,俗称毡子。用牛毛擀制的毡子叫牛毛毡,用羊毛擀制的毡子叫羊毛毡,还有用驼毛擀的毡子叫驼毛毡,用混毛擀的毡子叫杂毛毡子。人们把擀毡子的手艺人称为毡匠。我们大队魏家沟生产队有一李氏大户,老哥三个,老大李耀臣、老二李耀荣、老三李耀明,他们是方圆几十里地出了名的擀毡子巧匠,每年的夏天和春末秋初的农闲季节里就开始做他们的手艺活。活多的时候在家里做,活少的时候外出找活做,每到一处借用生产队的两间闲房子便开始了他们的营生。这老哥仨不但能擀毡子,还能擀制脚上穿的毡疙瘩、毡袜子,头上戴的毡帽头,讲究人戴的毡礼帽,还有当作绳子用的毡带等等。

弹羊毛是擀毡子的头道工序,弹羊毛的弓子是他们必备的工具,长约五尺,木制的弓背,弓背用料很讲究,桑木最好,一是结实,二是韧性好,三是弹性大。弓弦一般用驴皮的,也可用羊肠的,驴皮的更好一些,经久耐用,羊肠弓弦比驴皮弓弦的弹性和韧性都要差一些。他们把粘在一起又黄又脏的羊毛用这张大弓弹开,弹蓬松至棉絮状,这是个很累的技术工种。弹毛时把毛放在摊床上,用木头做个摊床架子,架子上面放上竹帘子,竹帘子的缝隙能把从羊毛中弹下来的尘土和杂质漏下去。为了减轻劳动强度,毡匠们巧妙地把大弓用一根绳子吊在房顶上,大弓距地面的高度在一米三左右,弹毛时左手扶大弓,右胳膊的大臂上拴着一根皮绳子,皮绳子另一头拴在弓锤上,右手负责扶住弓锤,靠右大臂来拉动弓锤,用弓锤使劲拨动弓弦,在近百米远的地方,就能听见弹羊毛的房间里发出"噔、噔、噔"的声响。羊毛弹好后,地上铺一个擀毡子的竹帘子,用一个竹撒子把弹好的羊毛均匀地弹散在竹帘子上,根据毡子的规格来确定竹帘的大小,根据毡子的薄厚来确定摊散羊毛的多少,把羊毛散完后，用嘴（后来用喷壶）往羊毛上面均匀地喷上一层热水，再用竹帘紧紧地把喷过水的羊毛卷起，然后往卷着羊毛的竹帘卷上面均匀地浇开水。两人或三人（洗条毡二人，洗炕毡三人）坐在一把长条椅子上，把毡带的一头拴在长条椅子腿上，几个人擀毡子就拴几根毡带，把卷着羊毛的竹帘卷子放在毡带上，擀毡子的人抓住毡带的另一头，同时用脚把竹帘蹬到前面，然后手拉毡带将竹帘卷拉回，就这样反复地蹬拉，直至把水挤干，再均匀地洒上开水，再蹬拉，这样重复地浇水、蹬拉、挤干，约十遍，这个过程叫水洗。这样做一是为了洗净毛里的杂质，二是通过水洗蹬拉把毛紧紧地黏结在一起，三是增加毡子的白度。在水洗过程中先洗宽，后洗长，然后把毡子边随时弄整齐，凹进去的要向外拉一拉，凸出来的要向里挤一挤，最后擀出来的毡子四边齐整，薄厚均匀，整体挺拔。李氏兄弟无论在本村或是在外村擀毡子，毡房里都会有很多孩子看热闹，大人们没事的时候也会到毡房里欣赏他们的手艺。

一般单人条毡的规格长两米、宽八十多公分，用毛十三斤左右。擀毡子的工钱按羊毛的重量计算，每斤毛的加工费，在七十年代需要一元二角左右，一床羊毛毡子工本费需要四十来块钱。我参加工作时，我们单位有一百多块羊毛毡子，是搞野外勘查作业时用的，比起李氏三兄弟擀的毡子质量差了许多，四个边没有他们擀得齐，薄厚没有他们擀得均匀，密度没有他们擀得密度大，整体的感觉根本就不是一个档次。

那时除了特殊贫困的人家以外，家家都有一两块毛毡子，最讲究的人家有一块炕毡，常年铺在炕上不下架。除了羊毛毡还有牛毛毡，虽然比不上羊毛的好，但是一般人是弄不到牛毛的，那时只有大畜饲养员和牛倌能有机会弄到牛毛，他们不用花钱，只要在春季牛脱毛时手勤快一些即可，饲养员在早午晚喂牛时用毛招子在牛身上把毛招下来，一个春季能攒五六斤毛，两年就能擀床牛毛毡子。

毡子主要是睡觉时铺的，有时来了尊贵的客人白天也要铺在炕上，撑撑门面，让客人坐在毡子上。接人用的马车、驴车的车厢上也要铺上一块毡子,坐上去要舒适一些。毡子不但能御寒还能防潮,所以蒙古包里的地面上都铺一层毡子。

熟皮高手

记得那时候,我们大队魏家沟生产队有个皮匠名叫刘文成,他是专门熟[shú]生皮子的。皮匠分为生皮匠和熟[shóu]皮匠,生皮匠熟皮子时只是熟皮里子,不能刮毛,熟出来的皮子要毛皮兼用,而熟皮匠熟皮子时不但清皮里子还要刮掉皮上的毛。熟皮匠主要熟一种皮子——牛皮,把熟好的皮子做成绳子或各种革制品。而生皮匠熟的皮子种类就多了,比如狐狸皮、狍子皮、羊皮、狗皮等等。刘文成最擅长熟羊皮、狗皮和狐狸皮。当时全大队乃至全公社、老府一带及河北省的羊草沟门一带的人们,都到他家熟皮子,公社干部和一些知名人士也都慕名到他家熟皮子做皮衣。客户送来的皮子他做好记号,保证不会出差错。

熟皮子的第一道工序是清除皮子上的油脂。每张皮子大约用半斤盐,用清水把盐溶解,再用盐水把黄土和成泥浆。把皮子毛朝下铺在地上,将黄土泥浆涂在羊皮光面上,然后放在太阳底下晒,把皮子里的油晒出来,这道工序主要是用黄土泥浆清除皮子内部和皮子表面的油脂,以及残存在皮子表面的肥肉。当皮子里的油脂全部吸收到黄土泥里后,把黄土泥清理干净,再用刮刀刮掉皮子表面的肉丝等。

第二道工序是皮张发酵。用熬好的小米饭汤把黄米面和成稀粥状,放入缸内,把皮子放在黄米面粥里发酵。发酵时间一般为七天,可根据气温的高低适当缩短或延长发酵时间。总而言之,要根据气温掌握发酵时间,皮子发酵过度会掉毛,发酵不到位皮板发硬,简而言之就是要恰到好处。这要完全根据皮匠的经验来掌握。

第三道工序是熟皮子。皮子发酵结束,要进行风干,清理掉皮、毛上挂的黄米面粥,然后将皮子挂在柱子上,用一个特制的刮刀反复刮皮里子，直至把皮子刮得像棉布一样软，此时这张皮子就熟完了。熟出来的皮子软软的，手感极好，皮板面白白的，毛色亮亮的，如果是白羊皮，毛色白白的，毛卷全部打开了，一根是一根的，呈蓬松状。

　　熟出来的皮子用法各不相同，熟好的狐狸皮，如果是有头有尾的整张狐狸皮，可以给女人做一个筒式的长围脖，在狐狸的眼睛处安装两只假眼珠，既暖和又好看，很贵重，当然也很讲究。也有做狐狸皮帽子的，一张狐狸皮能做两顶帽子。还可做大衣领子，一般都是用在吊面的皮大衣上，好看还暖和。听说还有做狐狸皮大氅（大衣）的，但我没见过。熟好的狗皮，有做狗皮褥子的，也有做狗皮套袖的，大多数做狗皮帽子。熟好的羊皮，用得最多，用处也最广泛，比如牛羊倌和车老板子穿的白茬羊皮袄，有钱、有身份的人穿的挂面羊皮大衣、挂面羊皮短衣，普通老百姓穿的羊皮坎肩、羊皮马甲、羊皮袄、羊皮裤，铺的羊皮褥子，戴的羊皮套袖、羊皮手闷子等等。

　　刘文成不单是熟皮子能手，而且剪裁和缝制皮子也很内行，他剪裁缝制的皮衣板正、穿着合身、款式好看，剪裁缝制的帽子好戴又好看，剪裁缝制的其他皮件又好看又实用。这种手艺在当时来说是最贴近人们生活的。刘文成凭着他这门好手艺接触到很多上层人物，也凭着这门好手艺成了村里有头有脸的头面人物，大队干部吃请的时候，有时也少不了他的身影。

锢匠艺人

　　锢匠，也叫锢撸。姓王的叫王锢撸，姓李的叫李锢撸。我们村有个叫刘国勋的，是个锢匠，人们自然称他为刘锢撸。此人早年从河北省沧州来到我们村，一口沧州口音，车轴汉子，五短身材，黑巴疵的脸膛，人老实忠厚，不善交谈。据说那些年沧州地区十年九涝，刘锢撸在当地生活不下去，挑着他的锢撸挑子，靠着他的手艺一路来到了我们村，后来经人介绍,他与魏家沟村一个叫张连荣的女子喜结良缘,并定居在魏家沟村。婚后,生下了两儿两女。刘锔撸就是靠着这门手艺养家糊口,这个六口之家一直过着不缺吃不少穿的中上等生活。吃食堂时各家烟囱不让冒烟,他家就在夜里做饭白天吃,吃不了的粮食装在坛里埋在地下。

刘国勋有一副和他形影不离的锔撸挑子,表面看来就是两个设计合理、制作精美的木箱子,把竹坯儿固定在木箱上做挑绳,用一根很精致、柔软且韧性极好的小扁担挑着,里面装着锔匠工具和用品。木箱上有几个小抽屉,箱里还有几个木板隔子,每个抽屉和隔子里放着不同的物品,有锔缸、锔锅的锔子(钯锔子),有打眼的手钻,有专门在瓷器上打眼的金刚钻头,有用来锉铁锔子的钢锉,有腻锔子眼的腻子(把白灰用麻油和成腻子),有夹铁用的铁钳子,有打铁锔子用的小铁砧子和铁锤子,有烧铁用的高温炉子和煤焦子,还有烧铁时吹风用的小风匣等等,足有九十来斤重。锔撸挑子里还长期放着三个布口袋,一个小袋子是帆布做的,专门用来装小镚子(硬币),因为生意不大,多则几毛钱,少则几分钱,所以收的小镚子就特别多,每隔一段时间就能攒一小口袋小镚子。还有两个能装四五十斤粮食的白布口袋,是专门用来装粮食的。有的家钱不凑手只好给点小米呀、杂粮呀,有的还给几个鸡蛋顶锔活钱,返回的时候这副锔撸挑子就有一百多斤重。如果路太远就把这些粮食寄存在干亲家,抽空借头毛驴再把寄存的粮食驮回来。

刘锔撸挑着这副沉甸甸的锔撸挑子,在内蒙古松山区西部和河北省围场县西北部方圆近百里的村屯之间来回穿梭。也有远程的,从他家徒步到哲里木盟的扎鲁特旗,往返行程达一千多公里,从出发到返回三个月之久。他出去做活时每到村头都要放下锔撸挑子,把一个特制的小铜锣和一个小铜锤挂在挑子的一头,人挑着挑子迈步时小锤自然地敲打着铜锣,不停地发出"当、当、当"的响声,刘锔撸也不停地喊着"锔锅锔盆锔大缸啦……"。每到一个小村子,都要在村子当中放下挑子,坐在木箱上边歇着边等待生意,还时不时地敲打几下小铜锣,再喊上两嗓子

"锔锅锔盆锔大缸啦……"。等活儿的时候他也闲不住,收点熟铁棍,把打铁砧子和锤子拿出来边等活儿边打造铁锔子,有时在一个小村就能做半天活。

开始干活时,他和客户做一个简要的沟通,达成一致意见后就默不作声地开始干活了。他的那手活计和他的长相恰恰相反,人长得又黑又粗糙,但是活干得却十分精细,让客户无可挑剔,人们不敢相信,这些细活竟出自他那双长满老茧还裂着道道口子的粗糙之手。收费是有标准的,在六十年代每个小锔子五分钱,每个大锔子八分钱,一些小零碎活象征性收点钱。活干完了,一口价,因为大家都知道他人既实在又和善,从不多要钱,所以没有跟他讲价的,要多少给多少就成了给他付费的惯例。如果赶在饭口,在谁家吃饭,收费还要少一些,甚至不要钱。锔擄修补的都是铁锅、瓷碗、大缸或较为精细的铁器、瓷器,这些器具在当时都很贵重,坏了也不能轻易扔掉,都要请锔擄来修补。而泥瓦盆坏了,就不用锔擄来锔,自己用旧剪子在瓦盆裂缝的两边对等钻眼,然后用细麻绳把对应的两个眼穿连起来,再把眼的缝隙部分用腻子腻上,那时个人家也没有现成的腻子,有时把蒜捣成泥抹在锔子眼里,不但结实且不漏水。

"文革"期间割资本主义尾巴,手工艺人停业参加集体劳动,刘锔擄的小生意也被停了下来,可是附近的锔活还是离不开他,白天不让做,大活夜间上门偷着做,小活送到家里抽空做。后来允许手工艺人出外耍手艺,但有个条件,出去做活每个月要向生产队交四元钱,否则不分给口粮。除此之外每次出去做活都要到生产队和大队开具介绍信,刘锔擄把介绍信纸包纸裹地包起来,放在最安全的地方,每到一处都要拿出来给当地的大队干部和生产队长瞧一瞧,说明他出来做活是经过所在地生产队和大队允许的。他做锔活细致、认真,收费不高,有口皆碑,他言语不多,实实在在,口碑极好,又有个姓刘的优越条件,"刘"和"留"同音,有"留住"之意,人们为了让孩子身体强壮,好好地活下来不夭折,都要认姓刘的做干老(干爹),所以仅方圆百里刘锢撸就有几十户干亲,每到一处都有干亲热情招待,他从不以干老自居,也不白吃白喝人家的,干亲家的活他是绝对不会收费的,如果遇到家庭困难缺粮的他还要给留下些粮食。时隔几十年,相距千里之遥的干亲,在他去世时还前往为他奔丧,可见相互之间情感至深。

一九七六年,他在围场县张家湾公社做活时,打锔子蹦起来的铁渣子把眼睛给伤了,只得把锢撸挑子暂时放在干儿子家,实际在那之前生意就已经大不如前了,生意不好再加上体质不佳,从眼睛受伤那天起他就再也没做锔活。一九七八年五十二岁的刘锢撸为了和族人团聚,落叶归根,携老伴带着四个孩子又搬回了老家——河北省沧州市河间县留古寺镇后留古寺村,他的锢撸挑子还一直放在干儿子家。锔活虽然停了下来,但是脑子里锔活一直没有停止,他爱着他的手艺,他想着他的锢撸挑子,十年以后他和他的大儿子不远千里专程到河北省张家湾的干儿子家取回锢撸挑子,可见刘锢撸对这副锢撸挑子的感情有多么的深重。十多年的时间,他干儿子对锢撸挑子也是倍加呵护,竟一件不少完好如初地保存着。听刘锢撸的大儿子说这副锢撸挑子现在已被列入国家非物质文化遗产。

二〇一三年刘国勋因病去世,终年八十八岁。他的这门绝活没有传给后人,我想不是他不想传,也不是他的晚辈不愿学,而是这门手艺已经落后于时代的发展,在这个科技发达的社会里没有施展这门手艺的空间,没有其用武之地。

熟手铁匠

夏国斌是全大队唯一能做铁活的能人,他没有拜过师,没有当过学徒,说是"偷艺成师"也不为过。那时生产队的铁活很多,一台铁车(木轱辘牛车)需打造几百个盖瓦钉,两个车辕子下面挂的大套环,拴套用的钉环,大马车(胶轱辘马车)的车闸,还要拉车的骡马挂掌等。也许有人会说,还有接犁铧子的铁活呢?在我们家乡这个活不归铁匠炉管,有专门接犁铧子的手艺人,他们不像铁匠在家等客,要走乡串村找活干,每年开春后接铧子的手艺人用小驴车拉着生铁、焦炭、炉灶、风匣和犁铧子尖的模具等,到各个生产队接犁铧子。接铧子时,把生铁化成铁水,倒入模具里,然后把磨钝了的旧犁铧子尖敲下来,再把犁铧子尖头插进装满铁水的模具里,冷却后退掉模具,如果接歪了要把犁铧子尖用锤子敲下来重新接。我们生产队春种时最多出动七副犁杖,但每年春天要接二十几个犁铧子。种地时,地没完全化冻有打铧子的,也有挑着石头或树根打铧子的,更多的是因为犁铧子尖用的时间长了把尖给磨秃了(磨钝了),所以在每年春种前都要接一次犁铧子。生产队的铁活比较成总也比较集中,而各家各户的铁活就比较零碎,且量也不大,但都离不开这个行当,如搭房盖屋用的拉筋、锔子,打副水扁担钩子,打一对大门环(大门拉手),打造一副锁外屋门的门吊,镐头磨钝了钢一钢等等,这些看似简单不过的铁活也必须到铁匠炉去做。

那时本公社和周边地区有三处铁匠炉,近一点的有两处,一处在本公社扎兰营子河北的公路北侧,紧挨公路,前不着村后不着店,有两间破旧不堪的土房,是一位姓赵的铁匠师傅开的,距我们村十多里路,铁匠炉前几十米远就是干线公路,所以过往的车辆较多,且几乎全是马车和驴车,所以给骡马挂掌的较多,因为路途较近又是去公社、供销社的必经之路,所以村人常去这个地方做铁活。因为铁匠炉少,所以铁活的价格相对较高,有时定做的铁活还要等上一段时日。另一处铁匠炉在小村的南面河北省围场县羊草沟门,是一位姓谭的铁匠师傅开的,路途虽然不远,仅十几里路,但要翻越一座大山,除了赶集上店顺路做点小铁活外其他大活很少有人去那里做。远一点的铁匠炉在老府公社,距离我们村六十多里路,因路远交通不便,村人很少去那里做铁活。

夏国斌动了建铁匠炉的念头,他想,如果在小村里建个铁匠炉一定很挣钱,对一般人来说,这只是一个想法,不会去实施的,因为连最起码的技术条件都不具备,可夏国斌不但想了而且也做了,他的经济头脑和胆略使他抓到了这个商机,对他来说建铁匠炉面临的最大难题不是资金而是技术,他要亲自把这项技术学到手,于是铁匠炉就成了夏国斌最关注、最常去的地方,生产队有铁活他争着去铁匠炉做,自己家的大小铁活更不放过,到公社办事、到供销社买货,路过铁匠炉时总要借着由头进去转转,看看铁匠都用什么工具,看看炼铁的炉子多大,看看有哪些技术要领。夏国斌每次去铁匠炉做活都带着两个目的,一是去做活,二是去偷艺。通常人们到铁匠炉做活仅是向师傅交代要做的物件,讲好价钱,约好取活的时间,便走人了,可夏国斌去铁匠炉做活,把所有的事情都讲完了,却还是不走,借机偷艺,他靠着自己的决心、信心、耐心和悟性学会了铁匠这门手艺。

六十年代中期,夏国斌在自家院子里盖了两间敞棚,在棚里垒了一个大炼铁炉子,买来了打铁用的各种工具和用品:尖砧子、平砧子、大铁锤、小铁锤、方口钳子、圆口钳子、鹰爪钳子、尖嘴钳子、代丝板牙、炉盖板、大风匣、开铁的硬煤(焦子)等一应俱全,开始了他的大胆实践。起初主要做一些拿手的活,比如给马、骡挂掌,牛马车铁活,盖房子铁活和一些简单的铁活等。每当遇到做不好、做不了的活,他就到别的铁匠炉看,向铁匠师傅虚心求教,甚至帮人做活偷着学。他虽然做的铁活种类不多且都是粗活,但论起铁活的标准、质量,并不比多年的成手师傅逊色多少。后来随着手艺的不断提高,一些精细的铁活也不在话下。村里有了这个不起眼的铁匠炉给附近生产队和社员带来了极大的方便,再也不用因一点小铁活跑很远的路了。七十年代中期公社办起了综合厂,内设铁匠炉,夏国斌被聘到厂里当了铁匠师傅,而且是骨干,直到综合厂解散,他又回到了家里重新经营起属于他自己的铁匠炉。

巧手纸匠

纸匠，一般是指糊屋子的手艺人。扎纸匠，一般是指为逝者扎制祭祀用品的手艺人。过去谁家死了人，扎纸活的手艺人是必请的，不像现在可以到纸活店去买。除了请纸活师傅，还要请两个打下手的，在众多落忙人当中，纸活师傅是最先到位的。

鲍树春以一手熟练的扎纸活手艺而闻名。六十年代，谁家有人去世，他老早地就被请到逝者的家里，总能看到他一刻不停地忙活着，从早忙到晚，有时还要打夜战。他主要是扎制死人祭祀用品，为女逝者扎牛、为男逝者扎马、扎幡（白幡、红幡、花幡、香幡）、扎马童牛童、扎院落、扎亭台楼阁、扎九连灯、扎摇钱树、扎聚宝盆、叠金银元宝等等。扎纸活，用料也比较简单，把高粱秆粘上纸扎架子，用麻经子绑架子，用糨糊把纸糊在架子上，用草纸挂里子，用白纸、彩纸糊面，还要用一些零星用品。

纸活的制作程序并不复杂，但制作工艺和制作手法特别讲究。经常看到鲍凤春指挥着他的助手们，先把高粱秆用热水闷好，把裁好的草纸条用糨糊一圈一圈地粘在高粱秆上，用缠着纸条的高粱秆扎架子（也有先扎架子后粘纸条的），在架子外面先用糨糊和草纸挂里子，然后在里子上粘上相应的造型。扎纸牛、纸马时，他把白纸剪成条，然后将纸条的一面剪成小穗，一圈挨一圈地粘在纸牛、纸马身上，像牛、马毛一样，纸牛、纸马的眼睛用鸡蛋壳糊在眼窝里，用墨汁涂上黑眼球。把一块红纸剪成牛、马的舌头形状，糊在纸牛、纸马的嘴里。用稍薄一点的纸壳做牛马的蹄子和耳朵。经鲍凤春精心打扮和修饰，一头活生生的牛或一匹活生生的马展现在众人的面前。纸马的身边还站着一个马童，一只手牵着马缰绳，一副精致的鞍鞯放在马背上，使这匹纸马精神饱满，俊俏了许多。他制作纸活时，把剪纸工艺融入其中，比如扎幡，他把叠、剪、展、粘有机地结合在一起。在一些复杂的纸活里，他把纸活里面剪纸的工艺发挥得淋漓尽致。等他把所有的纸活做完,放在一个房间里,当你进入这个房间,浮想联翩,仿佛进入了另一个世界,一种用语言难以表达的心情油然而生,一些迷信的传说场景顿时浮现在脑海里。

现在扎纸活的,与过去相比有了很大的变化,有一些现代生活用品融入其中,如电视机、电冰箱、洗衣机、住宅楼、小别墅、汽车等等。过去纸活全部都是手工制作,而现在融入了很多机器制作工艺,有很多零部件都由机器来加工,由纸活艺人组装成型。过去纸活艺人,必须到逝者的家里去做纸活,而现在大都到纸活店里或纸活艺人家里购买或订制。到外面订制或购买纸活与在逝者的家里扎纸活,给人的感觉有所不同,当人们看到纸活艺人扎制纸活或扎制成的祭品时,增添了人们对逝者的怀念,也增添了悲哀氛围。见景生情嘛,什么活动就应该有什么样的氛围。丧家请的纸活艺人一般不收费,但纸活艺人给纸牛、纸马和牵马(牛)童开光时丧家要给点赏钱,三到五元不等。

还有一种专门吊顶棚(糊屋子)的艺人叫纸匠,刘文斌就是这种艺人的代表。他专门吊顶棚,以其精湛的技术服务于邻里之间。刘文斌在外出吊顶棚时,总是带着三件简单的小工具,即一把用羊胡子草扎的小笤帚,一把刷糨糊用的糨糊刷子,一把割纸用的刀子。吊顶棚用高粱秆,他首先把高粱秆的节子削掉,再用灯火把削好的高粱秆煨直,把煨好的高粱秆抹上糨糊缠上纸条,用这些缠着纸条的高粱秆吊顶棚架子。吊顶棚最主要的是顶棚架子要平,因此他要通过找水平,把顶棚架子的四个角和四个边的上下位置确定好。把焖好的高粱秆每隔一定的距离钉在檩子上做吊子,绑顶棚架子时把架子固定在吊子上,依着水平点,将架子的四边固定在墙上。吊顶,有平顶的和起脊的两种,平顶的好看,起脊的显着房间空间大。吊顶架子有长方形宽格的,显着大气好看,但糊纸时很费劲,吊完后也容易崩口子。也有长方形窄格的,这种顶子显着凌乱,但比较结实。糊顶子,用毛头纸挂里子,用白纸、报纸、蜡花纸挂面。糨子的浓度、纸缝的对接、糊纸的速度是纸匠的技术关键。刘文斌由于技术娴熟，所以糊纸的速度很快。糊屋子要有一个助手，帮助刷糨糊、递糊纸。糊纸时刘文斌嘴里叼着小笤帚，两只手从助手的手里接过刷好糨子的糊纸，瞬间把糊纸对好缝，左手摁着糊纸，右手把糊纸稍粘一个点，并迅速地用小笤帚把糊纸从当中向四周扫平，这个过程是在两三秒钟之内完成的。

每到过年的时候，有很多家庭为了图个新鲜，糊糊屋子，原来糊过的被熏黑了还要再糊一遍挂个面，这时刘文斌便忙了起来，排着班地东家西家糊屋子。谁家娶媳妇更是要把屋子糊一糊，让新房新起来、亮起来。刘文斌糊出来的屋顶子松紧适度，不松不裂，纸缝对接宽窄一致，上下左右对接整齐，纸面舒展没有皱褶。他的手艺得到了众人的认可和夸赞。纸匠糊屋子是要收费的，一般糊一间屋子十来块钱，当然也有少收钱或不收钱的时候，除了亲戚那就是人家相互之间有交情。

财会精英

李万贵，出生于一九三六年，不知道他读过几年书，二十岁就开始从事财会工作，一直到六十四岁才从财会工作岗位上退下来。四十四年的财会生涯从未间断，先后辗转了六个单位，多数都是新组建的临时单位。这个单位刚要解散，下个接收单位早已等候在即，迫不及待等候他接任。用老百姓的话说，他还没落地就被人惦记上了，对他来说没有"待业"这个词。看一下他的工作履历，就会对他的工作情况有个初步的了解。一九五六年至一九七〇年任老水泉子大队会计，一九七一年至一九七三年在二道河子水库当会计，一九七四年至一九七六年任老府铁路工程队会计，一九七七年至一九七九年任公社农机站会计，一九八〇年至一九八四年任姜家营子公社综合厂会计，一九八五年至一九九二年任姜家营子乡基建队会计，一九九三年至一九九八年继任老水泉子大队会计。

李万贵先后在六个单位从事过会计工作,在工作期间,账目清晰不乱,钱、财、物都笔笔有宗。他所工作过的单位,财务管理工作没有出现过经济问题和账目混乱问题,做人清清白白,做账清清楚楚。该处理的账目都能及时处理,决不压账。那时大队或哪个生产队在财务上出现差账,账目不平等"疑难杂症",都要请他帮忙,人到病除,手到账清。他在处理账时,从来是不慌不忙,先抽上一根烟,边抽边了解情况。别人介绍情况时,他不多说一句话,洗耳恭听,然后不声不响地细心翻阅着他认为有疑点的每一页账目和每一张单据,再用他那巧手敲打几遍算盘子,答案也就有了七八成。他当会计时,很少看到他白天处理账目,一般都在晚上夜深人静时处理账目。我在大队做了两年会计工作,年末的总决算都是请他来帮忙。

　　此人很有个性,不善言语,不善交谈。嘴严,可能是当好会计最基本的素质。财务会计这个行当,是个高危职业,整日与钱财物打交道,稍有不慎就会犯错误,如果再控制不好自己的贪欲,危险系数就会更大。会计上面有领导,大多数领导不懂财会,需要会计把关定向。有的领导懂财会,但有时要求财会做假账,用不正当手段平衡资金和账目,这都需要会计来把握。该抵制的抵制,抵制不了的要做到手段合理,天衣无缝。李万贵在这个问题上处理得恰到好处,一不越权,二不失职,到哪都有好口碑。

　　由于他对财务工作有着较深的造诣,就注定了他和数字结下了不解之缘。他对数字有着特殊的记忆,查阅账目时不需反复地翻阅,眼过入脑,一遍即可。论他的业务水平和能力,在全公社众多财务管理人员中当属首位,无与伦比,是财会行业的佼佼者。从集体经济诞生那天起,李万贵就做财务管理、财务核算工作,可谓对集体经济的财务管理和经济核算、预算、决算了如指掌。他对行政、事业、企业的财务管理也很精通。他对财务管理应该说有些天赋,但更多的是靠后天自身的努力和本分做人的人生态度。

李万贵，在姜家营子公社乃至周边地区，是出了名的财会管理能人，算盘快手，财会高手，是财务管理的精英，他如果从事财务审计工作，没有几人可比。生不逢时，生不逢地，在那个年代，在那个偏僻地区，他的潜能没有完全得到发挥，他的才华也没有得到全面的施展。

笼头艺人

李生是一位视障残疾人，他是我们大队第五生产队（宜肯坝生产队）的一名社员，他出生在三十年代初，没成过家，和他弟弟在一起生活。自己做不了的事情靠着他的兄弟、弟媳和侄儿们来帮忙。小时候，时常看到他的侄儿用一根两米来长的木棍子领着他，侄儿在他前面握着木棍的一头，专挑平道好道走，李生握着木棍的另一头，跟在侄儿的后面，他脚抬得挺高，步子迈得挺慢，走路的方向听他侄儿的，走路的速度他侄儿听他的。时间长了他和侄儿好像达成了一种默契，走起路来俩人步调一致，步子大小也一致，浑然一体，形同一人，比正常人也慢不了多少。有时到大队代销点买东西，有时到集市上卖笼头（蒸干粮时盖锅用的）。我很赞佩他的小侄子，在那些年始终如一地给他的大爷当眼睛做向导。那时，每当他们爷俩路过村屯时，有很多人用奇异的目光看着他们，他的小侄子并没有一丝羞怯和难为情，表现得是那么坦然。就是这样一位盲人，却有一手砌笼头的好手艺，砌笼头可是一般正常人都做不好的手艺活。

砌笼头的原材料，一是麦秸，二是麻秸，工具就是一把木把铁镩子。李生砌笼头时，把麦秸和麻秸揝上热水闷一闷，把材料闷好后，把麻秸劈开压扁，麻秸坯子宽度六七毫米，主要用于缠绑麦秸。取一绺大拇指粗细的麦秸从笼头的中心开始起头（盘圆），从里向外，一圈挨一圈地砌，下一圈的麦秸要用麻秸坯子缠绑在上一圈的麦秸绺当中，用凹型铁镩子穿入上一圈的麦秸中间，然后从铁镩子的尖头把麻秸坯子穿入凹槽里，之后拔出铁锵子，再把麻秸坯子拽紧。笼头是个扁锥形，多大的锅，砌多大的笼头，一般笼头口的直径比锅口略大一些。

笼头主要用做蒸干粮的锅盖，蒸干粮时，用别的锅盖不但压气还容易跑气。笼头看似不起眼，在那时家家户户都离不开，没有笼头的人家，蒸干粮时要借邻居家的笼头用，不蒸干粮时人们舍不得用，因为笼头比高粱秆锅盖价钱高，笼头坏了，还要补一补再用。新笼头整体金黄色，使用时间长了，就变成了紫褐色。笼头在当时也是生活当中的必需品，那时几乎每家每户外屋墙上都挂着个笼头，什么年代用什么物品，这也是定制。

李生砌的笼头不漏气、不压气，也很秀气。六七十年代，每个笼头能卖到两三元钱，方圆几十里的人家都去他家买笼头。他也靠着这门手艺来度日，养活自己。砌笼头这个手艺并不复杂，但在精细程度上有很大区别，对一个盲人来说难度就更大了，眼睛看不见，全靠手来摸，手感就是衡量质量的标准。老天没有赐给李生眼睛却赐给了他一双巧手，他把这双巧手的功用发挥得淋漓尽致。

捕猎能人

苇子沟门生产队的王凤海是出了名的炸狐狸能手，有时还熰獾子。每年秋天和初冬季节是狐狸的皮毛最好的时候，这时，狐狸为了冬季御寒，除了长一些长毛以外，还长出很多绒毛，这时毛的颜色也是最好看的。有很多野生动物随着季节的变化，皮毛的颜色也随之发生变化。有的是为了掩盖自己，防止天敌的侵袭；有的是为了吸引同类雌性动物而发生的变化。

王凤海猎狐和捕獾不用枪炮，用自制的炸子炸狐狸，用猪狗粪或牛马粪熰獾子。秋天到了，庄稼进场儿了，他的绝活也开始了。弄点死羊羔子肉，切成六七公分的长条肉块，拿到狐狸常出没的山上，每隔 米多远放上一块,大约放十几块。每天到放肉的地方查看,看看肉少了没有,少的是哪几块。据说狐狸很精明,它第一次看见肉只闻不吃,有时一连几天都是如此。过几天它发现肉味没有大的变化,肉块摆放的位置没有变化,它便试探着隔着几块吃一块,吃完之后没有问题,第二天再吃。猎人要连续地喂上几次,等到狐狸彻底放松警惕,一次把肉块全部吃光,这时把带有炸子的肉块按照原来的位置放好。炸子是自制的,是用炸药和碗碴子混合而成,用麻绳绑好放在肉块里,狐狸吃肉时把炸子咬爆,狐狸的嘴被炸碎,血尽而亡。狐狸很少被当场炸死,狐狸被炸后,能跑出很远,当狐狸跑不动时,就找一个很隐蔽的地方藏起来,直到死亡。王凤海听到炸子的响声,瞄着狐狸的血印,就能找到死狐狸。

　　每年秋冬之际,王凤海都能用这种方法猎到几只狐狸。那时每只狐狸能卖到二十多元钱,一个秋冬也算是一笔很丰厚的收入。村人对王凤海炸狐狸说法不一,有人羡慕他每年靠炸狐狸能得到一笔不小的收入。很多人持反对态度,而且还会说:狐狸是不能猎的,将来会遭报应的。尽管带有一些迷信色彩,但也表达了人们的一种态度。

　　在大阴坡对面的石头崖子上有几个獾子洞,到了秋冬季节,獾子长肥了,王凤海便捡上牛马粪(狼粪最好)在獾子洞口点燃,然后用一块板子把烟扇进洞里,堵上洞门。几个小时之后,王凤海把烧过的粪灰掏出,脱了衣服脚朝洞里,倒着往洞里爬行,用脚把死獾子勾到洞外,有时要一连进出几次,因为有的一个洞里住着几只獾子。脚朝里是为了防止没有熏死的獾子咬住人的头,另外也是为了呼吸通畅。獾子咬人有个特点,咬住人肉不缓嘴、不松嘴。獾子皮熟一熟可以做皮褥子、腚垫子,獾子油可以润肠(人得了结症,喝獾子油滑肠),獾子油还可治冻疮。记得那时谁家想弄点獾子油,首先想到的是王凤海家。

　　长林子生产队有个叫谢子生的,个子不高,车轴汉子,说话很幽默,精明能干,练就了一手撵兔子的绝活。说起来这个技能很简单,可是有很多人模仿着做,就是做不来。说明里面还有玄机,或者他还有一种特异功能,比如瞄踪的功能。

每当下雪天,便是谢子生发挥一技之长的好时机。如果是夜里下雪,他便老早地起床,手持一根木棍,戴上一顶大狗皮帽子,穿上一双鞋底不滑而又轻快的鞋子,开始了他撵兔子的绝活。到了山上开始寻找兔子的踪迹,发现踪迹便沿着这个踪迹找兔子,见到兔子,他就用木棍子顶着他那顶大皮帽子,嘴里不停地大声呼喊着,朝着野兔奔跑的方向快速追赶。兔子看到皮帽子,听到呼喊声,拼命地跑。他尽量把兔子往山下撵,一般来说不管兔子怎么跑,也离不开它常走的路线。谢子生按着兔子跑的路线追上两圈,即可马到成功。在第二圈快接近终点时,兔子已经鼻口蹿血死了。这样下来,如果不起风用这种办法每天能捕猎三四只野兔。

过去,没有野生动物的保护意识,也没有相关的野生动物保护措施,只要是没主的都可以随便打、随便猎,今天看来,这门技艺是不能发扬的,更不能效仿此法,一是为了保护野生动物,二是为了自身安全。

除了上述那些艺人,村里还有一些专业技术能手和老专业技能高手,诸如机械能手周颂新、烧酒高手李世臣等等,在这里不能一一叙述。看似一些很简单的农活,实际技术含量很高,有些活虽然谁都能干,但干出来的质量和效果差距很大。如种园子,不是谁都能种的,更不是谁都能种好的,过去把种园子的高手叫园头。小手工,如剪纸、绣花、裁缝、编筐篓等。还有一些半专业化的工种,需要有经验的人来做,如盘炕、盘锅台、苫房、抹房、纣井、打板墙、打杆子墙、垒石墙、土坯砌墙、杀猪、宰羊等等。

山 村 旧 事 (下)

崔玉堂 著

内蒙古科学技术出版社

图书在版编目(CIP)数据

山村旧事 / 崔玉堂著. — 赤峰：内蒙古科学技术出版社，2019.1（2020.2重印）
ISBN 978-7-5380-3033-4

Ⅰ.①山… Ⅱ.①崔… Ⅲ.①农村经济发展—概况—中国—1978-2018②农村—社会发展—概况—中国—1978-2018 Ⅳ.①F323②C912.82

中国版本图书馆CIP数据核字(2018)第253595号

山村旧事（上下册）

作　　者	崔玉堂
责任编辑	季文波
出版发行	内蒙古科学技术出版社
地　　址	赤峰市新城区临潢大街鲁商大厦A2-9楼
网　　址	www.nm-kj.cn
印　　刷	天津兴湘印务有限公司
开　　本	787mm×1092mm　1/16
印　　张	44.5
字　　数	590千字
版　　次	2019年1月第1版
印　　次	2020年2月第2次印刷
书　　号	ISBN 978-7-5380-3033-4
定　　价	148.00（上下册）

目录

第九篇　小村的时代印迹 …………………………… 347

变废为宝 …………………………………………… 349
收获春葱 …………………………………………… 351
糖精代茶 …………………………………………… 352
散卖香烟 …………………………………………… 354
摇把电话 …………………………………………… 355
顽童游戏 …………………………………………… 357
用药待客 …………………………………………… 363
借取往来 …………………………………………… 365
四害泛滥 …………………………………………… 368
传统豆腐 …………………………………………… 372
四季鲜腊肉 ………………………………………… 378
粮票的兑换 ………………………………………… 379
混合面馒头 ………………………………………… 380
回收大片酥 ………………………………………… 382
烧吃瞎地羊 ………………………………………… 383

1

大便的苦恼 ································· 385
寒酸的学童 ································· 386
手工搓棒子 ································· 389
火绳的妙用 ································· 391
金贵的物件 ································· 393
崇尚的职业 ································· 397
悼念毛主席 ································· 400

第十篇 村人的生活趣事 ································· 403

捕捉麻雀 ··································· 405
打干粮叶 ··································· 407
挖山野菜 ··································· 409
采摘山珍 ··································· 411
刨山草药 ··································· 423
搂树叶子 ··································· 426
拔疙瘩蒿 ··································· 427
种麻趣事 ··································· 427
土法熬糖稀 ································· 431
土法熬麻油 ································· 432
辅助小膳食 ································· 432
穷人吃贵物 ································· 438
杀羊的秘密 ································· 439
烟民的营生 ································· 441
农民的礼物 ································· 443

第十一篇 村子里的小故事 ································· 445

老儿童团长 ································· 447

能官更能民	452
村干部老吴	455
派来的社员	460
医疗队进村	463
人格的魅力	465
刚毅的村妇	468
盲人与哑巴	469
大地主轶事	472
放夜牛的倌	473
柴油机进村	476
农田机耕梦	478
请客与做客	482
跨省遛土豆	486
搬迁户有感	490
山村的"蜂客"	492
夜盗箭杆杨	496
无冕护林员	499
动物的故事	501
大队"办事处"	509
代销点的兴衰	511
万能的介绍信	518
抱碾棍推碾子	521
卖狗崽的故事	525
神秘的敖包山	526
白马山的传说	528
水泉和老石庙	530

第十二篇　不曾逝去的年节 …… 535

过年之赶年集 …… 537
过年之备年饭 …… 538
过年之备年菜 …… 542
过年之饰新年 …… 549
过新年 …… 556
小节日 …… 564
清明节 …… 570
五月节 …… 571
八月节 …… 572

第十三篇　小村的风俗习惯 …… 575

婚嫁习俗 …… 577
生育习俗 …… 585
丧祭习俗 …… 589
供神习俗 …… 601
盖房习俗 …… 603
结拜习俗 …… 605
过继习俗 …… 606
生活习俗 …… 606
医病习俗 …… 612
随礼习俗 …… 615
其他习俗 …… 617

第十四篇　家族的沧桑岁月 …… 623

逃荒之旅 …… 625
平民轶事 …… 627

路遇劫匪	631
几度秋凉	633
苦尽甘来	640
苦乐人生	643
铸就辉煌	650

附录一 传诵的童谣谚语 …… 661

农　谚	661
童　谣	662
家　教	664
讲　究	667
其　他	667

附录二 小村流行的方言 …… 671

人物态势	671
动　物	672
植　物	673
食　品	673
衣着用品	674
用品用具	674
时间时段	674
其　他	675

后　记 …… 678

第九篇

小村的时代印迹

社会大环境的变化,从宏观方面主要表现在政治、经济和文化领域,而对农村和农民而言,则更多地表现在生产生活方式和习惯等方面。在不同的历史时期,会形成不同的生产生活方式和生活习惯,落后于这个时代的生产生活方式和生活习惯会被淘汰成为历史,有的或许以另一种形式再次出现,但已经和原来存在的意义完全不同。比如混合面馒头,六七十年代白面缺乏,人们为了用少量的白面蒸出更多的馒头,用六七成的白面掺上三四成的玉米面蒸馒头,主要是为了填补细粮的不足而采取的一种办法。现在白面充足,市场上仍然卖白面掺杂粮面的各种食品,但目的是为了调换人们的口味或补充各种营养,前后两者存在的意义截然不同。这些生产生活方式和习惯,绝大多数都是非物质的,仅仅是个过程而已,所以当它消失的时候也只是给人们留下一些印象和记忆,随着时间的推移,时代的更替,这些印象和记忆如果不加以记载就会被人们所遗忘。本篇所记载的就是小村六七十年代,具有明显时代特征的生产生活方式和习惯,时至今日,仅仅几十年的光景那些生产生活方式和习惯消失殆尽,被新的生产生活方式和习惯所替代。

变废为宝

免费接牛血 五六七十年代,生产队每年都要杀两头牛,有的是因为牛老了,有的是因为牛残了,有的是因为牛得了不治之症。每当听到生产队要杀牛,村里的半桩小子们就做好接血的准备,提一个水桶老早到杀牛的地方排队等候。杀牛的提前挖一个接血的坑子,几个人用绳子把牛撂倒,牛脖子对着接血的坑子,当杀牛的把牛脖子上的动脉(血管)割开以后,那血就像打开的自来水龙头一样哗哗地往外流。有七八个孩子排着队等着接牛血,排在前面的也不能接多了,要给排在后面的留一些,尽管如此排在最后的有时还是空手而归。

把接回来的牛血放在开水里焯一焯,然后切成麻将块大小,放在锅里再放适量的盐和葱花用油炒一炒,就可以吃了。本来牛血是不能吃的,因为牛的寿命很长一般都在二三十年,被杀的牛又是老牛、病牛、残牛居多,时间久了老牛也积累了很多疾病,有些病原菌就在血液里,另外牛血也不太好吃,熟牛血里面有很多很大的丝窝,吃起来"啪刺啪刺"的响。但是在那个年代实在是没有什么可吃的,人们顾不了那么多,牛血毕竟是和牛肉沾边的,也能解解馋。后来生活好了起来,听说我们那里再也没有吃牛血的了。现在人们普遍认为营养价值很高的牛鞭、牛蛋、羊蛋、牛尾等,在那时被当作废物给扔掉了,却把不该吃的牛血拿来吃,真是不可思议,时代就是这么会捉弄人。

熬牛骨油 六七十年代没有肉吃,实际更缺的是油,熬(炖)菜不放油不但不香而且粘锅,铁锅也因缺油时不时地就下(生)锈了,锅下锈时米汤、菜汤都是褐色的,用下锈的锅做的饭菜有一股铁锈的腥味,解决的办法就是用腊肉皮蹭蹭锅。过去食用油太少,所以人们食用油的种类就比较杂,有猪油、牛油、羊油等动物油,还有豆油、麻籽油等植物油,大部分吃的是麻籽油。品种虽多,但数量太少,根本满足不了人们最低的生活需求，烙干粮时用腊肉皮蹭锅，炒菜时放的油也很少，菜不粘锅即可，熬菜基本不放油。那时生产队杀牛、杀羊，分点牛羊油都要好好地储存起来，留着来客人炒菜用。

人们为解决吃油问题绞尽了脑汁，听说生产队要杀牛，提前找生产队长排号，订购一个牛骨头架子，迟了就订不上了，有时队长不得不将一副牛骨架一分为二卖给社员，买牛骨架不是为了煮牛骨肉吃，而是为了熬牛骨油吃。过去杀牛、杀猪、杀羊时用尖刀子和拨刀剔肉，用拨刀把包在骨头上的骨膜肉刮下来。所以剔过的牛骨架除了牛骨节和犄角旮旯部分有点肉，大面上都没什么肉，买回来的是名副其实的牛骨头。这副牛骨架要煮四五遍，煮第一遍牛骨时，要把大骨头棒子和肋巴骨砸断，不然锅里放不开。煮第一遍主要是把骨头上残存的肉和筋煮烂，食其肉，当然也能煮出一些油来；煮第二遍牛骨时，把骨头砸成十几公分长的小段，把骨头上没有煮下来的肉和筋彻底煮烂，把骨头里面的油煮出一些来；煮第三遍牛骨时，把骨头砸成大拇指头肚大小的块，砸牛骨头时，地上放一个大笸箩，笸箩里放一块大青石头，手持斧头把骨头砸成小碎块，被砸碎的牛骨借着斧头的力量四处乱溅，人们还是很认真地把崩在地上的碎骨渣捡起来，用净水冲一冲放入锅里，砸骨时一不小心就会把手砸青、砸破，所以砸一副牛骨架不知要伤几次手，骨头砸得越碎出油率越高；煮第四遍和第五遍牛骨即重复地熬骨油，直至把残存在牛骨里的油彻底煮净，如果前四遍把油都煮干净了，就不用煮第五遍了。煮出来的牛油很好提取，趁热把骨头捞出，待煮骨头汤冷却之后，牛油自然而然地就在汤上面凝固了，然后把牛油块捞出，煮骨头的汤子也舍不得倒掉，留着熬菜吃。最后把每次熬出的牛油集中放在锅里烧开，捞出碎骨渣和杂物，继续熬制，把牛油里的水分熬尽为止，然后盛入盆里或坛子里，到此牛油的熬制过程就结束了。熬出的牛油是乳白色的。一副牛骨架子能熬出十四五斤油，还能吃点牛骨肉、牛筋什么的，熬过的牛骨头渣子还能卖给代销点。越是老牛、大牛、胖牛出油率越高，没熬过油的牛骨头断面上隐约地能看到一些丝窝，熬过油的牛骨头断面上丝窝清晰通透，骨头里面的油脂全部被熬了出来。熬这几遍油也需要很多柴火，有条件的用木样子最好。牛骨油除了熬菜、炒菜以外，还是炒油炒面的好材料。

如果是现在肯定无人为之，因为工钱和柴钱大大高于牛油的价值，得不偿失，况且现在也没人用牛油炒菜，但在物质极度匮乏的年代，人们只看获取的物质，没人计算成本费，那时人们常说"老百姓最不缺的就是穷力气和穷工夫"。

收获春葱

集体经济时期，社员以队为家，队长也把自己视为当家人，队长要把全体社员的生活问题想得非常周全。为了解决各家各户生活用葱问题，生产队每年都要在能浇上水的平地种上一片葱。种葱要在上一年的白露前半个多月把葱籽播到地里，在白露前后小葱长出地面，葱不怕冻，所以葱苗在地里越冬，来年开春早早地浇上一场春水。春葱不怕晚霜晚冻，待葱长到五六十公分高，即在六月末七月初起葱。

起葱是开春以来村人的第一次大型绿色收获，人们常说"娶耗子那么小的媳妇，也比出牛那么大的殡强"。葱虽然不似粮食那般重要，但也是生活中必不可少的。起葱时，看得出人们的脸上带着几分收获的喜悦。因为种得比较多，出葱那天几乎全生产队的男女劳力全部出动，男劳力把葱从地里挖出来，女劳力把葱上的土敲净，一排一排地垛在一起，会计、保管领着两个社员抬着一杆大秤，挨家挨户地按人口分葱，人口多的能分到好几百斤。家里的老人和孩子们往家里运葱，有挑的、有抬的、有背的，还有用小推车推的，葱地里车水马龙热闹非凡，一片繁忙欢乐的景象。葱分到家先来上一顿熬大葱，像例行公事一样年年如此。有的年份葱种得多、长得好，社员用不了，生产队还要外卖一部分，毗邻生产队的社员可以来买;有的年份生产队没种葱,社员们就得到毗邻的生产队去买,那可是要花现钱的。

  这些春葱是社员们秋、冬和来年春季的生活用葱,所以人们要精心侍弄,要在起葱前十几天,在自家院里的小菜园或院外的菜园子里挖几条葱沟,备着栽葱,葱沟深二十至二十五公分,宽三四十公分,把葱沟里的土翻一遍,晒一晒土,提高土壤温度,为了让葱味更浓一些,人们在葱沟里拌上适量的炕洞土,但不能拌太多,炕洞土多了葱就太辣了。人们把分回来的春葱进行挑选,把细小的春葱挑出来,腌着吃,熬着吃;把粗壮的春葱挑出来做葱秧子(人们习惯地把准备栽到地里的春葱称之为葱秧子),把葱秧子的须根剪掉约三分之一,为了好缓苗,要把老叶子摘掉,能吃的老葱叶成根或切成段用盐腌起来当咸菜,把侍弄好的葱秧子栽到葱沟里。栽葱时用一根木棍杵着葱根把葱插入葱沟里踩实,浇水缓苗,水不宜浇得太多以防烂根。为了让葱白长得高一些,待葱缓过苗来要进行培土,一般培四次土,每次培土高度以不埋心叶为准,培土后葱沟变成垄台。人们夏天和秋天吃葱就在这里解决,葱多的整棵薅着吃,葱少的掐葱叶吃。到晚秋时节把大葱起出来,三五棵大葱挽在一起晒一晒储起来,一个冬春的生活用葱就这样解决了。有的为了在来年春天吃羊角葱或打籽,起葱时只是把葱贴着地皮割下来洗净腌起来,称腌葱叶子,葱根和葱白留在地里,待来年春季长羊角葱或留着长葱籽。

糖精代茶

  五六十年代,小村的社员家里还没有暖壶,谁家来了客人就用大锅现烧点开水,找一个吃饭的大碗从锅里直接盛到碗里,端到客人面前,比较讲究的家庭用白粗瓷墩子茶碗给客人倒水,并非招待就是给客人解解渴。后来有了用竹篾编织的竹皮暖壶,再后来有了带网眼的铁皮子暖壶,前些年才有了铁皮暖壶和塑料皮暖壶。有了暖壶以后解决了来人现烧水的问题,村人们在早晨或中午做饭时多添点水,烧开锅后先把暖壶灌满,备着来人喝或自己用,然后再下米煮饭。

那时喝茶的人家极少,除非那些有钱的人家备点茶叶。似乎茶也很缺,属于高档消费品。有些过日子细作人家,每年都要到山上采点石柱子花,连花带叶放在锅里蒸熟,再撒点白糖晾干,当作茶叶,休闲时沏两碗喝,更主要的是留作待客。谁家来客人了,也可以到邻居家要一点这种自制"茶叶"招待来客。我喝过这种"茶",味道还不错,比有的劣质茶叶还好喝。后来大队代销点进了茶叶,有红茶、有花茶,都是茶叶末,用纸包包着,每包一两重,两三毛钱一包,从那时起真正的茶叶才逐渐进入山沟农民的家庭,但也不是自己喝,而是用来招待客人。

在六十年代末糖精问世,村里有了茶的替代品。糖精价格低廉,一毛钱的糖精能沏三四十暖壶的甜水,用糖精沏水不能放多了,糖精放多了水是苦的,半大锅开水撒上一小捏子糖精,锅里的水都是甜的。家家户户用糖精代茶,来了客人往暖壶里放上几粒糖精,客人喝,主人也陪着喝,大人喝,孩子也喝。谁家搭房子盖屋或有什么大事小情的,都要烧一锅开水撒上糖精招待帮忙的人。过年过节或休闲时,家人也沏上一壶糖精水,喝上一阵解解渴消遣消遣。一时间糖精成了家家必备的饮品,好像喝糖精水比喝茶水更先进、更超前。不知是哪位巧妇的发明,蒸豆包时馅里放糖精,蒸发面时面里放糖精,撒年糕时用糖精水拌面,吃年糕蘸着糖精水。代销点每次进货都少不了糖精,糖精卖得很快,有时进货进少了还会断货,我每次到代销点买东西时几乎都能听到顾客说:买一毛钱的糖精或来一包糖精。因为买糖精的人很多,为了方便顾客,售货员提前把糖精按着一毛钱一包分开包好,时间长了售货员也习惯了,一包糖精指的就是一毛钱的。

散卖香烟

　　现在买香烟单盒买的都很少,一般都成条的买,这也是经济条件好的标志。我记得在六十年代,家里来了客人,主人给孩子拿上一个鸡蛋到代销点去换几支香烟,去时要小心翼翼地拿着鸡蛋,返回时要小心翼翼地攥着香烟,偶尔也会把香烟弄断,客人就找个纸条把两截香烟接起来抽。代销点的售货员为满足这些顾客的需求,就把各种牌子的香烟各拆开一盒摆在货架子上备着零售,来了零买香烟的顾客,售货员就在货架子上顺手拿几支,不用现拆盒。那时的香烟,品牌不多,有双鱼、大福字、红玫瑰、大生产、钢都、大前门牌等等。香烟也很便宜,最贱的是双鱼牌香烟每盒九分钱,大福字牌香烟每盒一毛六分钱,中档红玫瑰牌香烟每盒两毛七分钱,大生产香烟每盒三毛一分钱,钢都牌香烟每盒三毛三分钱,这种香烟一般买不到,最贵的当属大前门牌香烟每盒五角钱,当时属高档香烟,不但贵而且很稀缺。那时农村没有真正的香烟消费人群,主要是用于待客、过年过节等。招待一般客人也是买最低价位的,特殊用途比如相亲,就要买中档价位的,比如红玫瑰什么的。平时就是每盒九分钱低档价位的香烟,就是这种最低价位的香烟人们也舍不得成盒买,拿一个鸡蛋卖了,买几支烟,剩下的还要买盒火柴、铅笔什么的。有时过年过节、下雨阴天社员们出不了工打打扑克,也要带点刺激,输赢一盒或两盒烟。比如四个人打百分,两个人一伙,哪伙先得够五百分就算赢,每局一盒烟,一局结束每个人分五支香烟,输家掏买烟钱。那时代销点的货架上长期摆着开盒的散香烟,那就说明单支买香烟的不止一家两家,也绝非偶然,已成为一种常态。

　　不光散卖(买)香烟,其他商品有很多也要拆开卖,给远方的亲人写封信,让孩子拿两个鸡蛋到代销点换几张信纸、一个信封、一张邮票。信纸本来是成本装订的,但没人一次买那么多信纸,所以售货员也只好把成本的信纸一张一张拆开卖,一分钱能买两三张十六开带横格的信纸,一个信封一分钱,邮票自然是老八分了,八分钱的邮票(平邮)延续了好几十年。好喝酒的人,馋极了拿几个鸡蛋或者拿几毛钱零钱到代销点打一二两白酒,有的连瓶都不拿,在代销点找个碗,站在柜台前就一饮而尽了。肚子着凉为了暖胃暖肠,妇女肚子痛,买一毛钱的红糖沏水喝或泡酒喝。到晚上点灯时一看灯里没油了,离代销点近的就直接端着灯去打灯油,不是不想多买而是没那么多钱。经济条件落后的时代,形成了特殊的购买习惯,人们没有闲钱购买备用商品,而是随用随买,够这次用的就好。在今天看来简直是不可思议,可事实就是这样。

摇把电话

六七十年代,全大队只有一部银灰色的摇把电话,电话机的上面放话筒,电话机的右侧有一个辘轳把式的摇把,打电话时就摇这个摇把,所以叫摇把电话。电话机的外面连接着两节高约二十公分、直径约七八公分的圆柱形大电池,电池的电用光了要到邮电局去买,原以为很贵的,实际并不像想象的那么贵,属于部门特供产品,价格是国家定的,谁也不敢卖高价。电话故障处理和电话维修都由公社邮电局负责,不收费,服务也比较及时。

从公社到我们大队,当中隔着两个大队和一个供销社,一根电话线把这三个大队和一个供销社的电话串了起来,也就是说,这条电话线路上有四部电话,被称为"串机"。串机之间可以直接打电话,串机以外的电话都要通过公社邮电局总机转接,每个大队的电话都有固定的铃声,要按着确定的铃声来摇电话机。接电话的也要按照铃声来接,是哪的电话哪接,按着规定不是你的电话你不能接,但也有好事的大人和好奇的孩子不听那一套,趁大队看门的不在屋,电话铃声响了,不管是哪的电话都拿起耳机子来听一听,有的甚至没有铃声时也把电话耳机子拿起来听一会儿,有时候电话里面还真有广播、唱歌、唱京剧的声音等等。我记得我们大队的电话铃声是一长一短,即"丁零零零零——丁零",那戈营子大队电话铃声是三长,即"丁零零零零——丁零零零零——丁零零零零"。听到一长一短的铃声,我们就接听。如果在这一条线上四部串机之间打电话,可以按对方大队规定的铃声直接打。给串机以外的大队、公社机关、外公社、县里或更远的地方打电话,要通过公社邮电局总机转接,要总机的电话只摇一次铃,可长可短。接通总机后把你所要接通的电话告诉总机,由总机负责接通对方电话,并把通话双方的电话切换到直通状态。长途电话要到邮电局去打,因为邮电局要按着时间和距离收费。电话里杂音很大,老有嗡嗡嗡嗡的响声,打电话的人要扯着嗓子喊,方圆一百多米远都能听得清清楚楚。通过总机打的电话,如果实在听不清,还要通过总机来互相转达,另外沿途的电话都能听得见。有时杂音太大,实在听不清就得拍电报,一个字几毛钱,加急的收费更高。有时县里和公社还要用这部电话召开电话会议,收听电话会议时,要找一个大碗,口朝上,把电话耳机子扣在碗当中,发出的声音大一些,清晰一些。自从有了有线广播,这条电话线路就成了电话和有线广播的共用线路,早午晚来广播时打不了电话。

就是这样一部现代人看着极其落后的电话,在当时一些老人们都感到特别稀奇,更可笑的是,有的老人误认为到邮电局邮东西,就是把邮寄的东西拴在电线上就邮走了,还担心半路有人把东西摘走。孩子们也学着大人的样子打电话,弄一根长长的细线绳,两头各拴一个五香面盒当听筒,放在耳朵上听,互相讲话,除了嗡嗡的杂音什么也听不见。

写到摇把电话也顺便说说邮电局,那时公社所在地有个邮电局,三间临街房,门窗都是绿色的。房子前面有一个绿色的铁邮箱,邮箱的正面上端有一条长约二十公分、宽约一公分的投信口,口的上边还有个防水沿,邮箱有门、有锁,钥匙在局长和邮递员手里。邮信的可直接把信件投进邮箱里,没贴邮票的除了投信件还要另投八分钱。

邮局有四个人，有一个局长、两个总机（话务员）、一个邮递员，他们都有统一的服装，衣服、帽子全是深绿色的，就连邮递员送邮件骑的自行车和装邮件的两个大兜子也是绿色的，难怪人们调侃时把邮电局列为"四大绿"之首。总机是个死身子，长年累月地坐在机房里，长期见不到阳光，小脸捂得白白的，有时候到门外见见阳光，伸两个懒腰还要跑着进屋接电话。邮递员太累、太辛苦，全公社的邮件都由他来送，全公社有八个大队，分布在两条川，我们通常叫东沟和西沟，星期一、三、五邮递员往西沟送邮件，二、四、六往东沟送邮件，星期天休息。邮递员把一般的信件送到学校（那时候各大队都有小学），让学生把信件捎到社员家里，邮包不能让学生捎，邮递员担心把邮包捎丢了，都要亲自送上门。

顽童游戏

五六七十年代小村里的孩子们玩的东西很土，土的都能掉渣，不像现在的孩子每一件玩具少则几元、几十元，多则几百元甚至上千元。那时候一个自然村也没见过几件现成的玩具，几个小玻璃球、一个小皮球是有钱的人家从供销社花几分钱、几毛钱买的，大一点的、好一点的、贵一点的玩具一件也见不到。几乎所有的玩具都是孩子们自制的，比如打点麻经子钩（编织）个球，弄段小木头做个尜，弄段木棒做个球（尜）棒子，弄块粗铁丝做个滚环，弄块木板做个滑冰车，弄块小木板做个小手枪，弄点麻搓根跳绳，弄几块小布角缝制个沙袋，弄几个铜钱再弄几根鸡毛做个毽子，弄块胶皮再弄个丫木做个弹弓，弄块纸壳再弄块彩纸和高粱秆等做个风车，弄点废纸叠些扇片子等等。大孩子们主要利用这些自制的玩具玩一些传统的小游戏，偶尔也吸纳点外村和城市的小游戏。小一点的孩子主要是玩土，在地上挖坑、埋坟堆、和尿泥，弄几根柴火棍搭小棚、盖小房，玩得满身满脸都是泥和土。

老鹞子叼小鸡 此游戏属于群体性游戏，活动量很大，参与的人数可多可少，少则几人，多则十几人，乃至几十人，男孩女孩都可参加，玩起来也很开心，这个游戏是孩子们常玩的。游戏时，在一群孩子当中选择两个头脑机灵、动作敏捷、身体强壮的孩子，一个孩子当老鹞子，一个孩子当老抱子（鸡妈妈），其他的男女孩子当鸡孩子，一个鸡孩子拽着老抱子（鸡妈妈）的后衣襟，其他鸡孩子依次拽着前一个鸡孩子的后衣襟，排成一条长队，跟随在老抱子（鸡妈妈）的后面。老鹞子想方设法要抓到鸡孩子，老抱子（鸡妈妈）为保护身后的鸡孩子，在前面和老鹞子周旋，鸡孩子在老抱子（鸡妈妈）的保护下来回地躲闪着不让老鹞子抓到。鸡孩子一旦被老鹞子抓住，视为被吃掉，不能再回到队伍里，直至把鸡孩子抓完游戏结束。

踢疆 这个游戏是女孩子们玩的。找块平地画一个长约四米、宽约两米的长方形线框，在长方形的线框中间竖着画一条线，横着等距离画三条线，大长方形的框便变成了八个正方形的小方格。游戏开始，用锤子、剪子、布的方法决出先后，赢者为先，先者把碎瓦片、瓦盆碴或碎盘子碴放在第一格中间，然后抬起一只脚，用另一只脚将盆碴一格一格地踢向前，直至把八个格顺序踢完，即完成第一个格，再从第二个格开始踢，直至把七个格顺序踢完，以此类推。游戏规则，一次只能踢一格，盆碴未出格、踢出下一格、盆碴压线都属犯规，交换游戏权。当再次获得游戏权时，要从上次交出游戏权的格开始。有时在一次游戏里要交换几次游戏权。最后谁先踢完八个方格为胜利者。胜者在下一局获得先踢的权利。

撞拐 这个游戏没有固定的人数，最少两人，多者不限，不用任何游戏用品。参与游戏的每个人用左手抓着右腿的脚脖子，左腿一蹦一蹦地向前跳动，用弯曲的右腿膝盖撞其他游戏者。游戏时有三招：第一招"撞"，用膝盖直接撞击对方，直至把对方撞倒或把抬着的腿撞落地为止。第二招"掀"，把膝盖伸进对方膝盖的下面，然后猛抬腿，将对方掀倒在地。第三招"砸"，将大腿抬高然后猛砸对方的大腿，直至把对方砸倒为止。失败者还可以继续上场参加游戏。

打球 这个游戏是两个人玩的游戏,人多时也可以分组游戏。游戏用具:一个直径约八公分的麻球,是用麻经子钩织出网球大小的球套,里面楦满杂物;一个长一尺、粗约五公分的木制球棒子。还要有比较宽敞的场地。游戏时在地上画一个直径约三四米的圆形或方形"小城",击球者手持球棒站在城里固定的位置上,对方拿球往城里投,在球没落地之前击球者用球棒将球打出城外,如果没有击中球或没有把球打出城外视为坏球,打球权也随之移交给对方,这种方法也叫打飞球。另一种方法是打死球,即对方把球投进城内,待球落地停稳后击球者用球棒打球,如果把球打出城外,击球者根据距离(从城线到球停稳后的位置)的远近要尺,比如,一丈五(十五尺),三丈(三十尺)等等。击球者要完尺以后,还要征得对方同意,问对方给不给。如果对方说给,可把本次的成绩累加到总成绩里,击球权不变,如果对方认为击球者要的尺数超过了实际长度,对方会说不给,然后用球棒(每个球棒算一尺长)量尺,量出的结果少于要的尺数,就算黄了,这一棒算白打了,而且要把打球权交给对方。如果量出的结果等于或超过所要的尺数,击球者把本次的尺数累计起来,并继续打球。如果投球者将球投到城外,击球者胜,击球者可不击球直接要尺,也可打一棒增加尺数。如果没有把球打出城外视为坏球,交换打球权。最后以尺数最多的为胜。

打尜 这种游戏基本和打球一样,是两个人的游戏,除了有一个大的活动场地还要有尜和尜棒。把一个长约十公分、直径约五公分的木棒,两头削成锥形称之为尜。尜棒和球棒相同。游戏规则和打球规则基本相同,比打球增加了磕三下尜。打尜前用尜棒在地上画一个直径三四米的圆形或方形"小城",打尜者站在城内,对方把尜投入城里,待尜停稳后用尜棒把尜打出城外,然后用尜棒击打尜尖,使尜飞起,在尜没落地前用尜棒击打,打得越远越好,这样重复三次。第一次磕打尜尖叫磕尜一,第二次磕打尜尖叫二龙须,第三次磕打尜尖叫打一棍。打尜者一是把尜打出城外，二是磕尜时必须每次击中尜尖，如果有一次落空没有击中尜尖即为吓死，把打尜权交给对方。成功者可根据距离的远近要尺，要尺规则和打球相同。最后以尺数最多者为胜。

踢毽子　此游戏动作优雅，不需要多大场地，一人玩可健身，多人玩既能健身又能做比赛游戏，是女孩子最喜爱的游戏。毽子是用铜钱和鸡毛做的，把鸡毛翎紧紧地栽在三枚铜钱的方孔里并加以固定。比赛时，一次连续踢的个数（毽子一个起落为一个）多者为胜，也可以大家围在一起相互踢给对方，还有一些花样玩法。

踢口袋　这个游戏和踢毽子基本相似，是女孩子的游戏。用六块方形的花布缝一个边长约七公分正方体的花布口袋，里面装半袋玉米粒或黄豆粒，缝好口。玩法和毽子一样，可以一个人踢着玩，也可以几个人比赛玩，还可以交互踢或踢些花样。

打沙包　此游戏是一项群体性游戏。用一个沙包做游戏用具，沙包用六块方形花布缝制而成，沙包的大小和踢口袋用的口袋差不多，沙包里面装半袋沙子，有时也可用口袋代之。游戏时把游戏者分成两组，一组作为被击打者站在中间，另一组作为击打者站在被击打者外围，用沙包击打站在中间的一组，被击中者退出游戏，如果被击打者接住沙包就等于储存一次存活的机会，也可视为增加一条"性命"，被击中者可再次上场。击打方直至把对方的人打净为止，双方交换位置。

打陀螺　小村的孩子把陀螺也叫冰尜。用一段七八公分长、五六公分粗的小圆木，圆木的一头是平的，在平头的侧面开一个环形凹槽，圆木的另一头削成圆锥形，在尖头上镶一个黄豆粒大的小钢球称冰尜，还要做一个专门抽打冰尜的鞭子。玩时把鞭头缠在冰尜平头的凹槽里，冰尜尖头挨着冰面，左手扶着冰尜，右手猛拽鞭子，让冰尜在冰面上转起来，然后用鞭子抽打冰尜的尖头，抽得越快冰尜转得越快，抽打的次数越多、时间越长，冰尜转的时间也越长。几个孩子在冰面上玩打陀螺比赛，看谁的冰尜转的时间长。

跳绳　这种游戏可以自娱自乐健身,也可以两人以上群体娱乐,这种游戏比较文雅。跳绳游戏花样繁多,有自己摇绳自己跳,有一人摇绳两人跳,有两人摇绳两人跳,有两人摇绳一人跳,有两人摇绳多人跳等等。还有花样跳法,比如自己摇绳自己跳,可向前摇绳正跳、可向后摇绳反跳、双臂交叉摇绳正跳、双臂交叉摇绳反跳,有单腿跳、双腿跳、双腿交互跳等多花样跳法。单人比赛,主要是看谁跳得多、跳得快。用一根绳群体游戏时由于参与的人多,所需的绳子就要长一些。

打冰出溜　这里所说的打冰出溜实际就是滑冰,只不过是没有冰鞋,随意在冰上滑着玩。那时候我们村前面有一条河,每年冬天都结厚厚的一层冰,孩子们吃完晚饭就到河套的冰上去滑着玩,没有冰鞋,滑冰时先要在冰面上快速地跑几步然后再停下来,靠身体的惯性和冰面的光滑度往前滑行,当地人称打冰出溜。也有用自制的冰刀绑在鞋下面,手持两根冰锥,在冰上滑行的。女孩子更多的是坐"冰车",用一块厚二公分、长宽各四十公分的木板,在木板底面的两头各钉上一根宽五公分、厚三公分、和木板等长的木条,木条上面镶一根铁棍,两根铁棍尽量贴近木条,孩子们把这种东西称为冰车。把冰车放在冰上,人坐在冰车上面,两手各持短把冰锥作动力向前滑行,也可别人推着滑行。最简易的"冰车"就是在河套找块石板,人坐在石板上,别人推着向前滑行,也有手拿石板向前跑几步然后迅速地坐在石板上靠惯性自动向前滑行的,也能滑出很远。或是找个冰包,从冰包的顶端坐着石板向下滑,冰包越大越高滑得越远。

扇片子　是男孩子玩的游戏,那时候,经常看见男孩子们抱着一摞子叠好的片子等着伙伴们玩。和耍钱(赌博)一样怀里抱的片子是用来赢人的"本钱"。那时废纸很少,过年捡些双响筒子,或是找点装水泥的破牛皮纸袋子,把它们拆开叠成大小不等、薄厚不一、形状各异的纸片子。玩时,甲乙双方将片子同时放在地上,择出先后,一次扇翻为赢。如果甲方为先,甲方用自己地上的片子扇乙方地上的片子,若一次扇翻,甲方把扇翻的片子据为己有，这时乙方要再拿一个片子放在地上让甲方扇，直至甲方失败，乙方再用自己地上的片子扇甲方地上的片子。扇片子要讲究技巧，要找好角度，尽最大可能扇翻对方的片子，如果未能扇翻对方的片子，也要使自己的片子处在最佳位置上。

滚铁圈子 这种游戏有一个人玩的，也有几个人比赛玩的。做一个直径约五十公分的铁圈子，再用铁棍折一个"h"形的钩，用这个钩推着铁圈子跑，看谁推着铁圈跑得远，谁就算赢。有时也不分输赢只是推着玩玩儿。

除此之外还有很多常玩的游戏，也是那个时候最流行的游戏。比如跳格子、捉迷藏、摸瞎、抬轿子、炊嘎拉哈、弹溜溜球、拍皮球、五福、狼吃羊等等。到了夏秋时节，孩子们利用地里长的植物，编制一些好看又好玩的手工小玩具，比如用韭菜花秆编制宝塔，用马莲编织马莲垛，用高粱篾编制蝈蝈笼子，用狗尾巴草编制小兔子、小松鼠、小猫咪、小狗等，有的还带着动感，栩栩如生。那时每个生产队都有一个大场院，冬天孩子们都聚集在大场院里做游戏。我们那里冬天都吃两顿饭，晚饭在下午两三点钟，吃完了晚饭，各家的孩子们到大场院聚齐等着玩游戏，最长能玩四五个小时，玩得棉衣服上都是土，像个土驴子。有时会把衣服撕破（刮破）了，大人发现了轻者一顿数落或一顿臭骂，重者还得挨上几下。到了第二天晚上还是痴心不改，继续尽情地玩耍。开春生产队把大场院种上了庄稼，夏天孩子们没有宽敞的游戏场所了，只能玩点小游戏，有时在啖羊石上画一个"五福"棋盘或"狼吃羊"棋盘，两个人对垒，观战者无数。回顾那时孩子们玩的游戏都是就地取材原生态、纯天然、无污染的，集健身、启智、娱乐于一体，孩子们亲手制作玩具同时也提高了孩子们头脑的想象力和动手能力。现在有了电视，有了玩具，孩子们很少再做那些游戏了。

用药待客

过去人们超负荷、超强度劳作，劳动保护措施滞后，给人们的肌体造成了一些损伤，产妇在休养期间过早劳作和保养不好，使身体积累了一些潜在的疾病，随着年龄的增长这些损伤和疾病就会主动找上门来，所以那时中老年人整天地出现身体不适的症状，比如头疼、腰疼、腿疼等等，特别是雨天、雪天、风天、阴天和劳作时更是疼痛难忍，这些疾病虽然不会在近期危及生命，但长期困扰着人们的身心健康。老百姓刚强，认为无关紧要的病不必要找大夫看，所以一时间止痛片、APC片、索密痛片、扑热息痛片就成了家家的必备之物，少则备几十、上百片，多则备几百片，有时怕断货，一次就买一大茶色玻璃瓶子(一千片)。止痛片、APC片和扑热息痛片价格都不高，每片一分钱，索密痛片贵一些，每片二分钱。绝大多数中老年男女上山干活，兜里都揣着止痛药，干活累了或身上哪里不舒服，就吃一两片来解乏、止痛。不但自己吃有时还给别人一两片送个人情，有的上山忘带药了，还要向别人要上一两片。没有水也能吃，用口水送服。邻居到家串门唠嗑时，主人也时常用止痛药款待客人，气管不好的、有哮喘病的、咳嗽气喘的吃点消咳宁。不知什么原因，有很多上了岁数的人把消咳宁放在一块锡纸上，用烧红的细铁棍烫消咳宁，每烫一下都会冒出一股白烟，用事先卷好的小纸筒把白烟吸到肚子里，像抽大烟似的抽消咳宁，据说也有解乏、止痛的作用。现在想来，这些人是不是在过抽大烟的瘾呢？

过了几年，药社(药店)进来了针剂咖啡因，有人说这个药里面含鸦片成分，也有人说含吗啡成分。现在人们都知道咖啡因有刺激中枢神经的功能，具有成瘾性，过去人只知道其能很快恢复精力。

开始用咖啡因的人不多，后来在用药人的宣传鼓动下，用咖啡因的人不断增多，从有病治病的到无病解乏的，从老年人到壮年男人有很多人都用。人注射了咖啡因,据说顿觉身体舒服了许多,轻快、兴奋、止痛。开始只是有病有灾的用,他们说这种药不但能解除病痛,还让人很舒服。听到这些,没病的人干活累了也要打一针试试,用药之后果不其然。生产队集体劳动有很多是在村里进行的,在劳动间歇的时候几个人凑到一起,到某个社员家打上一针咖啡因。一时间,咖啡因成了减轻病痛之苦、消除疲劳、联络感情的"仙丹妙药"。给谁家帮工谁家都要准备好咖啡因和止痛片,到了上午九点多钟和下午三四点钟,很多女士吃上一片止痛片,男士打上一针咖啡因,人们的精神头来了,干劲倍增特别出活。他们注射的方法极其简单,说起来让现在的人难以置信,一根玻璃针棒、一个针头,只要不坏就可终身使用。打针时从暖壶往饭碗里倒点开水,吸入针管,来回推拉几下视为消毒,然后把咖啡因药瓶头部敲开,把咖啡因抽进针管里,每人每次静脉注射两毫升,注射前用旧棉花蘸点开水把注射位置的皮肤擦拭一下,将咖啡因直接注入静脉。给第二、第三个人注射还是用同一个针头和针棒,上述消毒办法再重复一遍。兽用的咖啡因每支十毫升,给人用,人多还可以,人少一次用不完,为防止药水蒸发,人们就从旧棉衣里拽点棉花堵上瓶口,留着下次再用。不用专业培训,这些粗手笨脚的庄稼汉就能静脉注射,如果身边没有别人,自己还能给自己静脉注射。就这样反复地注射,反复地用药,虽然表面上看来没有传染的、感染的、发炎的,但是这种不恰当用药、不科学用药、不卫生不规范的注射方法,究竟给人们的身体带来多大的危害无从知晓。试想现在的医生谁敢这么做。

用药的人越来越多,队伍不断壮大,拉药橱的(卖药的)每次进药都把咖啡因当作主进药品而且进量很大,尽管如此还是满足不了人们的需求,那时医药部门对咖啡因的批发是限量的,咖啡因供不应求,拉药橱的把每次进来的咖啡因留一部分锁在柜子里用来走后门,那时候谁家存两盒咖啡因就觉得很有本事。当人用咖啡因无法满足人们的需求时,人们便开始用兽用咖啡因注射,后来兽用咖啡因也满足不了人们的需求时,咖啡因就成了那个时候的紧俏商品,物以稀为贵嘛。不可思议的是,村人们竟然用咖啡因"待客",请帮工干活的要给注射一针咖啡因,关系较近的邻里请到家里注射一针咖啡因,来了客人要给注射一针咖啡因,邻居到家里串门也要给注射一针咖啡因,被请者不但高兴地应邀,而且等待时机还要回请,一时间咖啡因成了待客的佳品。

借取往来

常言道"家趁万贯也有措手不及",五六七十年代因经济落后物资匮乏,小村的借取往来就成为一件常事。借取往来的物品种类繁杂,从穿的、戴的、铺的、盖的到吃的、烧的、用的、花的,大到车马驴骡,小到火柴、针头线脑。而且借取往来的次数频繁,绝不是一种偶然现象。有些物品虽然家家都用,但不一定家家都有,有些物品虽然随时都用,但也有断档的时候,有些不太常用的物品几乎都是借着用,比如婴儿睡的摇车子,压饸饹用的饸饹床子,擦饸饹豆用的饸饹豆板子,熬药用的药吊子等。这些物件一个小村只有一两个或几个,在主人家里几乎待不了几天,东家借完西家借,张家用完李家用。借用物品时村民们都很懂规矩,明知道这样东西在谁家里,却不会直接拿去用,而是先到主人家里去借,由主人告知所借物品在谁家里,借主虽然不用搭多大的交情,但也能有个人情往来。由于大家都遵循这个不成文的规矩,所以物主始终都知道他的物品在谁家里。

大型工具、农具和不常用的工具要到生产队去借,比如娶媳妇、聘闺女、拉土、拉柴草、拉石头用的牛马车,推东西用的手推车,种地用的犁杖、簸梭、碌子、点葫芦、粪簸箕、粪扒拉,铡草用的铡刀、铡刀床子,纺绳子用的纺绳车子,上房用的梯子,称东西用的大秤、小秤,镩树用的砍刀,剪羊毛用的羊毛剪子,还有尖镐、大铁锤、铁钎子等等。这些物品个人家没有或者很少有,都要到生产队去借,那时生产队就是社员借取往来的大物品库。

  毛驴也是邻里间借取之物，接未婚媳妇住婆家，接新媳妇，接出嫁的姑娘住娘家，接老岳母到家小住几日，或串门走亲戚，家里没养毛驴的就要向邻居借用，有的再借个小驴车，车厢里铺上一床毡子，冬天还要带床被子或皮袄，带双毡鞋和皮帽子。因大多是羊肠小道所以更多的是骑驴而行，在驴背上放一个杂毛毡子做的驴屉子，因为驴的前腿短后腿长，为防止驴屉子往前窜，在驴尾巴下面还拴个驴咒杆，两头拴在驴屉子上。比较讲究的人家在驴屉子上面放一床褥子或被子，一是好看气派，二是骑驴的人不硌得慌，晚上还可以盖着睡觉。轧面、脱谷皮、驮东西、种地拉犁、打碌子等也要借驴用，有时也用人工换驴工。

  数量较大的借粮问题则是社员与生产队之间的交往，个人家之间借粮的反倒极少，因为家家用粮都不宽裕，只是一些临时性的缺米少面在村民之间暂借。借钱更多的是在村民与村民之间进行，少则三五元，多则几十元甚至上百元，不收利息，君子协议定期偿还，数额较大的找个见证人即可。那时除了数额特大的（几百元）借款外，一般不打借条，在小村里也从来没发生过借钱差账的、少还或不还赖账的事儿，这种传统诚信，真可谓一诺千金。

  生活用品的借用更是频繁，随时随地都会发生，家里来客人邻居之间借点米、面、油、肉、蛋是常有的事。借米面时一般用碗或用升量一下，方便的时候用秤称，还的时候要还好的，还要多还一点。鸡蛋数个，还的时候要挑个大的还。腊肉因为借的量少，借主用手指头量一下长宽厚，做到心中有数。那时候一个自然村只有一杆大秤、一两杆小秤，借个秤也很不方便，所以在借用东西时为了方便，能数个的数个，能用容器量的就用容器量。

  做饭时家里仅有的几根火柴都用完了也没点着柴火，不得不打发孩子到邻居家暂借一盒，有时赶巧了邻居家也只有半盒火柴，邻居也会毫不吝啬地打开火柴盒捏出一半给孩子来解决当务之急。

来了客人免不了要熬菜,有时连炝锅的油都没有,女主人就会让孩子端个茶碗什么的到邻居家借上点,并告诉孩子:"如果你李大娘家没有到你张婶家去借,你张婶家没有就到你宋大娘家去借。"有时一连借上两三家才能借到半茶碗油,不是邻居不愿借,是真的没有。尽管如此,邻居还是很大方,再三叮嘱孩子:"告诉你妈不用还,拿去吃吧。"要炒菜突然发现五香面没有了,赶紧让孩子到邻居家要点五香面,有时邻居家只有山花椒也会给孩子拿点来应急。

做针线活缺针短线时到邻家要根针、借点线也是常有的事。做鞋缺袼褙现打来不及,到邻居家借上一张半张的先用着。打袼褙没有白面打糨子也要到邻居家借一点。

那时烧柴短缺,村民之间借柴烧也成为一件常事。被、褥、毡子也在借用之列,家里来了客人没有被子盖要到邻居家借用或找宿。出门串亲戚借鞋、衣服、皮袄、皮帽、头巾是常有的事。

请客或办红白喜事借用的家具和炊具更是样样俱全,从桌椅板凳到锅碗瓢盆,从勺子筷子到接碟盘子,从笸箩簸箕到茶壶水筲,从茶杯茶碗到酒壶酒盅无一不借,本村借不够还要到邻村去借。红白喜事借家具不用主人亲自出马,找位村人代借即可,借家具的人很仗义也不用说什么小话,只说明来意和借什么东西即可,邻居们都会有什么借给什么,除留下少量自用其余全部借出。

特殊情况,如相亲的进门,小伙子没有得体的衣服还要东家借件袄、西家借条裤来装扮一下。还有的贫困家庭女方来相亲像迎接领导检查一样弄虚作假装门面,把别人家的红堂柜啦、木箱子啦借来摆在屋里,把别人家的被褥、毡子借来垛在炕上充数,炕席过于陈旧的还要借新一点的炕席铺在炕上,等相亲的人走了再挨家挨户地把借来的物品还回去。因为生活困难,物资短缺,邻里之间习以为常,谁也不笑话谁。

还有一些过日子懒散的人家借的物品就更多了,连一些最常用的生活用具如笸箩、簸箕、筛子、罗、扫碾子笤帚等等都要借着用。除了借取往来,有一些东西是可以要着吃、要着用和要着养而不被人笑话的,比如榆树皮面(榆树皮)、咸菜疙瘩、咸菜汤、酸菜、狗肉、山花椒等可以要着吃,小狗、小猫等可以要着养。

看似一些借取往来的生活小事,实际是一种人际交往方式,交往的越多,人与人之间的情感越深,人情味就越浓,久而久之就形成了一种凝聚力。当物质丰富到一定程度,这些交往方式和次数就会逐渐减少,老死不相往来,人与人之间的情感就会疏远,人情味就会变得清淡无味。过去借取来往像一条无形的纽带把生产队、农户系在了一起,把农户与农户、社员与社员、生产队与社员联系在一起,形成一股力量,抗御了一个又一个的自然灾害,克服了生活中诸多困难,解决了一家一户办不了、办不好的大事情,也解决了生活中一些暂时的缺针短线的小问题,各家各户既有他的独立性又有其互帮互助的合作性。

四害泛滥

"四害"指的是蟑螂、臭虫、虱子和跳蚤。那时这几种害虫遍布在农村的家家户户,无人不知,无人不晓,无人不身受其害,它们无时无刻不在损害着人们的身体健康,人们天天都在承受着"四害"的骚扰,面对这几种小害虫却无计可施。

蟑螂横行　蟑克郎学名蟑螂。据资料记载蟑螂是最古老的昆虫,距今三亿五千万年以前,蟑螂就在地球上活动了。蟑螂令人生厌,它爬过的食品上,会留下一股叫人恶心的异臭,还会常常把人们心爱的衣服咬坏。蟑螂是杂食性昆虫,无所不吃,人类吃的食物它爱吃,书籍、皮革、衣服、肥皂等它也爱吃,它还经常爬进阴沟、垃圾堆和厕所等场所,吃垃圾、粪便、动物的尸体等各种腐败的有机物。蟑螂的生命力极强,若有水即使不吃任何食物也能存活四十天,在无食又无水的恶劣条件下,蟑螂甚至会互相咬食,大吃小,强吃弱。蟑螂无处不在,几乎在有人居住和活动的各种场所都有蟑螂的踪迹。蟑螂繁殖力强,雄虫一生可多次交配,雌虫一次交配可终生产卵。雌雄蟑螂交配后,雌蟑螂的尾端便长出一个形如豆荚状的东西叫卵鞘(蟑螂口袋),卵就产在其中。一只雌虫少则可产十多个,多则可产九十多个卵鞘;一个卵鞘中,少则可孵出十只,多则可孵出五十多只小蟑螂。它繁殖快,一只受精的雌性蟑螂在食料充足下,一年内可繁衍数十万只,且可无性繁殖三代以上。

六七十年代,每家每户的锅台后面和碗架子都是蟑螂的集聚地,除了蟑螂随处可见,在碗架子底下死角处还聚集着成堆的蟑螂卵鞘(当地人称蟑螂口袋)。碗架子上放的餐具它无处不到,锅里饭菜更是它的美味佳肴,由于贪吃偶尔也会烫死在锅里,有时在饭菜里还有死蟑螂和卵鞘,时间久了人们习以为常也都不那么在意了,蟑螂踏过的饭菜人们还是照吃不误,如果是现在人们是接受不了的。

虱子猖獗 虱子在全世界有三千多种,雌虱子每天产十只卵,八天孵化成幼虫,即可咬人吸血,三周左右经过三次脱皮即可长为成虫,成虫寿命六周。怎么也想象不到,那时的虱子肆虐到不可收拾的程度。现在即便到偏僻的小山村也难找到虱子,如今很多从农村走出来的孩子都没见过虱子。五六十年代小山村里各家各户的虱子泛滥成灾,那真是虮子成串,虱子成蛋,臭虫成片,随便在头发和衣服缝里都能找到或摸到几个虱子。哪个地方发痒,不用想别的,既不是湿疹也不是皮肤病,一定是虱子在作怪。我们队里有个盲人,穿了一身毛朝里的皮袄、皮裤,又没有内衣可穿,招了虱子看不见,往那一坐就靠手来摸,摸到了虱子就扔到嘴里咬烂。到了冬天的晚上,他就披着被子,把皮袄皮裤翻过来,毛朝外搭在当院的晾衣绳上,冻上一宿,第二天起早披着被子,把皮袄、皮裤狠狠地抖几下,把冻僵了的虱子抖落下去。虱子这东西不那么娇嫩,有很多人试过将有虱子的衣服用火烤、用开水烫、冷天里冻,穿上还照样有虱子。

现在,如果谁身上有个虱子,那一定很恶心,也很尴尬,但是在那个年月不管男女，不管老少，招虱子是很平常的事。生产队劳动休息时，大姑娘小媳妇们俩俩一伙的抱着脑袋抓虱子，你给我抓完我给你抓，发现虱子用两个拇指甲对着用力一挤，将虱子就地正法，既消灭了虱子又很解痒，靠近一点，能听到"嘎巴、嘎巴"挤虱子和挤虮子的响声，用不了一会儿，抓虱子人的大拇指甲就挂了厚厚的一层虱子血。抓完虱子往大拇指甲上吐点吐沫，再往土坷垃、草叶子或鞋底子上蹭一蹭，指甲上的虱子血就蹭没了。女人头上的虮子，顺着头发一个挨一个的排成一串一串的长队。那时家家户户都备一把刮头篦子，用来刮头发上的虱子和虮子。女人洗头时把刮头篦子用线来回的拌上几道刮头发上的虮子和虱子。集体劳动时总能看到女人们时不时地挠脑袋，纳底子时用锥子在头皮上斜着划几下，一来为头皮解痒，二来增加锥子的润滑度。拆洗衣服时，衣服的缝隙上到处都是白花花的虮子。后来代销点出售消灭虱子的药粉笔，就是用敌百虫水浸泡过的粉笔，人们拿着药粉笔往衣服缝里和头发上蹭，还真起作用，用药后虱子明显减少了。大姑娘小媳妇把虱子药蹭在头上，往人堆里一站就能闻到"奥巴登"的敌百虫味。抹多了也有中毒的，表现迷昏、恶心、气短。在当时有换洗衣服的和卫生条件比较好的人家虱子还是少多了。

臭虫成灾 再说说臭虫吧，它圆圆的、紫紫的，长个带着刺的尖嘴，贼难看，除了咬人吸血它还有一股子腥臭味，所以叫臭虫。

臭虫虽然不在衣服上，但它更可恨，专门在夜里出来咬人、吸血，把人们的身上咬得火辣辣的疼，劳累一天的人们被它折磨得难以入睡。虱子和臭虫好像有分工似的，虱子是"值白班"的，臭虫是"值夜班"的。臭虫躲在墙壁的裂缝里，还有炕席的底下。说来也怪，把墙缝用泥抹严它还照样出来，睡在炕梢和炕头的人是臭虫叮咬的主要对象。晚上，当人们熄了灯刚刚进入梦乡，那些可恶的臭虫们便倾巢而出，把熟睡的人们从睡梦中咬醒，当人们点着灯消灭臭虫时，臭虫见到光亮便撤回老巢，但由于臭虫行走的速度不是太快，总能捻死一些。当人们再次入睡后臭虫又倾巢而出，把人们搅得整夜不得安宁。在一个夜里人们要反复起来几次捻臭虫，每捻死一只臭虫都能留下半个指头肚大小的血印，时间长了，炕头和炕梢的墙壁上，全是一道挨一道的红色血迹，难看之极，可能是时间久了人们也习惯了，没有现代人对此那么恶心。用手工消灭臭虫总赶不上臭虫的繁殖速度快，所以臭虫的数量日渐增多，臭虫最多的时候，掀开炕席就能见到红红的一层臭虫，有时人们过于疲劳睡得很死，贪婪的臭虫把肚子吃得鼓溜溜圆，人一翻身就会压死一片臭虫，弄得炕席和身上都是血点子。

奇怪的是，即便新盖的房子也用不了多久臭虫便会不请自到。我在大队当会计时，公社给各大队发下来很多消灭臭虫的药，实际就是敌百虫。大队领导说，这个药不能发给个人，如果发给个人使用不当会出危险的。领导安排我亲自到各生产队，挨家挨户地喷洒药水消灭臭虫。我买个口罩带上喷雾器拿上敌百虫，首先到了第七生产队（长林子生产队），每到一家都要把炕席卷起来，卷炕席时炕席底下都有很多臭虫，臭虫见到光亮纷纷钻进炕缝和墙壁缝里，使我没想到的是，每家每户的臭虫都那么多，窗台底下、炕两头的墙上、炕沿帮上到处都是一片挨一片捻臭虫的血印子，有很多血印子相重叠着已经成了黑紫色，看来这个地方不止捻死过一只臭虫。不敢想象他们夜里是怎么睡的觉，看到这些我恶心得直想吐，尽管如此，还是把这个生产队每个社员家住人的屋子都喷了一遍药。这个上午我虽然戴了口罩，最后还是被敌百虫熏中毒了，恶心、气短、呼吸困难，从此就留下了病根，闻着敌百虫味就气短上不来气。听社员们说，打过药以后臭虫少多了，但没有根除，后来供销社也出售敌百虫了，社员们自己买点敌百虫，借用生产队的喷雾器时常喷一喷。

两虫骚扰　除了虱子、臭虫还有两种咬人的害虫，一是跳蚤，二是鸡瘪子。跳蚤长半毫米至一毫米半，褐色，分鼠蚤、狗蚤、猫蚤、人蚤。动物蚤变异后也会咬人，而且能把动物的疾病传染给人，比如鼠疫、狂犬病等。被跳蚤咬过的皮肤上起疱而且很痒，还不能挠，越挠越痒疱越大。据说按身高比例，跳蚤是世界上跳得最高最远的昆虫，跳的高度最高时能达一米半，是身体长度的一千倍；跳远最远能达到三米半，是身体长度的两千多倍。如果每四秒钟跳一次，可连续跳七十四个小时。这种害虫咬了人还捉不住，当你发现它，它一跳便逃之夭夭。那时村里不管穷富，都要养猫养狗。农村粮多，耗子泛滥，耗子糟蹋粮食，猫能捉耗子，没猫不行。庄户人家门窗简陋，院墙矮，也没有个像样的大门，狗能看家，来了生人能给家人报个信，家里养条狗睡觉也踏实。富裕一点的人家，更需要有狗看家。那时农村卫生条件差，养狗养猫也不注意卫生，所以跳蚤很多，究竟是哪种跳蚤咬人无可考究。现在农村的卫生条件有了很大的改善，很少听说跳蚤咬人的事了。

鸡瘪子，褐色，长半毫米左右，它寄生在鸡的身上。过去农村用锅台后碗架子底下的空洞当鸡窝，到了晚上鸡都要在这个窝里栖息，有时鸡招了鸡瘪子，鸡将它那坚硬的嘴伸进羽毛里咬得咯咯作响。因为人和鸡睡觉的地方只是一墙之隔，所以鸡瘪子就会跑到炕上咬人，被鸡瘪子咬过的皮肤又痛又痒，到没发现传染什么疾病。因为虫体小很难发现更不好捉，而且数量也很多，所以始终困扰着人们的休息。

我觉得这几种害虫的泛滥还是与个人和环境卫生有关，那时候经济不发达，生活环境差，缺粮吃不饱没有闲心搞卫生，没有换洗的衣服，没有条件搞个人卫生，加之生产生活习惯落后等，致使这几种害虫猖狂肆虐。

传统豆腐

做传统豆腐最重要的工具就是石磨，那时候全生产队一共有一大三小四盘磨，贾家的是大磨，刘家、周家、付家的是小磨。每年腊月到了做过年豆腐的时候，队长安排几个壮劳力把大磨安装好，多数安装在生产队的空闲屋子里,生产队没地方就到个人家找一间空闲屋子做临时磨坊,做完豆腐再找几个壮劳力把磨拆了。大磨安在个人家比安在生产队好多了,磨豆腐的人很方便,刷磨不用带炊帚,水不够也不用回家取,什么家具忘带了,到房东那临时借用一下,豆腐沫子冻在磨上房东还能给烧点热水刷刷磨。用大磨磨豆腐非驴拉即人推。

用小磨磨豆腐既不推又不拉,是用手拐,所以磨豆腐也叫拐豆腐。做豆腐时,借一副小磨和一个磨架子,放在屋子里,把小磨安装在磨架子上,磨豆腐时小磨盘上放一个小盆盛豆碴,盆里放一把勺子用来填豆碴,磨架子下面对着小磨放一个大于磨盘的不漏水的容器接豆沫子,那时候大多用笡箩(笡箩用久了不漏水)或用大盆接。用小磨磨豆腐时大多俩人一起拐磨,两个人面对面坐在磨架子的两头,都用右手或都用左手抓住磨把逆时针摇,一个人也能摇得动,但时间久了,胳膊就吃不消了。用小磨磨豆腐不但累,而且费时间,做两个豆腐得需要大半天时间,把人累得腰酸背痛很难受。

过年豆腐不能做早了,因为豆腐属于高蛋白食品最容易变质,所以人们把做豆腐的时间都选在年根。从腊月二十三四开始,两盘小磨挨家转,这家用完那家用,一盘大磨从早晨五六点钟就开磨一直到下午三四点钟才停磨,有驴的用驴拉,没驴的人来推。每天起很大的早最多磨两三户豆腐,因为冬天热气大,小煤油灯亮度不够,看不清东西,人们不愿意贪晚做豆腐,所以到下午三点来钟大小磨都停了。

过去做传统豆腐程序比较复杂,我没做过豆腐,但我多次看到父亲、母亲做豆腐。每次做豆腐时我们哥几个都是助手,破豆碴,我们负责推碾子;磨豆碴,我们负责推磨;烧豆汁,我们负责烧火;过豆汁,我们负责撑豆腐包。过年过节总要做一两个豆腐(一个豆腐大约用十斤豆子),过大年一般做四升(约二十斤)豆子的豆腐,过节一般做两升豆子的豆腐。要过年的前几天母亲量几升豆子(那时秤少一般都用升来量),领着我们把豆子用碾子轧成大碴子(破豆碴子),然后用簸箕把豆碴子里面的豆皮簸净，再把簸净的豆碴子用凉水浸泡，泡透即可。一般晚上泡第二天早晨就可以上磨了。泡豆碴时，父亲、母亲总要时不时地到水桶里捞几粒豆碴用牙咬一咬，放在手上用力捻一捻，来感觉豆碴浸泡的软硬程度。豆碴泡大了出豆腐少，豆碴泡轻了，磨得慢、磨得粗，做出来的豆腐不细腻。

磨豆腐很慢，太黏人，做两个豆腐用大磨至少也得磨上三四个小时，如果有头驴拉磨还好一些，没有驴还要人推磨，因为推磨比推碾子转的圈小，几个小时下来头晕脑涨、天旋地转，很难受。磨豆碴时用一个小盆盛上泡好的豆碴，放在大磨上面，用一个勺子往磨眼里填豆碴，填豆碴时还要适量带点水。磨豆腐时大人还要时不时地用食指抹点豆腐沫子，用拇指肚和食指肚捻一捻豆腐沫子，来感觉豆腐沫子的粗细，如果豆腐沫子粗，填豆碴要少一些、慢一些。

豆碴快要磨完时，家里早已把水烧开，做一个豆腐得烧一大锅开水。另外，还要准备两副水桶，把豆腐沫子匀一下，每个桶只装不足三分之一的豆腐沫子。当大人们用水葫芦往盛着豆腐沫子的水桶里舀开水时，我们拿根擀面杖在水桶里搅，使豆腐沫子被开水充分稀释后过包。所谓过包就是把沏好的豆腐沫子用纱布分离成豆腐渣和生豆腐汁（生豆浆）的过程。开始过包了，父亲拿过一个饹饹豆板子放在空锅的锅沿中间，我和三弟拽着一块方形双层豆腐包（用纱布做的豆腐包）的四个角，随着父亲把沏好的豆腐沫子倒在豆腐包里，锅里就像下了一阵白色的雨一样，乳白色的豆汁不断地从豆腐包的网眼中渗出来流到锅里，豆汁带着的热气蒸腾开来，屋里顿时就像起了一场大雾，连对面父亲的身影都看不清了，如果不是鼻间萦绕着豆汁的清香，还以为是身在云遮雾绕的仙境呢。为了防止把豆腐渣滤到豆汁里，过包时要用细豆腐包，即用双层冷布子（纱布）做的豆腐包。为了把豆腐渣里的豆汁都滤出来，在过包时把豆腐包里的豆腐渣挤了又挤、压了又压，直至把豆汁挤净为止。

生豆腐汁开锅即熟,做豆腐要把豆腐汁烧开,为了防止烧豆腐汁时糊锅,烧豆汁时要有一人用擀面杖在锅里来回地搅。豆腐汁快要烧开时,父亲手里拿个盛着凉水的水葫芦,等锅开了随即将凉水倒入锅中,同时将灶膛里的明火熄灭,防止淤锅。据说烧开的豆腐汁如果不浇凉水、不熄火,锅里的豆腐汁会淤(跑)光的。开锅后在没点卤水之前,父亲会盛两碗豆腐汁凉一凉,有白糖时往豆腐汁里加点白糖,没有白糖时放点糖精,即使什么糖都没有光喝豆腐汁,看着父亲、母亲喝得也很香甜。我们对喝豆腐汁不感兴趣,都巴眼望眼地等着吃豆腐脑。这时开始点卤水了,父亲找个大勺子,把卤水放在勺子里,在豆腐汁的上层来回地转,真是人们常说的"一物降一物,卤水点豆腐",豆腐汁见到卤水后开始分解成小络梭,这些小络梭逐渐往一堆聚,最后形成大的络梭,卤水把熟豆腐汁分解成豆腐脑和豆腐江,豆腐脑是我们最爱吃的,这时母亲给我们每人盛上半碗,用勺子在豆腐脑上压一压,把水挤一挤倒出去,拌上调料,有时用葱丝、咸盐和清水做调料,有时用煮咸菜疙瘩的汤做调料,有时往豆腐脑里拌点韭花,买不起酱油,以此代之。在我看来各有特色,这些调料并不比酱油逊色。记得小时候卤水很缺,有时买不到卤水,人们不得不到大土墙根上,用火铲或铁锨刮墙根上的白色盐碱霜,拿回家里放上清水坐清过滤后用来点豆腐。实际那些盐碱霜都是些尿啊、雨水啊的残留盐碱物等。后来卤水充裕了,人们再也不用那种墙根土滤出来的盐碱水点豆腐了。

卤水点完了开始过包成型,父亲把豆腐脑盛在水桶里,仍然把饹饹豆板子放在锅沿上,饹饹豆板子上面放个铁筛子,筛子里放豆腐包,用粗包(单层纱布)过包定型。我和三弟还是拽着豆腐包的四个角,父亲把豆腐脑倒入豆腐包里,我们上下左右地来回颠摇豆腐包,把豆腐包里的浆水滤出去,这时父亲把豆腐包的四个角对折在豆腐上面,豆腐包呈正方形,上面压上菜板子,板子上面放个水桶,水桶里根据需要放适量的水用来压豆腐,使豆腐成型,如果吃老(硬)一点的豆腐,水桶里多放点水,压的时间长一些;如果吃嫩(软)一点的豆腐,水桶里少放点水,压的时间短一些。

豆腐压完了,父亲把压在豆腐包上的菜板和水桶撤掉,掀开豆腐包,一大块乳白色的豆腐呈现在眼前。父亲用饭铲子把一大块豆腐割成十几公分见方的小块,就像用尺子量着割的一样整齐。这时母亲拿块大盘子或找个大碗捡上两块豆腐,把已准备好的盐水腌葱花倒在豆腐上,把我们都招呼过来,每人发一双筷子,大人和孩子们齐聚到盘子跟前品尝着一天的劳动成果。大人吃上一两口就先撤了,大孩子吃上三两口也放下筷子走了,只有最小的孩子还站在盘子跟前手拿筷子不吃又不走,这时大人放话了:"你快把盘子的豆腐吃了吧。"这时小孩子才又开始清理那点豆腐,最后用筷子夹着豆腐把盘子里的葱花和小豆腐渣也都归弄到一起吃了。到晚上吃饭时还有两块拌豆腐是下饭的。等吃完晚饭以后,豆腐也凉透了,把豆腐装在一个大盆里用豆腐江泡上,再把豆腐盆放在冷屋子里,每天换一次水,屋子是冷的,水是凉的,所以做出的豆腐放十几天也不变质,只等着年前年后慢慢地享用。

回想起老家的传统卤水点豆腐,那真是没得说,看着光滑细腻,摸着富有弹性,炖出来的豆腐比入锅前长了许多,如果是黄豆(大豆)做出的豆腐炖熟后颜色变成淡黄色,色、香、味俱全。豆腐是很好的配菜,冬天炖酸菜、粉条、猪肉都要放些豆腐,那可是出了名的东北菜;老家的三四席更少不了豆腐这种食材,把炸好的豆腐泡子垫在碗底上,用三尖肉、白片肉覆盖在上面;把豆腐切成薄薄的片用油煎一煎,放上酸菜帮、海带片、五花肉片,炒一炒再放上老汤炖一炖,好吃又开胃;把煎好的豆腐片切成丝配上蒜苗、瘦肉丝炒一炒,放点老汤轻炖,绿白相间好吃又好看;小葱拌豆腐,是出了名的凉拌菜,老少皆宜,人人爱吃;团丸子,豆腐是最好的辅料,丸子暄而不碎,吃着香而不腻;装火锅时冻豆腐是必不可少的食材;热接年菜的时候总要打上两块豆腐,方便又美味。记忆里,豆腐总是在重大场合才出现,谁家办红白喜事啦、谁家修房盖屋啦、过年过节啦才能看到豆腐的影子。这些年在城里也没少吃豆腐,有的吃着面咯积的、有的吃着像豆腐渣、有的根本就没有豆腐的味道,炖出的豆腐像豆腐脑似的,吃着没意思不过瘾,所以每年过年老家的兄弟们都给做一锅豆腐送过来,回味一下传统豆腐,过过瘾。不过近几年老家的豆腐也不用石磨磨了,用机器打豆碴,没有石磨磨的细。

　　传统豆腐和现代豆腐到底差在哪呢？我想主要在制作工艺这个环节吧。首先是破碴去皮与整豆带皮浸泡的区别:传统豆腐在泡豆子前把豆子破成碴去皮,而现代豆腐豆子不破碴不去皮直接浸泡;其二是磨与打的区别:传统豆腐用石磨[mò]磨[mó]泡好的豆碴,而现代豆腐用机器打泡好的豆子;其三是人工过包分离浆渣与机器甩渣的区别:传统豆腐把磨出来的豆腐沫子要用开水稀释之后人工过包分离浆渣,而现代豆腐是把泡好的豆子连同水一起放入机器里,粉碎、稀释、过包等在机器里同步进行、同时完成;其四是点豆腐用料的区别:传统豆腐只用卤水点,而现代包浆豆腐用石膏点,半包浆豆腐用卤水和石膏混点,当然也有用纯卤水点的;其五是生豆汁用火烧和电烧的区别:传统豆腐用柴、煤把生豆汁烧开煮熟,现代豆腐用电烧生豆汁,烧得快不糊锅。另外,各工序的火候也要恰到好处,比如点豆腐时不能点大了,豆腐点大了豆腐老、吃着硬、没弹性、出豆腐少。卤水点小了豆腐含浆太多,吃着发黏、不利口、不成形、易破碎。总之,传统豆腐和现代豆腐各有所长,传统豆腐好吃、好看、好用,做起来费时、费力、费事,现代豆腐虽然口味不及传统豆腐,但做起来省时、省事、省力。现代人做事追求快节奏、高效益、高效率,人们无暇顾及那点口感,也不可能两三个人花五六个小时的时间做一个豆腐。作为一种传统工艺,虽然跟不上时代步伐,但记载下来让人们回味,让人们知道豆腐的传统工艺,让人们了解传统豆腐的味道,让人们记住在历史长河中的点滴瞬间。

四季鲜腊肉

　　提起腊肉这个名词,对在农村出生年龄较大的人来说并不陌生,我国南北方都有腊肉,但南北方的腊肉区别很大,南方的腊肉制作工艺比较复杂,要经过腌制、烘烤或暴晒等制作过程,而北方的腊肉几乎没有制作工艺,只是储藏生肉的一种方法。过年杀猪,把猪蹄子割下来捆好,把猪头割下来扎个眼穿根绳和猪蹄子一并挂在冷屋子的山花墙上,待来年的二月二煮着吃。猪肝、猪肺、猪心、猪肚也挂在猪头一边留着过年用。把灌肠剩下的猪水油、板油用大锅熬一熬装在瓷坛或瓷罐里留作日常用油。那时出售的猪肉是不剔骨的,骨头多的部位适当扣减点斤秤,比如前七后八,即猪前腿扣七两骨头,猪后腿(后鞧)扣八两骨头。过年杀猪完全自用的,要把猪骨头剔出,猪骨头留着在过年的前一天煮着吃,用煮骨头的汤做接年菜。把猪肉按部位分解开,把猪里脊肉剥下来留着炒菜吃;把肚囊子肉割下来留着做饺子馅;把猪腰条割下一块留着熬菜吃;把猪前槽割下两块煮熟留着过年做菜;把猪肘子割下一两个煮熟做肘花肉;剩下的割成长约40公分、宽约30公分的长方块,在肉块的一头扎眼拴绳挂在没人住不烧火的闲屋子里,几个月过后腊肉外面成黄色,肉皮变硬,瘦肉变干,肥肉比原来瓷实了许多,不腐烂、不招蛆、耐储存、耐高低温、肉质透明发亮,到了夏天最热的时候还滴答油呢,这就是北方的腊肉,能放一年多。腊肉吃着有点特殊的辣味,肥而不腻,风味独特。有了腊肉,人们一年四季吃肉的大问题就解决了,小伙子说媳妇,家里多几方腊肉也会打动姑娘的芳心。

　　虽然叫腊肉,实际是当油吃,家里来了客人便从肉皮上剔下一小条腊肉,切成小薄片或肉丁,放在热锅里煎,用铁铲子在热锅上把腊肉丁压了再压,挤了又挤,直至把油全部煎出为止,剩下的也只是肉脂啦,用煎出的油炒菜。腊肉丁炒韭菜、腊肉丁炒鸡蛋、腊肉丁炒角瓜、腊肉丁炒咸菜条等都是很美味的菜肴。一方腊肉用完了,腊肉皮便派上了用场,因为腊肉皮里子上总是残存着星星点点的肥肉,先是用腊肉皮里子炝锅炒菜,然后再用腊肉皮蹭锅烙干粮,烙干粮用腊肉皮里子在热锅上擦一下就不粘锅了,还能有点油香味。过去的铁锅也是很"馋"的,时间长不见油就生锈,用肉皮蹭蹭锅,就不生锈了。最后用腊肉皮还能熬两三次豆角,熬完豆角把腊肉皮一并食之,到此这块腊肉就被人们彻底用完了。

不知什么原因,腊肉不加任何防腐剂,却能储存很长时间不变质,到了夏天也不招蛆,真是天无绝人之路,过去没有冰箱也能常年保存生肉,我们也不得不称赞一声:我们的先人们有多伟大。

粮票的兑换

粮票是计划经济时期的产物,是强化粮食管理的一种手段,它产生并启用于一九五五年,一九九三年停止使用并废止,历经三十八年,完成了它的历史使命。粮票有两个主要特征:一是数量特征,二是使用区域特征。在那段历史时期,人们出外用餐,购买粮食制品和含粮食的副食品都需要粮票。比如买一斤挂面除了付挂面款还要付一斤粮票,买一斤饼干除了付饼干款还要付七两粮票,买一斤月饼除了付月饼款还要付半斤粮票。到饭店吃米饭除了付饭款每斤米饭还要付一斤粮票,吃馒头除了付馒头款每斤馒头还要付一斤粮票,吃包子除了付包子款每斤包子还要付六两粮票,粮票和钱同等重要,缺一不可。付粮票的多少是根据粮食制品和副食品含粮食的多少而定。布票、棉票、线票人人都用,且用量较大,所以国家每年都定时定量发给个人。而粮票一般不发给个人,用者,有粮本的(城市居民)可以用粮食指标领取,无粮本的(农民)可以用小米到粮站兑换,农民交给粮站一斤小米,粮站付给一斤粮票和一毛二分五厘钱。当然,也可以拿着粮票和钱到粮站买粮食。那时个人兑换粮票,除了带上小米还要在大队开介绍信,介绍信要注明兑换粮票人的姓名、住址、用途和兑换数量等等。

粮票分为地方粮票和全国通用粮票。地方粮票以省、市为单位,比如内蒙古自治区地方粮票、辽宁省地方粮票、北京市地方粮票等,地方粮票仅限于本省、市有效,跨省、市无效。全国通用粮票顾名思义在全国各省市均有效,但中国台湾、香港、澳门地区除外。全国通用粮票一般是兑换不来的,要托人走后门才行。那时也有倒卖全国粮票的,都是偷着倒卖的,国家不允许。那时在本省范围内到饭店吃饭大多都使用本省地方粮票,偶尔付一次全国通用粮票,收票的服务员格外高兴,她可以用地方粮票把全国通用粮票换出来。到北京办事住旅店,旅店的服务员看你是外地人便主动找上门来用北京粮票换你的全国通用粮票。如果到其他省份办事,他们见了全国通用粮票像是蚊子见了血一样。八十年代末九十年代初期,机关、企事业单位大搞职工福利,主要是为职工搞粮,有运输车辆的单位不惜成本到盘锦用土豆换大米,有些单位为职工买大米、白面搞补贴,机关单位的福利粮代替了口粮,职工们把国家供应的大米、白面从粮店买回来,再买些新鲜可口的议价粮作为补充,粮本上供应的玉米面和其他杂粮几乎无人问津,他们把粮本上剩余的粮食指标支取粮票,然后用粮票去市场兑换鸡蛋等物品,养鸡户和鸡蛋贩子再把兑换来的粮票卖给粮食贩子,粮食贩子到粮站用粮票买平价粮,然后再把从粮站买出来的粮食加价后卖出去,赚取中间的差价。再后来粮食市场全部放开,粮票就彻底失去了它的作用,完成了它的历史使命,从而退出了历史舞台。

混合面馒头

六七十年代,一些会过日子的人家,为了让不多的白面多吃几顿,过年过节时不全用白面蒸馒头,而是用六七成的白面和三四成的白玉米面蒸馒头。那时的玉米多是白玉米,轧面时用细罗罗面,轧出来的面虽然又白又细,但蒸出来的混合面馒头口感和纯白面的差了很多。混合面馒头尽管不是全白面的,也叫馒头。到了七十年代中后期,赤峰街里的饭店仍然有"三七"面馒头,即三成玉米面,七成白面,其实白面占的比例连六成都不到。这种馒头,吃着发硬,没有纯白面馒头那么暄。不过,在当时来说,感觉也很不错了。

  一九七七年我念大学时,有一个星期天到书店买书,学校到书店很远,从西郊大三家到百货大楼斜对过的新华书店足有十多里路,那时交通不便,只有一路公交车是从火车站到东郊的。我借了一辆学校公用的自行车,车子除了铃不响其他部件都响,还时不时地掉链子,加之我的骑车技术不佳,"二把刀",上了车子下不来,下了车子还上不去,到了书店已是大汗淋漓了,买完书快到中午了,又饿又累,返回时在三道街路过一家小饭店,那时饭店都是国营的。到了饭店门口,腿肚子像灌了铅似的,拿不动腿了,就下了自行车停了片刻,想进去吃点饭又舍不得花钱,犹豫了一下又往前走了,走了十几步又不想走了,最后还是返了回来,到饭店要了四个"三七"面馒头,每个馒头五分钱,那时一个馒头是二两,交了八两辽宁粮票,花了两毛钱。又狠狠心花了五分钱要了一碗鸡蛋汤,鸡蛋汤里面好像放了很多淀粉,还有些葱花,在一个大铁桶里盛着,铁桶的周围还围着一个白色的棉被子,被子上到处都是油,汤里面只有几丝鸡蛋络梭,找张桌子把馒头和鸡蛋汤放下,刚要吃,发现了新大陆,看见有的桌上还有酱油和大蒜。细心看了看,谁都没花钱买就吃上了。我也壮壮胆子,到另一桌上拿了一个酱油壶和几瓣大蒜,回到桌上把酱油倒到鸡蛋汤里,因为不要钱,所以倒了很多,又吃了几瓣免费大蒜。心想这饭店还真不错,竟然有不要钱的东西。可是没等回到学校,就渴得不行了。那是我平生第一次下饭店,也是到赤峰以来吃得最饱的一顿饭,说实话,也就仅吃到八九成饱,如果是吃十分饱,还能再吃一个馒头。这顿饭,时至今日还记忆犹新。参加工作以后,也吃了好多大餐、大宾馆、大饭店的饭菜也吃过，但什么也没记住，只有这顿饭，多少年来始终让我难以忘怀。近几年，人们也有将粗粮和细粮混着吃的，比如二米饭、白面和玉米面发糕、白面和黑米面馒头等等，那都是人们吃腻了纯白面和纯大米做的饭食，为了调节口味而做的，和原来困难时期吃的"三七"面馒头不是一个概念。

回收大片酥

老式大片酥和老式饼干的区别不大，只是形状不同，饼干长方形，边缘锯齿状，不含鸡蛋成分；大片酥方形，边缘是直的，含鸡蛋成分，两者味道和口感差不多，是当时的高级点心。那时买饼干给自己吃的极少，大部分用作看望病人、老人或祭祀供品。谁家老人去世或烧纸节（三七、五七、百日、头周年、二周年、三周年），亲戚、朋友、邻居都要买上几张海纸（草纸），再买上二斤饼干或大片酥，一是礼尚往来，二是给故人送祭祀供品。看望老人或病人也要买二斤饼干或大片酥，在当时这种礼品很实用也很实惠，老人或病人用饼干蘸着热水吃，有的干脆用热水把饼干泡成粥喝，不用嚼还好咽，特别是牙口不好的老人，饼干更是最佳食品。大片酥的口感比饼干要好一些，价格也比饼干每斤贵一毛钱，有了大片酥人们看望病人、老人或买祭祀供品也提高了一个档次，由七毛钱一斤的饼干改为八毛钱一斤的大片酥。那些人缘好的，亲戚朋友多的人家办丧事或给故去的人烧纸节，就会收到很多的海纸和大片酥，海纸用印版印完后烧了，大片酥一斤一包，最多的能收两节柜子（二百来斤），自己吃不了况且也舍不得吃，就找代销点的售货员协商一个回收价格，把大片酥卖给代销点。

售货员把回收的大片酥打开包装进行挑选，把成块的大片酥一斤一包重新包好，按正常价出售，把缺边少角不规整的略低于正常价销售，把大片酥碎渣按四五毛钱一斤处理，即便这样代销点还是有赚头。

记得那时候代销点处理大片酥碎渣时人们会互相转告说:"代销点处理大片酥碎渣了赶快去买吧,才四毛多钱一斤。"有时候去晚了,大片酥碎渣卖光了,高兴而去,扫兴而归。人们感觉买大片酥碎渣很划算,买一斤整块大片酥的钱能买一斤八两大片酥碎渣,在当时人看来大片酥渣有什么不好呢,斤称不比整块的少,味道不比整块的差,整块的大片酥吃时也得嚼碎了,虽说作为礼品送人不好看,但自己吃还是很实惠的。有了回收这一渠道,有些大片酥能在代销点和不同人家之间转上两三个来回。有的大片酥都有哈拉味了还在来回转。那时商店卖的副食品,很少见到标注保质期的,也无人在乎此事,只要不腐烂、不发霉、不长毛、味道没有大的变化就是好的,有时即便长了毛,把毛刮下来还照吃不误,奇怪的是那时候人们的胃肠特殊的好,发霉变质的、长毛有味的,人们照吃不误也很少有中毒的。

烧吃瞎地羊

瞎地羊这种地下小动物学名叫鼢鼠,大的有二斤多重,中等个的也有一斤七八两,灰色,肉乎乎的,几乎呈圆形。在洞中跑得飞快,到地面却走得非常慢,因为长年生活在地下,完全见不到阳光,它的眼睛无法适应光线的照射,到了地上它的眼睛几乎处于失明状态。它完全靠吃植物的根茎生活,花生地、土豆地、豆角地最怕的是招了瞎地羊,它可以顺着垄把所有的庄稼根茎咬断,人们把它视为害鼠,所以一旦庄稼地里有了瞎地羊就要尽快除之。它在地下掏洞,地上便出现粪堆一样的土堆,每隔两三米远一个土堆,而且按着一条直线均匀分布,在地下它的听觉非常灵敏,距离一百多米远,就能听见地上的走路声,听到声音便逃之夭夭。

秋天瞎地羊在地下倒[dǎo]一个大大的洞,把越冬的粮食储存在洞里,到了春天瞎地羊把越冬粮食吃光了,土壤解冻时瞎地羊到处倒洞寻找食物，小山上的耕地和荒地里瞎地羊倒出来的土堆随处可见，人们在山上劳动，利用休息时间挖瞎地羊，有时也能挖到一两个。小的时候生活困难吃粮不足，营养不良，所以大人们在劳动间歇的时候，拿着铁锨挖瞎地羊，一是为了消灭害鼠，二是给孩子们弄点肉吃。有专门会挖（捉）瞎地羊的高手，他们离着很远就能看见瞎地羊在倒土，为防止瞎地羊听到脚步声逃跑，便拿着铁锨蹑手蹑脚地向新土堆靠近，要在新土堆的下风头行走，到新土堆后面的第三个土堆时，在土堆上方挨着土堆以迅雷不及掩耳之势挖断地洞，最多不能超过两锨就得把洞挖断，用铁锨插住后面的洞口，截住瞎地羊的退路，因为瞎地羊在地下跑的速度很快，当见到洞口也不能马上停住，就会直接跑到铁锨上，为了给孩子当玩物，把捉到的瞎地羊用绳拴起来，为防止瞎地羊咬断绳子逃跑，把瞎地羊吊在树枝上。若不是为了给孩子玩，人们很少用绳子拴，都是用铁锨直接拍瞎地羊的脑门，两锨即可致命。也有用竹签子扎瞎地羊的，当把洞口挖开没有捉住瞎地羊，它还会择机回来堵洞口，人们利用这一习性把洞口挖开，把竹签子扎到靠近洞口上方的土里，用三根木棍绑一个三脚架子立在竹签子上方，然后在三脚架上吊一块几十斤重的大石块，当瞎地羊来堵洞口时，把吊石头的机关碰掉，石头落地把竹签子死死地扎在瞎地羊身上。

　　父亲上山劳作也带一把铁锨，给我们挖瞎地羊烧着吃，有时挖不到就从别人的手里要一只。烧瞎地羊时，先把瞎地羊皮剥了，掏出内脏，割掉脑袋和爪子，撒上盐面，用菜叶包好放在灶膛里烧，大约三十多分钟即可食之。瞎地羊肉很嫩，有一股土腥味，如果放上一些调料炸着吃，应该好吃些。当时人们说瞎地羊肉是补充营养的，孩子们吃肉太少，营养不足，大人们就给孩子烧瞎地羊吃。

　　现在想来所谓的害虫、害鼠，益虫、益鼠，只是相对人类而言的，根据人的喜好和憎恶划分的。在大自然的生物链中，任何生物的生存，都有它的生存理由，不存在益与害、对与错之分，它们所做的一切只是生存竞争,从这点来说人类是自私的。从生存竞争角度来看,人类的一些做法也是生存竞争。

大便的苦恼

六十年代初每到冬春时节,大便给人们带来很大的苦恼,因为整个冬季和半个春季没有青菜,加之长时间不见荤腥,吃的食物绝大多数都是粗纤维,大便不畅拉不出屎来,当地人俗称"憋肚"。那时粮食紧缺不够吃,夏天瓜菜代,冬春人们就把谷子和谷秕子炒一炒然后用碾子轧碎,用这谷碴子熬粥,人们称之为谷碴子粥。把谷秕子或好谷子掺苞糠烀熟炒干轧成面做糠炒面来补充粮食的严重不足。由于谷糠含的营养成分很低,人们吃的就特别多,吃得多吸收的少自然便出的就多,吃到肚子里的谷糠不能消化,拉出来的大便有一多半是性状和形状都未改变的谷糠,大便颜色都是白的,且又粗又硬拉不出来。大人尽量自己便,便一次很受罪,不但费力,而且费时,几乎每次都流血。大人有承受力,小孩则不然,拉不出屎来憋得嗷嗷哭,孩子的妈妈要帮助把堵在肛门口的大便找个光滑的木棍或什么东西抠出来,每大便一次肛门都要裂几道口子,大便一次哭一次。由于人们吃的食物大体相同,所以憋肚的人很多也很普遍。

那时,农村没有专门的茅房(厕所),都在自家的房子后面挖一个长约两米、宽约七十公分、深一米多的坑,上面用小木杆棚上,木杆上面再放几块石板做大粪窖,"房后"也是茅房的代称。冬天人们便出的血随便随冻,时间长了粪坑上面到处是血。那个年代擦屁股没有纸,大便前在院子里找块小石头、小土坷垃、小木棍或几根草棍拿在手里用来嘎腚(擦屁股),所以房后的小石块、土坷垃、小木棍都带着红红的血。由于大便需要很长时间,冬天每大便一次,两条腿蹲得又酸又麻,屁股冻得都失去了知觉。那些年人的大便和猪粪,无论颜色还是内部结构都很相似,没有多大的区别,主要是因为吃的东西极为相似,只不过人吃的食物比猪吃的食物含粮略多一些。

寒酸的学童

　　五十年代到六十年代中期,村里小学校的设施非常简陋,课桌是用一块长条木板搭起来的,木板的两头用土坯垒起来再抹上一层泥。小凳又窄又短,宽十几公分、长不到一米,一凳坐二人,如果坐得不合适,一人站起另一人就会把凳子压翻摔在地上。夏天午睡,凳上、泥腿桌上各睡一人,因为凳子太窄,时不时就有学生掉到地上。教室里的讲台四周是用土坯垒的,当中用土填平踩实,周围抹上泥。一张简易的讲桌摆在讲台上。用几块榆木板粘成的黑板挂在教室的正面墙上,黑板用的发白了,让学生用墨块研点墨汁涂一涂。一个用毛毡子和木板做的黑板擦和一个白粉笔盒长期放在讲桌上。一根榆木树枝做的教棍儿(教鞭)不用时一般都放在黑板顶上。教室的墙上贴着一张设计美观、字体工整的课程表。黑板上方的墙上用彩色粉笔写着八个工整的大字:好好学习,天天向上。

　　一个教室少则两个年级,多则三个年级,称为复式班。上午第一堂课老师进教室,班长主动站起来大声说"起立",全体同学站起;班长又说"敬礼",全体同学向老师鞠躬;班长最后说"坐下",全体同学坐下。后来班长的这三句话也做了精简,改为:立(起立)、礼(敬礼)、坐(坐下)。老师开始上课,老师给一个年级的学生上课时,其他年级的学生自学或做作业。学生们似乎很习惯,没有被打扰的感觉。

　　学生的用品更是寒酸,装书本的不是书兜而是"书包",即把书和作业本用一块方布或一块旧方头巾包起来,有的包好后用别针别上,有的把布的两个对角系起来,包不好或拿不好,在上学的路上就把铅笔、橡皮、小刀丢了,如果找不到,回家还得挨顿揍。两个作业本,一个是算术本,另一个是语文本,作业本的正面(光面)做作业,背面做练习题和演算用。家庭经济条件好一点的买两张大张白纸,割成三十二开,即一大张纸割三十二张,把割开的纸摞在一起码齐,在一头紧挨纸边的位置用锥子钻四个眼,把纸绳穿在相邻的两个眼里,然后在本子的背面系好,最后用锥把把纸绳砸扁,此时一个作业本就完成了。订作业本的纸绳有两种:一种是用纸捻的纸绳,即订作业本时留下一小张顺丝割成条,捻成的纸绳。另一种是用代销点的牛皮纸绳。那时候代销点也有机器做的牛皮纸绳,但那不是卖的,是售货员打包装用的。如果谁家买了带有包装的物品,如点心、白糖等,不但有两层草纸包着还有纸绳捆着。物品用完了,大人把包装纸叠好备着包东西,孩子把纸绳收起来留着订本子。

  家庭经济条件不好的买不起白纸,就买两张草纸(海纸)给孩子订作业本,草纸深黄色还有很多黑斑点和没打碎的小草棍儿,很粗糙,用铅笔写字看不清字,老师判作业时批评学生字写得不清楚,有时还给打红叉,即便这样大人还是要求孩子把作业本的每一页都要写得满满的,大人检查作业本,不是检查作业的对错,而是检查作业本的每一页写没写满,一旦发现有没写满页的,轻者一顿数落,重者一顿痛骂,甚至还要挨上两巴掌。实际一大张白纸和一大张草纸只差二分钱,不是家长太吝啬,而是真没钱。那时要开学的前几天有很多家长们就开始犯愁了,嘴里念叨着孩子要开学了,学费、书费、买学习用品的钱还没着落呢。实在没办法,家长就要硬着头皮亲自面见老师,请求宽限几日,有时老师也很开恩,答应宽限几日,家长感到老师很给面子。

  到了三年级,老师要求用钢笔写字,花八分钱买一支蘸水笔杆,再花二分钱买一个蘸水笔尖,一瓶墨水两角钱一般都买不起,花二三分钱买一片蓝色[shǎi]片,找一个小玻璃瓶用水把色片溶开。那时小玻璃瓶太少,带盖的更少,瓶盖很少有软塑料的都是硬塑的,用力一拧就碎了,没有瓶盖就得卷个废纸蛋塞上瓶口,每天早晨上学带上,晚上放学再带回家,冬天怕冻了,夏天怕丢了。用蘸水笔写字,开始写的字颜色重,越写颜色越浅,要少蘸墨水,墨水蘸多了容易流到本子上,时称"下蛋",弄得满本子都是墨水点子,还得用粉笔把本子上的墨水吸干。到了六十年代中期,代销点就卖田字格本和拼音本了,老师要求学生们买,家长很不理解地说:"什么纸不能写字,非要花那么多钱买什么田字格本、拼音本?"

学生要轮流值日,值日生要负责擦黑板,搞教室卫生(扫地、擦桌子),到水泉子抬水(泼地、学生喝),冬天值日生要老早到校把炉子生着。学校还要组织学生搞勤工俭学,捡柴火供冬天生炉子引火或取暖,分不同年级下达任务,年级高的任务大,年级低的任务小,晚秋和冬天有很多学生早晨背着柴火上学,捡柴火多的学生会得到老师的口头表扬,老师的一句表扬,孩子们都感到无上荣光。实际有好多学生往学校带的柴火不是自己捡的,是从家里拿的。冬天教室取暖开始用的是土炉子,后来用的是铁炉子。捡粮食是勤工俭学的一项重要内容,有时老师统一组织到生产队收过的庄稼地里捡粮食,有时安排学生放学后回到本生产队捡粮食,次日学生把头天捡来的粮食交到学校。学校把学生捡来的粮食卖了,给班级买粉笔和教学用具等。学校每年都要放两次农忙假,夏锄和秋收季节各一次,学生回到本生产队参加集体劳动,最短的三五天,最长的六七天。到了秋收季节学校还集体组织学生帮助大队、生产队秋收,学校本身也有校田地,从种到收都是由老师带领学生来完成,收入归学校所有。

夏天,居住比较偏远的学生要带午饭,如敖包山后南、北队、长林子队,宜肯坝队,瓦房队的学生,最远的离学校有七八里路,因路远中午回家吃饭来不及,只能带饭。

回想起那时的小学生形象很可笑,衣着不整,穿什么的都有,都上小学了男孩子还穿一件花棉袄,那不是大人故意的,是因为没钱买不起新布料,用姐姐穿过的旧衣料做的。冬天穿着露棉花的棉衣,夏天穿着露肉单衣的孩子不在少数,鞋子露着脚趾头,袜子露着脚后跟,上体育课鞋不跟脚走步跟不上,有的学生跑步时把鞋子甩得很远,惹得同学们哄堂大笑,那个学生红着脸尴尬地把鞋子捡回来。那时很少有专门为孩子们做的或买的棉帽子,一般都是戴大人戴剩下的破旧皮帽子,小脑袋上戴着个缺毛少皮的大皮帽子,显得极不协调。发型各式各样,极少有用推子理的,一般都是用剪子剪或用剃头刀子剃,用剪子剪的更是参差不齐,孩子的发型有光蛋、有毡片、有木梳背、有砂锅盖。顽皮的孩子们取笑光头,还编了几句顺口溜:"秃脑亮,亮贝儿贝儿,我家有个小尿盔儿,给你扣上正合适儿。"

有很多孩子不讲卫生,用袄袖子擦鼻涕,把两个小脸蛋擦的黑一块白一块的像只花蝴蝶,袄袖子挂了一层厚厚的鼻子嘎渣儿,有的孩子的鼻涕随着呼吸在鼻孔里外来回抽动,有时鼻涕出来多了还得用点力才能完全吸回去,即便这样也"舍不得"擦掉。洗脸时只洗脸蛋不洗脖子,脖颈子像个刷了黑油的车轴。不洗脚、不好好洗手,手背和脚后跟上的皱比大钱还厚。那时学生时常被老师叫到办公室训斥、罚站,有打架的,有不好好学习的,还有不讲卫生的,有时还要把不讲卫生的学生拽到讲台上,面向同学进行实体展览,那个穷酸样真像电影里的小乞丐或小瘪三,哈哈……很好玩,也真的很有意思。

手工搓棒子

玉米从秧苗到果实都叫玉米,只是把没有生命的玉米秧子称为玉米秸秆,把结玉米粒的那根棒棒叫玉米芯或棒子瓤。比如地里长的玉米秧苗叫玉米,长大了的玉米秧也叫玉米,玉米的结穗还叫玉米,从玉米芯上脱下来的玉米粒仍然叫玉米。除了玉米秸秆和玉米芯,其他各阶段的名称都是一致的。而稻子则不然,每个阶段都有单独的名称,比如育出的稻苗叫稻秧,插到稻田里的稻秧叫水稻,脱下来的稻粒叫稻谷(稻子),脱了粒的稻秧叫稻草,脱了壳的稻谷叫大米。

在我们家乡习惯地把玉米称作棒子,把玉米秸秆称作棒子秸,把玉米芯称作棒子瓢。

那时候还没有脱粒机,要把棒子粒从棒子瓢上弄下来,只有两种办法:一种是把棒子穗晒干,然后摊在场院上用碌碡碾轧脱粒。这种办法容易把棒子粒压碎,也很不方便,弄不好碌碡拖着棒子跑,拉碌碡的牲畜也站不稳,在棒子上面老打滑,拉碌碡的马还容易受惊,有时候还会把牲畜摔伤。有时棒子垛当中部分没晾干,用碌碡脱不下粒来,没别的好办法,人们只好把未脱净粒的棒子瓢和脱不下粒的棒子穗挑出来,再用人工搓下来。

还有一种最原始的办法,就是手工搓棒子。这种办法费工、费时、费力、成本高。后来生产队长也学聪明了,干脆把从玉米秧上掰下来的棒子穗直接分给社员当口粮,为能准确地掌握社员实际得到的干棒子粒数,分棒子时,生产队长按着品种称出几百斤,放在饲养处的房顶上,晾干后找几个社员把棒子粒从棒子瓢上搓下来,把搓下来的棒子粒称一下,计算出每百斤棒子穗出多少斤棒子粒,按照这个比例来推算社员分到手的棒子数量。个人家的棒子由社员自己手工搓。生产队留作牲畜料粮、种子和储备粮的棒子穗,都要花工分让社员手工脱粒。

冬天组织女社员到饲养处搓棒子,聪明的女人们先抱两抱羊柴点着火,把屋子烧得热乎的,如果队长不在,还可以在灶膛里烧上几穗棒子吃。把大车老板子的柳条草笸箩放到炕上,人多的时候再借两个大笸箩,几个人围着一个笸箩,年轻的大姑娘、小媳妇负责运送棒子穗并把搓下来的棒子粒再运到库房里。搓棒子时先用棒锥子把整穗的棒子每隔两三行穿掉一两行,然后一手拿棒子瓢,一手拿穿过的棒子穗,用棒子瓢从棒子穗上往下搓棒子粒。女人们一边搓棒子一边唠着家长里短的,从上午九点来钟上工到下午两三点钟收工,一天的工分就挣到手了。

棒子瓢在五六七十年代主要用于烧火,把搓下来的棒子瓢找个地方晾得干干的,然后找个墙旮旯垛起来或堆起来,用来烧火做饭。人们舍不得把整根的棒子瓤填到灶膛里,为避免浪费,便把整根的棒子瓤掰成小段填在锅底下面,这种燃料仅靠自燃不爱起火苗,要用风匣或鼓风机吹着烧,不但火苗大,而且还很禁烧,是当时做饭的好燃料。后来人们"发明"了用棒子瓤撒灯,村里有正月十五撒灯的习俗,开始人们用海纸包棉花,再用煤油浸泡后用来撒灯,后来人们为了省事、省钱、省棉花,就把棒子瓤切割成小段用煤油浸泡后用来撒灯。有了粉碎机后,人们把秕棒子穗用粉碎机打碎后喂猪。记得在五六十年代村人用棒子瓤做痒痒挠,没有成本,制作简单,方便实用。人们找一根上好的棒子瓤,用明火把软皮燎一燎,用一根光滑的细木棍插到棒子瓤的软芯里做把,后背发痒时手握小木把,从脖子后或从腰间伸到后背处,来回地蹭解痒,解决了用手挠不到的难题。虽然用量极少,但是毕竟也是一种物品的用途。

现在,棒子瓤(玉米芯)的用途很广泛,有粗加工利用,比如粉碎后做抛光材料、吸水材料、食用菌种植载体等,还可用于纸板、水泥板、水泥砖制作材料。还有深加工利用,如用棒子瓤制作糠醛、木糖醇,还可用做胶水或糨糊的填充剂等等。

从手工搓棒子这一生产环节,也可以看出那时的粮食产量有多低。现在每户最少几千斤,多者达到几万斤,靠手工把玉米粒脱下来那得用多长时间。

火绳的妙用

火绳这个名词现在听起来很陌生,可是在五六十年代有很多人家到了夏季天天用。夏末秋初时,植物已经纤维化,这时村里的老头老太太,到野外拔些艾蒿,把大秆去掉,然后把艾蒿拧成大拇指粗细的绳子盘成盘,放到通风阴凉干燥处晾干,这就是火绳。实际火绳本身也是火种的意思,冬天不用这种东西,因为有火盆,既能取暖又能留作火种,还能解决临时用火。在没有火盆的季节,人们就点着火绳既当火种又能解决平时用火问题。过去老头老太太一般都会吸烟,而且都用烟袋,特别是老太太用的烟袋,烟袋杆特别长,长到自己不能给自己点烟的程度。因为烟袋杆太长,嘴里叼着烟袋嘴,手够不到烟袋锅,一般就用火绳点烟。点烟时老太太坐在炕上,火绳放在地上,把烟装在烟袋锅里,嘴里叼着烟袋嘴,烟袋锅上口对着火绳的燃点,用嘴使劲一吸,烟就点着了。中午和晚上做饭也用火绳来引火。点燃的火绳燃烧得很慢,一米多长的火绳差不多能烧大半天。小时候到邻家,只要家有老头老太太的,都能闻到火绳的烟味和艾蒿的香味。火绳还有另一种功能,它燃烧的烟弥漫在屋里能驱赶蚊虫。那时候火柴紧缺,人们用火石取火,用两块石头撞击摩擦产生火星点燃火绳。夏秋季节人们用火绳引火,冬天就用火盆的火引火做饭。小时候常常看见母亲做晚饭的时候,手里掐着一把软柴草,把柴草的一头弄一个小窝窝,用火铲子到火盆里锄点炭火放在草窝窝里,再把柴草卷一卷,把炭火包起来,然后抓着柴草的另一头来回甩,直至把柴草引燃冒出火苗来,用引燃的软柴草再把灶膛里的柴火点燃,有时要重复两三次,弄得满屋子都是烟。由于火柴紧缺,加之烧柴很杂,有很多烧柴不易点燃,所以每家每户都要准备一些引火柴,用来引火,剥过麻的麻秸秆是做引火柴的首选,冬天剥麻时,把剥过麻的秸秆一捆一捆地捆起来,整齐的垛在一起备着引火用。冬天老头、老太太吸烟也舍不得用火柴点烟,吸烟时用火铲从火盆里锄点火把烟点着。野外吸烟,人们更多的是用对火的方式来点烟,如果独自一人也只能用火柴点烟了。

火绳早已被淘汰,一些古老的引火方法也被打火机等取代,这是社会发展的必然趋势。

金贵的物件

六七十年代，有几样物品又红又火。

人们出于对伟大领袖毛主席的崇敬，毛主席像章红极一时。初期制作的毛主席像章很小，像小纽扣那么大，圆形，金黄色的小边，红色的底子，金黄色的毛主席头像，比较简单，人们戴在胸前很是荣耀，开始发行的数量极少，谁能得到这样一枚像章如获至宝。后来制作的像章规格越来越大，样式也越来越多，色彩和图案也越来越丰富，再后来还有瓷制的，更加新颖。

像章上的主席像有正面的、有侧面的、有半侧的；有戴帽子的，如八角帽、普通军帽、草帽、安全帽；还有不戴帽子的；有全身的、大半身的、半身的、小半身的，还有到领子部位的头像。毛主席像章的形状大多是圆形的，也有椭圆形的、方形的、长方形的、五角星形状的、国旗形状的。毛主席像章的颜色，头像的颜色以金黄色为主，兼有银白色、肉色等。瓷制的像章颜色更接近实际色彩，底子以红色为主。毛主席像周围的图案，一般在毛主席像的周围放射着金色或银白色的光芒，有的在毛主席像章的下部镶嵌着国徽图案、天安门城楼图案、齿轮图案、麦穗图案、五星红旗图案、梅花图案、向日葵图案、毛体毛主席诗词图案、"为人民服务"语录图案等。着装有着绿军装的、有着灰色中山装的、有着白色衬衣的、有着黑色大衣的等等。后期制作的毛主席像章，款式多样、工艺精湛、色彩丰富、表情逼真、质感细腻。

那时毛主席像章，可以要也可以抢，有两句口头禅："主席像章人人爱，你不给我我就拽；主席像章人人想，你不给我我就抢。"所以一枚像章有时几易其主，时间长了把挂像章处的衣服都扯破了，谁胸前挂一枚款式新颖的毛主席像章，就得倍加小心，防止别人给抢走。当时，人们对毛主席像章的感情既是一种心爱，亦是一种崇拜。据传说毛主席看到像章时说:"像章很好,还我飞机。"当时像章是用铝做的,而铝又是做飞机的重要原材料,在当时是一种很稀缺的金属材料。说来也怪,当时村里也没有卖像章的,也没有发像章的,哪里来的那么多像章,到现在始终是个谜。从全国来说,估计生产的毛主席像章数亿计;从每个家庭来说,一般都得有十几枚乃至几十枚。但在短短的几十年时间里,只有为数不多的那么几个收藏家的手里有一些像章,那么多像章渐渐消失得无影无踪,真是不可思议。

《毛主席语录》红极一时。我见到的第一本《毛主席语录》是三十二开本,封面和封底是白色的,"毛主席语录"五个大字是红色的,封面中间位置印着红五星。后来见到的就多了,有六十四开本白色封面红字简装的,有五十二开本红色压膜简装的,有五十二开本、六十四开本红色塑料皮套装的。封面有机器压字的,上头印着"毛主席语录"字样,中间印着五角星,有封面上边印着毛主席彩色照片,下边印着"毛主席语录"字样的。有《毛主席语录》单行本的,有《毛主席语录》和《毛主席诗词》二合一合订本的,有《毛主席语录》《毛主席诗词》和《老三篇》三合一合订本的。有的人手里的《毛主席语录》换了一茬又一茬,从三十二开简装换成五十二开、六十四开简装,从简装换成塑料套装,从《毛主席语录》单行本换成合订本。《毛主席语录》从白皮简装到红色塑料皮套装,书名也发生了变化,人们把《毛主席语录》敬称为"红宝书"。那时每家都有好几本《毛主席语录》,开始户均一册,后来达到人均一册,再后来随着《毛主席语录》版本样式的不断创新,人们也在不断地更换,有的一人手里就有几册《毛主席语录》。

据资料记载,《毛主席语录》是六七十年代中国最流行的书,也是那期间销往国外数量最多的书。这期间《毛主席语录》在国内外出版了五十多种文字,有五百多种版本,总印数达五十多亿册,被销往亚非拉等一百五十多个国家。当时全世界三十多亿人口,人均一册半,被国际公认为二十世纪最流行的书,世界读者最多的书。一九六四年五月一日

《毛主席语录》在军队内部正式出版发行,摘编语录三百六十六条,第一版《毛主席语录》有五十二开本纸面平装和六十四开本红色塑料套装等两种版本。一九六五年八月一日《毛主席语录》再版本出版,摘编语录四百二十七条,有三十二、五十二、六十四开本等三种版本,发行范围仅限于军队内部。一九六六年十二月《毛主席语录》第三版出版发行,由部队内部发行变为全国公开发行。一九六七年《毛主席语录》第四版出版发行。一九七六年四月出版的《毛主席语录》是最终的版本。除此之外,在此期间非正式出版不计其数。一九七九年二月十二日中宣部发出《关于停止发行〈毛主席语录〉的通知》。从此,《毛主席语录》在新华书店消失,在官方活动中不再"露面",渐渐成为民间收藏品。

五星帽徽红极一时。红色的五星帽徽是男青年人的至爱,不管是什么样的帽子都要带一个帽徽,起初这种帽徽来源于部队,但光从部队方面来太少了,无法满足青年人的需求。后来不知道是谁想出了个主意,自己动手做,用铁皮剪一个五星,然后在五星的五个角当中,用铁剁子剁上一个小槽,用钳子折出鼓腔,用焊锡在凹面焊上别针,再涂上红漆,一个红色五星帽徽就完成了,满足了青年人的需要,但是做出来的帽徽感觉很粗糙。尽管如此,大家还是想办法弄铁皮、找红漆、找制作工具等等,制作帽徽的热情是那么高。

绿色军帽红极一时。拥有一顶绿色军帽是青年人向往的,有百分之七八十的青年都戴绿单帽,连一些思想意识比较超前的青年女性也要戴上一顶绿军帽或仿军帽,那时,青年人看见谁戴着一顶军帽就羡慕得不得了,也不乏出席重要场合、出门办事和走亲戚串朋友借戴军帽的。开始都是从部队弄来的,因为数量特别少,所以青年人也是抢来抢去的,有时还有抢恼火的,后来供销社也卖仿军帽了,和真正的军帽差别很大,从布料、颜色到制作工艺都有很大差别,远处望去还能以假乱真,走近一看就会露馅。那时仿造能力差,也可能是国家不允许做成真正的军帽。

绿色军装红极一时。那时绿色军装是青年人的至爱,但对绝大多数人来说望尘莫及。谁家有了当兵的,兄弟姐妹的军装梦有可能就会变为现实。军装分军官服和士兵服两种,士兵的军装上衣没有下面的两个大兜,所以人们更向往的是军官服,一是好看,二是证明自己的亲属有在部队当军官的。那时小青年们想军装就像现在开着夏利车想着宝马车一样。但穿军装不像戴军帽,戴军帽可以戴帽徽,穿军装决不许戴红领章。

我念大学时,我三弟在林西高炮团当兵。一九七七年秋天,三弟到赤峰集训时到学校看我,被我班几名要好的同学看见了,他们问这个当兵的是谁,我说是我三弟,同学们说能不能跟你三弟说说,咱们借他的军装到照相馆照张相。后来我们几个同学找个星期天,拿着借来的军装、军帽到照相馆轮着番地照相。为了突出红色的领章、帽徽及绿色的军装,我们让照相馆把照片给洗成彩色的。那时彩色胶卷还没有普及,黑白底版洗成彩色照片很费事,光面相纸无法着色,洗照片时要用皱纹纸,照相馆的着色师自己配颜料,然后用毛笔蘸着颜料,把面部涂成肉色,把脸颊涂成粉红色,把领章、帽徽涂成红色,把军装涂成绿色。当时看来就相当不错了,可与现在的彩色照片比起来真是小巫见大巫呀。

军用挎包红极一时。绿色军用挎包也是青年人最喜爱的。挎包上印着或绣着红色的"为人民服务"的字样,兜盖儿上印着或绣着红色的五角星,五角星的两侧各有三道红杠,当中的杠长,上下的两条杠短。兜子的绿色背带上有一个"曰"字形铁皮卡子,兜带可在这个铁卡子上放长或缩短。看起来是一个很普通的绿色帆布挎包,但在当时却得到了青年人的青睐。

当时青年人对军装的热爱足以证明他们对军人这一职业的崇敬和向往。我想并不完全是这几样军用物品的吸引力,更主要的是对解放军的一种敬仰和对这个职业的羡慕,他们把军帽、军装、军鞋等军用品,当成了解放军的化身。

崇尚的职业

义务兵在六七十年代被看作是最红火的职业，不亚于现在的高中生考上国家的重点大学。那时征兵条件比较严格，除了年龄、文化、身体条件外，更主要的是政审条件，家庭出身不好的、出身历史有污点的、本人政治表现差的都无缘这个职业。每年征兵时全公社都有名额限制，青年人多，但征兵的名额却很少，无法满足大多数青年人的愿望，所以，征兵时有一句口号："一颗红心，两手准备。"政审、体检都合格的担心优中选优被淘汰，还担心被走后门的给挤下来，当接到入伍通知书后这颗悬着的心才算落实。送入伍通知书时有一个很隆重的仪式，大队干部们率领学校的师生列队敲锣打鼓将通知书送到家里。新兵在入伍之前，亲戚朋友和邻居有的还送些东西，比如鸡蛋、白面什么的，有的还请新兵吃顿饭，以示祝贺和饯行，大队也要请即将入伍的青年吃饭，为其送行。正式入伍的那一天，要把入伍青年先召集到大队，从头到脚、从里到外换上军装，只是帽子上没有帽徽，领子上没有红领章，其他的和正式军人没有什么两样。人靠衣裳马靠鞍，换上军装后，无论是精神面貌，还是气质，与原来相比都判若两人，显得英俊高大、干净利落。要启程的时候，还要给入伍青年在胸前戴上大红花，学校的学生们要列队敲锣打鼓为其送行，义务兵的家属还时不时地流下激动的热泪，亲戚、朋友和老邻旧居，还有看热闹的，都齐聚在大队的院里院外，一时间热闹非凡。

家里有个当兵的，那真是一人当兵全家光荣，在大队的地位也随着提高了很多。原来见面不爱说话的，自从家里有了当兵的离老远就打招呼；原来见面话不多的，自从家里有了当兵的说起话来滔滔不绝；原来犯愁儿子说不上媳妇，当上兵以后，家人就琢磨怎么来挑选媳妇。从青年入伍那天起，家里保媒提亲的人就接连不断，而且好多都是女方家主动提出来的。

青年入伍以后,其家人最期待的是来信,接到军人来信,父母则迫不及待地放下手里的活,打开信件。如果自己不识字,便飞快地找到村里有文化的人帮助阅读。有的家庭没文化人写不了回信,还要请村里有文化的人帮助写回信,主要内容由义务兵父母口述,语言修饰由笔者代劳。我曾有缘读过一封写给军人的家信,那是在一九六九年,有一天我要去公社参加一个学习班,有个生产队的社员问我:"听说你要去公社?"我说:"是啊。"他说:"我这有封信请你给我捎带寄出去。"说着,从衣兜里掏出叠得方方正正,纸却皱皱巴巴的家信递给了我。他接着说:"地址在信的背面。"又顺手从兜里掏出一毛钱给了我,不用说就知道是邮票和信封钱,我接过钱算了一下,邮票八分钱,信封一分钱,还剩一分钱,还巧,我摸了两个衣兜还真摸到了一分钱,顺手递给了他,他嘴里连说几遍不用找了,但还是把钱接了过去。我刚一转身,他又说:"等一下,麻烦你把信给我念一遍,看落下什么事没有。"我回过身,打开信,逐字逐句地念了一遍,看得出来,信应该是个老文化人写的,信中有几个繁体字我还认不太好,是顺下来的。信念完了,他沉思了一下说:"嗯,就是这些。"他又问我,到公社寄比在咱大队寄要快几天,我说大概能快两三天。我又说,到公社我先把信寄了然后再办别的事。他的脸上露出了满意的微笑。这是我见到的唯一的一封写给军人的代笔家信,信里的内容和用语,在脑海中清晰可现,不妨写在这里:

某某吾儿:

  来信收悉,见字如面,知道你在部队一切安好,全家人就放心了。信中说在部队训练很辛苦,但总比在家劳动轻快多了,况且还能学到本领,听人说,过了新兵训练期就轻松多了。在部队要不怕吃苦,不怕受累,要听首长的话,团结战友,好好干,学好文化,练好本领,早立军功!

  我和你妈都好,全家一切安好,勿念!家中诸事,不必牵挂。

  你不在家,是有些缺手,但慢慢就习惯了,有些大活、急活,老邻旧居们还能帮忙。自留地今年是和你孙叔家搭伙种的,还是先给咱们种的呢!山地种的是土豆和豆角,平地种的黏谷。前些天又抓了一个小猪崽,如果不闹猪瘟过年还能杀口肥猪吃。去年腊月大队干部还给咱家送来了十斤白面、十斤猪肉,猪肉的膘可肥了。前两天老李家你二婶和老张家你大嫂子来给你提亲,谁家的姑娘,估计你也知道,家里没答应,等过一段时间再说吧。别无他事,先说到这吧,就此住笔。

最后,祝你进步!

父亲:某某某
母亲:某某某
197×年×月×日

那时,军人的父母把每次来信,都纸包纸裹、小心翼翼地放起来,家里来了亲戚、朋友或至近的邻居,都要拿出来给人一睹为快。除了信件还期盼着邮照片。刚入伍的军人,新兵训练结束后,发给领章和帽徽,这时入伍新兵有了正式军装,也有点闲暇时间,便去照相馆照张照片给家里寄回去。家人接到照片,左看右看,认真地端详和仔细地欣赏。有条件的把照片镶在镜框里,挂在墙壁最显眼的位置上。没有镜框的人家,有的把照片贴在墙上,有的则用纸或布把照片包好放起来,每逢家里来了客人,都把照片拿出来给客人们显摆显摆,嘴里还不住地说:"我儿子在部队比在家时出息多了。"

入伍一年以后亲人们便期待着探亲,其实入伍军人两年后才可回家探亲。军人探亲还真有点像过去的大官荣归故里一样荣耀。那时参军的第一年每个月部队发给六元钱的津贴,主要是用于购买香皂、肥皂、牙膏、牙刷等生活用品;第二年每人每月发给七元钱的津贴;第三年每人每月发给八元钱的津贴;第四年每人每月发给十元钱的津贴。探家的军人用积攒下来的津贴,买一些好吃的、好抽的带回家,一般都是香烟、糖块等等。探亲时亲戚朋友老邻旧居都要前来看望,会抽烟的给点支香烟，那时大多数村人还没见过带过滤嘴的香烟，有的把过滤嘴给点着了，弄得人们啼笑皆非。来客是女的或是孩子，就抓一两把糖块送给来客。当兵的如果在部队立功受奖，是全大队、全生产队的荣耀，大队主要领导要带领学校的师生，列队敲锣打鼓隆重地把喜报送到家中，大队领导要当众大声宣读，军人家属更是感到无比光荣。

军人家属如果有困难，大队和生产队会主动帮助解决的。到过年时还要专门慰问军人家属，对于生活困难的军属，大队还要发点慰问金和慰问品。每年到八一建军节，大队都要把现役军人家属、退伍和转业军人，请到大队，杀羊、打酒款待，以示慰问。每逢过年，县民政局都给退伍、转业军人和现役军人家属发一张画，画面一般都是主席像或者是弘扬主旋律积极向上的，有的画上还印着毛主席的题词："发扬革命传统，争取更大光荣"等字样，大多数印着年历。退伍、转业军人和现役军人家属们都要把这张画贴在屋里最显眼的位置，以此来证明是革命家庭。

悼念毛主席

一九七六年九月九日中午，我和几个大队干部在同事刘文会家吃饭，刚喝了两杯酒，第三杯酒端起来还没等喝，忽听广播喇叭里响起了哀乐声，而后听到伟大领袖毛主席逝世的噩耗，大家都很吃惊，谁都不敢相信自己的耳朵，后来还是吴井明主任说了一句："再好好听听。"然后大家放下手中的酒杯和筷子，谁也不说话都静静地听着，当再一次听到毛主席逝世的广播，验证了刚才大家听到的消息是真实的，在场的几个人全都傻了，个个目瞪口呆，真像五雷轰顶，都说不出话来，满满一桌子菜没人再吃一口，第三杯酒也没人喝，又过了片刻，吴井明主任说，这下可完了。随后大家都下地了，快速地穿好鞋、戴上帽子回大队了。在回大队的路上碰着熟人搭话我们也无心理睬，碰到几个社员惊慌失措地问："毛主席逝世了你们知道吗？"我们哽咽着也说不出话来，只是点点头,三里多路我们连跑带颠地走了不到十分钟。也许有人会问,忙着到大队干啥?你想那样一件大事,上级肯定有重要指示,到大队就是能从电话里及时听到上级的指示。

到了下午三四点钟,接到公社电话,要求大队设毛主席灵堂,要求基干民兵持枪守灵,全体基干民兵要做好一级战备准备。大队领导马上安排专人布置毛主席灵堂,然后用广播喇叭召集各生产队队长、民兵排长到大队召开紧急会议,传达上级指示。要求全体基干民兵全部进入一级战备状态,随时听从命令,保证随叫随到,要求各生产队的基干民兵做好值班工作,发现问题及时报告。

毛主席的灵堂设在大队东屋的会议室里,东墙正中位置挂着毛主席的大幅头像,头像的上面和两边挂着黑色的挽幛,主席像的两侧摆满了花圈,花圈的前面四个基干民兵持枪为毛主席守灵。守灵的基干民兵胳膊上带着黑色的袖标,胸前带着一朵白色小花,目视前方庄严地站在毛主席像前。

那些天,人们的脸上失去了往日的笑容,像霜打了的火烟,失去了往日的精神头,像孩子失去了父母,没了主心骨,连孩子们都停止了玩耍打闹,即便偶尔有的孩子玩耍打闹,也会被大人所阻止。每个人的心情都那么沉重,压抑的气氛让人喘不过气来,社员们不用明令禁止就能做到不请客、不饮酒,好像不是人们在刻意约束自己,而是人们没有那种心情。人们的感觉就像天塌了下来,整个世界变得那么静,静得都让人害怕,在极度悲哀的心情中还掺杂着莫大的恐惧,人们想没有毛主席,苏修打进来怎么办?阶级敌人要翻天怎么办?悲哀、恐惧和失落感交织在一起。而且不是单个或几个人的表现,是整个群体的表现,这种群体性一反常态的表现让人难以琢磨。

到了开追悼会的那天,即一九七六年九月十八日下午三时,天气晴朗,虽然是九月但天气闷热难耐。根据公社的通知,要求各大队组织各生产队社员集中到大队集体参加毛主席的追悼大会,因为参加追悼会的人很多,大队决定把追悼会会场设在学校的操场上。学校的房子坐北朝南,毛主席的大幅画像挂在了学校房子的前沿墙上,主席像的上方挂着横幅,上面写着:伟大领袖毛主席永垂不朽!主席像两侧有四名基干民兵持枪守卫,主席像两侧摆满了大队和各生产队敬献的花圈。大队通知要求,各生产队社员除老、弱、病、残者外都要到大队参加毛主席的追悼大会,下午一点多钟,各生产队长带着社员们等候在会场的周围,参加追悼会人员比以往任何会议都齐,该来的都来了,没有迟到早退的,一些老头老太太和患病的社员也来了。在没有人刻意维持会场秩序的情况下,会场上依然出奇的静,除了会场组织人员必要的说话声,在这里听不到打闹嬉笑声,听不到大声喧哗声,没有唠闲嗑说闲话的,整个会场鸦雀无声,每个人的脸上都挂满了哀容。下午两点多钟,参加追悼会人员在组织者的指挥下,面对毛主席像,从第一生产队开始自东向西排成整齐的纵队,人们胸前戴着白花,胳膊上戴着黑纱,严肃而庄重地伫立在毛主席遗像前。当学校操场上的大广播喇叭里响起了哀乐声,在场的男女老少再也控制不住自己的情绪,人们涕泪交垂都哭得泣不成声,有的年龄大的老人还要被别人搀扶着,有抽泣的,有号啕痛哭的,都是泪水纵横,几百人的追悼会场哭声一片,那泪水是真挚的,那哭声是真诚的。那情那景你无法想象,令人永生难忘。

纵观中国几千年的历史,还没有哪朝哪代的皇帝和领袖人物能如此牵动民心,绝无仅有,真可谓是前无古人后无来者。毛主席逝世时人们发自内心的悲哀,真是世所罕见!

第十篇

村人的生活趣事

在各个历史时期,那些并非大事件、并非大故事,也并非大风俗的一些小活动、小做法、小行为、阶段性的小习惯,它们既没有传统性,也没有规律性,它们来源于生产、来源于生活,是生产生活的集中体现,它们从某个侧面反映了当时的社会状况、经济状况和生产生活状况。它随着社会大环境的变化而变化,随着社会经济状况的改变而改变,随着生产生活的改善而改善,有些虽然还在以相同的状态存在并继续着,但两者存在的实际意义截然不同。比如吃山野菜,五六十年代吃,现在也吃,但是吃的意义截然不同。五六十年代吃山野菜是为了解饿填饱肚子,而现在吃山野菜是为了吃个绿色无污染,换个口味。有些做法不再继续了,可能被人们永远遗忘,尘封在无情的岁月里;有些做法虽然停止了,但遇到适宜的环境也许会有第二个轮回。

捕捉麻雀

家雀［qiǎo］学名麻雀，据资料介绍全世界共十九种，中国有五种，是距人类最近的鸟类，所以又名家雀儿。麻雀栖居在房檐、房山花的笆条缝里，墙洞中，瓦下面缝隙中，除繁殖育雏阶段其他时间喜群居，春季繁殖期间雌雄成对活动，共同营巢、孵化、喂养幼鸟。小颗粒粮食、草籽、小昆虫都是麻雀的好食物，育雏时以昆虫为主。麻雀一夫一妻制，四五月份开始产卵孵化，在北方每年最少产两窝蛋，每窝产蛋四至六枚，每日产蛋一枚，产蛋时离巢过夜，"夫妻"开始轮流孵化，孵化期十一二天。雏鸟出壳后十五天出飞开始觅食，三十天独立生活。麻雀属于留鸟，聪明机警，警惕性极强，有较强的记忆力，上下左右飞行自如，还能急转弯飞行，白天活动范围二至三公里，一次飞翔时间不超四分钟。

麻雀的名声就没有燕子那么好，究其原因主要是它糟蹋粮食，与人争吃的。而燕子专门吃人们厌恶的害虫，所以人们对燕子百般呵护，除了大张旗鼓地要求保护燕子，还用迷信的方法保护燕子，老百姓常说：戳燕子窝瞎眼；燕子在人住的屋子里垒窝，人们不但不反感还要加以保护，说燕子在哪垒窝哪里就是风水宝地。还有手不能抓燕子，燕子被手抓了，到秋天回南方越冬时，飞不过大江大河。麻雀从糟蹋粮食角度看是害鸟，从捕食昆虫角度看是益鸟，想必也是生物链的一段，有些地方因麻雀急剧减少害虫大面积发生。

五六十年代麻雀特别多，粮食越少越与人争粮食吃，政府曾经号召消灭麻雀，麻雀糟蹋庄稼是事实，它不但吃而且还把大部分谷粒、麦粒等弹到地上。麦子是早熟作物，当麦子快熟的时候，引来大群的麻雀，人们绑一些草人立在麦地里，草人的身上穿件烂衣裳，草人的头上戴顶破草帽，手里拿根长棍子，棍子上还拴着一些彩色布条，以此来吓唬麻雀，风刮布条麻雀就跑，开始还能起到一些作用，时间长了这个办法不灵了。人们敲锣、打鼓、放鞭炮轰之,时间长了作用也不大了,没办法生产队安排专人轰麻雀,还给轰麻雀的人配上一杆洋炮,庄稼地里麻雀太多轰不过来时,时不时地放上一枪,这个办法作用不小,有时把麻雀吓得好长时间不敢"光顾"庄稼地。因为麻雀是吃粮食的,所以人们认为它的肉是可以吃的,麻雀体型虽小肉很少,但人们也没忘了猎食。不管是哪种方式捕猎麻雀,本意都不是为了消灭麻雀,主要是孩子们的一种消遣、一种营生、一种收获、一种情趣,顺便也能弄口肉吃。

掏家雀 不知道为什么,麻雀到了晚秋和冬季都不进窝,趴在房山花和房檐下的笆条缝里。天黑时那些淘气的半桩小子们,抬着生产队的大梯子,挨家挨户地掏家雀。掏家雀必备两样工具:梯子和手电筒,每到一户先用手电筒找家雀,发现家雀,手电筒不能关,光亮不能挪地方,否则家雀就飞了。然后把梯子立上,一个人扶梯子,一个人上梯子抓家雀,上一次梯子就能抓到一两只家雀,一个晚上最少也能抓到十几只乃至更多。伙伴们把抓到的家雀分了,回到家把家雀脑袋拧下来,把皮拽下来,放上点盐找个菜叶包上,埋在火盆里烧熟,扒开膛摘出内脏弃之,肉食之。

扣家雀 冬季大雪封山后,一些吃粮食和草籽的鸟类没吃的,饿急了就下山到村子里找吃的。住在村子里的家雀为了填饱肚子胆子也大了起来,失去了往日的警惕性,只要院里有粮食,附近又没人,它就大胆地去吃。如果一群家雀在树上,有一两只先下来到粮食附近左观右看然后吃上两口,这时树上的家雀就会三三两两地飞到有粮食的地上吃起来,发现情况瞬间撤离,一个不留。人们抓住了这个规律,在院子里找一处合适的位置,把雪扫干净,然后在扫过雪的地上撒上一些谷子,谷子上面扣一个筛子或筐头什么的,用一个高二十多公分的木棍把筛子的一面支起来,木棍中间用一根很长的细绳子拴好,绳子的另一头拉进屋里并在窗户或门缝观察,待家雀进入筛子下面取食时迅速拉绳子,筛子扣到地面上,进到筛子下面取食来不及跑掉的家雀就被扣在里面,然后把筛子周围用破布一类的东西围起来,把手伸进筛子里,一个一个地把家雀掏出来。顺利的话每天都能扣住几十只家雀。有一年冬天,持续下了好几天大雪,雪的深度达到四十来公分,大山上的鸟也都纷纷下山觅食,那年我们用这个办法还扣住了好几只鹌鹑呢。家雀很聪明,亲临现场又没有被扣住的家雀,受到惊吓后,只是在高处看就是不去吃那些诱饵,如果不是饿急了眼它是不会再上当的。

套家雀　用一根马尾毛捻成绳,系成一个套,套的大小比家雀脑袋略大一些,把套绳的另一端拴在一根木棍上,一根木棍可拴若干根套,把木棍两头用石板或其他办法固定在地上,然后在木棍的两边撒上谷粒,待家雀取食时把脑袋伸进套里,当家雀走动或起飞时就会被套住,且越拽越紧,然后人们把家雀从套上解下来。这种办法一次只能套一两只,因为一两只家雀被套住,其他家雀便逃之夭夭。

弹弓打家雀　过去半桩小子们弄一个"丫"型木,弄两条长约二十五公分、宽约二公分的胶皮,把两条(也有用一条的)胶皮的一端分别绑在木丫上,把胶皮的另一端绑在一个长约六公分、宽约四公分熟牛皮上做弹弓。打鸟时,把石子放在熟牛皮上,利用胶皮的弹力把石子发射出去击中家雀,这种打法首先要胶皮的弹性好,其次要瞄得准、打得狠。

打干粮叶

入秋以后秋收前,人们三一团俩一伙地带上干粮、筐子、口袋,到河北省围场县巴头沟林区去采摘一种树叶子,实际就是大叶椴树的叶子。这种树叶子很大,形状像心形,叶面直径二十多公分。大叶椴树叶子很香,我们那里都用它来代替笼布蒸干粮,人们把这种树叶子称之为干粮叶,把采摘椴树叶叫打干粮叶。人们把椴树叶子从树枝上掰下来,十几张为一摞,然后卷好用草捆上,装在口袋里,几个小时就能打一口袋。回家把椴树叶在叶柄处用线绳穿起来,挂在阴凉通风处晾干。把晾干的椴树叶储存起来,一年蒸干粮的"笼布"就算有了。蒸干粮时,要把干粮叶用温水泡软铺在箅子上面,每次用完都要洗净晾干放起来下次再用,一张椴树叶子可以重复用三次。蒸馒头、蒸豆包、蒸发面、蒸窝头、蒸花卷、蒸包子等等都用它。用干粮叶蒸出的干粮很香,增添了一种芳香的气味。很奇怪那么厚的树叶透气性却很好。在村人们的印象里最先知道的是干粮叶,后来才知道笼布。

秋天林区里各种野果也都熟了,人们打干粮叶时也忘不了顺便采摘一些野果,比如山丁子、树托盘(学名树莓)、山梨等等。树托盘长得像草莓,比丰香草莓好吃多了。把采回来的山丁子晒干储起来,留着冬天吃,酸里带着甜,味道很好,孩子们当零食,害口的妇女用来解解馋。采回的山梨,要用捂梨蒿捂几天才能吃,味道比家梨还好,只是比家梨多了些渣。

来回几十里的山路,再打上几个小时的干粮叶,回程还要背着上百斤重的东西,但是人们不觉得累,心里想着尽快到家向老婆、孩子及全家人展示一天的收获。回到家里大人孩子围坐在一起,闻着干粮叶的芳香,品尝着野果,全家人其乐融融。

小时候每次随父亲去巴头沟林区,都觉得那里有一种神秘感,一眼望不到边的林海,风吹树林呜呜作响,风吹桦树皮"吱吱"地叫个不停,像人在打口哨,时不时地传来几声鸟叫,有时能听到远处狼的嚎叫,有时还能看到狼、狍子、狐狸等在林间奔跑,还有蛇什么的时不时地也能谋上一面,人少的时候,还真有几分恐惧感。那时总感觉林区里面很神秘,总觉着有那么多不了解的东西在里面,认为林区既是藏龙卧虎之地,又是珍贵的宝物的隐身之地。翻过几道梁,最远到过滴水湖,再往前就不敢走了,怕迷在里面出不来。参加工作以后常到全市各大林区下乡,比如克旗的黄岗梁、桦木沟、大局子,喀喇沁的旺业甸,宁城的黑里河等,才发现我们赤峰的林区比河北省围场县的巴头沟林区大多了,而且更有特色,物产更丰富。

打干粮叶,每年只去一次,大家都盼着这一天,都感到很有意思,听说现在没人打干粮叶了,真想再去看看,但是去不了喽,总感觉有几分遗憾。记载此事,权作对一件很有意义事情的追忆。

挖山野菜

在我们山区山野菜不但种类多,而且就某一个山野菜的种类而言数量也极其可观,真是取之不尽,用之不竭。所以,我的童年就和山野菜结下了不解之缘。在晚春、夏季和初秋季节,从山上挖(采摘)山野菜,到回家挑选山野菜,还要天天吃山野菜,几乎每天都和山野菜打交道。

挖婆婆丁 婆婆丁学名蒲公英,生长在山坡、草地、路边、田野、河岸沙质地上,出土比较早,早春其他植物还没有出土,婆婆丁就钻出了地面,而且长得很快,特别是在背风向阳的坡面和背风向阳的低洼地,出土更早、生长更快。

每到春季,婆婆丁出土的时候,我们老早地就把镰刀拐子磨好准备挖第一茬婆婆丁。放学后,村里那些半桩子丫头、小子们连饭都顾不上吃就挎上筐、拿上镰刀拐子,结伴漫山遍野地找婆婆丁,到了山上这些半桩孩子们都四处散开,当发现长得好、长得多的婆婆丁时,心情都无比高兴,赶快把伙伴呼叫过来共享这份快乐和成果。回来路过小河和水泉子时,把婆婆丁里的杂草挑一挑,简单地摘一摘,然后放到水里洗一洗,就可以直接上饭桌了。一个冬天和一个早春没有见到青菜的人们,见到了婆婆丁就像见到了久违了的美味佳肴一样亲近,吃饭的时候人们用婆婆丁蘸着咸菜汤或土法制作的大酱,大口大口地吃,用婆婆丁蘸咸菜汤,那种苦味的芳香和咸酸交织在一起味道极佳。第一茬婆婆丁口感最佳,当婆婆丁长出四五片叶子后,口感就逊色多了。时至今日婆婆丁蘸咸菜汤的那种味道还回味无穷。

挖苣荬菜 苣荬菜是一种药食兼具的无毒野生植物,一年生草本。

民间食用已有两千多年的历史，春夏秋三季均可食用，早春口味最佳。苣荬菜既可生吃，亦可熟吃；既可单吃，亦可混吃；既可当菜吃，亦可做主食。苣荬菜一年可以生长很多茬，挖了这茬长那茬，取之不尽用之不竭。当然最好吃、口感最佳的是早春刚刚长出两三片叶的苣荬菜芽，棵不大不小，根白色又粗又脆，无叶纤维。这种植物很奇怪，有的年份生长得多，有的年份则又稀又少。听老人们说，闹自然灾害那几年，苣荬菜特别多，漫山遍野长满了苣荬菜，像老天爷特意安排救济穷人似的，苣荬菜在粮荒年成为缺粮人的救命"粮"。

　　第一茬婆婆丁被人们挖差不多了，第二茬婆婆丁还没有长出来，这时苣荬菜也长出地面了，刚长出地面的苣荬菜又小又少，挖菜的孩子们只挎一个小筐，挖回来的苣荬菜当稀罕吃，当苣荬菜长得略大一些，就改挎一个大筐，到了苣荬菜生长旺季，除了挎一个大筐，还要拿一条口袋。因为这时对缺粮人家，苣荬菜除了当菜吃还要当饭吃，除了人吃，猪也在候着。这个季节挖菜的队伍也在不断地壮大，缺粮人家的大人也加入到挖菜的队伍中来，他们挎个大筐、带一条口袋，挖菜的速度也不一样，有快手，有慢手，快手一秒钟能挖两三棵，七八把就能填满筐，大半个上午就能把口袋和大筐塞得满满的。回家把苣荬菜的老叶和根子摘掉喂猪，嫩叶人吃。村里的小伙伴们十三四岁以前，一年当中除了上学其余大部分时间都在挖野菜。很多野菜都有过季的时候，随着季节的变化而变化，春天是菜，夏天变为草，秋天变成柴，而苣荬菜挖了这茬长那茬，春夏秋都不过季。

　　苣荬菜的吃法很多，早春苣荬菜又小又嫩，以生吃为主，如苣荬菜蘸咸菜汤或蘸大酱吃，也有腌着吃的。春末夏秋季节以熟吃为主，熟吃的时候无论哪种吃法都要用开水把苣荬菜焯一遍，用凉水投两遍攥干，根据需要切成大小不等的碎块。如凉拌苣荬菜，单熬苣荬菜，苣荬菜熬土豆，馇苣荬菜粥，做苣荬菜干饭，做苣荬菜面汤，打苣荬菜布拉，包苣荬菜馅饺子等等，无论哪种吃法都不难吃。苣荬菜还是上等的保健食品,清热解毒,纯天然无污染;苣荬菜是农民的家常菜,百吃不厌,这些年也跻身于城市的大饭店;苣荬菜在城市的蔬菜市场也占有一席之地,且价格不菲,早春的苣荬菜每斤能卖到几十元。这些足以说明苣荬菜的价值所在。

采摘山珍

在我的家乡所谓的"山珍",除了各种野生蘑菇以外无非是一些可食的山花、野果等,人们用这些"山珍"做高档菜肴招待客人,来调换口味,过年过节做个菜不但能品尝山珍美味,还能增加一道菜。野果之类虽然登不了大雅之堂,但也能让人们吃个稀罕,还可以做女人和孩子们的闲食。

采蘑菇 在五六七十年代,家乡人对蘑菇的认识有很大局限性,只认识鸡腿蘑和阜蘑。阜蘑菇有蘑菇丁和成蘑菇两种形态,刚出土时像一根火柴,头朝上立在地上,人称蘑菇丁,待长开后就像一把打开的伞,蘑菇伞上面光滑,薄薄的菌褶一条挨一条垂直地贴在蘑菇伞下面,早乳白色或浅皮肤色,这时的草蘑生物量最高,味道最佳,是食用的最佳时期,蘑菇的菌褶颜色会逐渐变深,完全变成黑色是过熟的特征,就不能再食用了。在我们那里还有一种蘑菇当地人叫它鸡腿蘑,纯白色,这种蘑菇单株的很少,一般都是丛状生长,一丛二到五只不等,而且有大有小有高有矮,有时大菇都打扇了小菇刚出土。当鸡腿蘑长出地面约十六七公分,蘑菇头还没打开,像一把合着的老式雨伞立在地上,这个时候鸡腿蘑的生物量最高也最好吃。本来这一丛蘑菇应该分批采摘,但是因为是野生的,人们又不可能看着它长,又怕别人采摘,所以,每当碰上一丛蘑菇人们就贪婪地连大带小一起采了,有时把没出土还在萌芽当中的蘑菇也抠出来。有人说这种蘑菇见了人就不再长了,当时你看见它多大到老了也那么大,没考证过,想来不太科学。

过去夏秋连雨天时,雨停了天还没有开晴,人们戴个草帽,挎个筐到山上捡蘑菇。捡蘑菇很有意思,一座山用不了很久就跑遍了,除了用余光看一下路,主要目光都全神贯注地盯着地面,跑了那么多那么远的路没有疲劳感,特别是捡到一两株蘑菇后人们的劲头更足了,像吃了兴奋剂一样。捡野生的东西和收获自己的东西或捡到有失主的东西心情大不一样,捡到既不属于自己的又不属于别人的纯天然的东西,是意外收获,所以尽管东西很少却有一种莫大的满足感。鸡腿蘑很少,有时跑一个上午才捡到一两丛,如果采得多点还可以做一次炖蘑菇或炒蘑菇,一般都是做蘑菇酱,非常好吃。这种蘑菇只能吃鲜的,如果放时间长了会自然老化(打扇)就不能吃了,如果是现在放在冰箱里速冻之后再风干或许可以保存,过去只能吃鲜蘑菇。当鸡腿蘑打扇后完全落到地面,地面有一层黑黑的像沥青一样的蘑菇残体。当人们见到这些蘑菇残体时,不免有几分惋惜,唉!发现得太晚喽。

这些年人们对野生蘑菇的认识和食用范围不断扩大,把过去视为狗尿苔一类的小灰蘑、地扣蘑等也作为可食用的野生菌类,把过去视为木鸡子的杨树蘑、松树蘑等也视为上等野生蘑菇,不但采着吃而且成批量出售,有很多进入了城镇的菜市场,且价格很高。

捡地瓜皮 连雨天或一场雨过后再阴上几天,林地里或河滩地上就长出了一层薄薄的半透明胶质状的东西,人们称地瓜皮,也有叫地扒皮的,大张的有两三公分,我想它可能也是食用真菌的一种。雨天过后人们拿个小筐或端个小盆到林地或河滩地上去捡地瓜皮,一个人捡两个小时就够七八口人之家吃一顿的。食用前要把地瓜皮上的草棍等杂物挑出去,然后用清水洗几遍,将炒好的鸡蛋放上地瓜皮再小炖一下即可食用,地瓜皮吃着有一种很鲜的味道,嚼着很筋道,有点像黑木耳。后来我看城里的餐桌上不但有地瓜皮炒鸡蛋还有地瓜皮汤,我想肯定还有很多吃法,只不过没尝试过。

查阅资料,地瓜皮学名叫地皮菜,又名地耳、地衣、地木耳、地皮菌、雷公菌、地软儿等,是真菌和藻类的结合体,暗黑色。地皮菜富含蛋白质、多种维生素和磷、锌、钙等矿物质。地皮菜是一种美食,最适于做汤,别有风味,也可凉拌或炖烧,属寒性食品。

采摘黄花　黄花学名黄花菜,别名萱草、萱草花、健脑菜、安神菜、绿葱花、忘忧草。据说忘忧草因"萱草味甘,令人好欢,乐而忘忧"而得其名。《诗经》记载:古代有位夫人因丈夫远征,遂在家栽种萱草,借以解愁忘忧,从此世人称之为"忘忧草"。因黄花的花骨朵呈针状,又名金针菜。黄花系多年生草本植物,七月开花,花期十几天,一般都生长在大山上,丘陵小山上极少。我们大队只有大阴坡、大石洞子和与河北省接壤的漫甸上有大量分布。

五六十年代,到了黄花开花的季节,村人们带上中午吃的,拿上口袋、挎上筐,成群结队地到大山上采摘黄花,一天能采摘一口袋,即五六十斤。采摘黄花时,不但采花,花骨朵更是人们所青睐的。人们把采摘回来的黄花掐掉硬梗,挑出杂草,放在阴凉通风处晾干。鲜黄花很少有人食用,主要食用干黄花,食用时先将干黄花和干花骨朵放在开水里焯一焯,然后用油、猪肉炒着吃,花骨朵吃着嫩,口感更好些,黄花完全开放后口感发柴。那时人们采摘黄花主要是留着过年吃个稀罕,作为特殊礼物给亲戚朋友送点尝个鲜。后来干黄花进入市场,人们大量采摘,随之黄花在不断减少,成为真正的稀罕菜,不过有人工培育的黄花做补充,但口感总赶不上天然黄花。

摘欧李　欧李因含钙高又名钙果,是一种多年生落叶小灌木,树高四十公分到一点五米不等,果肉可食用,果核可药用,果实圆形或椭圆形,果实大小不一,小的直径只有一公分左右,最大的有两公分左右,一般都在一公分半左右。果味千差万别,上等欧李皮薄肉厚核小,甜里带着微酸,那种芳香回味无穷。细心观察,欧李的秧、叶、果都有区别,如果调查一下肯定有很多品种。我家乡的丘陵小山上生长着很多欧李,特别是荒界子上长得又高又粗又壮,大山上也生长着这种植物,相对小山上的少一些、小一些。

山上哪个地方、哪条荒界子上长欧李，村里的半桩小子们心里都有数，夏末秋初果实成熟时，约几个好伙伴，拿上个破布兜子到山上采摘欧李果，摘果时只采那些熟的和快要成熟的，回家把没熟透的欧李放几天就好吃了，生的是决不会采的，留着熟了再采。摘欧李不止摘一茬，这帮孩子摘完，那帮孩子摘，大人们在劳动间歇时也摘，为了能摘到熟透的、个大的、头水的，有时就不惜代价跑到远山上去摘。摘欧李时，边摘边品尝，摘到上等欧李自己舍不得吃，要单独放起来留着给老人吃。上等欧李也遇不到多少，最好的时候一次能摘到几十个，有时候也只能摘到十几个。回想小时候摘欧李也很有乐趣，摘欧李时先要用一根棍或树枝在欧李秧上呼啦几下，防止被蛇咬着。有些大欧李"躲"在了欧李的落叶和浮土下面，所以碰到好欧李果还要用手把根部的落叶和浮土扒开，有时还真能扒出几个大欧李。遇见长在根部靠近地面还没熟的大欧李，防止熟了以后被别人摘走，就悄悄地用欧李的落叶把欧李盖起来，过些天等欧李熟了的时候再去摘，即便这样有时还是被别人给摘走了，高兴而去，扫兴而归，感到很可惜。摘欧李更多是利用晚秋割羊草、捡粮食时顺手而为，每当下午放学后，到山上割羊草、捡粮食，总要带上个小破兜子，顺手摘些欧李什么的，兄弟姐妹们都期待着。晚上到家放下羊草或粮食，把采摘来的欧李什么的倒在炕上，大人孩子们一起分享。那时候上山割羊草、捡粮食都会有点意外小收获，摘些欧李、摘些刺玫果、捡几个地瓜（地梢瓜），秋雨多时还能捡些蘑菇，路过玉米地还可折几根没结棒子的空秧，嚼起来很甜，路过土豆地还可以摘些土豆果（山芋豆子）带回家。

摘山杏 大家都知道山杏用途很广，杏仁可食用，但要脱毒，杏仁里含有一种氰化物，带毒食用危险很大，轻者危及健康，重者危及生命。那时候吃山杏仁中毒的、丧命的并不少见，一头毛驴误饮几口泡山杏仁的水就会当场毙命，后来人们把山杏核里面的氰化物提出来做有机农药。杏仁、杏核皮可入药,杏核皮还是烧制活性炭的好材料。据说用杏核皮烧的活性炭能吸收甲醛,所以人们在新装修屋子的橱柜里放一些活性炭。早春,在所有的木本草本植物中,山杏是最先开花的。人们常说:一种事物,它的最大优点也是它的最大缺点,山杏就是这样,它的最大优点就是开花早,但也最易遭伤害。我们那里属高寒山区,每年春天都有几场晚霜晚冻,有时冻了山杏的花,有时冻了山杏的果,无论是冻花还是冻果,都是山杏的歉收年或绝收年,所以山杏在我们那十年有六七年不收或歉收,山杏没有大小年,如果不遇冻害结果量很大。

在这里所说的摘山杏,有儿时摘小青杏和大人们采摘熟山杏两个含义。儿时摘小青杏很有趣,山杏开花早自然坐果就早,当小山杏长到玉米粒大小时,那可是春天第一茬"水果",半桩孩子们拉帮结伙地到山上去采,大人们在劳动休息时也顺便采摘一些。那时吃野果也没有洗的,讲究的往衣服上或往手上蹭一蹭,果上无非有点尘土,绝对没有农药,人们常说"人吃土欢天喜地,土吃人哭叫连天",所以人们吃点尘土并不在意。开始人们把山杏皮和仁一起嚼着吃了,只是感觉仁里面有些水,随着山杏的生长,杏仁里面的水状物变成了像果冻一样的浆,这时带仁吃发苦,人们吃山杏时不得不把仁剥掉,孩子们将剥出来的杏仁放在手心里来回地揉搓,嘴里念叨着"抱鸡抱鸭一抱俩仨",待把杏仁里面果冻状的果浆揉搓成水状,再把杏仁的尖掐掉,对准伙伴的脸用力捏杏仁,把杏仁浆喷到同伴的脸上,很开心,有时喷到小伙伴的眼睛里就不好玩了。小青杏不能吃多了,吃多了倒牙咬不了东西,连饭都嚼不了。小青杏没有什么特殊味道,脆里带着点酸,那可是山上的第一茬野果,大人和孩子们都吃得有来道趣的,特别是害口(怀孕)的女人吃得更来劲,没什么可吃的,怎么说也是个零嘴吧。

入秋,山杏熟了,红红的,黄黄的,黄里带着红,红里透着黄,看着这些熟透的山杏果,人们的嘴里多了一些口水,但大家都知道熟透的山杏果好看不好吃,纤维化程度高,吃着发柴,味道又酸、又涩、又苦。明知如此，人们还是禁不住诱惑，时不时地摘下一个又大又红的山杏咬上一口，然后皱皱眉头再吐出来。采摘山杏主要是大人们的事，当然大孩子们也要参与其中。当山杏快要熟的时候，人们为了获取经济利益，就铆足了劲候着采摘山杏这天的到来，当生产队长下达采摘山杏的"命令"后，大人孩子们拿上筐和口袋，起早贪黑疯狂地抢摘山杏，开始人们把筐挎在胳膊上，一手拽着山杏枝一手往筐里撸，撸上一阵筐里的杏多了，胳膊也挎不动了，就把装着山杏的筐放在树枝下面的地上，一手拽着树枝，一手往筐里快速摘，筐满了把山杏倒进口袋里，快手一天能采摘四百多斤。开始人们都选果多果密的树采摘，树梢和不易采摘的都丢下不采，把果多果密的树都采摘完了，再返回来采摘落[là]脚。到了中午和晚上这些"采摘工"又变成了一支"运输队"，大人们背着装满山杏的大口袋，孩子们挎着装满山杏的大筐，行走在山间小路上，时不时地还要找个土坎歇上一会儿。后来，有段时间人们为了获得更多的山杏，在山杏还没成熟时就开始采摘（抢青），因杏仁质量差卖不上好价钱，浪费了很多资源。

人们把采回来的山杏摊在地上晾晒，脱掉杏核外面的皮，然后把杏核晾到八分干出售给供销社。晾得太轻含水量高，容易捂仁（发霉变质），供销社不收，晾得太干失重减少斤称，要恰到好处。每百斤山杏能出二十来斤杏核，每百斤杏核能出三十来斤杏仁。那时候山杏核很贵，每斤好几毛钱，价格最高时每斤一两块钱。尽管如此，人们卖杏核时还是狠狠心留下几斤，把平时攒下来的家杏核放在一起，冬天吃完晚饭，在木头炕沿上弄一个杏核大小的坑，将杏核放在坑里，用锤子把杏核一个一个地砸开，将杏仁挑出来放好。吃时用开水把杏仁焯了，用凉水浸泡，然后搓掉杏仁外面的褐色软皮，掺上一些焯好的黄豆，放上一些盐，腌制杏仁咸菜。咸菜做的多时平时也吃一些，做的少时只能过年享用，有时孩子们也在火盆里烧上十几个解解馋，大人早有教导：山杏仁不能吃多了，吃多了会药死人的。

摘刺玫果　刺玫是一种小灌木,高一米左右,枝干上长有尖刺,粉色的花朵五六公分大小,果椭圆形,直径一公分半左右,每个刺梅果里面包着十几粒种子。成熟的刺梅果为红色,这时果肉是脆的,果色由红变紫是过熟的表现,这时果肉成泥状,口感发黏。果肉厚度有三四毫米左右,含水量不高,味道微甜。没有专门采摘刺梅果的,只是大人们在劳动间歇时采摘一些,作为零嘴边采边吃,有时也摘两把带回家给孩子们吃。半桩孩子们到山上挖野菜、割羊草、捡粮食,顺手摘着吃,顺便多摘一些拿回家。刺玫果的果腹里除了种子还有很多毛,吃的时候要把果从中掰开,用手指甲把籽和毛刮干净方能食之,如不慎吃下果毛,食管气管发痒,果毛弄在皮肤上也会发痒,再加上枝干上长着那么多的硬刺,摘果时容易被扎着,所以人们很不待见它。尽管如此,人们在休闲的时候禁不住红红的刺玫果的诱惑,还是要摘上一些,吃上一会儿,算是短暂消遣时的零食。到了秋天,山上的羊草都被人们割光了,刺玫因"满身"是刺没人割,它能在山上站到最后,到了冬季人们实在没柴烧时,才小心翼翼地把刺玫割回家里当柴烧,烧火时一不小心就把手扎出了血,做饭的也不得意它。

挖酸巴溜　酸巴溜是当地俗称,学名不知道叫什么。它是一种多年生草本植物,它的根分两部分,下部为老根,根长一至二米,根茎最粗十几公分,黑褐色,质地松软,老根的顶端每年都萌发新根。春天,在老根上萌蘖出几根至十几根不等的嫩根,乳白色带着浅粉色的节,最粗的有小拇指粗,最细的有筷子粗,根长四五十公分不等,当酸巴溜冒芽时,用铁锹或镰刀拐子把嫩根挖出来,剥掉外皮吃里面的嫩心,嚼着很脆,酸里带着微甜。早春,人们利用劳动间歇时间挖酸巴溜,除了在山上吃,还要带回一些给孩子们吃。半桩孩子们放学后到山上挖野菜,更是不放过刚冒芽的酸巴溜,除了自己吃,也要挖上一捆带给家人们分享。现在吃酸巴溜的人肯定少多了,那时候孩子大人都吃,尤其孩子和中年以下的人们几乎人人都吃,可能是当时好吃的东西太少了,只要认为无毒可食,有一点味道的,人们都要当作零食吃一吃。

嚼棒子甜(嚼甜棒) 玉米快成熟时,玉米秸是甜的,尤其是一些没结玉米的秸秆,含糖量很高,像南方产的甘蔗。孩子们路过玉米地,大人们劳动间歇时,就到玉米地里撅几株没结玉米的秸秆,扒掉外层的硬皮咀嚼里面的芯,把嚼出来的甜水咽下去,把渣子吐出来,吃得有来道趣的,特别是那些女人和半桩孩子们吃得更来劲,不一会儿每个人面前就多了一堆被嚼过的玉米秸秆渣子,吃东西狼虎的有时还会把嘴或舌头划破,不论大人孩子,都找那些没结玉米的"空秧"吃,绝不会把结玉米的秸秆嚼掉。到玉米成熟扒玉米的时候,每遇到青绿的"空秧",大人们舍不得吃弄上几棵从秸节处折断分成小段,带回家给孩子们吃。

扒玉米时总有还没完全成熟的青玉米,青玉米很嫩储不住,生产队把不成熟的玉米挑出来分给社员烀着吃,烀玉米是人们特别喜欢的食物。那时候,社员们在自家的小镐头地或自留地里也种点玉米,有成片种的,也有在豆角地里混种的。立秋过后,人们把快要成熟的玉米掰回来,把老皮扒掉,带着一两层嫩皮放在锅里,填适量的水烀熟。个人家的玉米比生产队分的青玉米要成熟得多,所以玉米烀熟后基本都能开花。吃烀玉米在我们那里也叫啃棒子,吃完烀玉米,大人和孩子们都要盛上两碗烀玉米的水,喝得津津有味,剩下的也舍不得倒掉还得留着慢慢喝。这种甜水和糖水不一样,糖水只有甜味,而烀玉米的水甜里带着那种烀玉米独有的芳香。

采摘蔫柚 蔫柚学名叫龙葵,别名叫天茄子,一年生草本植物,最高达一百公分,茎直立,多分枝。叶卵形、互生,叶柄长一至四厘米,伞状花序腋外生,下垂,每丛花序有四至十朵花,花冠白色,果实为浆果,形状为球形,黄豆粒大小,未成熟的浆果呈绿色,成熟后的浆果黑紫色,花果期七至十月。生于田边、路边、村边、水沟边、菜园子四周、大墙根下,庄稼地(平地)里也有零星分布,菜地、豆地和土豆地分布较多,现在庄稼地里几乎见不到了,都被各种除草剂给灭掉了。蔫柚浆果成熟期差异很大,生长环境较好的,果实成熟早,生长环境较差的,果实成熟较晚,长在同一株的果实成熟期也不一致,甚至在一丛花序上的果实成熟期也有差异,即便到了晚秋,在同一株蔫柚秧上也是生、熟果并存,有的浆果虽然看着发紫但并未成熟,是霜冻后的变色果。没成熟的(绿蔫柚)不能吃,一是不好吃,二是不成熟的蔫柚里含有一种有毒的物质——龙葵素,吃多了会中毒的。

蔫柚很好吃,大多是小孩子们的营生,但有时大人们也顺便摘些吃。小时候,在蔫柚成熟的季节,拿个大茶缸子(熟了的蔫柚浆果怕挤怕压)到菜地、庄稼地里寻蔫柚,当找到成熟的蔫柚时,边往大茶缸子里摘,边往嘴里扔,吃得满嘴都是紫的,牙齿、舌头、嘴巴子像是抹了紫药水似的。有时没带茶缸就把蔫柚秧连根拔起带回家让家人分享。蔫柚籽小、皮薄吃时可连同果浆一并食之。蔫柚果味道鲜美,甜里带着一种特殊的芳香,在当时也是一种纯天然的微型水果呢,虽然没有大水果吃着那么可口,我看总比吃那些果皮上沾着农药,里面含着膨大素的水果要好得多。大墙根、水沟边和一些粪便较多的地方蔫柚秧长得粗壮,果实又大、又多、熟得又早,但没人去采摘,因为这些地方太脏不卫生。

据资料介绍龙葵(蔫柚)全草含茄边碱、茄解碱、茄微碱、茄达碱,此外,尚含替告皂甙元及薯蓣皂甙元,并含有较多的维生素 A 和维生素 C。全草入药,可清热解毒、利尿消肿、活血散瘀、化痰止咳,主治感冒发热、咽喉肿痛、肾炎水肿、咳嗽气喘、痢疾、热淋、痈疮疔毒、癌瘤、高血压。外用治毒蛇咬伤及皮肤湿疹。

生吃乌麦 乌麦学名叫乌米,也称黑穗病。生长在高粱、糜子、黍子秧的顶端,玉米乌麦则生长在秧的结穗处,总之乌麦是长在这几种作物的结穗处,其形状为棒状或圆锥状。乌麦在生长期被一层灰白色的硬膜所包裹,这层硬膜由菌丝构成,不易破裂,在膜的外面包裹着一层苞叶,孢子成熟时自乌麦的顶端破裂,乌麦在发育进程中,内部组织由白慢慢变黑,并从苞叶内逐渐外伸,表面被覆的膜也破裂开来,散出大量的黑色粉状物。

家乡人把采摘乌麦称作打乌麦，即把还未开裂的棒状乌麦从秧苗上掰下来，剥开苞皮取出白色棒状物生吃，味道鲜美。入秋后，孩子们借着上山挖野菜的机会，到生产队的糜子、黍子、高粱地里打乌麦，边打边吃，把嘴吃得漆黑，像个两头乌（艾鼬），连大便都是黑色的。除了自己吃一些还要剩一些，找几根草捆起来带回家。玉米乌麦虽然个大，但无人问津，听大人说不好吃，长得又那么难看，所以始终也没人尝试过。孩童时代把打乌麦当成一种乐趣，而且还能吃到不花钱没人管的野生食品，总以为是在胡吃，因为它不像其他野生果蔬那么好看，也没有野生果蔬那么名正言顺。当撰写这篇文章时，想寻找它的真名实姓，费了好大的劲，终于找到了它的真实姓名，原来它叫乌米，而且惊奇地发现，玉米的乌米也可以吃，这几种乌米不光能生吃还可与豆角、土豆、西葫芦、茄子混在一起炖着吃。美国已将其列入食用菌之列，墨西哥也将其视为美食佳品。据资料介绍高粱乌米具有很高的营养和药用价值，含有丰富的蛋白质、矿物质、维生素、碳水化合物等营养成分。尤其是含有人体内所需的八种氨基酸、真菌多糖、膳食纤维、活性多糖、矿物质等，是理想的天然保健食品。

摘地瓜　家乡有一种植物俗称地瓜，学名叫地梢瓜。它有很多别名，比如女青、羊角、奶瓜、小丝瓜、浮瓢棵、地瓜瓢、驴奶头、羊不奶棵等，在我们老家把这种植物称作地瓜。这些别名都是根据地瓜的形状和颜色而得名，当你看到这些名字时，就觉得它非常可爱。

初秋季节，放学后那些半桩孩子们，拿个筐或拿上一把镰刀、绳子等，到山上挖野菜或割青草。到了山上，总是要挤出一些时间到撂荒地和荒界子上采摘地瓜。地瓜不是很多，又长在草棵的下面，草又那么高，要细心寻找，草密的时候要扒拉着草寻找。一株地瓜秧上能结好几个小地瓜，五六公分长的小地瓜长得很可爱，全身绿绿的、胖胖的，小瓜的两头尖尖的，像个桼，又像个线拨锤。摘到地瓜也不用洗，天然的干净，随手放在嘴里,又脆又嫩,还有几丝甜意,那"咔哧、咔哧"的咀嚼声,给人的感觉就是个脆。

到了晚秋季节割羊草时偶尔也能遇见几株没采摘过的地瓜,但比初秋季节的地瓜颜色浅了许多,由深绿色变成浅黄色,还有点像惨白色,看着也不那么水灵了,瓜皮也变得粗糙了,这时候就不能吃了,当你剥开瓜皮时,厚厚的瓜皮失去了水分,已经纤维化,扁扁的小种子也成熟了,由白色变成暗褐色,小种子的"头"上还长出了长长的"银丝白发",这些"白发"比"身体"还长两倍多。感叹发现得太晚了,觉得很惋惜,转念又想,如果发现早了它还能"传宗接代"吗?

又过些天,那些没被采摘的小地瓜自身的水分散失殆尽,"肚皮"裂开了,小种子"头"上的"银丝白发"蓬松了。风儿来了,它跟着风儿"跑"得很远、很远,突然风儿停下了"脚步","银丝白发"也被挂在了草茬上,种儿再也"跑"不动了,然后又刮来了一些尘沙把那个扁扁的"小身躯"给埋住了,到了第二年春天,春雨过后,新的小生命经过"母亲"的孕育、风儿的传播、土壤的保护、雨儿的滋润,在异地"诞生"了。老地瓜则不用这么艰难,虽然瓜被人摘了,秧被人割了,但它的根还藏在地底下,第二年开春又破土重生,开花结果了。地瓜的种子用它那"银丝白发",借着风力不断地扩大"领地",只要适合它们生存的地方都有它们的"身影"。

资料介绍,地瓜(地梢瓜)系多年生草本,地下茎单轴横生,茎自基部多分枝,茎长十到三十公分;线形叶对生或近对生;伞形聚伞花序腋生,花冠绿白色;果实(蓇葖)纺锤形,两端渐尖,中部粗大,长约六公分,中间最粗处直径约两公分;种子扁平,卵形,长约八毫米,暗褐色,种子顶端具长约两公分的白色绢质种毛。花期五到八月,果期八到十月。全株含 1.5% 的橡胶,含 3.6% 的树脂。茎、叶、果含多种糖甙。橡胶、树脂可做工业原料,种毛可做填充料,幼果可食,全株带果可入药。主治气血亏虚、乳汁不足、咽喉肿痛、津伤口渴,外用治赘疣(瘊子),取其茎、果上的浆汁涂抹在瘊子上。

摘山药豆子 家乡人习惯把马铃薯称作山药,称呼土豆的时候也不少,也有少数人称山药蛋的,就是没人称呼马铃薯,甚至绝大多数人不知道马铃薯为何物。据资料介绍,马铃薯外皮的颜色为白、黄、红、粉红、紫色和黑色,薯肉为白、淡黄、黄色、黑色、青色、紫色及黑紫色。马铃薯的名字源于马铃薯的形状酷似马铃铛而得名。马铃薯又称地蛋、土豆、山药蛋、洋山芋等,在这里还是按老家的习惯称呼——山药。

六十年代中期,种了多少年老祖宗传下来的紫皮山药,被一种名叫"河北五号"的白皮山药所替代。这种山药,皮为浅米黄色,个大、产量高,亩产最多五千多斤,正常产量也在四千斤左右,比当地紫皮山药亩产量高出两三千斤。因为白皮山药特别显眼,且比紫皮山药产量多一倍多,起山药的时候,犁杖一过满垄白花花的山药甚是喜人。尽管紫皮山药产量很低,人们还没忘本,念旧情,生产队每年都种十来亩紫皮山药。分山药时,人们也不嫌弃"老紫皮",似乎人们的情感还没完全转移到河北五号山药上,对"老紫皮"还有几分眷恋之情,有时人们还说"老紫皮"虽然个小,产量低,但淀粉含量要比"河北五号"高,吃着也比"河北五号"面。

紫皮山药花为白色,有的伴有藕荷色,花蕊为黄色,果实圆球状,光滑,棕色或紫褐色,直径约一点五厘米,种子肾形,黄色。但从来没见过有人吃山药的浆果。引进的河北五号山药花基本和紫皮山药花相同,果实类似西红柿,光滑,未成熟的浆果为绿色,成熟的浆果为青白色,直径约三公分,皮薄,通常每束花结五六个浆果,家乡人把这种山药的果实称作"山药豆子"。河北五号山药的浆果(山药豆子)可食,当果实成熟时,社员们劳作路过河北五号山药地时,免不了到地里摘点吃,少则十几个,多则二十多个。孩子们上山割草宁可绕路,也要到河北五号山药地里吃上一些"山药豆子",有时候还摘点小心翼翼地带回家,稍不注意就把果实里的浆汁压了出来,弄得兜子和衣服上都是绿的。吃"山药豆子"和吃别的野果不一样,摘一个"山药豆子",手指捏着"山药豆子"的果柄和果柄附近的果皮,用力一捏把果浆挤到嘴里,有点像吃塑料小包装的果冻一样。这种东西不能吃太多,吃多了胃肠不舒服,有时还伴有恶心的感觉。从引进河北五号山药开始就有了吃"山药豆子"(山药浆果)的习惯,所以就有了采摘"山药豆子"和吃"山药豆子"之说,自那时起村里的大人和孩子们就增添了一种新的闲食。虽然山药果实里面也有种子,但从来就没见过有人用种子种植,还延续老祖宗种植法——用山药挖芽子种植,所以"山药豆子"除了人们当闲食吃一些别无他用。

刨山草药

我读小学和初中时,每年学校放暑假都和村里的小伙伴们刨十几天山草药,解决下个学期的学费和书费。之前我们那里的大、小山上到处都是药材,而且种类繁多,根子又粗又长,一早一晚就能刨上一大筐。后来供销社大量收购中药材,而且收购的药材种类不断增加,由开始的一两种增加到十来种,所以刨药的人越来越多,药材越刨越少,根子也越来越小,小山的药材刨光了转到大山上刨,近山的药材刨光了转到远山上刨,远山的药材刨光了转到河北省的林区去刨。

记得我们那里野生的中药材能叫上药名而又认识的就有二十几种,比如柴胡、大艽、远志、藁本、苦参、苍术、防风、甘草、芍药、百合、地榆、黄芩、玉术、茵陈(小白蒿)、艾叶(艾蒿叶)、萹蓄(扁株芽)、地丁(苦麻子)、蒲公英(婆婆丁)、苦杏仁、石竹子花(巨麦)等等。不知道药名又不常用的还有很多。

那时供销社收购的药材主要有黄芩、防风、远志、芍药、柴胡、藁本、大艽、苍术等。黄芩:山上长得最多,开始刨黄芩时根子又粗又长,最粗的根茎达到四五公分,一根黄芩根子就能有半斤重,不但出数而且压秤,还能卖个好等级,一个人一上午就能刨四五十斤。供销社以每斤五分钱的价格收购,由于收购的量很大,供销社的院子里一垛一垛的黄芩根子像小山似的。到了夏天，黄芩还是人们消遣的小零嘴，它开着一串一串的蓝色小花，大人和孩子们在劳作间歇时，把黄芩花从秧上摘下来，从花萼的底部吸甜水，虽然甜水不多，但主要是品尝那甜里带着的芳香味，因为一株黄芩开许多花，所以能吸好长时间，用不了多大一会儿地下就落下厚厚的一层黄芩花瓣。防风：山上长得虽然不是太多，但防风秧子很大，开着白色的花甚是显眼，它的根子很粗，茎上趴着一两条大拇指粗、八九公分长，头上长着一个犄角的大绿虫子，人称防风狗子。远志：秧细小，秧虽小根子相对较粗，有八号铅丝那么粗，要把根子里面的芯子抽出去，把外皮晒干了卖。大艽：叶披针形，花紫色，根子粗细不等，最粗的根茎达八九毫米，要洗净土晒干后方可出售，价格每斤八角。芍药：开着白色、粉色、紫色的大花，根子很大一盘一盘的，但时间不长就刨光了。柴胡：漫山遍野到处都是，秧纤细，开着黄色小花，它的根很小，由于收购价格低，人们把来钱快的药材刨差不多了才开始刨柴胡。藁本：开着白色的伞状花，根黑褐色，这种药材一般都长在林区的涝塌子上和山坡的小沼泽地上，在当时来说这种药材很贵，每斤七毛来钱。我们大队大阴坡的涝塌子上、大石洞子的涝塌子上和我们生产队南山长吉拉嘎的涝塌子上长着藁本。这几处的藁本因为面积小长得又少，用不了几天就刨光了，我们就到巴头沟林区去刨。藁本味道极其特殊，有很多人喜欢那种味道，专门把藁本根子放在屋里几根，由于藁本根子味道浓重，满屋的藁本味，屋里的其他杂味就闻不到了，用它当空气清新剂。有的烟民把晒干的藁本根子放在烟荷包里，吸烟时不但能闻到藁本的味道而且也改变了烟的味道。

当近山、远山的药刨差不多了，我们就到巴头沟林区去刨，路途较远，来回有三十多里路。早晨三四点钟起床吃饭，吃完饭带上镐头、口袋、小筐和中午吃的就出发了，有一多半的路（从四队到九队）都是在各个小村穿过，那时候差不多每家院里院外的小园里，都有一株或几株果子树，有杏树（秋白杏）、苹果树、沙果树、秋海棠树等等。果树都很大，不像现在矮冠密植的,有的一株树能产上千斤果子,果树的枝子伸到了墙外,只要找一根长杆或长树枝就可以把水果打下来,也可以翻墙进院直接上树摘,"勤快"一点上山带的水果也就有了,把偷来的果子每人分上一些,路上也舍不得吃,刨药间歇时吃上几个,既解渴又解馋。现在想起来还挺幸运,偷了那么多次果子愣是没被人家抓住。

早晨六七点钟就到巴头沟林区了,开始寻找药材,当找到药材时伙伴们便头也不抬贪婪地刨起来,谁都不甘落后,找到大片的药材小伙伴们就分散开刨,找到小片的就集中刨,刨完这片再寻那片,为了安全起见,互相之间都不能离太远。在夏末秋初的季节里,草很高又有露水,用不了一会儿裤子就被露水打得湿湿的,顺着裤脚往下滴答水,快到中午露水逐渐落了,在阳光照射和大腿温度的作用下,裤子很快就干了。刨药时裤子上挂了很多花粉和泥土,一连几天都穿这条裤子,实在感觉太脏了就在晚上睡觉前洗一洗,拧得干干的,搭在院子里的晾衣绳上晾一宿,第二天早晨起来再穿上,有时裤子没干透还是潮的,不过穿在身上用不了一个小时裤子就全干了。

中午伙伴们围坐在一起共进午餐,那时虽然缺粮,各家也想办法尽量给孩子们做点好吃的带上,穷家富路嘛,何况又那么累,以此来补一补,再者说在伙伴面前也不能太寒酸了,况且大家都调换着吃。带的饭有荞麦面饼、玉米面饼、炒面蛋、菜包子等,五花八门,带什么饭的都有。吃饭的时候伙伴们总是把自己的好吃的塞给大家一些吃,也主动吃点别人带的次干粮。为了下饭有的还揣个大咸菜疙瘩,吃咸菜疙瘩就没有那么体面了,一个咸菜疙瘩轮番抢着吃,我啃完你啃,不等吃完饭一个大咸菜疙瘩就被啃光了,渴了用手捧着山泉水喝上一气。吃完饭大家对比着谁刨的药多、谁刨的药好,谈论着下午和明天刨药的去处,稍息片刻伙伴们又各奔各地忙碌起来。到下午四五点钟开始返回,一路上没有了早晨出发时的精神头,路上累了还要歇上几歇,除了累,肠子肚子也在不停地叫,心想着快点到家,歇上会儿再吃点东西。几个小时的路程就这样完成了,快要到家时大家坐到一起歇上一会儿,约定好第二天早上出发的时间,到什么地方聚齐,不去的要提前和大家说一声,防止大家误等耽误时间。一个刨药季有十几天的时间,能收入一百多元,是个不小的收获,除了交够书费、学费,再买点学习用品外,还能剩一些填补家用。

搂树叶子

金秋十月,满山的杨树叶子由绿变黄,几场霜冻过后再刮上几次东北风,那金黄色的杨树叶子随风飘落,人们见景生情,不免有几分凄凉、几分伤感。人生一世如同草木一秋,本是大自然的客观规律,也没有什么可惋惜的。对庄户人来说,这个季节又是积攒烧柴和储备饲草的好时机,这时勤劳的人们"见缝插针",利用一切可利用的时间,利用一切可利用的人力、物力,想尽一切办法把树叶子弄到家里攒起来,喂牲畜、做烧柴。孩子们放学后背着个偌大的花篓筐,拿上一张竹笆子去搂落在地上的杨树叶子,从杨树刚落叶就开始搂,一直搂到树上的叶子落光为止。杨树叶子很暄,一大花篓筐能装很多,装一会儿就要到筐里使劲踩一踩或用手使劲地摁一摁,装一筐树叶子的时间要比搂一筐树叶子的时间还要长。开始杨树林地里还长着一些零星的蒿草,树叶被这些蒿草挡住,堆积成一粼一粼的。待搂过一两次之后这些蒿草都被搂断了,树叶就会被风刮到附近背风的坡面上和小沟里,有时在山上搂了很多树叶子不能马上弄回家,就临时放在小沟里存起来,到晚上收工时,大人也拿上用麻袋片等缝制成的特号大袋子,到山上往回背树叶子,吃完晚饭还要到山上再背一两趟。到了搂树叶子的季节,在弯弯曲曲的山路上,总能看到人们背着装得满满的大花篓筐和大口袋,像座小山似的往村里挪动。一个秋季,人口多的勤劳人家能积攒很多树叶子,记得那些年我们家每年搂的杨树叶子都能把一个菜园子装得满满的。杨树叶虽然烧火不爱起火苗,但毕竟也能做熟饭。在七十年代烧柴奇缺时,从杨树开始落叶一直搂到晚秋,冬季大风把地上零散的树叶和茅草刮到附近的小沟里,每隔几天人们把小沟风积的树叶和茅草清理一次。人搂、风刮使那么大的一片树林子光光的见不到几片树叶子。有些蘑菇菌类最适宜在腐殖质上生长,那些年树林里的树叶全被搂光,有些蘑菇也无法生长了。现在没有人搂杨树叶子,杨树地里的各种蘑菇也多了起来。

拔疙瘩蒿

我们那有一种植物,当地人都称它疙瘩蒿,也有人叫它秃老婆花,属草本植物独茎单株生长。开春老早地就出土了,长得很快,最高能长到一米多,茎的顶端长一朵直径三四公分的粉色球状花朵,到了夏季在丘陵的小山上疙瘩蒿随处可见,粉色的花朵一片一片的,离着很远就能映入人们的眼帘。它的茎叶纤维化程度很高,纤维化早,含水量低。这种植物在五六七十年代为村人解决了夏季缺柴烧的大问题,那时候几乎家家都缺柴烧,特别是到了夏季烧柴更紧缺,人们在山上劳作休息时,风风火火地拔疙瘩蒿,到中午和晚上收工时,很多人都扛一大捆疙瘩蒿,回到家里打开捆晒一晒,过两天就能当柴烧。学生放了学除了挖野菜就是弄柴火,远山去不了就到小山上拔疙瘩蒿。因为疙瘩蒿还没成熟就被连根拔掉,既没留下种也没留下根,结果是逐年减少。这些年虽然没人拔了,可是听说这种植物也很稀少了,濒临绝种的边缘。

种麻趣事

大麻,在我们那地方以获取籽实为种植目的,雌株叫麻籽,雄株叫花麻。以获取表皮纤维为种植目的的不管雌雄都叫线麻。大麻为一年生直立草本植物,株高二到三米,雌雄异株,雄株只开花不结实。大麻全身无废物，叶子可以喂猪，秸秆是上等燃料，还是编制大笆托子的最佳材料。大麻的表皮纤维通过处理剥离后可产麻。大麻籽实含油量很高，可做食用油，轧碎去皮后可代替油用来熬豆角，可做麻籽豆腐，和玉米混合炒熟轧碎还可做麻籽盐，籽实炒熟也可当作休闲小食品供人闲食。麻油和炒熟的籽实不可多食，过量食用会引起口干、头晕、恶心等中毒症状。麻油还可点灯照明，俗称"麻油灯"。

有趣的种植 在我家乡种植大麻有三种方式：一是防止牲畜糟蹋庄稼，作为庄稼的屏障，种在庄稼地头上。因为大麻有一种特殊的味道，羊和大牲畜都不吃，所以人们将大麻种在地头上来保护庄稼，还能获取籽实，一举两得。那时候生产队种谷子、糜子、黍子和豆子，都要在地头种上两米多长一段大麻，多少年不变。二是为取其表皮纤维而成片种植，采取小垄密植的种植方法，行距约八寸，株距一寸左右，因密植不长分枝，所以无冠，加之大水、大肥，单株生长高达三米多。三是以获取籽实为目的，与黄豆、黑豆、青豆混种，每隔十米八米的种上一两株大麻。由于种植密度小，雌雄株都有分枝，最大冠径约一米。大麻长大后雌雄株分得很明显，雄株开着密密麻麻的绿白色小花，开过花的花麻冠下的地面上散落着一层花瓣和花粉。

抢拔花麻 当花麻（雄株）完成授粉后人们将其连根拔掉，叶子喂猪，秸秆做燃料。花麻开花授粉后，村里的半桩孩子们就有了用武之地，起早贪黑地到豆地里和地头上抢拔花麻。除了雨后地太湿怕把地踩硬不能拔，其他时间可随意拔。花麻对生产队来说一点用处也没有，不但遮地，还影响庄稼生长，拔了花麻豆子会长得更好，所以队长从不限制。拔花麻时防止花麻根子把庄稼带出来，两只脚要踩着花麻根的周围。花麻不开花时没人拔，也不是刻意等着开花授粉后再拔，主要是花前雌雄难分，另外花麻秸秆还没有纤维化，不能用来烧火。到了拔花麻的季节，除了一些半桩孩子拔，大人在劳作间歇时也拔。大人拔、孩子拔，拔完这块地拔那块地，拔完这坡拔那坡，年年如此，就形成了抢拔花麻的习惯。

拔花麻只需带一根绳子，用花麻拧成绳把拔下来的花麻捆成小捆，然后把小捆花麻头部交叉，根部分开，一般左右每面各三至四小捆，然后用绳子把交叉的麻头捆在一起，捆成人字形大捆。用花麻拧成绳把人字的两条腿分别捆好，再将捆好的人字捆立起来，脑袋伸进花麻捆的分叉里，两边的花麻腿自然而然地落在了双肩上。远处看去，人的身子上面是花麻捆，看不见脑袋，不过不用担心，扛起来的花麻人字捆头朝后，腿朝前，不影响视线。鲜花麻很重，如果扛足了载，路远的要歇上几歇，歇着的时候找个坎把花麻捆立起来。十几个半桩小子从山上扛着花麻往山下走，只见花麻一簇一簇地移动，像树丛在风中摇曳，别具特色也是一景呢！扛花麻时花麻的花瓣和花粉落得满身都是，回到家把花麻放下，脱下粗布小白褂抖一抖，把粘在皮肤上的花和花粉扑落扑落，身上穿的白粗布褂也会被花麻叶子染上片片的绿色斑痕，像迷彩服一样。

把花麻捆解开散在院子里，猪便不请自到，两三口猪一会儿工夫就把花麻叶子吃光，只剩下光光的花麻秸秆。把花麻秸秆捡起来斜戳到墙根上晾干，以备当柴烧。因为花麻秸秆还没完全纤维化，所以烧火做饭时烟很大不爱起火苗，尽管如此总比没柴烧要好得多。花麻既能授粉又能喂猪还能当烧柴，可谓一举三得。

杀麻与沤麻 为了满足生产队和社员们用麻的需求，生产队每年都要在水泉子南面的平地上种一片线麻，由于肥大、水勤，加之种植密度大，线麻长得细高，足足有三米多。长到一米多高时，人就很难进去，有一种阴森森的感觉，晚上走到麻地附近，总有几分不安和胆怯。有外伤、长疮和长疖子的不能靠近麻地，据说被线麻熏着伤口和疮口容易发炎。麻地里进不去人，却成了黄鼠狼、两头乌和野猫的栖息地，它们把捉来的小鸡和其他小动物拖到麻地里食之，割麻时麻地里时不时地还能看到小鸡和其他小动物的残骸。

到了线麻成熟的季节，人们把五六公分粗、两米多长的圆木棍一头削成四五十公分长的刀刃，人称麻刀。用麻刀削去线麻秆儿上的麻叶和未成熟的麻籽,只剩下一根光麻秆儿,也称作"杀麻",然后把麻秆儿割倒。到了"杀麻"那天,孩子们挎着大筐、拿着口袋,跟在割麻秆儿人的后面捡只有半仁的麻籽喂猪,猪很爱吃,吃多了还会醉,醉猪就地睡下,好长时间不醒,醒来的时候走路还打晃。

人们将割倒的麻秆儿上下各捆一道,整齐地放入预先挖好的麻池里,为防止水把麻捆漂起来,上面压上木杆、大石块等,然后放上水,开始沤麻。沤麻是要掌握火候的,水凉沤的时间要长一些,水热沤的时间短一些,沤麻时每隔几天队长就派个有经验的老农到麻池查看一下,防止麻沤大了。麻秆儿沤大了麻就会脱落,也叫"脱裤子",沤的时间短了麻扒不下来(护皮)。麻沤到既没"脱裤子",又很好扒才恰到好处。

出麻的乐趣　麻沤好了就要马上出池,当地人叫出麻。出麻那天,男性青壮劳力只穿一个裤头,赤身下到又脏、又臭、又凉的麻池里,把麻秆儿从麻池里一捆一捆地运到麻地里,均匀整齐地摆放好,把麻捆下边那道要子打开,再把麻秆儿下半截散开成扇形。出麻这天从下午上工开始,中间不歇着,一般三个来小时就能完成任务。出完麻这个下午的活就算干完了,一下午的工分也全挣到手了,剩下的时间归自己支配,活虽然脏点、累点,但时间短、工分高,大家还是很高兴的。

生产队长为了给出麻的人解解寒气,晚上要给一顿酒喝,下酒菜是生产队种的疙瘩白。出麻人集中到饲养处,找两个年轻小伙子,到生产队的疙瘩白地砍几个大疙瘩白,再借来大盆、菜刀、菜板子、筷子和碗,把疙瘩白切成丝放在大盆里,撒上几把盐,就有了下酒菜。疙瘩白腌好了,人们把碗里倒上酒,端起酒碗互相碰一下,然后喝上一口,大口地吃着腌疙瘩白,喝得有来道趣的,人们还没有完全尽兴,酒就被喝光了,这个酒局就结束了。那些年粮食酒不好买,大多数喝红薯干酒,这种酒又难喝又上头,但是人们喝酒的劲头还是那么足,因为平时在家里连这种酒也喝不到。这也是生产队为数不多的公费聚餐,每年一次,年年如此,所以生产队的青壮年也很期盼这一天。

扒麻的烦恼 麻秆儿晾干了,按人口分到各家各户,并确定每百斤麻秆儿交给生产队多少斤麻。半个冬季的晚上和不能出工的风雪天,大人、半桩孩子们全都扒麻。麻秆儿很长,吊顶的屋子摆弄不开,还要到冰冷的外间屋去扒麻。扒麻要分手,一般分为两手,扒出来的又细、又长、又薄的麻为一手麻,夹在食指和中指之间;又粗、又短、又厚的麻为二手麻,夹在中指和无名指之间。一手麻是最好的,质量高、重量轻,二手麻质量差、分量重,所以人们都把第一手麻留着自己用,把第二手麻交到生产队或出售给供销社。供销社收麻按着麻的质量确定等级,按着等级定价。留给个人的那部分麻生产队是不收钱的,权当扒麻的工钱,因为要靠社员把麻从麻秆儿上扒下来,实际是以工换麻,说实在的扒麻的工钱比麻钱还多。扒麻是个费时、费事的活,是半桩小子们最不愿意干的,吃完晚饭不能出去玩,要在家里扒麻,有时扒着麻就睡着了。

六七十年代用麻量达到最高峰,生产队用量极大,如车套、犁杖套、磙子套、刹绳、撒绳、纲绳、抬筐绳、口袋绳等都用麻。个人家的用量也很大,如柴火绳、井绳、纳底子绳等。国家也敞开收购,一块多钱一斤。生产队种麻,社员扒麻,交回生产队一部分,剩余的自己留用,自己用不了的还能卖一些换点零花钱。那时候时常看到上集赶店的或背或夹着一捆麻或卖或兑换其他物品。

土法熬糖稀

五六十年代食用糖特别少,商店里的红、白糖要按户供应,只能用作特殊用途。村人有吃年糕蘸糖的习惯,过年时庄户人家撒了那么多年糕,没有糖怎么能行。为了解决过年吃年糕用糖问题,人们在自留地的地边地沿上种些甜菜疙瘩,平时把甜菜叶子掰下来熬熟了喂猪,掰了这茬长那茬,可以掰很多茬,秋季把甜菜从地里起出来储到窖里,到腊月熬糖稀,实际就是土法制糖。熬糖稀分两步:第一步煮甜菜疙瘩,即把甜菜疙瘩里的糖分用开水煮出来。先削掉甜菜疙瘩上的毛根,洗净甜菜疙瘩上的土,把甜菜疙瘩切成丝或薄片,放在锅里填上水煮,待甜菜疙瘩充分煮烂,甜菜疙瘩里的糖分全部被煮到水里,再把甜菜疙瘩丝或片捞出来。这些煮过的甜菜疙瘩渣子用来喂猪。第二步熬糖稀,就是把煮过的甜菜疙瘩汤继续在锅里熬,把多余的水分熬出去,熬大了糖稀过稠没法吃,熬轻了糖度不够不太甜,要熬的不稀不稠,恰到好处。吃年糕的时候把糖稀盛到碗里直接蘸年糕吃。因为糖稀不能用水稀释,要用原汁蘸年糕,所以用量很大,如七八口人一顿就得一两碗糖稀,熬半大锅糖稀不等吃完年糕就用完了。

土法熬麻油

村人过去吃的植物油主要是麻油,那时候没有榨油机,都是用土办法熬制麻油。熬制过程:先把麻籽炒成七八分熟,用碾子轧碎,把碎麻籽放在锅里,适量多填些水,用文火熬,水重油轻,碎麻籽受热后里面的油自然溢出浮上水面。用高粱秆绑个丁字架,用丁字架把飘上来的油荡在一起,用勺子把油撇出来,待碎麻籽里的油全部熬出,把撇出来的油倒入锅里清除杂质熬尽水分即可。沉淀后的油底子可以熬菜吃,熬过的麻籽渣子可以喂猪。麻油主要是当作食用油,早些年用麻油点灯照明,后来有了煤油(火油),代替了麻油点灯照明。轧碎的熟麻籽特别香,轧熟麻籽时如果有人光顾,主人要攥一个碎麻籽团子送给来人,无论大人或孩子都不会拒绝的,好像形成了一种习惯,麻籽团子越嚼越香,但不能多吃,吃太多了会出现头晕、恶心、呕吐等症状。

辅助小膳食

过去主体饭食的种类单一,人们为了调换口味,增加食品种类,充分利用各种杂粮、杂豆、果蔬等做一些辅助膳食。这些辅助膳食都与当地的种植习惯、生活习惯、生活水平有直接关系。随着种植结构、经济条件、生活习惯的改变,辅助膳食也在发生变化。这些辅助膳食有着明显的区域特征,就是人们常说的一方水土养一方人,由于地理环境不同,种植作物的种类和品种各异,一些辅助膳食的种类也有所不同。比如川区无霜期长有灌溉条件,人们舍不得用这些好地种植无霜期短、产量低的农作物。而高寒山区因无霜期短,一些生长期长的高产作物难以成熟,人们一般种植一些生长期短、产量较低的杂粮杂豆,有了这些杂粮杂豆,人们就在不断地琢磨做成不同种类的辅助膳食,这些小膳食有当地在日常生活中总结发明的,有借鉴同类地区的,在我的家乡有很多莜麦、土豆的吃法就是借鉴河北省围场县一些高寒山区的吃法,当然也有自己独到的做法。除此之外,辅助膳食还有阶段性的特点。市场经济之前,农村老百姓基本都是种什么就吃什么,市场经济后,有很多吃的东西可以到市场去买,农民也不必吃什么种什么,即便是高寒山区人们也讲规模效益,所以种植的作物种类比过去减少了许多,农作物种类的减少,直接影响到辅助膳食的存在,一些小膳食随之在餐桌上消失了。另外主体饭食的变化,使辅助膳食也随之改变。

盐儿 所谓盐儿,就是用油料作物的籽实或粮食掺上适量的食盐轧成的面。过去只听说过胡麻盐、芝麻盐最好吃,还听说过坐月子人吃鸡蛋蘸芝麻盐是最讲究的。在当时这两种盐儿我都没吃过,我吃过的盐儿种类也很多,有黄豆盐儿、青豆盐儿、黑豆盐儿、麻籽盐儿、棒子(玉米)盐儿,还有混合面盐儿。这几种盐儿最好吃的当属麻籽盐儿,黄豆盐儿也不错。在五六十年代盐儿最盛行,每家每户都轧盐儿,当时主要是粮食短缺,用土豆当主粮,吃土豆离不开盐儿,即把烀熟的土豆捣碎放上盐儿拌着吃,或用土豆直接蘸着盐儿吃。奢华一点的用盐儿拌小米饭,米饭和盐儿的香味混合在一起香喷喷的,又好闻又好吃,不过,一般家庭舍不得这么吃,一是浪费盐儿,二是浪费米饭,因为好吃,人们就爱吃，所以吃得就多。那时出外做工在外就餐的社员，也要带点盐儿下饭。

那时生产队不种芝麻和胡麻，芝麻含油量达50%，虽然含油量高但产量低，每亩地产量仅六七十斤。红胡麻含油量达39%，单位面积产量也很低，一亩地最高产八九十斤。这两种农作物都属油料作物，主要用于榨油。芝麻榨的油叫香油，价格昂贵，主要用于拌凉菜。在那时人们的生活还不具备拌凉菜放香油的条件，所以人们吃不起香油，也就没人用香油。芝麻和红胡麻都因不是粮食作物，加之产量很低，所以生产队不种。棒子（玉米）、麻籽、黄豆、青豆和黑豆这几种作物都是生产队普遍种的。用上述几种粮、油作物的籽实做盐儿，制作工艺也比较简单，把它们炒熟了放上适量的盐，碾轧、过罗后就称之为盐儿，用什么粮食做的就称什么盐儿。随着主食的改变，辅助食物也随之发生了变化。这些年，以蔬菜为主的副食充裕，也不再用土豆代粮，所以，各种盐儿也在餐桌上消失了，退出了历史舞台，盐儿的盛世已经成为历史。

麻籽小豆腐 麻籽小豆腐的做法，首先把小麻籽用碾子轧碎，把轧碎的小麻籽用凉水或温水沏开，然后用漏勺、笊篱或粗罗把白色的汤汁过滤出来，把过滤出来的麻籽皮子用温水或凉水沏上，再过滤，直至把麻籽皮里的白色汤汁滤净为止。把过滤出来的白色汤汁烧九分开（刚要开锅），马上用笊篱捞出，把捞出的半固体的小豆腐放上盐和葱花，放在锅里炖一小会儿便可食之，吃着味道很鲜美。麻籽皮用来喂猪，如今的大饭店也把它当作农家菜列在菜谱上，可见这个麻籽小豆腐很受人们欢迎，现在大麻这种作物种的不多了，有些地方已经见不到了。

腌咸豆子 五六十年代，到了青黄不接的季节，青菜没下来，腌的咸菜也吃光了，总要有下饭的咸菜，人们就把黄豆、黑豆或青豆炒熟了，放适量的清水，多放一些盐，腌得咸咸的，有时咸豆的表面还挂着咸盐霜。这样还不够，还要装在一个小口瓶子里，吃饭时人们从这个小口瓶子里叨咸豆就饭吃。瓶子口很小，每次只能叨一两粒咸豆，即便这样，如果孩子们叨得太频繁了，大人会说那是就饭吃的，不是当饭吃的。半斤左右的咸豆一家子人能吃好几天。咸豆制作简单,咸味能下饭,还有豆子自身的香味,所以人们都很爱吃。那时大会战、专业队和到公社开会办集体伙食都要腌点咸豆子下饭。

手工撕酱 过去我们那里家家都有手工做大酱的习惯,当地人称撕酱。手工做大酱分三个步骤:第一步是把黄豆炒成八分熟,用碾子把炒好的豆子轧碎,用粗罗过罗,然后用开水或黄米、小米饭汤和面,把和好的豆面攥成团,攥得越紧越好,放在草囤里发酵。第二步是待酱团的表面长出一层黄绿色的毛,即为完成发酵,这时要把酱团拿出来,清理干净酱团表面的菌毛,把酱团掰成若干瓣晒干。第三步是将掰碎晒干的酱团用碾子轧碎,用细罗过罗,然后用凉水和酱面,和面时适量放些盐,防止酸酱,把和好的酱面放在盆里,上面撒一层盐面,防止长毛,把盆放在炕头上烧酱。为提高和保持温度,盆周围应围上被子。每隔几天要打开盛酱的盆,上下翻动,使酱的温度上下一致,每次翻酱时都要适量放点盐,酱的表面也要撒盐,注意放盐要适量,防止过量。待酱变成红褐色时,烧酱程序结束,取出来放在缸里储存。吃的时候用咸菜汤或盐水澥开即可食之。大酱,黄豆的为最好,豇豆、红芸豆的也不错。过去没有那么多豆子,用黄豆加麦麸子、黄豆加豆腐渣、黄豆加玉米等代之。

炒面 炒面是一种易保存、不易变质、方便食用、方便携带的食品,尤其是过去出远门的人,走之前都要准备一些炒面随身携带在路上充饥。据说"炒面"原来指的就是莜麦面炒面。莜麦是高寒山区的一种农作物,它生长期短,经营管理粗放,产量低,每亩最多产二百来斤。它的吃法很多,除了莜麦面炒面以外,莜麦面鱼子、莜麦面猫耳朵、莜麦面大[dài]王、莜麦面窝窝等也是人们喜爱的膳食。

莜麦面炒面的制作工艺比较简单,首先把莜麦用凉水淘好,放在锅里填水烀熟,然后放在大锅里炒干,用碾子轧碎过罗即可食之。这种莜麦面炒面口感好、出数、禁饿,吃时把炒面用开水或稀粥和好,炒面涨了很多,可稀可稠,年龄大的可以喝炒面粥,到野外可以带炒面蛋,还可以干吃炒面。

在五六十年代,炒面已经不是原来意义上的炒面,改良了炒面的性状。特别是五十年代,糠炒面盛行,最好的糠炒面就是把谷子直接做成炒面,不再添加谷秕子和谷糠,炒面里含八成小米、两成糠。次等糠炒面要在谷子里面放上很多谷秕子和谷糠,最后小米的含量还达不到四五成。做法:把谷子和谷秕子淘好、烀熟、炒干、碾轧、过罗食之。这种炒面吃起来口感不好,不出数,营养低,不好咽,吃不合适容易噎着,吃多了还会憋肚(大便不畅),大便呈白色,吃公共食堂时最常吃的就是糠炒面。

到六十年代中后期,人们虽然还是吃不饱,但是与五十年代和六十年代初期相比,粮食的拥有量有了很大改善,糠炒面随之也逐渐退出膳食行列。那时生产队种的莜麦很少,人们舍不得做莜麦面炒面,一般用莜麦做点差样饭,改善一下伙食。那些年生产队种了很多玉米,玉米成了主粮,人们就变着花样吃,玉米面饼子、玉米面发面、玉米面饸饹、玉米面饸饹豆、玉米面菜包子、玉米面粥、棒子米饭、棒碴粥等,玉米炒面也就问世了,它代替了糠炒面和莜麦面炒面。玉米炒面的制作工艺,比上述两种炒面简单了许多,把玉米弄干净、炒熟、碾轧、过罗,即可食之。味道还可以,但不出数,也不太禁饿。

莜麦面炒面、玉米炒面和糠炒面的意义各有不同,糠炒面是为了填补粮食的严重不足,而玉米炒面是为了变换吃法,莜麦面炒面则是一种传统吃法。随着乡村熟食制品的增多,这几种炒面在我们那地方很少有人再做了。

榆树皮面 村里有好多老榆树,生产队放树时,树皮可以随便扒,摔断的树枝可以随便捡。杨树皮扒下来烧火、缝制杨树皮皮篓。榆树皮是最受社员青睐的,因为除了当柴烧还可食用。那时听说生产队要放树,社员们早已准备好了斧头、菜刀、撬棍等工具,老早到放树地点等候。树刚倒下社员们便一拥而上抢扒树皮,不等第二棵树放倒,第一棵树早已被人们扒得一干二净,像一个脱了衣服的"巨人",赤条条地躺在地上。树皮外层的老皮扒下来烧火,火很硬又禁烧,用不了多少就能做一顿饭,平时人们舍不得烧,关键时才用。树皮里层的嫩树皮可以吃,轧过榆树皮面的榆树皮挠子也能派上用场,当麻刀用来抹墙、抹碾台、抹锅台等。人们把嫩树皮扒下来后晾干,然后捆起来放在阴凉处储存。吃时先用剪子剪成小段,然后用碾子轧成面食用,是一种黏合剂。食用时不能用作主料,只可做辅料。比如用玉米面包饺子,为了饺子皮不开裂,人们和面时掺上适量的榆树皮面;用玉米面压饸饹,为使饸饹条长一些(不爱断条),和面时掺上适量的榆树皮面。做法:先将榆树皮面放入凉水中搅拌均匀成粥状,然后用榆树皮面粥和面。用榆树皮面做辅料制作出的面食,吃着溜滑没异味,口感还可以。这和红军长征时吃树皮不是一个概念,红军吃树皮是用来充饥而不是辅料。榆树皮和榆树皮面是可以相互要着吃的,那时谁家缺了,就可到邻家要些,不用还。记得过去每家每户闲屋子的墙上都挂着几捆榆树皮。

煮咸疙瘩 有的也叫熬咸菜汤子。清明节前后,人们把去秋腌制的芥菜疙瘩连同腌芥菜疙瘩的咸盐汤一起煮了。煮咸菜疙瘩分两种:一种是脆咸菜疙瘩,煮半熟就捞出来,然后再放进煮熟的咸菜汤里泡上,随吃随捞。一种是把咸菜疙瘩彻底煮熟煮烂,然后捞出来找麻绳穿上,几十个为一串,挂在房檐下阴干,储藏起来,留着下饭用。这种咸疙瘩野餐时带着非常方便,更是妇女坐月子和病人吃中药忌口时下饭的好咸菜。干咸菜疙瘩有两种吃法:一是把干咸菜疙瘩埋在火里烧一烧,野外用餐直接啃着吃。二是用火烧完后切成片用热水泡软了吃,这种吃法适合病人、月子人和牙齿不好的老人。有时半桩孩子和大姑娘小媳妇们到生产队劳动时,衣服兜里还要揣上一个干咸菜疙瘩当零嘴,劳动休息时啃咸菜疙瘩吃,吃得有滋有味的,有时还要用刀子切下一块送给伙伴吃。半桩小子就没那么讲究了,手拿咸菜疙瘩你啃完了我啃,不一会儿一个咸菜疙瘩就被啃光了。

干咸菜疙瘩能放很长时间,最长能放好几年,那时会过日子的人家平常舍不得吃,陈的还没吃完新的又下来了,有的家存着好几年的干咸菜疙瘩。有的人家则不然,因为好吃便顿顿吃,没下饭的菜时吃,有下饭的菜时也吃,用不了多久就吃光了,家里有吃药的或有坐月子的还得到别人家要着吃。

煮咸菜疙瘩的咸汤,人们更不能小觑,要把它认真地储起来,找个缸涮干净,待缸壁的水分全部蒸发,用一个干净没有沾水的容器把咸汤舀入缸中。熬好的咸菜汤呈紫红色,那特有的咸味透着微酸,味道很美,是庄户人家半个春天和一个夏天蘸菜、腌咸菜用的家做"酱油"。澥大酱用咸菜汤最好,青菜蘸咸汤味道很美,用咸菜汤凉拌山野菜味道也不错,特别是用咸菜汤腌羊角葱味道更佳。那个年代有几户人家能买得起酱油呀,连过年吃的凉菜都用咸菜汤代替酱油。煮咸菜疙瘩(煮咸菜汤)既是一种生活方式,也是一种生活习俗。

炒豆腐渣　　所谓豆腐渣就是做豆腐时过滤出来的渣子,豆腐渣主要用来喂猪,现在也有用来喂牛的,过去缺粮的时候用来做酱,在困难时期,过年做豆腐的豆腐渣舍不得喂猪,把豆腐渣攥成团放在凉屋子里冻起来,留着炒着吃,既当菜又当饭。炒豆腐渣时锅里放点油、葱花、五香面,把切碎的芥菜缨子和豆腐渣放在锅里加些盐来回翻炒,炒到颜色有点发黄口感会好一点儿,不太难吃,就是噎得慌咽不下去。一般腊月二十四五做豆腐,年前就把豆腐渣吃光了。在极端缺粮的年头,豆腐渣是很好的充饥食物,一年当中只做一两次豆腐,所以豆腐渣也是很难得的,无论口感和营养都要比荞麦花和杨树叶子好多了。

穷人吃贵物

大概是在四十年代末,村里来了一个中年男子,领着一个七八岁的男孩子。中年男子个子高高的,脸长长的,不善交往,他叫李金才,外号叫老彪子。听说这人和村里姓鲍的有点亲戚。他没有老婆,却有一子,家庭和本人的详情谁也不知晓,据说李金才曾经为日本人做过事,还会说几句日本话,有人说他根本就没有老婆,孩子是他从别人家抱养的。家里只有他和他的儿子两个光棍,家庭极其贫寒,生活不讲究,什么都吃。他吃的有些东西按现在说应该是最讲究的,比现在的美食家还超前五十多年。

李金才专吃牲畜身上那些没人吃的东西,比如牛、马、骡、驴、羊的尾巴、鞭、蛋、奶渣(乳房)等等。生产队杀牛、杀马、杀驴、杀羊时,扔掉的那些没人吃的东西他都捡回去吃,时间长了生产队宰杀牲畜时人们就把那些东西单独放在一边,留给老彪子。在当时全村的人不管男女老少都耻笑他,说他像个猪一样,什么东西都吃。照理说盛屎的肠子和肚子都能吃,为什么那些东西不能吃呢。现在看来这人很了不起,他把现在平民百姓吃不着、吃不起的用来款待尊贵客人的东西提前几十年就享用了。不过也不要盲目地崇拜他,我想他并没有真正了解那些东西的营养价值,主要是当时没吃的。绝大多数人不吃主要是受传统观念的影响,受风俗习惯的束缚。有的人不吃是爱面子,别人不吃他也不好意思吃。而李金才,他不受传统观念和习俗的束缚,而是从内心能够接受得了,还能放下面子,其实是缺吃的逼得不得不吃。别人为了面子都不敢吃或者不想吃,而他不顾面子,想得开,只要能吃,只要好吃,只要能解馋,能填饱肚子,顾不了那么多,他就可以大胆地去吃,大胆地去享用。

杀羊的秘密

集体经济时期,每年过八月节生产队都要挑选六七八只膘肥体壮的羊宰杀,作为社员们的节日用肉。小雪前后,生产队也要宰杀几头只老弱病残过不去冬的羊和牛,除了这两次集中宰杀牲畜,平时偶尔也宰杀牲畜,主要是受重伤和得急病无法医治的牲畜。每次集中宰杀牲畜都需要五六个人，剥皮的、开膛破肚的、摘油的、倒肠倒肚的、洗肠洗肚的、剔肉的。如果是现在油脂麻花的谁也不愿意干，可在那个年代很多人都想干，但是又不是谁都能干了得，这个活也算个技术活又是个体面活，所以用人要有选择性。大人杀牛羊，小孩子们去看热闹，一个上午、一个下午地总围着杀牛羊的摊子转，大人撒不开手时孩子们还能帮点小忙。屠夫们有的穿件夹袄，有的穿件棉袄，腰间总要扎根绳子或腰带子，衣服的上面还扔下一个扣子不系，有时看到有的屠夫手里抓着一把牛羊油，趁人不注意，顺着没有系扣子的地方塞进怀里，过一会儿这个人就会跟同事们念叨一声，说回家有点事，过不了几分钟就回来了。那时候即便是孩子，但是看见了也不会乱说的。到了午饭或晚饭的时候，把看到的情景和家里的大人说一遍，大人们说，小孩子知道什么，可不要出去乱说啊。实际我们心里都知道是咋回事。这个事杀羊杀牛的人不是全都干，但也不是一个人干。

　　过去剔肉可是个技术活，剔过肉的骨头上几乎不剩下肉。他们剔肋骨时，把包着肋骨的那层膜用剥刀刮开，然后把肋骨在脊梁根处砍断，抓住靠近脊梁的肋骨头，把肋骨拽下来，拽到肋软骨的位置，从肋软骨和肋硬骨交接处断开，把肋软骨留在肉里，剔肉时一般把其他部位的软骨也都剔在肉里。这样剔肉，肋巴的肉显得又肥又厚，当然也能多出肉。过去吃羊肉馅饺子总能吃着几次骨头渣子，牙口不好的还把牙硌得生疼。人们把脆骨嚼着吃了，把羊胸骨嚼了，把骨头渣吐出来。

　　近水楼台先得月。在分肉时，屠夫们分的肉也比别人家的好一些。分肉时虽然自己不给自己掌刀，但别的屠夫掌刀也都互相有个照应。肉分完了，总有几户不满意的，有的心里不高兴但嘴上不说，有的则说这次分的肉皮皮拉拉的没一点好肉，好肉都跟着有头有脸的走了。过去生产队分一些比较稀罕的东西时，一般都不让孩子去分，大人要亲自到场，分东西的人看在大人面子上，不至于把东西分的太差。但是无论怎么分，总有不满意的，分土豆说自己的比别人家的小，分粮食说是下风头的,比别人家的秕,分疙瘩白说比别人家的囊,分大白菜说比别人家的小。不公平是存在的,有人为的,有客观存在的,绝对公平是不存在的。

烟民的营生

过去我们那里的烟民抽的都是旱烟(火烟),偶尔买几支香烟是用来待客的。种植的火烟品种较多,我所知道的就有三四种之多,比如臧葵花,也叫蛤蟆拱,一听这名字就不是善茬,这种烟很有劲,抽起来又噎又呛,没有香味,烟龄短的人享受不了。小黄烟,抽着发飘,没有劲,不那么冲[chòng],适合女烟民。葵花烟,劲头适中,口感好,是烟民们普遍喜好的烟种之一。后来供销社从外地引种大白力烟,但当地人很少抽,全都卖给供销社送到卷烟厂做香烟用。那时,村里凡是有烟民的户几乎都在自家院里院外的菜园子里种上一片烟,种火烟技术含量很高,从种到收再到加工都有一整套技术。烟的口感、烟的质量、烟的成色都与田间管理、后期加工有直接关系。

小时候,记得我大爷每年都在我家门前菜园的西边种一片葵花烟,我坐在自家的炕上就能目睹大爷侍弄火烟。开春他把烟地用铁锨深深地挖一遍,浇上一场春水,待土壤干松之后,把土坷垃砸碎,把土壤整细,把地面整平,然后在烟地上铺一层黄粪(腐熟的牛、马、羊粪),大爷说:"烟地切忌上猪粪、大粪,烟地里上猪粪、大粪,种出的烟抽着太冲(劲太大)。"种烟,要先育秧苗,然后把育好的秧苗移栽到烟地里。大爷在他家院里的小菜园里弄出一个畦子用来育烟苗,育秧畦子侍弄得很精细,播种时他把烟籽均匀地拌在细土里,把拌土的烟种子播在育秧畦子里,薄薄地覆上一层土,用喷壶浇一遍水,待烟苗长到十来公分高时再浇一遍水,做移栽准备。移植时用铲子把烟苗带着土坨一株一株地挖出来装到筐子里,大爷在运烟苗时小心翼翼的,生怕把烟苗上的土坨弄散了。栽植烟苗更是精细有加，首先在烟地上按照烟的种植株行距挖出栽植穴，然后将烟苗放入栽植穴，用湿土把栽植穴填平，再用手把回填土摁实，达到烟苗带的土坨既能和回填土紧密结合，又不至于把土摁得过硬。烟苗栽植好了，大爷又给每株烟苗浇一遍水，待水渗入地下再覆一层土。除草、松土是他的常事，烟地里除了烟苗，见不到杂草。当烟长到几十公分高，大爷开始掐头打杈，掐了这茬头掐那茬头，打了这茬杈打那茬杈。看见他每天下工后或出工前都在烟地里转，除草、掐头、打杈、松土、浇水什么的。由于大爷精心侍弄，烟叶长得又大又肥。到了烟叶采收季节，他不盲目地把烟叶从秧上一次全掰下来，掰烟叶时，只掰烟秧上的成熟叶片，没上好烟的烟叶还要留下来等上好烟再掰。大爷说："烟叶掰早了烟没上足，不但不好抽，而且抽烟时要火（老灭火）。烟叶掰晚了烟上大了，太有劲，也不好抽。"

烟叶采收后，看见大爷从野地里割回很多捂梨蒿，他把捂梨蒿铺在地上，把烟叶整齐地放在捂梨蒿上面，然后再用捂梨蒿把烟叶盖好，大爷管这种做法叫发汗、增味。烟叶发好汗，大爷把发好汗的烟叶编在用扫帚草叶搓的草绳上，然后把地整平，地面铺上青草，把编在草绳上的烟叶一绳一绳地平放在草上晾烟，把烟叶晾好了，开始晾梗子，即用下绳烟把上绳烟的烟叶盖上，烟梗子露出来，晾烟梗子。待烟梗子晾好后，大爷又找来一些木杆子、破炕席之类的搭个凉棚，把烟挂在凉棚里晾至八分干，他把晾好的烟一绳一绳地小心翼翼卷成捆，再用扫帚草捆上（每捆烟一斤左右），放在闲屋子里储起来。有邻居问："你家种这么多烟，准备卖啊！"大爷说："我家有三四杆烟袋呢，种少了不够抽啊。"我们小村种烟卖的很少，大多数自种自抽，有时邻里间调节点余缺。

现在农村大多数烟民也都抽成品香烟了，再过些年可能就没人种植火烟了，在这里把火烟的种植、田间管理、加工过程，做一个粗略地记载，备后人了解。

说起来让人很难理解，烟民们为了自己的爱好，在那么缺粮的年代,那么好的地不种粮、不种菜,却用来种烟,而且不惜投入、不辞辛苦、不厌其烦地经营着那片烟地。

农民的礼物

凡是在城里工作的农村人,到过年过节时一般都会收到农村老家自家、亲戚和邻居送来或捎来的礼物。在五六十年代他们拎一个黄提包或背一个帆布口袋,把东西拿出来,提包和口袋还要带回去。后来有了尼龙丝袋子,送礼的人很大方,送礼物时连包装也送了。还有时拎着个旧纸箱子,纸箱子里面纸包纸裹地里三层外三层包着要送的礼物。

这些礼物很杂,但都是农村土生土长的真正的土特产,有地里长的、有树上结的、有家里养的、有山上采的等,什么杂粮杂豆呀,瓜果蔬菜呀,山珍野味等等。拿点杂豆,绿豆、黄豆是让你熬点绿豆汤解解暑,生点豆芽做个菜;拿点红芸豆、花豇豆是让你煮点豆粥、做点豆饭差差样;拿点杂粮,大黄米、小黄米是让你过五月节包点粽子、馇顿腊八粥做点节日饭;拿点小米是让你做几顿小米饭、二米饭换换口味;拿一袋子土豆是让你做菜吃的。鸡蛋、鸭蛋、鹅蛋也在送礼的清单之列,有的还是腌制好的咸蛋。到了快过年的时候拿只鸡、拿只鸭、拿只鹅,进了腊月杀了猪还要专程送点猪肉、猪血肠、杀猪菜,还有年干粮,如年糕、豆包、茶汤面,还给做个豆腐、压点粉条、磨点荞麦面。不年不节还时不时地捎点小特产,什么杏子、沙果、黄瓜、角瓜、倭瓜、新下来的豆角、第一茬苣荬菜、黄花菜、蘑菇、干白菜、干豆角丝、干角瓜条、干茄子片、咸菜疙瘩等。礼物虽"土"却代表着一片心意,近则几十里,远则几百里,有时专程送,有时班车捎,可谓煞费苦心。

当你吃到这些带有乡土气息的东西时会勾起对童年、少年、青年时期往事的回忆,加深了对往事的记忆。当你吃那些年干粮时你的思绪就会回到过去忙年的腊月,那情那景就会浮现在脑海里。那时腊月中旬就开始淘米、轧面、煮豆子、搋[chuāi]豆馅、蒸干粮,当你咀嚼着那些年干粮时也会想到这些年干粮来之不易,有那么多道工序、有那么多劳动在里面,你就会感到这份礼物沉甸甸的,礼物的内涵远远超出礼物本身的价值。

　　送的这些礼物都是有计划的,最早的计划从开始种植时就做了打算,当然也有临时动意。大部分城里人很珍惜这些礼物,自己吃一些,还要让亲朋好友分享一些。也有看不起这些礼物的,有的都不用好眼光看一眼,有的把送来的礼物全部送人,更有甚者把礼物扔掉,他们嫌这些礼物土、嫌这些礼物脏、嫌这些礼物有泥土味、嫌这些礼物不值钱,岂不知这些礼物凝聚着农民的辛劳和汗水,凝聚着农民的劳动和辛苦,饱含着农民的深情厚谊,切记不可小觑。

第十一篇

村子里的小故事

我们那个小村庄虽说不上是千年古村，但也可以说是历史悠久，在历史的长河中发生、积累了好多平凡的故事，也有好多神奇的传说。传说是悠久的，记载的故事则是五六七十年代的，通过传说了解小村的历史，通过故事来记载和了解人们在这里生产生活的生动瞬间，也通过这些小故事和传说从侧面了解小村的过去，了解那山、那水、那人、那事。这些小故事有反映小村人精神面貌的，有反映当时社会现状的，有反映山村人丰富情感的，有反映小村风俗习惯的，也有反映小村不良陋习的。

老儿童团长

在电影、电视连续剧里,我们看见过儿童团长的形象,给我们的感觉很陌生,距离我们是那么遥远。一个偶然的机会,竟然在我的身边发现了一名儿童团长,还曾经是我的老领导,所以我就找到他,谈及儿童团长和儿童团的一些真实情况。这位儿童团长名叫王玉和,他出身于一个房无一间地无一垄的雇农家庭,在他三岁的时候(一九三九年),父母背着他逃荒要饭到了克什克腾旗的哈巴其拉,他的母亲又给他生下了一个弟弟,是年他的母亲和弟弟被饥饿和病魔夺去了年轻和幼小的生命,时年他母亲年仅二十二岁,小弟弟还不到一岁。他父亲为了养家糊口,给一个大地主扛了两年活,扛活挣的粮食不够爷俩吃的,还是吃了上顿没下顿,经常挨饿,实在过不下去了,他父亲决定回老家,家乡毕竟有那么多父老乡亲,总比在人地两生的外地好,在回家的路上爷俩靠讨饭充饥,一路颠沛流离,终于回到了王玉和的出生地——老水泉子大队瓦房生产队。

一九四六年,十岁的王玉和就当上了村里的儿童团长。儿童团里有十多个儿童团员,每天手持红缨枪(所谓的红缨枪就是用铁打造的扎枪头,再安上一个木把,在枪头下面拴上红缨,现在王玉和的红缨枪仍然完好如初地保存着),站岗、放哨、巡逻。对坏人、陌生人进行盘查,发现大地主家的自卫队员和形迹可疑之人以及没有路条的行人,送交农会处理,发现可疑的事向农会报告。儿童团还负责监督地主的活动,发现不轨行为就向农会报告,配合穷人斗地主,监督懒汉劳动。看见抽大烟的"大烟鬼",收缴大烟和烟具。清缴地主的东西送交农会。儿童团长和团员没有任何报酬,所做的一切事情都是义务的。王玉和说,那时没有参加儿童团的孩子们看到儿童团员的威风劲都特别眼热(羡慕)。有些适龄的孩子没有参加儿童团,不是他们本身不愿意参加,而是家长不让他们参加,怕有危险,怕家里受牵连。在那个血雨腥风的年代,这种担心是可以理解的。

王玉和对我说,他当儿童团长时,是个动荡的年代。那时八路军来了把地主的田产分给了穷人,八路军撤走了,大地主们嚎着、嚷着,让穷人们把分去的土地给退回来,把分去的东西怎么拿去的怎么给送回来。有的穷人在地主的淫威下,真的就把分到手的东西又偷偷地给地主送了回去。分到手的土地谁也不敢种,穷人不敢种,怕大地主报复;大地主不敢种,怕八路军回来找他们算账,再把土地要出来。就这样,原来大地主家的土地被分给穷人后就成了荒地。

王玉和十二岁那年为了挣口饭吃当了村里的小猪倌,那时家家都养猪,又没有粮食可喂,开春把小村各家各户的猪集中到一起,赶到山上吃山野菜和青草。十二岁的小猪倌每天赶着几十口猪钻河套、上大山,放一头猪,猪主给小猪倌一升荞麦,作为放猪的报酬,猪主们轮流管饭。这时不但自己能挣饭吃,而且还能为家里挣点荞麦,添补家用,使他幼小的童心感到莫大的欣慰和满足。

王玉和十四岁那年开始从四年级读书,在四年级念了两年(蹲一年),之后到老府完小读两年书,一九五五年完小毕业后,任老水泉子大队团支部书记。一九五七年任老水泉子大队主任兼财经保管,一九六三年任老水泉子大队党支部书记。他怀着一颗赤诚的心,满腔的热血,饱满的斗志,敢想敢干,为那里的人们做了诸多的好事和实事,有些还在全公社开创了先河。

修建储水池。一九六六年为了扩大水浇地面积,引水上山,在老水泉子修筑"胜天池",他一边带领社员修蓄水池,一边向上级争取抽水设备,后来因水量不足,蓄水池渗水而告失败。在修筑期间,辽宁省水利部门无偿拨给50马力柴油机一台,四寸水管子若干。据说,这台柴油机在全公社八个大队尚属首台,开创了全公社柴油机的使用先河。

建米面加工厂。"胜天池"失败了,这台柴油机却派上了新用场,搞米面加工、铡草。大队新建了米面加工厂,那时候全大队九个生产队几百户社员都到大队的米面加工厂加工米面,米面加工厂的门口霎时热闹了起来,车水马龙,像个兴隆的集市。米面加工厂的兴建,大大方便了当地群众,老水泉大队的农民们开了眼界,尝到了机械化的甜头。这台柴油机除了在加工厂搞米面加工,还轮流到每个生产队铡草,一个生产队铡两三天草,集体的牲畜就能吃半个冬天,既节省了劳动力,又提高了劳动效率,也提高了生产力水平。

购买拖拉机。一九七五年时任大队党支部书记的王玉和决定花一万六千四百元在公社买了一台旧东方红牌75马力链轨式拖拉机和播种机、压地机、翻地犁、推土铲等一整套农机具。在当时一万六千多元对一个大队来说是一个天文数字,能筹措这么多钱购置农机具,足以证明王玉和敢想敢干的工作魄力。这在全公社八个大队中又是首例,虽然购置这台拖拉机时有些争议,后来也没有达到预期的效益和效果,有资金不足的原因,还有新拖拉机手使用不当的原因。但毕竟让这里的农民见到了农业机械化的曙光,对农业机械化有了初步的了解和认识。

引水上山。王玉和任大队党支部书记期间,大搞农田水利基本建设,亲自指挥各个生产队修渠引水上山,扩大水浇地面积,提高了粮食产量。那时候,每年冬季河套都积满了厚厚的冰,从河套的北边到南边全是冰,远处看来像一条小冰川。村路南的平地地面高于河套两米多,积冰最多的时候,冰面超过了平地面。春天解冻时,冰水像雨季的洪水一样大,为了把这些冰水利用起来,在王玉和的指导下,我们生产队在苇子沟门西头南山根修建引水上山工程,把水引到敖包台子山顶。工程建成后,敖包台子的坡耕地每年春天都能浇上一次水。

兴修梯田。王玉和积极响应毛主席农业学大寨的伟大号召,大力组织社员群众兴修梯田。一是组织全大队社员搞修梯田大会战,每年完成一两个生产队。二是组织专业队轮流到各生产队修梯田。三是号召各生产队在农闲季节自己组织修梯田。经过十几年的努力把很多坡耕地变成了水平梯田,把低产田变成了高产田,提高了粮食产量,增加了农业的收入。

修路架桥。瓦房的西头有一条沟,叫炭窑沟,这条沟又深又长,沟上有一桥,桥上有一路,是三到九队社员出入的必经之路,也是一条通往河北省围场的交通要道。这座桥原来是一座木桥,年久失修,且原设计极不合理,桥面狭窄,入桥和出桥都是死弯,容易翻车,本大队曾有几挂车翻入沟中,大汽车更是无法通行。一九七一年王玉和组织修建这座桥,他找到本大队的徐振起、韩荣、常玉春等三位石匠,用了近四个月的时间,雕凿楔形石块,把原来的土木桥改建成了一座石拱桥,新桥的设计比原来的老桥更加合理,更加坚固,更加宽敞,为过往的车辆提供了交通便利,为当地车辆的出行创造了方便条件,为村人和过往车辆做了一件好事,至今这座桥还在使用着。

引进新树种。离我家不远的河北省巴头沟林区,新栽了很多松树,王玉和看着冬夏常青的松树林很羡慕,决心在自己大队的山上也栽上松树。于是他亲自到巴头沟林区买落叶松和油松种子,当背着沉甸甸的种子,走在崎岖的山路上,他的心里无比兴奋,仿佛看到了老水泉子大队的山上一片片绿油油的松树林在茁壮成长,他说没感觉到累就到家了。他选了一块好地,安排专人育苗。现在山上长的大油松树大部分就是用这些松树苗造的林。

王玉和在任老水泉子大队党支部书记期间,曾任两届公社"革委会"委员,一九七六年任姜家营子公社党委委员,同时调到公社任养猪办主任。一九七七年调县食品公司政工组工作,后又调到美丽河、三眼井、八肯中等公社任食品收购站主任和东沟牧场场长。一九八〇年调东方红种猪场任场长,因其父有病未能赴任。一九九一年至一九九六年,六十来岁的王玉和又回到瓦房村担任村民组组长。二〇一〇年至二〇一二年在他七十三岁高龄时,再次出任瓦房村民组组长。不是他有多大的官瘾,不是他闲着没事干,他真想为村民们多做点好事、多做点实事。

现年七十九岁的王玉和,虽然在七十五岁时动了一次大手术,但是精神头不减当年,说话嗓门仍然是那么洪亮,除了种好自己的地,农忙时还能帮助邻里做点力所能及的事。二○一○年,国家按有关政策每年发给他二千三百元的农村老干部生活补贴费,他打心眼里高兴,也很满足。

这就是这位老儿童团长的成长史。童年时饱经风霜,水深火热,遭受了没房住居无定所、没饭吃食不果腹、没衣穿衣不遮体的苦难,饱受寒冷和饥饿之苦,过着饥寒交迫的非人生活,可谓苦大仇深。幼年丧母失去了母爱,继母的歧视和凌辱,给他幼小的心灵造成了无法弥补的创伤。儿童时期就参加革命活动,青壮年时怀着满腹的革命热情,高昂的战斗激情,远大的理想和抱负,忘我工作,不虚度年华。年老时老骥伏枥发挥余热,有一分热发一分光。他的人生经历饱满而丰富多彩。

他有五个儿女,大儿子王云龙和二儿子王宏军在白音花跑运输,前景看好;大女儿王兆丽、二女儿王兆华是农民,生活自给有余;最小的女儿王燕华在沈阳做肉食生意,做得很大、做得很好,曾经被赤峰电视台选为"赤峰人在外地"的代表并接受采访。孙子、孙女、外孙子、外孙女满堂。儿子、女儿曾多次要接老两口到家养老,但王玉和谁家都不去,他说只要我们老两口能动就哪也不去,实际他不愿给儿女们添麻烦,另外,这片热土他实在难离。二○一五年六月,伴随他五十五年的爱妻离他而去,给他的精神上造成了致命的打击,他接受不了这个现实。为了抚慰他精神上的伤痛,儿女们都争着抢着接他到儿女们家养老。他不想去儿子家,怕分散儿子搞运输的精力,最后决定去沈阳最小的女儿家住上一段时间。儿子把他送到沈阳还要陪上些天。儿女们的孝道给他的精神上增添了生活的勇气。在这里也衷心祝愿这位儿童团长身心健康、长寿!

能官更能民

　　李景，高中毕业就担任魏家沟生产队的会计，两年后就当上了生产队队长，因工作出色又被大队任为老水泉大队专业队长。一九七五年，时年二十七岁就步入了大队领导岗位，曾任大队团支部书记、民兵营长、党支部副书记等职。一九七七年到一九八七年任大队党支部书记，担起了领导全大队一千五百多人的重任。他博学多才，出口成章，为人正直，工作能力强，善于组织群众、善于发动群众、善于做群众的思想工作，头脑清晰、思路敏捷，能吃苦也敢于吃苦。

　　李景当生产队会计时勤奋好学，不耻求教，把全大队最大的一个生产队的账目管理得清清楚楚笔笔有宗。他当生产队队长时把一个生产队管理得井然有序。一九七四年任大队专业队队长期间，他组织带领二十多名专业队员，在宜肯坝生产队（第五生产队）修河坝，起早贪黑，不怕苦不怕累，用了不到三个月的时间，修筑了十几条拦河大坝，为阻止洪水泛滥起到了很大的作用，得到了大队领导的表扬，也得到了当地群众的赞扬。李景在各个工作岗位上的突出表现，引起了大队领导对他的关注和赏识，同时也得到了社员群众对他的认可，为他步入大队主要领导岗位打下了良好的基础。

　　八十年代中期，在由自治区三北站投资，由市林业工作总站负责技术指导的大阴坡落叶松造林项目中，李景作为造林项目的组织者，每天起早贪黑早出晚归，出工走在社员的前头，收工走在社员的后头，工作认真负责一丝不苟，和各生产队抽调造林的社员一起从山下往山上扛树苗，一起挖坑，一起造林。他身先士卒，处处起模范带头作用，社员们在他的带领下，积极肯干认真栽好每一株树。他用心布置每一天的工作任务，达到劳动效率的最大化。他不折不扣严格按技术人员的要求去做，认真检查造林质量，发现问题毫不留情及时纠正。中午下不了山要自带午饭,有时来不及做干粮,他就攥几个干饭蛋带上当午饭,渴了喝空山水。在劳动间歇时和社员们开玩笑,谈天说地,说古道今,社员们说:跟着李书记干活感觉轻松愉快。他每天上山造林来回步行三十多华里,七天就穿碎了一双崭新的黄胶鞋,穿碎了好几双袜子。由于领导带头,严格要求造林质量,经核查造林成活率达到80%以上,创老水泉子大队人工造林成活率最高纪录。

二〇一二年,村委会领导为村民做好事修村路,虽然争取到有关部门的修路补助,但资金缺口仍很大,村委会把这片落叶松林子卖了解决了修路资金的偌大缺口。从那戈营子村与老水泉子村公路交界处一直修到老水泉子村与河北围场县公路交界处,除此之外还为几个偏僻小自然村修上了水泥路,使全村各村民组都通上了水泥路,结束了社员走路行车的颠簸之苦。在这个边远的小山村,有了自古以来第一条光光的水泥路,为农产品的销售打开了方便之门。修路前,一些农产品都因路不好卖不出去,卖出去的农产品因路不好价格也大打折扣。这条水泥路成了社员的方便之路、幸福之路、致富之路。

李景不贪、不占,他任大队书记期间,大队公有资产积累创历史最高,有羊二百多只,有驴、骡、马五十多头(匹),有三处面积约四千多亩的林地和草地,有菜地三亩多,还有近两万元的现金积累。大队经济积累增多了,而他却没有因此而致富。他说那些年每年县里都要召开"三干会",每次开会时都有一位纪委领导讲干部如何严格要求自己,主要强调三个问题:一是干部的生活作风问题,二是干部的贪贿问题,三是艰苦朴素的工作作风,并通报批评犯错误的干部,他说每次开会都讲这些内容,对干部、对自己都是个警示,还真管用。

在那个如火如荼的年代,有文化、有素质、有头脑、年轻能干的人注定他的人生经历是变幻莫测的,有时是丰富多彩的,有时会遇到很多挫折。人生之路是颠簸不平的,有的人遇到坎坷和挫折就会萎靡不振,变得堕落不堪,原来在台上教育别人怎么做人、怎么做事,可轮到自己的头上还不如一个普通老百姓,这样的例子比比皆是。也有的在人生的道路上遇到挫折和困难,顺势而变,不断地调整自己,让自己在各种生存环境中都处于最佳状态,保持着旺盛的斗志和顽强的生活生存意志,永远处于不败之地。李景是后者。

一九八七年突如其来的一场山火,改变了他的人生轨迹。据说这场山火燃烧面积达三四十亩,其中还有些树木。这场山火的起因也没有查清,有人说是村里有一名叫傻蛋的人在山上吸烟不慎着火,当然还有其他说法,但都不足为据。李景因为这场山火,主动辞去了大队领导职务,成为一名普通的农民。在一个地方当领导,会遇到很多突发事件,这些突发事件谁也无法预料,没有防备,没有准备,但是作为领导还是要负责任的,比如八十年代末大兴安岭林区的一场大火,林业部两位部长因这场大火被免职。说他工作不力也不一定恰当,每年都这么抓,有可能那年的工作力度比往年还大,但是在每次大的事故当中都要处分一些人,有直接责任者也有间接责任者,实际就是对人民群众的一个交代,以儆效尤。

李景没有因此而一蹶不振,走下领导岗位后,他以普通农民的心态对待生活、对待人生,不失共产党员的身份和标准,勤劳生产,种地精耕细作,庄稼长势比一般农民家的好,产量比一般农民家的高,除了种好自己的土地,还能放下架子给邻里帮工打工,每年在夏锄和秋收的农忙季节里,在本村给邻居打工一个多月。年近七十的他,给人家打工薅地是快手,薅地时总在别人前头,薅得快,薅得干净。扒玉米是能手,总比别人扒得多,扒得快,扒得净。扬场是高手,出锨一条龙,风大用扣锨、风小用撇锨、出风时用散锨,出糠时谷里无糠、糠里无谷,出风时成秕分明。到了农忙季节邻居争着抢着找李景打工,开始邻居还很不习惯,总认为人家当过大队书记怎能给百姓打工,后来发现他很随和,连他本人都没有这种心理顾虑,所以大家就放下了这种多余之虑。李景每年在村里打工的收入能达到四千来元,既解决了邻居的劳力不足,又能挣到一部分钱补贴家用,还能在家照顾有病的老伴,三者兼顾。他常说靠劳动挣钱不丢人,不掉价,恰恰是光荣的。有很多人只要当上官,就永远放不下官架子,即便不在领导岗位上,也难以自拔,要么放不下官架子,要么就是抬不起头来,一蹶不振。李景则不然,他既能放下领导的架子,又能挺胸抬头不卑不亢,做好自己应该做的事情,在位时不做损民害民之事,退位时心胸坦荡无怨无愧。

李景干一行爱一行,干一行专一行。他生活很实际、很简单,也很朴素,住的仍然是一九七六年盖的土打墙、树枝笆、水泥瓦的土木结构房子。说这话有很多人不相信,当过十几年的大队书记,怎么可能住这样的房子呢?可事实就是如此。国家从二〇一〇年开始每年给他两千一百元的村老干部生活补贴费,他逢人便说这是党和政府的恩赐,他很高兴也很知足。他是大队干部当中的佼佼者,是老水泉子大队担任主要领导职务时间在十年以上的三个人当中的其中一个,是村官当中能官更能民的典范。

村干部老吴

吴景明,有人叫他吴大嚷是因为说话嗓门高、声音大。还有人叫他吴大爪[zhuǎ]子,是因为他手大。还有人叫他吴大个子,是因为他个子高,足有一米八以上。通过这几个绰号,这个人朦朦胧胧给人们的感觉是个粗犷之人,但实际上他是一个很直爽、很坦率、很仗义、很负责任、敢于担当之人。他生于一九三九年,家境贫寒,哥们四个,吴景明是老大,老二和老四是农民,老三是个当兵的。吴景明一九七五年任老水泉子大队主任,时年三十六岁。一九八七年到一九九六年任老水泉子大队党支部书记,一九九六年因身体原因退出领导岗位,时年五十七岁。二〇〇七年因病去世,时年六十八岁。虽然算不上英年早逝,但是在人们的心目中,总感觉他走得太早了,人们为他的早逝感到惋惜,人们很怀念他,人们在茶余饭后悉数着他为老百姓办的那些琐碎的实事,人们忘不了他。

吴景明文化不高,说话直截了当,他善于用传统家教解决家庭矛盾,善于用传统礼教解决邻里矛盾,善于在叫骂当中完成任务的下达。吴景明在大队从政二十多个春秋,在这二十多年里,每天都和老百姓打交道,年老的很尊重他,年轻的在尊敬中带着几分惧怕,他在工作中粗喉大嗓,敢说,不怕得罪人。记得有一次大队来客人,刚要吃晚饭,来了几个闲逛的村民,抄着手端着膀,站在地上,客人吃饭他们在大声喧哗,客人不好意思吃,场面显得很尴尬,吴景明便问这几个村民有事吗,这些人异口同声地说没事,吴景明满以为这样问他们还不走,他们还真的没走,后来吴景明又问他们吃饭了吗,没吃在这吃吧!那几个人又说都吃过了,吴景明说饭也吃了又没什么事,找个别的地方待会儿。这些人才不好意思地撤走了。在工作中也是如此。他每天背一个黄书兜,里面装一个破笔记本、一支钢笔,每次去公社开会最多记两三页的笔记,记得全是提纲,他记的笔记有一多半的字别人不认识,笔记的内容别人看不懂,这两三页会议精神能传达半天。下去工作不用看本,全靠嘴说、脑袋记。

吴景明工作扎实办实事,有一个姓李的农民家有五口人,夫妻俩和三个半桩小子,生产队分的粮食不够吃的,就得靠到生产队借粮度日。有一次家里没粮了,找队长借粮,队长没好气地说:"前几天借给你吃十天的粮食,你吃了七天就吃光了,不能再借了,自己想办法!"那个年代谁家都没有更多的粮食,真是借取无门,这个社员很沮丧地回了家。家里没有一粒粮食,全家五口人没吃的,总不能等着挨饿吧,无奈之下,这个社员找到大队领导李景和吴景明,一个堂堂五尺男儿见到大队领导泪流满面,跪在了两个大队领导面前,两个大队干部卯不知榫,边往起拽边说:"你这是干什么,有事起来说。"吴景明把这位村民拽了起来,这位村民说:"家里男孩多饭量大,在生产队借的粮不够吃,生产队长嫌我们吃得费,不借给我们粮食,我家已经几顿揭不开锅了,请大队领导想想办法救救我们。"两位大队领导闻听此言说:"你回去吧,待会我们去帮你解决。"吴景明赶忙放下手里的工作,为此事专程去了那个社员所在的生产队,找到了生产队长开口便问:"你知道李某某家没粮吃吗?"队长说:"知道。"吴说:"知道为什么不借给他粮呢?"队长说:"还不到期,上次借给他十天的粮食七天就吃光了。"吴说:"他家男孩子多饭量大,你也不是不知道,照顾一下嘛,特殊情况特殊处理!"队长说:"照顾不过来。"吴说:"我告诉你,我不管你照顾过来还是照顾不过来,反正我他妈的就把这五口人交给你了,饿死你来偿命,饿坏了人或出了什么问题我找你算账。"说完立马走了。后来据这个社员说大队干部走了不一会儿,队长就找到他,主动借给他几十斤粮食,嘴里絮叨着:"真拿你们这些人没办法,别人家咋就不像你们这样?你就不会省着点!"就这样,吴景明在很短的时间内用不多的语言,为老百姓解决了一件实事。看似简单而粗暴的方法,却行之有效地为那里的村民解决了一桩桩实际问题,化解了一个个人与人之间的矛盾。

曹操和刘备煮酒论英雄,吴景明和生产队队长也会煮酒下达任务。生产队时期有时有些特别难的工作,在正常情况下是非常难以落实的,他却用一些很简单的办法使问题迎刃而解。我记得有一次我和他一起到生产队落实一件很棘手的工作,根据这项工作的难度,依这个生产队队长的个性,我估计成功率不到两成。吴说咱们晚点去,去了也不先说事。我们到了那个生产队东拉西扯,快近中午他对那个队长说:"哎!有酒吗?"队长说想喝就有。队长又反问了一句:"你想喝吗?"吴说:"咋不想喝,不想喝我来干啥来了。"队长很高兴,就把我们领到他家,让他老婆做了几个菜,我们便喝了起来。喝了一会儿,吴开口了:"有件事非常难办,我想了半天别的队长办不成也办不好,就来找你了。"那队长说:"啥事你说吧。"吴就把这件事情说给了这位队长。这位队长听了,矜持了半天无语,也感到很难办,吴又盯了一句说:"你别坐蜡(畏难),不行我再找找别的生产队。"队长闻听此言说："不用，你就把这件事交给我吧，啥时间办完？"吴说三天之内。这时吴端起酒杯自斟自饮连喝三杯，队长也不甘示弱，端起酒杯也自斟自饮连喝三杯，一件很难落实的工作，就这样搞定了。到第三天那个队长把那件事情圆满地落实了。

吴景明没有节假日，没有星期天，即便是家里有事不在大队上班，老百姓有事也会找到他家里。有时家里来了客人正在吃饭，有人找他办事，他也要让这个社员先喝几杯酒再说事，无意中拉近了社员和他的关系。在解决邻里矛盾和纠纷时，首先用传统的礼教，公平对待，一不向潘，二不向杨，动之以情，晓之以理，很少动用公断公判之手段，绝大部分采用协商和解之办法，解决了邻里很多矛盾和纠纷，使矛盾不至于激化。俗话说清官难断家务事，诸如婆媳不和、兄弟不睦、儿女不孝、妯娌矛盾、夫妻吵架等等。他常说的一句话是一个巴掌拍不响，有理五八无理四十，责任大的一方加以痛斥，责任小的一方也要给予批评。即便无法从根本上解决问题，也能缓解很多家庭矛盾，控制了矛盾的发展和激化。

我总认为中国的村官是个很特殊的职务，他每天都要和老百姓打交道，心中装着大事又不能放弃小事，心中装着政事又不能放弃家庭琐事，有时他是法官，有时是行政长官，有时又是村民的主心骨，在工作方法上，有时以长辈的身份施压，有时以小辈的身份乞求，有时要不折不扣绝对公平，有时要和稀泥，有时要做耐心细致的思想工作，有时还要粗喉咙大嗓门地骂一通，对不同的个体施以不同的方式方法，既不能违背党和政府的方针政策，又不能抛弃传统的家教和礼教。吴景明就是村官这个阶层的典型代表，他在村领导岗位上工作了二十多年形象不倒，实属不多见。他文化不高，没有进过党校，没人教他怎么当官，靠的就是和老百姓打成一片，靠中国村官独特的工作方法，当然也靠老百姓能够从心里自觉地接受这些特殊的工作方法。

在这里有两个小故事足以证明了这一点。故事一：村里有一位师大毕业的公办教师很有才华,他所在的生产队全都是坡耕地,没有水浇地,人均土地面积少,畜牧业因草场面积小也很难发展,集体经济落后,劳动日值始终处在全大队最低水平,他不服气,认为都是生产队长无能,在他看来改变这种局面不是难事,他满怀热情,主动辞去了教师的职务,要求担任生产队队长。上任伊始就夸下海口,要在一年内改变经济落后的状况,可上任不到半年就玩不转了,社员不听他指挥,工作安排不下去,说话没人听,甚至酒后说错了话不但没人原谅,还要挨揍。白天耕地的牛需要在夜里放牧,但社员们谁也不干,没办法他只好白天带领社员劳动,晚上还要亲自放夜牛。整日忙得不可开交,家里连引火柴都没有,只好将苫房草拽下来引火。他满腹经纶,没有得以发挥;一颗红心,没有取得好的效果;一腔热血,没有达到预期目的;一个远大的理想,就这样破灭了。队长没当好更没当久,把生产队搞得一塌糊涂,把一个好端端的家搞得一贫如洗,把一幅好身板搞得疾病满身,还把一个既能发挥其特长又能有丰厚收入的教师职业也丢了。他感叹不已,逢人便深有体会地说,生产队队长这个职务看起来容易,但做起来难,并不是所想象的那么简单,不是谁都能干好的。

故事二:一位曾经在公社当过副书记的退休干部,想发挥余热,为家乡的父老乡亲做点实事,凭着自己多年从政的经验和能力,主动要求担任他所在生产队的队长。在他看来这项工作对他来说不在话下,是小菜一碟,一个公社副书记当一个生产队长,就像一匹大马拉着一辆小车玩着干。同样上任没多久他就转不动了,他的工作方法社员们接受不了,他的所作所为社员们意见很大,对一些问题的处理让社员们耿耿于怀,他的工作实践事与愿违,不但没有达到他的愿望和初衷,而且还把工作搞得乱七八糟,把自己搞得灰头土脸无地自容,原来的人缘和威望丢失殆尽,有的社员为了泄私愤图报复,在夜里把他自留地里的青苗都给割了。曾当过公社副书记的他,壮志未酬,当生产队队长不到一年就干不下去了,只好辞去了队长的职务。

从这两个真实的小故事中,我们不难看出村干部不是那么好当的,能指挥千军万马,不一定能当一个好村干部,能管千军管不了一会儿。所以,我很佩服这些村官和集体经济时期的生产队队长们,他们没有很高的文化,没有受过专门的培训,没有惊人的语言,他们凭着自己特殊的能力和老百姓打成一片,把各项生产任务安排得井井有条,把一个大队或一个生产队管理得秩序井然,我发自内心地赞佩他们。

派来的社员

一九六六年五月七日,毛主席作出了关于国家干部、科技人员、大专院校的老师要到农村去,接受贫下中农再教育的重要指示。为落实毛主席的这一重要指示,国家在有条件的地方开办了农场,为国家干部、科技人员和大专院校的老师下乡劳动锻炼提供生产、劳动场所,这些农场统称为"五·七干校"。还有一批国家干部、科技人员和大专院校的老师被下放到农村,就是集体经济时期的生产队。被下放到"五·七干校"和生产队的国家干部、科技人员和大专院校的老师统称为"五·七战士"。下放到农村的"五·七战士"带着家眷,他们和农民一样住在农家小院里,和农民一样参加集体劳动,原来挣工资的,参加集体劳动生产队不再给公分,不挣工资的和社员一样挣工分,在校子女转到当地学校读书。

一九六九年我们大队也派来了一位"五·七战士",他叫赵德祥,他的夫人和两个女儿(赵杰、赵丽)、三个儿子(赵义、赵伟、赵多)也一同来到了我们大队,并在魏家沟生产队落了户。开始他们全家借住在魏家沟生产队魏永清家,第二年生产队给他们盖了三间新房,赵德祥一家就有了自己的房子。搬家时他们带的东西不多,大多数是穿的、戴的,少量用的。

赵德祥五十岁左右,个子不高,镶着几颗金牙,戴着一副眼镜,人长得很精神，穿戴很整洁，看上去非常有气质，说话文绉绉的，还有一口沈阳腔。听说是在沈阳市一个饮食服务公司当科长，人称赵科长。赵德祥与大队干部、生产队长和所在生产队的社员都能友好相处，见到本队的社员都能主动打声招呼，有的还要聊上几句，拉近了彼此之间的关系。他与人为善，与邻为友，助人为乐，曾为特困户送米面，为贫困孩子送衣物。他人缘极好，大队干部和生产队队长也很照顾他。他老伴和几个孩子也气质不凡，毕竟是从大城市来的嘛，他老伴对人和善，说话和气，从不以大城市的市民和官夫人自居。他的两个女儿对人也很好，和村里的人都能和睦相处。他的儿子在我们学校读书，穿戴整齐、衣着不凡，翻毛皮鞋，制服上衣，外裤里面套着毛裤，毛裤里面穿着衬裤，制服上衣里面套着毛衣，毛衣里面还套着秋衣，我们羡慕极了。他大儿子在学校爱打仗，敢动手、下手狠，我们一般不敢惹。

赵德祥的妻子参加一些力所能及的集体劳动，他的大女儿赵杰基本和社员一样参加集体劳动，其他大一点的孩子放寒暑假时也参加一些集体劳动。他们和社员一样享受同工同酬待遇，按劳动时间、劳动工种挣工分，生产队在评定工分时对他们也不那么苛刻，说实在的，干活时即便他们再努力也不及那些社员们。在农产品和农副产品的分配上，全家七口人和社员一样，没有丝毫的区别。而赵德祥本人，说是来接受贫下中农再教育，和贫下中农同劳动，但在我的记忆中他很少参加体力劳动，那时大、小队的领导到公社或到县里办事都要约他一起去，毕竟是从大城市来的，会说话也会办事。时间长了他和公社、县里的人熟了，有很多事都是他自己去办，他办事能力强，很少有他办不成的事。他给大队和生产队办事不挣工分，也没有其他报酬，因为他拿着国家的工资，每个月到手的工资达九十多元，在当时他的工资比公社书记还高很多。赵德祥的口碑很好，从大队干部到社员群众对他的评价都很高。大队有事找他办，有酒请他喝，生产队队长请他喝酒，有头有脸的社员也请他喝酒，一时间成了全大队的风云人物。他的为人好，办事能力强，以及家人不平凡的谈吐,影响了很多老百姓,好像不是他接受贫下中农再教育,而是贫下中农潜移默化地在向他学习。

他为大队和小队办的很多小事我记不清了,有两件大事我还记得清清楚楚。一是他多次为全大队联系化肥。那时化肥产量少,供不应求,国家每年下达的化肥指标满足不了生产队需要。当时用于追肥的化肥最好的是尿素,用于做底肥的化肥最好的是二铵,老百姓都愿意用,而上级下达的化肥计划指标多为硝铵和县化肥厂生产的小化肥,为了更多地争取到尿素和二铵的指标,赵德祥每年都要到县里"跑"化肥,而且每次都有很大的收效。

二是在他的积极努力下,上级电业部门为全大队免费拉上了电,使全大队的社员提前六七年用上了电。拉电主线路的电杆、高压线和变压器的费用都由国家来承担,没用老百姓和大、小队掏一分钱,这项费用对大、小队和社员来说是个天文数字,就当时集体和社员的经济状况,是无力承担这个庞大费用的。分户的低压照明所需费用由个人承担。拉电的电工和力工吃住由各生产队负责。拉电时,拉到哪个生产队,哪个队都用最好的饭菜招待电工们,杀羊、杀鸡、轧面、打酒,也就是这次高规格招待,社员真的没意见。

拉电这件事对全大队而言是一件天大的事,如果不是他,别人连想都不敢想。为了这次免费拉电,赵德祥多次到县里、盟里争取项目,听说还到过省里。那时候大、小队都拿不出钱来送礼,跑项目时交通基本靠腿,办事基本靠嘴。那个年头赤峰公交车就一条线——从火车站到东郊,更没有出租车,所以在赤峰办事只能靠腿。没钱送礼,也没人敢收礼,最时髦的感情联络方式,就是给对方递上一支香烟并给点燃,有时火柴盒上的磷片磨光了或者火柴返潮了,三四根火柴都点不着一支香烟,场面很尴尬,急得赵德祥直冒汗。

通过拉电这件事,赵德祥成了全公社的名人,记得那时候到公社开会,其他大队的领导对此都羡慕不已,他们说:"咱咋就摊不上这样的好事呢!"赵德祥在全大队可以说是家喻户晓,众人皆知。当时大家都知道赵德祥给大队、给生产队、给广大的社员群众办了很多实事、好事,为大队、为生产队、为老百姓没少省了钱。光阴似箭,日月如梭,物是人非,不知现在还有几人知道此事。

医疗队进村

一九六五年六月二十六日毛主席作出了关于"把医疗卫生工作的重点放到农村去"的重要指示。

毛主席说:"告诉卫生部,卫生部的工作只给全国人口的百分之十五工作,而且这百分之十五中主要还是老爷。广大农民得不到医疗,一无医院,二无药。卫生部不是人民的卫生部,改成城市卫生部,或老爷卫生部,或城市老爷卫生部好了。

脱离群众。把大量的人力、物力放在研究高、深、难的疾病上,所谓尖端。对于一些常见病、多发病、普遍存在的病,怎样预防?怎样改进治疗?不管或放(投入)的力量很小。尖端问题不是不要,只是应该放少量的人力、物力,大量的人力、物力应该放在群众最需要(亟须)解决的问题上去。城市里的医院应该留下一些毕业一两年本事不大的医生,其余的都到农村去。"四清"到××年就扫尾,基本结束了。可是"四清"结束,农村的医疗卫生工作是没有结束的,把医疗卫生的重点放到农村去嘛!"这个指示被称为"六·二六"指示。

"六·二六"指示发表以后,六十年代末到七十年代初,各级医疗卫生部门的干部纷纷下基层、搞调研、搞培训、治病救人。那时昭乌达盟归辽宁省管辖,记得我们那个偏僻的小山村,也派来了医疗工作队,医疗队员三人,都是沈阳医科大学的专家,其中一名专家叫田宝华,其他两位的名字我就记不清了。他们吃在大队,住在个人家,他们不挑吃、不挑住,没有架子,平易近人。到村里为老百姓搞地方病调研,诊断病情,治疗疾病,还肩负着为各生产队培训赤脚医生的重任。每个生产队委派几名有文化的中青年社员,集中到大队搞集体培训,学针灸、学常见病的诊断,以及简易疗法,当时我也是其中的一员。医疗队到村除了培训医疗骨干、治病救人,还有一个很重要的任务就是搞地方病调查。

关于搞地方病调查,是因为一件事情引起了上级政府和有关部门的重视。有一年公社根据县里的要求,按着劳动力比例,抽调民工去二道河子修水库。时任大队书记王玉和看到抽调民工的数量很大,便到各个生产队核实劳动力人数,发现劳动力中包括没有劳动能力的克汀病患者,王玉和就把这个情况上报到公社。公社指定专人到各生产队进行核实,经核实情况属实,公社及时消减了多摊派的民工数。同时也向县里报告了这一情况,得到了县里的高度重视,将地方病调查的任务交给了医疗工作队。

经调查造成聋、哑、傻、小个子、大粗脖等的克汀病的主要原因是饮用水缺碘、缺钾。敖包山后、长林子、苇子沟门等生产队是高发区,医疗队针对发病情况,撰写了调查报告,并上报给赤峰县。一九七五年,辽宁省卫生部门又派来了沈阳医科大学八名在校大学生,搞地方病调研。如此之偏僻的小山村,能得到这么多的关注和厚爱,真得感谢"六·二六"指示了。

县里根据沈阳医科大学专家们的调查报告,立即派县卫生防疫站站长韩瑞和卫生防疫站医生褚庆祥、连尚文,公社卫生院医生熊泽等组成医疗工作组,研究制订了克汀病预防、治疗方案。首先是无偿给盐加碘,解决饮用水含碘量不足的问题;二是由县卫生防疫站和公社卫生院联合在老水泉子大队搞克汀病预防、治疗试点,建立克汀病防治医院。大队领导决定把大队部西院(原来的驴骡场)腾出来,做克汀病防治医院,由褚庆祥任医院负责人。医院建好后,把全大队的克汀病患者全部集中到克汀病防治医院进行统一治疗、统一管理。克汀病患者在医院吃住,这为有克汀病患者的家庭办了一件天大的好事,饱受病痛之苦的克汀病患者,不但有人给治病,而且还有人照顾生活起居,独身一人的患者也有了归宿。

那些克汀病患者,病有人治,衣服有人洗,吃饭有人做、有人喂,他们在那里度过了一生中最美好的时光。对接受过克汀病治疗的逝者来说,如果他们在天有灵;对健在的克汀病患者来说,如果他们智力健全的话,他们一定不会忘记那段美好的时光,他们会感谢毛主席,感谢共产党,感谢医护人员和工作人员。后来不知是哪个部门投了资,打了一眼一百多米的深水井,从根本上解决了饮用水的水质问题,人们吃上了优质的水,水里也不用再加碘和钾了,人们再也不用到井和水泉子挑水吃了。毛主席的指示,从上到下得到了不折不扣地贯彻执行,即使是在如此偏僻的小山村,面临的问题也能得到根本性的解决,在那个通讯及各种设施极不发达的年代,落实中央精神速度如此之快,解决问题如此之彻底,实属罕见。

后来辽宁省卫生部门和沈阳医科大学,在原赤峰县初头朗公社投资、派驻医护人员、投入基础性的设施设备,建立了一所医院,比当时的昭乌达盟医院还有名气,重大疑难病症都到那里去诊治。"文革"后期这些医生撤了,这个赫赫有名的医院也随之销声匿迹了。到七十年代末,我们村的克汀病院不知什么原因也撤了,那些克汀病患者有家的回家,没家的被安排到公社敬老院,所需费用和粮食由克汀病患者所在的生产队承担,联产承包责任制后由村民组的村民共同来承担,有时国家也给些补助。通过改善饮水质量,改善卫生状况,改善地方病预防条件,从七十年代到现在,全大队再也没有出现过一例克汀病患者,真心希望聋、哑、傻、大粗脖、小个子的疾病永远消失。

人格的魅力

周颂文,生于一九四八年,是一位极其平凡的人,按社会关系我管他叫老舅。他出生在一个文化家庭,其父周庆堂,有文化,曾经当过生产队会计和生产队队长。其兄周颂新曾经就读于包头钢铁学院,半路休学,是大队第一任柴油机手,当过大队会计。周颂文念过五年书,勤奋好学,写一手好钢笔字,只要有笔有纸有时间他就写字。他也特别爱看书,自己家的书读了一遍又一遍,上下营子(村)只要谁家有书,他总要想办法借来看看,弄到一本没看过的书就一睹为快,废寝忘食一气看完,然后再慢慢地看第二遍、第三遍。四大名著读了不止两三遍,能把所有的故事情节从头至尾,一个挨一个讲述一遍。特别是对《三国演义》和《红楼梦》,不但能讲出书中所有的故事,而且还能够加以解析。那时人们用报纸糊屋子,他去谁家串门都要抽时间把墙上糊的报纸看一看,谁家贴的年画也不放过,要把画上的文字看上一遍。他下一手好象棋,一有空闲,总要到我们家和我父亲切磋几盘。他体质一般,耳朵有点沉,说话舌头有点大,吐字不太清晰,但人品很好,憨厚、纯朴、善良这六个字用在他身上是最恰当不过的了。他性情直爽,说话办事直来直去,是非分明,从不人云亦云,更不会耍心眼。身体虽然不太健壮,力气不大,但干起活来总是尽心尽力。跟他在一起感到很安全,不用加任何防备,全村人对他都有好感。

  周颂文为人厚道,谁家有事他都会尽力帮助。我有个叔伯哥叫崔玉生,十六岁时和他相依为命的奶奶去世了,他一个人顶着三间破土房,不敢独自在屋里住,渴望找个做伴儿的,村里同龄的孩子虽然也有几个,但是他觉得周颂文是最合适的人选。当时周家日子过得很殷实,是村里的首富,上等的住房,屋内家具齐全且干净整洁。崔玉生想,周颂文不会舍弃那么好的生活环境,到他那破烂不堪的冰房冷屋里去跟他一起住,开始只是抱着试试看的想法,没想到周颂文很爽快地答应了,那年他才十四岁。俩人在一起一住就是两年多,在这两年多的时间里他风雨不误,刮风、下雪、下雨天从不间断。有人问他:"这么冷的天你还去他那住?"他说天越不好人越害怕越需要做伴儿的。我叔伯哥崔玉生十八岁那年搬到生产队的饲养处居住，周颂文才搬回自己的家。看似一件小事，生活环境反差那么大，时间又那么长，一个十四五岁的孩子能够坚持两年多，而且风雨不误，实属难得。

他除了看书写字的特长外其他能力却不大，但他帮助别人从不吝啬，不管是谁有求于他都会倾其所能。听老乡说土地承包后他家里养着两头优良的耕牛，他家分的土地不多，每年春天用两三天的时间就能把自己的地种完，可这两头牛却歇不下来，一个春天都在别人家的耕地里耕作。

二〇〇六年初冬，我从北京治病回到赤峰，三弟来看望我，我打听周颂文的近况，说他的日子过得特别拮据，他老伴身体不好，他也经常闹病。我很想回家看看他，但因瘫痪在床上力不从心，我弟弟回家时，我给周颂文捎去几百元钱以示探望，谁知就在我弟弟回家的前一天，他已经故去了。听说那天下了一层薄薄的清雪，天很冷，周颂文到山上承包地里刨茬了一直未归，第二天上午人们到处寻找，最后在他承包地的荒界子根上找到了他卷曲的身躯，看样子在头一天就去世了，发病原因其说不一，有的说是突发心肌梗死而死的，也有的说是因突发脑梗而死的。他的去世给我带来了莫大的遗憾，因工作繁忙，二十几年未能见到一面，即便回家也无缘相见，未能坐在一起聊聊天唠唠家长里短，未能尽点微薄之力帮一帮他，几百块钱的探望费竟成了祭祀礼金。周颂文去世那年才五十九岁。

参加工作这么多年，他的形象和他的一举一动，都深深地印在我的脑海里，每当想起家乡的人，他的形象首先浮现在眼前，他说话和讲故事的声音时常在耳边回响，他高尚的道德情操一直影响着我，我想这大概就是一个人的人格魅力对他人产生的影响。

刚毅的村妇

六七十年代，每逢夏锄和秋收的大忙季节，学校都要放几天农忙假，让学生们到生产队参加夏锄和秋收生产。年龄太小的小学生不能参加劳动，就在家里照看弟弟或妹妹，把大人腾出来到生产队劳动。夏锄季节，生产队除了专业工种，只有两种活即耪地和薅地，四五年级到初中都是十几岁的半桩孩子，耪不了地，只能跟着女社员们薅地，薅地时亲眼目睹了身怀六甲的村妇们艰难的劳作场景，时隔几十年仍然清晰可现。

那时国家还没有提倡计划生育，三十来户的小村，每年总能有几个妇女怀孕。那些孕妇们都那么刚强、能干，虽然有孕在身，除特殊情况基本不耽误生产队的劳动，即便到了大月份还是坚持劳动不休息。到了薅地的时候，并非队长的要求，她们怀揣着孩子还坚持到山上薅地，上山时挺着个大肚子，走起路来步履艰难，气喘吁吁，汗流浃背。薅地时别人蹲着薅，孕妇们蹲不下要双膝下跪，一手扶地一手薅地，艰难地边薅地边爬行。爬累了，就坐着、偎着边薅地边往前挪，薅过的地上留下了一个一个的屁股印子。孕妇们脸上的汗珠子一滴接一滴地往地上掉，她们时不时地用袄袖子或前衣襟里子擦擦脸上的汗水。当她们实在跟不上大帮时，妇女队长也很人性化地帮助薅一段。下山的时候闯腿，两条肿胀的腿每走一步都疼得直咧嘴，回到家中还要做饭、喂猪、喂鸡、侍弄孩子、照顾老人、缝缝补补、洗洗涮涮等。

记得一位孕妇已近临产期仍然坚持上山薅地，正在劳作时突觉肚子剧烈疼痛，预感即将临产，便火速回家，但行至半路羊水（浆包）已破，好在有人搀扶勉强到家。因劳累过度或用力不当扭腰导致流产的屡见不鲜，流产的妇女最多休息一两天就又回到了劳动岗位上。

还有回家送奶的妇女，薅地快到劳作间歇的时候，那些家有吃奶孩子的母亲们,以最快的速度把地薅到头,快速下山回家奶孩子。到家抱过孩子还不能马上喂奶,怕孩子吃了呛风奶拉肚子,大人要歇一会儿,先把奶挤到外面一股然后再让孩子吃。孩子把奶头含在嘴里贪婪地吃起来,妈妈边看着孩子吃奶边擦着孩子脸上的脏东西。当孩子吃到七八分饱时便叼着奶头玩起来,为了抓紧时间,妈妈不得不催促孩子快吃。当孩子基本吃饱,妈妈快速地放下孩子,不管孩子怎么哭叫,头也不回地快步向山上走去。远远地望去薅地的社员们已经开始了,便三步并作两步往山上赶,到了山上找到自己的垄,赶忙向前追赶。这些妈妈就是这样度过了每天劳动间歇的时间。偶尔也有老婆婆心疼儿媳妇,到快要歇着的时候把孩子送到山上喂奶,省去了儿媳妇来回走路之苦,但那毕竟是极少极少的。

还有带小孩子的妈妈,上山劳作时没人看孩子,怕孩子掉地下,把会爬不会走的孩子拴在窗户楞上,孩子在家里哭完了睡,有时在睡梦中还在抽泣,睡醒了再哭,连哭带抹满脸五花六道的,有时孩子拉屁屁,弄得满身都是屎。母亲在队里劳动,实际是"身在曹营心在汉",心里始终惦记着家里的孩子。不是当妈妈的心狠,是为了多挣点工分养家糊口。她们不但承受着劳累之苦还要承受着心理上的煎熬。

有时候也在想,难道她们不知道累、不知道痛、不知道苦吗?答案是否定的,因为她们也是正常人,是正常人这几种感觉都会有的,只是不说而已,她们把累、痛、苦都埋在心底,自己来承受。她们刚强,有着超常的毅力,有时还真让男子汉大丈夫们汗颜,自愧不如。

盲人与哑巴

我们生产队有一名社员名叫张青,新中国成立前家境贫寒,房无一间,地无一垄,靠扛长活为生,新中国成立后村里把大地主张起的房子分给他两间,从此有了房子也有了家。娶个媳妇人们都叫不上名姓,人们习惯的都叫她老张婆,老张婆说话大舌头,生了一儿一女,女儿嫁给了本村的范起,后来随其夫搬到河北省一个叫莫里莫的地方。儿子是个哑巴有姓无名,人们习惯地都叫他大哑巴,就是我要写的主人公之一。这个人虽然不能说话,但很仁义,不伤害人,见着人点一下头哼一声,有人指导下还能干点小零活。张青死得很早,张青死后,他老伴和他的哑巴儿子被生产队定为五保户,娘两个靠社会救济度日,后来生产队为了照顾方便,让老张婆娘俩搬到了生产队库房的西头原生产队部里居住。

另一位主人公叫董桂良,是个盲人,据说是患了白内障,但因为没钱,从来也没到医院诊治过。其父董振岱,其弟董桂珍,弟媳肖桂芬(也有叫她肖素珍的),是他的至近人。肖桂芬能说敢说,为人正直、厚道。董桂珍生得一表人才,曾经当过大队评剧团团长和我们生产队的队长。生产队南山王英杰坟地周围那片油松还是他当队长时栽下的呢。那是六十年代中期,大队给弄来几捆油松苗子,要求栽植时要用木榔头砸实,董桂珍就安排木匠做了好几个新大木榔头,栽植时把树苗放在树坑里,边培土边砸实,还真挺管用,那些年造的林,数这片油松活得好。这里的水分条件也不错,有一个小山泉子,水量不大但全年长流不息,由于是个阴坡,再加上山比较高,山泉下面冬天结的冰到了六七月份都不融化。董桂珍从三十多岁就开始闹病,开始只是不能参加重体力劳动,后来什么活也干不了了,再后来连屋也出不来了,因为没钱也没去过医院,一直在家里治疗,据说患的是肺癌,四十多岁时便离开了这个世界。弟弟董桂珍去世后弟媳肖桂芬也改嫁了,父亲董振岱在董桂珍没去世前五六年就病故了,能够照顾董桂良的亲人,一个个地都离他而去。

书归正传,说我们的主人公董桂良吧。我记事的时候,他就和他的父亲董振岱在一起过,和董桂珍住对面屋。董振岱去世后,董桂良一人单过,自己做饭,衣服、鞋子大部分由他弟媳给做,夏天不穿袜子,到了冬天,想办法卖点东西弄点钱,买点羊毛求人织双毛袜子,我清晰地记得我父亲就给他织过好多双毛袜子。全部生活费用由两大部分构成,一要靠参加集体劳动挣工分解决一部分,在生产队他能干的活只有三种,一是倒粪,二是铡草摁刀,三是摇纺绳车子。二要靠社会救济解决一部分,当然也包括生产队的生活照顾。由于他弟弟闹病,他弟媳也帮不了他太多的忙,特别是他弟媳改嫁以后更是无人照顾他。他虽然是盲人但是有着极强的生活自理能力,三十多岁就有了胃病,每天都要喝几大把面起子(小苏打)。

一个瞎子、一个哑巴怎么能联系在一起呢?还得从头说起,生产队每年都需要很多农家肥,夏季来临生产队的粪场周围拉了很多垫圈土,饲养员们每天都要往牛、羊圈里撒些垫圈土,骡马粪便随时清理直接倒入粪场,上面盖些土。每隔一段时间都要起一次牛羊圈,那时雨很多,每下一次雨,粪场(其实是个粪坑)都积满了水,水和粪便发酵后产生沼气,粪坑里满是气泡,隔着几百米远都能闻到粪便发酵的气味。雨后社员还要割些青草放在里面沤肥,一个夏季和半个秋季能积二百多万斤土肥。到了晚秋,这些土肥都要由这两个残疾人倒出来。他们从粪场的西头开始,大哑巴在他母亲的指导下,负责刨粪和砸碎粪坷垃,董桂良(盲人)负责用大板锹把砸碎的土粪锄起来并整齐地堆在西面。哑巴每用一次力都要小声地哼一声,而董桂良始终距离大哑巴有两米来远,防止哑巴的镐头砸粪坷垃时砸到自己的脑袋。哑巴用镐头把粪坷垃砸得很碎,董桂良用铁锹把砸碎的土粪锄得很干净、堆得很整齐,到了快要送粪的时候,这一对残疾人搭档也把这些土粪全部倒完了。春天,社员把大小牲畜圈里的粪便清理到粪场里进行暂短的发酵之后,这对残疾人搭档又开始倒黄粪了。寒来暑往,年复一年,两位搭档一直重复做着同一件事。

董桂良除了春秋两季倒粪,还要在春冬两季里给生产队铡草。铡草时两人摁刀,盲人董桂良长期负责摁刀,因为这个活只用力气不用眼睛,歇着的时候他还要磨刀。集体经济时期生产队每年都需要大量的麻绳子,所以每年春天生产队都要纺儿大绳子,纺绳子时要有两个人摇纺车子，董桂良便是其中之一了。这一年下来，他挣的工分能把生产队分的东西全部买回还略有盈余。哑巴则不用记工分，因为哑巴娘俩的生活全靠生产队来负责，比如吃的、穿的、住的、烧的，所以给哑巴记工分没有实际意义。

董桂良冬天穿一身白茬皮袄和皮裤，皮袄、皮裤不但御寒还很禁穿，不用年年求人做棉衣，穿一双掌子鞋和一双毛袜子，一个冬天从不下架。一身单衣穿一个春夏秋，衣服破得实在不能穿了找人补一补。衣服里的虱子成堆，虮子成串，干活时还好些，歇着的时候虱子便疯狂地叮咬，董桂良便不停地挠。他虽然用自己的劳动从生产队买回自己的口粮，但是生活中仍然有好多需要邻居照顾和社会救济之处，每年的烧柴都要由生产队来解决，一些副食品还要多分给一点，同时还要向上级争取一些救济款，来弥补生活开销的不足。五十来岁时由于长期的胃病转成胃癌，走完了他的人生之路。

张大哑巴四十多岁时，唯一能照顾他的亲人——母亲去世，没办法生产队长把他送到公社敬老院，集体经济时，费用由生产队出，分田到户后，费用由全村民组各家各户来承担。五十多岁时因病医治无效在敬老院病逝，村民组把他的遗体运回，葬在了他父母的身边，也为他的一生画上了一个句号。透过这两位残疾者的人生，我们看到了他们为了活着而产生的这种坚韧不拔的毅力是常人无法做到的，也看到了共产党和这个社会为这两位残疾人提供和创造了生存的条件，如果不是社会主义社会，人们都会想象得到他们的生活和生存后果将会如何。

大地主轶事

新中国成立前，在我们村东头水泉子的东面有一所深宅大院，大院的西北角上有一个高二十多米、长宽七八米的炮楼，炮楼是用黄土修筑的，炮楼墙的厚度达两米之多。这个炮楼是用来保护这个院子、这院里的财产及这院子里的主人的。这个院落的主人就是远近闻名的大地主张起。路人经过此处都要放慢脚步多看上几眼,有的走过了很远,还要回头再瞄上几眼。张起家有良田百顷,是方圆几十里的首富,每年都雇着很多长工,到了农忙时节还要雇很多短工,也就是现在的临时工。新中国成立以后,搞土改,把大地主张起的土地和房子分给了穷人,其他财产也被政府给没收了。据说就是这样一个富得流油的家庭,也要从微小之处节俭,也没忘了从小锻炼孩子。

他雇用的长工在每天天刚亮时就要到山上干活,中午不下山,把饭送到山上吃,天黑得不能劳作了才收工。他和老伴吃小灶,为锻炼他儿子的自立能力,让七八岁的儿子跟着长工一起吃大灶。他为了省灯油,晚上长工吃饭不让点灯,每天晚饭都摸着黑吃,长工们很是不满,于是长工们想了一个主意。一天吃晚饭时,做饭的给每个长工和张起的儿子盛了满满的一碗黏粥,一名长工用筷子蘸上滚烫的黏粥,趁孩子不注意抹在了孩子的鼻子上,孩子被烫得哇哇大哭,主人赶紧问怎么了,孩子说鼻子让黏粥烫了。主人迅速点着灯看见孩子的鼻子上沾满了黏粥,擦掉黏粥发现鼻子被烫得通红。长工们借机说,吃饭不点灯,孩子看不见,把粥都吃到鼻子上了,主人无语,从此以后每天都能点灯吃晚饭,摸黑吃饭的问题就这样解决了。问题是解决了,但用孩子的痛苦去解决问题,此法也不可取。

这个小故事后来被人们广泛流传,人们从不同的角度去评说。有的说张起太吝啬;有的说张起家趁万贯也没忘了从小处节俭;还有的说他让儿子和长工一起生活,意在历练儿子,将来更好地继承父业。

放夜牛的倌

对使役牛来说,一年有三个季节劳动量最大、持续时间最长。一是春种,二是夏蹚,三是秋翻。春种时,因为青草还没长出来,使役牛都要坐槽喂（舍饲）。夏蹚和秋翻时，使役牛都是利用中午人们下工和下午收工的时间牧饲（放牧取食）。放使役牛一般用两个人，因为小山上草场面积小，周围都是庄稼，一个人看不过来，每人每天给十分工，相当于一个正常劳力一天的工分。那时我们家劳动力少，我还在上学，每到放夜牛的季节，父亲都要提前找生产队长请求让我放夜牛，生产队长每次都会很爽快地应允。放夜牛这个活看似很轻松，实则很不好干，有很多双眼睛在盯着你，比如生产队长、大畜饲养员和扶犁杖的犁杖头都在监督你，如果牛吃不饱，队长发现了，第一次警告你，第二次会辞掉你；若被其他人发现了也会向队长告发你。

每次放夜牛都是我和王树成搭伙，牛放得好，吃得饱，每次都能得到生产队长、大畜饲养员和犁杖头的好评。夜里放牛看哪都是黑的，像有什么怪物在眼前晃悠，偶尔有一只山兔从眼前跳过，几只山鸡被惊飞，都会把我吓得魂飞魄散，半天缓不过神来，特别是在坟茔地周围放牧更是令人毛骨悚然。王树成比我大一岁，胆子很大，人称蔫大胆，相比之下我比他的胆儿就小多了，有他壮胆，我心里就放松了许多。

蹚地时节，几乎和春种时一样，出动六七副犁杖，每副犁杖用两头牛，共有十几头使役牛。中午一般在十一点来钟卸犁杖（下工），我们把牛赶到山上进行午间牧饲，到下午三点来钟把牛赶回交给犁杖头。下午七点来钟卸犁杖（收工），我们开始夜间牧饲（放夜牛）。午间牧饲，牛并没有完全吃饱，因为夏季的草嫩不顶劲消化得快，加之牧饲的时间短，到了晚上牧饲的时间比中午要长许多，一般都要放到十二点多钟。牧饲时间的长短，主要取决于草场的好赖，草好牛吃饱得快，牧饲的时间就短一些，否则牧饲时间就会长一些。观察牛吃草很有趣，牛吃草时用它那又宽又长的舌头把草挽在嘴里，然后用门牙把草咬断，紧接着吃下一口草，根本看不见咀嚼就把草咽到肚子里，离老远就能听见牛"呼哧、呼哧"粗粗的喘息声和"咔哧、咔哧"的吃草声，尾巴也一刻不停地来回摇着，驱赶身上的蚊蝇，有时没有蚊蝇，牛的尾巴也在不停地摇着，一副很得意的样子。当牛吃饱的时候,十几头牛陆续地聚在一起趴在地上,人称打盘,这时,趴在地上的牛一刻不停悠闲地咀嚼着嘴里的东西,人称倒嚼[jiào],即把吃到胃里的草返到嘴里进行第二次咀嚼后再咽下去。当牛吃饱肚子打盘时,我们也不急于把牛赶起来,而是让牛休息三四十分钟,我们坐在牛的旁边,一边唠嗑一边欣赏着牛倒嚼的姿态,当牛起盘时几乎每头牛都拉一摊屎。牛起盘后我们把牛赶到有水的地方让牛喝点水,再把牛赶到牛圈圈起来。

牛圈门口两边各埋着一个两米多高、四五十公分宽、二十多公分厚的石桩子,石桩子上有三四个等距离、直径十多公分粗的圆孔,用十多公分粗的木杆横着穿入两边石桩的圆孔里,然后再把木楔子砸入石桩子圆孔里,把木杆固定,代替牛圈门子。牛圈是不能上木门子的,因为牛长着又长又硬的角,牛的脑袋又特别有劲,一般木门用不了几天就被牛角给顶碎了,因此人们圈牛都用此办法,我去过河北省的几个地方,他们也用此办法圈牛。

到了秋天,使役牛的活很多,拉庄稼、起土豆、蹚茬子、扣地(翻地)等,和蹚地时一样,中午和晚上对使役牛进行牧饲。这时,草已成熟,纤维化程度较高,还有好多草籽,像粮食一样顶劲,牛很快就能吃饱,也容易上膘,放牛的时间也相对短一些。现代人很少有人知道牛还会跑疯子,那个"疯"字,用"疯"还是用"蜂",我也说不准,字典上也找不到,用哪个都有道理,用"疯"是说牛像疯了似的奔跑,用"蜂"是说牛被蜂子蜇疼了而奔跑,用奔跑的方式甩掉蜇在身上的蜂子。那时在山上放的牛或正在拉犁使役的牛,如果被蜂子蜇到,就会不顾一切疯狂地奔跑,一直跑到牛圈为止。正在拉犁的牛跑疯子,会把犁杖拉飞摔坏,无人能控制得了。人们遇到牛跑疯子都避之不及,无人敢近前拦截,否则它会将人撞翻,那么笨重的身躯跑疯子时与狂奔的野马比起来一点也不逊色。

秋天放夜牛除了挣工分,还有一个更重要的乐趣,那就是中午和晚上都能在山上自办伙食。这个时节,满山满坡都是成熟的庄稼,到处都是好吃的。我们把牛赶到山上，一个人放牛，另一个人弄吃的。烧黄豆是最简单的，抱一铺子黄豆，找个小沟，把黄豆秧子放在柴草上面，把柴草点燃，柴草和豆秧烧完了豆子也烧熟了，用手扬、用嘴吹，一会儿就能吹出好几斤熟豆子，两人吃完后，剩余的各分一半带回家。烧土豆，到生产队的土豆地里抠些土豆，找个小沟，弄些柴草烧成炭火，然后把土豆埋进炭火堆里，不时地翻翻个，四十多分钟土豆就烧熟了。烧土豆能把土豆里的水分烧干，所以烧土豆味道鲜美，又面又好吃，在家带上两个咸菜疙瘩一顿饭就解决了。烧玉米，到生产队的玉米地掰上几个玉米，玉米皮不能剥净要留下两层，不然玉米会烧煳的，弄些柴草找个小沟把柴草烧成炭火，把玉米埋到炭火堆里，过一会儿翻翻个，三十多分钟即可食之。秋天，这个收获的季节，满山黄橙橙的一片，看着这些丰收的庄稼心情舒畅。放夜牛既能挣工分，又能在山上寻到好吃的，还能大饱眼福，真是一个好生计。

柴油机进村

一九六六年，大队修蓄水池引水上山，在大队领导的积极争取下，辽宁省水利部门拨给一台50马力柴油机。这台柴油机的入驻，填补了姜家营子公社各大队史上无柴油机的空白。这天，一辆马车拉着这台柴油机进村，大人和孩子们跟在拉柴油机马车的后面，从村头一直跟到大队部，参观的人由少聚多，大家看着这个稀奇的铁家伙，不时轻轻地用手摸摸，冰凉梆硬。只听说这是台柴油机，也不知道干什么用、怎么用。听大队干部说这台柴油机能抽水、磨面、脱谷皮，大家用惊讶和神奇的目光看着大队干部，心想这么个四棱八股的笨重东西还能干活，觉得不可思议，有些不相信。说真的在那个年代，那些从没出过山沟的人们，根本没人见过这种东西。只有大队干部常外出开会，有些见识。

第二天大队干部找人腾出两间屋子做机房，找了个木匠，用老榆木做了一个憨憨实实的座架,用两公分粗的螺栓,将这台机器牢牢地固定在这个座架上,然后用三公分厚的木条把机房窗户钉上,用一把大大的锁头把机房门锁上,生怕被人偷走,怕被孩子弄坏,怕被人卸掉零件。

柴油机有了,找柴油机手却犯了难,在全大队拉网式地来回筛选,功夫不负有心人,终于在老水泉子西队找到了如意人选,他叫周颂新,五十年代曾在包头念过大学,学的是机械专业,不知是什么原因只念两年多就弃学不念了。这个人品质很好,忠实厚道,一直在家务农,柴油机手这副重担就无可争议地落在了他的肩上,后来又给他配了个助手是敖包山后九队的,名叫孙祥。

周颂新不负众望,详细阅读说明书和有关资料,又帮助大队干部购买了脱谷皮机、磨面机和铡草机,从开始的安装调试到正常作业都很顺利,让人们惊诧了,心里面想这人本事真大,从那时起人们看周颂新,都是用赞佩的目光。

人们第一次看到,从脱谷皮机上面倒入的是谷子,瞬间出来的却是小米和谷糠,还可以调整粗细。用机器加工出来的小米,碎米子少,出米率高。一口袋谷子只用十来分钟的时间,就加工完了,如果用碾子最快也得两个多小时。还有磨面机,从上面倒入玉米,下面出来的是面,想吃细的用细罗,想吃粗的用粗罗,人们有点不敢相信自己的眼睛。后来大队制定了米面加工收费标准,全大队的人都牵着毛驴驮着粮食或赶着小车拉着粮食,到这来加工。大队门口天天车水马龙,像赶集似的很是热闹。

没有铡草机以前,生产队用来喂大牲畜的草,如干草(谷子秸秆)、玉米秸、豆秸子都要人工一刀一刀地铡,一盘铡刀整天地铡都供不上几十头大畜吃。我们生产队有三四十头大畜,一个冬春两盘铡刀基本不停工,每天光铡草就耗费了八个人。有了铡草机各生产队结束了人工铡草的历史,到了冬春季节,生产队每隔二十多天,就赶上马车到大队加工厂,拉上柴油机和铡草机,接上柴油机手到各生产队铡草。机器铡草需要很多人手，运草的若干人，往机器里入草的若干人，还要有两个垛碎草的，三间大草屋子用不了两天就铡得满满的。机器铡草铡得细、省工、省力，一个生产队只需铡七八天草就够喂一个冬春的了。

大队领导对柴油机视如珍宝、关爱有加，时不时地到米面加工厂"视察"一圈，看看机器运转是否正常，嘱咐柴油机手要爱护机器精心使用，不能有半点差错。这里还有个小小的故事，一年冬天由于天太冷，柴油机里的机油凝固了，怎么也发动不着，柴油机手烧了一锅开水，机器也没有烫开。后来柴油机手找来了麻秸秆烧，不巧被大队书记看了个正着，说这样做机器会爆炸的，命令赶紧熄火。不管柴油机手怎样解释，大队书记还是不依不饶，照样狠狠地批了柴油机手一顿。这个故事说明大队书记不了解机械原理，当然也体现了大队书记对柴油机的珍惜。

一晃几年过去了，离大队较远的生产队和经济状况较好的生产队，为了方便社员米面加工，也购买了柴油机，又过了两年各生产队相继都买上了柴油机，大队的柴油机因没活干被迫停了下来，后来通了电，各生产队的柴油机也被淘汰了。柴油机铡草、搞米面加工，使生活在山沟里的人们第一次尝到了机械加工的甜头和趣味，花钱少、省人、省力、省时间，他们第一次对机械加工有了最原始、最初级的认识，也意味着小村进行了一场解放生产力的革命，为农业走上现代化之路开了个头。

农田机耕梦

人民公社建立后到七十年代中期，小村的社员们仍然沿用着"弯弯犁杖尺二垄"传统的耕作方式。那些大队干部们，每时每刻都在想着如何提高生产力水平，他们外出开会听上级领导讲农业机械化，他们到川区参观机械耕作方式，他们的所闻所见让他们在大脑里萌生着农业机械化的念头。看到川区机耕机翻的优势，几百亩地在两三天之内就翻个底朝天，他们向往着有一天也像川区一样在农田里听到拖拉机的轰鸣声。一九七五年的夏天,机会真的来了,大队党支部书记王玉和去公社开会,听说公社农机站打算卖一台旧拖拉机,当时川区的几个大队也争相购买,最后王玉和想尽办法争取到了拖拉机的购置权,他给在家的大队干部打了个电话,要求在家的大队干部,就拖拉机购置问题开个会拿个意见,会上大家基本上同意购买,但个别人有不同意见,最后王玉和拍板决定购买。以一万六千四百元的价格将这台东方红牌75马力链轨式拖拉机买回。当时一台同等型号的新拖拉机的价位在三万五千元左右。除了拖拉机外,还随机赠送了播种机、镇压机、推土铲、五铧犁等。

当时大队没有存款,买拖拉机的钱,只能往各生产队摊派。那时生产队也不富裕,生产队队长们也不愿承担购拖拉机款,何况有的生产队全是山坡地没有可机耕的土地,更不愿承担这项摊款,在资金摊派上费了好大的周折才得以解决。机车款有了,拖拉机手又成了难题,本大队没有现成人选,又不可能外请,没办法只好挑选了两位有文化的小青年担任拖拉机手,又临时请了 位成手师傅进行技术指导,当进行机耕试验时拖拉机冒着黑烟拉不动犁,机车师傅说,拖拉机该大修了,否则无法继续使用。原来就不同意购买拖拉机的大队干部、生产队队长和部分社员更加意见纷纷,他们说,大队花那么多钱买了一个不能下蛋的"趴窝鸡",于是这台拖拉机就有了另一个名字——"趴窝鸡"。听机车师傅说,机车大修需要很多钱,刚筹完购车款又得筹措机车大修款,一连串的问题来了:机车大修,找谁修?去哪里修?怎么个修法?去哪弄钱?王玉和蒙了。情急之下,王玉和找到了同村老乡,时任老府银行行长刘玉坤。当时老府正在修铁路,部队铁路建设兵团有机械修理连。刘玉坤经常和部队领导打交道,凭借这层关系他找到了建设兵团领导,请求部队帮助修理拖拉机,团领导爽快地答应帮这个忙,部队出人、出技术且不收费,零件由部队提供,零件款由大队负责,钱不凑手还可以欠一段时间,一个很棘手的问题就这样解决了。

部队办事雷厉风行,第二天就派吉普车给大队送来了四名解放军战士,是专门搞机械维修的,到了大队水也没喝一口,就投入了紧张的工作中。大队领导安排我操办伙食,并叮嘱一定要把伙食办好,我开始忙活起来了,到大石洞子大队驴骡场羊群里去抓羊,到个人家去买鸡、买蛋,到老府收购站去买猪肉,忙个不亦乐乎。维修人员对机车进行了全面的检查,建议对机车进行整体大修,初步估算大修发动机,更换机车零件就得几千元。因为大队没钱,筹钱的难度又很大,所以大队领导一再要求有些零件能用就将就着用,该换的零件一减再减,维修人员说不能再减了,再减拖拉机就干不了活了。最后技术人员和大队领导达成一致意见,决定大修发动机,更换实在不能用的零部件。维修人员开始了紧张的工作,他们不怕脏、不怕累,满身是油、满脸是汗,工作认真精益求精,用了十来天的时间,完成了拖拉机的大修,拖拉机声音变好了,也不冒黑烟了,大队领导都很高兴。

修车结束那天,把解放军战士高规格地招待了一顿,以示感谢,部队派车把四位解放军战士接回了部队。大队领导也都松了口气,晚上都回家休息了。看着修好的拖拉机,拖拉机手兴奋了,他们叫上我,说趁着大队领导不在,要开着拖拉机出去溜一圈,当然我也很高兴,两个拖拉机手启动了拖拉机,我们三人坐在驾驶楼里,出了大队院一直向东走去,不一会儿就到了村东头坷垃(小地名)。我们三人正在说笑之际,突然拖拉机开到了路左边的土崖子上,拖拉机倾斜了一个四十多度的角,眼看车就翻了,另一位拖拉机手迅速拉了一下右边的操纵杆,车才缓慢地从土崖子上落了地,我们出了一身冷汗。车停了,我们赶忙下车查看,好在拖拉机安然无恙,又傻待了一会,不知是谁说了一句话"回去吧",另外两人都默不作声地上了车,在回去的路上,车楼里没有了出来时的说笑声,原来的精气神消失得一干二净。这也是我在农村那段时间经历过的第二件险事,现在回想起来还有些后怕呢。

这年秋天,到了秋翻的季节,大队干部终于等到了这一天,好展示一下拖拉机的威力,圆了农田机耕的梦。刚开始,由于拖拉机手是新手没有经验,打大犁的大犁手也没有经验,本来很平整的一块地被翻得乱七八糟,深的深浅的浅,直的直弯的弯,地头上没翻着的地一片一片的,没翻到的地还要人工用铁锨补翻,有好多地方还需人工平整,过了几天稍好一些。大队领导告诉我,通知各生产队,把能机翻的耕地里的秸秆清理干净,留给拖拉机翻。拖拉机轮流到各生产队翻地,每到一处,大人孩子们都要跟在拖拉机的后面看热闹,见识这个铁家伙是怎么翻地的,老头、老太太、大姑娘、小媳妇和孩子们大开眼界,他们说真是个铁牛,那么有劲,一次能拉五个大犁铧子,走得还那么快。

拖拉机每到一处,生产队都要杀羊、杀鸡、磨面、打酒,招待拖拉机手,夜里还要吃顿夜宵。给哪个生产队翻地,哪个生产队出大犁手,能被选中当大犁手也是件很荣幸的事,青年小伙子们都很期待,但只选一名。大犁手坐在大犁架子后面的铁座子上,大犁的轱辘是铁的,没有一点弹性,拖拉机在沙石路上行驶时,把大犁手的屁股颠得老高,疼得大犁手直咧嘴。拖拉机翻地时尘土飞扬,大犁手满身满脸都是尘土,打大犁又是个力气活,大犁手每天都是汗流浃背,几天下来,脸变成了土色,只有张嘴时才能看到几颗小白牙,即便这样,当拖拉机路过村屯时,大犁手还是美滋滋的一副很神气、很得意的样子,还时不时地向路边的旁观者点点头、招招手。吃饭的时候,大犁手还要殷勤地忙前忙后,给拖拉机手打洗脸水、端菜、倒酒、端饭忙个不停。因为手里摆弄着新鲜玩意,还能享受与拖拉机手一样的待遇,一同吃几顿好饭、好菜,喝几顿酒,心里感到很知足也很惬意。

过去的机器零件,质量一般都不太过关,使用寿命也比较短,有时由于使用不当,很快就会损坏。新手操作拖拉机,对机械损伤是很大的。这台拖拉机,由于大修时缺少资金,该换的零部件有的也没换,加之新手操作,秋翻时不是这坏就是那坏,拖拉机手每隔一会儿就要下车观察一下,看看链轨销子窜出来没有,看看螺丝松了没有,每隔几天还要到老府去买零件。就这样三停两歇地工作了两个秋天,因为本大队多为山地,适合机耕的平地太少,有时也到毗邻的大队干几天活,扣除柴油费、人工费和零部件费用所剩无几。到第三年秋天,地也快翻完了,拖拉机也"趴窝"了,这次"趴窝"就再也没起来。后来把这台拖拉机以几千元的价格卖给了西山根大队,至此一个农田机耕作业的梦就这样圆了。虽然这个梦代价有点大,但是人们毕竟见识了农业机械的威力,对农业机械化有了最初步的了解,向往农业机械化早日实现。

请客与做客

五六十年代村人家庭贫困,经济条件差,生活拮据,物质匮乏,请客做客之事自然也很少,没事不请客,无缘不做客,不过一些传统礼节方面的待客还是不能少的,有求于人的事还是要招待一番的。订婚、娶媳妇、聘闺女、生孩子谓之红喜事,除了传统的礼节招待,还要在事前请客,比如姑娘出嫁,涉及开厢用车、招待用粮(借粮)、研究确定有关事宜等要请客协商。娶媳妇涉及的事更多,比如资金筹措、用粮的借取、娶亲用车、支客和帮忙人的确定等要请客协商。白事一般指的是丧事、烧纸节等。过去把古稀之年去世的老人谓之善终,丧事谓之喜丧或白喜事。现在人们认为人老了身体不好,活着很受罪,死了是一种解脱,不再遭罪了,所以农村把年龄特别大身体特别差的老人去世的丧事常说成白喜事,也叫白事。白事一般都是事后请客答谢,除了答谢别无他意。还有偶然请客,谁家临时遇着特殊事,临时请客研究处理办法,有时在酒桌上就把问题解决了。现在随着经济条件的改善,村人请客也比过去多了一些,但也不像城里人请客那么频繁。农村和城里的请客方式也有很大差别,城里人请客,东道主打个电话提前约定,告知请客地点、请客时间即可,被请的客人也很爽快,如果参加便当即接受邀请,因故不能参加者也当即告知。而小村人请客和做客都不那么直白,比城里人请客含蓄了许多,也很有意思。

村子里的小故事

以邻居张某为例,张某大儿子打算结婚,但是彩礼钱还有一部分没有着落,配给女方的压腰钱一分没有,结婚招待用粮还有很大缺口,娶亲用车要提前约定,支客的人选等很多事情需要安排落实。为此张某找来了生产队的大能人王某,研究决定把生产队队长、副队长、会计、保管、大车老板子、手头有点钱的李某等请到家来招待一番,研究解决这些问题,并约定请客那天所有要说的事项都由王某来代言。

小村请客时间,夏秋季节一日三餐一般在中午或晚上,冬春季节一日两餐一般都在早晨。张某在请客的前一天都当面约定了被邀请的客人,并在前一天晚上做好了各项准备,把屋子和院子打扫得干干净净,把菜肴的材料准备齐全,餐酒具也在邻居家借取齐备。那时自有的餐酒具,勉强够自用,一旦来客人或请客就得向邻居借。过去用的饭桌都是炕桌,有的家庭只有一个又小、又陈旧的小炕桌,摆不开菜,坐不下太多的人,登不了大雅之堂,请客时吃饭的桌子也要借。

次日早晨,张某的全家起来得都很早,万事俱备只欠东风,等待客人的到来。家人做了简单的分工,家庭主妇尽全力,煎、炒、烹、炸大显身手,大女儿在家烧火打下手,大儿子、二儿子、三儿子去请客人。小村请客不但要在前一天预约,开席前还要派人亲自登门去请。孩子们都愿意干这差事,也借机露露脸,卖个小人情,谁也不愿在家里打下手。估摸着被请的客人都起床了,张某便吩咐孩子们动身请客。其实被请的客人也早有准备,老早的起床怕请客的堵了被窝,洗漱完毕等待着请客的到来。有趣的是被请的客人们虽然在头一天就被张某约好了,明明知道也推不掉,自己也打算去,但也绝不会主动去,必须等专人来请,还要再推辞一番方去赴宴。

让人更招笑的细节是,请客的孩子到了被请的客人家里说明来意,可是这被请的客人坐在炕上就是不动,嘴里还说"我不去了,太麻烦了"或者说"告诉你爸,我家里有点事去不了"等。这时请客的孩子便拽着客人的胳膊使劲地往炕下拖,拖到里屋门口客人又不走了,一个脚蹬着门槛,一只手扶着门框,请客的孩子又得拽着客人的胳膊往外间屋拖,费了好大劲才拖到当院,客人又站着不动了,没办法孩子到了客人的身后抱着客人的腰往院外推,出了院子客人才懒洋洋地向东道主家走去,进屋还要再说上几句客套话。有的客人一次请不来,还要请第二次才肯来,弄得孩子在大人面前很没面子,大人会说孩子什么都干不了,连个客人都请不来。在那时村人请客,被请者大多数都要推辞一番,好像不这样做就显得没有身份。

小村人请客坐桌也讲座次,小村农家的炕在屋子的南面靠近窗户,主要客人或者是有身份的人还有年龄较大的老人,要坐在炕的里面坐南朝北,队长自然是坐在这个位置上,副队长坐在队长的左侧,会计坐在了队长的右侧,其他客人分别在两侧落座,主人坐在炕的外面坐北朝南。那时没有低度酒,全是六十度的散白酒,也没有人喝凉酒,人常说的一句话:喝凉酒、使赃钱早晚都是病,所以喝酒时都要把酒烫热了再喝。有两种酒壶烫酒,一种是四两白底蓝道瓷壶,另一种是二两小白瓷壶,这两种壶高度差不多,粗细不同。烫酒,一种烫法是把盛满酒的酒壶埋在火盆里,另一种烫法是把酒壶放在开水里。热酒喝着又辣又呛上劲也快,但是到了肚里热乎乎的很舒服。

客人落座后,先上四个凉菜,张某从队长那开始给每位客人斟满酒,酒斟好后王某开始讲话,说:"东道主今天把大家请来坐一坐,请大家一定要吃好喝好。"然后招呼大家端杯喝酒,过去很少像现在这样一口一杯地喝酒,也许是因为酒的度数高,也许是因为酒热,口大了怕呛着,全村都用白瓷红"福"字酒盅,每盅酒二钱五,一盅酒分三次喝干,第一口酒叫第一开,第二口酒叫第二开,第三口酒干杯。每喝完一次酒东道主和陪客的都要让菜,客人们都一起端杯一起喝酒一起夹菜。当喝完三杯酒以后,即酒过三巡菜过五味,王某开始说事了,说:"老张的大儿子也已到结婚年龄了,订婚的时间也不短了,也该结婚了,今天把大家请来是想商量着把孩子的婚事给办了,也防止夜长梦多,怕女方那边有什么变故。"那时候男女订婚是女方说了算,因为是穷山沟,一般家庭经济条件又不太好,所以男方很少有主动权,事事都要听女方的。男方有不同意见也不敢直接跟女方说,只能通过介绍人来做些协调。虽然定了亲(有了婚约),但是稍有不慎,女方就会轻而易举地提出退婚,这里说的变故就是指的这个。所以这种担心也不无道理。

王某接着说:"老张给儿子结婚还有很多困难需要大家帮助解决,一个是彩礼钱还缺二百元,过大礼还缺一百多元(买衣物等),听媒人说女方要求男方配压腰钱一百元(女方拿多少男方配多少)缺的四百块钱,想请老李大哥给张罗一下,明年春季羊毛季还。"老李赶忙接过话茬说:"这个数还真是张罗不了,铆大劲最多也就能张罗二百元。"王某说:"你就想想办法,无论如何也得给张罗三百元,不然的话这个坎是过不了的。"李某勉强应允。王某又说:"结婚需要一辆马车接亲,还打算在生产队借一百五十斤黏谷作为招待用粮,其他事宜定下结婚的日子再说。"这时生产队长把话接了过来说:"接亲用车的事由生产队解决,日子定下来提前跟我说一声我来安排。"大车老板子插话说:"听从队长安排随叫随到。"队长接着说:"一百五十斤黏谷从生产队借,到时打个条我签个字,直接找陈保管支粮就行了,其他事宜到时咱们随时商量吧!"就这样用了不到二十分钟,把张某儿子办喜事的几个大问题就基本解决了,工作效率还是蛮高的。其实客人们早就心里有数,明白这顿饭的用意,知道要他们办什么事,心里也早有准备,只是心照不宣而已。

要解决的几件大事基本落实,张某和王某都很高兴,说了一些感谢的话。然后王某话题一转要求大家继续喝酒,热菜也一个跟着一个地上来了。每上一道热菜,陪客的都要先拿起筷子招呼桌上的客人夹菜,你可不要小瞧这些没有什么文化的山村凡客,他们做客时是很讲礼节的,那可是坐有坐相,喝有喝相,吃有吃相的(喝醉的除外),当主人或陪客的给他们斟酒时总是左手端杯、右手捧杯,要么把伸开的手横向斜立在酒杯了的侧面以示尊重。这时张某从队长那开始向每位客人敬酒,以表达感谢之意,之后队长带头互相敬酒、碰酒(碰杯),那时客人们能坐在一起喝酒的机会也不多,客人们也要借此机会彼此之间敬酒,说几句拉近关系的话,表达一下个人的情感,有恩的还要表达一下感谢之情,客人用东道主的酒敬别人,总忘不了说"借花献佛"这句话。敬酒结束开始打通关,划拳行令喝酒。打通关要从拳口开始,在每个酒桌拳口都有不同的解释。打通关的人,到每个人跟前都要解决两到三杯酒,一般两杯酒划四至六拳,三杯酒划六至九拳,按输赢喝酒,输多少喝多少,当然也有不划拳平喝的,也有不会划拳找人替划的,不管用什么方法都要把酒喝掉。划拳有的只喊数字,有的还要带着啰唆,如一心敬你、两相友好、三星高照、四喜发财、五福临门(五魁首)、六六大顺、七缘有巧、八匹大马、快喝烧酒(九)、十全十美(满福寿、全来了)等等,实际划拳也是一种酒文化。那些年除了单独一人或自家人喝酒之外都要划拳,喝酒不划拳总感觉不尽兴,也不过瘾。通关打完后,酒量大的和爱热闹的还要互相再找一找,碰碰杯、划划拳,这时酒桌上就开始热闹起来了,爱说的东一句西一句地大声说着,爱说爱笑的边说边笑,也有的只笑不语,有的把着人家耳朵说悄悄话,有的吹嘘自己如何过五关斩六将,有的一味地恭维别人,恰似一幅饮酒百态图。每次喝酒都有控制局面收场的,见好就收,防止喝多,这次也不例外,因为有队长在场自然由队长终止酒局,催促东道主上饭,吃完饭队长提议散席,客人们就全撤了,这次请客到此结束了。回想起来小村的请客和做客也是蛮有意思的,写在这里留作回味。

跨省遛土豆

五六十年代,每年到了秋收时节,孩子们放学后都要到生产队收过的庄稼地里捡粮食,比如玉米、谷子、麦子、豆子等等,最有捡头的当属土豆,称作遛土豆。那时生产队每年都种很多土豆,少则几十亩多则上百亩,紫皮土豆要收三遍,第一遍要用犁杖把长土豆的垄背挑开,把挑出来的土豆捡干净。第二遍和第三遍叫"傻"土豆地,即用犁杖一犁挨一犁地挑两遍,每副犁杖的后面都跟着两个捡土豆的。后来引进了白皮土豆把原来"傻"两遍土豆地改为"傻"一遍。生产队"傻"过的土豆地才允许遛土豆。土豆人称土里贼,总也捡不净,遛土豆的也要遛两遍。第一遍在土豆地面上遛,特别是下点小雨,把土豆上的土都淋掉了,离老远就能看见土豆。第二遍用铁三齿子刨,三齿子是一种农具,形状类似镐。有经验的专门找被水冲过稍显低洼的地方,再就是下雨时淤过的平甸,这些地方犁杖一般挑不到,用三齿子刨,有时能刨到成窝的土豆,能捡到好几个大土豆,十几把三齿子几天的时间就能把几十亩土豆地翻个遍。说起遛土豆还有个笑话,我近视眼,可自己不知道,遛土豆时总没有别人遛得快、遛得多,经常挨父母的训斥,说我不着调。直到一九七六年上大学做体检,才发现自己是近视眼,裸眼视力平均才 0.4 多一点,多年的"冤案"终于得以澄清。

　　有一年生产队的土豆地遛完了,父亲就决定让我和三弟到河北省围场县后碧柳大队,我大哥的岳父家那里去遛土豆。说来话长,我大哥结婚的第二年,我大哥的岳父来我们家,和我父亲闲谈时说:"我们那地多人少收土豆时只收一遍,地里落下的土豆特别多,如果孩子有时间可以到我们那遛土豆。"说者无意,听者有心,第二年我父亲就让我们跨省遛土豆了。

　　去后碧柳的路很远,全走山路约四十多华里,如果走半山半川约六十多里路,交通不便全程都要步行,我们俩都没去过,不知道怎么走,大人又没时间送,正巧赶上邻居鲍文明(我们称呼他鲍大爷)去那里,我父亲就跟他商量把我和三弟顺路带到后碧柳,说是顺路实际还得专程送十几里路。鲍大爷是石匠还是阴阳先生,围场北部一带的磨和碾子基本都是鲍大爷来扒(磨或碾子的沟纹磨平了,要用铁錾子和铁锤子把磨盘或碾盘、碾轱辘再凿出沟纹来),那里的人们信任他扒磨、扒碾子的技术,更信他这位阴阳先生,所以每隔一段时间他都要去那里走一走、转一转,有的磨或碾子用钝了扒一扒,有阴阳两界的事给看一看、算一算,有时还有专人来请。

那天早晨吃完早饭我们哥俩拿一条带着补丁的破口袋、两个榆树条编的筐和两把三齿子,就跟着鲍大爷出发了。从敖包山后九队上山走了好长一段山路,又下了一道梁到了围场县的大素汰,在鲍大爷的朋友家吃了一顿午饭,下午天快黑时我们到了后碧柳,鲍大爷把我们送到地方就走了。我大哥的岳父比我父亲小三岁所以我们称呼他们老两口为大叔大婶。大叔大婶和他们的全家对我们哥俩很热情,像对待客人一样。那可是真正的山沟沟,别看住在山沟里,但是屋里很整洁也特别干净,炕席虽然铺得已经泛黄了,但还是发着亮亮的光泽,红堂柜子上没有一点灰尘,家具虽然不多但摆放得井然有序,院子打扫得也特别干净,就连烧柴也垛得那么整齐。

第二天吃完早饭我们哥俩带上遛土豆的工具,大叔把我们送到山上,放眼望去,村庄处在山凹处,小村被坡耕地所包围,小村不大,人口不多,但耕地很多,黑黑的沙壤土很肥沃,因为地处高寒漫甸无霜期短,生长期长的作物上不来,所以种植的农作物主要是生长期短的土豆和莜麦。大叔用手指着那一片一片的土豆地说:"这些土豆地生产队都已经收完了,你们就在这几片地上遛土豆吧。"我问:"生产队'傻'过了吗?"大叔说:"这地方不'傻'土豆地。"我们惊诧了,我说:"在我们那可是要'傻'两遍的。"大叔笑了。我们心想,这可找到遛土豆的好地方了。进了土豆地就明显感觉比我们那落下的土豆多,因为土壤肥沃,土豆品种好、产量高,秋收时地多人少收不过来,所以不像我们那收得那么仔细,地里落下的土豆较多。我们先遛露在地面上的土豆,一开始连核桃大小的土豆也都捡起来,后来太小的土豆干脆就不捡了,临近中午我们遛了大半口袋零一筐,大约有一百三四十斤,相当于在家遛一天的,我们哥俩轮流把遛来的土豆扛回大叔家,大叔单独给我们找了一处放土豆的地方并用扫帚扫了扫,我们把土豆倒在地上,看见比在家遛的土豆个大也比较整齐,怕把土豆晒青了,大叔找了一个破草袋子把土豆盖上。大叔说:"一上午遛这么多,你们俩真能干。"又问:"这么大一口袋土豆,又这么远的路你们是怎么弄回来的。"我们说:"是轮流扛回来的。"大叔又说:"下午我给你们找根绳子,用绳子背得点劲。"吃完午饭我们也没休息老早就上山了,就这样日复一日地遛了十来天土豆,偶尔在山上也能遇见几个当地遛土豆的半桩孩子,他们只拎一个大筐,遛满筐就回去了,他们用异样的目光看着我们这两个遛土豆的外地人,好像有几丝不解。有一天吃完晚饭大叔大婶和我们唠嗑时说:"我们这到第二年春天种地时还能挑出很多冻土豆,有时干着活还能捡一大筐呢,把冻土豆剥了皮晒干轧成面再掺点莜麦面蒸干粮、擦饹饹豆溜滑的,可好吃了。"我说:"我们那上年的土豆地里也有冻土豆,但没有你们这的多,有时也和你们这样吃,只不过掺的不是莜麦面而是玉米面。"一晃就是十来天,我们哥俩遛了足足有三千来斤土豆,在当时来说是个很大的收获。

  由于路途遥远加之山路不好走又没有运输工具,遛的土豆怎样运回家里却犯了难,最后大叔决定,把土豆轧碎,加工成淀粉,再找人给加工成粉条。回家后把这个情况和父亲说了一遍,父亲感到很过意不去,父亲说:"没想到给亲家添了这么多麻烦。"又过了些天,大叔托人捎信,说粉条已经加工好了让我父亲有时间去运回来,那年冬天我父亲用毛驴驮回来一些粉条,剩下的就地卖了。

  外出河北省遛土豆尽管是件好事,但因交通运输不便,又不能给大叔家老添麻烦,所以跨省遛土豆的事只做了一次。此事过去快五十年了,当回顾这件受人之恩的往事时,心里总是热乎乎的,还伴着几分激情。跨省遛土豆自始至终都是在别人无私的帮助下进行的,开始鲍大爷为我们义务领路,途中又为我们"化缘",最后又专程护送我们十几里路;遛土豆期间大叔家不但管我们吃住,而且还时常给我们单独做好吃的,虽然我们是孩子但他们却像对待客人一样,每天都是那么热情周到，还主动想办法把土豆加工成粉条，并帮助把粉条给卖出去，又搭粮食又搭时间。回顾那个年代，人虽然穷，但人情亲情不薄。

搬迁户有感

听老人们说原来我们村老地户很少，八成以上都是外来户，在外来户当中绝大多数都是从山东逃荒来的，所以村里的风俗、生活习惯有很多方面都和山东有相似之处。听父辈们说我们老家也是山东的，那些年山东连年的灾荒无法生存，我老太爷挑着一副挑子，一头挑着我老爷爷，另一头挑着两床破被子和必备的生活用品，带着我爷爷和我二爷爷，逃荒要饭来到这里并在此定居。现在我们这个分支已经是第七辈了，有五辈子人是在这里出生的，我们这个外来户也已经成为村里名副其实的老地户。六十年代中期七十年代初，全大队有二十多户农民因生活贫困，无奈举家搬迁，这些搬迁户搬迁的时候虽然不是逃荒要饭，但也是狼狼狈狈、凄凄惨惨的。搬走的农民时常也回来看看，毕竟这里是他们的故土，还有亲朋好友的牵挂。据说绝大部分搬迁户日子过得都很不错，当然也有个别户还是过得不太好。

搬迁户的迁入地集中在河北省的围场县，辽宁省的盘锦、黑山县和黑龙江等地，这些地方都有一个共同的特点，地广人稀，有着得天独厚的土地资源优势和适宜农作物生长的优越环境。黑龙江土地肥沃，黑色的沙壤土像掺着油一样，适合种植玉米和大豆。河北围场高寒山区大面积未开垦的土地适宜莜麦、土豆生长。盘锦是辽河的湿地，没有开垦的平地一眼望不到边，适合开发稻田，背靠辽河，天旱不愁灌。稻子产量很高，每年不但有丰厚的收入而且口粮结构也有很大改善。大米属于细粮，如果在老家每年国庆节每人只能供应二三斤，在盘锦全年可以吃大米，所以这几个地方像磁石般地吸引着贫困地区的贫困户。

八十年代初，我参加工作以后，去过很多次盘锦，那时用咱们的土豆换他们的大米,四斤土豆换一斤大米,就是说送去四车土豆才能换回一车大米,所以每年秋天都要去几次盘锦,为单位职工搞福利。

在盘锦我亲眼目睹了那些搬迁户的酸甜苦辣,说起来他们也真的不容易:一是初到此地人生地不熟,面对的都是生面孔而且哪的人都有,所以他们不敢越雷池半步,事事都要多加小心。二是生存环境改变,水土不服,那里是盐碱地,水质特别差,喝一口咸滋滋的,很多方面都要他们慢慢地来适应。三是住房极其紧张,一间屋南北都是炕,人口多的一屋住两户,在南北两铺炕之间拉一道帘,人口少的一屋住四户,在一铺炕中间还要再拉一道帘,说真话那是绝对的不方便。那地方没有树,搭房盖屋没有木料,再加上刚搬去没有经济实力盖不起房子,所以几户人家挤在一个屋里住。四是没有青菜,用大米换土豆当菜吃。虽然产的全是大米,但他们吃的大部分还是粗粮,按着他们的话说,虽然种的是稻子但吃不起大米,一斤玉米九分多钱,一斤大米两毛来钱,吃一斤大米能吃二斤多玉米。看到他们,就会想起我们大队的搬迁户也和他们一样的不容易,心里酸酸的很不是滋味。

在盘锦遇到昭乌达盟的搬迁户,尽管我们不是他们的同村老乡,但是他们听说我们是昭乌达盟来的,就像见了亲人一样问长问短、问寒问暖,为我们提供方便。我们总想为搬迁户们做点什么,来慰藉自己的内心,但也无事可做,他们使的打火机是用汽油的,有的搬迁户就说:"老乡给我们点汽油呗!"终于能为他们做点事情了,我们爽快地答应了。不一会儿就收到三四十个空玻璃瓶子,我们挨着个地把瓶子灌满汽油,还再三叮嘱他们一定要把汽油瓶子嘴塞好,放在安全的地方别着火,他们美滋滋地走了,边走边说还是老乡好。虽然汽油是公款买的,我们只是举手之劳,但是我们的内心感到很舒畅。

如果不是贫困,如果不是灾荒,如果他们在故地生活得很好,他们也不会舍弃故土背井离乡,到一个完全陌生的地方生活。

山村
旧事 SHANCUNJIUSHI

山村的"蜂客"

  二十世纪六十年代末的一个夏天,有一天,村里突然来了一辆大汽车,车上装满了木头箱子,问大人我们才知道是蜂箱,里面装着采蜜的小蜜蜂。不知道是提前联系好了还是现找的地儿,司机把汽车开到老鲍家房东西梁根下的一片荒地上,把木头箱子一个一个地从汽车上卸下来摆成一个正方形,在蜂箱的北面还搭了一个坐北朝南的帐篷。我们那些十五六岁的孩子们怕蜜蜂蜇不敢靠前,只能离老远地观望,这是小村里第一次来养蜂的。养蜂人每天都在小心翼翼不停地忙活着,他们做的事有很多我们不理解,包括大人们也感到很稀奇。

  听说这两个养蜂人老家是浙江的,四十多岁,个子都不算高,瘦瘦的,面部紫红色,颧骨很高,精明伶俐,说话特别快我们一句也听不懂,后来才知道他们之间对话说的都是浙江地方话,他们和村里的人说话时都用很笨拙的普通话。时间长了村里的孩子们也试探着往蜂场跟前靠近,养蜂人边劳作边和孩子们做一些简短的交流拉拉家常,问姓什么、叫什么、家里几口人、吃什么饭等,如果是三两个孩子有时还要款待一下,找个吃饭碗弄一点蜂蜜再兑上点水给孩子们喝,那是我们有生以来第一次喝蜂蜜,曾经吃过白糖、红糖、块糖、糖精和甜菜疙瘩熬的糖稀,味道就是个甜,而蜂蜜甜里还带着回味无穷的芳香,真是好吃极了,记得有一句成语"糖甜不如蜜",如果你没有吃过蜂蜜你就不会有那种体会,实际糖和蜜的区别不仅仅体现在"甜"字上,不是以甜度的高低来区分的,主要体现在甜的质量和口感上。糖吃在嘴里给人的感觉就是一个甜而已,而蜜则不然,吃在嘴里给人一种香、甜、绵、爽的感觉。所谓"香"就是吃到嘴里甜里面带着纯天然的芳香,大大地超出了糖的概念;所谓"甜"就是吃到嘴里甜而不腻,那种甜很自然;所谓"绵"就是吃到嘴里没有大的刺激性,感觉很舒服;所谓"爽"就是吃到嘴里感觉清新爽口。有时我们这些喝过蜂蜜的孩子们还以此做资本向其他孩子们炫耀。有很多村人也是第一次尝到蜂蜜的味道。

养蜂人的到来还让我们知道了很多关于蜜蜂的趣事。据养蜂人说蜂群里面有蜂王、雄蜂和工蜂。蜂王的个头最大,每个蜂群只有一只,主要任务是产卵繁殖后代。雄蜂的个头小于蜂王大于工蜂,在蜂群里只占百分之几,是专门负责繁殖交配的,完成交配后蜂王把雄蜂的生殖器强行留下,几小时后雄蜂命丧黄泉。工蜂的个头最小,是雌蜂的一种,因性器官退化失去生育能力,它们担负着采蜜、酿蜜、侦察、守卫、筑巢、清洁蜂箱、照顾蜂王和饲养幼蜂等一系列重要工作。工蜂寿命只有五周到六七个月,在一生中主要是采花酿蜜,用它的舌和下颚组成细长的小管把花的甜汁吸到蜜胃里,直到把蜜胃装满,肚子鼓起发亮为止。工蜂采蜜回巢后把蜜汁交给羽化出来的小蜜蜂,再由小蜜蜂把蜜汁贮存到蜜房里。到了晚上,工蜂再把甜汁吸到自己的蜜胃里进行调制,然后再吐出来,这样反反复复一百多次,最后才酿成香甜的蜂蜜。工蜂的后脚周围长着又长又密的绒毛,组成一个"花粉篮"。蜜蜂把采集来的花粉装在"花粉篮"中并带回蜂巢。

一只工蜂一天要外出采蜜四十多次,每次采一百多朵花,采到的花蜜只能酿半克左右的蜂蜜。如果要酿一千克蜂蜜,若蜂房和蜜源的距离为一千五百米的话,几乎要飞行十二万千米的路程,相当于绕地球飞行三圈。工蜂除了调制蜂蜜(细粮)外,还会把采回来的花粉掺上一点花蜜,加上一点水,搓出一个个花粉球,做成蜜蜂们平时吃的"粗粮"。

蜜蜂的这些故事对我们来说又新鲜又有趣,通过这些故事才知道蜜蜂原来是人类的朋友,它们对人类没有索取只有奉献。

养蜂人和村人的关系相处得很融洽,村人们把自家种的黄瓜、小葱、角瓜和水萝卜等送给养蜂人,送点自制的大酱让养蜂人蘸青菜吃。养蜂人说他们不生吃青菜,大酱也用不上,村人才知道原来南方人有不吃生菜的习惯。有时村人光顾蜂场,养蜂人也会用蜂蜜款待来客。在产蜜旺季养蜂人还给每家每户送去一斤蜂蜜,即使没有去过蜂场的人也能品尝到他们的蜂蜜。那年小村家喻户晓,人人都品尝到了蜂蜜的味道。偶尔村人们也会拿个玻璃瓶子到蜂场买点蜂蜜,养蜂人按照每斤五毛钱的最低价卖给村人,不但能做到秤平斗满,还能适当多给点。那时候人们对蜂蜜的用途了解甚少,弄点蜂蜜主要是为了品尝和制作民间偏方所用。

当时对蜂蜜的销售国家有明文规定,当地供销社负责收购,国家按等级统一定价,卖蜂蜜时生产队的大车老板子也会顺路给个方便,把大桶的蜂蜜捎到供销社。

在当时养蜂人吃粮靠国家供应,吃粮标准比国家职工还高,和国家职工一样有个粮本,在哪个粮站买粮买多少、买的什么粮都登记在本上,他们在粮站买粮不受地域限制,只要不超标准在哪个粮站都能买。小村离粮站六十华里,养蜂人买粮有时也搭乘生产队的大车。

蜜蜂有时要喂白糖,养蜂人凭票到当地供销社购买,一次能买几百斤,也是用生产队的大车往回捎。平日里养蜂人有个大事小情,如果找到生产队队长或哪一个社员大家都会有求必应尽力帮忙。这些对养蜂人来说是个很大的方便,养蜂人感激不尽,有时还请生产队队长和大车老板子喝顿小酒以示答谢。

日月如梭,几个月转眼过去了,天渐渐凉了,各种植物的花渐渐谢了,养蜂人也开始做着转场的各种准备。首先把蜂蜜卖掉,减轻运输重量,检修加固蜂箱,防止运输过程中蜂箱散架,固定巢脾,防止在运输过程中巢脾移位挤压工蜂,这些对养蜂人来说是正常工作也习以为常了,但在村人眼里一块生机勃勃的蜂场又要变成一块寂静、荒凉的空地了。

一天,来了一辆没装东西的大汽车,养蜂人封闭好蜂箱打点好行装,村人们无代价地帮助他们装好车,孩子们围在蜂场周围看热闹。当装好的蜂车行驶到村子中间时,汽车的轮子轧上了一块大石头,车猛颠了一下,一个装满蜜蜂的蜂箱从车上掉了下来,两万来只蜜蜂"嗡"的一声倾巢而出,飞了两圈全都落在路边的两株大榆树上,瞬间树枝变粗了,小树枝被压弯了,围观的人都被吓跑了。养蜂人从车上找了一个空蜂箱,手持巢脾用尽了一切招数想收回聚集在树上的蜜蜂但都无济于事,收蜂时间持续了一个多小时,最终也没有把蜜蜂收回。村人问,蜜蜂为什么不归巢呢?养蜂人说蜜蜂受到过度惊吓之后就不会再归巢了。也有人说既然你知道蜜蜂不会归巢为什么还在这耽误时间呢?养蜂人说尽管如此也要做最大的努力试一下,一是一箱蜜蜂要好多钱,二是我和蜜蜂是有感情的,不忍心把它们丢下。又过了一会儿养蜂人失望地启程了,两只手不停地在汽车侧窗向路人挥手告别,还时不时地回望落在树上的蜂群,看养蜂人的表情还真有点恋恋不舍呢。蜂车行驶在村路上,村里的老人和孩子们也到大门口挥手送行,当然也不乏看热闹的,看到养蜂人走了,大家还真有点依依不舍。第二天清晨好事人又到落蜂的那两株榆树前观看,奇怪的是一个蜜蜂也没见到,蜜蜂的下落人们不得而知。

　　随着养蜂人的转场,这一年村里的新鲜事就这样结束了,但给人们茶余饭后留下的话题并没有结束,人们时常谈论着南方人的瘦小,南方人的生活习俗,南方人的精明强干,南方人吃苦耐劳的精神,南方人撇小家舍小业创大业的胆略。村人说北方人能把老婆孩子扔在家里常年在外做事吗?咱们北方人贪妻恋子的做不成大事业,还说南方人说话虽然听不懂但很招笑。村人还羡慕养蜂人像国家职工一样吃着国家供应的粮食,而且标准很高还有细粮呢;羡慕养蜂人在供销社一次能买几百斤白糖,而村民们每户一年才供应一二斤;羡慕养蜂人随时都能喝到又甜又香的蜂蜜;更羡慕的是养蜂人丰厚的收入。养蜂人的到来使村人对外面的世界似乎有了更多的了解。

夜盗箭杆杨

那是在七十年代初期,初冬的一天,大队主任王树清找到我说:"咱们大队这么多年造林老不活,造活了也长不成材,咱们得换换树种了,前些天我在赤峰长青公园看到几株树,长得又高又大又粗又壮,而且树枝贴着树干长,树冠小,又不遮地,树形像子弹头很好看,听说长得也很快。我找公园的人问了,这种树叫'箭杆杨',明天县防疫站的车回赤峰(当时县防疫站在我们那搞克汀病防治),你和王树成搭车去趟赤峰,到长青公园想办法砍点当年长出的箭杆杨树枝子,明年用它造点林子,看看咋样。"

当时听了又高兴又很难为情。高兴的是从来没去过赤峰,这次能去赤峰看看了,我们那距赤峰一百公里,去一趟很不容易,要步行二十公里的山路或者走三十公里的川路,到老府才能有班车,而且吃、住、行都得花钱,赤峰是心目中可听、可想而不可及的"大城市",从没去过,这次终于有机会了。难为情的是第一次去赤峰就担着这么重的任务,担心完不成,因为那是去偷,而不是去拿,一旦被人抓住那还了得。尽管如此,还是把这个任务接了,我们做了充分的准备,找了两根绳子,又找了一把砍刀,而且磨得很快,用提包把这两样东西装好。虽然很担心,但是能去赤峰看看也是一件特别高兴的事,出发前的整个夜里翻来覆去睡不着觉,总在想赤峰究竟是个什么样,能不能完成这个任务,会不会被人家抓到等等。

第二天,我们坐在县防疫站的吉普车里看到司机那熟练的驾驶技术,感到无比敬佩和无比羡慕,心想"这个职业给个县长也不能换"。在车里,我们不时地把头转向侧面的车窗,窗外的大山距公路越来越远,川越来越宽,平地也越来越多,看到的是另一片天地。马车需要走三天的路程,而汽车只走了两三个小时,乘车的兴趣还意犹未尽就到赤峰了。车窗外呈现出另一番景象,黄色的路面变成了黑色的路面,路两边全是房子,还有很多店铺,时不时地还能看到高楼,路上人来车往车水马龙,大汽车、小汽车、大马车、毛驴车、自行车、胶轮拖拉机来回地穿梭,偶尔还能看到拉着黑色煤块或拉着大粪桶的蹦蹦车,柴油烟子味和大粪的臭味混合在一起贼难闻,人多、车多,宽宽的马路却显得那么狭窄,人来车往拥挤不堪,让我们的眼球目不暇接,梦寐已久的赤峰城竟如此这般。

到了县防疫站,站长为我们安排了住处。我们俩开始研究制订获取树枝的方案,找公园的领导商量肯定是不行的,白天去砍更不可行,只有一个办法,就是夜里去偷。按照这个想法,我们决定首先到公园看一看,探查一下公园的环境,然后再确定进入公园的办法。

午饭后我们俩步行到了公园门口,花了八分钱买了两张公园门票,进去转了一圈,在各种动物圈舍的南面找到了那四棵箭杆杨树。然后我们出了公园,围绕公园又转了一圈,通过探查,公园的西边全是房舍无法进入,公园的北边有十几间房子,其余是铁栅栏,因有路灯太显眼不能从此处进入,公园的东边是砖墙又高又滑不好进入,公园的南边是土墙是进入公园的最佳位置,最后决定从南墙进入,行动时间定在半夜。

因为没有手表,夜里我们也没敢睡觉,等到马路上没有什么动静了,又过了大概一小时左右,我们带上"作案"工具动身了。走了大约三十多分钟到了公园南墙下面,找了一处墙最矮的地方翻了过去。到了树下做了简单的分工,我负责上树砍树枝,王树成负责在树下捡树枝。我将砍刀别在腰上便上树了,树很粗,又光又滑,上得很费劲,爬到有树枝的位置后稍歇片刻,便胆战心惊地开始砍树枝。由于这几株树距离狼舍很近,所以刚砍了几下,狼因听到砍树声便开始嗥叫了起来,又过了一会儿我在树上看见公园管理员住的屋子灯亮了,我便小声地告诉王树成:"有人来了,你也赶紧上树吧,别让人家抓住你。"当王树成爬到了树上,公园管理员也从屋里出来了,狼又叫了几声,管理员到狼舍附近看了一下未发现异常情况，很快就回房间了，眼看着管理员屋里的灯关了，我们又开始砍树枝了，狼听到砍树声又叫了起来，这次管理人员没再出屋，我继续小心翼翼地砍着树枝。过了一会儿狼不再叫了，我们放松了很多，大约用了半个多小时我们的事情终于完成了，我从树上爬下来，把砍刀包好放在提包里，王树成用绳子把树枝捆好扛在肩上，我们俩返回到进园时的墙根处，我先爬上墙，王树成把树枝递给我，我把树枝扔到墙外，然后伸手把王树成拽上墙，跳下墙我们俩才松了一口气，感觉后背发凉，用手一摸才发现我们的衣服都被汗水浸湿了，然后我们扛上树枝、拿上"作案"工具逃之夭夭了。

　　我们背着偷来的树枝徒步走到了汽车站，距发车时间还有两个多小时，我们找一个背风的墙根歇了一会儿，感觉后背冰凉，全身发冷，又过了好半天，汽车站的门开了，王树成看着树枝子，我进到站里买了两张车票。发车的时间到了，我们找开车师傅把树枝放在汽车外顶部的行李架上。驾驶员问我们："你们带树杈子干什么？"我说："这是树栽子，从外地进的，和当地品种不一样。"汽车开动了，我们那颗悬着的心才放到肚子里。

　　回到了大队，王主任看我们带着树枝子回来了，非常高兴地说："没有想到你们还真有两下子，不简单，我还担心你们被发现，让人家扣下，做着去领你们俩的准备呢！"然后他让我们俩填了一张差旅费表，写的是去赤峰办事，时间两天，每天出差伙食补助六角，我和王树成各得了一元二角钱。因为是防疫站管的饭，所以我们吃饭没有花钱，去时搭车，没掏车费，回来的车费也给报销了，所以我们只花了八分钱的公园门票费，每人净赚了一元一角六分钱。第一次享受这么高的待遇，心想这次我们赚了，坐车不花钱，吃饭不花钱，公家还给补助钱，等于公费逛了一趟赤峰城。按照王主任的要求，我们把树枝子埋在了大队的菜窖里。

　　到了第二年春天，王主任安排专人把这些树枝子全部栽到了大队的菜地周围，那是一块平地，能上水，大队领导亲自监督浇水，生怕把栽下的箭杆杨旱死。没想到的是,栽下的箭杆杨树枝没有一个发芽的,过了一段时间这些树枝都干了,具体什么原因也没找到。虽然这个新树种的"引进"是很不光彩的,但回顾这段往事,就造林而言也很有意义,毕竟有些人认识到了造林的必要性,认识到造林的重要意义,想着造林树种的改变,想着怎样才能把树造活。我想当时树种单一,数量不足,技术落后,应该是一个社会问题。这次差事实现了两个第一,第一次乘坐吉普车,第一次目睹了赤峰这个"大城市"。

无冕护林员

护林员本来是一个极其普通的工作,可是在五六七十年代这个工作一般人是干不上的。国有林场很早就有护林员,后来上级政府号召封山育林,大队和生产队也都按要求建立了封山区,有了封山就得有人看管,所以就有了大队和生产队的护林员。

那时社员们都很羡慕国有林场护林员这个职业,他们胳膊上戴个红袖标,上面用黄漆写着"护林员"三个字。夏天带着雨衣和雨鞋,冬天穿着皮大衣,骑着高头大马很是威风喽。国有林场的护林员都是正式职工,是挣工资的。河北省围场县巴头沟林场和我们大队毗邻,林场有一个护林员叫王庆余,从我记事到我念大学都是他护林,那时我总觉得他是林场最大的官,因为从来我就没见过也没听说过还有场长。王庆余个子很高,五大三粗的,脸黑黑的、圆圆的,还缺一颗门牙,说话结巴(口吃),舌头有点大,吐字不清,把"这"说成"届",把"吃饭"说成"期饭"。大队领导和生产队队长和他最熟,每当王庆余光顾小村时,生产队队长和大队干部都要远接近迎,热情招待,不是为别的,是为了有村民犯在他手里好能说上话、讲个情、给个面子。因为离得比较近,他时常就骑着马过来光顾一下,混顿吃喝走了。不过有时也有大事要事,那就是靠近我们边界的树木被人偷了,他怀疑是哪个生产队人干的,哪个生产队队长就得领着他挨家挨户地搜赃物,一旦搜到赃物就得听从他的处置,队长只有说情的份,没有决策的份。说句实话,那些年有的社员家修房盖屋、搭个牲畜棚圈什么的,材料不凑手,有时就到巴头沟林场去偷,本大队的人看见了也没人管,毕竟不是本大队的树。

社员到林区捡干树枝护林员不管,割树枝是不允许的,砍树是要重罚的,割毛柴时管时不管。最直接的处罚方式就是没收割下的树枝或砍伐的树木以及扁担、绳子和镰刀。说句良心话,那些年从三队到九队社员家的烧柴有一半以上都是来自巴头沟林区,按护林公约到林区割毛柴也是不允许的,但每次王庆余碰到我们割毛柴都是不轻不重地说几句,也不做处罚,有时看见割毛柴的,他就绕开走。如果抓到割桦树苗子的和偷树的人,都要严加惩罚,绝不宽恕。这个护林员还真负责,刮风下雪,数九隆冬,都以为他是不会上山的,可越是这样的坏天气他往往就在山上。王庆余在我们村比公社领导知名度还高,几乎家喻户晓,大人孩子都认识他。每当他来到我们村,人们就会交头接耳议论着,准是林场又丢树了,又要搜查了等等。

大队和生产队的护林员没有领导关系,大队护林员只管大队所属的封山。那时,大队所属的封山有三处,大石洞子比较偏僻,离村屯较远,由我们生产队的转业军人付振和看管。大队给他盖了两间房子,他吃住都在山上,因为他是单身汉,所以在哪吃住都无所谓,一人吃饱全家不饿。大阴坡和敖包山两处封山由敖包山后八队的社员冯连科管护,敖包山被四、五、六、七、八等五个生产队所包围,所以管护工作难度很大。冯连科工作认真、一丝不苟,偷山时只要被他抓住就不会轻易放过,轻者没收柴草、镰刀、扁担或捆柴绳子,重者除没收柴草和割柴工具外,还交由大队处罚,所以那时到大队封山偷柴者都很打怵。在大队封山打柴时只要看见冯连科的影子,就立刻扔下柴草拿上工具拔腿就跑,否则不用说割的柴,就连打柴的工具也得被没收。因为在他那你没有缓和的余地,他不分亲疏、不分远近、一视同仁,谁也不惯着。正因为这样,大队连用了他很多年。他是专职的护林员,每年大队给他三百多个工日,回本生产队结算。

各生产队在六十年代中期也都划定个封山区,记得我们生产队把硳筒子沟、四方山和集中连片的林地划为封山区。生产队也确定了一名护林员,是我叔伯大哥崔玉祥,属于兼职的,生产队每年给一百多个工日作为补贴。同样是禁止到封山砍树、砍树枝、砸杏树疙瘩(刨杏树根)和到封山割柴草。村内很少有人犯山,可能是因为老邻旧居的都不好意思去偷,主要是看住外村偷山的。

有一年,水泉东生产队两名社员到我们队硳筒子沟偷柴,被护林员崔玉祥抓住了,他开腔大声说道:"你们知道这是封山吗?"两人说:"知道。""你们知道封山不让割柴吗?"两人说:"知道。""那你们为什么还要到这里偷柴?"他们说:"家里没柴烧。""没柴烧就偷吗?"二人无语。崔玉祥又说:"把扁担、绳子、镰刀和柴草留下你们走吧,以后再发现你们到封山打柴我非狠狠地罚你们不可。"两个人又作揖又哈腰地说:"家里就这么一根扁担、两根绳子,你扣下我们就没有用的了,都是上下营子住着,请你开恩放我们一次以后再也不来了。"最后每人留下一根绳子,两人两步一回头满嘴好听话、满脸赔笑地走了。那时外村人到我们村偷山被崔玉祥抓住,也像我们偷山被王庆余和冯连科抓住一样手足无措,只能听凭处治。那一刻护林员很神圣,说啥是啥,真像个护林王。

动物的故事

在童年的记忆里,我们那里的野生动物特别多,天上飞的体型较大的鸟,如老鹳子(秃鹫)、老鹰(猎隼)、野鸡、沙半鸡、嘎拉鸡(石鸡)、毛腿鸡、黄鹂、鹌鹑、喜鹊、乌鸦、红嘴鸦、山雁等。体型小一点儿的鸟儿就更多了,知名不知名的大约有几十种。地上跑的,如狼、狐狸、狍子、獾子、黄鼠狼、两头乌(艾鼬)、兔子等十几种。

野生动物趣事 那时,几乎天天都能看到老鹰(猎隼)抓麻雀,很多时候,麻雀被老鹰追得慌不择路,就直接从门或窗扑进我们的房屋里,躲在角落里浑身颤抖,我就多次在屋里抓起惊恐的小麻雀,手心里清晰地感觉到它那小小的心脏在"咚、咚、咚"地跳动。老鹞子在村边上空盘旋,小鸡被老鹞子抓走的事儿也经常发生。生产队里每年都能发生几起狼进村吃羊、吃猪的事件,因为都是在夜里,那狼的叫声和驱赶狼时敲打的破铜烂铁声,以及人们的呼喊声汇集在一起真是让人毛骨悚然、头皮发炸,事过许久还难以入睡。

而鸟的欢叫声就和谐多了。一些鸟在一些事件发生前会发出阵阵的鸣叫声,如:布谷鸟到春播时发出"种、种、种"的催播声;黄鹂在下雨的前一天会发出"哇、哇"的呐喊声,提醒人们大雨即将来临;麻雀在下雨或下雪的前一天集中在一株大树上发出"喳、喳、喳"的叫声,告诉人们天要下雨(雪)了;早春听到乌鸦第一声"呱、呱"的鸣叫声时,人们不用看日历就知道惊蛰到了;当啄木鸟发出"当、当"的敲木声,那是在消灭树干里的蛀干害虫,提醒人们这里的树木发生了虫害。它们都为人们做着有益的事情。到了春天,各种鸟类发出的对话声、唱歌声、求偶的呼叫声不绝于耳,就像一组组欢快、清新、优美悦耳的乐章,伴着我长大。

动物们也有它们自己的故事,如:山雁子不会搭窝,它常和喜鹊在一起,看着喜鹊筑巢垒窝,当喜鹊把窝搭好后,这个坏山雁子便到喜鹊窝里拉一泡恶臭的屎,喜鹊闻到这个臭味就不再回窝了,便另觅他处,重新垒窝,山雁子便洋洋得意地把喜鹊辛辛苦苦垒的窝据为己有,我想这便是人们常说的鸠占鹊巢吧!狼的狡诈和狐狸的狡猾是出了名的。鹌鹑的憨厚是大家共知的。野鸡下蛋土里埋是精明的表现。兔子是跳远冠军体现了它的灵活。几百只麻雀正在树上"喳、喳"地叫,发现天敌来临便在零点几秒的时间内全部停止叫声,而且能迅速撤离得无影无踪,体现了它的机警敏捷。很多动物趣闻与人和大自然息息相关,耐人寻味。还有人们根据动物的特点编出来的故事,如:喜鹊搭窝上梁的日子是吉日,每年的农历七月初七喜鹊衔着木棍到天河上为牛郎织女搭桥会面。什么狐狸成精呀,黄鼠狼迷人呀。给夜猫子(猫头鹰)编的故事就不太公平了,它专门吃老鼠,是一种益鸟,可人们传说"夜猫子进宅无事不来",说夜猫子来过的宅子要发生不幸的事了。"不怕夜猫子叫,就怕夜猫子笑",说夜猫子在哪里笑,哪里就要死人了。总之夜猫子在人们的印象里,就是一种不祥之鸟。野生动物的故事常常是人们茶余饭后的话题,有时说起来让人捧腹大笑,很是开心,给人们的生活带来了很多乐趣。物竞天择,适者生存,它们的生存能力和奇特本领在满足人们好奇心的同时,也让我们产生了许多敬畏之情。

后来,草稀了,树少了,植被急剧减少,小河也干了,动物的栖息场所受到了严重的破坏。加之人们的猎捕,一些鸟类不见了,有的迁徙到别处去了,我想有的珍贵鸟类可能永久地消失了。最近和老乡打听老家的生态状况,听说由于最近这些年开展植树造林、封山育林、封山禁牧等活动,生态环境发生了很大的变化,有些动物又回来了,但有些动物再也没有见到,是从这里消失了,还是从地球上消失了,无从知晓。希望是前者,我默默地祝福着它们。听说在老家已经见不到的鸟就有十多种,能说上名字来的如秃鹫、猎隼、山雁子、黄鹂、鹌鹑等等,叫不出名字来的珍贵鸟就更多了。听说乌鸦、喜鹊、麻雀等还不少。野生动物除因生存环境发生变化而减少外,人们的猎捕也是一些动物减少和灭绝的重要因素。据说喜鹊和乌鸦的肉是酸的不好吃,因而它们的种群数量没有明显减少。而麻雀则是以多取胜,它繁殖力强,一年最少孵两窝雏鸟,一窝最少孵四只,而且对栖息场所要求不高,到处是它们的栖息之地,它们的食物种类也很多,如粮食类、草籽类、小虫等。而有的鸟类食物单一,如燕子只吃活的虫子,所以人们说"燕子不吃落地的",当它满天飞舞的时候,实际是在取食,每到秋天北方活虫减少,燕子便南飞了。而"鸽子不吃喘气的",只吃粮食。前些年我以为麻雀也要灭绝了呢,因为有一段时期麻雀也被送上了大饭店的餐桌,每一盘装几十只,但后来也许是有了森林公安的缘故，听说他们搞过什么"猎鹰行动"，集中时间、集中人力物力，专门打击滥捕乱猎、非法经营野生动物的行动，餐桌上的野生动物减少了，麻雀也在餐桌上不见了，有很多野生动物因此躲过了一劫。如果每年多几次这样的行动，或者有专人专抓这项工作，效果会更好。有时我在想爱吃野生动物的"美食家"们如果他们改吃苍蝇、蚊子、老鼠该多好呀，一举两得，但吃到一定程度也得控制，不能给吃绝了，不能把生物链给吃断了。野生动物是生物链条的一个重要的组成部分，如果这个链条发生断裂或出现畸形，后果不堪设想。

人们不但需要丰富的物质生活，也需要丰富多彩的精神文化生活。鸟语花香，万壑鸟鸣，其乐融融，是件多么幸福快乐的事。

南飞的雁 秋高气爽，天高云淡，表现了秋天的天空景色。那蓝蓝的、高高的天空，一眼望不到边，望不到顶。秋天的天气很怪，真像孩子脸，一会儿晴，一会儿阴，一会儿云，一会儿雨，一会儿雪，一会儿雹。小的时候，记得在秋分、寒露、霜降这段时间里，每天都能看到几群乃至十几群大雁往南飞，有时是人字形，有时是一字形，有时还能看见大雁在飞行中变换队形。时不时地就能听到那"嘎、嘎、嘎"的雁叫声，听着有几分凄凉。

每当大雁从我们头顶飞过的时候，我们这些孩子们总要停止玩耍，仰起脑袋观望，一直把大雁目送到无影无踪才罢休。我问母亲，大雁往哪飞。母亲说，大雁往南飞，因为冬天北方寒冷，大雁无法度过这寒冷的冬天，它是到南方暖和的地方过冬去了。母亲还说，到了开春时节，因为南方太热，大雁又回到北方来避暑。在北方除了度夏还要生蛋孵雁，生儿育女。我又问秋天大雁也有往北飞的，那为什么。母亲说当年孵出的大雁，在飞行时跟不上队伍，时常就落伍了，当飞了一段之后，老雁发现孩子丢了，就回头找孩子，所以秋天才往北飞。有时找得很远很远才找到，有时遇到天敌小雁就永远找不到了。所以人们常说雁南飞，走一千倒八百。

后来听大人们说,南吃雁,北吃蛋,当中伸着脖子看。我们那就是伸着脖子看的。北方到了夏天,人们可以到湖边、大河边、沼泽地去捡雁蛋吃,南方则可以猎雁吃雁肉。听说猎雁还有一套办法,雁在飞行的途中,如果到了夜晚,就会成群地栖息在高山上或湖边或沼泽地带。当大雁休息的时候,有一只雁站岗放哨,发现敌情鸣叫通报。如果人们夜里拿一个小灯和一个葫芦,在距大雁很远的地方,把灯点着再扣上葫芦,当群雁睡着时,把葫芦掀开,灯亮了,站岗的大雁就会惊叫一声。此时快速用葫芦盖上灯,群雁就观望不到天敌和危险情况,这时群雁以为站岗的大雁在撒谎。两三次下来,这只站岗的大雁就会被群雁攻之,活活地被啄死,猎人就会拣而食之。这只是人们的传说而已。

二○○三年,我在北京治病,在音像店看到一张光碟——《迁徙的鸟》,是由国际著名电影制片人雅克·贝汉用了三年的时间横跨世界五个大洲,选择五十多个国家中一百七十五个自然风景地,动用了十七个世界上最优秀的飞行员和一个科学考察队,拍摄了四百六十多公里长的胶片制作而成。这部片子主要是拍摄鸟类的迁徙,而更多的是雁类的迁徙。从这部影片中我才知道,一只大雁在一次长途的迁徙中,要飞行几万公里,路途遥远,千难万险,有的在迁徙的途中遭遇天敌侵袭,有的在污染环境中死亡。看到动情处,心里好难受。看到这些我才真正知道雁南飞的目的和全部过程。最近这些年,听说老家那很少听到大雁的叫声了,很少见到雁南飞了,是迁徙到别处去了,还是大雁数量减少了?我想还是后者的可能性大。

鸟类是人类的朋友,人类有责任爱护它们、保护它们,南也不要吃雁,北也不要吃蛋,要为它们创造良好的生活生存环境。

鸡的故事 过去家里散养鸡,细心观察,妙趣横生,也有很多故事。公鸡的存在,一是为了物种的繁衍,二是为了报时。过去没有钟表,时间的概念就很模糊,公鸡报晓,是多少年来人们起床劳作的时间表。过去农村的公鸡报晓一般是很准时的,第一遍在五点多钟,第二遍在近六点钟,第三遍七点左右。过去说鸡叫了,或说鸡叫两遍、三遍等,是个时间的概念,而不是鸡的动作概念。公鸡打鸣了,人们首先想的是时间。而对于劳作的人们,公鸡报晓象征着一天劳作的开始。多少年来,公鸡一直生生不息地承担着这个任务,不像现在城里的公鸡,受环境影响,生物钟被破坏,报晓的时间不准确,忽早忽晚。过去农村公鸡的作用是不可小视的。

其实还有好多很有趣的事,人们习以为常或者还没有发现。公鸡很机灵,当敌人到来时,它比母鸡发现得早,提前向它的同类发出通知,"咯咯哒、咯咯哒(注意啦)"叫个不停,这时母鸡们便停止啄食,伸长脖子向天空观看,发现敌情,便快速地向安全地方转移。公鸡发现了食物也"咕、咕、咕"地叫个不停,意在呼叫异性同伴一起享用。有的公鸡已经把食物吃到嘴里,见到异性同伴的到来,还要把食物再吐出来,让异性同伴来吃,体现着对同类异性的关爱。

母鸡下蛋时也很讲究,到下蛋时要到产蛋巢下蛋,一般不随地下蛋。有的鸡正在窝里下蛋,另一只要下蛋的鸡会在窝外边来回转,实在憋不住了,有的便把蛋下在窝外边,有的便强行闯入窝内,另一只下完蛋的母鸡,便被它挤出窝外。产完蛋的母鸡,"咯咯哒、咯咯哒"地叫个不停,提醒着人们"我下蛋了,给我吃的吧"。如果家里有人,会撒出一把食物作为奖赏,其他同伴也会跟着一起分享。

到了六七月份,有的母鸡要考虑繁殖后代的大事了,开始停止下蛋,茶不思、饭不想,发出"咕、咕"很粗很重的叫声,提醒人们给它做好准备,它要繁殖后代了。这时如果主人不需要孵小鸡,就会找根绳子拴上母鸡的一条腿,少喂食、多喂水,过几天就会醒窝了。如果主人需要孵鸡,便会找一个泥制的火盆或者大一点的筐头,底下放一些软草,上边放一块炕席头,炕席头上面放上一层软草,最后放上受精的鸡蛋,根据抱窝鸡的大小和主人的需要,确定放多少枚鸡蛋,正常情况下放二十几枚鸡蛋。这时抱窝的老母鸡便进入角色,趴在孵蛋巢里,小心翼翼地搂着鸡蛋,用温暖的身体孵化着新的生命。长达二十一天的孵化时间,它始终如一。在这期间只有一种情况它会离开孵化巢,那就是大便,但只要几分钟它就会回来。当然在孵化期要精心喂食,提高"伙食"标准。在孵化期间,每隔一会儿,抱窝鸡就要用嘴翻一次蛋,使孵化卵着热均匀不闪蛋。

雏鸡要出壳时,它会自己把壳啄破然后脱壳而出,小鸡妈妈便把空壳推到孵化巢外。待所有的小鸡全部出壳,小鸡妈妈便离开孵化巢,带领着它的儿女们开始新的生活,教它们走路,教它们飞跑,教它们寻找食物,领它们玩耍。到了晚上鸡妈妈把它的孩子们叫到一起,用它宽大的翅膀和绒软的羽毛把孩子盖起来,一来御寒,二来御敌。一旦有外敌入侵,鸡妈妈会奋不顾身用它那硬硬的嘴巴巨力啄之。到雏鸡长到拳头大小,便逐步开始独立的生活了。

实际我们养的家禽、家畜都是通人气的,如果细心观察也能写入动物世界,并不比野生动物逊色。如果写上解说词让赵忠祥老师给做个解说,也许比动物世界还精彩,因为人们对家畜、家禽的了解比野生动物更详尽。

老牛的故事　这是一个很悲哀的故事。牛在人们的心目中,憨厚、朴实、忠诚、力大无比、吃苦耐劳,所以人们把任劳任怨、吃苦耐劳的人称作"老黄牛",把这种精神称作老黄牛精神,俯首甘为孺子牛。说牛从古典故事到成语,都是褒义的居多,连"牛气冲天"也有褒义。按着人们养牛的意图,大致可分以下几种,帮助人们劳作的——叫使役牛,供人们奶吃的——叫奶牛,供人们肉吃的——叫菜牛(肉牛),供繁殖后代的——叫种公牛和繁殖母牛。牛的寿命很长,大约为三十年。从生下来到能使役就得三年时间,从开始使役到成熟的使役牛还得一两年的时间。使役牛的一生要为人们服役十七八年的时间。

使役牛的一生是痛苦的一生,从开始使役就被人们每天棍棒鞭子相加,训练干活。使役成熟后,要牛加快速度会遭到鞭打,不听使唤还要遭到鞭打,要牛用力还得遭到鞭打,白天干活,中午和晚上拖着沉重而疲劳的躯体取食。我想牛皮和人皮一样都是有知觉神经的,不然的话鞭子打在牛身上它也不会有反应。当鞭子抽打在牛背上的时候一定很痛,如果第二次抽打恰好打在第一次鞭痕的上面那该有多疼,至少得痛几天,亏得牛不会说话,不会反抗,否则后果不堪设想。使役牛一般要服役十几年,当它们老了,牙齿咀嚼功能下降,草也嚼不烂了,活也干不动了,使役牛的归宿只有一种,那就是被杀,供人们食用。活着用其力,死了食其肉。转卖后的结果还是被杀,肉食之,皮制革,骨做骨粉、炼骨胶。

集体经济时期,有一次,我们生产队有一头使役牛老了,队长说这牛卖给收购站,但还不到收购季节,如果再养一段时间恐怕就会瘦很多,到那时就不值钱了,不如现在把牛杀了,把肉卖给社员,还能多卖些钱。第二天队长就找来了屠宰手。杀牛用不着什么技术,只要会用刀、敢下手就行。一般杀牛的人都是没儿没女没老婆的光棍汉,有家有业的很少有人干,不像杀猪宰羊,因为人们惯常认为猪和羊就是供人食用的,常说猪羊一刀菜。而使役牛则不然,它们长年累月与人们共同劳作,久而久之会产生一些感情,一般人都不忍心下手。我们队有个社员叫付振起,生产队的牛都是由他来杀,他很符合条件,敢下手,光杆一个人,一人吃饱全家不饿。他不管别的,只管用刀把牛脖子的大动脉割断即可,他就可以得到一份丰厚的报酬——牛头和牛蹄子。瘦牛不瘦头,牛头和牛蹄子能出很多肉,一个人能吃好多天哦。杀牛的前一天他把刀磨得锋快,杀牛的地方一般选择离道路较远的河套,挖一个五十公分深的坑,便于放水桶接牛血。一切准备就绪,几个人上前把牛捆好撂倒,然后屠宰手上前就是一刀,牛脖子的大动脉被割断了,牛血"哗哗"地往外流,老牛的眼睛瞪得像鸡蛋一样大,老泪纵横,"哞、哞"地大声叫着,全身用力地挣扎着,但都无济于事。杀完牛剔完肉之后要处理现场,把带血的土和沙子、石头一并埋入坑中。

人们把带血的土和沙子填入坑中,再用没有沾血的沙土覆盖在上面,满以为这样就不会有事了,但是不该发生的事还是发生了。第二天早晨,牛群出牧的时候走到河套时,牛儿像疯了似的,朝着距离它们一百多米远的杀牛地点疯狂地奔去,嘴里"哞、哞"地叫着,那叫声连成一片。紧接着远处的牛也闻声怒吼着向那里奔跑,它们把杀牛地点围成一个圈,头朝里、嘴朝下,嘴里吼着,蹄子乱刨着,尾巴向上挺得直直的。除了跑疯子的牛,平时你是看不到牛尾巴挺得那么高、那么直的。那叫声惊天动地,悲悲切切,它们眼睛瞪得圆圆的,泪珠一串一串地往外流着。那情那景让人心里好难受,开始是无法将其驱散的,当它们折腾一段时间后,人们才能用鞭子将它们驱散,被驱散的牛有的还要再返回来。第二天、第三天老牛们仍然重复着第一天的"举动",第四天牛倌避开河套,改变了放牛的地点,由南山改到北山去放牛,才把这个问题解决了。人们认为牛是有灵性的,牛的这种举动是对死去的同伴所表达的同情和悲哀,这是我亲眼所见。使役牛的一生,是全身全力为人们服务的一生,到老的时候只能是这种结局吗?可不这样又有什么好的办法呢?特别是计划经济时代。最后只有一句话,让我们善待老牛们,善待各种动物,永远做动物们的好朋友。

大队"办事处"

人民公社时期,公社召开的各类会议很多,有一段时间,除了召开各种会议还要组织各种学习班、培训班、讲用会等等,名目繁多。这些会议和各类学习班、培训班等,不但大队干部参加,有很多时候生产队队长和骨干分子也要参加。参加会议人数多少不等,一个大队少则一两人,多则二十多人。时间长短不一,少则半天,多则七八天。人数最多、时间最长的要数公社三级干部会议,参加会议的有公社全体机关干部,有全体大队干部,还有生产队正副队长等。

全公社八个大队,除了姜家营子大队其余七个大队距离公社都比较远，我们大队距离公社二十多里路，没有交通工具，都要步行参加会议，半天会或一天会都要当天打来回。参会人员少、时间长的，在公社食堂买饭吃，用现金和粮票兑换公社食堂的饭票和钱票，住在公社的小招待所或到公社几大站找宿住。公社召开的大型会议，人数多、时间长，会议期间的吃住各大队自行解决，参会人员自带行李，说是行李实际就是一床被子，有的带个枕头，大多数人连枕头也不带，晚上睡觉时把衣服圈起来枕上。在公社附近找一个有空闲房子的住户作为临时的吃住场所，类似大队"办事处"，虽然比较固定但平常无人留守。

每次公社召开大型会议，大队会计都要把九个生产队跑上一遍，逐队通知落实参加会议人员，摊派参加会议人员会议期间吃的粮食、蔬菜和烧柴。这些也不是乱摊派的，根据参加会议的人数、天数而定，粮食每人每天按一斤半，烧柴和蔬菜适当多拿一点，定时让各生产队把粮食、蔬菜和烧柴送到大队，开会报到那天从生产队调一挂大车，把吃的、烧的、行李、参会人员和做饭的一并送到公社。

各生产队带的粮食大多是小米，蔬菜大多是土豆、大头菜、芹菜等。冬春青菜少，还要弄点黄豆腌咸豆下饭，主食主要是小米饭，熟菜主要是疙瘩白熬土豆、芹菜熬土豆等，有时再腌点咸菜。每次会议确定一两个生产队带点油炝炝锅，赶上年景好的时候大队干部"抓大头"让收成特别好的生产队给会议贡献十斤八斤的牛羊肉，熬菜时把肉切成丝放到锅里炒一炒，然后再放上菜炖一炖，虽然肉不多至少菜里能见到肉而且还能改变菜的味道。冬天两顿饭，早晨腌咸菜不做熟菜，晚上一顿熟菜，夏天三顿饭两顿熟菜。有时会议时间长，为调整伙食还要落实点杂粮做点差样饭，安排生产队带点荞麦面烙顿饼、压顿饸饹，带点黄米、红芸豆撒顿年糕，带点杂豆做顿豆饭。会议期间还要偷偷地留两个人轧面，公社领导如果发现有缺席的，大队干部还要撒个谎说生病了。生产队与会人员伙食用度由生产队解决，买点盐和调料也花不了多少钱不用大家摊，找个生产队报销了。各生产队拿的粮食打个条写上招待用粮或劳动补助用粮就做账支出了,有的也不入账让保管先记着,待粮食入库时直接坐支了。大队干部的会议伙食用度由大队解决。

  那时,我们大队的临时"办事处"就设在公社医院的一位老中医家,房东叫孙元,专门诊治妇科病,医道不错。他老家就是我们大队第九生产队的,他家有四口人,三间房,他们住西屋,把东屋给我们腾出来。屋子收拾得很干净,屋里有一铺炕,炕上铺着半新的苇席,到公社开会一般就在他家的东屋吃住,人多住不开的时候,再就近联系几个社员家住宿。孙家有两口做饭的锅,西面那口锅自用,我们就用东面那口锅,做饭用的盆、瓢、铲子、炊帚等也用他家的,我们再买点简单的餐具,如碗、筷子、勺子等。吃饭时,如果房东已经吃完饭,就把房东的小饭桌搬来放在炕上,桌上放一碗咸菜,每人两个碗,一个碗盛饭,一个碗盛菜。人少的时候都在炕上吃,人多的时候岁数大的在炕上吃,年轻的蹲在地上吃。吃饭时如果赶上房东正在吃饭,无论在炕上的还是在地上的,都是席地而吃。会议结束时剩余的柴、粮、菜作为答谢就留给房东了,房东一再婉言谢绝,虽然勉强留下了,等下次开会时房东把留给他的粮食又退回来,烧火用的树枝依然在院子的一个角上整齐地垛着。房东说:"茅草我们烧了,因为在院里放着,风天刮得哪都是,蔬菜放不住我们吃了,剩下的树枝和粮食还一直给你们留着呢。"

  一九七八年,公社统一盖了一栋房子,木料各大队拿,辅助材料和工钱各大队摊,一个大队两间房作为开会办班吃住的场所。联产承包责任制以后,会议少了,会议时间短了,交通工具方便了,乡政府食堂就餐能力也改善了,这些房子也就用不着了,至此,各大队所谓的办事处也不复存在了。

代销点的兴衰

  代销点是特定历史时期的特殊产物,它不属于国营,不属于集体,也不属于个人。在六七十年代,全公社没有供销社的大队都有一个代销点,我们大队也有一个代销点,它的前身是公社供销社的分销店,始建于一九五八年,由于管理不善,亏损严重,六十年代中期公社供销社决定撤销分销店,为了方便社员购买日常生活用品,大队筹建了代销点,由大队提供进货的流动资金,提供房屋,确定销售人员,由公社供销社提供货源,供销社按进货额的2.5%支付给大队销售手续费。它的管理形式不同于前,区别于后,售货员的工资由大队以工分的形式发放,每年给售货员固定工分三千六百分,比大队干部的工分略低一些,劳动日值标准按照全大队各生产队劳动日值的平均值,即九个生产队劳动日值的总和再除九,期间有几年也曾执行过售货员所在生产队的劳动日值标准。虽然回本生产队结算劳动日值,但实际售货员的劳动报酬是各生产队平均摊的,因为大队用人也不仅于此。

代销点的售货员可是村里的头面人物,要有文化会算账,人品好守本分,大队领导信得过。把那么多好东西、值钱的东西和好吃好喝好用的东西都交给这个人,不能出差错。代销点是个窗口单位,售货员的年龄和外貌也要考虑,要年轻的,长相还要标致一些的,在当时这个职业给个大队干部也不换。那时,代销点的售货员干净利落,穿着整齐,胳膊上常常戴着蓝色紧口护袖,裤腰带上拴着一根绿色的枪纲(深绿色的尼龙绳当中打着盘扣),枪纲的另一头拴着个钥匙环,钥匙环上穿着一大串钥匙,有代销点门市钥匙、收购点门市钥匙、钱柜钥匙,当然也有家里的钥匙等等,当售货员开门从腰里摘钥匙时,人们看到这一大串钥匙就羡慕得不得了,就会自然而然地从羡慕这串钥匙开始羡慕这个人、羡慕这个职业。当一个没有对象的小伙子有了这份职业,说媳妇的事就不用犯愁了,而且还会提高条件。

代销点所售商品价格原价来、原价走,即高来高走,低来低走,当中不许加价,每一个季度供销社给代销点结一次销售手续费。大队代销点的进货渠道是供销社,那时大队代销点有两个进货点,近一点的那戈营子供销社,距离大队八里路,路近但货不全。远一点的是姜家营子供销社,距离大队二十里路,货全但路很远。所以大多去那戈营子供销社进货。进货量少时,售货员挑副挑筐进货,进货量大时用大队的毛驴车进货,过年过节有很多定量供应的商品,毛驴车也拉不了就得借用生产队的马车进货,这些都不计费用。现金进货不赊不欠,平时进货所用资金五六百到一千元不等,年节进货资金比平时多得多。每次进货回来,代销点的门口都有一群人,等待着买些断货已久的商品和了解新进了什么商品,即便买不起也能一饱眼福。售货员每次进货回来都不马上开张营业,先把货物放进屋里插上门,清点所进的货物数量是否相符,清点完毕后才开门营业。代销点每一个季度点一次货,所谓点货就是把现有的货物进行一次彻底的清点登记,如果商品售出量和存货量不等于进货量,就要查找原因。点货那天,售货员把门窗从里面插好,门的外面挂上一块写着"今日点货"字样的木牌,或用粉笔在门板上写着"今日点货"的字样,如果顺利一天"解禁"。

大队院内有两栋房子,后栋房子是大队干部办公、住宿、做饭的地方,代销点在前栋房子,共四间屋,靠东面的一间收购废旧物品,靠西面的一间是售货员住的地方,中间两间屋是售货厅。售货厅由两口栏柜摆成一个"L"形,栏柜的里面是商品。用这个"L"形的栏柜,把顾客与售货员、商品隔离开来,售货员在栏柜里面,顾客在栏柜外面。栏柜的一头有一扇半门子和栏柜等高,半门子的上面用一块栏柜盖板盖上,售货员出入时首先把盖板掀开然后再把半门子推开。那时有个不成文的规定,不经售货员同意,其他人不得进入柜台的里面。栏柜的箱体里面也装着东西,比如咸盐什么的。栏柜台(柜盖)上长期摆着一个大算盘子,是售货员算账用的,还摆着一个天平秤是称食品的,比如饼干、白糖等等,盘子秤、小秤、量布的尺子(量布尺子的一头还镶着一个割布用的小刀片)、不同计量的提子、一个大杆子秤等,这些都是售货员的售货用具。

栏柜上方的房顶上吊着一根绳子,绳子上拴着一个纸绳轴子,轴子上缠满了纸绳,当有顾客买饼干、大片酥、点心、白糖什么的,售货员熟练地把该商品用草纸包好,并向上一伸手扯下纸绳,熟练地将纸包用纸绳捆好。女人们来代销点买雪花膏,常带着一个白色的小瓷瓶子,售货员用小秤先把空瓶子称一下,然后从一个很大的雪花膏瓶子里,用一个长条的小铁片一点一点地往这个小雪花膏瓶子里装雪花膏。雪花膏很轻,会在瓶口堆着下不去,售货员时不时地把雪花膏瓶子底往栏柜上磕几下,使雪花膏沉下去,然后再称一称,多了要挖出来,少了再往里填,常常要重复称几次。

代销点虽小,但经营的商品种类齐全,从百货、副食、五金、土产、日杂到废旧物品收购,样样俱全,但紧俏商品经常断货。下面让我们看看六七十年代的商品种类和商品的价格,从中会对当时的生活状况有所感悟。

百货类： 顶针 2 分 / 个,青斜纹布 5 角 / 尺,白布 3 角 / 尺,棉花 1 元 / 斤,小桃线 3 角 / 桄,轴线 3.3 角 / 支,大锥碴子 1 分 / 根,大、小针 1.2 角 / 包,大别针 5 厘 / 个,小别针 5 厘 / 个,曲别针 4 角 / 盒,大头针 3 角 / 盒,领钩 1 分 / 对,裤钩 2.5 分 / 对,板扣 1 分 / 个,砸扣(摁扣)1 分 / 付,风眼 5 厘 / 个,锥子把 4 角 / 个,黄胶鞋 3~8 元 / 双,袜子 8 角 / 双,鞋带(黑、白)长的 8 分 / 根、短的 2 分 / 根,松紧带 4 分 / 尺,头巾 1~4 元 / 块,毛巾 1 元 / 条,手绢 4 角 / 块,香皂 4 角 / 块,肥皂 4.8 角 / 块,洗衣粉 7 角 / 袋,小镜子 1 角 / 块,方支镜 1 元 / 块,头绳(毛线剪断)5 分 / 根,发卡子 5 分 / 个,嘎啦油 5 分 / 盒,甘油 8 分 / 管,清凉油 1 角 / 盒,人丹 5 分 / 袋,刮脸刀 1.5 元 / 个,刮脸刀片 8 分 / 片,田字格本 8 分 / 本,格尺 4 分 / 根,铅笔 3 分 / 根,橡皮 2 分 / 块,小刀 1 角 / 把,铅笔旋 2 角 / 个,钢笔 0.5~4 元 / 支,圆珠油笔 0.3~1.5 元 / 支,蘸水笔杆 8 分 / 根,钢笔尖(带兜)3 分 / 个,粉笔 5 角 / 盒,墨水(蓝、红)2 角 / 瓶,色片(蓝、红)2 分 / 片,信封 1 分 / 个,信纸 1 分 / 3 张,邮票 8 分 / 张,火石 2 分 / 块,火柴 2 分 / 盒,汽油打火机 4 角 / 个,两节手电筒

(电棒)1.5元/个,1号电池3.3角/节,手电灯泡(2.5V、3.8V)8分/个,蜡烛1.2角/根,小皮球2角/个,玻璃球1分/个,止痛片1分/片,索密痛药片2.5分/片。

副食类:咸盐1.4角/斤,酱油1.4角/斤,醋1.7角/斤,五香面1.4角/盒,花椒3元/斤,大料6元/斤,烟丝2角/包,香烟0.9~5.0角/盒,臭豆腐2分/块,酱豆腐2.5分/块,苏打3.5角/斤,白酒1.31元/斤,散果酒5.5角/斤,小香槟8角/瓶,汽水2角/瓶,细杂样点心8.1角/斤,糖枣(中果)8角/斤,大片酥8角/斤,饼干7角/斤,面包1.7角/个,绿豆糕7角/斤,月饼8角/斤,纸包块糖1分/块,螺丝糖1分/块,白砂糖8角/斤,红糖7角/斤,糖精20元/斤,花茶3角/包,红茶4角/包,卤水1角/斤,白矾3角/斤,碱块1.7角/斤,柿饼子5角/斤,花生粘(糖豆)3元/斤,海带5角/斤,带鱼2~4元/斤,伊拉克蜜枣7角/斤,水果罐头1元/罐,鱼罐头2.5元/罐,豆豉1.2~2元/斤。

五金类:尖锹7元/把,平镐2~3元/把,镰刀1.2元/张,锄板1.6元/块,锄钩1.6元/个,弹子锁0.8~2元/把,箱扣0.5~1元/付,洋钉子0.8~1元/斤,秋皮钉3元/斤,铁丝0.7~2元/斤。

土产类:锄杠2元/根,九印铁锅7~8元/口,铁火盆2元/个,大笆3.5元/张,小笆8角/张,竹扫帚1元/把,白纸5分/张,草纸(海纸)3~4分/张,红纸1.5角/张,彩纸8分/张,竹筷子1.2角/把,铁炉子20元/个,炉筒子2元/节,火铲子6角/把,火钩子3角/把,铁炉算子1.2元/个,砂锅子1.6元/个。

日杂类:四两酒壶6角/个,福字酒盅6分/个,墩子茶碗1.2角/个,碗1.6~8角/个,盘子3~5角/块,小碟9分/块,煤油(火油)4.4角/斤,煤油灯3.5角/个,罩子灯1.1元/个,灯罩子2.9元/个,提灯4.5元/个,铁勺子7角/把,铲子6角/把,笊篱1元/把,剪子1元/把。

部分产品和废旧物品收购价:鸡蛋4.6~6.9角/斤,杂骨头8

分/斤,绳头子1.5角/斤,旧鞋2分/斤,废铜1元/斤,废铁5分/斤,碎玻璃(玻璃瓶子)1分/斤。

当时凭国家发给的票证购买的商品:点心(杂样)每斤收半斤粮票,片酥饼干每斤收七两粮票,面包每个收三两粮票,月饼每斤收半斤粮票,棉布每尺收一尺布票,棉花每斤收一斤棉花票,线每支(每桄)收一支线票。过去国家每人每年发棉花票一斤,发布票最少的年份每人发二尺三寸,大多每年每人都发二十尺左右,线票一到两支。即便有钱,没有对应的票证也买不到商品。买紧俏商品如自行车、手表、缝纫机等,都要凭市(县)商业局或供销主管部门发放的商品供应票证购买。有些短缺商品要限量购买,比如白砂糖、红糖等。有些商品是年节供应商品,比如白酒等。有些紧缺商品要抓阄购买,比如黄胶鞋、线裤腰带等。短缺商品,售货员也要凭关系多进一点,有时代销点也要留一点短缺商品,以备大队或特殊人物用度。因为不在柜台前卖,俗称"走后门",有些人对此意见很大,政府也明令反对和禁止"走后门"。但细想起来,彻底杜绝很难做到,这种事谁当售货员也避免不了,只是量上的区别而已。

从上面这些商品的种类与价格,我们就会感受到当时商品的档次、生活用品状况、农民的生活水平、生产生活状态、经济发展和生产力发展水平等等。

代销点的买卖不大,特别零碎,小到一分钱或几分钱的买卖,比如花一分钱买一个信封,花一分钱买三张信纸,花一分钱买一副摁扣,花一分钱买两个别针,拿一个鸡蛋换一支铅笔、一块橡皮和一大张白纸,家里来了客人让孩子拿一个鸡蛋换几支香烟和一两盒火柴,离代销点近的拿着煤油灯去打火油,一次一分钱的商品交易是常有的事,可见代销点的买卖琐碎到什么程度。大到十来元钱的买卖,这样的买卖一天也没有几份。代销点一天的营业额最少的时候都不超百元,过年过节是销售旺季,一天的营业额也不过几百元,到七十年代初期,代销点全年的营业额才四五万元。营业额虽小但方便了一方百姓,村里人可以在茶余饭后的时间里购买生活中所需用品,因为老百姓没钱或者钱太少,所以在购置商品时就显得非常零碎。如果没有这个代销点,去最近的供销社购货来回得需要四个小时,应该说这个代销点给人们带来了极大的方便。

为了防止商品被盗,要求售货员住在代销点,下班后售货员把代销点的窗户用一寸厚的木板子在外面封上,那时人们不习惯说"下班了",常说"上板了"。在代销点工作过的人有十来个,其中有一位名叫李强的,可谓是久经商场,经历了代销点、供销社的历史变迁和兴衰,他经商有道,经营有方。一九六七年被大队选拔到代销点当售货员,因工作出色,一九七六年被选拔到姜家营子供销社当售货员,在这期间,辗转了公社供销社所属的几个分销店。一九九七年公社供销社解散,资金全部被银行收回还债,供销社的房舍分给售货员作为工资,李强也分得一间半房子,后来卖了八千元钱。

供销社原来的正式职工属于大集体,李强去工作的时间比较晚,属于亦农亦商,到二〇〇九年才落实政策发给退休金。改革开放以后,农业实行土地联产承包责任制以后,供销社实行经营管理转型,采取承包管理经营模式,从计划经济向市场经济转变,商品放开经营,到后来供销社解散。这时各地的商品销售点像雨后春笋般地出现在城市、乡村的各个角落。原来大队经营的这种销售点的模式一不是国营的,二不是集体的,三不是个人的,所以在经营过程中管理混乱、粗放,这种销售点自然而然也就被淘汰了。

个体工商户经营的商店自负盈亏,没有"爷爷、奶奶、爸爸、妈妈"管着,经营自主,十分灵活。他们拓宽进货渠道,直接从赤峰进货,没有中间环节,什么商品好卖进什么,谁家的商品价格低、质量好就进谁家的货。扩大经营范围,村里谁家有大事小情可以提前一天订货,从瓜果蔬菜到鸡鸭鱼肉,无所不进、无所不有。夜里三四点钟就起床,来回行程四百多华里去赤峰进货,下午两二点钟就满载而归,这在原来无论如何也是办不到的。放开商品价格,由商家之间的竞争来控制。商家之间的竞争主要是靠商品价格的高低、质量的优劣、服务的好坏来决定。因为商家比较多,顾客也有选择的余地,顾客有了选择,商家才有竞争,通过顾客的选择来降低商品的价格,提高商品的质量和服务质量。商家为了吸引更多的客户,就得降低商品价格,提高商品质量,强化服务意识。

人们尝到了市场经济的甜头,但也没有忘记改革开放以前的代销点,在当时的历史条件下,代销点面向农民,服务于农民,为农民生产生活提供了诸多的方便。

万能的介绍信

当今社会人们出行、办事离不开身份证。在八十年代之前,出行、办事、住宿等都要用介绍信来引见,说明来者何方人士、何种身份、从何而来、到何处去、所办何事等等。没有介绍信寸步难行,诸如,出门住宿要用介绍信,出外办事要用介绍信,出外做工要用介绍信,遇到问题要用介绍信,购买紧俏商品、控制商品要用介绍信,所以介绍信就成了万能之宝。

介绍信由没加盖公章的介绍信印本和公章两部分组成。那时候大队有公章,也有印制好的十六开介绍信印本,每本一百页,页面上分存根和介绍信正文两部分,上边为存根,约占页面的三分之一,存根上记载着介绍信的编号、正文提要、有效期、签发人、开具介绍信的时间等,以便出具单位留存备查。存根和介绍信正文之间有一条中间断开的横虚线,横虚线的断开处印着"字第　号",开信时在"第　号"之间空位上用大写书写介绍信的编号,"字第　号"的上面也要加盖公章。这条横虚线是介绍信的剪裁线,剪裁时在"字第　号"和公章印迹中间裁开,这条虚线也是存根与介绍信的验证线,来检验介绍信的真伪。页面下部三分之二为介绍信的正文,在"字第　号"的下边当中部位印着"介绍信"三个大字,正文一般格式为:兹介绍我单位×××同志等××人前往你处联系(办理)有关××××××事宜。希予以接洽为盼。此致、敬礼(有效期××天)(加盖印章)×××年××月××日

介绍信印本有一定的格式,多数是竖排版的,也有横排版的。另外还有专用的介绍信,比如人事介绍信、党组织关系介绍信等是另一种格式。除了带存根的介绍信,还有用白纸或信笺写的便函式介绍信。介绍信上面要加盖公章,所以人们所说的介绍信都是指加盖公章的有效介绍信。盖公章是有位置的,通常把公章盖在介绍信正文右下角的年月日上面,要求压年盖月。没有公章的介绍信属于私人信函,在公事中不生效,不能作为公文处理。

谈到介绍信就不能不说说公章,六七十年代每个大队至少有三枚公章,一枚是大队的行政公章,一枚是党组织公章,另一枚是团组织公章,最常用的是大队的行政公章。这些公章都是用木头刻制的,印面为圆形,直径约四公分,刻出来的字是反的,盖章时用红色印泥。为了防止印泥把字糊死,红色印泥上面盖上一层纱布,每隔一段时间管公章的还要用针或小毛刷清理公章字里面的印泥,后来改为印油。新中国成立以来,随着行政机构的撤并和上级政府机构名称的更改,大队(村)公章也进行了若干次改版。以我们村为例:一九五八年以前村公章为"赤峰县姜家营子乡老水泉子村委会",同时还有一枚公章为"赤峰县姜家营子乡水泉高级农业生产合作社",印面为横椭圆形,排版格式上行为"赤峰县",中行为"水泉高级农业生产合作社",下行为"姜家营子乡";一九五八年建立人民公社,村公章改为"赤峰县姜家营子公社老水泉子大队管理委员会";一九六八年"文革"期间,大队公章改为"赤峰县姜家营子公社老水泉子大队革命委员会";一九七零年大队公章改为"姜家营子乡人民公社老水泉子生产大队",总感觉这枚公章多了一个"乡"字;一九八三年撤销赤峰县改设郊区,大队公章改为"赤峰市郊区姜家营子公社老水泉子大队管理委员会";一九八四年七月撤销人民公社建立乡,大

队改村,村公章改为"赤峰市郊区姜家营子乡老水泉子村民委员会";一九九三年赤峰市郊区更名为赤峰市松山区,村公章改为"赤峰市松山区姜家营子乡老水泉子村民委员会";二〇〇五年姜家营子乡被合并到老府镇,村公章改为"赤峰市松山区老府镇老水泉村民委员会",这枚公章漏掉了一个"子"字(老水泉应为老水泉子),因为乡镇改制合并,村委会并未改制改名,如果行政机构改名也要按有关程序操作,也不能以错代改。公章每个单位都有,现在虽然没有过去作用那么大,但是所有的单位都离不开它。

过去机关单位对公章的管理是很严格的,大队的公章一般由大队会计掌管,但是大多数介绍信都由大队领导签批,比如涉及人、财、物、外调、政审材料等。公社的公章由公社秘书掌管,党政机关的公章一般由政工干部掌管,有的由人事干部掌管,有的由秘书掌管。单位的级别越高,公章的作用越大,介绍信能办的事就越多。那时候人们对掌管公章的工作羡慕至极,总觉得掌管公章的人手里有很大的权力,开具介绍信很随意,想怎么开就怎么开,想给谁开就给谁开,想写什么内容就写什么内容,其实在实际工作中并不像人们所想象的那么随意,殊不知这项工作更重要的是一种责任,他们在工作中有严格的组织纪律和要求。

我当大队会计时,大队公章由我来管理。大队领导或其他人出门办公事都要带上几张空白介绍信备用,空白介绍信的存根上要注明:"空白"、批准人、持信人、开信时间等。空白介绍信上只填写编号,加盖公章,不写正文和年月日,持信人根据需要随时填写。持信人事后把没有用过的空白介绍信退还给单位,管公章的把空白介绍信贴在原存根上,并在介绍信的正文处写上"作废"或加盖带有"作废"字样的印章。用过的空白介绍信,持信人要在存根上注明用途等。

那些年出门办事要带好三样东西,即人民币、粮票和介绍信。缺一不可,不带哪一样都寸步难行,不带粮票吃不上饭,不带介绍信办不了事、住不上宿。参军体检用介绍信,考学、入学用介绍信,毕业分配后报到用介绍信,结婚、离婚用介绍信,孩子入户用介绍信,出门住宿用介绍信,临时工、合同工应招用介绍信,购买化肥用介绍信,购买农药用介绍信,用粮食兑换粮票用介绍信,领取救济粮用介绍信,领取救济款用介绍信,参加各种会议用介绍信,洽谈工作少不了介绍信,购买炮药、雷管更离不开介绍信……

现在的身份证在许多方面代替了过去的介绍信,使人们办事、出行更为方便。与过去相比较介绍信的适用范围在逐渐缩小。

抱碾棍推碾子

过去,每个自然村都有碾子,人口少的有一两盘碾子,人口多的有两三盘碾子,有的大户人家院里还有一盘基本上属于自己的碾子。现在即便是非常偏僻的山村,也基本不用碾子了,说一说碾子,也算对历史的记载吧!

碾子由碾盘、碾轱辘、碾管芯、碾挂(碾框)和碾台组成。圆形石头碾盘直径约一百六十公分,厚度二十来公分,在碾盘的中心部位要凿一个直径八公分左右的竖孔,用来安插碾管芯;石头碾轱辘长约五十八公分,直径约四十六公分,周长约一百四十五公分,在碾轱辘的两头中心位置镶一个长约十公分、宽约六公分的长方形铁柱,铁柱的外头打磨出碾脐眼,用来安装碾脐;木制碾管芯高约八十公分,直径约八公分,把碾管芯的一头栽入碾盘中心的圆孔里约十五公分,把靠近碾管芯的碾挂(碾框)在中心位置打一个比碾管芯略粗一点的孔,并穿在碾管芯上;木制碾挂(碾框)两根外大撑长约一百二十公分,宽约十八公分,厚约十三公分,在外大撑内侧中间位置各镶一个铁碾脐,并上在碾轱辘两头的碾脐眼里,碾棍也穿在这个大撑上,前后两根内小撑长约一百一十二公分,宽约八公分,厚约六公分,两个内小撑两头分别穿在两根外大撑的两头卜,用来固定碾轱辘;碾台,是在碾盘外缘垒一个宽约十五公分,外缘高约六十五公分,内缘高约六十公分(与碾盘等高)的台子,台子外面用黄土掺榆树皮挠子或麻刀和的泥抹光,用来临时存放轧碎的粮食。

  为了防风御寒,要盖一个碾房,我们那把碾房称为碾道。有的用房子做碾道,有的在碾子周围打墙并安装一个简易的门做碾道,冬天用作物秸秆搭顶子,夏天人们嫌热、嫌脏便把顶子拆了,碾道里除了碾子还有一架扇车,对着门口的里墙角上还有一个放笸箩的台子,有的把废旧的碾轱辘立起来代之,有的用石头砌一个台子,周围用黄土泥抹好,用来放笸箩,距这个台面约六十公分高处的墙上还要挖一个灯窝,晚上或夜里推碾子放灯照明。用牲畜拉碾子免不了拉尿,时间久了碾道四周的地上全是尘土和粪末子,推起碾子来整个碾道都是尘土飞扬,如果是现在,这种环境轧出来的面谁还敢吃,在那个时候人们已经习以为常了,视若不见。如果用牲畜拉碾子还要有碾套、套包子、捂眼,有的还要放上支棍或给牲畜戴上箍嘴,防止牲畜插嘴(吃碾盘上的粮食)。

  过去推碾子是一件最平常的事情,把谷物脱壳或把粮食轧成面,都得用碾子,当时没有柴油机更没有电,一般都是用马、骡、驴来拉碾子轧面。在六七十年代,个人家没有骡、马,一个小队养毛驴的也没几户人家,平常轧面都得用人来推碾子,我们那地方把这种人工推碾子叫抱碾棍推碾子。到过年时,生产队长要给每家每户解决三畜次的牲畜用于轧面,小户人家和中等人口的人家就基本够用了,人口多的蒸的干粮多,这三畜次就不够用了,还得抱碾棍推碾子轧面。谁家有大事,如办丧事、办喜事和盖房子,队长格外开恩,借给一畜次牲畜轧年糕面招待帮忙的。

  冬天,遇到冷天在碾子上轧面,会把面冻在碾子上,人称"冻碾子"轧淘过的粮食更容易"冻碾子",轻者用锅铲子把冻在碾子上的面铲下来,然后放在热锅里把冻面块炒化再轧;重者还要烧碾子,即用火或热东西把碾子烤热。

  平日里生产队不会给假推碾子,社员们白天要在队里劳动,只得靠一早一晚抱碾棍推碾子轧面,偏在这个时候吃的主粮是玉米,所以超不过两天就得抱碾棍推一次碾子，不论是大人还是孩子都烦透了。白天都下地干活了，碾子闲了起来，到了一早一晚碾子便忙碌起来。如果打算晚上轧面，要在白天占好碾子；如果第二天早晨轧面，要在头天晚上把碾子占上。占碾子的人也很自觉地按着先后次序排队，当第一个快要轧完的时候，便提前通知第二个，依此类推。小时候最害怕的就是抱碾棍推碾子，春夏秋天不那么冷，但推起碾子来，一圈一圈转得迷迷糊糊。到了冬天是最难过的，我们家人口多轧的面多，就得起大早，早晨一旦轧不上面，晚上就没吃的。起早推碾子，一般赶早不赶晚，那个年代又没个钟点，就得靠观看三星的位置来确定起早时间。那时候冬天特别冷，人们的御寒衣服很少，早晨轧面一般都是父亲、我大哥、我三弟和我爷四个。当父亲喊着我们的小名，第一声叫我们起床的时候，我们迷迷糊糊没人答应。当叫我们第二声的时候，我们全醒了也听到了，但都装没听到，谁也不答应。叫第三声、第四声的时候，父亲提高了嗓门，我们就假装半醒不醒地赶紧答应怕挨骂，但谁都不愿起来，所以起床的速度很慢。这时父亲催着我们，赶紧穿衣服下地，当我们穿好了衣服，一切准备就绪，拿着准备好的家什，父亲用肩膀扛着装着玉米的大笸箩，我们哥三个有拿灯和火柴的，有拿簸箕和扫碾子笤帚的，有拿罗和拉碾子绳的。一出屋门就看到寒星闪闪，全身感到寒风刺骨、寒气袭人，从我们家到碾道只路过三个大门口，不足一百米，但身上穿的棉衣却被寒风打得透透的。到了碾道门口，碾道里面漆黑一片，伸手不见五指，我们哥几个谁都不敢进，有时还真的从碾道里蹿出一头大猪来，还是父亲扛着笸箩先进去了，摸着黑把笸箩小心翼翼地放在碾盘上，然后关上碾道门把我们带来的煤油灯点着，放在灯窝里。

父亲把碾盘上的尘土扫干净，把玉米适量均匀地撒在碾盘上。我大哥在前面用绳子拉碾子，我在后面抱着碾棍推碾子，我三弟在我后面的碾挂上再串一根碾棍推碾子，并负责扫碾子，过一会儿再轮换一下位置，父亲负责罗面和填碾子。十多分钟后就不那么冷了，半个小时后就开始发热了,再过一会儿就开始出汗了,两个来小时就轧完了。在快要轧完的时候如果下家没来,还要通知下家,一般情况下,下家都会提前来等着。面轧完后和来时一样拿着所有的家什,出了碾道门用不了几步远,寒风就把棉衣里的热气吹得一干二净,到家后每个人的棉衣里面都是冰凉冰凉的。如果天还不亮,我们就各自找个位置,有的上炕倚在墙上,有的趴在小柜上,迷迷糊糊地又进入了梦乡,父亲则大口地抽着旱烟解乏。做早饭的时间到了,母亲起来为我们烧洗脸水,没去推碾子的弟弟妹妹起来抱柴火,给母亲打下手。洗完脸后,父亲再去井上挑上几挑子水,让我们背上粪筐子、拿上粪叉子出去捡粪,快到吃饭时,我们背着粪筐子回家吃早饭。

大概是在六十年代中期,忘记具体是哪一年了,我们家也买了一头毛驴,中等个,除了肚皮和嘴巴是白的,其他部位全是灰色的,四条腿又粗又壮。在马、骡、驴当中,驴的性情是最温顺的,但有的毛驴也有咬人、踢人的毛病。我家这头毛驴既不咬人,也不踢人,干活很卖力气,拉东西、驮东西、人骑无所不能,从此我们告别了抱碾棍推碾子的历史。夏秋季节毛驴拉完碾子也不用喂,用一根长长的縻绳,把驴縻在荒地上或地头上,白天不用毛驴拉碾子时,便撒在生产队的牛群里放养。

有一年早春,晚上推完碾子,把驴子喂饱后,父亲让我牵着毛驴到水泉子饮水,饮完水我把驴拴在驴槽上。因为没有经验,拴驴时缰绳留得比较长,在夜里驴腿绊在缰绳上,脖子窝了个半圆。早晨父亲起来喂驴,被眼前的一幕惊呆了,立刻把我们哥几个叫出去,把驴死拖活拉地弄到院当中宽敞的地方,驴已经奄奄一息了。这时父亲问,昨晚是谁拴的驴,我们哥几个谁也不敢作声。后来父亲就挨着问,别人都说不是他们拴的,到了我那,我不承认也不行了,但是还在找理由。父亲到屋找了一把扫地笤帚不由分说像疯了似的朝着我打来,母亲和哥几个拉着,但都无济于事,不一小会儿就把一把笤帚疙瘩打飞了。我们院里的哭喊声惊动了四邻,邻居们进院费了好大劲才把父亲拉开。那时候,村里谁家发生了特殊事,邻居们听到或看到都会登门帮忙或劝解。母亲哭得很厉害也很伤心,一是心疼我,二是心疼毛驴,三是太缺手了,今后又得抱撑棍推碾子了。

因为毛驴还有一口气,我就坐在地上抱着驴脑袋,从早晨一直抱到中午,这个上午我的内心多么期望这头毛驴能活过来,可是天不遂人愿,到了中午毛驴还是死了。细想起来也不能怪我父亲,因为事情太大了,一头驴在当时好一点的要达到上百元,一般的都在七八十元,经济损失不说,更主要的是太缺手了。从此我们家又回到了抱碾棍推碾子的日子了。

卖狗崽的故事

我九岁的时候开创了一次卖狗崽的先例,那年我家的大狗生了四个小狗崽,全身上下油黑黑的,像黑缎子一样发着亮光,很招人喜爱。小狗崽断奶十多天的时候,正赶上头道川羊草沟门集,我就和母亲说:"明天我想去羊草沟门集。"母亲说:"你去那干什么?"我说:"去集上把咱家那四个小狗崽卖了,说不定也能卖一些钱呢。"母亲说:"从来就没听说有卖狗崽的,都是白送人养的或谁要送给谁。"我说:"养这么大送人太可惜了。"母亲说:"你可以试试,卖了更好,卖不了再拿回来。"我算了一笔账,如果一只狗崽卖两元钱,四只狗崽就能卖八元钱,对我来说是个天文数字,能买二百七十来支铅笔,能买一双高腰篮球鞋还有剩余。第二天早晨我找了两个榆树条筐,每个筐放两只小狗崽,怕硌着小狗崽,在筐底还放了点兔子毛草,用水扁担挑着筐子,跟随赶集的邻居们去了集市。路上邻居们还夸我有头脑,我倒觉得不是有头脑而是穷急了眼,想卖了狗崽赚点私房钱。到了集上,我也找了个位置把两个筐子放在地上,我蹲在筐子的后面,时不时地有人到近前问一句:"这小狗崽是卖的吗?"当我说是,这些人就笑了,有的还自言自语地说这年头还有卖狗崽的,更多的人只是问一句笑笑便走开了。后来想起这件事我才发觉这些人不是要买狗,而是出于一种好奇心,在他们看来把狗崽当商品卖很不可思议。功夫不负有心人,终于在快要散集的时候来了一个人,他蹲在盛狗的筐子前面,问:"这小狗崽是要卖的吗?"我说是,那人乐了,接着又问多少钱一只,我说两元钱一只,他夸赞狗崽长得好看,还挨着个地掂了掂,挨着个地从头到尾捋了捋,又挨着个地仔细端详了一番。他还真有眼光,把一个最大的牙狗子(公狗)给挑走了,临走时扔下两元钱。总算开张了,这是我在这个集日的开门生意也是这个集日的关门生意,剩下的三只狗崽又挑回家里,过了一段时间全部送人了。从那天起一直到我上大学再也没听说,也没见过我们村周围的集市有卖小猫、小狗的。

神秘的敖包山

敖包山坐落在村子的中南部,山的后面长满了山杨、白桦、籽桦、杜鹃和多种灌木,山的前面有一条绿色的林带,从远处望去像一条绿色的"腰带"系在了山的半腰上。这条绿色的"腰带"是人工制造的,记得那一年大队在半山腰上开了一条生土带,把地整平后播上了油松种子,本意是育苗,不知什么原因育出的松树苗没用上,树苗越长越大,后来人们把树苗间了间,留下来的树苗长成了大树,形成了一条冬夏常青的绿色林带。因为是大队所属的封山区,没有放牧和割柴的,所以在没长树的地方长满了茂密的蒿草,在缺柴烧的年代,人们眼望着一人来高的蒿草垂涎三尺,却无人敢在光天化日之下去割柴,只有在极端缺柴的时候,人们在有月光的夜里偶尔偷割几次。站在敖包山顶上全大队九个生产队有八个生产队尽收眼底,一览无余,还能远眺河北省围场县的一个小镇。敖包山坐落在一个叫敖包台子的黄土丘陵小山上,敖包山由上中下三部分组成。下部像一个大馒头状的大山包,馒头山底部长约两千多米,高约六七百米。中部像一个奶头状的山头,摞在馒头山包的顶端,底部直径约六七十米,高约五十米。顶部由三个底径约五六米、高约三四米的敖包(圆锥形的石头堆)组成,三个敖包(石头堆)摞在奶头山的顶端。这三个敖包(石头堆)是人工用石头砌筑而成的。

据老人们说,山顶上的三个敖包,是很早很早以前由蒙古人砌筑的,说蒙古人在砌筑这三个敖包时,还在敖包里面放了珠宝,有的说放了金元宝,有的说放了银元宝,还有的说放了鎏金佛爷,说法不一。当地上几辈的老人,都未曾见过没有砌筑三个敖包的原始状态的敖包山,所以这三个敖包是哪一年砌筑的,是谁砌筑的,里面放了些什么东西都是传说和推断而已。因为蒙古人信奉敖包、祭奠敖包,把敖包视为吉祥的象征,所以传说中这三个敖包是蒙古人砌筑的也不是没有道理。至于里面放没放珠宝,放了些什么珠宝,也只能是传说。

在老一辈人们的心中,敖包山是一座福山,它保佑着这里的人们福寿安康,它保佑着这里风调雨顺年年丰收。因此这座山也是人们祈福的山,传说一旦遇上大旱之年在这里求雨是最灵的,据说有若干次干旱的年份在庙前求雨不灵,到这座山上一求即灵,有时求雨不过三天就能下雨,有时当天即灵。这可能就是这里的人们若干年来保护着这座福山,没有人扒拆这三个敖包窃取"珠宝"的缘故之一吧!其实要想打开这几个敖包,看看里面究竟有没有财宝很简单,只要三四个人几个小时就可拆扒完,但是多少年来这里的人们没有受到传说中金银珠宝的诱惑,说明敖包山在他们的心目中是神圣不可侵犯的。几个人、几十个人坚守着这个信念,是很容易做到的,全村一千多人一直坚守着这个信念,应该说是个奇迹,是人们内心对这座山的敬仰之情,真心地呵护,让这座山保佑着这方水土风调雨顺,保佑着这里的人们安康长寿。有很多传说像一层层神秘的面纱笼罩在敖包山上,人们不敢去冲撞这里的神灵,怕遭到天谴。

敖包山顶上的三个敖包,一直到九十年代中期,还保存得完好如初,没有人动一块石头,但在九十年代中期的一天夜里,这三个敖包被人拆了个底朝天,晚上还好好的三个敖包,到了第二天清晨一个也不见了,垒敖包的石块散落满地,山头上一片狼藉。当人们看到这一场景时惊呆了,心里无比愤恨,诅咒这些挨千刀的,把这里破坏成这个样子,人们说这些恶人必将遭到天谴,天打五雷轰。据有的村民说,是河北省的人把三个敖包给拆了,拆了整整一夜,还盗走了敖包里的三尊鎏金佛爷雕像。敖包山少了这三个敖包显得光秃秃的,看上去很不顺眼,失去了原有的灵气和美感,过了一段时间,学校的老师带领学生们把这三个敖包又重新垒了起来,这次人们没有往里面放任何东西,可能是怕再次遭到破坏。

传说,敖包山里住着一条巨大的蟒蛇,人称"蛇仙",它深居简出,从不伤人。山上没有水,有时这位"蛇仙"还要到山后的水泉子喝水。忽一日有人看见蟒蛇在水泉子喝水,巨大的蟒蛇只见蛇头、蛇身不见尾,瞬间化作一缕青烟飞向天空。又云,敖包山头的后面有一碗口粗细的洞,洞壁光滑,洞深无底,侧耳听来洞里嗡嗡作响,还伴有哗哗的流水声,第二年再去找这个洞已荡然无存。有的老人说敖包山是一个海眼,有一条大虫长期在那守护着,否则山下早已是汪洋一片。还有的老人说敖包山是一座大金矿。更多的老人们说敖包山的山顶,还是一个观雨台,如果观察到山顶有雾气出现就快下雨了,一年三分之一的雨都从敖包山方向来。那时候在来雨之前人们总要观察敖包山顶白了没有,如果敖包山顶白了,大雨即将来临。

这么多传说把敖包山渲染得神乎其神。所以那里的人们常说敖包山是一座宝山、是一座金山、是一座神山、是一座风水山、是一座祈福山,更是一座神秘的山。

白马山的传说

白马山坐落在小村北山的后面,白马山依附在它身后的一座大山上，白马山的后面和左右三面环山，像个胖娃娃盘腿坐在妈妈的怀里，山脚的前面有一条几十米宽的冲积沟，山的底部长约二百米，山高不过百米，山顶扁圆形，山的表皮被碎石和多年沉积的沙土所覆盖，上面长满了代表土壤贫瘠的植物，比如马莲、碱草、扫帚草和狼毒草（断肠草）等植物。因为这座山石头是乳白色的，形状似马非马，所以起名叫白马山。

不知是哪一年，山体前的上半部分被人们打开了一条口子，后来人们在这条口子上不断地开采石头，如采石条、凿猪食槽子、凿马槽、凿牛槽、凿驴槽和凿拴马桩。村东头水泉子东，原来有一座高两米多、长约两米的石庙，所用石料全部源于白马山上。从开采面上看，整个山体找不到一道原始缝隙，整座山像一块馒头状的石头落入此地。自从这里成了当地农民的采石场后，开采面不断扩大，山的下面堆满了雕琢下来的碎石，所以人们也称这里为乱石窖。白马山蛇很多，蛇的种类也特别多，所以人们又把这里称作蛇盘地。小时候和伙伴们到那里去玩，每次都能碰见几条蛇，而且蛇的形状和颜色各异。蛇在人们心目中本来就很神秘，如龙的化身，十二生肖把属蛇的说是属小龙的，还有蛇精什么的，人们传说，但凡大山上长的人参或蕴藏有其他宝物都有大蛇在守护，特别是白蛇和黑蛇人们都见而避之，从不伤害。蛇也给这座山增添了神秘的色彩。

传说，在很久很久以前，山前面的村里住着一户人家，家里很穷，有两个儿子。儿子听说白马山是座宝山，山里面藏满了金银珠宝，每年的大年三十夜里子时白马山自然打开，能看见里面的金银珠宝。两个儿子信以为真，萌发了好奇心和发财梦，有一年大年三十的晚上，两个儿子背着父母偷偷地到了白马山前，静静地等候山门的打开。到了半夜子时，只听到吱的一声响，奇迹出现了，山门真的开了，两个儿子喜出望外，欣喜若狂，飞快地直奔山门而去。进入洞中，他们不敢相信眼前的这一切，到处金光闪闪、金碧辉煌，有金黄色的马驹子在跳跃，金黄色的小鹿蹦蹦跳跳地在玩耍，到处堆满了金光闪闪的珠宝。洞的另一边有一些金黄色的高头大马在拉着碾子，碾轧着一种很特殊的豆子，老大好奇地抓了一把，想看个究竟，看看到底轧的是什么豆子。回头看见老二正在收拾珠宝，老大便喊了老二一声说咱们快走吧，一会儿山门关了咱们就出不去了，老二理也不理，无动于衷，还在那忙着挑选珠宝。老大边喊边快速地向洞外走去，刚出洞口便听见吱的一声响，回头一看山门真的关了，白马山又恢复了原样，只是老二没有出来。老大在山上守候到天亮，山门再也没有打开，后来他的父母又在这守候了几天几夜，山门仍没打开。听人们说每年的大年三十半夜子时山门都能打开，一年只开一次。到了第二年大年三十，老大和他的父母很早就到白马山前等候山门的打开，可是一直到天亮奇迹也没有出现，山门也没有打开。

山门打开的那天，天亮时老大张开手想看看手里抓的到底是什么豆子，定睛一看，他惊呆了，原来这闪着金光的豆子是金豆子。他把这些金豆子仔细地收了起来，后来老大娶了媳妇成了家，用这些金豆子置买了很多农田，他们辛勤劳作，每日天不亮就到田里劳动，天黑才回家，过日子精打细算，小日子过得红红火火，人丁兴旺、儿孙满堂，邻居有事就帮，邻里有困难就助，老邻旧居无不夸赞，没过多久就成了远近闻名的富裕户。据后人们说，老二太贪了，是上天对他的惩罚。不过，如果是真的话，惩罚也未免太重了些。这个白马山的故事一直在小村里流传着。

小时候母亲说，在夜里距离白马山一二里路，就能听见白马山里有说话声、金银铜器的撞击声和锅碗瓢盆的碰撞声，彻夜不停，也听不清说些什么，到黎明时分这些声音戛然而止，恢复了白日的宁静。受这些传说的影响，我都十七八岁了，和伙伴夜里放使役的牛，始终也不敢到白马山夜牧。

水泉和老石庙

我们那个小自然村的东头有一个水泉子，可能是年头很长的缘故，取名叫老水泉子,象征着古老而川流不息,大队的名字也由此而得。水泉子东面一百多米处有一座雕工很精致的石庙,透着几分灵气。水泉子的东南角有一个很大的长方形养鱼池,鱼池的水面在风的作用下翻卷着层层浪花。水泉子西面周家的几株高大的老古榆和错落有致的果树及那片水葱般的苇子为这里增光添彩。水泉子、石庙和养鱼池构成了一个等腰三角形,形成了一处清雅别致的小景观。

水泉子很有名气,可以说远近闻名。水泉子也很有特点,首先是泉眼遍布且都在石缝中,凡是出水的地方下面全是白石头,泉水从白石头缝中流出,时不时地还有小鱼小虾在泉眼附近来回游动,这些小鱼小虾们见人马上就钻到石缝中,人们是很难捉到的。水泉子的出水量很大,最大的泉眼出水量相当于两个四寸泵的抽水量,距离很远就能听到哗哗的流水声。水泉子水质清澈,不管多深的泉水都是那么清澈透明。水泉子的水冬暖夏凉,夏天泉水刺骨的凉,把脚放在泉水里一分钟也待不了,人们都习惯地把打了蔫的蔬菜放在泉水里浸泡一下,几分钟蔬菜的叶子就展绽如初,被泉水浸泡过的生菜吃着清凉爽口。记得小时候,有一次上山挖野菜,因为贪玩,到了中午才挖了半筐打了蔫的山野菜,怕回家挨训,从山上下来就直奔水泉子而去,把打了蔫的菜放入水中,不一会儿野菜全都舒展开来,半筐打蔫的野菜霎时变成了一筐。到了冬天泉水是热的,谁家的水桶、水缸、水盆结了冰都要放在水泉子里泡一泡,用不了多久结在容器上的冰就会与容器分离。在冬季,泉水像一条小河冒着热气流向河套,小河两边的蒿草上挂满了白霜,清早太阳刚出来的时候,逆光看去,河道两边蒿草上挂的水晶般的冰珠和白霜,被太阳照射放出五颜六色的光芒。泉水散发的热气像夏日的云雾和石庙遥相呼应如仙境一般,疑似银河落人间。人们此时行至此地都会驻足观看,欣赏那仙境般的美景。

水泉子附近方圆二百来米范围内随意挖个坑都能出水,五六十年代每到春暖花开时,水泉子前面的公路东二百多米,西二百多米的路面年年返浆，人走在返浆的地面上就像行走在厚厚的海绵上那么富有弹性，有时还能在返浆地下几十公分处挖出水来，大马车有时陷在里面走不了，人们每年都要在返浆的路段填些石块。不知是连年干旱的原因，还是机井过多致使地下水位下降的原因，这些年泉水流量不及六七十年代流量的四分之一。

石庙坐落在水泉子的东面，是哪年建的无从考究，也不知是何方石匠高手而为。用的石料是白马山上采的，石庙高约三米，宽两米多。庙的下面有两层长三米、宽两米、高约五十公分的石头底座。庙顶是由一块大石头雕凿而成，形状似起脊的房顶，滚龙脊，庙脊两头带翘，庙顶雕刻着小青瓦一样的造型。庙门上边呈圆形，庙门的两侧雕凿着镂空的梅花瓣形的小窗户，很是精美。前后左右都用独块石板组装而成，石板上雕凿着榫子、卯子，整体连接部分严丝合缝，找不到一处组装的痕迹，看起来特别坚固，纹丝不动，可见雕工技术不凡。石庙造型讲究、雕工精细、美观大方、灵气十足，找不到丝毫的败笔。过去雕造庙宇是很讲究的，不是谁都能干的，这些人是带着信仰用心去雕凿的。庙里大概有七八尊泥神像，阎王爷脚下还踩着龇牙瞪眼的小鬼，形态严谨逼真。泥神像的骨架是用草捆绑而成的，草的外面是用泥抹的，泥的表面涂着各种颜色，色彩搭配恰到好处，很是精美。庙里面还有三个雕工精致的石头香炉，香炉里面长期盛着满满的香灰，香灰上面有长短不一没有烧完的香头。偶尔把脑袋伸进去看一下，感觉阴森森的，令人毛骨悚然，很是害怕。庙前有一条村路，当夜间步行至此，总感觉有几分发怵。这些神像个头虽然小了些，但与承德大佛寺里面的佛像对比，无论是造型、神态，还是面部表情，其工艺水平都有过之而无不及，堪称艺术精品。"文化大革命"期间，"破四旧"，这座庙瞬间被一帮人给损毁了，庙被推翻了，里面的神像脑袋被揪下来扔了，胳膊被拽下来撇了，就这样一座古庙永远消失了，建庙的石板和石块后来也去向不明。

养鱼池坐落在水泉子和石庙的南面，不记得是哪一年，大队在水泉子东南面,靠近河套边上挖了一个长一百多米、宽六七十米、深约三米的养鱼池,鱼池的帮用石头砌筑,里面养了很多的鲤鱼。刮风天,风吹水面不停地拍打着鱼池的石帮,形成层层浪花;无风天,鲤鱼时而浮出水面吸几口气便下去了,把人馋得直流口水。有一年发洪水把鱼池给冲垮了,下游的人们捡到了很多二斤多重的大鲤鱼,鲤鱼被冲走了,鱼池也不复存在了,可鱼池里面的土却肥沃得很,种什么作物都爱长。

鱼池被冲垮了,庙被拆了,泉水也比原来的水量小了很多很多,周家的老古榆也伐了,果园、苇园也不复存在了,原来那仙境般的美景几十年的时间就消失殆尽了。

第十二篇

不曾逝去的年节

纵观历史的变迁和朝代的更替，不管世代如何千变万化，但是中华民族的传统节日始终如一，不曾改变，也不曾逝去。后来虽然增添了许多新的节日和引进了西方的节日，但是也无法取代传统节日在人们心目中的地位，依然没有改变人们对这些传统节日的兴趣。比如这些年兴起的圣诞节，尽管有些年轻人和一些崇洋人过得很来劲，但是那种节日的气氛，过节的情趣和市场的消费都比传统节日相差甚远，与传统节日无法比拟，在好多人看来就像闹着玩似的。而新中国成立以来确立的一些节日也只是纪念性的，比如："三八"妇女节、"五一"劳动节、"五四"青年节、"六一"儿童节、"七一"党的生日、"八一"建军节、"九一〇"教师节、"十一"国庆节、"一一"阳历年(元旦)，还有强化生态意义的"三二"植树节，感恩父母养育之恩的父亲节、母亲节，促销产品的光棍节，表达爱情的情人节等等。悉数这么多节日，哪一个节日能和五月节、八月节、过年（春节）相提并论？传统节日有其固定的时间、有传统的典故、有传统的说法、有传统的过法、有传统的吃法、有传统的讲究，多少年来一贯制没有改变，历朝历代遵循之。传统节日是人们的期盼，期盼着在节日期间亲人团聚，期盼着在节日期间能为亲人们做上可口的饭菜，期盼着在节日期间为老人和孩子做(买)件可身的衣服，期盼着在节日期间为孩子买件称心的玩具，期盼着在节日期间为朋友买上可心的礼品。本文记载的是二十世纪五六七十年代我的家乡过年过节的情景。

过年之赶年集

一进腊月,人们就开始了过年的各项准备,赶年集是年事活动中最重要的内容之一,而且要重复几次。赶年集不仅是去集市上买年货,它还包括到供销社(商店)购置年货。

我们老家地处内蒙古赤峰市松山区与河北省围场县交界处,距离我家十多里路的围场县境内有一集市——羊草沟门集,每逢农历的四、九日开集。距离我家二十里路的姜家营子公社所在地也有一集市,每逢农历的二、五、八日开集。虽然比河北省围场县的羊草沟门集远了一些,因两个集市地处两个省,货物的品种和价格都有所不同,所以人们还是到两个集市上货比三家,选择所需的年货。因年货种类有时不全,质量和价格也有差异,加之钱少不凑手,赶一次年集买不齐所需的年货,所以每逢过年要赶两三次集。没钱的人家到年根才弄到办年货的钱,只能在年前最后一个集日捡点便宜货,所以人们把年前最后一个集日叫穷汉了集。

每当到了赶集的日子,村里的人三五成帮、四五一伙的,朝着集市赶去,一路上兴致勃勃,谈论着家长里短,说古论今,还没感觉累已经到了集市。赶集人在没散开之前就约定好了散集时聚齐的地点,然后各自根据个人所需选购年货。常用的有海带、带鱼、粉条、罐梨、大葱、大蒜、生姜、花椒、大料(八角)、豆豉、酱油、陈醋、咸盐、窗纸、彩纸(刻挂钱用)、红纸(写对联用)、海纸(上坟烧纸用)、年画、挂钱、窗花、白糖、红糖、块糖、柿饼子、头巾、头绳、蜡烛、火油、卤水(做豆腐用)、白矾(做粉条、炸麻花、炸油条用)、白酒、果酒、鞭炮,没有杀猪的还要买猪肉,顺便也买些日常生活用品,如针头线脑等等。这些东西不可能全在集市上买,顺便要到供销社购买。

几个小时后,人们带着购买的年货,又三五成群结伴而归,返回的路上改变了去时的话题，互相询问着年货的价格，对比着年货的质量，谈论着市场货物的状况。到家后，家庭主妇接过购买的年货，迫不及待地从袋子里把购买的年货一件一件地拿出来，看看年货的质量，询问每种年货的价格，嘴里还念叨着哪样东西比去年贵了，哪样东西比去年便宜了，然后把买回的年货小心翼翼地放起来。卤水要放在最高处，怕孩子拿到误食。该冻的东西冻起来。有些东西怕孩子偷吃还要藏起来。给孩子买的东西如头绳什么的直接发给孩子保管，并再三叮嘱等到过年时再用。赶第一次年集，主要以了解市场行情和年货的质量为主，感觉贵的东西一般先不买，认为缺的东西贵贱都买。赶第二次年集，除了钱不凑手和市场上缺货之外，绝大部分人家都在这次年集上把年货买齐了。赶第三次年集，是过年的最后一个集，即穷汉子集，主要是钱不凑手的、钱少想捡便宜货的和有钱没买齐年货的，来赶最后一次年集，这个集，有时遇见甩货的能买到便宜的，但紧缺货物还要涨价。

集市上主要是一些土特产品和一些手工艺品，有些年货在集市上是买不到的，如白酒、色酒、咸盐、酱油、陈醋、红糖、白糖、卤水、白矾、火油、年画等等，所以赶年集购年货不仅在集市上，有很多年货要到供销社才能买得到。那时候商品紧缺，有很多商品供销社也时有时无的，特别紧缺的商品要采取供应制，有时候为了买到一种商品要跑好几次供销社。听说供销社进新货了，人们老早地守候在供销社门口等着抢购年货。除了个别办红白喜事的家外，绝大部分的家庭一年当中只有在赶年集时花销最多，人们会在赶年集的时候集中消费，似乎一年的辛劳仅是为了在这时来犒劳家人。

过年之备年饭

蒸年干粮是个很实用的习俗，到腊月十几就要开始做年干粮，做得很多，一般能够半个腊月和多半个正月吃的，年干粮做得多的能吃出正月。把做好的年干粮放在缸里或草囤子里冻起来,吃的时候放在锅里熥一下即可。听说过去我们村有一户大地主一进腊月门就让长工包饺子,一包十几天,把包好的饺子装在草囤子里冻上,像现在的速冻饺子,吃时不用现包很方便。我想备年饭这种习俗是对家庭妇女的一种尊重,女人们忙了一年,到过年时把吃的东西提前准备好,减轻过年期间妇女的劳动强度,也很人性化。

蒸豆包 豆包一般用红芸豆或花豇豆做馅,把煮熟的豆子用木勺子或山芋杵子在锅里捣碎,也可用饸饹床子压碎,后来有了糖精,人们在豆包馅里还要放一些糖精。在最困难时期没有那么多豆子就把胡萝卜烀熟捣碎做豆包馅。豆包分为笨豆包和黏豆包两种,区别在于豆包皮的不同。笨豆包,是用小米面、玉米面或小米玉米混合面做皮,要数小米面皮的口感为最好,那时还没有用白面做豆包皮的。黏豆包,是用玉米面或小米面掺三四成的黄米面做皮。笨豆包相对黏豆包来说个要大一些,直径一般都在十三四公分左右,为了省火、省时,熥豆包时要把一个豆包切成四半。一般家庭过年时都要蒸四五锅豆包,人口多的还要更多些,人口少的蒸一两锅足矣。

撒年糕 把大黄米或小黄米淘好轧成面,将红芸豆或花豇豆煮熟,锅里放适量的水,锅上放蒸干粮的箅子,把煮熟的豆子均匀地撒在箅子上,豆子厚度二公分左右,再把水烧开,当蒸气到豆子上层时,将用水拌好的黄米面慢慢地分层撒在豆子上面,哪儿冒热气往哪儿撒面,撒完面盖上笼头(锅盖)蒸熟即可。撒年糕时箅子上放豆子为了透气好、上气均匀,不漏面、不粘箅子好揭锅,好吃又好看。有两年生产队没种红芸豆,用切碎的生胡萝卜块代替红芸豆,撒出来的年糕发胎不挺脱,吃着口感也不好。过年撒年糕没有固定的数量,根据人口多少和喜好来确定。

撒年糕是个小技术活,有的人家不会撒年糕,还要请人帮忙撒。要把年糕做得好吃又好看,首先把黄米淘干净否则撒出来的年糕发黑、不黄、不亮,有时还牙碜。泡米的时间长短也要恰到好处,米泡得时间过短撒出来的年糕不黏,米泡得时间过长撒年糕时上气不均匀容易炼厢(糊锅)。撒年糕时面里拌水的多少也有学问,还有锅灶具好不好用,都有很大关系。有的技术环节把握不好,蒸气总在一个位置跑,其他位置蒸气上不来,熟的熟生的生,又没办法回锅再做。手艺好的,能撒出几十公分厚的年糕,撒出的年糕又黄又黏,吃着黏而不粘,口感好。把撒好的年糕过几个小时后切成几大块,为方便食用和储存,要在十二小时后二十四小时前将年糕切成一公分左右的薄片,年糕切早了发黏容易粘、不挺脱、易变形,切晚了切不动、易裂、易碎。年糕有大黄米做的,大黄米没脱壳时叫黍子;有小黄米做的,小黄米没脱壳时叫黏谷。大黄米面撒出的年糕细腻,黏度高,颜色纯正(金黄色),口感更好。

年糕有三种吃法:一种是把年糕切成片熥着吃,熥前把年糕蘸点水,吃时要加糖,也叫熥年糕;第二种吃法是把熥好的年糕片,放在锅里用植物油煎一煎,煎时少放点盐面,也叫煎年糕。第三种吃法是用肉丁炝锅,放酸菜丝填水烧开,开锅后把荞面瓠子散在锅内,开锅后把年糕片放入锅内煮透即可,也叫煮年糕。吃年糕放糖是老习惯,六十年代初物资紧缺买不到糖,也买不起,人们采用土办法熬糖,即用甜菜疙瘩熬糖稀,人们吃年糕时,碗里面放上糖稀。后来有了白糖、红糖,人们也不再吃糖稀了。

做年干粮,磨面是个很大的劳动量,那些年个人家很少有大牲畜,队长也很开恩,把生产队的牲畜借给社员磨面,规定每家借给三畜次,主要是骡马,磨一次年糕面,磨一次豆包面,磨一次白面和荞麦面。不管人口多少基本都能够用。做年干粮基本都集中在腊月十七八到腊月二十四五,从腊月十七八碾道就开始排班了,从早晨天不亮就开始磨面一直磨到晚上十多点钟才结束。有的家庭除了撒年糕,蒸豆包,还要蒸两锅发面。蒸年干粮那些天,家家户户的烟囱几乎全天候冒着缕缕青烟,还有的因烧火太多把烟囱里挂的油子给烧着了(着煤),离老远就能闻到"臭鸡蛋味"。满屋的热气顺着门口呼呼地往外冒。大街小巷也打破了以往的宁静,行人也比往常多了起来,大家忙忙碌碌,你来我往。各家各户都在淘米、磨面、挑豆子、煮豆子、撼(压)豆馅、发面,忙个不停。一天蒸好几锅年干粮,把炕烧得滚热,一不小心就把炕席煲糊了,炕热得睡不了觉,只好用木板子把炕头的席子腾起来。人们谈论的话题也是你家蒸几锅豆包、撒几锅年糕等等。把蒸好的豆包、发面放在草囤里冻上,把撒好的年糕切成片分层放在草囤里,然后喷洒凉水冻上防止风干。现在我们那过年还做年干粮,但是比过去做得少了,一是家庭人口少了;二是冬天没有过去那么冷了,天气变暖年干粮放不住易变质;三是人们也不愿过多地吃陈旧的东西。

轧荞麦面 五六十年代国家不供应大米、白面,生产队种的小麦又很少,人们把荞麦面当作细粮,用它来包饺子、擀面条、压饸饹、烙饼、抢饼、做疙瘩汤、做凉粉,所以每到过年都要轧些荞麦面。记得我们家每年大年三十的早饭,都要吃荞麦面面条,把酸菜猪肉丁卤子浇在面条上又香又爽口。年五更能吃上纯荞麦面皮饺子就很不错了,有时还要吃玉米面掺榆树皮面包的饺子。

轧荞麦面是个小技术活,要分两个步骤,先是用碾子串皮(脱皮),即把荞麦厚厚地摊在碾盘上,把荞麦皮从荞麦仁上碾轧下来,还不能把荞麦轧碎,把串下来的荞麦皮用簸箕簸出去,然后再把荞麦仁轧成面,轧面时荞麦仁里还会混些荞麦皮,在罗面时还要及时地把荞麦皮穴出来。荞麦面越细越好吃,所以要用细罗罗面。有一事不得其解,过去我母亲擀的荞面条有三四十公分长,不断条,现在用敖汉最好的荞面擀面条,煮熟后剩几公分长,而且不利口,不知是荞麦的问题还是面的问题,或者是制作工艺的问题。

也顺便说说荞麦,荞麦对土质要求不高,不需上粪,它是一种无限花序的植物,底下接了籽,上面开着花,下面的籽熟了会自然落地,在一株荞麦上就会出现上花、中果、下籽。第一年种过的荞麦地上,第二年会长满荞麦(也叫芦生荞麦)。到晚秋割荞麦的时候,荞麦秧顶部还是开着雪白的花。如果荞麦熟了，不及时收割，一旦起风，会把熟荞麦粒全部刮落，颗粒不收。荞麦好脱粒，生产队时期有人偷荞麦，只用两三个小时的时间就能搓半口袋荞麦（五六十斤）。荞麦虽然产量低，但如果是春旱年份或者遭春灾，是补种晚田的最佳作物，生产队每年都要在山顶的贫瘠土地上种一些荞麦，如果再加上翻种的，就会更多一些。荞麦面是很好的食用品，因为含糖量低，是糖尿病人的最佳食品。荞麦花能喂猪，荞麦皮能做枕头，还可以做婴儿用的糠口袋（睡袋），现在有很多人用荞麦皮做床垫、坐垫。荞麦秸最没用，牲畜不吃，烧火不起火苗。

炒茶汤面 茶汤面属于一种年饭，只是在腊月和正月食用，配合吃年干粮时代替饭汤的稀粥食物，平时不吃。过去每到过年前家家户户都少不了炒些茶汤面，在腊月和正月熥年干粮时作为配餐。

茶汤面由于制作工艺讲究，所以吃起来很香，味道也很特殊。用小米做原料，先把小米用水淘净杂质，然后用碾子碾轧成面儿，再用二细子罗罗面，最后把小米面放在热锅里炒，一要炒干，二要观其色，一般要炒成浅褐色。馇粥时将茶汤面放在盆里用凉水澥开，把澥开的茶汤面倒入开水锅里搅匀，再烧开锅即可食之，不能太稠，也不能太稀，太稠或太稀都会影响口感。茶汤面都要在冬季食用，要放在凉处不能着热，不能放的时间太久，着热或放时间久了颜色就会变红，产生油脂子和辣蒿味。一般出了正月就没人再吃了。茶汤面虽然不起眼，但它跻身于年饭的行列，且经久不衰。

过年之备年菜

备年菜一是备原料，二是备半成品，三是备成品菜。那时候不像现在想吃什么随时都能买得到，正月根本就买不到东西，所以要提前把正月吃的东西备足，另外把有些菜肴做成半成品或成品备起来，不但能减轻过年期间的劳动量，而且吃起来很方便。备年菜的伸缩性很大，人口多经济条件宽裕的,备年菜的品种齐全且量也相对大一些。人口少经济条件差的,除了必备的那几样其余的就省略了。但无论备多备少都是家家户户必做的事,而且做起来都是那么的投入,那么的期待。

杀猪(吃杀猪菜) 六十年代中期,人们的生活状况有所改观,几乎每家都能养一口过年用的肥猪,除了过年用还要留出一大部分平时吃。一般都是春天抓猪(买猪仔),腊月宰猪,一口肥猪大约在一百五六十斤。进入农历的十一月开始育肥,改善饲料结构和质量,当地农民称给猪上食,平时喂泔水和生食,上食后改喂熟食,粮食多的家要添加一些粮食,粮少的家就把谷秕子、荞麦花、玉米皮子压碎馇猪食(做熟)。有句口头禅,"小孩小孩你别哭,过了腊八就宰猪"。各家各户过了腊八便逐渐开始杀猪了,人口多的、猪小的,要等到腊月二十几才杀猪。

除了过年,杀猪这顿饭是最好的、最解馋的,熬啃了一年的人们,一进腊月门就开始盼着杀猪的那一天,越是期盼,感觉时间过得越慢,度日如年,好不容易盼到了这一天,又害怕了,怕过了这一天又回到了原来,反倒连盼头也没有了。好在还有杀猪菜可以多吃一些天。那时我们那个小村八九成的户都能杀口猪过年,我们家也不例外,不管日子怎么艰难,母亲都想法喂一口肥猪,过年杀着吃。杀猪那天,家里的猪毛水味和煮猪肉味很浓,闻多了影响食欲,母亲为了让我们多吃点猪肉,一早就把我们撵出去了,能干活的在外面给找点活干,不能干活的打发出去玩,到了吃饭的时候才让我们回家,还真甭说,挺管用的,在外干活或玩要要比在家待着多吃很多的猪肉。在那个经济条件十分有限的情况下,人们的生活都很拮据,可以说只有杀猪这天能享受"管够"的待遇,其余时间都是省着吃。现在想来,母亲为了让孩子们在杀猪这天多吃点猪肉,真是煞费苦心。

煮猪肉。杀猪那天要煮几方猪肉吃(一方猪肉约三斤重),人们习惯地把猪脖子肉也称猪血脖,割下几块放在锅里煮熟。煮多少要看请来吃杀猪菜的人的多少,要留出一块送给杀猪师傅,还要剩两块过后吃。煮肉时锅里要放一大锅水,再放上盐和作料,因为还要用煮肉的汤煮猪血肠和炖干白菜。

灌猪血肠。把猪水油或猪板油切碎连同作料一起放在锅里煎一煎放入猪血里,再将适量的荞麦面、大蒜、五香面、咸盐等,一并放入猪血里,用擀面杖搅匀,猪血少时还可根据需要适量加点水。把猪的粗细肠翻过来洗净,把调制好的猪血灌到肠里,血肠放入热水锅里煮时会膨胀,因此不能灌太满,灌七分满就可以了,灌好的肠子两头用细绳系好。把灌好的猪肠分若干次放在煮肉锅里煮熟,猪血肠入锅后,要随时用大锥碴子在猪血肠上扎眼放气,不然猪血肠就煮破了。煮熟即刻捞出。

炖杀猪菜。秋天,人们把小棵儿白菜编成辫子,放在通风阴凉处晾干,留着做杀猪菜和冬天炖干白菜吃。要杀猪的前两天,把干白菜用开水焯了,捞出后控净水切碎,用凉水浸泡一两天,再用凉水投两遍,捞出攥净水。杀猪那天,把焯好的干白菜放入煮肉煮猪肠子的汤里炖熟,这种汤油水大,煮出来的干白菜特别香,人们一般都煮很多的干白菜留着日后热着吃,能吃好多天,在锅里热的次数越多越好吃。杀猪菜里面有煮破没皮的猪血肠子瓢,很好吃,别有一番风味,大家都爱吃。

过去的猪肠子比现在的猪肠子粗,因为过去喂猪没有粮食,瓜菜、树叶、谷糠、荞麦花等,吃少了达不到热量,吃多了就把猪的胃和肠子给撑大了,所以过去的猪肠比现在的粗。同等大小的猪,过去的猪粗肠直径有六七公分,而现在的猪粗肠也仅有四五公分;现在的猪细肠更是细得可怜,有的比羊细肠还细。现在的猪血也比过去的少,过去杀一口猪能出半大盆猪血,有时猪血灌不完,把猪回头肠也灌上猪血煮了;有时还用不完,就用猪血抢饼吃。

我们那里有个"吃杀猪菜"的习俗。杀猪那天,请自家人来吃杀猪菜,近支的请全家,远支的每家请一位,年前年后如有有求于队长的事,队长也在被请之列,养驴、养羊的户还要把牛倌和给社员放羊的羊倌请来吃杀猪菜。头些年吃杀猪菜不上酒,后来随着生活水平的提高,酒也上了杀猪菜的餐桌,俗语讲"无酒不成席",有了酒感觉吃杀猪菜的氛围浓了许多。那些年,我们家除了夏秋冬季猪得了瘟疫,过年没猪可杀,其余几乎年年都能杀一口猪,因为春季猪死了还能再抓一口小猪崽,过年也能有口猪杀。

在村里我们崔家户门较大,杀猪时我家请吃杀猪菜的人较多,我亲大爷家爷孙三辈就有七八口,两个堂叔伯哥家每家一位,再加上正副队长和牛羊倌共十几口。我们家只烧一铺炕,自己有一张炕桌,再借一张炕桌,把两张桌子对起来,男客人挨着坐,女客和孩子挨着坐,那时人们不那么娇性,十几个人挤坐在一铺小炕上,为了少占地方让来客都能坐得下,客人主动侧着身子坐,不用主人说话,客人们就能把座位安排得很好。父亲陪客人上了桌,母亲开始切肉、切肠子,把猪粗肠、猪细肠、猪肉、白菜都要分着盛在菜盆、大菜碗或盘子里端到桌上,随吃随添,忙得不可开交,有时慢了还供不上吃呢。按着老家的习俗,请客时我们家的孩子是不能上桌的,要轮番地往桌上端菜端饭,母亲时不时地割一段猪肠子或切一大片肉让我们先占着嘴解着馋,我们吃完了还要时不时地自己到菜板上捏片肠子、捏片肉扔到嘴里,虽然没上桌,嘴也没怎么闲着。主食一般都是小米饭,吃饭前要给每个客人盛大半碗米汤,然后盛上冒尖的一碗米饭。妇女小孩不喝酒,他们也知道我们还没吃饭,在等着这张桌子,所以女客人和孩子们吃完饭就老早地撤了。喝酒的往一起靠拢一下腾出地方,我们便迫不及待地上桌了,大口大口地吃着一年一次的美餐,母亲边吃还要边盛菜、盛饭。到六十年代末,人们把煮熟的猪肉、猪血肠再用油、盐和葱花煎一下,觉得这种吃法比原来上了一个档次,实际也代表着生活水平的提高。本人认为两种吃法各有特色,味道都很好。

绝大部分人家都要请人杀猪,杀猪的师傅不要工钱,除了管饭还要送给杀猪师傅一块熟猪肉或生猪肉,再拿上点粗血肠和细血肠作为答谢。父亲会杀猪,所以我们家就省了一份猪血肠和一方熟猪肉。

杀猪这天，我们也能发笔小财，按惯例猪鬃归孩子所有，所以杀猪燎毛时，孩子们围着猪毛堆挑猪鬃，然后捆成捆，卖给供销社。猪鬃可做刷子等，价格很高，一个大猪的猪鬃能卖到三块来钱，当时对孩子们来说真是笔不小的收入，说发笔小财一点也不过分。猪毛也能卖钱，但是这个收入归大人。猪尿[suī]泡也舍不得扔掉，孩子们把它洗洗吹起来，一个十多公分长的猪尿泡吹得像橄榄球那么大，几个孩子像打排球似的满院地追打，有时也当气球玩耍，玩够了挂在阴凉处，待干了以后用来装火油或者揉一揉做钱包，因为它不漏水，用来装布票、粮票等怕湿的证券能防水，那时总看到人们从衣服兜里掏出来的钱包是皱皱巴巴的猪尿泡。猪胰子也不能扔，把猪胰子放在石板上再放上碱面子用石头砸，直至把猪胰子砸成泥状，再把砸好的猪胰子做成香皂大小的块，凝固成形后用来洗手，猪胰子里的碱面可去污，猪胰子润滑保护皮肤，一举两得，是肥皂的替代品。

杀鸡 快到过年时，一般的家庭都要杀几只鸡，杀的都是些不爱下蛋的老母鸡或公鸡。那时候猪和鸡是居家过日子必养的，如果谁家不养这两种家畜、家禽，邻居和亲戚都会笑话的，会说这家子人不会过日子。各家养的鸡数量不等，最少五六只，最多十几只。母鸡产蛋高峰最多两年，第三年产蛋率大幅下降，所以每年都要淘汰几只不爱下蛋的老母鸡。当年的公鸡除了留一只打鸣和做种鸡外，其余的也要宰杀，但都要等到快过年的时候杀了留着过年用，所以就有了过年杀鸡之说。

为加快育肥，快到过年时把要杀的老母鸡和公鸡找个笼子圈上，减少鸡的活动量。没有笼子的，就利用外间屋的仓子洞圈鸡，每一个仓子洞放一只鸡，仓子洞口每隔五六公分竖着砸一根木棍，像过去带着铁撑子的"监室"。木棍外面放食槽、水槽，鸡从木棍之间的缝隙中把脑袋伸出洞外取食、饮水，这种做法在小村叫"站鸡"。届时提高鸡的"伙食"标准，只吃粮、不吃糠、不吃菜，大约十几天的时间就能把鸡育肥。杀鸡时把公鸡的羽毛拔下来拂掸子，女孩子们再找几枚大钱做毽子，母鸡的软羽毛拔下来做垫子或做风匣里的毛头。鸡肉冻起来留着过年用，做卤鸡、炖鸡、扒鸡等等，都是上等菜肴。

做豆腐　豆腐是过年必做的。豆腐既好吃又有营养，老少皆宜，年轻人爱吃，老年人偏爱。虽然在小村的席面上豆腐不是主菜，但是作为辅料必不可少，大炖菜缺它不可，可做民间小吃，又可做素菜，过年总有一些信佛教的人吃素不吃荤，豆腐就成了当然的素菜，有时还要做主食的辅料，比如做饺子馅等，热接年菜时打上两块豆腐，过年期间几乎顿顿离不开豆腐，是餐桌上不可缺少的一道美味佳肴。过年每家都要做二三十斤豆子的豆腐，要用一整天的时间，豆腐做好了，切成块，先用豆江泡上，过几天换成凉水泡起来，每天换一两次水，不变味，可吃很长时间。

压粉条　粉条是过年过节菜肴里面不可缺少的重要食材之一。我们老家盛产土豆，每年秋天收土豆时都要把小的、青的、受伤的土豆挑出来，用碾子轧碎，然后将淀粉过滤出来晾干，出售一些，留一些压粉条子。每到年节都要压几锅粉条子，压粉条时先烧一锅开水，锅上支一个饸饹床子，把掺有白矾的淀粉用水和好，放入饸饹床子压到锅里，开锅后捞出，把一绺一绺的粉条放在盖帘上或搭在晾衣杆上，结冻后收起来放在冷屋子里备用。也可做宽粉，把和好的淀粉擀成薄薄的饼，然后根据所需的宽度切成条，放入锅里，开锅捞出。小时候，母亲每次压粉条时都煮上一大碗，放上葱花、盐面拌一拌，让我们尝尝鲜解解馋，那白绿相间的拌粉条又好看又好吃。

做鸡渣咸菜　过年吃的咸菜也要上个档次，每逢过年前夕，村里大多数人家都有做鸡渣咸菜的习惯。剁鸡渣时把鸡腿和鸡胸脯割下来，留着过年做菜用，好部位的鸡肉舍不得做鸡渣咸菜，把鸡架子和鸡脖子连骨带肉剁碎，把腌好的芥菜疙瘩也剁成丁，然后炝锅，将鸡渣炒变色，把咸菜疙瘩丁倒入翻炒去辣味，再放上泡好的黄豆和葱、姜、蒜等调料，想吃辣的还可以放些辣椒，加水炖三四十分钟。把做好的鸡渣咸菜放在凉屋子里，即吃即盛。这道咸菜是大人们爱吃的，小孩子们不太愿意吃，偶尔吃几口也是挑咸菜疙瘩吃,鸡肉虽好吃但肉太少且骨头也在里面,吃着垫牙。那时候讲的就是鸡吃骨头,鱼吃刺,有时候大人们用鸡渣咸菜当下酒菜,一碟鸡渣咸菜就能喝顿酒,而且嚼得有来道趣、有滋有味的。因为平时几乎吃不上,所以这道咸菜也成为过年的咸菜。

做猪皮冻 过年时几乎每家都要熬些猪皮冻,增加一道过年的凉菜。猪肚囊子肉很暄,一般用来做饺子馅,杀猪时人们把猪肚囊子肉割下来,把肉皮蹬下来,肉留着包饺子,肉皮留着熬冻。并非肚囊子的肉皮才能熬冻,其他部位的肉皮也能熬冻,只不过其他部位的肉皮在制作腊肉时被一并利用了。为了便于肉皮的切制和清理肉皮上的肥肉,熬冻时先把肉皮放在锅里煮三五分钟捞出来,趁热把肉皮上的肥肉清理掉,再把肉皮切成小条或小丁放在锅里熬,视其口味添加不同的作料。熬好的皮冻盛到盆里冷却后再吃,皮冻呈青白色,特别有筋性,用筷子夹都夹不断。食用时通常把皮冻切成六七公分长、四五公分宽、一公分厚的薄片,摆放在盘子里,根据口味再浇上醋、酱油、蒜泥或葱花等调料,又好看又好吃。老人们爱吃是因为嚼着不费力,孩子们爱吃是因为凉快爽口。

猪皮冻有"清冻"和"花冻"之分。清冻:把冻熬好后,趁热把肉皮捞出,把熬好的汤汁盛在盆里,待晾凉凝固后即可食之。花冻:皮冻熬好后不捞肉皮,还可以在熬制时放些其他辅料,有放蛋清的,有放小豆腐块的。凝固了的花冻,肉皮和豆腐块等都沉淀在底层,清、花分明很好看,口感更佳。

熬冻既费时间又费柴,因缺柴烧,人们舍不得单独生火熬冻,一般都在烧炕炰炕时借机熬制。到了冬日吃两顿饭,两点来钟饭做好后就停火了,如果睡觉前不烧炕、炰炕,到半夜炕就凉了,所以到晚上六七点钟把火生着再烧几分钟,再用碎柴火或碎粪沫子炰炕,人们为了省柴用烧炕炰炕的火来熬冻。因为不是专门熬制,所以一两次达不到火候,要一连熬制几个晚上才能达到预想的黏稠度。过去农村用的都是铸铁锅,熬冻时要防止锅下锈,一旦锅下锈了,皮冻的色泽、味道都会大打折扣。

煮骨头（做接年菜） 到腊月二十八九（过年的前一天）煮猪骨头、煮肉,做接年菜,人们常说"二十九煮骨头",实际除了煮猪骨头还要煮上两方带皮的猪肉,过年时做菜用。猪尾巴根连同猪尾巴叫猪勺子头,也在这一天煮了,这块肉是猪身上最香的一块肉,是给一家之主吃的,别人无权享用。孩子不能吃,大人说小孩吃了猪勺子头夜间走路会后惊的,总感觉后面有人、神、鬼跟着,是真是假无从考究,也许是为了奖赏家长而找的借口,这个借口普及面很广,延续时间也很长。挨着猪头的第一节猪脖骨称之为喉骨,这块骨头上的肉是赐给喂猪人的即家庭主妇的,别人无权享用。过年的前一天,到谁家都是煮猪肉的香味,全村都是一个香味,大人和孩子们的表情与平时也有所不同,人人都兴致勃勃,等待着这顿美餐的到来。人口多的一个猪的骨头这一顿啃得光光的,在那个年代剔过的骨头上没有多少肉,不像现在骨头上带那么多的肉。骨头和猪肉煮好捞出,在煮猪骨头的汤里放入焯好的干角瓜条或片、干豆角丝、海带丝、茄子干等,做一大锅接年菜,盛在大盆里,放在不烧火的凉屋子,因为接年菜里有很多油,冻不实,所以不用担心冻坏瓦盆。从初一二开始热着吃,吃的时候把接年菜放在锅里再放点粉条、豆腐炖一炖,熥点年干粮,再熬点茶汤面粥一顿饭就做好了。节省点吃,能吃到正月十五左右,当然期间还要做一些其他的菜肴。

过年之饰新年

过年不但讲究吃好、喝好、穿好,还要讲究一个"新"字,除旧岁迎新春,新的一年开始,万象更新。要吐故纳新,清除房屋和家具上的污垢,清理屋里屋外的垃圾,要进行传统的装饰,营造一种过年的氛围。糊屋子、糊窗户、贴年画、贴对联、贴挂钱、贴窗花,把一个"灰头土脸"陈旧的庭院、村庄装饰得五彩缤纷、焕然一新,到处张灯结彩,一派欣欣向荣、万象更新的景象。

扫房 不管穷富、不管脏净,过年扫房是家家户户必做的一件事。那时农村做饭用的都是大铸铁锅,没有别的替代用具,大柴、大火、大烟、大热气,冬天屋子凉这些热气就变成了水附着在笆条和墙壁上,外间屋的后墙(北墙)由于墙是凉的,做饭的热气就在墙上结了一层亮晶晶的霜,时间长了霜越结越厚就形成了一公分多厚的冰霜。农村盖房子房顶用树枝做笆条的居多,在房顶上这些热气就会变成哈水附着在笆条上,烟尘落在上面就形成了黏糊糊的塔灰,加上烟熏火燎,整个屋顶和墙壁都挂了一层厚厚的塔灰和冰霜。做饭时,塔灰就会落在锅里、饭盆里和做饭人的身上,脏得不成样子。

年前每家都要进行一次大清扫,清除冰霜和塔灰,清除屋里的灰尘,清理锅台后的鸡窝,清除柜底下和仓子洞底下老鼠倒出来的土。把锅拔下来,清锅底灰,把锅腔子里的灰掏干净,用黄土泥套锅腔子。室内用具擦拭一新。把衣服被褥拿到屋外挂在晾衣绳上用细木棍抽打一遍,抖一抖晾一晾再收回来。炕席也要揭下来拿到外面敲打除尘,炕席底下也要彻底清扫一遍。屋顶、墙面、土炕、鸡窝、碗架子等等都要进行彻底清扫。总之不留一点死角,准备干干净净地过年。这种彻底的大清扫,没有特殊情况,每年只进行一次。

因为黑褐色的塔灰落到衣服上洗不掉,扫房的人要"全副武装",用破布把脑袋裹上或戴个草帽子,穿一身最破旧的衣裳或披一个破布单子,防止塔灰迷眼还要戴一副风镜,有条件的还要戴个破口罩,先扫住人的屋子,然后扫放东西的屋子,最后扫最脏的外间屋(做饭的屋子)。那时老百姓最烦的是扫房,他们说:"杀猪又脏又累还能有肉吃,做豆腐又脏又累还能有豆腐吃,轧干粮面又冷又累还能有干粮吃,唯独扫房特殊的脏、特殊的累,最后什么也没得吃。"我想这个说法有点片面性,他把享受干净利落舒适的环境给忽视了。通过上述说法想到过去"吃"在老百姓心目中多么重要,三句话都没离开吃的。

糊屋子 过年前讲究的人家和有点条件的人家要把住人的屋子用

纸糊一下，娶媳妇布置新房当然也要糊屋子。原来用毛头纸，后来有用报纸的，还有用白纸的，再后来有用蜡花纸的。原来糊过的屋子时间长变旧了也要再糊一层挂个面新鲜新鲜。糊过的屋子特别暖和、干净、亮堂，焕然一新。糊一间屋子，一个纸匠师傅和一个打下手的，需三四天的时间，要管饭，还要给点报酬，关系较近的不收报酬。糊屋子不是谁都能干的，有专门糊屋子的纸匠，那活做得真是地道，纸张之间对接整齐、宽窄一致、横平竖直，一间屋子看不到一个褶子，一大张刷着糨糊的白纸，在纸匠手里运用自如，游刃有余。

糊窗户 那时没有玻璃窗，窗户都是用纸糊的，平时窗户纸破了随时都要用纸和白面糨子补一补，窗户纸破得实在不行了要重新糊，每年都要糊几次。在过年前不管窗户纸破不破都要重新糊一次，是为了迎接过年，图新鲜。糊窗户时，先将窗户摘下，然后用刀子把窗户棂上的糨子嘎巴儿刮掉，在窗棂外面抹上白面糨子，将窗户纸迅速粘好，不能太紧，太紧容易崩口子，也不能太松，太松刮风时"咕嗒、咕嗒"响。糊窗户纸开始用毛头纸，相当于四开纸大，这种纸很厚、韧性很强，比较结实，使用时间长，糊在窗户上发黑不亮堂。后来为了让屋子更亮堂一些改用一开大张白纸，这种纸又薄又脆，使用时间短，下大雨刮大风时一两分钟就能把窗户纸弄得稀碎。为了使窗户纸更耐用，透度更好，增加屋里的亮度，人们糊完窗户以后把窗户格内的窗户纸用麻油刷一刷。窗户是一个屋的窗口，窗户整洁透度好，整个屋子就显得干净、亮堂、宽敞，所以人们过年总要把窗户重新糊一糊。

揭(买)年画 揭年画是大人孩子们很期盼的一件事，特别是孩子们希望大人多买点画，买些他们喜欢的画。那些年揭画时首选的是毛主席、周恩来、朱德、刘少奇等画像。那时毛主席去安源的画就特别受欢迎，周总理和老百姓吃饺子的画人们也很喜欢，还有马克思、恩格斯、列宁、斯大林等伟人的头像也是重点选择对象。四扇画也在重点选择之列，图文并茂，每张画有六至八幅图，每幅图下面有一段文字说明，上图与下图的内容相连,每组画都是一个独立的故事,是有点文化的人的偏爱,如刘胡兰、黄继光、董存瑞等英雄人物的故事画,古典故事画也有买主,如追鱼、红楼梦,还有戏剧画等,使房间增添了传统色彩。到过年时,住西屋的贴满了北面墙和西面墙,住东屋的贴满了北面墙和东面墙。每家揭的画各有不同,在某种程度上也在比赛,比谁家的画多,比谁家的画好,比谁家的画有新意。邻居串门都要先看完画再唠嗑,有文化的看说明,没文化的看画面。当串门的邻居夸赞说你家的画真好时,主人也会很高兴的,并有几分得意之感。屋子贴上画就感到新鲜亮堂多了,更有过年的气息。所以在当时,揭(买)年画是个很重要的事,经济条件差的宁可少买点其他东西,也要多买几张年画把屋子装饰一下,精心营造一个过年的氛围。

写对联 在当时没有卖对联的,红纸黑墨,都是人工写。贴的不光是对联、横批,还有条幅、门方等,对联是贴在门口两边的,有门就得有对联,大门口对联上联:"地增五谷人增寿",下联:"春满乾坤福满门",横批:"人寿年丰"。外屋门口对联上联:"三阳开泰从地起",下联:"五福临门富贵春",横批:"春回大地"。里屋门口对联上联:"父子协力山成玉",下联:"兄弟同心土变金",横批:"家庭和睦"。仓房门口对联上联:"年年仓中满",下联:"月月有余粮",横批:"五谷丰登"等。驴、马、牛、羊圈门口对联上联:"骡马成群",下联:"牛羊满圈",横批:"六畜兴旺"。碾道(碾房)对联上联:"吞粗吐细",下联:"扭转乾坤",横批:"五谷磨坊"。窗口两边的外墙垛上贴条幅,三间房竖着贴四张,人们习惯叫贴墙垛,这种条幅和外屋门口对联宽度相等,长度比对联短一些,条幅上写:"满院生金""满院生辉""满院春光""满院春晖""吉星高照""春回大地"等等。门方贴在门、缸和红堂柜中间,一般写"福""招财进宝"等。炕头墙上贴长条竖式条幅,也叫炕条,上写:"宜入新年乐,财神上边坐,金子堆成山,元宝垛成垛,不但今年好,来年也不错。大吉大利大发财源",或"一入新年好,财神喜神都来了,一家老少炕上坐,手托大元宝"。住人屋子北墙正中贴竖式短条幅,上写:"抬头见喜"。院门前贴竖式短条幅,上写:"出门见喜"。水井贴竖式或横式短条幅,上写:"井泉兴旺"。牛马车贴横式短条幅,上写:"车行万里路人马保平安"。一般要贴在车辕子侧面。猪圈门口小,一般贴不上对联,贴竖式短条幅,上写:"肥猪满圈""六畜兴旺"等。

六十年代末七十年代初,"破四旧"时,春联不许写封建迷信,升官发财之类的词,要写毛主席语录、毛主席诗词或革命化的词。开始人们把毛主席语录、毛主席诗词等写在红纸上做对联,后来人们不知从哪里学来的用木板做对联,届时各家各户买干木料、红油漆、黄油漆,请木匠破板、刨光、涂上红漆,请会写毛笔字的文化人用黄漆把毛主席语录和毛主席诗词写在木板上。过年时把木板对联挂在门口两边,出了正月把木板对联摘下来存放好,今年挂完明年挂,明年挂完后年挂。开始人们觉得这个办法很好,也很省事,挂了两年之后,人们觉得对联的词儿也没有变化,也没有什么新意,木板对联挂时间长了也变旧了,过完年摘下来一堆板子,放外面怕雨淋,放屋里占地方,人们又把木板对联换成了纸对联,从此木板对联就走下了历史舞台,但对联的用词还是沿用毛主席诗词和毛主席语录。到八十年代初,对联用词开始启用过去的老词。家有老人去世的,当年不贴对联,第二、第三年贴蓝色对联;有的三年内都不贴对联;也有第一年不贴对联,第二、第三年贴红对联的。

那时有文化的人太少,有文化又会写毛笔字的人更少,我们队里只有一个有文化又会写毛笔字的叫董振刚,每到腊月忙得不可开交,要写三十多户和一个生产队部的对联,每家买上几张红纸,墨块由生产队买,全生产队三十多户人家都到董振刚家写对联。

到写对联时,董振刚家的炕上放一个小炕桌,炕桌上放着一支毛笔、一个砚台、一块墨,那时没有墨汁,要人工来研墨,谁家写对联谁研墨。首先要把红纸叠成不同规格,然后裁开,大门对最宽最长,外屋门对比大门对略短略窄一些,里屋门对比外屋门对略短略窄一些。裁对联时一副对联还不能全裁开,靠上边还要留一小段,等到贴对联时再裁,因为过去没文化的多,分不开上下联,怕贴反了。当时也没有个裁纸刀子,一般都用剪子裁,边裁纸边研墨边写,写出的对联要晾干,所以写对联时,常常是把对联摆得人家满柜、满桌、满凳、满炕都是,有时还要拉几根绳子,把对联搭在上面晾干。董家的大人孩子也没个地方待,一直在地下站着等到很晚,有时还帮助割割纸、晾晾对联什么的,有时大人和孩子在地上站着就打瞌睡了,等写对联的人走了才能上炕睡觉。

每晚能写三五户,从四五点钟开始,一直写到十多点钟才结束,近八九个夜晚,虽然每天都在义务地做着这件事情,但也看不到孩子和大人有烦恶之感,反而看到他们都在谈笑声中度过,甚至有几分自豪感,觉得她的老头或他们的父亲是个很有才的人,全村人都来求他。在他们看来,能为邻居出点力、帮点忙,也是很荣耀的事。在当时,被求者很自然地不求任何回报,既不用求写对联的人管饭,也不用给报酬,求人者也没有压力,每年每家的春联就这样完成了。从我记事就是董振刚给全村人写对联,到七八十年代还是他为全村人写对联,几十年如一日,不怕零拉,就怕整算,如果按三十年计算,董振刚就为全生产队社员义务写对联时间达二百来天,细想起来也是一个不小的奉献。

刻挂钱 这也是一种民间小艺术,和剪纸有相同之处,都是在纸上剪出或刻出美丽而逼真的图案。贴挂钱一是好看,二是象征着来年进钱多多,所以每家每户过年时都要贴上粉的、红的、绿的、黄的等各色挂钱,不能贴蓝色、白色、黑色的。那时没有卖挂钱的,都要自己刻制。一进腊月门,十六七、二十来岁的小伙子们便买好彩纸,一张大纸裁成十六张,相当于十六开纸大小,因图案不同,各种彩纸要混合装订,二十来张为一沓,上面附上挂钱样子,四个角用纸绳装订固定,用自制刀具(长刀、中刀、短刀、半圆刀、鱼鳞刀)刻成各种图案。

挂钱常见的图案有胖娃娃,象征子孙满堂;祥龙,象征着飞黄腾达;金鱼,象征年年有余、吉庆有余;瑞鸟,象征着吉祥;花卉,象征喜庆、红红火火等等。多数刻一些祝福的字及四字词语,如"招财进宝""黄金万两""吉庆有余""年年有余""吉祥如意""万事如意""五福临门""财源滚滚""春暖花开""四季平安""恭喜发财"等。有的在挂钱的中间位置刻上"福""禄""寿""喜"等大字,大图案和大字的周围用小一点的花色图案连接和衬托,挂钱下方要刻出穗子,而且是单数的,通常刻九个穗子。

因为贴挂钱的地方很多,比如门楣、窗户、佛龛和贴竖条幅的地方,每处少则一张,多则三、五、七张,所以每家要刻上四五版挂钱方可够用。贴挂钱讲究贴单数,并且各色挂钱要搭配张贴,不能同一颜色的挂钱挨在一起,现在有全贴红色挂钱的,过去没见过。

有的老年人把刻挂钱刻下来的大小不等、形状各异的碎纸屑收集到一起,然后把院子扫干净,再把这些五颜六色的碎纸屑均匀撒在院子里,把院子点缀得五彩缤纷。当你走进这个院子一股喜庆的气息向你袭来,虽然还在腊月,但是这些五颜六色的纸屑会把你提前带入到过年的氛围当中,虽然只是一种感觉,但是在那个年代那种感觉真的很好。

剪窗花 这是一种民间艺术,到了年根有很多心灵手巧的老太太、大姑娘、小媳妇们都比着赛地剪窗花,有剪人物的、有剪花草的、有剪动物的,剪出的人物能剪出表情,剪出的动物能剪出神态,剪出的花草能剪出层次和立体感,贴在窗户上甚是好看,增添了几分过年的气氛。有的直接用彩色纸剪,有的用白纸剪,然后再着色,在一个窗花里涂上好几种颜色。有的还把人物花草或动物剪在一张窗花里,仔细端详和细心品味,像是一个完整的故事在窗花里,更显示了能工巧匠的艺术功底。那时我们生产队王兴的老伴,我叫她三娘,剪窗花的手艺在全队首屈一指,到过年时他们家的窗花最漂亮,过年到他们家串门,首先要欣赏她家的窗花,有时邻居们也求她给剪几张。

过新年

　　过年,到底是哪一天,其说不一,有的说是腊月三十(二十九),有的说是正月初一,在我的家乡都把农历一年的最后一天视为过年。过年,是中华民族最重要的传统节日,因地域不同,历史时期不同,过年的方式和习俗也不尽相同。六十年代,由于生活贫困经济落后,过年都很俭朴,虽然吃的、喝的、玩的不尽如人意,但是过年的情趣还是很浓的,人们都期待着这一天。人们的欢乐和喜庆是发自内心的,从面部表情到内心,一举一动都散发着节日的喜庆,再多的苦恼,也会埋于心间,不会流露出来。邻里之间平日里总免不了发生一些摩擦,到了过年的时候,都能互让互谅主动开口,互致问候,以示消除隔阂和恩怨,展望未来。年三十是个伟大而又神圣的日子,这天人们可以吃到全年最好最丰盛的饭菜,可以无拘无束地吃啊、喝啊、玩啊,家人彼此之间比平时也特殊的和谐。小时候曾经幼稚地问母亲:"过年这么好,咱们天天过年不行吗?"母亲说:"那可不行,那样会促寿的(缩短人的寿命)。"还给我们讲了一个小故事:"李自成打入北京做了皇帝,开始吃喝玩乐,大臣们说这不是天天在过年吗,李自成说咱们就是要天天过年!本来李自成命中注定应该做十八年皇帝,因为天天过年,最后只做了十八天就被赶下台了。"母亲还说:"好过的年节,难过的日子,人不能光想着享受,更要想着如何用自己的双手来创造财富。"

　　年早饭　过年这天(腊月三十)早晨大人们比平时起来要早一些,孩子们起床的积极性也比平时高,起床早穿衣服快,洗脸时大人总要反复地磨叨,让把脸和脖子洗干净,否则这一年都脏兮兮的,这天早晨的洗脸水由每天的一盆增到两盆。那些年的年早饭好像形成了一种定式,全生产队差不多都是荞面条,也有少数家庭熥年干粮的。我们家的过年早饭年年都是荞面条,泡面条的卤子很奢华有三分之一是肉,母亲把猪肉切成肉丁,把酸菜剁碎,由于放的肉多,吃起来特别的香。当母亲说煮面条了啊,父亲美滋滋地卷一支纸旱烟点着吸上两口,到院子里放几个"二踢脚",年景好的时候还要放挂鞭,鞭炮的响声释放着过年的信息。我们也到院子里看热闹,看看二踢脚飞多高,听听响声大不大、脆不脆。早饭大人孩子们都吃得饱饱的,因为午饭要在下午两三点钟以后才吃。

贴对联 吃完早饭,父亲给我们做一个简单的分工,有帮助父亲贴对联的,有给母亲打下手的,有打零杂的。为了赶在晌午前把对联贴完,母亲刷完碗的第一件事就是先把贴对联的糨子打好。父亲让我们把每一副对联和横批相对应摆在炕上,因为除了大门对联和入户门对联,其他对联如里屋门对联、小屋门对联和牲畜圈棚对联的长短、宽窄都差不多,只能在对联用词上区分,父亲不识字怕贴错了,只好把这个任务交给我们,那一刻我们就成了"名副其实"的文化人,自我感觉有几分自豪感,贴对联时,父亲像是给我们打下手,我们递给父亲哪张对联,父亲就顺从地贴哪张。一般都是先从大门口开始,有端糨子盆的,有来回运对联的,那时候的土墙不像现在的水泥墙那么光滑,墙面上有很多浮土,有时要刷两三遍糨子,即便如此,刚贴完的对联有的还是被风刮了下来,没办法只好用高粱秆和钉子把对联钉在墙上。贴对联的量很大,大门口、外屋门口、两个里屋门口、小屋门口、大牲畜圈门口、小牲畜圈门口等,凡是有门的地方都要贴对联和横批。除了贴对联还要在红堂柜的正面、小柜的正面、门板上、水缸上、菜缸上、粮囤上、驴槽上都要贴一到两张福字、门方、条幅等。在住人屋子的北墙上要贴"抬头见喜"的条幅,炕头墙上要贴长条幅也叫炕联、炕贴或炕条。在窗户两侧的外墙上还要贴两到四张宽条幅也叫"贴墙垛"。院外对着大门口要贴上"出门见喜"的条幅。凡是贴横批的地方都要贴五或七张挂钱,条幅的顶端也要贴一张挂钱,有时还要在窗户外面贴几张挂钱,贴挂钱要贴单不贴双。那时各家的大门口没有门楼,也很少有门框,所以没有地方贴横批,要在大门口两边墙垛上横放一根木杆子用来帖横批和挂钱。有的人家大人没文化，又没有上学的孩子，把对联的上下联给贴反了是常有的事，有的竟把"肥猪满圈"贴到人住的屋子里，闹出了很多笑话，给人们留下了笑柄。对联、挂钱贴完了，挂钱随风舞动，像院子里插上了节日的彩旗，给院落增添了许多活力，红色的对联和五颜六色的挂钱把院子装饰得焕然一新，使整个院落呈现出一派欣欣向荣的景象，浓郁的过年氛围展现在面前。贴完对联还要把院子打扫一遍，因为从年三十晚上一直到正月初五之前按习俗不能扫院子。

年午饭　早饭过后母亲开始准备过年的午饭，虽然叫午饭但吃饭的时间一般都在下午两三点钟。大年三十的午饭家家都是白面馒头。过去没有发酵粉，屋子又冷，怕蒸馒头的面不能发酵，要在头一天发面，有时还要用面引子发面，把和好的面放在瓦盆里盖上盖帘，周围和盆上面都用被褥围上，靠提高温度来自然发酵。过年的饭有讲究，如果做坏了，预示来年办事不顺。每到这个时刻，母亲都捏着一把汗，担心把馒头蒸坏，碱用小了口感酸黏、颜色发白、不起发，碱用大了颜色发黄、吃着发硬、也不起发。所以发好的面要逐步使碱，每使一次碱都要团个小面团，放在灶膛里烧熟，观察碱大碱小，有时一连试验好几遍才满意。蒸的主要是馒头，有时也蒸些糖三角，还做些造型，如小蛇、小刺猬等形状的，看着好玩，我们也时不时地插手做一两个显显手艺。为了看着新鲜，表示喜庆，还在揉好的馒头顶上用高粱秆蘸着红墨水点个红点。当揭开锅看到馒头又大、又白，还开了花，预示着来年开开心心、一切顺利，母亲万分高兴、如释重负，看得出她那紧张的心情立刻彻底放松了，她把父亲和孩子们招呼到跟前，给每人掰一块馒头，让大家尝尝鲜，嘴里还问馒头蒸得好吗，母亲明知道馒头蒸得很好还要问大家，实际在高兴之余也有点显摆手艺之嫌。馒头做得好，做菜的劲头也足了。

年三十中午的菜是很讲究的，根据人口的多少和经济条件好赖来决定菜的数量，条件好、人口多的人家要成席，一般都是"三四席"。人少的就做几个炖菜，如猪肉、豆腐炖粉条子，蘑菇炖小鸡，酸菜炖排骨等等,再切几盘凉菜。我们家人口较多,一般都成席,歉收年就只能炖几个菜,不管肉多肉少菜量很大,要保证够吃,午饭前父亲还要放几个二踢脚。这顿饭酒是必不可少的,饭前父亲把白酒倒入酒壶放在火盆里烫热,父母打破以往的戒律,不但自己喝也让孩子们都跟着喝点,但是那酒辣辣的怎么也咽不下去,有时只喝一口就连盅带酒送到父亲面前。桌上摆着烧酒、好菜、好饭,全家人坐在饭桌周围,尽情地吃着、喝着。热乎乎的屋子,热乎乎的炕,热乎乎的饭菜,热乎乎的酒,使每个人的脸都红扑扑的,全家人尽享着天伦之乐。

请家堂 除夕的上午,为家中供奉的神佛祖仙及天地灶王安放牌位,摆设供品,谓之安神,然后为请家堂做准备。过去请家堂是过年时的一个重要内容,过年请家堂是对已故老人的尊重,是活人的一种心灵寄托,也是教育后人不忘先辈的一种形式。所谓请家堂就是家族内把已故先人的"阴魂"请到家里和族人们一起过年。请家堂首先要准备一间空屋子,一般在族人长者的家里找一间正房,要把房间清理打扫得干干净净,屋子正面摆上供桌,供桌两头各摆一把椅子,挂好家堂轴子(家谱),用黄表纸叠好牌位,把上四辈先人的名字写在牌位上,把牌位立在供桌上或贴在供桌上面的墙上,辈分最高者放在中间位置,把香炉摆在供桌上。请家堂要在大年三十的晚上太阳落山后,族人长者手提点燃的灯笼,带领族人的平辈和晚辈的男士们,到祖坟的山脚下或十字路口处,面朝祖坟方向下跪,燃香、焚纸,族人长者嘴里叨念着:"各位先人,晚辈们来请你们回家过年了,请跟我们回家过年吧!"待烧完纸全体族人磕三个头,然后起身返回,由族人长者引领诸位先人的"阴魂"回家,途中不许回头。回到家中上香,摆好供品,一般摆三摞,每摞五个,在每一个牌位前斟一杯酒,筷子碗是必不可少的,最后众族人跪地磕三个头,请家堂仪式结束。按规制请回的家堂要有专人陪守,也叫守家堂,实际就是活人陪着"阴魂"过年,守家堂期间要不断燃香,使香火不断,后来人们把这个程序给简化了,只是有人隔上几个时辰上上香。到大年初二的晚上太阳落山后送家堂，送家堂时要带上先人的牌位、烧纸、香和摆过的供品等，由族人长者手提点燃的灯笼携全体族人引领先人的"阴魂"到请家堂处，面向祖坟方向全体族人下跪，燃香、焚纸，由长者叨念着："各位先人年已过完，请先人们回家过日子吧，保佑晚辈们平平安安，家丁兴旺。"最后把纸牌位焚烧，并把供品倒入火堆上，众人磕三个头，送家堂仪式结束。听老人们说过去请家堂的程序很复杂，比如请家堂回到家门口，院里要燃放鞭炮，表示欢迎先人回家过年；从请回家堂开始到送家堂期间都要有专人守家堂；供品除了点心还要有鸡鱼肉等菜肴；送家堂前还要为先人的"阴魂"包饺子上供，等先人吃过饭方可送家堂等，后来逐年简化演变到后来的简单程序。

年夜饭 年夜饭吃饺子是北方人所共知的，即便是吃素的人家，也要弄点素馅包饺子，老人们说，如果不吃年夜饭就等于没过年。六十年代末七十年代初，破"四旧"，年夜饭被迫停了一两年，人们很不习惯，感觉没有过年的气息，很没意思，后来又恢复了年夜饭。年夜饭一般都是酸菜猪肉馅饺子，有些信佛、信神的人家年五更要吃素，不吃鸡鸭鱼肉等荤食，饺子馅自然也是素的，用豆腐、酸菜、干白菜、粉条、素油等做馅。饺子皮一般是荞麦面的，最困难时期用玉米面和榆树皮面，生活条件好一点时，用荞麦面掺白面。那时没有电视，吃完午饭，稍稍休息一会儿，男孩子们便出去玩了，把成挂的鞭拆下一些装进兜里，不时地放一两个。那时人们干的都是体力活，平时油水又少，肚子没底，都特别能吃，饺子包少了不够吃，所以要包很多，一般七八口之家要包盖大缸那么大的盖帘三四盖帘，方可够吃。我们家人口多要包四大盖帘饺子，要把那么多猪肚囊子肉和酸菜剁成碎碎的饺子馅得需要很长时间，所以母亲老早就开始做准备。母亲先把肉和酸菜切成小块后让我们来剁碎，用大菜板子还得剁三四板子，有时我们嫌慢就双手各握一把菜刀同时剁，母亲把剁好的酸菜攥净汤和猪肉一并放在大盆里，再放上葱花、豆豉、五香面和盐面搅拌均匀，拌馅时，母亲时不时地闻一闻、尝一尝，最后再包一个饺子放在火盆里烧熟,把烧熟的饺子掰开给父亲一半,父亲品着饺子也评论一两句,然后再做最后的调理。不满一大盆饺子馅看着都犯愁,因为包的饺子多,所以要全家人齐动手,光拍饺子皮的就三个人,三个多小时才能包完。包饺子时,饺子馅里放四枚二分钱的硬币以示四平八稳,吃到者象征新的一年里有好运气。包饺子时往盖帘上放饺子也是有讲究的,要顺着盖帘的高粱秆成列摆放,预示着来年办事顺利不走弯路,不能在盖帘上转圈放饺子,预示来年办事不顺。年五更怕把饺子煮坏了,一般都提前准备一些劈柴样子或是树枝子等。煮饺子看哪边先开锅,预示着来年的雨就从哪边来。

饺子煮熟了,要给供奉的诸神先盛上一碗,不管多少都要单数,开始发神纸,即在年五更子时,在"保家仙"等神像前面烧黄表纸,发完神纸放鞭炮。鞭是用牛皮纸手工卷的,一百响的雷子鞭特别爱响,声音贼大、贼脆,震耳欲聋。那时鞭炮都是手工土法制作的,为了让鞭炮的声音大一些、脆一些,父亲老早就把鞭炮放在阴凉干燥处冻起来。后来有了机器做的五百响以上的小红鞭,虽然响多但响声不那么大、也不那么脆,再后来供销社有了"十响一窟咚",每隔十几个小鞭编着一个雷子,响声更好听,"噼里啪啦咚!噼里啪啦咚"。放鞭炮时,大人要把孩子叫到院里,大孩子举着鞭,父亲点火。点燃鞭之后,立刻放二踢脚,鞭和二踢脚同时响,感到气氛更好、更热烈。这时,母亲也边煮饺子边捂着耳朵时不时地出来看一眼,由于小村三面环山特别拢音,所以鞭炮格外响。放完鞭炮后开始吃饺子前,晚辈的要向长辈们磕头拜年,老人们要说:"别磕了,留头长吧!"那个年代也没有压岁钱。母亲把煮好的饺子,每人盛一碗带汤的,剩下的捞到算子上。还要煮另一锅饺子,饺子都煮完了开始吃年夜饭。年五更的菜虽然不多但有讲究,吃鱼(吉庆有余),吃肠(长命百岁),吃豆腐(荣华富贵),吃肘花(有吃有花),忌讳吃蒜(算了)。从年五更开始锅里要放压锅饭,即在焖干粮的算子上放一两个饺子、一两片年糕,或放一两个豆包、一两个馒头等,要有两三样干粮在算子上,从年五更一直放到破五,谓之压锅饭,预示来年有吃有喝,吃喝不断,吃喝丰盛,丰衣足食,破五过后此讲究废除。

那时候没有电灯,到过年时,为了让院子有个亮,要做一个冰灯。把水桶盛满水放在院子里冻一下,不能冻实,一般结冰厚度四五公分即可,在冰坨的上面用热东西融出一个碗口大的圆孔,把没冻实的水倒出来,把冰坨从水桶里化出来,将冰坨圆孔朝上放在院里的墙上。用空心的冰坨做灯罩,里面点上一支蜡烛或一盏小煤油灯,冰灯罩像水晶一般,被光照得晶莹剔透。院里有了光亮,更渲染了节日的气氛。

拜年 吃完年夜饭开始拜年,年午更主要是给自家的长辈拜年,比如爷爷、奶奶、父亲、母亲、大爷、大娘、叔叔、婶子等。拜年的方式见面先作揖问好,然后磕头。给本村自家的远支和亲戚拜年,一般在初一的上午,晚辈的要到长辈的家里拜年。邻里之间不上门拜年,一般都是见面互相作揖问好拜年,男人见到长者要作揖问好;女人见到长者问好即可。在实际生活中,年龄大的、辈分高的主动向小辈的问好也比比皆是。

午夜娱乐 年五更拜完年孩子们提个小灯笼到各家各户捡些没响过的鞭炮,那时各家如果不是为了挡牲畜都不会关大门的,真是路不拾遗,夜不闭户,所以孩子们到各家捡鞭炮不受限制,不用打招呼就可以随便出入,坐在屋里就听见院子里捡鞭炮的孩子,一拨刚走,一拨又来,一直持续到天亮。孩子们捡鞭炮时提的小灯笼有纸糊的,即用木棱做框,周围用纸糊,底下放个插蜡的底座,上面拴个提灯笼棍。也有"豪华"型的,是用四块小玻璃对着粘起来的,比纸糊的灯笼亮多了。那时没有烟花,钱少也买不了多少鞭炮,所以孩子们捡没响过的鞭炮是最大的乐趣,捡到有捻的放着玩,捡到没捻的呲花玩。孩子们把没捻的鞭炮,用手折断露出火药,找个平台对着放好,然后用火点燃其中的一支,呲出长长的火花把另一支也引燃了,有时其中的一支还能把另一支呲得很远或转圈圈,边呲花嘴里还边说着顺口溜:"东三家,西三家,捡个炮仗来呲花,呲一呲,躲一躲,撅着屁股来找我。"就是这样简单的活动孩子们也玩得开心极了,因为一年只有一次。

　　大人们拜完年三五一伙地开始打牌。因为没钱,耍钱(赌博)的极少,只是玩玩儿而已。有玩"三掐一"的,有玩打"百分"的。好玩的人为了找点刺激,提前买些糖块和香烟,因为十五之前代销点不开门营业。香烟都是一毛多钱一盒的,块糖都是一分钱一块的"光腚"(没有包装)圆形螺纹彩色糖球。打"三掐一"赢糖块的,打牌前每人先买几十块,输光再买,每把最大输赢六块糖。打牌中间,赢家一高兴,还给在场的每人发一块。糖块本身是黏的再加上拿来拿去,牌脏又不洗手,最后所有的糖块都粘了一层黑黑的油泥,但没有人嫌脏,还是都被人们吃了。打"百分"赢香烟的,四人为一组,二人为一伙,五百分为一局,打牌前每人发五支香烟,先得够分的为赢家,输家掏烟钱,有时牌不顺,烟都抽光了还没分出胜负。女人们因为忙了一天便和衣而睡(按习俗年五更睡觉不脱衣服)。

　　年五更乃至过年期间忌讳打碎器皿,忌讳说不吉利的话,到了晚上各屋都要掌灯燃蜡,夜间守岁灯火通明彻夜不眠。大门口横放拦门棍,拦门棍上缠红纸条,以防邪祟侵入。

　　初一要穿戴一新,大人要到自家长辈和亲戚长辈家里拜年,拜完年男人们开始组织玩牌了,有打扑克的、有打麻将的、有看纸牌的、有玩天九牌的等等。不知道什么时候立下的规矩,初五之前不许做针线活,饭又都是现成的,忙碌一年的女人们,这才真正开始放松休闲几天,所以从初一到初五,女人们也开始凑合到一起说说话、唠唠家常、打打牌消遣一下。她们打牌不带物质刺激的,玩"争上游""憋七""吹牛"等。各家也都准备了一些小食品,有罐梨、海棠果、楸子果、炒角瓜子、炒窝瓜子、炒葵花子等等,供来串门的自家、亲戚和邻居们食用。半桩小子们开始了疯狂的玩耍,撞拐的、打杂的、打绳球的、扇片子的、打冰出溜的等等,有时候女孩子也参与其中。

　　新扫的院子,新扫的房,屋里新贴的画,屋里屋外新贴的红色春联、福字和五颜六色的挂钱,满院子鞭炮的碎纸屑,接连不断的鞭炮声,还有那大姑娘小媳妇的花棉袄,到处是一派欣欣向荣、万象更新的景象。大人、孩子的面颊挂满了笑容,见面爽朗的问候声,都充满了过年的气息。尽管物质不那么丰富,但那种年气、喜气和人们喜悦的心情无以言表,是现代人无法体会到的。

那个年代,虽然物质不丰富,生活并不多彩,经济状况并不尽如人意,但人们对年的期盼要比现代人强烈许多。过年准备别有一番情趣,进腊月门就想着过年的事,过了腊八就开始操办过年的事,比如,男当家的忙着准备过年的烧柴,想着赶集的事儿,算着手里有多少钱,盘算着买些什么东西,哪些东西是必买的,哪些东西是可买可不买的。家庭主妇们,忙着淘米轧面蒸干粮。年轻的小伙子们除了参加生产队的劳动还忙里偷闲刻刻挂钱、写写对联。大姑娘小媳妇们忙着洗洗涮涮,缝制一些过年自穿自戴的东西,剪剪窗花,做点小手工艺品。当哪一家的活忙不过来或有做不了的事儿,邻里都会互相帮助,帮着杀猪的,帮着撒年糕的,帮着推碾子的,而且都是尽心尽力把事儿做得尽善尽美。

回想那时过年的情景,只要不到过年那一天人们就停不下来,总是在不停地忙碌着,男人做着男人的事,女人做着女人的事,孩子们也做着他们力所能及的事。起早贪黑全身有用不完的劲,看不出有疲劳感,每做一件事都有着一种期盼,每做完一件事都有一种满足感。细想,过年好像并没那么重要,重要的是这个过程。这个过程给了人们更多的期盼和向往,这个过程也增加了邻里之间的交往和情谊。

小节日

过年前后有六个小节日,最早的就是腊八节,最晚的就是刚过正月的二月二,最长的相隔十四天,最短的相隔五六天,每个小节日都有各自的特色,有着不同的意义,有固定的饭食,有的小节日还有固定的活动。

腊八节 农历腊月初八是古代欢庆丰收、感谢祖先和神灵(包括门神、户神、宅神、灶神、井神)的祭祀日,称为腊八节,简称腊八,是年前的第一个小节日。从腊八节这天起,就奏响了过年的序曲。泡腊八蒜是这天必做的一件事,把剥好的蒜用醋泡,待蒜泡成绿色即可食之,腊八蒜很好吃,酸里带着辣,辣里带着酸,泡腊八蒜的醋汁蘸饺子、拌凉菜、做调料或是浇在凉菜上面都很好吃。

  这天的主食是腊八粥,腊八粥是用小黄米或大黄米和大枣、红芸豆混煮而成,也有称作黏粥或黏干饭的。馇腊八粥,要在头一个晚上把黄米淘好,把沙子沙出,用开水泡黄米,把泡好的大黄米放在煮熟的红芸豆锅里,锅底下是芸豆,上面是黄米,用煮豆子汤煮之。如果汤多了,盛饭时可以把汤撇一撇。盛饭之前要把黏粥和红芸豆搅拌均匀。吃早饭的时间是有讲究的,要在不出太阳之前吃完饭,传说如果太阳出来再吃饭容易得红眼病。其实是约束人们早点起床,多干一些家务活,有时在出太阳之后才吃腊八粥,也没见谁得红眼病。这是进入腊月的第一个小节日,从这天起就有了过年的气息,开始做过年的各项准备。腊七腊八这两天是冬天最冷的天,常言道"腊七腊八冻死俩仨"。如果说正月十五是过年的尾声,那么腊八就是过年的序曲。

  小年 腊月二十三过小年,也是灶王老爷上西天的日子,人们要在这一天给灶王老爷上供、烧香、磕头,晚上送灶王老爷回到天上,禀报人间的善恶和疾苦,供玉皇大帝赐福或降灾时抉择。正如灶王老爷神龛两边的对联所说,"上天言好事,下界保平安"。这天按着习俗主食是饺子,意在用饺子封住灶王爷的嘴,上天不言人间坏话,让来年风调雨顺、平平安安。过了小年离过大年的时间更近了,有童谣为证"小孩小孩你别馋,过了小年过大年"。

  破五(正月初五) 正月初五,也叫"破五",是年后的第一个小节日,即破除禁忌的日子。除夕之夜到初五有各项禁忌,如不打扫院子、不动针线、不动生米等,到了这天全部解除。这天要做些新菜,不吃接年菜。必须吃饺了,意在封住小人的口。放些鞭炮,意在赶走妖魔鬼怪和一切不吉利的东西,以示来年顺顺利利、平平安安。

元宵节(正月十五)　正月十五元宵节,虽然叫元宵节,但过去在我们那里是吃不上元宵的,有的用油炸年糕而代之,多数人家吃饺子。

元宵节有两项重要活动,一是撒灯,二是办会。过了破五生产队的好事者,开始筹备撒灯事宜,先要做个预算,用多少草纸、用多少煤油、用多少棉花,还要购置一些鞭炮等。这笔款项是要全体社员集资的,牵头人要挨家挨户收,虽然是自愿的,但收钱人也要甜言蜜语地说些好话,经济条件好的多拿一些,经济条件差的少拿一些,特殊困难家庭也可以不拿。把撒灯所需物料准备齐全后,开始组织社员义务包灯,即把草纸裁成长宽约十五公分的方形纸,当中包上棉花,把四个纸边收起并拧紧,然后炒灯,即把包好的灯放在锅里(不烧火,只是为了便于搅拌)倒上适量的煤油或柴油用铁锨来回翻,使煤油均匀地浸入到棉花里为止,最后用塑料把炒好的灯封包起来。后来为了省钱省事,把棒子瓢(玉米芯)切成段,用柴油浸泡后做灯。撒灯时,人们用铁马勺盛着点燃的灯,手拿铁筷子,每走两步快速夹出一个放在路边。撒灯活动一般要持续三天,即正月十四到正月十六;有时撒两天,即正月十四到正月十五。

正月十四晚撒灯开始时,要在村东庙前举行起灯仪式,办文书,许愿农历六月十三唱大戏,杀羊上供。然后敲锣打鼓,鞭炮齐鸣,从庙前沿着村路由东向西开始撒灯,村路两边各撒一行,撒到谁家门口谁家燃放鞭炮,全家老小齐到门外赏灯观花,届时撒灯的、观灯的交织在一起,人们的说笑声、震耳欲聋的鞭炮声和惊天动地的锣鼓声,把节日的喜庆氛围推向高潮。村里的路灯撒完后还要到南山、北山沿着山脊线各撒一行灯,在几条山脊上同时撒灯,远处看去,像一条条火龙来回舞动,甚是好看。好在那时柴草早被人们收拾光了,搁到现在谁也不敢到满是干柴的山上去撒灯。正月十五这天要请"三关老爷(天关、地关、水关)"观灯,撒灯前,用黄表纸叠制"三关老爷"牌位,摆在小桌上,上供、烧香,然后边撒灯边抬着"三关老爷"的牌位观灯,当晚撒灯结束,把"三关老爷"的牌位发了(烧了),送"三关老爷"回到天庭。发牌位时,全体撒灯人员下跪,主事人要祈求,"三关老爷"回到天上,多言民间好事,保佑新的一年风调雨顺、国泰民安。正月十五这天,有很多人在自家的院里院外和坟茔地里撒灯祈福。

撒灯结束即正月十六晚,全体撒灯人员到庙前(起灯点)烧香焚裱,主事人宣读灯会表文。过去的灯会表文都是文言文,已经找不到了。现在的灯会表文,加上了许多现代元素,如二〇一一年×××村第×组的灯会表文如下:

参加灯会的各位父老乡亲大家好!兔年伊始,祥云集聚,华灯飞彩,万福频臻,×××村第×组,在父老乡亲和有关人士的大力支持下,诸位友好人士慷慨解囊,热心的朋友积极帮助,父老乡亲辛勤操办,历时三天的撒灯盛会圆满结束了,在这里向你们表示衷心的感谢!

×××村,元宵节灯会历史悠久,人杰地灵,本次灯会真可谓是:

锣鼓声声道喜庆,鞭炮声声贺新春,国事民事农家事,事事和谐。

让我们真诚的祝愿×××村:

飞虎远去玉兔归,福禄寿喜迎风追;事业惊天响如雷,八方财源涨不退;

生意兴隆生活美,广交朋友和为贵;出门求财财运通,在家创业业绩红;

求学深造事事成,青年婚姻对对双;农牧各业大丰收,天佑人勤好兆头;

甘霖普降解干旱,阳光普照退水涝;

祝愿:兔年风调雨顺国泰民安!家庭团圆生活和美!

农历××××年元宵日

元宵节的另一项活动是办会,也就是组织秧歌、高跷队,走村串户拜年,也是过年期间一项重要的文化娱乐活动,从正月十四开始到正月十六结束,历时三天,主要以扭秧歌、踩高跷为主。如何办会,在前面的文化生活里已经做了详细介绍,在这里不再赘述。

正月十五元宵节还有个禁忌,有回娘家的媳妇要在掌灯前赶回婆家,不能看见娘家点亮的灯,有"看了娘家灯死公公"之说。所以老公公和老婆婆最忌讳儿媳在娘家过十五。在今天看来,这个说法没有科学性,想必是当时为了约束儿媳妇回婆家过十五编出来的。过去姑娘结了婚就是婆家的人了,不但婆家这样认为,就连娘家也这么认为,说什么"嫁出去的女儿泼出去的水",嫁出的姑娘自己也这么认为,她说的"我们家",指的就是婆家,把亲生父母家,总是称呼为娘家。

如果说腊八是过年的序曲,那么十五就接近过年的尾声了,特别是集体经济时期,过了十五生产队就开始组织生产了,人们把主要精力投入到备耕生产上,虽然后面还有两个小节日,但都不放假,只是做点好吃的,忙里偷闲地过一过而已。

填仓节(正月二十五) 填仓节,是正月的最后一个节日,也是民间象征五谷丰登的节日。这一天,人们老早起床,在没出太阳之前,用柴草灰在院子里撒一个大圆圈,意为粮仓,在圆圈的正中间撒上五谷杂粮,象征着新的一年五谷丰登、粮食满仓。为了防止猪、鸡给食掉,杂粮的上面要用石板盖上。这天传统主食是小米干饭,有鞭炮没有放完的,这天要全部放完,所以,二十五早晨总会听到稀稀拉拉的鞭炮声。

二月二 农历的二月初二是传统小节日,过去人们把这天称龙抬头日,也叫龙头节,现在人们把这个节日简称二月二,有很多传统习俗融入之中。

剃头(理发)。龙抬头日也是剃头(理发)的好日子,在这天剃头象征着吉祥。按习俗正月不能剃头,有"正月剃头死舅舅"之说,一个多月头发长得很长,出了正月人们迫不及待地把长发理一下,正好又赶上龙抬头日,所以在二月二剃头的人特别多,尤其是孩子。

穿龙尾[yǐ]。用熟豆子(炒熟的豌豆或爆米花)、各色花布片(把各色花布边角料剪成直径两三公分的圆形小布片)、细高粱秆(把细高粱秆剪成约两公分长的小段),把这三样东西用针线隔样串一个,穿成约二十公分长的串,然后缝在小孩的上衣后面,意为人是龙头龙身,钉在身后的"龙尾串"意为龙尾。这种"龙文化"究竟源于何时,无从考究,世世代代传到了今天。

吃猪头。二月二吃猪头,希望新的一年有个好兆头。腊月杀猪时,人们把猪头、猪蹄子特意留下来等到二月二再吃。二月二的头两天,人们便把猪头、猪蹄子收拾干净,用开水烫,拔净猪毛,用烧红的烙铁和火镩把猪鼻子眼、耳朵眼、蹄丫巴烙干净,然后将猪蹄上的硬壳撬掉,把猪头的上下颏卸开浸泡后煮熟。二月二煮猪头、猪蹄子比腊月二十九煮猪骨头还实惠,四个大猪蹄和一个膘肥肉厚的大猪头,能让全家人美美地吃上一顿还有剩余,猪头肉味道特殊,肉皮烫了又烫,用烙铁烙了又烙,肥肉脆而不腻,好吃又很解馋。猪拱嘴、猪脑子、猪眼窝肉都是大人的事,实际孩子也不敢吃。古代用猪头给龙王上供,祭祀上天,让龙王行好雨,风调雨顺。

炒豆子。二月二炒豆子也是一种习俗,最讲究的是炒豌豆和蚕豆,也有炒黄豆的。那时二月二前两天把豌豆或蚕豆用温水泡一泡,然后放在锅里小火焖熟,再把焖熟的豆子轻炒一下,放在盆里用笼布或毛巾把豆子盖好防止豆子失水变硬,这两种豆子干后咬不动。

崩爆米花。二月二崩爆米花源于唐朝,据说当年武则天当上了皇帝,此事惹恼了玉皇大帝,玉帝传谕四海龙王,三年内不得向人间降雨,有条黄龙却违背了旨意。玉帝得知后,把它打下凡间,压在舍利塔下,玉帝说如果想回到天庭除非"金豆开花"。人们为了拯救龙王,到处找开花的金豆。到了第二年二月初二这天,人们正在翻晒玉米种子时,突然想到这玉米就像金豆,炒一炒开了花,不就是"金豆开花"吗?于是家家户户崩爆玉米花,并在院子里设案焚香,供上开了花的"金豆"。

悉数二月二的各项活动和各种食物都与龙有关,所以,说二月二是龙的节日亦不为过。过了正月十五,大的年事已过,但人们还挂记着二十五和二月二的猪头肉,过了二月二吃完猪头,年彻底过完了,过年的念头彻底消除了,过五月节是一个很遥远的事情,人们把心思和精力全部投入到备耕生产上来。

清明节

清明是二十四节气中的一个节气,它象征着万物复苏、春暖花开季节的来临,也标志着春播季节的到来。清明节则是我国的传统节日,它有很多传说和历史故事;它有多少年来固定的活动;它还有传统的节日饭食,而且历朝历代子子孙孙一直遵循之。虽然不是大节日,但是有重要的民间习俗也在这个小节日里,比如清明祭祀习俗,在这一天要为逝去的人上坟烧纸,为抗日战争和解放战争中牺牲的烈士扫墓。还有打耳洞的小习俗也在这天进行。因地域不同、历史时期不同一些习俗也不尽一致。清明祭祀前面已经做了详述,在这里不再重述。

打耳洞。在我们那里大姑娘小媳妇们为了在耳朵上佩戴金银或宝石饰品,都要在耳垂上打个眼俗称耳洞。打耳洞一般都要在清明这天进行,因为这个时间天气凉爽,既形不成冻疮又不易发炎。打耳洞时要在耳垂的前后各放一小冰块,主要是起麻醉作用,待耳朵麻木后在打洞的位置前后两面各放一粒小米,用手指来回搓碾米粒,待耳垂打洞处充分麻木,把做衣服用的大针烧红消毒后穿透耳垂,最后折一小段笤帚苗子插入耳洞,防止耳洞长死(愈合)。挂耳坠一般用金丝或银丝,耳坠的种类就多了,有金的、有银的、有玉石的、有玛瑙的,除了耳坠还有耳环、耳钉、耳线等。

吃煎饼。因为这一天与寒食节有关,所以有固定的饭食——煎饼。有专门摊煎饼的工具叫煎饼鏊子,摊煎饼时先把小米淘洗干净,用凉水泡一泡,用小磨把泡好的小米磨成浆,然后用煎饼鏊子摊成薄薄的饼。那些年小米紧缺,人们舍不得用小米面摊煎饼,时间一长摊煎饼的鏊子也没了，会摊煎饼的人也逐渐减少了，久而久之这个手艺在村里也失传了，所以清明节这天把吃煎饼改为吃烙糕子。烙糕子也有专门的锅具——烙糕子锅，是铸铁做的，直径三十来公分，锅子上面有一个铁盖子，锅子下面有三条铁腿。烙糕子主要用的是玉米面，把玉米面和成粥状发酵，发好面用碱调整酸度。清明节这一天吃完早饭，家庭主妇就开始烙烙糕子，一个人烙大半个上午才能够七八口之家吃一顿的，饭量大的一顿能吃十几张，饭量小的也得吃五六张。

吃鸡蛋。按当地习俗清明节这天要吃煮鸡蛋。记得我们家在生活最困难时期根本吃不上煮鸡蛋，清明节这天中午母亲从米柜里拿出四五个鸡蛋打在碗里放上盐和作料，然后将小米饭倒入搅好的鸡蛋里，再用筷子搅匀放在热锅里炒熟，说是炒鸡蛋，其实类似现在的蛋炒饭。后来生活条件有所改善，到清明节不但能吃到不加小米饭的炒鸡蛋，而且每个人还能分到一个煮鸡蛋。到七十年代初，生活条件有了很大的改善，过清明节时我们家能煮上半盆鸡蛋，每个人能分到五六个。

五月节

五月节，也叫端午节。按照习俗，这天早晨人们要早早地起床，到野外采艾蒿、折柳枝。据说用泡过艾蒿的水洗脸不得病，能消除各种瘟疫，艾蒿挂在门口还能避瘟、防蚊虫。把折来的柳枝插在门口上，把纸葫芦挂在柳枝上，据说五月节挂纸葫芦是消灾驱邪的。那时很少有现成的葫芦，一般都要自己手工做，用白纸折叠好，然后挤压成型，涂色、粘接。女人们还要用各色花布做成各式各样的荷包缝在腋下的衣服上，除灾去邪。用红布和棉花缝制成马蛇子钉在小孩的肩膀和后背的衣服上，编五彩线拴在小孩的脚腕、手腕、脖颈子上，一是好看逗孩子高兴，二是传说能预防蛇和其他害虫的叮咬。

五月节是个忙节，正是夏锄的大忙季节，队长还是很开恩的，给家庭主妇放一天假,在家做好吃的,其他男女劳力则要继续上工。按着习俗这天中午要吃粽子,晚上要吃饺子,自己家没种韭菜的到生产队买上几斤,用韭菜和腊肉做馅。那时的韭菜味浓味重,割韭菜时离老远就能闻到韭菜的香味。饺子皮多数是荞麦面皮,没有荞麦面就用玉米面和榆树皮面。粽子,不一定年年包、家家包,但是五月节的这顿韭菜腊肉馅饺子年年都吃、家家都吃,必不可少。

八月节

八月节也叫中秋节,象征着家人团聚。但在我们村当时很少有出外上学、打工、上班的,人们对其象征团圆、团聚的意义体会不深,更多更深的体会是对收获的庆贺。

八月节,正是秋收的大忙季节,这时的农民是最忙的,成熟的庄稼满山皆是,特别是谷子、糜子、黍子、荞麦着风即落,要在没变天之前完成收割,一旦有变天的兆头或天气发生变化,生产队不得不组织社员连夜收割,否则一场大风过后,就会把到手的粮食刮跑造成减产。所以,八月节对小村的农民来说是个最忙的节,尽管如此,人们还是忙里偷闲要好好地过一下,所谓好好过就是好好吃一顿。

生产队也很尽力,每年过节都要杀五六只羊,平均每只羊能出二十多斤肉,按人口每人能分六七两肉,羊头、羊蹄子太少没法儿分,作价收现钱卖给社员(不能记账),羊油、羊肠、羊肚、羊血、羊肝、羊肺、羊心、羊骨都分给社员,按人分不开的就按户分。除了分羊肉,还要给社员分些青菜,如芹菜、辣椒、茄子等,那时每个生产队都有一个菜园子,为社员提供青菜,平时要现钱购买,节日期间搞些特供,按人口分些青菜,不收现钱,有时不收钱。

羊肉熬芹菜是八月节各家都吃的一道菜。先把羊油放在热锅里,把油全部炼出后,放羊肉和煮熟的羊杂等,再放五香面轻炒,然后将切好的芹菜放入锅内翻炒,之后放水再放些盐,开锅即可。羊肉不能一顿吃光,还要留一些备着来客人和平时用,八九口人之家,下锅的羊肉、羊杂加在一起也就三斤多,芹菜要放十来斤。羊杂碎很少,也做不成羊杂汤,只能煮熟后放在羊肉熬芹菜锅里一起熬了,因为熬着吃能带很多菜,实际这种吃法也很好吃。中午收工时一进村,就闻到了香喷喷羊肉熬芹菜沁人肺腑的浓香味,到现在,回想起那个味道,还仍然回味无穷。不知是啥原因,现在还按照原来的方法做,无论如何也出不来那个味道。

孩子们的心里惦记的主要是月饼和水果,水果有槟子、梨、西瓜等,这些平日里是吃不到的。八月节中午,家人齐全时,母亲掀开柜盖,一股浓郁的月饼香味和水果的清香味扑鼻而来,母亲把月饼和水果都拿出来,每人分一个月饼、一份梨和槟子,西瓜切成瓣,大家一起分享。年景好时每人能分到两块月饼,除此之外还能吃一顿樋月饼,说是一顿实际每人两三块。孩子们把分到手的月饼和水果,纸包纸裹地包起来,放在一个别人既看不见,又不能让老鼠找到的地方,时不时地拿出来显摆显摆啃一小口再放起来,有时把月饼放得邦邦硬都啃不动了,才用刀切成小块分给大家一起吃。把青红色的槟子,放成紫黑色,槟子瓤放得像棉花似的。

传统月饼都是四个头一斤的,即四块一斤。那时的月饼不是机械压制成型的,是纯手工在木模上打造的,然后烤熟,有时火候掌握不好还会把月饼烤煳。那时的月饼馅很单调,有五仁的、白糖的、枣泥的、山楂的、豆沙的。总的来说传统月饼图案简单,月饼馅也很传统,人们观其色闻其味,给人的感觉就是月饼。不像现在的月饼馅杂,形状大小不一,给人的感觉不像月饼,像点心。直到现在,每到中秋节,我都买上二斤老式月饼,吃上几口,那种感觉真好,仿佛又回到了过去的中秋节。传统的节日食品,那形状、那口味能把你带入节日的氛围中。

悉数这么多节日,老百姓最关心、最关注的还是过年、八月节和五月节这三大节日。

第十三篇

小村的风俗习惯

所谓习俗,在这里指的是风俗、习惯和禁忌的总和。这些习俗都有着特定的环境和区域性,有的是历史传承,有的是周边习俗的吸纳,有的是当地习俗和外地习俗的结合。大到一个民族,小到一个家族,大到一个省份,小到一个基本村落,都有其独具特色的风俗习惯。风俗大多为传统的,而习惯大多为某一历史时期形成的。习惯是容易改变的,它在不同的历史时期,随着生产生活方式的改变而改变;而风俗是不容易改变的,它通过长时间的传承,历史悠久、根深蒂固。比如吃年夜饭,"文革"期间要求过革命化的春节,要求人们不吃年夜饭,人们开始就很不习惯,只坚持了一两年就又改了回来。人们认为年夜饭是老祖宗传下来的,不吃年夜饭就等于没过年,同时也没有过年的气氛,总感觉缺失了很多。

风俗的涵括范围很广,包括衣、食、住、行、生育、婚嫁、丧葬、娱乐、宗教、岁时、艺术等等。风俗是特定社会文化区域内历代人们共同遵守的模式或规范,人们往往将由自然条件的不同而造成的行为规范差异称之风,而将由社会文化的差异所造成的行为规范不同称之为俗。所谓"千里不同风,百里不同俗",正恰当地反映了风俗因地而异的特点。风俗是一种社会传统,原有风俗中不适宜部分,也随着历史条件的变化而改变,所谓移风易俗正是这一含义。风俗是个人或集体的传统,传承的是风尚、礼仪和习性。

婚嫁习俗

婚嫁习俗都是以喜庆、和谐、吉祥为中心,所做的一切事情也都围绕着这个中心来进行,比如择吉日、择吉时,说吉利话,办吉利事,讲究一个"顺"字,最终达到热闹、高兴、祥和、圆满的目的,虽然也有约束,但是这些约束有很多是可以变通的,可因时、因事、因人而定。

相亲 也叫相人或相门户,是媒人通过与男女双方的父母沟通衔接之后,进行婚嫁的第一道程序。媒人,有时是男方家请的,有时是女方家请的,有时是媒人个人的想法,比如男方家看中了某一女子,便请一位和女方家关系较好的人来牵线搭桥做媒说亲,这种做法称作请媒人,女方看中某男青年,同样可以请媒人。还有时是媒人自认为哪一对男女很般配,从中撮合。无论是哪一方请的媒人或者是媒人主动自愿而为,都是由媒人把男女双方的情况介绍给对方,在男女双方都有意的情况下,由女方确定时间到男方家相亲。相亲时媒人带领女方和女方的家人(父母、兄嫂)到男方家,主要是看看男方长相啥样,人品如何,家境状况,如人口的多少,经济条件的好赖,男方父母的为人,院落房舍等等(相当于面试)。那时比较封建,只给男女双方见面的机会,不给单独谈话、相处的机会,男女双方一般不当场表态,给双方留有考虑商量的余地,待相亲结束后由介绍人来转达男女各方的态度。相亲时女方一般不在男方家吃饭。如果男女双方同意,就可择期订婚,订婚日期大多由女方确定。

订婚 当地人叫换盅。即相亲之后,男女双方和双方的父母没有大的分歧,意见达成一致,就要择吉日举行一个仪式,确定婚姻关系。在订婚前,首先由女方和女方父母提出订婚条件说给媒人,媒人和女方父母充分磋商后,由媒人向男方转达。那年代时兴要彩礼钱,也叫奶水钱,最低不少于二百元,最多不超四百元。除了彩礼钱,衣服是必不可少的,少则三四身,多则五六身,有的女方还要为其父母、爷爷、奶奶们要身衣服,那时没有卖现成衣服的,一身衣服实际是指做一身衣服的布料,要衣服时把布料种类一并讲清。除了彩礼钱和衣服,有的还要一口红堂柜或要一对箱子,要台缝纫机什么的;有的女方看男方家兄弟多,提出结婚后分家单过;有的提出婚后盖新房子。有时男方家感觉要的彩礼太多,还要让媒人到女方家说和减少点彩礼。从七十年代初,"四大件"被纳入彩礼范畴,四大件包括手表、缝纫机、自行车、收音机等。那时,这"四大件"非常紧缺,弄这"四大件"的指标比借钱还难,如果弄名牌指标更是难上加难。"四大件"的名牌大多是上海产的,缝纫机机型有大四四的、小四四的,品牌有蜜蜂的、蝴蝶牌的、飞人牌的;自行车车型有二八的、二六的,品牌有凤凰牌的、永久牌的、飞鸽牌的(天津产);手表是上海牌的;收音机是红灯牌的。这"四大件"非一般家庭所能承受,一般都是男方的家庭经济条件特别好,有一定的社会地位才能承受。从整体看,那时的婚姻状况,门当户对的占绝对多数,因为子女的婚姻要父母决定,男女方条件差距太大父母是不会答应的。还有一种是互补型的,即男方经济条件好,女方相貌出众,或女方经济条件好,男方自身条件出众。

订婚时,女方要到男方家,女方参加的人可多可少,少则五六个人,多则十来个人,女方的父母是必须参加的。交通工具一般由女方自己解决,也有男方接送的。订婚仪式上,男女双方要互赠礼物,通常是男方用一块新头巾包一支钢笔;女方一般拿块手绢包支钢笔或笔记本,也有用新围巾包支钢笔,在订婚仪式上男女双方作为定情信物进行交换。

订婚宴,由男方家操办。男方要尽最大努力办好,要成席(三四席),主食以馒头、年糕为主,给男客准备散装白酒,给女客准备色酒(果酒)。女方来的人称新亲,要视为座上宾。新亲男女分开坐桌,陪客也要男女有别,男新亲要由男士陪客,女新亲要由女士陪客,要找辈分高、有地位、酒量大、会劝酒、能说会道、左右逢源的人做陪客。总之,男方要高规格接待,审慎行事。订婚宴也有很多讲究,开席后酒盅斟满酒,亲家、亲家婆之间要分别交换酒盅,先由男方亲家和亲家婆提议交换两盅酒,再由女方亲家和亲家婆提议交换两盅酒,每交换完一次都要喝口酒,喝多喝少不限,但不能喝干,寓意要给订婚的孩子们留福根,然后把酒盅斟满酒,这个过程可能就是"换盅"概念的由来吧。订婚的男女青年都要给双方的长辈满酒满水,女方给男方的长辈满酒满水时,男方的长辈都要赏给满酒、满水钱。五六十年代满酒、满水钱最低两元最高五元,辈分越高赏得越多。

订婚就等于确定了男女双方的婚姻关系,但对大多数男方家庭来说并不轻松,只要没结婚这种婚约随时都会被解除,所以和女方家说话办事更要审慎行事,男方家在女方家面前总是矮三分,亲家来了除了好好招待笑脸相陪,还要送一些山珍特产,跟女方家套套近乎溜溜须,除个别情况,女方总是占有优势地位。

也有退婚的(订婚后结婚前解除婚约的叫退婚),但有条不成文的规矩,如果女方提出退婚,要把男方给的一切钱物退还给男方,有的还要承担订婚的宴席钱。如果男方提出退婚,男方不能索要给女方的一切钱物,订婚宴席钱自然由男方来承担。

订婚虽然没有法律效力,但是男女双方都信守这个约定,没有极特殊情况是不能违约的,一般情况也不会违约的,因为退婚对男女双方的口碑和再次择偶都有影响,所以那时人们对订婚仪式都很重视。

住婆家 订婚以后结婚之前,有女方到男方家住婆家的习惯。女方结婚前到男方家小住叫住婆家,结婚后回娘家小住叫住娘家。那时女的订婚年龄一般都在十七八岁,订婚一二年后结婚,要达到法定结婚年龄方可结婚,否则办不了结婚证,也不受法律保护。在订婚后结婚前这期间,女方每年在农闲季节到男方家小住一两次,每次十天八天的,也有住半月二十天的,意在加深男女双方的感情沟通。那时的男女青年很本分,很少有婚前同居的,一旦出现未婚同居的,甚至婚前怀孕,男女双方家长发现后就会催促结婚。出现这样的事,男女双方父母都感觉没面子很丢人,在众人面前抬不起头来。因此,那时姑娘住婆家,母亲总是千叮咛万嘱咐让女儿把握好,所以婚前同居和怀孕的事极少。

结婚 娶媳妇、聘闺女都叫结婚。结婚,首先要争得女方同意,结婚的具体日子一般由男方来定。

择吉日。结婚的日子要选个黄道吉日,要请先生按照男女双方的属相和生辰八字掐算确定,一般要选择农历的双日子,避开犯忌讳的日子。

过大礼。婚前要向女方家过大礼,就是把订婚时女方家要的衣服和彩礼(财礼)过齐(全部送到女方家)。除了彩礼钱和衣服以外,还有一些男方应提供的婚礼所需物品,比如裤腰带、包袱皮、红头绳、梳头袄、梳头裤等等,也一并过齐。有的女方家提出要四合礼,即酒四斤或四瓶、肥猪肉四斤、白面四斤、粉条四斤,多者不限,但要双数以示吉利。

请帮忙的。那时红白喜事都在家里办酒宴,要请人帮忙,必请四个帮忙的,即支客的、做菜的、做饭的、借家具的。从桌子、凳子到锅碗瓢盆,从盘子、筷子到酒盅、酒壶没有不借的。要提前两天把帮忙的、大队干部、生产队长、会计、保管和大车老板子,请到家里招待一番,事后还要招待一次以示答谢。

陪送嫁妆。结婚时女方家要陪送嫁妆,嫁妆有多有少,有钱的和溺爱闺女的陪送的多一些。那时经济条件都不好,一般陪送的嫁妆都很简单,多为生活用品,如一个屋门帘子、一副墙箅子、一个暖壶、一个洗脸盆、两块香皂、一对香皂盒、一对梳妆镜等等。除了娘家陪送的东西,闺女在出嫁前要为自己做若干双鞋,出嫁时带到婆家,一是为了显示手艺,二是为了显示能干,人们管这些鞋子叫包袱鞋。包袱鞋必须是双数,比如六双、八双甚至更多。

送嫁妆。女方家陪送的嫁妆在结婚前一两天要派专人送到男方家,女方的哥哥或弟弟(叔伯哥哥、弟弟也可)是不二人选,再找一两位男性亲属,最少俩,人也有四个人送的,嫁妆多的用挑筐挑着送,嫁妆少的身背手提。女方的哥哥或弟弟负责把门帘挂在新房门口上,挂门帘时要用秤砣把门帘挂钉钉在门框上。男方家要给送嫁妆的赏钱(礼钱),每人一至五元不等。

娶亲。过去因交通不便,要在婚礼的前一天把新娘接到男方家,有车道的要弄辆马车娶亲,没有车道的用驴或马娶亲,娶亲时不管冬夏都要带上一件皮袄,具体啥寓意也说不清楚,祖上传下来的就要照办。娶亲是有讲究的,"姑不娶",即新郎官的姑姑不能娶亲。娶亲的人一般在新郎官的自家、亲戚、朋友和邻居中,新郎官称呼嫂子的人当中选一位能说会道、办事利落的,还要找一个半桩小子作为压车的一并前往娶亲,娶亲时媒人也要一并前往,防止女方家再提出特殊要求,影响娶亲。

送亲。男方有娶亲的,女方要有送亲的。送亲的人也有说道,"姨不送,姥姥家人全不用",即女方的姨和姥姥家的人及父母不能送亲,按惯例哥哥、嫂子、姐姐、妹妹是送亲的首要人选,送亲的如果不开厢可以不随礼,有的既送亲又开厢就得随礼了。

截门。新娘子进门,在大门口和屋门口有拦门的称之为截门,截门的一般都是比新郎官岁数小的平辈和小辈,也有岁数大的截门,以"新婚三天无大小"为借口。截门的在门口拦着新娘子不让进屋,要按着截门人的要求送上红包方可进门,除此之外还有趁机"偷"新娘子东西、扒新娘子鞋,用这些办法来索要喜糖、喜烟和红包,图个热闹、红火,增添喜庆气氛。那时最大的红包两毛钱,一般都是一毛钱,多数用红纸包十来块糖,或是包一盒一毛多钱的香烟,最能折腾的截门人能弄到两三个红包。

开厢。女方除了送亲的还要有开厢的,实际就是女方的娘家人、亲戚、朋友和邻居送送新娘,捧捧场,顺便看看新娘家什么样,也有的凑热闹混顿吃喝。参加开厢的人数、范围不限,自家、亲属、朋友、邻居,不管男女老少、辈大辈小都可参加,姥姥家的人不能送亲,但能以开厢的名义参加婚礼。开厢用的交通工具多由女方家解决。开厢的人要随礼,如果是新娘的长辈,礼金要多一些,和新娘平辈比新娘岁数大的礼金可多可少,和新娘平辈比新娘岁数小的和小辈的不随礼。我记得六十年代,长辈的每人随两三块钱,平辈的每人随一两块钱。

压腰钱。按习俗闺女出嫁时父母要给拿点零花钱,俗称压腰钱。压腰钱可多可少,少则几十元,多则一二百元,家里特别困难的也可不拿,按惯例女方家拿多少男方家就得配多少。本来这个钱是给闺女(新媳妇)的私房零花钱,有的女方家很不讲究,为了套取男方家的压腰钱,给闺女拿的压腰钱很多,并要求男方家一比一的配额,最后娘家把两家拿的压腰钱收归己有。这样,往往因为压腰钱闹得家庭不和,闹得亲家之间耿耿于怀。也有的女方家通情达理不要求男方家对等配数。

留财富。闺女出嫁临行前(上轿前)必须要掉眼泪的,意在把金豆子留给娘家,不能带到婆家。

坐福。新媳妇坐福是婚礼上的重要环节,结婚典礼后新媳妇入洞房,开始坐福,时间一般都在一个时辰以上,新媳妇在坐福期间要盘腿打坐,不能下地,不能做其他事情,更不能出去方便,为了使新娘在坐福时不上厕所、不尿床,新娘在出嫁前一两顿饭都要吃鸡蛋,不喝水或少喝水,减少方便的次数,确保在坐福期间不离位,如果在坐福期间,新媳妇上厕所或尿床都预示着新媳妇没福,日子过不起来。

绞脸。新娘来到婆家,妯娌嫂子要为新娘绞脸,即把新娘的脸抹上粉或草木灰,用两根细线交叉,把新娘脸上的汗毛全部绞掉,很疼还不好看,显得新娘秃么光眼的。

拜天地。那时把结婚典礼称为拜天地,一般由支客的或介绍人主持,主要议程有四项:一是拜天地,新郎、新娘面朝窗外对着天地磕三个头;二是拜高堂,新郎、新娘面对父母(公婆)磕三个头;三是夫妻对拜,新郎、新娘面对面磕头,最后将新郎、新娘送入洞房。后来三拜改两拜,把拜天地给减掉了,同时把磕头叩拜改为鞠躬行礼。

吃子孙饺子。结婚典礼结束,新郎、新娘要吃子孙饺子,包饺子的人必须是有儿有女有父母的全命人。新郎、新娘在洞房里吃饺子,屋外有人会问:"生不生?"新郎、新娘说"生",预示儿孙满堂。

办喜宴。婚礼的当天中午要请村里人喝喜酒,每家一位,如果家里有在喜事上帮忙的要再请一位,喝喜酒的人不随礼。喜宴的饭菜都在家里做,人多的时候要坐好几游,第一游主要是送亲的、开厢的和陪酒的,然后根据辈分高低、亲朋路途的远近,依次安排。婚宴上菜是有讲究的,四喜丸子要在上菜的中间当口上,不能先上,先上意为吃饭前滚蛋,也不能最后上,意为吃完饭就滚蛋。那时送亲、开厢的总少不了挑眼抹刺(找茬)的,有时上错了菜、说错了话、办错了事,送亲或开厢的就要翻桌子,搅得乱七八糟。不知为什么,那时候总有在红白喜事上找茬闹事的,他们不容分说、不容解释就开始撒泼。主人只能忍气吞声,找人说和,赔礼道歉,打掉牙往肚里咽,息事宁人。正日子(婚礼当天)送亲和开厢的不能在男方家住,吃完饭要全部返回。

闹洞房(搅酒)。婚礼当天晚上要闹洞房,当地人称搅酒,参与闹洞房的一般都是比新郎辈分小的或是与新郎同辈但比新郎年龄小的,也有三天没大小之说。过去闹洞房,炕上放一张小饭桌,桌上放四小碟菜,少不了的是粉条、肘花,还有肠、肝什么的,一壶酒,两个酒盅,两双筷子,再摆两个接碟。主要以说令子为主,有要求新郎、新娘做一些亲昵动作的,有让新郎、新娘互相喂菜的,有把新郎、新娘挤在一起的,有的用绳吊一个苹果,让新郎、新娘同时咬这个苹果,也有扒新娘鞋的,最后新郎、新娘给闹洞房的人发一些喜糖、喜烟和红包就此了事。有好事者,夜里到新房窗户下听声。闹洞房主要是为了增添喜气,显示人气旺盛,既要闹得热热闹闹,又要把握分寸恰到好处。自家亲戚少的还要组织人闹洞房,以免闹洞房时过于冷清。

改称呼。闺女结了婚在娘家就有了一个新称呼,婆家的姓前面加个"老"字,比如婆家姓刘就称呼自己的闺女叫老刘,我有两个叔伯姐本来都姓崔,一个婆家姓彭,回来住娘家,长辈们都称呼她老彭、一个婆家姓邱,长辈们都称呼她老邱,从来不叫其名。

住家习俗 过去闺女出嫁后,有住娘家的习俗,俗称"住家"。每年一至三次不等,每次最少十来天,最多一个来月。时间一般都在春种前、挂锄后(夏锄结束)和冬季的农闲季节。出嫁闺女除了"住家",平日里没有特殊情况几乎不回娘家,所以每年到这几个时段,父母都期盼着闺女回来住娘家,母亲约摸着闺女要回来住家,就时不时地到当街朝着闺女回家的方向瞭望瞭望,有时还要跟家人唠叨几句:"咱家老三早该回来了,怎么还没回来呢?"住娘家时一般都是婆家的人往回送,如丈夫、大姑子、小姑子等;也有娘家人往回接的,如父亲、哥哥、嫂子、弟弟、弟媳、姐姐或妹妹等。虽然娘家人都希望"住家"的闺女在家多住些天,但是明白事理(懂事)的娘家人不让闺女在家住得时间太长,怕婆家着急、生气,怕因此影响家庭和睦和亲家之间的感情,让闺女不长不短地住上些天就主动送回婆家。也有不明白事理的娘家人让住家闺女在娘家住得时间很长,一直住到婆家来人接。过去接送住家的都要牵个毛驴,驴背上备个驴屉子,驴屉子上面搭床褥子或被子,互带一些土特产作为见面礼。住娘家也有很多忌讳,比如:正月十五不能在娘家住,有"正月十五看娘家灯死老公公"之说;二月二不能在娘家住,有"二月二住娘家妨小叔子"之说;三月三不能在娘家住,有"三月三哭破天,妨丈夫"之说;过年过节都要回婆家过,有"看见娘家年五更灯,娘家兄弟过不好日子"之说。这些不仅仅是一种迷信,更重要的是用这些迷信的说法来约束女人的行为。社会发展到今天,用迷信的方法来约束人们的行为已经没有实际意义,也不能完全奏效,有些旧习俗已被现代人们所摒弃。迷信源于我国古代,后来人们用迷信加风俗来约束女人的行为,再后来人们用风俗加道德来约束女人的行为,到今天靠这些是远远不够的,更重要的是要以道德观念、法律法规来约束人们的行为。

听老人们说,过去还有几种婚嫁习俗,新中国成立后被摒弃,不妨在这里做一简要介绍。

童养媳。旧时有的人家家境贫寒娶不起儿媳妇,就抱养或领养一个女婴或幼女做未来的儿媳。也有的女孩失去了父亲或母亲或双亲皆无,无力抚养或无人抚养,经人撮合送给人家做未来的媳妇,小时作为支使丫头,待长到十四五岁或十七八岁择个吉日,举行一个简单的结婚仪式或办桌酒席,请几位亲朋喝顿喜酒,宣布或证实男女双方从即日起(圆房)成为正式夫妻。这种婚姻,男女之间的年龄一般都相差很多,男比女或女比男大几岁乃至十几岁的比比皆是。

轧[gá]娃娃亲。指男女双方在年幼时由父母订下的婚事。旧时两家的主人关系密切,恰其中一家有一男娃,另一家有一女娃,且男女双方年龄相仿,为了把两家的关系拉近并延续下去,请一位熟人做媒,将这对男女娃娃确定为夫妻关系,待到结婚年龄举行婚礼结为正式夫妻。这种情况一般出现在两家经济条件很好,两个娃娃也比较出众,门当户对的家庭。

指肚(腹)轧亲。指把两个未出生的胎儿确定为夫妻关系。旧时两家主人关系密切,恰逢两家的女主都怀有身孕,为了把两家关系拉得更近并延续下去,在孩子没出生之前,请一位中间人牵线搭桥,将未出生的胎儿先确定为夫妻关系,如果生后两个胎儿是同性男则结为兄弟,如果是同性女则结为姐妹。

轧阴亲。旧时逝者的亲属为生前没有配偶的男女逝者找配偶称为轧阴亲,即为男逝者找一女逝者为妻,为女逝者找一男逝者为夫,并将男女逝者迁葬到一起。这种阴亲也有条件,比如逝者双方的年龄基本相当,根据女逝者亲属的要求付给一些礼金,有的还要举办仪式,大多数只是选个好日子把男女逝者的尸骨迁葬到一起。

生育习俗

生育习俗总是与母子平安、孩子健康成长、长命百岁、家丁兴旺、后继有人等有关联，比起丧祭习俗和婚嫁习俗更简而易行。

生孩子 过去女人生孩子，在产前也要做些必要的准备，要为新生宝宝用废旧布做些尿垫子、屎戒子，用红布做个小兜兜，买块新花布做件小衣服，做床小被子，要做一个长八九十公分、宽四五十公分的布口袋，里面装满荞麦皮，婴儿在上面睡觉透气、舒适，人们习惯把它称之为糠口袋，还要做或借一个哄孩子的摇车子。要为产妇做好临产准备，在临产前几天到河套筛回一些细沙子，把细沙子放在炕头炕席底下捂热，再买一些毛头纸。产妇临产时把炕席掀开，沙子上面铺上毛头纸，产妇躺在毛头纸上面。临产前，要请一个老娘婆（接生婆）接生。婴儿在母亲的肚里，胎位头朝下的为顺生，是最佳产位。胎位头朝上脚朝下的为立生（倒生），胎位横着的为横生，胎位屁股朝下的叫坐生，这几种胎位都是最难产的。

过去农村产妇都在家里生孩子，也没有接产医生，靠老娘婆（接生婆）来接生，一旦胎位不正出现难产，附近没有医院的，产妇就面临着生与死的考验，产妇因难产丧命的并不少见。那时候产妇难产，到了关键时刻老娘婆（接生婆）就会问，是保大人还是保孩子，实际大多大人和孩子都保不住。产妇生孩子时大出血，人抬或车拉着产妇去医院，路途近的还有一线希望，路途远的不等到医院人就不行了。绝大多数还是能顺产的，但是产后也不能得到足够的休息和保健。

胎儿出生后，胎儿的胞衣（胎盘）要择地埋入地下，有的人家将胞衣埋入住人屋子的地下，意在留住胎儿的根，让胎儿健壮成长不闹毛病；有的人家把男胎儿的胞衣埋在大门后，意在将来能当家做主顶门过日子；女胎儿的胞衣埋在房后，意在将来能成为大家闺秀，大门不出二门不迈。

那时请老娘婆（接生婆）接生也要酬谢的，如果是顺产，要给老娘婆（接生婆）三到五元钱作为酬劳，生男孩要多给两块钱。如果婴儿脐带缠脖子，还要给老娘婆（接生婆）买六尺红布，或是买一条红色的布裤腰带。

孕妇产后要在入户门框外上方挂一块红布,提醒来客家有产妇,防止外人闯入产房踩奶(下汤米的除外)。

坐月子 产妇生完孩子要休息一个月,俗称坐月子,其实坐月子是产妇的保健过程。在这期间产妇不能出屋,不能劳动,屋内搞好保温,身体各部位不能着凉,不能受风,吃指定的饭食,前七天主食以小米稀饭和煮鸡蛋为主,还可混吃些面条等。最讲究的是鸡蛋蘸胡麻盐,鸡蛋不能吃太多,吃多了打饱嗝满嘴鸡粪味,以后再也不愿吃了。那时的产妇饭量很大,一顿吃两大碗小米稀饭再吃十来个鸡蛋,每天还要加一次餐。小米属阳性食物,大米属阴性食物,所以坐月子一般都吃小米和少量的面食。过了七天可以适当做点家务,但劳动量不宜过大。月子期间不能到屋外大小便,防止受风。

那时,家境都不好,产妇的食物和保健很难得到保障。产妇坐月子,不像现在的产妇那么幸福,坐月子时有专人伺候,一个月不出屋、不干活,连自己的孩子都要月嫂来侍弄。那时产妇一般生完孩子三天之内不下地,过了三天就得下地做饭。七天之内不出屋,过了七天什么活都得干,所以那时的产妇最容易得月子病。因为条件差,接生手段落后,卫生设备设施简陋,产后保养保健措施跟不上,产妇和婴儿都容易染病。产妇得产后风,婴儿得三七风、四六风,如不及时对症治疗,产妇、婴儿就会有生命危险。实际这两种病都是血液受细菌感染所致,所以那时听说产妇得了产后风,婴儿得了三七、四六风,家里的人就像大难降临一样惧怕。因为产妇在月子里,没有得到有效的保养、保健,所以在快要出月子时,采取一些补救措施,即在产妇出月子的前一两天给产妇发汗,把炕烧得热热的,盖上两三床被子,产妇大汗淋漓,然后再背风三天,这种做法主要是解决坐月子时劳累受风的后遗症,也叫和骨缝,据说也很奏效。

无论是过去还是现在,人们都有过生日的习惯,现代人把过生日完全理解成给在这一天出生的人而过,其实过去过生日还有纪念生母的含义。孩儿生日,娘的苦日,过生日,有纪念母亲的生育之苦,感恩母亲的生育之恩之意。

下汤米 谁家女人生孩子,亲戚、朋友、邻居都要带上一些礼物前去祝贺一下,俗称下汤米。小村人下汤米,有的拿一升白面(三斤多),要轻轻地往升里放面,然后用直木板在升口上面刮一下俗称打趟子,用方头巾拎着小心翼翼地行走,不能有大的震动,防止白面沉实,可见那时粮食的重要。下汤米也有拿十多个鸡蛋或拿几斤挂面的,也不乏拿件小衣服、小毯子的。月子人要给去下汤米的回赠点东西,不能让其空手而归,有的拿几块糖,有的抓一把粮食,有的给抓回一把白面放在升里,让下汤米的人带回去。过去缺吃的,下汤米送面、送蛋对产妇来说很实惠,既有庆贺之意也有对产妇的慰藉之意。

满月 孩子满月也叫出满月或出月子,总之就是孩子出生满一个月,也意味着产妇休养康复结束。男孩提前两天出满月,预示孩子身体强壮,长大勤快持家;女孩提前一天出满月预示孩子身体健康。出满月要搞一些小活动:一要挪骚窝,月子屋在坐月子期间不能开窗,需开门时必须及时关上,整个屋子捂得严严的,空气混浊,挪骚窝就是让大人孩子换换环境,呼吸新鲜空气,也借机把月子屋彻底清扫一遍。所谓挪骚窝就是大人、孩子从月子屋搬到别的屋子待上几时或小住一日,可以这屋挪到那屋,也可以到自家、亲戚家、邻居家小住。有时亲朋好友主动把刚满月的母子接到自己家,待上几个小时做点好吃的招待一下。二要找三个不同姓氏的女性为孩子剪发,首选姓刘的,意为留住的意思,剪发时脑前剪七剪子,脑后剪八剪子。三要让孩子抱象征物,抱两棵大葱,预示孩子聪明伶俐;抱两个烧熟的荞面焖焖,预示孩子生长健壮、英俊潇洒;抱书和笔,预示孩子爱学习、有文化。四要给孩子胳膊腕拴动物毛,剪一绺猫毛和狗毛团成团,用红线串上并拴在小孩胳膊腕上,待毛自然脱落解掉线绳,预示孩子活泼可爱、不爱闹毛病。五要请满月,即把下汤米的自家、亲戚、朋友和邻居请到家里吃顿饭,以示答谢,也叫请满月饭。满月饭只请女的,首请长辈的,长辈的不能参加再请小辈的,一家只请一人。

发百岁　孩子出生的第一百天,要给孩子发百岁,以示长命百岁。发百岁时间一般都在孩子出生的第一百天,也有男孩九十八天、女孩九十九天发百岁的说法。发百岁时要请自家辈分最大的长者和孩子的姥姥、姥爷等来吃饭。届时,亲戚们要送些礼物,有"姑送鞋,姨送袜,姥姥家送黄马褂"之说,还要给孩子买长寿锁或小手镯。发百岁有固定的主食,要吃豆包,蒸豆包时其中有一个豆包是用整个熟豆子做馅,其余的都是用捣碎的豆子做馅,整个豆子的豆包要由辈分最高、年龄最大的长者食之,象征着孩子福、寿、安、康,长命百岁。

丧祭习俗

在家乡众多的习俗当中,当属丧祭习俗最为严谨,它受诸多规矩、禁忌、习惯的约束,它有固定的程序、有固定的时间、有固定的地点等,这些必须依规而办,不得任意而行。比如在时间上,一般不能改变,如恰逢忌日必须另择他日,也要由阴阳先生来择定,有时还要做一些"破展"(阴阳先生的技术处理)方可。

丧事(白事)　丧事关乎逝人也关乎活人,生死是人间大事,生与死相比,死比生更重大,人命关天嘛,所以办丧事一定要审慎从事。农村办的红白喜事中,当属丧事的忌讳最多,所以办丧事时,对所有的事情都要按规矩办,要避开各种忌讳。丧事办得好代表着子女们对逝者有孝道和家人有脸面。按照迷信的说法如果丧事办得不顺会影响到逝者在阴间的衣食住行和转世,还会影响到家人的时运和身体健康,甚至影响到家人的安危,有些讲究和忌讳虽然子虚乌有,但人人惧怕之,活人怕死人就是这个道理。

准备棺材。棺材也叫棺木、寿材,现在人们把棺材也叫棺椁,过去棺椁是棺材外面的套棺,装入尸体的棺材叫棺柩或灵柩。大家都知道棺材是装死人用的,是人死后"阴魂"住的房子。棺材用木材制作而成,柏木、松木不易腐烂是做棺材的上等原料,柳木、杨木次之。做棺材禁用椴木、榆木、桑木、桦木,与"断""愚""丧""花"谐音。棺材前头大,后头小,前头高,后头低,上等棺材设有底座。

棺材的种类很多,我听说和见过的大概有五种:最低档的棺材当地人称"薄皮材",整个棺材都是用一寸厚的木板组成,用这种棺材的一般都是家庭经济条件差的或者是无儿无女的。中档棺材是"一二三"的,即棺材底厚一寸,帮厚二寸,天厚(棺材盖)三寸,多数人家都用这种的,既不寒酸还比较经济实惠。中高档的是"二三四"的,即棺材底厚二寸,帮厚三寸,天厚(棺材盖)四寸,是有钱人家用的。最高档的棺材是"四五六"的,即棺材底厚四寸,帮厚五寸,天厚(棺材盖)六寸,听说还有一种棺材叫"二葫芦头"。棺材的好赖有三个主要标志:一是木材的好赖;二是棺材板的薄厚;三是制作工艺,包括漆料的选择和图案的绘制。高档棺材价格昂贵,抬棺材的人少了抬不动,最少都得三十二杠。

经济条件较好的人家提前为老人准备好棺材,棺材里外都要用紫红色的漆油一下,比较讲究的还要绘上彩画。那种不上油漆的棺材俗称"白茬棺材"。那时有专门的画匠,其图案也是多种多样,常见的在棺材头外面画个大寿桃或在"寿""奠"等字的外缘画个圆圈,也有画仙鹤的,还有书写对联的,上联"在阳间积德行善",下联"归阴府灵魂平安",男逝者横批"二龙戏珠",女逝者横批"丹凤朝阳"。棺材后头外面画荷花等图案。

做好的棺材放在闲置的屋子里,把寿衣放在里面。有的人家把棺材就放在老人住的屋子里,每年的年五更老人还要穿上寿衣进到棺材里躺一会,冲冲喜。那时老人们天天看着这些东西,也并不感到害怕和晦气,觉得死了之后穿的、住的有了保障,不但很知足而且还很荣耀,反之,不准备这些东西他们会很不高兴的。

经济条件差的,得急病去世的或是意外死亡的,来不及准备棺材,就要现打棺材,没有现成木头的,还要找队长申请在生产队买棵树做棺材,生产队长一般都格外开恩急事速办。请木匠放树、破板,昼夜不停地赶制棺材,不能因此误了入殓、出殡的时间。经济条件极差的和无儿无女的买不起棺材,就用炕席把尸体卷起来下葬,不能让土打脸。

准备寿衣。过去人们把寿衣称作装老衣裳。装老衣裳有一身白布做的内衣,后来改为红色或蓝色的秋衣秋裤;有一身棉衣(棉袄、棉裤),男的里和面都是蓝的,女的棉袄里和面都是红的;还有一件棉袍子,里和面都是蓝的。布料不能用缎子,谐音"断子",不能穿单褂子,谐音"单挂子",不能穿背心、裤衩,不能穿带毛的衣服。那时候农村没有卖寿衣的,都要请人手工做,要请有儿有女的全命人来做。缝制装老衣裳时用的线不能系疙瘩,衣服不能钉扣子,要钉布带子,做寿衣活比较粗,不像给活人做衣服那么细致。按习俗装老衣裳要在逝者咽气之前穿好,如果咽气后再穿人们就会认为逝者走时没穿衣服,光腚来的又光腚走了。穿装老衣服时,为防止鼠、猫进入衣服内,要用与逝者年龄相同数量(根数)的蓝线把裤脚、袖口和裤腰扎上。旧时儿女们老早的就为年龄大的老人准备好装老衣裳,放在棺材里。有的老人家里没钱,不能提前准备装老衣裳,也要在逝者病危时昼夜赶制,争取在咽气前穿在身上。

停尸。人死了不能马上下葬,要停尸(停灵)三天,过去大门户和有钱的人家要停尸七天。停尸,一者观察逝者是否真正死亡,二者给亲朋好友留有见最后一面的机会,三者给孝子贤孙留下守灵、烧香、焚纸尽孝的机会,四为逝者办理后事提供时间。人死后,尸体要放在板门上,用两个长凳在外间屋的北面南北向把板门垫起来(板门不能挨地),把逝者头朝南(门口)、脚朝北仰放在门板上,两只脚腕用麻绳(绊脚丝)拴起来,身上盖两张纸被,意在"亡人盖纸被,一辈又一辈",另外如果逝者是假死,逝者抖动的时候纸被就会发出响声,人们能及时发现,提醒人们观察。在逝者胸口处的纸被上面放块犁铧子铁防止走尸(诈尸),也防止纸被被风吹跑,头顶放一碗米饭(倒头饭),在米饭当中竖着插一双筷子,头顶处还要点燃一盏长明灯,地上放一个瓦盆用来烧纸,出殡时用作老盆子。门幡纸按逝者的年龄一岁一条挂在大门垛上,男左女右。

守灵。停尸期间要有孝子或至近亲属在逝者跟前昼夜轮流守灵,为长明灯填油,灯火不灭,为逝者的"灵魂"回家点亮指路明灯;随时上香,使香火不断,有接续香火之意;在灵前烧纸,以祭奠哀思,等待陪伴逝者的"阴魂";同时要严禁猫、狗、兔、黄鼠狼等之类的动物靠近,避免亡人借气。

正常人的死,是不能选择时间的,所以,也不乏在大年三十和大年初一去世的,人们视为大忌,给逝者增加了很多不实之词,对家人来说晦气至极,家人不能放声哭,对外要进行保密,要请阴阳先生进行破展,选择对外宣称死亡时间。就其说法本身只是一种迷信而已,就其做法而言,也是可以理解的,如死亡时间对外保密就是一种善意,适逢佳节为了不给邻居扫兴、增添麻烦,不被人们说三道四。

请支客的。那时每个自然村子都有一个支客的,他既没有官位,也不是族长,但能说会道,办事能力强,在村人中有一定的威望,谁家有大事小情的是必请之人。支客的到任后,主人把一切权利交给支客的,家中一切大小事务全由支客的来打理,主人家想办的任何事情都要与支客的沟通协商,然后再由支客的来落实,当然有些大事支客的也要与主人沟通协商。

兵马未动粮草先行。支客的上任后第一件事,就是安排做菜、做饭、借家具的。那时厨具和餐具都很缺,谁家办事都得借家具,从桌、凳、锅、碗、盆、盘子、筷子到酒壶、酒盅都要借,借家具的挎着个大筐,从村子西头借到村子东头,有时本村借不够,还要到外村去借,各家各户把自家的家具尽可能地多借出一些。如果逝者是长寿老人,有图吉利"偷碗"的,借家具的每天要看着碗、盘子等,不要被人拿走。借家具的要有个好记性,各家的碗筷、酒壶、酒盅都不一样,用完了还要一个不差的给人家送回去。

报丧。旧时称作报丧,现在也称送信,即把逝者的死亡信息通知给死者的亲戚朋友。那时候交通、通讯不便,要安排专人到逝者的亲属家上门告知,这个事都是邻居或自家远支的小伙子们干的活。死者亲戚朋友多的要派出很多人送信,都是徒步而行,年龄大的亲属要用马或毛驴去接,有的至近亲属在外地工作,就得到公社或县城打电话或拍加急电报通知。亲属接到报信后立即换素服奔丧,进门要跪在灵前磕头大哭,逝者儿女跪迎叩头还礼。

请阴阳仙。过去把阴阳先生叫阴阳仙。阴阳先生管着阴阳两界的事物,谁家死了人,阴阳先生是必请的人物。他要看逝者死的时辰好不好,如果逝者死的时辰犯忌还要破展。他要为纸人、纸马、纸牛开光。他要看坟地,确定坟地位置,墓穴位置、方向,打坑子时间。他要掐算入殓、出殡(下葬)的时间。他要指挥下葬的有关事项。

请扎纸匠。过去没有现成的纸活,人死后都要请扎纸匠现扎纸活。纸活的工作量很大,为了加快进度,不误丧事,除了扎纸匠还要请两个打下手的。纸活的多少伸缩性很大,儿女多、经济条件好的扎的纸活就多,儿女少、经济条件差的扎的纸活就少一些,但必不可少的要给男逝者扎马,到阴间骑;给女逝者扎牛,因为女人活着的时候洗衣服弄脏了很多水,女逝者到了阴间,阎王爷要她把弄脏的水全部喝光,牛能喝脏水,意在到阴间帮助女逝者喝脏水。扎马童、牛童,是在阴间牵马、牵牛的。扎幡,扎白幡,是儿子扛的;扎花幡,是孙子扛的;扎红幡,是重孙子(曾孙)扛的;扎香幡,是玄孙扛的。其他的大到亭台楼阁、院落房子、车马用具,小到使用家具、侍女,还有元宝、摇钱树、聚宝盆、金银山、米面山等等。扎好的纸活要请阴阳先生开光,开光时阴阳先生左手拿一面镜子,右手拿一根新针,用水银镜子照开光部位,阴阳先生看着镜子里的开光部位(阴阳先生开光时不能直接看开光部位),用钢针扎纸人、纸马、纸牛的七窍和关节部位即为开光。不开光的纸马、纸牛、纸人等,眼睛看不见东西,耳朵听不见声音,嘴吃不了东西,胳膊腿脚不能动。

送浆水。也称作报庙。传说世间有阴阳两界,人活在阳间死入阴间,阎王爷在阴间是大法官,专门管人的生生死死,对人在阳间所犯罪孽进行惩处,罪孽深重的打入十八层地狱永不托生,对阴魂再生进行决断,视其情节阴魂可以再度托生成各种动物或人,进行阴阳轮回。土地爷是阎王爷手下的地方官,人死后的阴魂要在土地爷那羁押三天,这几天土地爷不管饭,所以需要逝者的晚辈送吃送喝的,又不让吃大鱼大肉的食物,所以送点米饭放在水里,又解饿又解渴,送浆水就是给逝者送吃喝。

人去世后,族人和亲戚们要到庙上送浆水(报庙),按着辈分大小排列,辈分大的在前,小辈的在后,人越多越好,显示家族的人气。去时要带上水壶,水壶里放三勺水再放点米饭,拿上香和纸。送浆水的去时要放声大哭,哭的声音越大越好,显示家族的气势,到庙前左转三圈右转三圈,烧香、焚纸、磕头,把水壶里的水和饭倒在庙前。回来时不能哭,到家要吃块饼,这饼是在送浆水前烙好的一大张白面薄饼,切成小三角块,送浆水的人每次送完浆水都要吃一块,也有吃饼干的。每次送浆水(报庙)回来给逝者烧纸。一天报三次庙,早、午、晚各一次,出殡前送够七次。三天后土地爷将逝者的阴魂移交给阎王爷,届时不需给逝者的阴魂再送吃喝。

破孝。所谓破孝就是把白布或红布裁制成各种孝成品。人死后,凡是比逝者辈分小的自家、亲戚,不论男女、不论年龄大小都要戴孝,以示对逝者的哀悼。孝的种类不同,男女有别,辈分有别。孝的档次不一,诸如孝衣、孝衫、搭头、孝帽、孝箍、孝鞋、孝带(白布腰带)等等。戴孝视其逝者家庭经济条件的不同差异较大,经济条件好的戴孝的规格就高,如穿孝衣、披孝衫、戴孝帽、穿孝鞋;经济条件差的戴孝的规格就低,戴孝箍代替搭头、扎孝带代替孝衣、鞋面上缝块白布代替孝鞋。孝布主要用白布,红布用得极少。分孝有讲究,分孝时逝者的儿孙要双膝下跪,将破好的孝双手举过头顶递给戴孝者。破孝不能落人,否则会被挑大礼的。

为老年人穿戴过的孝布视为吉祥物,用来给孩子做鞋袜、被里、衣服里子等,有降福、辟邪之说。

吊丧。也称作吊唁、吊孝等。即人死后,逝者的亲朋好友、老邻旧居前往逝者的家里祭奠逝者,慰问家属。吊丧者不能空手而至,要带些祭祀品,如拿些烧纸、拿些供品等等。吊丧的人进院,儿孙们都要给前来吊丧的人磕头,吊丧的人到棺前给逝者磕头或鞠躬,有的还要在棺前哭灵,逝者的晚辈女眷们要陪哭,然后把哭灵者拽起来让进屋里。

帮忙。白事和红事不同,谁家办丧事邻居都要主动前来帮忙,帮助料理后事。每家一人,有时人手不够还要再请一些,本村不够要到外村去请。有干杂务的,有打坑子的,特别是出殡那天需要的人手更多。从丧事第一天起对帮忙的和前来吊丧的都要管饭,做几锅豆腐,买些猪肉、粉条等等。冬天两顿饭,早饭一般是大炖菜(猪肉、酸菜、豆腐、粉条子)、小米饭,晚饭多数炒菜,也有炖菜的。夏天三顿饭,一般一顿炒菜、两顿炖菜。出殡那天中午要成席,撒年糕。

打坑子。先要找阴阳先生确定好墓地,然后再确定墓穴的具体位置和破土时间等,由支客的安排专人打坑子。从开始打坑子,主人就要安排一位放心的自家人,昼夜看坑子,防止别有用心的人往坑子里埋东西,村人认为一旦有人往坑子里埋了不吉利的东西,会对主人不吉利,影响子孙后代。比如坟坑里埋刀,后代出横[hèng]事;坟地里埋牲畜骨头,后代不懂事没教养、驴性霸道等等。

入殓。简而言之就是把逝者从板门上移放到棺材里。入殓前要把棺材里面糊一层白纸。停尸结束由阴阳先生掐算出入殓时间,一般要等儿女到齐才能开始,入殓时逝者不能见太阳,要用逝者的被子遮在尸体上面,长子抱头,次子抱脚,其他子孙抬扶身体,众亲属守候左右。入棺后,取下"绊脚丝",剪下一块寿衣底襟,袄袖筒里放上用面做的打狗饼、打狗棒,用来应付阴间的恶狗,要把逝者的心爱之物放入棺内,逝者脚底下蹬年糕或土坯,头枕鸡鸣(金命)枕。

开光敬面。开光和敬面是两个含义,开光,是逝者的长子用棉花蘸白酒擦拭逝者的五官和手脚部位,口中念念有词;敬面,是逝者的亲属与逝者见最后一面,但两者可同步进行。出殡前半小时开光敬面(净面),有的在入殓时开光敬面,由支客的组织,开光敬面时,支客的不停地喊着:"敬面了!敬面了!见亲人最后一面了!"还说:"能隔千层山,不隔一页板。"敬面开光时,要有四个人拽着逝者被子的四个角,在棺材上面遮天,不能让阳光照在逝者身上。逝者的亲人们,齐聚到棺材的周围,长子用新棉花蘸白酒,擦拭逝者的开光部位,每到不同的部位有不同的说词:"开手光,拿四方。开脚光,走四方。开眼光,看四方。开鼻光,闻四方。开嘴光,吃四方。开耳光,听八方。"敬面时不许哭,眼泪不能落在尸体上,据说落在尸体上一滴眼泪就等于落在尸体上一颗钉子,还有的说,眼泪落在尸体上,逝者走时心不安。敬面时有的要求忌属相,凡是犯忌讳属相的人不得近前,比如忌属虎、属兔的,这两个属相的亲人敬面时不得靠近。敬面结束,木匠钉三关扎,长子喊着逝者的称呼"躲钉"。

送盘缠。单从字义上讲,"盘缠"是指如今说的旅费。它与"盘绕、缠绕"是近义词,钱同盘绕、缠绕在今日毫无关系,在古代却有某种必然联系。古钱是中间有孔的金属硬币,常用绳索将一千个钱币穿成串再吊起来,穿钱的绳索叫做"贯",所以,一千钱又叫一吊钱或一贯钱。古时不要说旅行支票、信用卡,就连纸币也是后来才有的,于是,人们在出远门办事探亲时,只能带成串的铜钱。为了方便携带和安全起见,把铜钱盘起来并缠绕在腰间,因此古人将这又"盘"又"缠"的旅费叫"盘缠"。现在有些人仍将旅费说成"盘缠"。所以,这里讲的送盘缠也就是为逝去的人送路费,除了送钱,还要送吃的、喝的、用的等等。

人死后的第二天太阳快要落山时给逝者送盘缠。届时逝者的亲人、朋友、众多旁观者齐聚到庙前,在庙门前放上供桌,摆上供品,把香插在香炉里并点燃,在庙前找一空地把草木灰罗在地上,上面盖一张草纸,待送盘缠仪式结束后,揭开草纸观看草木灰上面的印迹,是什么动物的脚印,逝者生前就是什么动物托生的。把门幡纸拿到庙上,围着庙左右各转三圈,烧之,儿女们不停地说着:慢点走,别害怕。送盘缠时要把为逝者扎制的纸牛或纸马、牛童或马童、九莲灯、金山、银山等纸活和烧纸拿到庙前去烧。烧纸活时要办"文书",否则逝者收不到。"文书"由村里有文化、有名望的人当众宣读。维庙表文大意如下:亚兮亚洲古北口外,××省××市××县×××镇×××村×××组,×××府太公(男士)×××或太母(女士)×××于××年××月××日,与世长辞,享年××岁。引魂幡在前,幽灵恶鬼,休要纠缠,(吾公羽他,来格来焉)因生前积德,生养×儿×女。众儿孙为报答养育之恩,其长子×××、长女×××、次女×××,孙子×××,孙女×××,花银元万两,购置白马一匹,口齿四岁,毛色新鲜,性情温顺,很听使唤,跟随马童一名,名唤××,忠诚守信,随唤随到,鞍鞴齐全,马背驮有,金钱数万,取之不尽,用之不完,烟具一套,带有名烟,粮米茶糖,主副齐全,火纸银钱用不完,宝莲灯引路通关,有此表文在先,路遇魑魅魍魉休得阻拦,文书长期有效,无过期限!农历××年××月××日。"文书"宣读完毕,将所有纸活和待烧的纸钱一并烧之。然后孝子指路,长子站在凳子上(高处)面朝西南(西),右手持擀面杖(木棒),敲一下木凳以示提醒,再将擀面杖(木棒)指向西南(西)指示行进方向,大声喊着逝者的称呼(爸爸或妈妈):西南(天)大路,金马宝船,静处安身,苦(空)中使钱,旱路骑马,水路乘船……孝子指完路,送盘缠仪式结束。

出殡。所谓出殡就是把逝者从家里移送到墓地的过程。出殡时间一般在逝者去世第三天的上午,由阴阳先生择定出殡时辰。过去出殡时都是人抬棺材,用车拉棺材的极少。抬棺材有八杠的,有十六杠的,有三十二杠的,最多还有六十四杠的。出殡前撵殃,据说人死时呼出一口恶气称之为"殃",也指"鬼魂",所以人咽气后马上打开窗户释放,出殡前还要彻底清除称为"撵殃"。出殡时在逝者生前住的屋子里燃放鞭炮撵殃驱邪。与此同时要把逝者生前枕的枕头拿到大门外撕破,把荞麦皮倒在地上焚烧，表示人已故去。出殡路过街坊邻居门口时，各家在自家门前用干草(谷草)点一堆火以此拦截"鬼魂"。

起棺前，长子在棺材头前摔老盆子(瓦盆)，即把灵前祭奠烧纸所用的瓦盆摔碎。"老盆子"也叫"阴阳盆""丧盆子""吉祥盆"等。盆子底要钻孔，几个儿子钻几个孔，摔老盆讲究一次摔碎，不能摔两次，摔得越碎越好，因为按习俗，这盆是逝者的锅，摔得越碎越方便逝者携带。为把老盆子摔碎，要在老盆落地的位置放块石头。如果逝者是长寿老人，摔碎的老盆子碴也会有人捡走，打磨成桃形，当中钻孔拴上红头绳，挂在小孩脖子上，作为吉祥物保佑孩子安康。摔不碎的老盆子视为"聚宝盆"，别人也可以抢走，为防止别人抢走，家人要抢先将未摔碎的老盆子捡起来锁在米柜里。传说"聚宝盆"放在粮食柜里，柜子里的粮食吃了不见少。老盆子落地，举重的(杠夫)起棺(起杠)，正式出殡。儿孙们扛幡在前引路，每前行几十步都要回身下跪面向举重的(杠夫)等一干人磕头谢恩，向逝者尽孝。

送殡的女性亲属，每人手拿一根哭丧棒，在送殡的队伍里为逝者哭道送行，送殡的女眷不拐弯、不过河，到拐弯的路口或河边处停止送行即可返回。送殡时找一位帮忙的手提小筐，筐里装着用纸剪成的外缘直径约十二公分，方形空心，形状像铜钱一样的"纸钱"，人称买路钱，边走边撒向空中，用来打点拦路的"孤魂野鬼"。

摆路祭。路祭是人们对逝者的一种祭奠方式，所谓路祭就是街坊邻居在出殡的路上对逝者进行的祭奠。是一种自发行为，以单户摆路祭为主，也有联户摆路祭的，要在出殡前在路边摆好。摆路祭，要放供桌、摆供品、烧香、放鞭炮、办文书。文书的主要内容，一要阐述逝者生前的功德，二要表达对逝者的缅怀和悼念之意，三要表明此路祭由何人所办。当送葬队伍行至摆路祭处，要停止前行，棺柩不能落地，要把棺柩放在两个长凳上。此时鞭炮齐鸣，之后摆路祭的宣读祭文，读毕，送殡的子女和亲属叩头谢恩，起棺前行。摆多少处路祭，就要停灵多少次。因为是一种自发的行为,所以路祭的有无和多少没有限制,也有丧家自己摆路祭的。

棺材特别重的和墓地特别远的,要安排两班杠夫轮流举重。墓地无论多远,棺材无论多重,途中都不能把棺柩放在地上,如果必须要在途中休息或有特殊情况需要途中停棺的,也要用两条长凳把棺柩垫起来。旧时,途中因抬棺柩的绳断了或其他原因,棺柩落在地上,按规制棺柩落哪就地埋在哪里,传说打坑时还有挖出珠宝的,所以此地称为宝地。

下葬。到了坟地,放下棺柩,打开棺盖,把尸体扶正。孝子刮平墓底,不能留下脚印。棺柩放入墓穴后,阴阳先生要调正棺向。在棺材小头墓壁上挖一个小洞放下食罐(瓷罐),下食罐里放上大米饭或小米饭,用荞麦面饼做罐盖,罐盖上面插一双筷子。棺材大头的底板上放五谷囤(是用麦秸编制而成的小囤子),五谷囤里放五谷杂粮。棺材大头墓壁上挖一个小洞放一盏长明灯并点燃。棺材盖上钉寿桃。长子埋第一锨土,四个角各埋一锨土,然后孝子们向下葬的众人磕头谢恩,随后众人培土。根据阴阳先生确定的坟门位置,搭好坟门。孝子提前回家,守候在家门口,等待给众帮忙的磕头。

圆坟。在下葬的第二天早晨没出太阳之前,逝者的自家亲属(男士)到墓地为逝者圆坟。所谓圆坟就是把坟头堆得大大的,整理得圆圆的,把墓地上的石块和杂物清理干净,整平墓地,防止雨季坟头的土下沉,坟堆变小或出现空洞,因为三年之内墓地和坟头不得动土。圆坟取土要在坟头两侧,离坟头远些为好,要在地表面取土,忌讳挖坑取土,否则有打坑子之嫌不吉利。圆完坟要在坟顶上用石块压上坟头纸,把坟门校正并加以固定,划出院子,把白幡、花幡、花圈等插在坟头上,然后进行祭奠,放供桌、摆供品(水饺、点心、水果、白酒等)、烧纸,把酒和各种供品取一部分扔(泼)在纸火上,众亲属磕头,圆坟结束。上述事宜都要在太阳没出之前完成。

烧纸节 意在对已故人的祭祀。人死后三年之内有七个祭日,即头

七、三七、五七、百日、头周年、二周年、三周年。头七、三七、五七：也有称作烧七的，从去世那天算起的第七天为头七，三七、五七以此类推。百日：从去世那天算起到第一百天为百日。头周年、二周年、三周年：去世后三年内每逢去世的日子为周年。在这七个祭日当中头七、三七和二周年为小纸节，一般都是自家人和至近亲属摆点供品，烧一烧纸，祭奠一下，不收礼，也不招待（也叫不预备）。其余五个祭日为大纸节，亲朋好友、街坊邻居都要前来送祭品（烧纸、点心等），自家晚辈、亲戚要到坟地祭奠。主办人要视其情况做一些准备（预备），对来宾进行款待。如果已故者还有妻子或丈夫在世，烧纸节的时间要提前一两天，有长五七短百日之说，还要避开犯忌的日子。烧纸节不光是烧纸、摆供品，还要烧一些纸扎的东西（纸活），比如亭台楼榭、房屋院落、童男童女、金银财宝、生活用品等一应俱全。这些纸活一般都是由女儿花钱置办。烧纸活时都要办文书，写明置办了什么设施和物品，给谁置办的，让谁收好，是谁置办的等等，文书要在烧纸活时宣读。

过年祭祀 过年时为了不忘祖先，也为了祭祀已故的先人，同时也给已故的先人送些钱花，让先人们置办年货，在腊月（农历十二月份）到祖坟上烧纸。烧纸时间要避开忌日，一般要选择在上午。过去没有印好的现成烧纸，人们买很多草纸（海纸），把一开大张草纸割成四张，用直径十公分左右的圆形木制印版，蘸着红色或紫色墨水，在四开纸上横着印三版，竖着印四版，然后把印好的烧纸三张错开对角叠成沓，拿到坟前烧之。烧纸前要在坟头上用石头压上新坟头纸，以示这个家族后继有人，坟头纸压得越多，表示这个家族人丁越兴旺。然后在坟头周围用木棍在地上划一个不闭合（要留出门口）的圆圈，象征"院落"。烧纸前，还要拿出几沓烧纸，到坟地外围（线圈外）找个合适的地方烧了，俗称打外祟，打发一下"孤魂野鬼"，预防"孤魂野鬼"来抢钱。烧纸时，烧纸的人要念叨着被祭祀者的称呼，呼其出来使钱，否则这个钱就被孤魂野鬼抢走。上坟人还要报出自己身份，比如儿子某某某、孙子某某某、重孙子某某某等,给太爷太奶、爷爷奶奶、父亲母亲送钱花来了。过去过年上坟烧纸都是男人的事,女人不能去烧纸。远离家乡回不了家不能上坟烧纸的,要找个十字路口烧纸,以示送阴钱祭祀先人。上坟烧纸按着习俗是给已故先人的"阴魂"送钱花,传说死去的人有"阴魂","阴魂"也要过年置办年货,所以烧纸时间不能太晚。

结婚祭祀　即将结婚的男人,结婚前都要到祖坟上烧纸祭祀,烧些纸给先人送点喜钱,摆上供品和酒水让先人在阴间分享喜庆的宴席,坟头压上粉色坟头纸,把喜事告知先人,当外人看见坟头压着粉色坟头纸时就知道这家后人有结婚的。

清明节祭祀　清明是村人对已故族人重要的祭祀日,是祭祖和扫墓的日子。扫墓俗称上坟,是祭祀死者的一种活动。多少年来形成了在清明节这一天祭祀祖先扫墓的习俗。冬去春来,草木萌生,人们到先人的墓地,亲自查看坟堆有无塌陷,或有无被狐兔鼠穿穴打洞等。在这一天的上午人们把墓地上的石块、杂草清除干净,填平洞穴,为老坟墓添上新土,在坟头压上新坟头纸,把带来的酒食果品摆到先人的墓前,烧纸祭祀,最后把酒撒在坟门前,叩头祭拜。新中国成立后为了祭奠战争中牺牲的烈士,每到清明节这天,都要组织职工、老师和学生到烈士墓前进行扫墓,把墓地清扫干净,摆上花圈、花篮等,人们在烈士墓前鞠躬祭拜,缅怀革命先烈,有的还要在烈士墓前举行入党、入团、入队(少先队)宣誓仪式。

供神习俗

过去,小村每家每户都有供奉"神仙"的习俗,供奉的各路神仙有:天地爷、圣佛、保家仙、灶王爷、张仙等。要把各路神仙的名称写在牌位上,牌位的形状上头多为尖形或梯形,下部为长方形,用黄表纸叠制的,贴在墙上;用木板制作的,立在供桌或供台上,中间竖写神仙的名称,比如"保家仙之位""圣佛之位"等。人们供奉的天地爷又称"老天爷",传说是主宰宇宙万物的全能大神,谓之"天地三界十方万灵真宰"之神,简称天地爷,牌位两边的对联上联为"高天悬日月",下联为"地厚载山河",横批为"天地之位"。人们供奉圣佛是为了祈求上天救苦救难,降福于人间。传说圣佛是释迦牟尼佛、观世音菩萨、地藏王菩萨、文殊菩萨与普贤菩萨的总称。圣佛牌位两边的对联,上联为"紫竹林中观自在",下联为"莲花台上慈做主",横批为"救苦救难"。人们供奉保家仙是为了消灾驱邪,保佑家人平平安安。传说保家仙是常仙(成仙得道的蛇)、黄仙(成仙得道的黄鼠狼)、胡仙(成仙得道的狐狸)的总称,保家仙牌位两边的对联,上联为"在深山修真养性",下联为"出古洞保家平安",横批为"有求必应"。人们供奉灶王爷是为了让其上天多言人间善事。传说灶王爷是司饮食之神,也是督察人间善恶的司命之神。灶王爷牌位两边的对联,上联为"上天言好事",下联为"下界保平安",横批为"一家之主"。人们供奉张仙是为了求子护子。传说张仙是送子、护子仙,无子女的,供奉张仙求子女;有子女的,供奉张仙保子女。张仙牌位两边的对联,送子对联上联为"打出天狗去",下联为"引进子孙来",横批为"子孙万代"。护子对联上联为"打出天狗去",下联为"保护膝下儿",横批为"子孙绳绳"。灶王爷的牌位供奉在锅台后碗架子上面,圣佛和其他诸仙的牌位都供奉在外间屋北墙中间,天地爷的牌位供奉在正房外墙入户门东侧的墙垛上,即在入户门外东墙垛距地面一点五米高处挖一个高约四十公分、宽约三十公分的方洞。有的人家在农历的初一、十五烧香上供,有的人家逢年过节烧香上供。

　　此习俗在六十年代末"破四旧"时被破除,村人不再供奉"神仙",到八十年代初,供奉"神仙"之风再次兴起,但比过去供奉的"神仙"有所改变,过去供奉"圣佛"的改为供奉观音菩萨,并把牌位改为瓷质雕像,人们为了丰衣足食发大财,普遍供奉"财神",灶王爷和张仙基本无人供奉。

盖房习俗

在人们的日常生活中除了吃和穿,住就成为头等大事,所以在盖房子时对每个重要环节都要按规矩(习俗)严格把握,既不能出现纰漏,也不能偏离约定俗成的规矩,比如房基地的选择,房子的朝向,房子的高低等,在开基、上梁、封顶(上笆泥)等重要环节,不但要选择吉日避开忌日,还要选择良辰,除此之外还有很多忌讳和说辞,村人盖房子时家家恪守之。

码地盘(打地基) 我们那里村人们盖新房子,把打地基称之为码地盘,是盖新房子时的首道工序。码地盘时要找看阴阳二宅的先生选个好日子,即开基动土吉日。这天要请木匠用罗盘、水平尺、绳子,确定房子的具体位置、房子的朝向、房子的大小、根脚的深度,人们按照木匠确定的方位和有关数据,来挖地基和用水平尺把挖出来的根脚找平,然后用石块垒根脚。

码地盘用的人不多,除了木匠要找两位垒墙师傅,再找三几个力工运石料、打下手。因为活不多、用人少,帮工的一般不主动来,所以这些帮工的要提前约定。码地盘时要找至近的人帮忙,防止别有用心的人在根脚里放不祥之物。如在根脚里放刀子,预示房主会出横事;放牲畜骨头,预示房主的后代驴性霸道;放头发,预示房主生活办事不顺利等等。尽管帮工的人少,但也要好酒好菜好饭招待之。

立架(上梁) 在我的家乡把盖房子上梁称之为立架。所谓立架就是把木匠做好的柁架子立在根脚上面,用捧杆(木杆子)把柁固定好。立架用的人不多,十几个人足矣,上午就能完活。立架活不多确是盖新房的重头戏,一房不可无梁,房梁就像骨架当中的脊梁一样重要,所以盖新房时一定要选择黄道吉日。如果立架(上梁)时恰逢喜鹊搭窝上梁(两个喜鹊用嘴衔着 根木棍,横在窝上即为上梁),这天便是吉日中的吉日，房主则认为喜事逢吉日，大喜也！立架时两个梁之间要上一根脊檩，脊檩的正中间要挂一块新红布，以示吉祥。有的用红头绳拴一双筷子，编上七个铜钱，挂于脊檩的正中间，意在有吃、有花、有住，还要在脊檩的正中间贴上用红纸黑墨写的横幅"太公在此诸神退位"。在两架柁前头的立柱上写一副对联，上联"上梁正遇黄道日"，下联"立柱巧逢紫微星"。"文革"时期改为，上联"立柱感谢毛主席"，下联"上梁不忘共产党"。立架（上梁）时有些犯忌讳的人不能在场，比如孕妇不能在场，如果孕妇在场，影响房主的福运，木匠动用斧子时，腹中的婴儿会出现裂唇（兔唇）；守孝人身带晦气不宜在场，会影响房主的运气；所有在场人员不得说不吉利的话等等。这天，房主要用好酒好菜好饭款待帮忙的人，小村有个不成文的规矩，谁家盖房子立架（上梁）、上笆泥，邻居们都会主动来帮忙，都不要工钱，房主管饭即可。

上笆泥　打好地基，把柁立起来（立架），把房子墙框打完晾几天，进行封梢、上檩子，然后择日上笆泥，即在檩子上面铺上笆条，在笆条上抹一层泥。上完笆泥，房子的主体就此完工，人们常说"房子盖上盖，活才干一半"，剩下的活虽然还很多，但都属于内外装修范畴。上笆泥活多、活累，用的人也多，有挑水的、有和泥的、有锄泥的、有提溜泥的、有运笆的、有铺笆的、有递泥的、有抹泥的、有打杂的，还要有两个巧手妇女帮助做饭。队长也时不时地来这里看一看，关心一下，有需要队长解决的事，特事特办立马解决。三间房子，从早上七八点钟开始，中午吃完饭也不休息，到下午五六点钟就能完工。帮工的人不要工钱，中午和晚上要管饭。房主要竭尽全力把伙食办好，到六十年代末，晚饭还要管酒，主食中午一般都吃年糕，晚上都吃小米干饭。那时没有那么多大米白面，红白喜事、搭房盖屋最好的饭食就是年糕，既好吃又禁饿，帮工既能帮助邻居做事情，又能吃上好饭菜，人们都愿意干。

那时谁家盖房子，邻居们都会提前打听什么时候上笆泥，到上笆泥那天，全生产队每家都去一个帮工的，生产队长也大开绿灯，让社员们自行选择帮工或参加集体劳动,尽量给社员一个联络感情的机会。大家都心甘情愿地来帮这个忙,认为是责无旁贷、应该做的事,不管平时有什么过结(矛盾),也不管平时有什么摩擦,到了该帮忙的时候都会不计前嫌来帮忙,久而久之,就形成了一种习俗。村人往往也通过帮工这种方式来缓解矛盾、化解矛盾,增进感情。

结拜习俗

　　过去认干亲盛行,认干爹、干妈的,认干丫头、干儿子的;认干姐们、干哥们的,也叫拜把子。这些干亲走得很近,走动得还很频繁,没儿没女的把干儿子、干闺女当亲生的儿女来对待,没爹没妈的把干爹干妈当亲爹亲妈来对待。有爹妈的孩子也有认干爹干妈的,一是两家的长辈关系处得很好,让孩子认干爹干妈为了增进友谊拉近关系。二是有的孩子经常闹毛病,老人说,孩子的命软,认个命硬的干爹干妈,小孩不爱闹毛病好养活,长大能长寿。有儿子没有女儿的认个干女儿,有女儿没有儿子的认个干儿子,自认为就成了有儿有女的全命人。有的自己虽然儿女双全,但也会遇到认干爹干妈的男孩或女孩,在这种情况下,双方都要慎重从事,要找明白人看一下,打算认干爹干妈的男孩或女孩和自己同性别的孩子属相及生辰八字是否相冲,五行是否相克,如果犯冲或犯克,对双方都不利,此事只好作罢。此讲究虽然带有迷信色彩,但人们都很在意。认干亲、拜把子也要举行结拜仪式,要在圣佛面前跪拜、烧香、发誓,要吃结拜饭。干亲有时比实亲更讲究礼节,有什么好吃的或有什么稀罕的东西,都要互相送一些,过年过节长辈的干亲都要请小辈的干亲吃饭,小辈的干亲过年过节都要看望长辈的干亲,有什么困难都会互相帮忙。

　　记得我父亲有个把兄弟名叫刘永,是本大队宜肯坝生产队(第五生产队)的,他家在我们家西南,距离我们家三里来路,他比我父亲小两岁,我们称呼他刘叔。到了农闲的时候他总要抽空到我们家待上半天，每次到大队办事或到代销点买东西顺路都要到我家串个门，每次来我家，我父亲都要停下手中的活计或跟生产队请个假，陪他说说话唠唠嗑，说话间给人的感觉有一种实在感和亲近感，中午还要留他吃饭。缺粮、缺钱措手不及时，也要互相求助，但谁都毫不吝啬，有求必应，尽其所能。记得那时候家有困难，首先想求助的是刘叔，当然刘叔有事求到我父亲时，父亲更是不遗余力，由此可见在当时干亲之间的关系非同一般。

过继习俗

　　过继，当地人称过房，是指自己没有儿子，收养同宗之子为后嗣。也指入养父之家为其后嗣。过去没有儿女的或有女无儿子的，可以从亲兄弟、堂兄弟或亲戚家过房个男孩，作为自己的孩子，并让这个孩子为其养老送终，也以此繁衍后代，免去断子绝孙之恶名，其家产全部归养子所有。过房的孩子从过继之日起要改口，称自己的生父、生母为大爷、大娘或叔叔、婶子，称养父、养母为父亲、母亲。过去过继孩子是件很平常的事，有说和人从中说和的，有兄弟和亲戚之间自己协商的，有从小过继的，也有成人后过继的，除了过继人的财产继承权以外很少有其他条件。它的实际意义在于养老送终，它的传统意义在于传宗接代。过去这种过继关系绝大多数都很稳定，但也有养父养母和过继的儿子相处得不好，半路解除过继关系的。

生活习俗

　　在日常生活中，接人待物有很多小节，虽然都是一些小事，有的只是一个动作而已，但却体现着人与人之间的互相尊重，体现着个人的自身素质、修养、礼貌和教养。如果处理不好就会露怯，成为笑料，影响自身的形象,有时还会伤及感情。

待人礼节　记得我们那个小山村也有很多接人待物的小礼节,大人给孩子从小灌输之。

出门迎接客人。如有客人到访,客人在大门外敲门或打招呼,问主人在家吗,主人要出屋迎接,让客人在前面走,主人走在客人的后面。进屋时,主人要快速走到客人的前面,为客人打开屋门,挑开门帘,把客人让(请)到屋里。

热情接待客人。客人进屋后,主人把客人让(请)到炕上最佳的位置坐下。如果是冬天,把火盆挪到客人跟前,并把火盆上面的灰用火铲扒拉到一边,露出明火,让客人烤烤火。客人便先烤手心,再烤手背,之后再手心、手背使劲地搓上几下。主人这时要给客人沏茶倒水,抽烟的要给装烟点烟。

双手递烟、递水(递茶)、递酒。这种礼节表示对客人、长辈、亲戚、朋友的尊重,不可单手递,如果单手递,是对客人和长辈的不尊敬,还会落得其他嫌疑,轻者客人心里认为你没礼貌,缺乏教养,重者还会认为你对他有意见或不欢迎他。比较讲究的客人和朋友及非至近亲属的长辈,为了表示谢意、讲究礼节也要双手接;直系亲属的长辈,一般都单手接。

送客送到大门外。客人要走时,主人要挽留客人吃饭,客人表示不能吃饭必须走时,主人要送到大门外,不可少的一句话就是问客人什么时候再来,并请客人常来,叮嘱慢走。

给客人(邻居)带的孩子送小礼物。客人或不常来串门的邻居抱着(领着)孩子来串门,方便的时候要送点小礼物。那时候没有玩具和小食品可给,主人会和半碗白面或荞麦面,团成面焗焗,放在火盆里烧熟,有时烧个鸡蛋,作为礼物送给孩子。孩子的母亲再三叮嘱孩子等回家再吃,实际在回家的路上孩子就大口大口地吃上了。这个面焗焗(烧鸡蛋)在那个年代也算个不小的礼物了。

吃饭时有客人(邻居)到访要让饭。过去有"过一个门槛吃一碗"之说,到邻居家串门或邻居来家串门,遇上吃饭特别是遇上吃差样饭,主人会死拖活拉地非让你吃上一碗(一个),方可作罢,久而久之就形成了一种让饭的习俗。让饭,可能是过去缺少吃的,客人碰上吃饭,主人总要让来客一起分享。在最缺粮的时候,这种小礼节,不失为最高礼节。如果遇上喝酒更不必说,烟酒不分家嘛。屈屈几个小礼节,道出了小村人尊老爱幼、好客的传统美德。

亲朋往来　孔子曰"有朋自远方来,不亦乐乎"。那时人们穷,但没穷了志,没穷了情。尽管穷,人们也是喜亲好客的。听见喜鹊在门前喳喳地叫,人们就会高兴地说:"喜鹊喳喳叫,客人要来到。"吃早饭大人不小心咬了筷子,认为是要来客人的前兆,也会高兴地说:"要来客人了。"村人好客是人所共知的,当然由于缺吃、少喝、没钱花,所以也最怕来客人,犯愁没吃的少喝的,招待不好客人。

过去交通落后,给人们的出行带来诸多不便,是影响人们出行的重要原因。不像现在交通、通讯这么方便,有什么事、有什么问候,打个电话即可。有事需要到场的,也会以车代步,如自行车、摩托车、公共汽车、出租车、自驾车等等。那时候家有驴车的极少,即便有挂驴车,有很多路都是羊肠小路,走不了车,牵头毛驴出门,不但能驮点东西,人走累了骑一会儿搭个脚,算是比较好的交通工具了。那时人们出行大多都是徒步而行的,所以不像现在外出的次数那么多,一般走亲戚串朋友,都是有点事由,比如说亲保媒、参加婚丧嫁娶红白喜事(过去老人去世称作白喜事)、参加孩子满月、看望病人、借取往来等等,是亲朋之间走动和交往的缘由和机会,总之,无事不登三宝殿。

亲戚有实亲和干亲两种。实亲则不必多说,干亲如干爹、干妈、干儿子、干丫头;拜把子的,如干哥哥、干弟弟,干姐姐、干妹妹;朋友如在一起当兵而且很要好的叫战友,在一起读书很要好的叫校友,在一起做工很要好的叫工友,在一起患难很要好的叫难友,在一起共事很要好的叫朋友。这些干亲和朋友虽然赶不上桃园三结义,但是论情论义,可谓情深意浓。朋友有难能够挺身而出,朋友有求鼎力相助。

由于贫穷,在亲朋往来上人们总有一种矛盾心理,盼客来,又怕客来。盼客来,是因为亲朋好友久不见面心存思念。怕客来,是因为没有什么好招待的怕慢待了客人。所以过去农民有句话"鸡不下蛋真是急死人"。那时候家里来了客人,首选的菜肴就是炒鸡蛋,其次就是腊肉丁炒韭菜、腊肉丁炒角瓜、冬天酸菜熬粉条等。上等主食,如擀荞面条,包饺子,饺子馅以菜为主,没有肉放点麻籽小豆腐或用油把菜馅炒一炒,虽然饺子馅不太好,但名好听。每当有客人到访,首先把家里最好吃的东西拿出来招待客人,如果客人待上几天,主人就得向邻居求借。

出去走亲戚串朋友的人,心里也很矛盾,想去亲朋好友家走动走动,了却对亲朋好友(亲人)的思念,又怕给亲戚朋友添麻烦,怕亲戚朋友着急。那时就怕来客人后又遇上连雨天,没吃的、没烧的,如果屋子漏雨连住的地方也没有,急得客人团团转,急得主人直冒汗。实在没地方住了,就到自家、邻居家、生产队部去找宿,晚上送去,早晨再接回来。客人吃东西也很讲究,一般也就吃七八分饱,所以,主人总是从客人开始吃饭就让个不停,让菜、让酒、让饭,生怕客人喝不好、吃不饱,最后看客人要撂碗了,主人便趁客人不注意,又给客人碗里扣了一碗饭,客人好像很勉强地吃了。试想如果客人真的吃饱了,还能吃得下去吗?主人陪客人吃饭,速度要慢一些,一定要在客人吃完后,主人方可撂碗。为了让客人吃饱,还能给孩子、老婆留一点,陪客的尽量少吃。有时因为东西太少,主人不陪客人吃饭,客人吃饭时,主人就在一旁陪客人唠嗑。客人走时还要给客人带点东西,如山货家果、杂粮杂豆,实在没什么拿了,也要摘两个大角瓜、大倭瓜带上,有时带上一辫子紫皮蒜或者带上几把炊帚、拿上把笤帚等。虽然客人在时主人着急,待客人走时主人还是一再挽留,恋恋不舍地送出很远,还要站在那看着客人远去的背影,表现了亲朋好友之间纯朴的真挚情感,让许多现代人汗颜。当然也有不讲究的客人和很小气的主人。

传统宴席 老家的"三四席"应该属于传统宴席的一种,因为它有固定的数量,有固定的菜肴配比,有传统的工艺,形成了固定的模式。参加工作以后我去过很多地方,还从没有见到像老家那样的"三四席"。回味老家的"三四席",真是很有特色当然也很有味道,到现在想起来还回味无穷,所以每到过年,我都要做一顿家乡的"三四席"。听说家乡现在做的也少了,红白喜事都以炒菜为主,很少做三四席了,我很担心这道传统宴席年久失传,所以在这里把"三四席"的构成、配料、特点和主要做法记载下来,以备后人享用。

"三四席"顾名思义,是由三个四组成的宴席,即四大碗、四小碗、四小盘。它的最主要特点是荤素搭配,荤而不腻,素味不淡,煎炒蒸炖结合。另外,清蒸时在老汤里面放入很多豆豉,使这道菜别有风味,通过清蒸能使作料充分进入主料中。四大碗:①清蒸三尖肉。把腰条部位的带皮猪肉煮熟,切成边长三到五公分的三角块,肉皮朝上竖着放在碗里,碗底放炸豆腐泡,然后放老汤、豆豉、姜末,蒸十二分钟左右。②清蒸白片肉。把猪前槽部位的带皮肉煮熟,切成长约十公分、厚约五毫米的片,肉皮朝上竖着放在碗里,碗底放炸豆腐泡,然后放老汤、豆豉、姜末,蒸十二分钟左右。③清蒸丸子。用猪肉、豆腐、淀粉和各种调料做成丸子,轻炸,然后放老汤少许、豆豉,蒸十二分钟左右。④清蒸粉条。把干粉条用热水烫一下,然后放盐、豆豉、老汤清蒸六分钟,出锅时放上葱丝拌一下。四小碗:①小炒蒜苗。把蒜苗切成二三公分长的小段,把熟瘦猪肉切成丝,把豆腐切成薄片过油炸成浅黄色切成丝,把上述三种材料放在锅里轻炒,可适量放点盐,然后填上老汤清炖。②小炒酸菜帮。把酸菜帮、煎好的豆腐片、熟五花肉切成三角片,放油和作料轻炒,然后填上老汤轻炖。③小炒海带丝。把海带、熟猪瘦肉切成丝,放点粉条,放油和全作料轻炒,然后添上老汤轻炖。④小炒熟排骨。熟排骨、炸小豆腐泡,放油和全作料轻炒,然后添上老汤轻炖。四小盘:①全作料煮熟的猪肝切成片。②全作料煮熟的猪心切成片。③肉皮冻切成长条片。④家做荞面豆腐瘦肉肠切成片。还可用全作料煮熟的猪肘(肘花)、炸虾片、香肠等代之。家做荞面豆腐猪瘦肉肠也很好吃,主料有荞麦面、瘦猪肉、豆腐、猪肥肠,辅料有大蒜、五香调料,把瘦肉、豆腐剁碎,放入荞面、蒜末、调料和盐,拌匀后灌入洗好的猪肥肠内蒸熟即可。

过去在我们那里,按惯例每桌席坐六个人,四大碗中的白片肉、三尖肉和丸子是有数的,每碗各十三片(块、个),主料下面用豆腐泡或粉条填充(垫底),这三个菜每个菜人均两片(块、个),剩余的一片(块、个)谁都不能吃,是用来压碗底的。如果谁多吃了就把压碗底的或把别人的那份给吃了。按照习俗,客人不能把桌上的菜肴全部吃光,每种菜肴都要剩一些,表示主人做的菜肴很丰盛,如果把桌上的菜肴吃光了,主人会很尴尬的。

用餐规矩 过去吃饭时老人常给孩子们讲一些吃饭的规矩,要求孩子们不可违规须长期遵守之。比如吃饭时不能多说话,不能大声说话,所谓的"吃不言睡不语";叨菜时不能越线,要在自己"门前"叨,不能到别人"门前"叨,还不能连着叨菜;吃饭口不能太大了,不能有大的响声,不能吧嗒嘴,要有个好的吃相;吃饭时拿筷子手的食指不能抬,否则有妨父母之嫌;吃饭期间不能松裤腰带,动作不雅;不能把筷子垂直插在饭碗里(因死人的倒头饭就是把筷子竖着插在饭碗中间),犯忌讳;吃饭时不能用筷子指人,用筷子指人不礼貌;吃完饭要把筷子平放在桌上,不能放在饭碗上面,否则有没吃饱之嫌;吃饭时要盘腿坐直,一手端碗一手拿筷,不能把饭碗放在饭桌上猫腰吃饭等等。

用餐习惯 家乡有一种用餐习惯,除了喝粥不管吃什么饭都要在吃饭前喝一碗汤,有"饭前一碗汤,到老不受伤"之说。吃小米干饭,饭前要喝大半碗米汤,然后再盛饭。吃烀土豆,要做饭汤做配餐。吃干粮,要做饭汤做配餐,如果没有饭汤,用开水代之。吃饺子要先喝大半碗饺子汤,或者先吃汤饺。做小米饭,小米煮大了米汤就很稠,煮轻了米汤就很清稀。小米汤除了饭前喝,饭后还要站在米汤盆前喝上两碗,称作灌缝。

说是灌缝,其实也有为了填饱肚子的嫌疑。剩下的米汤还能派上很多用场,多数用来喂猪,还可用来浆布料,比如洗过的被衬、被头、被里,放在米汤里浆一浆,下次脏了好清洗。但是被浆过的被衬,盖着又硬又凉,很不舒服。

医病习俗

五六十年代,饥荒和疾病结伴并存,越是没粮、没钱、缺医、少药,疾病来得越多、来得越快。在一个一百多口人的小村里,死人给人们的感觉是那么的平常。婴幼儿到七八岁的儿童,没听说得病就死了,清晨听到村里有哭声,出门一打听是邻居家小三没了,有的家庭几年的光景就死去两三个孩子。二十来岁的人也有得了病没几天就送命的。如村东头一个叫王英杰的大姑娘,十九岁就病逝了。周颂文的妹妹周松霞,十八岁就因病离开了人世。我亲叔伯大嫂李玉莲,年仅二十七岁就病逝了。四十来岁的人,没听说得什么大病就没了。董桂珍四十来岁就被病魔夺去了生命,我二大爷不到五十岁就走了,大车老板子周庆凡五十多岁就与世长辞了。

那时候村里死个孩子似乎成了一件很平常的事,人们为了减少父母的心痛,开导失去子女的父母,给这些病逝的孩子安了很多"罪名",说什么这个死去的孩子是个"短命鬼",还说什么这个死去的孩子是个"要账鬼",是前辈子你家欠他的,要够了账就走了,以此来安慰死去孩子的父母。有的父母听了这些"宽心话"心理上也有少许的平衡,为了减轻心痛,父母想孩子的时候嘴里还老念叨着"这个要账鬼要够账就走了,坑得我们好苦啊"。很多人从一开始得病,都不是致命的绝症,如果及时对症治疗都不会死去的,主要是缺医、少药,更主要的是没钱。在众多死亡的人里,病时能去城市医院的寥寥无几,周松霞算是一位幸运者,但也错过了最佳治疗期,因病情恶化到赤峰医院仅仅几天的时间,就撒手人寰了,尸体埋在了赤峰南山上。在死亡的人当中,当然也不乏因封建迷信贻误治疗时机的。

我记得那时几岁的孩子死了,一是没有棺材,二是没有埋葬的习惯,孩子死了,找个没儿没女没老婆的光棍汉,用干草(谷草)卷了扛到山上,寻个偏僻地方扔掉,以防家人看到伤心。到了夏天尸体周围的蒿草长得又高又壮。有一年秋天割羊草时,近山都割光了,只好到远山去割,远处看到一片又高又壮的羊草喜出望外,走到近前一股恶臭扑鼻而来,又往前走了两步,看见一个半腐烂的死孩子面朝天躺在蒿草中,尸体下面还有一堆干草,吓得我毛骨悚然,拔腿就跑,碰巧的是在一天的时间里就碰到两个。我想,受到这片蒿草引诱的人肯定不止我一个。还有一年,过端午节,我们几个半桩小子,一人带了两个馒头,到山上去玩,用现在的名词就是春游。到了白马山上,大家感觉有点饿,就拿出馒头边吃边走,突然闻到了一股很特殊的腥臭味,近前一看是个一米多高的死孩子,肚子胀得圆圆的、大大的,全身呈青紫色,十分吓人。我们捂着嘴和鼻孔,赶紧迎风而逃,跑出了十几步远,把嘴里的和胃里的馒头全倒了出来,连老本也抅出来很多。后来才知道,这几个孩子都是我们那个小村的。那时不管大人孩子患了病,多数人都不先去找医生,先是看香头、找偏方,再是土办法治,都不见效时再请医生。

看香头。那时候大人孩子闹病是常事,有很多人家里有了病人开始不请医生诊治,先找香头看,等香头折腾完了,病情也加重了,贻误了治疗的最佳时机。小孩子夜里哭闹或嗜睡不醒,香头就会说孩子吓着了,然后就用"叫魂术",定时给孩子叫魂。有时孩子的病比较轻,病情自然好转,香头会把这功劳揽去。还有的大人闹病说梦话,香头会说是撞着什么了,比如撞到"大白兔子""黄鼠狼子"什么的,或者说"阴魂"附体,需要安排或动用"法术"来破展破展。也有明智一点的,一边给病人看香头,一边看医生,双管齐下,最后病人的病好了,给香头和医生各记一半的功劳。

偏方治病。所谓偏方,就是民间流传的不见于古典医学著作,对某些疾病有良好疗效的药方。那时,小村有句俗话"偏方治大病",所以人们患了比较黏缠的病,久病不愈,就到处寻找偏方治病,如果偏方对症,病情也很见效;如果偏方不对症,则没有疗效。

土法治病。那时候因为缺钱,有好多人得了病,先用土办法治疗,如果不见效再找医生治疗。土法治病如果对症也很见效,比如有时孩子在户外,穿得少、坐凉地着凉、拉稀、肚子疼,父母就会认为是长了"翻气",然后就找村里的"土大夫"进行诊治,轻者往屁眼(肛门)里塞上咸菜疙瘩、生姜、大蒜或咸盐块。重者要挑"翻气",即用一根大锥碴子,把尖部烧红,弯成一个九十度的钩,把屁眼(肛门)扒开,用钩子把长在肛门上的血疱钩开,再上点生姜或大蒜,痛得患者嗷嗷直叫,眼泪一对一对地往外流,挑完"翻气"一连几天,大便时都特别疼痛,这种办法不光用在孩子身上,大人也常用。有时病人呕吐先扎扎手指头(用细绳缠紧手指,用针扎手指,挤出一点血),如果不起作用也是用上述挑"翻气"办法。但是,对食物中毒和中暑的没有任何作用。长疮、长疖子的很少找医生诊治,用烟袋油子在疮疖周围抹一抹,还有的用草木灰抹一抹,也有的用溏鸡屎涂抹患处等土办法治疗。特别可怕的是发烧,一般往头部盖一块凉湿毛巾,严重者用毛巾蘸温水擦身子来降温,不吃药、不打针、不消炎,导致严重的后果,病人烧得胡念八说,最后抽搐而亡。实际病人发烧最关键的是消炎,只降温不消炎是解决不了根本问题的。那时人受了外伤,观察发炎的方法是"起线",即看见胳膊从上往下起一条红色的印,这时用红头绳在红线印的前边拴上,有的在红线印前面抹上烟袋油子,以示截住红线向前延伸,控制病情发展,我总感觉很不科学。那时候用几种土办法治病,扎一扎(扎手指头),刮一刮(用顶针刮肋条缝),打一打(用手蘸着盐水打肋巴),拔一拔(拔火罐),揪一揪(揪脖颈子),挑一挑(挑翻气),如果病情较轻,对症施法,还真挺管用,但是一旦误诊、误疗,后果难料,很可怕。

其实,那时缺医少药是置人于死地的一个重要原因,没钱、迷信、愚昧无知,也是一些很重要的因素。总之缺医、少药、没钱、迷信、无知等因素搅在一起,加之不恰当的治疗方法,葬送了很多人的生命。

随礼习俗

在社会交往中,人与人之间沟通感情的方式各有不同,随礼便是其中的一种。亲朋好友、老邻旧居、朝夕相处的同事、尊敬的上级领导等家中有事,都要前去看一看,随上一份礼,表达一份心意,这是增进感情的方法,延续友谊的手段,加强沟通的机会,这些都无可非议。小村也免不了这些人际交往,也有随礼习俗,虽然礼很薄,比不上城里人的礼品那么厚重,就其情感来说一点也不比城里人逊色,村里人有着惊人的记忆力,谁家故去的老人哪天烧纸节记得清清楚楚,只要是想随的礼一个也落不下。悉数五六七十年代小村邻居间的随礼有以下几种。

婚事随礼　我们老家谁家儿子换盅(订婚)时,亲戚朋友、老邻旧居都要到场随个礼表示祝贺,拿点现金以示赞助。在五六七十年代一般自家父辈三元,爷爷辈四到五元,亲朋好友、邻居除特殊关系的一般两元。不要小看这几元钱的礼金,在当时可是个不小的数字,把这些礼金凑起来能办很多事情。随礼时要由管账先生负责登记,以备还礼时查阅,东道主要招待随礼的。娶媳妇办婚礼时不随礼,被请去喝喜酒的客人也不用随礼。

聘姑娘随礼有三种形式:一是把礼金直接随给被聘姑娘的父母,由女方父母进行答谢招待。二是开厢随礼,礼金都不高,一般随两元钱,无亲无故的平辈一般随一元钱。那时谁家聘姑娘,生产队先给解决一挂马车,拉着亲戚、朋友和邻居到男方那头去开厢,婚宴满酒时把礼金随给男方,由男方家招待,女方家一般不再另行招待。有特别讲究的,开厢、送亲的回来后再招待一次。三是直接给出嫁姑娘买东西,比如买两双袜子啦，买个暖壶啦，买个洗脸盆啦，也有买对枕套、枕巾的等等。

生育随礼 谁家喜生贵子、喜得千金，亲朋好友和邻里都要前去随个礼，表示祝贺，在我们那里也叫下汤米，都是由女人来操办。下汤米是有时间讲究的，娘家人在产后的第五天随礼，自家在产后的第七天或第十二天随礼，老邻旧居一般在第十二天以后随礼。随礼有送鸡蛋的，一般送二十二个、二十六个、二十八个或三十二个，不送五和五的倍数，因为人们上供时把五块点心、五个馒头或五个水果摆成一摞，所以人们忌讳五和五的倍数。四和死是谐音，所以人们随礼时也忌讳四。大多数随一升白面（约三斤半），也有送几斤挂面的。下汤米的要到产妇和婴儿睡的炕上盘腿坐一会儿，以防踩奶。下汤米的不能空手而归，产妇的家人要给下汤米的拿回一把面、一把豆或一把糖块。

丧事随礼 谁家老人去世，亲朋好友、老邻旧居几乎家家都要前去吊纸（吊唁），拿上几大张海纸给故去的人送点阴钱，以示悼念。有七八成吊纸的人还要随上一份礼品，统称为供品。在五六七十年代没有随礼金的，一般都是二斤饼干或二斤大片酥，到七十年代取而代之的是蛋糕、点心等。由管账的把随礼人的姓名登记造册，东道主把这个礼账认真保管起来，以便谁家有事还礼时备查。东道主要在出殡那天招待随礼的人，以示答谢。

祭奠随礼 在我的家乡，亲朋、邻居参与个人家祭奠活动的，除了丧事就是为故去的人烧纸节。故去的人从去世那天算起，死后七天烧第一个纸节，即烧头七；死后二十一天烧第二个纸节，即烧三七；死后三十五天烧第三个纸节，即烧五七；死后一百天烧第四个纸节，即烧百日；死后一周年烧第五个纸节，即头周年；死后两周年烧第六个纸节，即二周年；死后三周年烧第七个纸节，即三周年。这七个纸节中头七、三七、二周年为小纸节，一般都由已故者的晚辈和直系亲属来烧。五七、百日、头周年、三周年为大纸节，亲朋好友、老邻旧居一般都要前去随个礼，拿点烧纸（两张草纸），拿点供品（二斤饼干或点心），一是祭奠故去的人，二是礼尚往来,三是增进感情。已故者家属都要做一些准备(在当地也叫"预备"),款待前来祭奠(随礼)的。烧纸祭奠时除了自家亲戚其他人不去墓地。也有不预备的,即不收礼、不招待,由自家和直系亲属来烧。

探视随礼 谁家有了重症病人,亲朋好友、老邻旧居都要前去探望,男病人由男的探视,女病人由女的探望,一般不能空手探视,要随身带上点礼品,主要是吃的,买二斤饼干啦,二斤大片酥啦,二斤点心啦,二斤蛋糕啦,拿点白面啦,拿点鸡蛋啦等等。

参军的、上大学的、过生日的,除至近亲属和特殊关系的一般不随礼,所以就没有形成一种随礼的习俗。

其他习俗

这里面包括小村人的行为禁忌,不良习惯、习惯动作,还有带有迷信色彩的习俗。这些习惯和习俗随着时间的推移,随着生产生活方式的改变,有的已不复存在,有的已经淡化了许多,比如过去人们在冬季里抄手的习惯动作,今天几乎不复存在,原因是,过去穿的棉衣几乎没有兜,两只手无处可放,加之为了手的保暖,人们不得不把手伸到袄袖筒里,久而久之就形成了抄手的习惯,现代的冬装大衣、上衣、下衣都有兜子,这些衣兜除了用来放点随时用的小东西,更多的是用来放手,所以现在抄手的人很少见了。

习惯动作 小村里有些习惯动作,既不像现在的农村人,也不像过去的城里人。

猫腰背手。岁数略大的,把手放在背后,两只手要握在一起,有的还要猫着腰(没病),用这种动作表现自己的年龄。

抄手。天冷时不管大人孩子,不分男女,都要把手抄起来,即把左手插到右手的袄袖筒里,把右手伸到左手的袄袖筒里,天冷可能是为了御寒,时间长了变成了习惯动作,天不冷也要把手抄起来。

瞪人。孩子调皮、不听话或做错了事,大人除了训斥之外还会狠狠地瞪孩子几眼。邻里之间有意见有矛盾,有的女人也要趁人不备瞪几眼。

蹲墙根。年龄大的老人闲着没事,几个人蹲在大墙根下,冷天有大墙为其挡风,累了还可坐在地上背靠墙根倚一会儿。嘴里叼着小烟袋,不紧不慢地聊着天,大到南朝北国,小到家长里短,有大的不说小的,有远的不说近的,有些孩子们也围在一起听得津津有味。

不良习惯　小村的风俗习惯有很多值得我们学习,值得我们发扬光大,值得我们一代一代地传承下去,但也有一些不良习惯应该予以摒弃。

随处吐痰的陋习。有些村人不管在自家还是做客或者在什么地方,有痰随便吐,屋地上、屋墙上、墙根上、炕沿帮、炕席后、火盆里都成了这些人的痰场,特别是把痰吐在火盆里更是恶心,听到"吱啦"一声响,然后升起一股白色的灰柱。如果打一宿牌,屋地就会布满了黏痰和烟头,让人无处下脚,脚踩在地上会发出"嘎吱、嘎吱"的声音。整个房间气味儿刺鼻,甚是难闻,这种杂味能一连持续几天在屋里赶不出、排不净。主人在清理房间时,要在地上撒上一层干土或草木灰,然后用火铲进行清理。

不卫生的敬烟习惯。过去一般用烟袋吸烟,来了客人,主人为客人把烟袋装好烟,主人还要为客人点着烟先吸上一口,然后用不脏不净的手在烟袋嘴子上撸一把,再递给客人抽,以示尊重。用纸卷旱烟时,把烟放在一块长十来公分、宽三四公分的纸条上卷好,然后用唾沫或牙上挂的嚼碎的食物,把卷烟纸粘好,再递给客人抽,本意是敬烟,实则很不卫生,让客人很难为情。

不雅的剔牙习惯。有很多人到邻居家串门或做客,时不时地折根笤帚苗儿、炕席篾,一边说话,一边在牙缝之间捅来捅去,剔着牙缝里残存的碎食物,随剔随吐,有的还把剔出来的食物嚼嚼咽下去。还有的在饭桌上,用筷子剔牙,剔完牙再用筷子夹菜,让同桌吃饭的人看了很恶心,特别影响别人的食欲。

嘴嚼饭喂孩子的陋习。过去孩子的妈妈、奶奶、姥姥，用嘴把米饭或干粮嚼碎，然后嘴对嘴地喂给孩子，这种做法很普遍，也很久远，我想有它的历史原因，过去大人没奶水或奶水不够吃，还没有奶粉，又不能老喝粥，有时要喂孩子米饭、干粮，饭粗孩子吃不下，用这种办法喂孩子还可以理解，但现在看来似乎不妥。

用擦脸毛巾包豆包的不卫生习惯。过去小村蒸豆包，把发好的面放在擦脸的毛巾上拍成一个饼子，在面饼子上放上豆馅，再用面饼子把豆馅包上团圆，这个过程都是用一块又黑又脏的擦脸毛巾包着面来完成的。一锅豆包包完了，漆黑的毛巾变成了白毛巾，把毛巾上所有的脏东西都粘在了豆包皮上。虽然在包豆包前洗过毛巾，但还是感觉不太卫生，不想还罢了，细想没法吃。

全家共用一盆洗脸水洗脸，共用一块毛巾擦脸的习惯。那时没有自来水，都是从水井或从水泉子挑水吃，到了冬季水特殊的凉，洗脸水都要提前温热，早晨家庭主妇起床后，先把锅里填上一水葫芦凉水，然后生火，火生着了，水也热了，把温热的水舀在脸盆里，全家人用一盆洗脸水（有儿媳妇的家庭就得用两盆洗脸水了），先大人后孩子，一家人的脸洗完了，洗脸水已变成黑色的泥汤子。因为缺钱全家人只能买一块毛巾擦脸，从白毛巾用成花毛巾，从花毛巾用成灰毛巾，从灰毛巾用成黑毛巾，一直用到无法再用为止，然后这块毛巾从手巾的"岗位"上"退下来"，再到揩布的"岗位"上"就业"。这种习惯虽然不太卫生，但在当时有它的历史背景。

行为禁忌　那时农村禁忌很多，如：不能在冬至这天出远门；不能踩别人家和自家的门槛子；不能用脚蹬别人家和自家的炕沿；不能当着客人的面打孩子；不能在下午和晚上看望病人；不能戴着孝看望病人和产妇；不能在大年五更说不吉利的话；不能在大年五更脱光衣服睡觉；来客上菜不能上单数；属猴和属鸡的、属龙和属虎的不能通婚；不能在正月剃头;本命年除夕之夜忌星;出嫁闺女不能在娘家过正月十五、二月二、三月三;家有老人过世三年内不能贴春联或第一年不贴,第二、三年贴蓝底白字或黑字对联等等。

开玩笑(闹着玩)习俗 在我的家乡,把人与人之间的说笑取闹开玩笑俗称闹着玩或骂着玩。近亲、远亲、邻居都有开玩笑的,但不是跟谁都能开玩笑,亲家与亲家之间不分男女都可开玩笑,嫂子与小叔、小姑之间可以开玩笑,连桥(连襟)与连桥之间可以开玩笑,姐夫与小舅子、小姨子之间可以开玩笑,邻里的叔侄之间可以开玩笑,称呼嫂子的不管男女都可以开玩笑。最一本正经的要数岳父岳母和女婿,大舅哥大舅嫂和妹夫,老公公和儿媳妇,大爷公公、叔公公和侄媳妇,大伯子和兄弟媳妇,这几种关系,没事很少说话,有事也是有啥事说啥话,说话含蓄,用词讲究,注意礼节。

求雨习俗 春天干旱是北方天气的一大特点,说十年九旱有点过,但十年七八旱是常有的事。这些年特殊的干旱,几乎十年十旱。过去有句俗语"大旱不过五月十三(农历)",现在看来这句话也不准确。在我们这个地区一年当中的春、夏、秋三季都不缺雨的年份极少,有的年份春旱,有的年份夏旱,有的年份秋旱,几乎每年都有缺雨的季节,甚至连季干旱,连年干旱。缺雨的程度各有不同,大旱绝收,颗粒不收。一般干旱歉收,粮食质量下降。轻度干旱对收成影响不大。春旱加土壤墒情不好,出不来苗。夏旱轻者影响庄稼生长,重者禾苗死亡。秋旱,又名掐脖旱,轻者影响粮食的饱满度,减产;重者颗粒不收。春季和夏初干旱还可翻种晚田作物,夏末和秋季遇到旱灾是最可怕的。多少年来,无灌溉条件的山区农民就一直与"老天爷"合作搞农业,天不降雨——绝收,少雨或旱涝不均——歉收,及时降雨——丰收,农业的收成几乎全部取决于"老天爷"。雨从天降,天不降雨,老百姓就要向老天求雨,多年形成了固有的求雨定式,同时也成为一种习俗。

求雨,要到龙王庙或供奉着"龙王爷"的土庙以及有龙之灵气之地进行。在我们村求雨的地点有三处：一处是大乌梁苏的龙王庙，第二处是村东的小庙，第三处就是享有龙之灵气的敖包山。求雨时，要组织全村的男女老少，到村东小庙前，如果到其他两处求雨（大乌梁苏或敖包山上），要把庙里龙王爷的神像请上，即把神像放在椅子上，神像的前面放上供品和香炉，香炉里要烧香。椅子的两边各绑一根抬杠，前后各一人抬着神像。还有两个人用木棍抬着一个瓷瓶，俗称玉净瓶，瓷瓶里灌上半瓶泉水（甘露水）。所有求雨的人，头上戴着用杨树枝或柳树枝编的圆圈，敲锣打鼓，采用求雨的鼓点，鼓点的节拍是"呲叭隆噔呛，呲叭隆噔呛，呲叭隆噔呛呛，呲叭隆噔呛"，即"天连水，水连天，牛毛细雨下三天"。到了敖包山或龙王庙前，把黄表纸铺在地上放上供品，如水果和糕点等，然后烧香、念文书、放鞭炮，全体求雨者双膝跪地，烧完一炷香念完文书即可起身。求雨表文如下："老水泉子村沃土千顷，良田万亩。庄稼长势，碧浪涛天。可惜当前，干旱少雨，作物枯黄，水位下降。山地无水可浇，百姓心急如焚。众民纷纷来到庙前，烧香跪拜祈祷，祈求四海龙王，开恩献典，吉日普降甘霖，细雨三天，滋润禾苗，挽救良田，行好平民，百姓十分感恩。百姓做好事，老天行好雨，祈求四海龙王显灵，年景风调雨顺，天下国泰民安。××年××月××日。"求雨程序完毕，抬着"龙王爷"的神像返回小庙前，把龙王爷的神像安放在庙里，第一天求雨宣告结束。求雨要连求三天，每天求雨程序相同。求雨时要向神灵许愿，承诺在农历六月十三日杀羊上供，唱三天大戏或唱三天皮影戏。求雨结束时查看瓷瓶里的水是否增多，如果瓷瓶里的水增多，即为求雨成功。

到农历的六月十三日，兑现承诺（还愿），届时杀羊上供，要杀一只羯羊做供品，将供品羯羊宰杀后剥皮，不开膛破肚，带着头颅，平卧放在供桌上，再将剥下的羊皮披在羊身上，之后烧香、燃放鞭炮，宣读还愿文书。待还愿结束，把羊肉分给买羊还愿的每一位村民。到农闲季节唱戏还愿，村民出钱请戏班子唱戏三天，有一天两场的，有一天三场的，按着场次付费。开场前在戏台的对过，要搭一个神棚，把全大队各庙的"龙王爷"神像或牌位都要请到这个神棚来看戏。"龙王爷"的神像或牌位前面要摆放供桌,桌上摆供品、香炉,有专人负责烧香上供。唱戏开场时,演员要对着神像唱一段神戏以示还愿。唱神戏要单独给演员赏钱。唱戏期间供桌上供品、香火不断,在唱戏结束的当天晚上,要把各庙"龙王爷"的神像或牌位专程送回原处并安放好,还愿宣告结束。

破天法术 过去连雨天,三五天不开晴,这时每家每户的房檐下面就挂上了手持笤帚的小布人。小布人是用布做的,手里拿的笤帚是用线或丝线做的,人们把这个小布人称之为"扫天婆"。当连雨天时把"扫天婆"挂在房檐下面,让"扫天婆"把天扫晴,雨过天晴后,及时把"扫天婆"摘下放起来备用。夏秋季节,天降冰雹时,人们用铁锹把草木灰扬到空中,以此来制止降雹,如果冰雹还是不止,人们就会将菜刀抛向空中。早春气温回升,阳气上升,容易形成空气对流,如果对流的风力较大时就形成了旋风,人们误认为是鬼在作怪,当旋风到来时,人们手持镰刀、斧头向旋风抛去,嘴里还念念有词地说:"旋风旋风你是鬼,镰刀斧头砍你腿。"当旋风从地面渐渐地升向空中并消失,人们则认为法术成功。

第十四篇

家族的沧桑岁月

每一个家族，在历史的长河中都有一些坎坎坷坷、曲曲折折的事情发生，不论名门望族还是普通家族都不例外。社会是由这些家族构成的，家族的兴衰，有很多时候与社会的大背景息息相关。当然也有家族内部矛盾问题，还有一些突发事件，大的突发事件有的会改变一个家族的命运，有的则会改变一个家庭的命运，有的会改变一个人的命运。这些大小事件和大小变故，都是一些感人的故事，把它们记载下来，对后人会有所启迪和感悟。

逃荒之旅

我们崔家的祖籍在山东省，具体是哪个市哪个县没有记载也无从考究。我老太爷是老水泉子崔氏家族的始祖，由于第二辈和第三辈的老人没有文化，老太爷子的名字也没有传给下辈，给后辈儿孙留下了遗憾。听老人们说逃荒出山东时，山东连年闹灾荒，有的饿死，有的病饿而亡，饿殍遍地。那时我的老太爷年仅四十来岁，老太太因病饿去世。

在十八世纪七十年代，我的老太爷带着我的爷爷和二爷爷，用箩筐挑着年龄较小的三爷爷，从山东北上寻求生存之地。一路讨饭充饥，要的多就多吃点，要的少就少吃，有时一连几天每天只吃一次饭。讨饭路宿，饥寒交迫，残缺不全的破房框子、大户人家的门楼子、破庙、沟头、柴草垛都是他们夜间的栖息地。据说在某一处落了脚，但时间不长因无法生存，又开始了第二次生存旅行。当行至河北省围场县新拨时，因靠要饭无力养活一家四口，遂将我的二爷爷送了人。

据说当时送孩子时，老太爷很纠结，是送大的还是送小的或者送老二呢，一时拿不定主意，大的懂事了也能干活了，送给人家不会挨打受气，但是想到拉扯这么大不容易，落脚之后还能帮着家里做些事情，舍不得送给别人。老三最小，还不懂事，送给别人虽然减轻了自己很多负担，但是把一个不懂事的孩子送给别人，怕挨打受气很不放心。老二不大不小，懂得一些事情，头脑比较好使，送人后能帮助人家做点小活，还能够照顾自己，不至于受太大的气。所以，思虑再三决定把老二送人。

据说老太爷把二爷爷送人后，因为怕影响二爷爷和养父养母的关系，虽然相隔几十里的山路，也没有去看望过，后几辈人也没有来往过。到二十世纪九十年代，我三弟崔玉普去河北省围场县新拨镇卖镰刀，偶遇我二爷爷的后辈，在闲谈之中对方才说"咱们是一家子，我们也姓崔"，这时才有了第一次联系。

老太爷把二爷爷送人后,又启程寻找落脚之地,行至赤峰县老水泉子村,当时正值罂粟(当地称大烟)收割季节。我老太爷看着这么好的土地,开着满山的罂粟花,听说种罂粟比种粮食收益高出几倍。正逢这里需要人手,所以父子三人便在这里落了脚。当时给烟农们打短工,其收益也很高,要钱给钱,要粮给粮。老太爷边打短工边开地,准备来年也要有自己的土地种粮种罂粟。

据说种植罂粟对土壤很挑剔,要求土壤肥沃疏松,老水泉子村是黄土丘陵和高寒山区的过渡带,大部分是黑沙壤土,土壤肥沃,适合种罂粟的地很多。因为种罂粟比种庄稼的收益要高出许多,所以大户人家种,小户人家除了种点自己吃的粮食外,挑选一些好地也种罂粟。种罂粟比种庄稼的赋税高出很多,官府征税时,种植罂粟的农民可以交钱,还可以交罂粟干或罂粟膏子,以质论价。所以官府为了多收税赋,不但不加以限制,而且还积极鼓励种罂粟。收割罂粟是在夏末季节,到秋初已收割完毕。在收割后的罂粟地上还可以种一茬蔬菜,一季变两季。

收割罂粟,就是将罂粟蒴果里含的浆汁取出来。一株罂粟长有若干蒴果,这些蒴果成熟期不一样,在一株罂粟秧上有成熟果、半成熟果、幼果,还有绽放的鲜花和没有开放的花骨朵,所以,即便是在收割罂粟的季节里,罂粟秧上也绽放着五彩缤纷的罂粟花,特别鲜艳。

收获罂粟俗称割大烟,就是用割烟刀子,在蒴果周围割一个闭合圈,随后将流出来的白色浆汁收起来。烟刀是用铜钱做的,把铜钱的外边斜着向里割一个四五毫米宽的口子,然后把铜钱外缘那个突出部分用磨石磨得锋快。还要做一个装罂粟浆汁的小容器,俗称大烟捌子,就是用铁皮做一个不漏水的小铁桶,在铁桶的上沿做一个手指头肚宽窄的半圆形凹槽,用食指把割出来的罂粟浆汁抹下来,然后在烟捌子的凹槽上把罂粟浆汁刮到烟捌子里。为了把蒴果含的浆汁提取得更干净,一个蒴果要割四五刀,即割四五个闭合圈。从蒴果的底部一圈一圈地往上割,每次只能割一刀,第二天再割第二刀,依此类推。割罂粟时两人一组,前边一个人割,后面一个人收浆汁。割罂粟时是用人最集中的时节,错过了这个时节罂粟就会减产。

老太爷经过两三年的努力,自己也有了一些耕地,一部分种粮解决吃的,一部分种罂粟解决花的。做完自己的活还可以打打短工,就这样在这里落了脚并稳住了脚跟。从落脚到现在已一百四十多年,从老太爷那辈算起已有七辈子人在这里繁衍生息。到二〇一四年底,老水泉村崔氏家族总人口达到一百一十六人,其中崔氏血统的八十二人(不含各辈男士娶的媳妇),其中男四十五人,女三十七人,第一辈一人,其中一男;第二辈两人,其中两男;第三辈十一人,其中六男,五女;第四辈十五人,其中九男,六女;第五辈三十人,其中十四男,十六女;第六辈十八人,其中十一男,七女;第七辈三人,其中两男,一女。一、二辈的老人出生地在山东,三、四辈出生地皆在老水泉子村,五、六、七辈出生地发生了变化。前三辈子老人除了二大爷崔广臣当过工人,父亲崔广兴当过兵,其余都是农民。第四辈以后的族人身份发生了很大变化,有国家公务员、有当过义务兵的、有企业职员、有事业单位工作职员、有外出打工人员、有经商人员,也不乏搞技术的,还有一些以种地养畜为生的农民。

平民轶事

我二大爷叫崔广臣,一九一九年生人,属羊的。在我的记忆里,他个子比我大爷和我父亲都略高一些,四方脸,干净利落,应该说是一个标准的男子汉形象。不知道什么原因,满口牙都是假的,但是很白很整齐。他很能干,也很有力气,为人直爽,心直口快。他的人生并不长,五十二岁就与世长辞了,据说患的是肺癌。他的一生中有两件事人们总是忘不了,一件是他的婚姻,另一件就是他当过工人的辉煌历史。

先说说我二大爷的婚事。他娶媳妇很晚,本村有一李氏女子,年方二十七八岁,老府一个小山沟的婆家,结婚后一年多也没有生育,她的丈夫便从军了,应该是解放战争前夕,参军后四五年的时间杳无音讯,后来这位李氏女子,以为她的丈夫打仗时牺牲了,所以经别人介绍就和我二大爷结婚了。因为这位李氏女子没有和她的前夫办理离婚手续,所以和我二大爷结婚时也没有办理结婚手续。我二大爷脾气不好,听说两口子经常吵架。婚后生一女孩,大概是在两岁时因病夭折。

也在这一年里,我二娘原来的丈夫突然从部队转业回来了,我二娘听说她原来的丈夫回来了,就趁人不注意偷偷地走了,回到了她原来丈夫的身边,再也没有回来。那时连年的战争,加上通讯不便,这种事情很多,所以政府对这类军婚是加以保护的,何况人家毕竟是原配夫妻。所以这桩婚姻就这样不了了之了,那时我二大爷已是三十多岁的人了,不知道是娶不上媳妇,还是不想再娶媳妇了,或者另有原因,反正从此再也没有找媳妇,直到去世也是孑然一身,吃住一直在我大爷家。

再说说我二大爷当工人的事。一九五八年,红花沟金矿招工人,听说招工主要面向贫困山区。在贫困山区里,贫困家庭也是招工的主要对象,硬条件主要有两个,一是年龄必须在十八周岁以上,当然年龄太大的也不招;另一个条件就是身体健康。据说招工时,体检相当严格,与征兵体检标准一样。通过体检,我二大爷身体状况很好,全部合格,前面说了我二大爷身体健壮,能干肯卖力气,又是单身一人,没有拖累,无牵无挂,所以被顺利地录用为红花沟金矿工人。

当时工人和社员的区别:一是所得报酬的区别,社员挣工分,工人挣工资;二是称谓的区别,原来叫社员,招工后叫工人;三是劳作时间的区别,社员按天计算,工人八小时工作制。就其劳动强度,井下矿工并不比农民轻快,且风雨莫误,危险性很大。矿工下井作业,三班倒,上班时井下用餐,月工资三十元零五角,星期天不休息,医药费自理,病、事假不发工资。井下放炮烟尘很大,有的竖井深达上千米,那时矿工们的劳动保护措施也很差,下井罐笼出问题并不稀奇,一旦出问题,人掉下去就被摔成肉泥。听说那时井下时常发生事故,与煤矿相比,金矿略好一些的是矿井里不会发生瓦斯爆炸,也很少发生矿井坍塌事故。

据说当时红花沟金矿是全国少有的几个大矿、富矿,日本鬼子侵华时也开采过,而且是掠夺性开采,专找黄金含量高的富矿脉开采。日本鬼子开矿时,所有的井下开采工人都是在中国抓的劳工,而且管理十分残忍,矿工吃不饱,超强度作业,对违规矿工非打即杀,矿工下班时要在井下脱光衣服检查,发现私藏矿砂者即刻枪毙。日本鬼子被打败后,红花沟金矿成为私人金矿,新中国成立后转为国营。当时金矿还是个富矿,最高每吨矿石可产七八十克黄金,但是采矿和选矿技术手段相当落后,防护设施也非常简陋。

金矿的井下工人,每人发给四样东西:一是用柳条编的安全帽,自然是为了安全,保护脑袋的;二是嘎石灯,是往井上送矿石和井下作业照明用的;三是用柳条编的小笸箩,是用来往井上运矿砂的;四是大帆布做的披垫子,矿工们用小笸箩往井上运矿砂时披在后背和两个肩上。选矿手段更是落后,先把矿石用铁锤砸碎,然后用碾子把手指肚大小的矿石磨碎,最后进行水选。

我二大爷开始是井下采矿工,后来因工作出色从井下转到井上搞矿石加工,即用碾子磨矿石。磨矿石这个工种危险虽然小,但是粉尘很大,这些粉尘吸进肺里出不来,时间久了吸得多了容易得尘肺病。那个年代人们对粉尘污染,思想上没有防范意识,后来二大爷患了肺病,我想与他的工作不无关系。

我二大爷当工人是他一生中最辉煌的事。我老太爷这一支,终于出了一位脱离"面朝黄土背朝天"不种地能挣钱的人,我们家族的人都为他高兴,为他感到荣耀,当然他自己的高兴劲与他人相比更是有过之而无不及。那时,新中国的工人在老百姓的心目中是何等的崇高和荣耀啊。二大爷每月能拿到三十多元的工资,吃的饭菜也比家里好多了,主食是玉米、高粱米、全麸白面(把小麦带皮加工成面)和少量的杂粮杂豆等,不用再吃糠咽菜了,不再挨饿了,在那个年代,简直是神仙般的生活。吃集体伙食,费用也不算高,每个窝头五分钱,因为菜里没肉(主要是买不到肉),一碗菜几分钱,每月的伙食费最高八九元钱。自带行李,住工棚,睡大炕,十几个工人住一间屋子,下班后闲暇之时,工人们还可以聊天侃大山,消除寂寞,住的屋子只要冬天不冷,夏天不漏雨,不会苛求更多。二大爷每次回家和村人谈及他的工作、生活时,都会眉飞色舞,沾沾自喜,十分满足。

我们家离红花沟金矿一百二十华里,自从我二大爷当工人以后,我们就很少见面了,他好长时间才能回一趟家,每次回家都给我们带点好吃的,多数是给买点糖块。他偏爱我也很疼我,记得有一次他回来,偷着给我一包绿豆糕,还告诉我不要和别人说,让我找个没人的地方吃,黄黄的绿豆糕比我们老家蒸的散状还好看,火柴盒大小的块,整齐地摆放在一起,四方四角的,每一块绿豆糕上面还点着一个红点。那是我第一次吃绿豆糕,好吃极了,甜甜的还透着一股说不出来的香味。我很听话,拿着绿豆糕找个没人的地方,一气把这包绿豆糕吃个精光,可能是长时间吃糠咽菜的缘故,肠胃里接受不了这么好的东西,吃下去时间不长就反胃了,吐出来很多,几乎等于白吃了。

那时候听很多人说,我二大爷有个金镏子,可是到他去世也没见他戴过,我们谁也没见到过这个金镏子,原来还以为是个谜,现在回想起来那只是人们的猜测而已。大家都认为在金矿工作都能弄到金子,实际则不然,金矿生产的黄金是要交给国家的,金矿的管理制度是极其严格的,不是黄金管理人员根本就见不到黄金的影子,更不用说做金镏子了。

我二大爷在金矿工作了七八年,后来身体有病了,咳嗽气短,四肢无力,不能工作了,没办法只好请假回家治病。在家里边治病边休养了一段时间,不但病情没有见轻而且越来越重,后来到医院检查治疗,大夫说肝硬化腹水,肺癌已到晚期,无法治愈,只能回家养着。一九七一年从医院回来没几个月就去世了,终年五十三岁。他这一生有过寂寞、有过凄苦、有过辉煌,有他自己的故事。

路遇劫匪

小时候,我听父亲和母亲常说一件事,他们说一提起那件事就很后怕,我们听了也很可怕。说有一年春天大旱,种下的庄稼大多都没有出来,有的庄稼出苗后,天不下雨又被旱死了,没办法只有翻种荞麦。荞麦的生长期很短,六十多天就能成熟,而且荞麦又是粮食作物。但是在那个年头,谁家也没有现成的荞麦种子,我父亲到三亲六故家借荞麦种子也没借到,最后想到了改嫁的姥姥。我姥爷死后,我姥姥改嫁到围场县哈拉沟门老赵家,那时他们家的日子过得很红火,不缺吃不少穿,生活自给有余,在当地来说也算是个富裕户。无奈,我父亲想到我后姥爷家看看,因为不是亲岳父,心里很没底,一是不知道有没有,二是也不知道借不借给,情急之下没有别的办法只能硬着头皮去试一试。

到我后姥爷家,开始也没敢开口,后来我后姥爷开口说,你这次来一定有事吧!我父亲说:"是有点难事,今年天旱庄稼多数未出苗,有的庄稼出了点苗也被旱死了,准备翻种,但又没有荞麦种子,我来看看想借点荞麦种子,不知道有没有。"我姥爷很爽快地说:"有,得用多少?"我父亲说:"得六七十斤。"我姥爷说:"我家存的荞麦够你用的,我们这不旱,你拿去用吧!"第二天,我父亲背着荞麦一路上从心里往外高兴,他回忆说七十来斤荞麦,就像没背东西一样脚步那么轻,有了这些荞麦种子就等于有了救命粮。

功夫不负有心人,那年翻种的荞麦长势喜人,到了秋天荞麦大丰收。有很多家因为没有弄到荞麦种子而没种上地,所以,那一年对很多家庭来说也是个灾荒年。收割完庄稼打完场,已是初冬季节,我父亲说,人家慷慨解囊救了咱们一回,打下荞麦得赶紧去还。

送荞麦那天虽是初冬天气,但不太冷,我父亲穿着一身夹袄夹裤,借了一头毛驴,驮上一口袋荞麦约百十多斤,直奔我后姥爷家。从我们家到我后姥爷家路途不远,大约有二十多里路,但全是山路,从我们家走出三里地就开始上山,翻过两道山冈,下了山就到我后姥爷家了。那时候不像现在路途行人这么多,前几次去我后姥爷家,路上都没碰到过行人。

在两道山冈当中有一道山洼,名叫老牛槽,当行至老牛槽时,在一个前不着村后不着店的拐角处,也是一个侵蚀沟处,从沟里突然蹿出来四个人,直奔我父亲而来,其中有一个人喊着让我父亲把眼睛闭上,走到近前不由分说,有两个人抓住我父亲的两个胳膊,一个人掏出一块黑布,把我父亲的眼睛蒙上,然后用绳子把我父亲的胳膊绑得紧紧的。有一个人说:"你老实在这待着,动一动就打死你。"说完,他们牵着驮着荞麦的毛驴走了。听我父亲说听着声音他们是朝着山上的方向走去了,过了一会儿他们的脚步声消失了,我父亲眼睛被蒙着,胳膊被绑着,也不敢走动怕摔着,坐在地上静静地等着过路人。

过了很久,听见远处有脚步声,声音越来越近,快到我父亲跟前时,突然脚步声停止了,又待了片刻也没有动静。我父亲主动开口说:"过路的,你不要害怕,我被断道的给劫了,已经有大半天的时间了,他们早就走了,你受点累帮我把绳子解开。"这时听着那人才开始挪动脚步,朝我父亲走来。过路人到我父亲面前先把蒙眼布解开,然后又解开绑胳膊的绳子,因为绳子绑得过紧,时间又长,解开绳子之后胳膊上被绳子勒出了几道深深的沟,整个胳膊发麻不听使唤。

过路人详细地问了问被劫的经过,过路人说:"你认识他们吗?"我父亲说一个也不认识,他说:"你要认识一个就糟了,非要你的命不可。"我父亲说,荞麦和毛驴被他们劫走了,毛驴还是借人家的,过路人说:"你偷着乐吧,虽然舍了财物,但是命还在,破财消灾。"据说这个过路人是围场三道川的,两个人又简短地唠了几句,我父亲道了谢,并说:"有机会到我家里,我好好谢你。"说完两个人朝着相反的方向各奔东西了。因为荞麦被劫了,也不能再去我后姥爷家了,便返了回去。到家后我母亲感到很奇怪,说:"你怎么这么快就回来了,怎么没把毛驴牵回来给人家喂饱了再送回去啊?"我父亲很沮丧地说了被劫的经过,我母亲听完后倒吸了一口凉气,稍停片刻说:"舍财免灾,这是不幸中的万幸,能捡条命回来就是你的造化,粮是人种出来的,钱是人挣的,只要人在就不愁挣不回来。"

听老人说,过去最怕的就是断道的(拦路抢劫)和砸明火的,富人家最怕砸明火的,而断道的不分穷富只要有东西就劫,轻者舍财舍物,重者丧命。人的一生中,不管穷富都会遇到一些突发事件,有的就会因一次突发事件改变一生的命运,这些突发事件无法预料,也无法防备。在新中国成立前那个无秩无序的社会里,有很多事件更是防不胜防,在不幸的事件中有万幸的,就是最好的结果。人生百味,甜酸苦辣咸,都品一品,都尝一尝,都有所体会,可能这就是磨炼,可能这就是锻炼,可能这样的人生才会更完整。不尝到黄连的苦哪知道蜂蜜的甜呢!不知道土匪当道哪知道国泰民安呢!不知道旧社会的艰难困苦哪知道新社会的美满幸福呢!

几度秋凉

崔玉忠是我的叔伯哥,我们是一爷之孙,他生于一九三四年。一九五四年他二十一岁时参加了中国人民解放军,在部队度过了人生最辉煌的四年时光。这四年他穿着部队发的整齐而崭新的军装,告别了夏不遮体冬不能御寒的尴尬,定时定点吃饭,每顿饭都能吃得饱饱的,告别了饥一顿饱一顿的生活,与家里比起来,几乎每天都在过年。在部

崔玉忠和他的三个女儿

队这四年,他长了很多见识,增长了很多才干。二十五岁转业回家,二十七岁那年经人介绍和本公社大北杖子村李玉莲结婚,婚后不久就分家独立门户。到一九六五年生有两个女儿,一个人劳动养活着一个四口之家,分家时只是分得一些生活用具,无财产可谈,白手起家,家庭底子薄,经济薄弱,加之年景不好,日子过得十分清苦。时常因大人没饭吃孩子没奶吃,孩子哭老婆叫,他的妻子李玉莲到我们家偷着掉眼泪,那时家家都那么贫困几乎谁也帮不了谁。

听说河北省围场县有很多高寒山区,土地多且肥沃,靠种地不但能吃饱肚子而且每年还能略有盈余,本村已经有人搬到那里去了。崔玉忠产生了搬家的念头,打算往好的地方挪一挪,改变一下生活的困境。他还去那里做了一次实地考察,考察结果和他听说的出入不大,回来后做通了妻子的工作,决定举家迁往围场县二道沟。那时不像现在搬家那么简单,首先要到迁入地的大队开同意迁入的介绍信,再到迁入地的公社办准迁证,然后持准迁证到迁出地的公社办理迁移手续,再到围场县的迁入公社办落户手续。

热土难离,临搬家的前几天,两口子一边收拾着东西一边掉眼泪,做饭的炊具、睡觉的被子、破旧的衣服,还有一些生产工具等都要带上,放到现在都是些没人要的东西,可在那时都是生产生活的必需品。搬家那天早晨,天没亮就起床为大车老板子做饭,自己人简单地吃了一口,然后打点行装,装车启程。那时生产队也很人性化,搬家时还给派挂大马车为其送行。启程时孩子大声地哭,大人在默默地泣,自家老少和老邻旧居都来送行,依依惜别之情感染着在场的每一个人,送的和被送的都哭得泣不成声。男儿有泪不轻弹,只是未到伤心处。因为要去的地方也不是天堂,他们的迁徙只是为了吃饱,为了活下去,如果不是万般无奈,谁也不愿离开自己的故土。记得他们搬家时正值开春时节,一大清早薄云遮日的天气,小东北风飕飕地不停刮着,更为当时的情景增添几分凄凉。送行的人们望着他们远去的背影,心里都很不是滋味。

到了河北围场二道沟村，暂时借住在郭连平家，和郭连平住对面屋。过了一年多又借住到本村一个姓郑的五保户家，平日里还帮助照顾这个体弱多病的老人，一直到这个老人病逝。给人家溜房檐的滋味不好受，做好吃的不能少了房东的，房东有事要帮在前面，事事得看着房东的脸色。刚搬去的那几年，崔玉忠省吃俭用买了一些檩木等，准备盖几间属于自己的房子。木料大体备齐了，再积攒点钱就可以动工了。偏偏这时妻子李玉莲的先天性心脏病发作，加之水土不服，老病复发，新病上身，病情严重。为了给妻子治病，不得不将准备盖房子的木料卖了，盖房子的梦想化为泡影，一直到又搬回原籍也没能盖得起房子。

在围场二道沟生活了五年的时间，又生了三个孩子，最小的是个男孩，这个七口之家就靠夫妻二人的劳动支撑着，因为占有耕地多的优势，全家人不但能吃饱肚子，而且还略有存粮。那里的主粮主要是莜麦和土豆。吃饱肚子的问题是解决了，新的问题出现了，那地方吃的全是山泉水，据说水里面含有很多致病的元素，那里的人绝大多数都有克山病。刚搬去前两年没有明显的反应，到了第三四年，孩子大人的骨节开始变粗，身体有所不适，特别是妻子李玉莲原来身体就不好，患有先天性心脏病，几年间病情越来越重。到一九七〇年，实在支撑不下去了，崔玉忠把四个姑娘托付给二道沟的邻居帮助照看（四个姑娘最大的九岁，最小的只有三岁），在二道沟借了一挂牛车，拉着妻子李玉莲和不满一岁的儿子，又回到了故地老水泉子村。李玉莲的病因没钱也没有住院，只是找中医开了些中药进行治疗，病情不但不见好转，反而越来越重，回来三个多月时，李玉莲就撒手人寰了，年仅二十七岁。十七岁结婚，婚后生下四女一男五个孩子，几乎没有过几天像样的日子。二十几岁，本是金子般的好年华，却在病痛、贫穷、劳累、凄凉交织的环境中走完了她的人生之路。崔玉忠失去了爱妻，孩子们失去了慈母。

发送完妻子，把小儿子托付给别人看着，崔玉忠又回到了围场二道沟，看到那四个没妈的孩子他心如刀绞，感觉实在无力养活这五个未成年的孩子,就产生了送孩子的想法。他想,儿子虽小是传宗接代的不能送人,大姑娘也不能送人,还要照看几个妹妹和小弟弟,二姑娘年龄略大一些,能帮助他做一些事情,不打算送人。打算将年龄较小的三姑娘和四姑娘中送人一个,既能减轻他的压力和负担,又不让这么多孩子跟着他受罪。送人孩子的口风传了出去,正巧赶上新波一户姓侯的人家没有孩子,打算抱养一个孩子,便托人找到了崔玉忠,当时打算送人的是五岁的三姑娘小哑巴或三岁的四姑娘。侯家来接孩子那天,两个孩子听说要被送人,生怕把自己送走,紧紧地抱着大姐不放,大姐也因三妹妹有语言障碍不会说话,四妹妹又太小,两个孩子不懂事,怕到人家受气,也紧紧地抱着两个妹妹不肯放开,全家人哭成一团,那情那景让人撕心裂肺。穷人家的孩子懂事早,这时七岁的二妹妹泣不成声地说:"她们俩都小不愿意去,你们也不放心,我去吧。"然后就毅然决然地跟着接孩子的人走了。走了一段路,孩子开始几步一回头,回望着越离越远的亲人们。崔玉忠和孩子们擦擦眼睛望着孩子远去的背影,当二姑娘回头时,崔玉忠便把头转了过去,他无颜面对孩子的目光,也不敢面对孩子的目光。

  朝夕相处的老二与他们分开了,孩子们失去了往日的嬉戏和欢闹,大人和孩子几天里茶不思饭不想,不知老二离开他们后的境况如何,崔玉忠的内心难以自拔。二姑娘崔素华送人后改名为侯玉霞,后来崔玉忠曾经去侯家看过孩子,看到侯家对孩子很好,孩子也很听话,比在家时成熟了许多,崔玉忠也就放心了。侯家对崔玉忠也十分热情。时光如梭,一晃十几年过去了,侯玉霞也结婚了,婚后生有两个女儿,小日子过得自给有余。崔玉忠也时常去她家小住几日,侯玉霞对父亲很理解也很亲近,照顾得十分周到,挑着样地做好吃的,有时还给做双鞋、做件衣服什么的,崔玉忠去世那年,最后的一个五月节还是在侯玉霞家过的。二姑娘非但没有记恨父亲而且对他亲近有加,崔玉忠感到莫大的欣慰。

  虽然搬到二道沟已是五年的时间,和邻居们处得都很和谐,但从感情上比老家还是差了许多,老家毕竟有自己的很多亲人、朋友和相处多年的老邻旧居。崔玉忠的头脑里又产生了搬回老家的想法,回到老家总会有个照应,另外还怕孩子们得上克山病,思索再三,搬回老家是上策。一九七一年的正月,老家的生产队又派了一辆马车,把他们全家从河北的二道沟村接回了老水泉子。回来的时候,除了衣物被子、一些盆盆罐罐及生产用具而外还带回来几百斤莜麦,这些就是搬出去五年的收获。与去时相比,孩子的母亲不在车上,永远地离他们而去,他想如果不搬家,或许妻子还会多活些年。二姑娘也不在车上,被别人领养,如果不搬家妻子还活着,二姑娘也不会送人。一句话,如果妻子活着,再穷、再累也是一个完整的家,这个家互相之间都会有个依靠,每天都会有欢笑声。想到这些,崔玉忠的心里很不是滋味,回老家的路上除了和大车老板子打几声招呼外,几乎大人孩子们没什么语言,思绪万千,他想这是一个什么样的人生呢。

妻子去世后,不满周岁的儿子没人照看,送到我们家让我母亲照看一年多。我们家当时有七个孩子,我母亲无力长期照顾,况且孩子小需要吃细粮,家里又没有细粮,实在没办法,我母亲和崔玉忠说:"我实在照顾不了侄孙子了,孩子小不能吃粗粮,可家里又没有细粮,另外我们家孩子太多,也没能力长期照顾侄孙子,你还是把孩子接回去,找个孩子少的自家给拉扯一下。"据说也找过其他的自家和亲戚,但都没有人肯接受,因为那个年代,家家孩子都很多,家家的生活条件都很差,一是照顾不了,二是也都不愿承担这个责任,一旦照顾不好,无法交代。崔玉忠自己无力抚养这个还不到两周岁的孩子,别人家又无力照顾,他思虑再三,最后决定还是找个好人家把孩子送出去,让孩子有条活路。作出这个决定是很艰难的,因为他清楚,在那个年代,他这种家庭和个人条件不可能再娶妻生子,所以这个孩子是他传宗接代的唯一希望,但又考虑到如果抚养不好,有个三长两短的不但对不起孩子,更对不起九泉之下孩子的母亲。

老府有一姓张的人家有一女儿,想抱养一个男孩,听说崔玉忠有个男孩子要送人,就托人找到崔玉忠协商,想要抱养这个孩子。为了给孩子找个好人家,他又专程到老张家去看看,一是看看这家人人品怎么样,二是看看这个家庭家境如何。通过考察,他觉得这家人和其家境都很不错,把孩子送给这样的人家他就放心了。老张家来接孩子那天,他的心情很矛盾,想到自己的亲生儿子就要被别人抱走了,心里十分难过,也无比的内疚,但又想到孩子到张家不但能有条生路,而且还会幸福些,想到这,他心里有了少许的安慰。送人的儿子,小名叫代利,送人后大名叫张学军,现在也已四十多岁,生有一男一女,小康家庭。他能理解当时他亲爹的困境,没有忘记亲情,和他的亲姐姐们经常往来。更没有忘记养父养母的养育之恩,对养父养母孝顺有加。

  一个完整的七口之家,去世一口,送人两口,一个光棍领着三个不成年的女孩子,开始了既当父亲又当母亲的漫长生活。孩子要穿衣得找人做,孩子要吃饭得亲手做,还要为一家四口挣饭吃。他们所谓的饭菜只是生与熟的区别,只不过在菜里又加了点盐,其生活质量无从谈起。大人苦,孩子更苦,作为女孩子,有好多话、有好多事是无法和父亲沟通的,老大崔亚丽从九岁开始就哄着两个小妹,一个比她小四岁的哑巴妹妹,一个比她小六岁的四妹妹,仅仅几岁之差,大姐就成了两个小妹妹的"妈妈"。晚上睡觉的时候,外面下雨刮风或有什么动静,父亲又不在家的时候,两个小妹妹就把她们的姐姐当成了护身符。最小的妹妹要紧紧地抱住姐姐在惊悸中入睡,三妹妹也向大姐靠拢,用被子紧紧地蒙上头,在极端困乏中进入梦乡,而这些梦大多是一个接着一个的噩梦,有时还不时地喊叫几声。这时大姐就是当仁不让的一家之主,为两个妹妹壮胆助威,大姐没有退路只能撑着,实际她内心的恐惧感并不比她的两个妹妹差多少,有时一只狗的到来都会把她们吓出一身的冷汗。

  崔玉忠也不轻松,为了多挣点工分给生产队放羊,每年能挣到四百六十个工日,早晨要很早起床,除了做好早饭还要准备好自己上山放羊带的午饭和孩子们的午饭。从早晨出牧一直到晚上天擦黑才归牧,作为父亲在这一整天里都惦记着孩子,孩子们也因父亲不在身边而感到孤独和无助,特别是刮大风、下大雨的天更是放心不下。到了晚上圈了羊才有了短暂的小聚,大人不顾一天的疲劳还要为孩子做晚饭,吃完晚饭还有很多事情要办,诸如找人为孩子们缝补衣服,找队长批条子找保管借粮食,还要参加生产队组织的会议和学习,有时为了消除光棍汉的寂寞还要找人打上几把牌。

为了让孩子们在冬季穿上毛袜子,要提前做好准备。织毛袜子首先要把羊毛打成经子(毛线坯子),然后再织成袜子,在家里没时间,有时要把羊毛和经子拨锤带到山上,边放羊边打经子。有一年,好不容易把一家四口织袜子的羊毛经子打好了,正准备织袜子,一天早晨出牧时一不留神落下一只羊,大女儿赶着这只羊往山上的羊群里送,在家的两个小妹妹出去玩没锁门,一大团打好的羊毛经子被人给偷走了。晚上圈羊后,崔玉忠发现羊毛经子没了,他狠狠地把大姑娘打了一顿,大姑娘疼得直哭,两个小姑娘也跟着哭,她们哭得都很伤心。四丫头不慎把腿摔骨折了,没钱治疗,只是做了简单的处理,又敷了点药,然后硬是挺了几个月才痊愈。那时我还在家,时常看到几个孩子站在大墙根上,显得很呆板,不像有妈的孩子那么仗义、那么活跃。

大女儿崔亚丽在几个孩子当中受的苦和累最多,对家庭的付出仅次于她的父亲。十一二岁就开始做饭,还要照顾两个妹妹,家里一应大小事情,除了他父亲做的以外,剩下的都要她来完成,用她那稚嫩的肩膀,扛起半个家的重任。十八岁时经人介绍与本村第九生产队隋凤岭结婚,婚后生一子,现在已经是两个孙子的奶奶了,生活也比较宽裕。

三姑娘小哑巴虽然不能说话,但聪慧伶俐,心灵手巧。十六岁那年,经人介绍嫁到河北三河县一户姓许的人家,听老乡们说婚后一直挨打受气受尽了欺辱,崔玉忠实在听不下去了,到孩子的婆婆家看了一趟,果不其然,比听到的有过之而无不及,孩子从小没妈,没有享受到母爱,不能再没有夫爱。他壮着胆子鼓足了勇气,孤身一人,在夜深人静之时,趁人不备千里迢迢把三姑娘硬是从河北三河偷了回来。因为孩子年龄小,结婚时也没领结婚证,许家自知理亏也没敢上门来找。时隔两年后,经人介绍与本村九队孙才成婚,崔玉忠也搬到三姑娘家居住。孙才虽然比三姑娘年龄大了许多,但是人品很好,老实忠厚,吃苦耐劳,过日子精打细算,夫妻二人有疼有爱,婚后生有两女。如今,大女儿在锡林浩特跑运输,已买上住宅楼,生活很殷实。二女儿在医科大学毕业后在北京一家医院工作。

崔玉忠全家从河北二道沟搬回老家后在原来的住房住了些天,不知什么原因又搬到崔玉祥家住了一年多,之后在大西沟沟沿西侧的小平甸上,压(盖)两间土房栖身,房子很小也很矮,站在炕上就能摸到屋顶,除了几根檩子和门窗是木头的,其余全是土的,说是叫房子,实际和窝棚没有多大区别。除了锅碗瓢盆没有其他任何家具,没有院墙,房子又在大沟头上,前后左右没人家,房子东侧七八米处还有一条两人深的沟,这条沟从山顶一直延伸到他们的房子东面。到了晚上,大人都感觉很瘆得慌,何况几个孩子。后来又在付宝强房西盖两间土房,这次房子算是进村了,房子也比原来大了一些,像个房子的样了,总算是有了属于自己的真正的房子。

崔玉忠由于几十年的奔波劳累,衣食起居不定,生活没有规律,饮食不及时,饥一顿饱一顿,四十多岁就患了严重的胃病和肺病,营养跟不上,又没钱治病,一九八五年去世,终年五十二岁,走完了他坎坷的一生。几个姑娘都很孝顺,平日里照顾有加,去世时大姑娘买的棺椁,四姑娘买的寿衣,三姑娘负责发送。姐几个把她们的父亲和母亲葬在了一起。

苦尽甘来

人生最大的憾事莫过于幼年失去父佑和母爱,我的堂哥崔玉生就是一例。有很多不幸的事情,都发生在他的身上或他的身边,直接或间接地影响着他的生活和成长。他常说,回想起幼年、童年和少年时的往事,真是不堪回首,和他同龄的人很少有他这样的坎坷经历。

崔玉生,一九四五年生人。一九四七年时他年仅三岁,五岁的哥哥因病饿夭折,父亲也因病饿在这一年里和哥哥相继去世,本来大爷崔广德和叔叔崔广武还能帮助照顾一下,

崔玉生和他的儿子、女儿

可就在这一年,这老哥俩也相继离开了人世。我老奶奶(崔玉生的奶奶)回忆说,一九四七年,对他们家来说是个黑色没有光亮的年份,在一年里她就失去了三个儿子和一个孙子。她三个儿子每家都有一口红堂柜,那是最值钱的家产,三个儿子去世,买不起棺材,没办法,每人占了一口红堂柜。原来的红堂柜没有了,一进屋变成了四个黑旮旯,家徒四壁。特别是她二儿子去世时,家里没有粮食,连帮忙人的饭都管不起,借取无门,最后没办法,只好到自家的未长成的土豆地里扒土豆招待帮忙的人,土豆只有核桃大小,几筐子土豆就扒了三四分地。那一年让她喘不过气来,总感觉没有活路,是二孙子(崔玉生)给她增添了活下去的勇气,她知道在那个年月,儿子去世,儿媳肯定会嫁人的,她不能让二孙子离开崔家,她要把二孙子抚养成人,也算对九泉之下的儿子有个交代。

果不出所料,一九五三年崔玉生七岁时,他母亲王朝凤改嫁,嫁给本村付振有为妻。父亲去世四年,母亲又离开了他,失去了父佑又失去了母爱,唯一可以依靠的就是年迈的奶奶,时年崔玉生的奶奶已是七十

四岁的老人。从此他和奶奶相依为命,要种地解决吃的,要弄柴解决烧的,要做衣解决穿的,对一个七岁的孩子和七十四岁的老太太来说是何等之艰难,其困难不可想象。

还是共产党好,大队把他们家确定为五保户,发给救济粮,有时还发点救济款,崔玉生八九岁时,为了挣点吃的开始给生产队放羊羔子。崔玉生十一岁时上学,因为是五保户,由国家供读,学费、书费由国家负责,在政府的照顾下他念了四年书。十五岁那年因奶奶身体不佳,他要照顾病重的奶奶,只好退学,那年奶奶已是八十三岁高龄,在那个年代实属老寿星年龄,老天爷有眼让这老太太活了这么大岁数,来照顾这个支离破碎的家,照顾这个年幼的孙子。一九六二年崔玉生十六岁时,奶奶与世长辞,福无双至,祸不单行,失去了唯一亲人的庇佑,又赶上三年自然灾害,崔玉生又面临着生死存亡的考验。此时他成了真正的孤儿,三间屋子就他一个人睡觉,实在可怕,有时睡梦中被吓醒了,出一身冷汗就再也睡不着了,有时野猫野狗"光顾"弄出点动静来更是让他心惊胆战,想来想去还得找个夜间做伴的,他找到本村的周颂文说明此意,没想到周颂文很爽快地答应了,在近两年的时间每天夜里周颂文都陪伴在他的身边。一个十六岁的孩子就这样独立门户过日子了。

奶奶去世后,生产队比原来照顾得更加周到,自家亲戚和老邻旧居也都伸出了援助之手,帮助崔玉生渡难关。别人再怎么照顾也没有父母照顾得那么周到,吃的不像吃的,只是把生粮食做成熟饭,把生菜煮成熟菜,一天吃一顿饭是常有的事,饥一顿饱一顿、菜一顿饭一顿。穿的不像穿的,穿的鞋子也不跟脚,前面露着脚指头后面露着脚后跟,夏天穿的单衣露着肉,冬天穿的棉衣露着棉花。

他为人忠厚,谁家有活他遇见了都主动帮着干,谁家有活找到他帮忙,他都能有求必应。他勤奋能干不惜力,无论是给队里干活还是给个人干活都肯卖力气,从不偷奸取巧;他吃苦耐劳,再苦再累的活都难不倒他,蹚泥下水争先恐后;他乐于助人,他在村里虽然年龄不大却有个好人缘,有个大事小情的求到谁谁都会热心的帮他。

开始因为年龄小,生产队长也不给他安排重活,让他帮助小畜饲养员经营羊羔子,吃住都在生产队的饲养处。十八岁开始给生产队放羊,连续放了五年,放羊挣的工分是比较高的,挣工分除了买粮还能有些余钱,这些余钱用来做些衣服。崔玉生二十四岁那年,经人介绍与河北省围场县羊草沟门的辛玉芹喜结良缘,结婚那年辛玉芹十七岁,这时他才有了真正的家。新房在崔玉祥东屋,婚礼很简单,也没有什么家具,婚房里最显眼的就是放在炕梢用柳条编的大粮食囤子。那时候没有装粮食的柜子,就在地上或炕上用树木的枝条编一个大囤子,囤子里面抹上泥,用来装粮食。婚后生有两个男孩、一个女孩。人民公社集体经济时期,有好几年的时间为生产队放羊,还当了七八年的大车老板子,和董振刚、宋国文、董桂珍等搭伙当过六七年的生产队副队长。

如今崔玉生的大儿子崔立军,二儿子崔占军,女儿崔素芳均已结婚。他本人现在也已七十有余,除了腿脚有些毛病其他部件还完好,跟着大儿子崔立军一起生活,干点力所能及的农活,儿子、儿媳都很孝顺,吃穿不愁,生活自给有余。人们常说,"年轻有福不算福,老来有福福满堂"。

苦乐人生

我的母亲宋桂兰,生于原赤峰县姜家营子乡姜家营子村,一九三一年生人,她比我父亲小八岁,我父亲去世后又过了八年,也就是一九九八年,我母亲因肺心病去世,享年六十八岁。我母亲是一位很了不起的女性,典型的贤妻良母,她是一位精神上很要强的女人,思想上很进步的女性。

一九四二年,她十二岁时就失去了父亲。

母亲宋桂兰

那一年,我姥爷、我二姥爷和我大姨的老公公,三人搭伙赶着马车去沈阳卖大烟干子(鸦片),顺便换些窄面子布回来做衣裳。行至赤峰东沙坨子时,拉车的马惊了,受惊的马拉着车狂奔,把我姥爷从车上摔在了地上,摔得很重。沈阳去不成了,他们卖了些大烟干子,又雇了一台马车把我姥爷送回家,过了两天我姥爷就去世了,听说是把膀胱摔坏了。姥爷去世的第二年,姥姥带着两岁的小舅舅改嫁到距姜家营子四十多里路的河北省围场县哈拉沟门村。母亲有姐弟五人,姥姥改嫁那年,十八岁的大姨结婚成家,十一岁的大舅和八岁的二舅因无人抚养去了太姥爷家,十四岁的母亲经我三姨姥姥介绍,到本乡老水泉子村崔家当了团圆媳妇。就这样一个原本很幸福的七口之家,在不到两年的时间里,姥爷因故去世,剩下的六口人为了求生各奔东西,原来生机勃勃的一处院落,变得无声无息,空无一人,只有老鼠在肆无忌惮、无所顾忌地到处乱窜,有时,野猫也到此光顾一下寻找食物,风刮破窗户纸"哗啦哗啦"响个不停,房顶上长着参差不齐的蒿草,一人多高的蒿子布满整个院落,那凄凉的景象惨不忍睹。

母亲十八岁那年和我父亲结婚,十九岁时生了我大哥,也是在那一年我父亲参军了。母亲一个人在家种地,还带着我大哥,自己没有房子,借住在我老奶奶家。少吃的、缺烧的、少穿的、没花的,一个女人要解决两个人吃的、烧的、穿的和花的实属不易。母亲很刚强,不到万不得已不轻易张嘴求人,她心眼好、对人热情是出了名的,听村人说如果不是我父亲去当兵,如果不是我父亲拖她的"后腿",她也许会成为全国劳模,也许会受到毛泽东主席的接见,也许会成为一名国家公职人员。

母亲没上过学,没念过书,一个字都不认识。新中国成立初期,国家号召"扫除文盲",要求不识字、没文化的人都要学习一些常用字。村里响应国家号召办起了"扫盲"识字班,因为白天都忙于搞生产,识字班上课时间都在晚上,所以识字班也称作夜校。母亲不但自己克服困难,积极参加,努力学习,还鼓励村里没文化的妇女到识字班学习,只要开班母亲都风雨不误,从"扫盲"开始到结束几乎天天不落,由于她认真好学,取得了优异的成绩,村里有好多同龄的男士们也自愧不如。集体组织上课时到识字班学习,在家里她挤时间学习,做饭烧火时用烧火棍在地上写字,白天干活休息时拿个蒿子棍在地上写字。功夫不负有心人,通过不懈努力,最后能看书、能读报、能写信、能查字典。平时有带字的东西舍不得扔掉都要保存起来,时不时地拿出来看一看、读一读,每年买年画时母亲总要叮嘱父亲多买些故事画,因为故事画里面有很多文字,每次买回新年画,母亲都要放下手中的活计先睹为快,直到六十多岁时,有时间还要看看书、写写字。文化是她的向往和追求,也是她进步的基础。所以,无论家里怎么穷,无论母亲怎么累,无论面临多少困难她都坚持让孩子们上学读书。

母亲积极参加和参与组织互助组、合作社、高级社,曾经当过村妇联干部,组织村里的妇女积极开展社会主义建设和各项活动。由于母亲工作努力,出色地完成了她所承担的各项工作任务,曾经多次获得过县一级的奖励。众所周知的就有三次,第一次获奖是因积极参与组织互助组、初级社,积极参加互助组、初级社,并成为劳动骨干和带头人,产的粮食多,卖的余粮多,县政府奖给母亲一台双轮双铧犁。母亲把这台崭新的双轮双铧犁献给了初级社。第二次获奖是因积极参加"扫盲"运动,成绩突出,县政府奖给母亲一支大金星钢笔,据说是全国统一订制的,专门用于奖励"扫盲"成绩突出的先进分子,市面上根本买不到,笔尖是真金的,笔很大很粗,在当时是特别高档的。母亲自己舍不得用,送给了在红花沟金矿当工人的我二舅。第三次获奖是因家庭养殖业搞得好,家里养的猪多,卖给国家,支援了社会主义建设,县政府奖给了母亲一头巴克夏仔猪,母亲把这头仔猪养大后又卖给了国家。母亲所获奖项在当时来说非一般人能得,后来也成为小村人茶余饭后的一个话题,到七十年代村里的老人们还时常提及此事,都说母亲是个了不起的人物。母亲也常说如果不是你父亲拖我的"后腿",我决不会像现在这样,一定会更优秀的。我想也不全是，后来孩子多了，精力不够也是影响她进步的原因之一。

母亲有一颗菩萨般的心，谁家有难事她都替人担忧，能帮上忙的决不退缩，都能出手相助。她助人为乐，对弱者更是关爱有加，我们队有一位盲人叫董桂良，独身一人，无依无靠，冬天穿着皮袄皮裤，他常去的只有两个地方，一是生产队饲养处，二是我们家。每次到我们家都坐在炕头的炕沿边上，不管我们家来什么客人他都在那坐着不动，皮袄和皮裤里面招了很多虱子，坐在那里就满身地挠，满身地摸虱子，摸到虱子就顺手扔在嘴里嚼了，我们哥几个看着都觉得很恶心，不愿让他到我们家串门。有时我们哥几个就向母亲发牢骚说："都是你惯的，每次他来你都给好吃的，他来了就不走，不管来什么客人他都坐在那不动弹。"我母亲说，他很可怜，除了饲养处他能到哪去，饲养处有时不烧火冰房冷屋的，有好吃的我们少吃一口，给他一点吃有啥不好，他自己做饭生破捂烂的，从来也没吃好过，谁也不知道自己摊着什么事到啥程度，能帮的就帮一帮，能关心的就关心一下，没有什么坏处。听了我母亲的话，我们哥几个再也不说这件事了。一些特别贫困家庭的孩子到我们家玩，母亲都要给他们找点好吃的。

一九七〇年，我叔伯大嫂子李玉莲因病去世，扔下一个还不满周岁的孩子，那时我们家已经有了七个孩子，照理说不可能再帮助我叔伯哥抚养这个孩子，但是我母亲心眼好心又软，看到那么小就没妈的孩子很可怜，就把孩子抱到我们家，抚养了一年多，母亲深知这个孩子对我叔伯哥来说有多重要。孩子在我家度过婴儿期，到三岁多以后，实在抚养不过来了，更怕抚养不好这个孩子，母亲就找到我叔伯哥说："你把孩子抱回去，另找一个人帮你抚养一下，我实在弄不过来了，如果孩子让我抚养出个三长两短的，也对不起他死去的妈妈。"没想到的是，过了几天我叔伯大哥把孩子送人了，孩子送人那天，我母亲很伤心，也很内疚，她哭得泣不成声。过了很多年，一提起这事她都伤心落泪。

母亲助人为乐,热心帮助别人,是村人公认的。那个年头,缺医少药的,农村一些常见病都用一些土办法来诊治,时间长了母亲也积累了一些治病的土办法和经验,谁家孩子闹肚子,她就给孩子熬点姜汤,肚脐敷上姜末,肛门塞上一块姜条,重者要挑挑"翻气"。谁家孩子出疹子,她就把蓖麻籽仁捣碎掺上牛毛,在孩子身上来回地搓。谁患了霍乱、呕吐什么的,她就给扎扎手指头,用顶针蘸着盐水刮肋条缝。哪位老太太身体不舒服,她就给拔拔火罐。总而言之就是不管早晚,不管忙闲,有求必应,在村里赢得了一个好人缘,她去世时,本村和邻村的乡亲们除了上门吊唁,还自发在自家门前的路边上摆了多处路祭,实属罕见。

母亲总是苦着自己想着别人,灾荒之年有了吃的,母亲总是先让我父亲吃。母亲说,父亲还要劳动,还要给我们挣饭吃,吃不上饭哪能行。然后再让孩子们吃,她说我们年龄小正在长身体吃不上饭怎么行,她自己却承受着饿肚子之苦。缺粮的年头母亲总是把稠的盛给父亲和孩子,她盛最稀的。好吃的稀罕东西,要留着给我父亲和最小的孩子吃,有精粮米面要留着来人吃。可我们当儿女的也不能不顾母亲,但是每每让她吃些东西都特别难,东西少我们怎么让,她都不会吃的,有时口头答应,假装吃两口趁孩子不在又把东西放起来,后来我们就一直看着母亲把东西吃完。菜盔里的肉她总要夹到别人碗里,有时一块肉要在每个人碗里转上两次。后来,我们都长大了,男孩子有的分家单过了,有的工作了,有的在外地做工,女孩子都出阁了,我父亲去世了,孩子们拿回来的好吃的,她还是舍不得自己吃,还老想着儿子儿媳、闺女女婿、孙子孙女、外孙子外孙女们,哪一个吃不上她都不放心,有时为了把好吃的东西留给孩子们,东西都放坏了。

有一年腊月我出差到辽宁省沟帮子镇,沟帮子熏鸡是远近闻名的,我狠狠心买了一只,回来以后把熏鸡一劈两半,给我母亲和岳母家各一半。没想到第二年正月十五回家时,半拉熏鸡还有一半没吃,留下的都是鸡腿、鸡胸等好部位,因为屋子热又没有冰箱,熏鸡早已不能吃了。家里来了亲戚和客人,母亲总是把家里最好吃的拿出来招待亲戚和客人。

她是一位不折不扣的慈母,到了冬天,每天都是早早地起床,边为我们烧洗脸水,边为我们挨着个地烤衣服,让每个孩子都能穿上热乎乎的棉衣起床。过年杀猪那天,把能干活的孩子打发出去干活,不能干活的打发出去玩,为的是能让孩子们多吃点猪肉。她说如果在家里让煮肉的油烟熏着,到吃饭时就吃不下多少肉了,一年就有这么一次可以放开吃肉的机会,过了这个村就没有这个店了,孩子们熬一年了,让孩子们好好地解解馋。

一家子十来口人的吃穿都要她一个人来完成。那时候做衣服、鞋子等都要一针一线地来完成,少缝一针都不可,布料又不整齐还要拼接,旧棉花成蛋还要剋[kēi]成张。孩子们的衣服破了,白天没时间补,没有可换的衣服也没法补,只能在晚上睡觉时把衣服脱下来补,我们都睡着了,母亲还在那一针一线地补衣服,有时一直补到下半夜。每年入冬前就把棉衣服做好了,让孩子们老早地穿在身上,为了让孩子们过年时穿的棉衣还有新衣服的模样,母亲煞费苦心,把棉袄袖子用旧袜桩子套上,把两个前衣襟用旧布绷上,到过年时把旧布和旧袜装拆下来,棉衣服像新的似的。做棉衣服时,把新棉花给我父亲和孩子们用,她自己用旧棉花。她说:"我也不出去,旧棉花就可以,你们在外边干活不能冻着,得用新棉花。"

母亲以饱满的热情操持着一个十来口人的大家、穷家,虽然家境贫寒但母亲从来没有抱怨,身体有病但精神饱满,她看到这些子女们一个个长大成人,就像看到了莫大的希望,不管多苦多累都是那么乐观。我父亲更多的是身累,我母亲不但身累她的心更累,没吃的她比谁都着急,菜粮搭配都得她来完成,粮食不够如何才能让全家吃饱都得她来想办法。她的一生都是以子女们长大成人和娶妻生子而感到快乐和满足。

她吃苦耐劳。我们家的自留地,离家很远,要过一条很宽的河套,要走很长一段山路,再过一条大沟才能到达。自留地地名叫夹心子地,是两条很大的侵蚀沟的交汇点上面的一块台地,过沟的道都是我父亲修的,每年冬天用车把粪送到沟西沿,然后再用挑筐挑到沟东的自留地里。这是一块几十年前的弃耕地,地的上面还有两条挡水的坝沿,因年久成了两条荒界子,可能是因为这块地离村屯很远不便耕种才被弃耕的。那年,提倡刨小镐头地时,我父亲看到这块地,虽然离家很远,但土地很肥,就开垦种庄稼了,后来就做了自留地。每年夏天和秋初季节,我母亲都要挎着一个大筐,拿一个大帆布口袋和一把铲子,每天往返自留地一两趟,侍弄自留地、扒土豆、摘豆角子。母亲个子不高,瘦瘦的,体重不过百斤,胳膊上挎着一大筐土豆子,肩上扛着大半口袋豆角子,两个胳膊轮着班地挎这个大筐,胳膊被筐系勒成紫色。从自留地到家要歇两三歇,回到家里放下筐子和口袋,便开始刷锅添水生火做饭,边烧火,边掐豆角子,还怕晚了饭。那时夏季和秋季雨水很多,有时刚摘完豆角子就要来雨了,赶紧往回赶,走到半路大雨就来了,顶着雨到家被雨水浇得顺着裤角往下流水。雨天路滑,一不小心就摔一跤,一路上不知要摔倒多少次。

她是位开明的母亲,特别支持孩子们读书,只要孩子们愿意,想读到什么时候就供到什么时候。一九七五年,我在大队当会计时,沈阳医科大的六位师生来我们大队搞地方病调研,大队干部们都轮番请他们吃顿饭,我也不能例外。在我请吃饭那天,我母亲跟几位大学生们说:"你们都能念大学多好呀,有机会也让我们家玉堂念大学。"他们都齐声地说:"姨,您想得太对了,你家崔玉堂是很有前途的,有机会一定不要错过。"母亲的想法得到了大学生们的赞赏,更坚定了母亲让我上大学的决心。说实在的,在那时大队会计这个职务,对一个二十来岁的青年农民来说,也是可望而不可即的,如果是位普通的母亲,是不会再考虑让我上大学的事的。一九七六年大学招生,学员采取基层推荐的方式,县里给我们公社两个大学生名额,我母亲听说大学招生了,非常高兴,催着我报名。对此事我感到很渺茫,全公社只有两个名额,哪能轮得上我呢?我母亲却说:"你找大队领导让他们帮你找找公社领导,能办成岂不更好。"在我母亲的催促和鼓励下,我也下定决心找大队领导帮助说话,又亲自找到公社主任马文义,经过努力终于实现了我母亲的梦想。

我母亲的身体一直不太好,由于从年轻时就过度劳累,坐了一身病。我记得母亲三十多岁时得了抽风病,每年的春天都犯病,犯病时两只手都攥得紧紧的,别人用手掰都掰不开,嘴唇也都抽得紧紧的,连话都说不了。抽得实在厉害,母亲就让我们把辣椒切成丝或小块放在鸡蛋里,把鸡蛋放在火盆里烧熟给她吃,能缓解一下病情,但不能根治。后来就买瓶鱼肝油,犯病时吃上两粒,但是作用较慢。我们让母亲提前吃药预防,但母亲舍不得这么吃,她说一旦不犯病呢,药不就白吃了多浪费呀!不知道是没有办法治,还是没有钱治,总之在当时没做过正规的治疗。母亲一生就没离开过止痛药,APC、止痛片、索密痛片、扑热息痛片等,都是她止痛时常吃的药,白天一天至少吃两次,夜里有时疼得挺不住了还要吃一次,有时在梦境还痛得直叫,疼得厉害夜里要坐起来,我们知道这些病都是为我们过度操劳坐下的。

我的母亲,没有惊天动地的英雄事迹,没有世人皆知的壮举,有的是默默无闻和无私的奉献,有的是伟大的母爱,她做的每一件事都浸透着她的心血,都是一片爱心。毛主席说:"一个人做点好事并不难,难的是一辈子做好事,不做坏事。"我的母亲就是一辈子为家庭、为子女、为社会做着不出名的好事。

铸就辉煌

我父亲崔广兴,一九二三年生人,一九九〇年因病去世,享年六十八岁。一九九〇年的初冬,早晨起床后到公用吃水井挑了几挑子水,我母亲炒了一盘菜为他下酒,饭菜都做好了,斟好了酒,父亲只喝了一杯,他说感觉头晕,就倚在被垛上,再也没有说话。作为一介草民,他的一生有两件事是他最荣耀的，也是最值得骄傲和自豪的。一件是他当过中国人民志愿军，参加了抗美援朝保家卫国的战争。另一件则是他养育了八个子女。

那是在一九四九年，他光荣参军了，一九五〇年当了一名志愿军，赴朝鲜参加了抗美援朝战争，直到一九五六年才转业回家。八年的军旅生涯将父亲锻炼成一个干活办事雷厉风行，说话直来直去不会拐弯抹角的人。父亲脾气不好，沾火就着。父亲说转业时部队领导征求他

父亲崔广兴

意见，问他是回家当农民还是转业当工人，我父亲说还是回家好，现在家里有很多地可以种，种地咱是内行，没文化大字不识一个，当工人咱什么都干不了。部队首长说："你可想好了，等部队做了决定你想改主意就来不及了。"父亲说就这么定了，不再改了，也不会后悔的。不知道当时部队首长是真的要给我父亲安排工作，还是走过场，但是转业后说起此事大家都埋怨他，说他应该要求部队安排工作不应该回来。我父亲当时并没感到有多么后悔，只是一笑就过去了。

从部队复员后，本大队有好几个参加过抗美援朝的，也先后转业了，我们生产队的付振和、苇子沟门生产队的李永良、魏家沟生产队的魏永德，后来从外地又来了一位叫史廷章的，也参加了抗美援朝战争。他们几个虽然不是一个部队的，但是像一个部队的战友一样亲。在生产队很少和社员们说部队打仗的事，但是如果是他们当中哪一位和父亲在一起，都会滔滔不绝地讲述各自的战斗故事。那时候听他们讲战斗故事，我不太在意，记住的也是支离破碎，可他们之间听的和说的都是那么津津有味，聊得那么开心，那么起劲，那么兴奋，有时聊得又那么伤感，那么沉重，有时两个人半天无语。

有一个最经典的战斗故事,也是父亲最常说的。父亲说,在部队他是一个重机枪手,在和美国一个很能作战的什么团作战那次战斗是最激烈的,眼前的战场上到处是死尸,父亲拿着重机枪,可是没有掩体,一个机灵的战士迅速地把几具尸体垛在父亲面前,有了掩体父亲的机枪开火了。敌人的子弹和炮弹在父亲身边不断,突然一股类似泥汤子的东西,伴着恶臭顺着父亲的脖子流了下来,用手抹了一把,黏糊糊的是人屎汤子。原来是用作掩体的尸体被敌人的炮弹给炸开了,屎汤子蹿出来落到了他的脖子上,他顾不得擦拭,只是用手抹了两把,然后在地上搓了两下手接着开火。机枪始终没有停火,又打了一阵,感到周围很静,回头一看人全没了,父亲想队伍准是撤退了,然后抱上机枪就往后撤,撤了一段听到有子弹上膛声,就赶紧喊了一声别开枪是我,如果不是这一声,很可能被战友当敌人给打死了。最后才知道连长命令撤退时由于枪炮声过大他没听到。

他们说,一场战斗下来,战友之间的问候语是"啊!你还活着",这是大家的共同语言。一场战斗开始时都说:"你他妈,一定要活着回来昂。"

战斗胜利了,清理战场时,看到牺牲的战友就会联想到下场战斗自己是不是也会倒下。战场上到处是死人而且面部表情百态,死人并没让他们感到怎么可怕,倒是发现炸掉的一只大腿、一只胳膊、一只脚、一只手或身体的某一部分,会让他们感到毛骨悚然。看到牺牲战友们的表情,撕心裂肺的,心里特别不是个滋味。他们说到了战场上,面对敌人的炮火,心里没有别的杂念,只有狠狠地揍他们,反正想多了也没用,该活的就活下来了,该死的也躲不过,你没有选择,听天由命,命运由老天爷安排吧!生命在战场上显得是那么无助和那么渺小。

打仗时没有水喝,战士们渴急了就一把一把地吃地上的积雪来解渴,有时在战地上吃干粮也时不时地吃几口雪来下饭。

打仗时都要占领制高点,而敌人的轰炸机专门轰炸制高点,发现敌机过来又不能等死,要赶快撤离,山很陡,他们就用两腿夹着枪托,两只胳膊抱着脑袋和枪筒，迅速地滚下山去。他们说，有的战士不是炸死的，是炸弹掀起来的土或石块砸死或埋死的。

他们把受伤叫挂花，当战士们挂花时，首先是想办法控制流血，特别是大血管被炸断，要找一个东西把炸坏的血管处紧紧绑起来。他们还时常脱下自己的衣服给对方看伤疤，讲述着挂花的经过。我记得付振和身上的伤疤是最多的，足有五六处，有的是炮弹皮子炸的，有的是中弹受伤的，他们说，到现在这些伤疤每逢阴雨雪天气还是有些疼、麻、痒的感觉。

父亲说，志愿军在朝鲜撤出并非全部公开，我们那支部队就是秘密撤出的，撤出的前一天听说部队要执行新任务，第二天部队领导传达了部队转移的命令，我们便登上了闷罐车，上车后才知道是回国。因为志愿军是提前秘密撤军，要求一要严格保密，二要做好应对联合国检查的准备。据说联合国在中朝边界设立了检查站，对国际列车要例行检查，检查的方法就是先用枪托敲打火车厢体，如果厢体是空声，就不再继续检查；如果厢体是实声，要打开车厢检查，为了应对检查，部队领导要求大家，火车快到边境检查站减速时都要站起来，身体离开车厢，不能说话。上车前发给每人两个袋子，袋子是什么做的不知道，不漏水，一个袋子是装吃的，另一个袋子是给每个人装大小便的，因为闷罐车里没厕所。所以火车快到边境检查站停车减速时，按着要求，我们的身体都离开车厢，当火车停稳后，车厢里鸦雀无声，听见车厢外面有叽里呱啦的说话声和敲打车厢声，当火车开始启动时，我们知道已经通过了检查，这时车厢里的人们才松了一口气。当火车驶离检查站，起速正常行驶，人们再也抑制不住内心的激动，寂静的车厢沸腾了，吼声、喊声、欢呼声不绝于耳，大声地呼喊着"我们回家了！""我们回家了！"远离了炮火和硝烟，远离了死亡，回到了祖国，那种心情是可想而知的。过了一会儿车厢里又恢复了原来的宁静，每个人的脸上都带着几分愁容，人们的眼圈红了，泪水围着眼球来回地转，有的已经落了下来，大家想起了在战场上牺牲的朝夕相处的战友们,死得是那么惨烈,烈士的白骨永远留在了异国他乡。想到了牺牲战友们的父母、妻子、孩子们期盼着儿子、丈夫、父亲的归来,然而盼来的却是惊天动地的噩耗。

父亲有时也和村里的邻居们唠一些朝鲜的事,说朝鲜和中国紧挨着,只有一江之隔,鸭绿江这边是中国,那边就是朝鲜;说朝鲜人个子比中国人高一些;说朝鲜的女人都穿着长裙子,用脑袋顶东西;说朝鲜的男人因战争伤亡很大,男女的比例是一比九,朝鲜一个男人可以娶好几个媳妇;说也有当兵的开小差给朝鲜的女人当丈夫的,但是一旦被抓回来是要严加处理的。父亲还会给大家翻译几句简单的朝鲜话,比如阿玛尼("妈妈"的意思),但很少和本村邻居唠战场上的事,好像在这方面没有共同语言。

转业后父亲带回来几样东西,是他和我们全家的挚爱。有一本转业证书,是我父亲的命根子,视为珍宝,一直锁在柜子里,这是参加革命的证据,如果没有这个证书,谁还能承认你是个革命军人呢。他有过教训,因口快心直,得罪了一个大队干部,就把父亲在部队入的党给撸了(开除党籍),但是革命军人这个头衔那个大队干部是撸不掉的,所以父亲对这个转业证书倍加珍惜。

两枚铜质纪念章,其中一枚纪念章整体为圆形,外缘金黄色有五个凸出的角,当中为圆形,底色是红色的,当中雕着"金黄色展翅飞翔的和平鸽",和平鸽上方雕着"和平万岁"的字样,象征世界和平。另一枚纪念章圆形,外缘是金黄色的麦穗图案,中间下边是红色齿轮图案,中间呈圆形蓝色底色,正中间有一红色的五角星图案。五角星中间雕着金黄色的"八一"字样,代表中国人民解放军建军节。父亲活着的时候经常拿出来看看,然后再纸包纸裹地放起来,并告诫我们不能玩这两枚纪念章。直到父亲去世,这两枚纪念章还保存得完好无损。

绿色的军用水壶,可能是铝制的,外面喷着深绿色的漆,水壶用一条深绿色的带子固定着,还有一个长长的背带,有一个"曰"字形的铁卡子,背带在这个铁卡子上可以伸缩,一个带螺口的塑料盖子,拧紧了一滴水也不漏。刨药、打干粮叶、搞大会战时,我们用它背一壶水,走在人群里,感到很出彩。那个年头不是部队转业的是没有这个背壶的,所以我们在用这个背壶时感到很荣耀。

搪瓷大茶缸子,茶缸子很大,能盛二斤多水,茶缸底色是白色的,茶缸口下面有一圈蓝色的环,环里印着十六只白色展翅飞翔的和平鸽,茶缸一面的上方印着"——赠给——",中间印着"最可爱的人",下面印着"中国人民赴朝慰问团"。茶缸另一面的左面印着天安门前华表图案,下边印着天安门图案,中间印着"抗美援朝保家卫国"的字样。这些字和图案都是红色的。这个茶缸子一直在我们家的红堂柜上当摆设,舍不得用,好像以它为荣。

羊皮里子大头鞋,胶皮底子,鞋前头和后跟是用牛皮包的,鞋面的其他部位是深绿色帆布,很重,足有五六斤,穿着暖和极了,不是特殊场合,不是特别冷的天,平常自己也舍不得穿。全村仅此一双,谁家冬天娶媳妇,接老丈母娘住女婿家都要借着用一用,这双大头鞋一直保存了二十多年。

黄褐色牛皮腰带,这条腰带很宽,是纯牛皮的,"曰"字形腰带钎子是黄铜做的,冷眼一看就知道是一条军用皮带,它是扎在上衣外面的,冬天特别冷的时候拿出来扎一扎。

还有一副铁水筲,是父亲转业时带回来的,说是用炮弹壳子做的,那是我们村第一副铁水筲,在我们村创了纪录,比木头水筲轻了许多,看着干净漂亮,谁家有大事小情,做豆腐什么的,都要借来用一用。

那些年我们全家都以这几样东西为荣,当然对我们的感染也是很大的,父亲抗美援朝军人这个头衔,对我们哥几个参军、上大学、就业等,在政审时也起到了很大的作用,根正苗红吗,那时候就讲这个。

每年的八一建军节,大队都把转业军人召集到一起,杀一只羊,买些酒,款待这些有功之臣。一九七五年我在大队当会计,在八一建军节那天，那几个抗美援朝的老兵们，自己主动地坐在一张桌子上，席间他们仍然聊着那些战争时的老话，那些故事像刻在他们心里，有时候还以出过国为荣来调侃几句。有时他们也以此来开几句玩笑，什么"咱们是吃过糠的、扛过枪的、过过江的、负过伤的"，说完都哈哈大笑，玩笑中透着几分自豪感。

父亲养育了八个子女，是他一生中付出最多的事，对这个家庭来说贡献也是最大的。在那个国家贫困、灾荒连年不断的年代，能把八个孩子养大成人，还能让孩子读书实属不易。为了养活这一家子人，在生产队劳动专拣重活累活干，为的是能多挣几分工，时间长了生产队长也把那些重活、累活、工分高的活安排给他，最多的年份一年能挣四百八九十个工日，比一个专职人员挣的工分还要高出许多。入食堂那几年秋冬搂白草，每天他能搂两挑子，每挑子白草都在一百七八十斤，不但挣的工分高，而且得的补助粮也是最高的。生产队长对他的劳动态度十分认可，干活不偷奸、不耍滑，肯卖力，能吃苦是大家公认的。

除了干好生产队的活，还有很多家里的活也要他来完成，或者说主要由他来完成，比如刨小镢头地、侍弄自留地、挑水、割柴火等等。夏天入伏中午都要歇晌，大多数时间我父亲都不歇着，总是在自留地里收拾庄稼。到了冬天，生产队没有那么多活，可以轮班干活，趁此机会，我父亲起早贪黑到山上割柴，一大挑子柴火就是一个小柴火垛，除了打够自己用的，还要卖一些。那时候柴火的价格是一分钱一斤，最多的时候一天能卖到一元七八毛钱。我们大队第三生产队有个叫于发的转业军人，享受民政局给的补贴，他本人身体也不好，每年都要买柴烧，那些年他家的烧柴几乎都是我们供着。

还有一些活也要父亲做，比如每年入冬前都要织七八双毛袜子，这是个不小的工程，先要把羊毛弹出来，把弹出来的羊毛打成经子（毛线坯子），最后按着每个人脚的大小织成袜子，虽然不是个力气活，但是很黏人，晚上一直做到很晚。一句话，每一点时间都有事情可做，现在看来，父亲简直就是个铁人。

母亲做鞋，人太多做不过来，父亲就帮母亲纳底子。他纳鞋底子，速度很快，锔子很紧，纳出来的鞋底子很结实。所有孩子的鞋和他自己的鞋，穿坏了都由父亲一个人来掌，那是个很大的劳动量，干着又不得手，鞋帮要用旧鞋帮子来补，鞋底要用旧鞋底子来掌。掌一双鞋，得需要好长时间，有时不是锥子断了就是针断了，这时父亲会自言自语地骂一句"真他妈绞牙"。所以我们穿鞋不注意或者穿得太费了是要挨骂的，那时候大人要求孩子走路要挑好道走，费鞋的游戏不让做。

有一次父亲赶大车到赤峰拉脚，看到赤峰的掌鞋匠用钉拐子钉鞋底，掌鞋很省劲也很快，就产生了弄一个钉拐子的想法。问鞋匠，哪里卖这个东西，鞋匠说没卖的，工厂的修理工就能做。我二舅是红花沟金矿工人，有一次父亲到我二舅家办事，就把钉拐子的事跟他说了，我二舅说："那好做，我会车工，找块铁板先打磨成型，找一段铁管，然后焊接在一起，再把焊接点打磨一下就成了，但是这是私活得偷着做，如果让领导发现了是要挨处分的。"那天晚上我二舅下班很晚才回来，回家时拿回来一个崭新的钉拐子，比鞋匠的那个还好。听我二舅说，钉拐子底下的圆盘和上面的脚底模型，都是用轻轨铁做的，这种铁钢性强，很坚硬不打弯，钉拐子当中是用无缝钢管。临走时还给父亲一个钉锤子(羊角锤)和一把钳子。父亲很高兴，第二天乘车时，怕矿里人看见，把这几样东西用破口袋装好。过了很长一段时间，听说我二舅那天晚上在车间里干私活，还是被别人看见了，后来领导知道了，我二舅挨了批评。这个新式"武器"在我们村问世，解放了掌鞋的生产力，不但自己掌鞋用着方便，而且也方便了村人，鞋底子坏了，用几个秋皮钉把鞋掌子钉在鞋底子上，一个多小时的活十几分钟就做完了。

每到过年蒸年干粮，母亲负责淘米、煮豆子、蒸干粮，轧面全都是父亲的事。父亲每天早晨三四点钟就起床轧面，六七点钟就把面轧完了，不是父亲愿意起早，而是白天还有很多活等着他去做。一家人的吃水，大多数都是由父亲来挑,每天早晨挑五六挑子水,那时吃野菜多,炸菜、洗菜、投菜、泡菜都需要水,所以用水量很大,水井离我们家很近,水泉子离我们家很远,一般都是在井上打水吃。那时每家都有一根井绳,井绳挂水筲的那头为了方便都是用八号铅丝做个很科学的挂钩,尽管如此有时水筲还是会掉在井里。捞水筲时,用井绳拴一个三个钩的铁锚,有时很痛快就捞了上来,有时水桶口朝下,或者紧靠井帮就很难捞,要在早晨八九点钟或下午太阳西斜时,用一个水银镜子,借助太阳的光来寻找水筲,有时还要找一个能人下井去捞。后来我们长到八九岁时,就去水泉子抬水吃,再后来我们也用水扁担挑水,水扁担钩子长,是大人挑水用的,我们挑不起来,就想了个办法,把水扁担钩子挽起来,一头把水扁担钩子顺上边搭到右侧,另一头搭到左侧,开始只能挑半桶水,后来逐步增加。我们抬水吃或挑水吃也只是临时性的,主要还是靠父亲挑水吃。

父亲虽然没有文化,但是他自己再苦再累也让我们读书,如果是我们自己不愿念书那就没办法了。另外,那时候学校的老师和校长也很负责任,哪个孩子不去上学,老师和校长都要找上门来,如果是家长的原因,他们要做家长的工作,那时的老师不光是教文化,还有育人,真像毛主席说的"德智体"全面发展。

父亲还很乐于帮助别人,做一些力所能及的事情,全生产队谁家有大事小情的都请他帮忙,他也很愿意,几乎所有的红白喜事都有他的身影,大部分给人家当支客的。农村不像城里有那么多规矩和程序,在农村只要能把事办好就行,也看得出来,大家对他的工作还是很满意的,不然的话也就没有那么多人找他帮忙了。另外谁家兄弟父子之间闹矛盾,也请他前去说和,有的父子分家,也找他当公道人。

有的事找别人办不了,也找父亲去办。父亲有个把子兄弟,始终没有说上媳妇。那年,把兄弟也快五十的人了,正巧把兄弟的弟弟因病去世了,弟媳妇想嫁人,把兄弟不想让他弟媳妇嫁人,想把他弟媳妇娶为妻子,找了很多人做媒都没有说成,后来找到父亲,让父亲做这个大媒,他和父亲说:"如果你再说不通,我就不再想这事了。"父亲高兴地应允了,受人之托,一定要下大力度办好这件事。不知道父亲是怎么说的,只去了一趟,事就办成了,没过几天,大伯子和兄弟媳妇就圆房了。

父亲还有个杀猪的手艺,虽然村里有两个会杀猪的,因为父亲干活干净利落,所以大部分邻居都找他杀猪。杀猪这个活虽然脏点累点,但是能混顿好吃喝,还有点"灰色"收入,每杀一口猪,除了管顿猪肉吃,还能给一小方熟的或生的猪肉,还能给两块粗细猪血肠。过了腊八,几乎就不怎么停手了。我们也很实惠,几乎每天都能有顿猪血肠吃,像吃百家门似的,猪肉是舍不得吃的,一个腊月下来能攒二三十斤猪肉,是个不小的收获。

父亲的一生,小时候受苦,中年劳累,老了也不轻松,但是很少见他有苦恼、有忧愁。父亲说话嗓门高,他在哪里,哪里就有他洪亮的声音,有很多社员评价说从来没见崔广兴怂过,说明他很要强,宁折不弯,不畏强势。在那个年代,对一个穷苦人家的一介草民来说,父亲的人生是辉煌的,他的精神遗产是后辈儿孙们的宝贵财富。

于国,父亲参加了抗美援朝保家卫国战争,在战场上与美国鬼子真枪真刀地浴血拼杀,不惜自己的生命保家卫国,作出了重要贡献。

于公,父亲积极参加社会主义建设,任劳任怨,出工出力,公私分明,是队长信赖、社员们公认的劳动骨干。

于邻,父亲与邻为善,助人为乐,有求必应,不图回报,邻家有事鼎力相助,是邻居们的好援手。

于家,父亲承载着十口之家的生活重担,使全家老小冬能穿棉,夏能穿单,即便是在连续灾荒之年,也能用他那钢铁之躯带领全家渡过难关,走出生活困境,是名副其实的家庭顶梁柱。

附录一

传诵的童谣谚语

多少年来,村里的人们传诵着很多谚语,传诵的关于气象方面的谚语,有说天气的,有说节气的,有说天象的,人们用来观察天气现象,预测天气的变化。传诵的关于礼仪、讲究和家教方面的谚语,人们用来教育后代,警示后人,告诫族人,规范家人和自身的行为。这些谚语更多的是积极向上的,在人们的生产、生活和人际交往中都发挥着重要作用。有的谚语掺杂着迷信色彩,比如"夜猫子进宅,无事不来""星星起扫(sào),奸臣当道"等等,都没有科学依据,把这些东西也写在这里以告诉人们予以摈弃。也有消极的,消极的东西即使不写它也客观存在,写出来让大家去甄别也不是坏事。传诵的童谣、儿歌、顺口溜等,合辙押韵,听着入耳,品着有味,很有哲理性,也一并写在这里。

农　谚

六月六看谷秀。
冬至长夏至短。
长五月短十月,
不长不短二八月。

九月九牛羊大撒手。
过了芒种不可强种。
腊七腊八冻死俩仨。
冷在三九,热在中伏。
谷雨前后,种瓜种豆。
惊蛰乌鸦叫,雨水延河边。
清明忙种麦,谷雨种大田。
立夏鹅毛住,小满鸟来全。
处暑不拿头,割倒喂老牛。
风刮一大片,雹打一条线。
有钱难买五月旱,六月连雨吃饱饭。
头伏萝卜,二伏菜,三伏还能种荞麦。
八月十五云遮月,正月十五雪打灯。
东绛云彩西绛雨,南绛出来卖儿女(彩虹)。
早上下雨一天晴,晚上下雨到天明。
水缸穿裙山戴帽,燕子钻天蛇过道。
大毛愣星出,二毛愣星撵,三毛愣星出来白瞪眼。

童 谣

羔羔睡盖花被,
羔羔醒吃油饼,
羔羔哭巴掌撸。

秃脑亮,亮贝贝儿,
我家有个小尿盔儿,
给他扣上正合适儿。

小老鼠上灯台,偷油吃下不来,
叫奶奶不在家,叫爷爷挠脚丫。

鸡蛋壳鸭蛋壳,谁倒谁是小老婆。

小孩小孩你别馋,过了小年过大年。
小孩小孩你别哭,过了腊八就宰猪。

东慌慌,西慌慌,我家有个哭夜郎。

一人一碗零一勺,回来晚了捞不着。

你拍一,我拍一,一个小孩坐飞机;
你拍二,我拍二,两个小孩丢手绢;
你拍三,我拍三,三个小孩拉洋篇;
你拍四,我拍四,四个小孩写大字;
你拍五,我拍五,五个小孩打锣鼓;
你拍六,我拍六,六个小孩弹溜溜;
你拍七,我拍七,七个小孩做游戏;
你拍八,我拍八,八个小孩吹喇叭;
你拍九,我拍九,九个小孩齐步走;
你拍十,我拍十,十个小孩在学习。

大雨哗哗下,北京来电话,
叫我去当兵,我还没长大。

从前有个人,偷我花生仁,
刚要拿枪打,一看是我侄,

我侄秃脑亮,把我吓够呛。

拉大锯扯大锯,姥姥门口唱大戏,
接闺女叫女婿,小外甥也要去,
锅台后有个大母鸡,嘎嗒下个蛋,
蒸不熟煮不烂,急得小外甥团团转。

山沟老倒去赶集,买个辣椒当甜梨,
吃一口齁辣的,再也不买带把的。

小皮球,用脚踢,马兰开花二十一,
二八二五六,二八二五七,二八二九三十一,
三八三五六,三八三五七,三八三九四十一,
……八八八九九十一。

家 教

夫唱妇随。
门当户对。
男女有别。
打狗看主人。
破家值万贯。
强扭的瓜不甜。
人在做天在看。
上梁不正下梁歪。
一辈做给一辈看。
一个女婿半个儿。
冤家宜解不宜结。

丰收不忘有歉年。
子不教,父之过,
子不学,师之惰。
头发长,见识短。
吃不言,睡不语。
人有脸,树有皮。
清官难断家务事。
磨刀不误砍柴工。
不看僧面看佛面。
喜鹊老鸹登旺枝儿。
不知哪块云彩有雨。
脚上的疱自己走的。
爹亲叔大,娘亲舅大。
家有千口,主事一人。
有父从父,无父从兄。
长兄如父,长嫂比母。
三岁看小,七岁看老。
当面教子,背后教妻。
男大当婚,女大当嫁。
打鱼摸虾,耽误庄稼。
细水长流,吃穿不愁。
一辈子不管两辈子事。
一辈子看不见后脑勺儿。
金窝银窝不如自己的草窝。
七十不留宿,八十不留饭。
冻死迎风站,饿死不出声。
在家靠父母,出门靠朋友。
没做亏心事,不怕鬼叫门。

若想人不知,除非己莫为。
人往高处走,水往低处流。
有福不用忙,没福跑断肠。
儿不嫌母丑,狗不嫌家贫。
信神有神在,不信神不怪。
赌博出贼性,奸情出人命。
侄子门前站,不算绝后汉。
家有贤妻,男人不做横[hèng]事。
人无千日好,花无百日红。
嫁出去的女,泼出去的水。
男怕入错行,女怕嫁错郎。
爹有娘有,不如怀揣自有。
你敬我一尺,我敬你一丈。
女大十八变,越变越好看。
儿大不由爷,女大不由娘。
宁拆十座庙,不毁一桩婚。
满堂儿女,不如半路夫妻。
有志不在年高,有理不在声大。
人心不可线量,海水不可斗量。
好男不跟女斗,好鸡不跟狗斗。
天有不测风云,人有旦夕祸福。
画猫画虎难画骨,知人知面不知心。
秤杆离不开秤砣,老头离不开老婆。
良言一句三冬暖,冷言冷语六月寒。
一日夫妻百日恩,百日夫妻似海深。
多个朋友多条路,多个冤家多堵墙。
年少不笑白头翁,花开花落几时红。
老子英雄儿好汉,老子草包儿混蛋。

勤扫院子少赶集,少串门子少贪嫌疑。
不当家不知柴米贵,不养儿不知父母恩。
嫁鸡随鸡,嫁狗随狗,嫁根木头抱着走。

讲　　究

冬至忌出门。
赶冬至犯忌。
当面银子,对面钱。
当着矬子,不说矮话。
夜猫子进宅,无事不来。
打人不打脸,说话不揭短。
饭前一碗汤,到老不受伤。
饭后百步走,活到九十九。
喜鹊门前叫,客人要来到。
刀子、枪口对着人犯大忌。
长虫(蛇)过道,要下大雨。
不怕夜猫子叫,就怕夜猫子笑。
丈母娘疼女婿,一顿一个大母鸡。
头伏饺子,二伏面,三伏烙饼卷鸡蛋。

其　　他

树大自直。
树大招风。
春捂秋冻。
狗眼看人低。

贪多嚼不烂。
货到地头死。
猪羊一刀菜。
锯响就有末儿。
拉舌头扯簸箕。
紧睁眼,慢张嘴。
先小人,后君子。
惹不起,躲得起。
墙倒八遍使好土。
哪壶不开提哪壶。
人是衣裳马是鞍。
敬酒不吃吃罚酒。
五男二女活菩萨。
没有不透风的墙。
砍的不如镟的圆。
背着抱着一般沉。
出头的椽子先烂。
一人做事一人当。
抬头不见低头见。
兔子不吃窝边草。
好马不吃回头草。
碗大勺子有制儿。
背着牛头不认赃。
眼里揉不得沙子。
好心做了驴肝肺。
哪打铧子哪住犁。
手巧不如家什妙。

猪肉贴不到羊身上。
鸡不尿尿总有一便。
心急吃不了热豆腐。
一槽拴不住俩叫驴。
省着省着窟窿等着。
细水长流吃穿不愁。
远来的和尚好念经。
狗肚子盛不了四两油。
现上轿现扎耳朵眼儿。
心里明白,腿打摽儿。
灶坑打井,房笆开门。
人生一世,草木一秋。
死在锅前,埋在锅后。
靠山吃山,靠河吃水。
包子有肉,不在褶上。
楼上楼下,电灯电话。
上赶门子,不是买卖。
腰掖扁担,横冲直撞。
百事百行,不如放牛羊。
躲了初一,躲不了十五。
铁打的衙门,流水的官。
种地不用牛,点灯不用油。
种地不上粪,等于瞎胡混。
三个臭皮匠,赛过诸葛亮。
千里来做官,为了吃和穿。
家有二斗粮,不当孩子王。
秀才不出门,便知天下闻。

没酒不成席,烟酒不分家。
墙倒众人推,鼓破众人捶。
是亲三分向,是火热其灰。
劝赌不劝嫖,劝嫖两不饶。
病来如山倒,病去如抽丝。
顺情说好话,免得讨人嫌。
无风树不响,无风不起浪。
人心隔肚皮,虎心隔毛衣。
路遥知马力,日久见人心。
打骡子马惊,说一个俩听。
卤水点豆腐,一物降一物。
兵怂怂一个,将怂怂一窝。
一朝被蛇咬,十年怕井绳。
没有金刚钻,别揽瓷器活。
一筐木头砍不出一个寨子。
打乌麦的眼睛,看上不看下。
远亲不如近邻,近邻不如对门。
吃不穷穿不穷,算计不到才受穷。
人是铁饭是钢,一顿不吃饿得慌。
酒逢知己千杯少,话不投机半句多。
儿行千里母担忧,母行千里儿不愁。
穷在大街无人问,富在深山有远亲。
三十亩地一头牛,老婆孩子热炕头。
撒年糕,蒸豆包,老婆孩子上炕梢。
善有善报,恶有恶报,不是不报,时辰不到。
指亲不富,看嘴不饱,帮得一饥,帮不了百饱。
喜鹊飞到猪身上,只看到猪黑,看不到自己黑。

附录二

小村流行的方言

小村方言是多年来村人习惯用的语言,这些方言大多是历史流传下来的,也有一些是从外地带入的。村人主要由三部分构成,一是土生土长的老地户,二是从山东逃荒落脚的,三是河北省人嫁入的。小村的四面有两面与河北省围场县毗邻,村里有很多姑娘嫁到河北,也有很多河北省的姑娘嫁到本村,在生活习惯和语言方面潜移默化地相互影响着。从山东来的也会带来一些山东的方言,虽然成不了这里的主体语言,有时用得多了时间久了也会被人们所吸纳,久而久之就形成了带有小村特色的方言,用这些方言与村人交流感觉更亲近。比如,五六十年代有当兵的回家探亲、念大学的放假回家,年长的村人见了面总会问:"你大哥啥时候回来的?"对方如果说"夜来隔"回来的,就不会招来非议。如果说"昨天"回来的,村人就会认为这个年轻人变了,他们之间产生了距离,缺乏共同语言。

人物态势

瞎子——盲人　　　　　脑瓜子——脑袋
聋子——耳沉　　　　　爷了盖——脑门
罗锅儿——驼背　　　　膊了盖——膝盖

牙花子——牙龈
衣胞子——胎衣
窝囊废——无能的人
堆萎——瘫倒
连桥——连襟
耍钱鬼——赌博的人
老娘婆——接生婆
大拇哥——大拇指
小拇哥——小拇指
躺下了、养孩子——生孩子
小子——男婴儿
丫头、丫头片、千金——女婴儿
光杆子、光棍、光棍汉——单身汉
大闺女——未婚女子
小媳妇——已婚女青年
小伙子——男青年
大老爷们——男中年
老娘们——中年妇女
老头子、老爷子——老年男人
老婆子、老太婆——老年妇女
闹小病——妊娠反应
唠叨帮子——不务正业
酒糟鼻子——红鼻子头

动　　物

赖歹——狼

蛐蟮——蚯蚓
花大姐——瓢虫
撒大拉——蝗虫
山草驴——暗褐蝈蝈
拉拉蛄——蝼蛄
居拉锅——灯蛾
叫驴——公驴
草驴——母驴
骟驴——骟过的驴
反群——母驴发情
儿马子——公马
骒马——母马
骟马——骟过的马
牤牛——公牛
乳牛——母牛
犍牛——骟过的牛
母牛发情——打栏
羊羖子——公羊
母子——母羊
羯子——骟过的羊
跑卵子——公猪
老母猪——母猪
克郎——劁过的半大猪
小嘎嘎——仔猪
豚儿——母仔猪
㹴儿——公仔猪
打圈子——母猪发情

牙狗子——公狗
走秧子——母狗发情
男猫——公猫
女猫——母猫
叫羔子——母猫发情
家雀、老家子——麻雀
夜猫子——猫头鹰
种种谷——布谷鸟
老鹞子——老鹰
耗子——老鼠
蛤蟆——青蛙
蚂螂——蜻蜓
长虫——蛇
老鸹——乌鸦
黑瞎子——狗熊
花栗棒——松鼠
太眼贼——黄鼠
瞎地羊——鼢鼠
兔猫子——山兔
两头乌——艾鼬
老黄——黄鼠狼
腻虫——蚜虫
蟑克郎——蟑螂
老抱子——抱窝母鸡

植　　物

山芋——土豆

棒子——玉米
麦子——小麦
芫荽——香菜
辣菜——芥菜
辣菜疙瘩——芥菜疙瘩
萝白——萝卜
洋葱——圆葱
树条——树枝
高粱秆——秫秸
婆婆丁——蒲公英
疙瘩白——大头菜
洋柿子——西红柿
羊胡子草——白茅草
老爷儿转、转结莲——向日葵
转结莲秆子——向日葵秸秆

食　　品

白果——鸡蛋
嘎渣儿——锅巴
包子——馒头
发面——发糕
干饭——米饭
果么——水果
色酒——果酒
大馃子——油条
粉淀子　淀粉

面起子——小苏打
小烧——地产白酒
上半付——牲畜心肝肺
下半付——牲畜肚和肠
杂碎——牲畜内脏
洋烟——香烟

衣着用品

苇笠头——草帽
褂衩子——半袖
裤衩子——裤头
手巴掌——手套
洋枕头——枕套
装老衣裳——寿衣
洋娃娃——布娃娃
洋袜子——针织袜子
大氅——吊面皮大衣

用品用具

洋炮——猎枪
手戳——手章
水筲——水桶
水吊子——水壶
暖壶——保温瓶
洋棒子——玻璃瓶子

柴火——柴禾
把棍儿——木棍
洋蜡——蜡烛
火油、灯油——煤油
洋火、起灯、取灯——火柴
小蹦子——硬币
现大洋——银元
家什儿——工具
洋钉子——钉子
二踢脚——双响
炮仗——鞭炮
洋瓷碗——搪瓷碗
洋瓷盆——搪瓷盆
洋锅子——铝锅子
缸腿——小缸
洋胰子、胰子——香皂
羊肚子手巾——毛巾
揞布——抹布
铺衬——旧碎布
洋车子、洋驴子——自行车
洋炉子——铁炉子
洋面袋子——面袋子
电棒——手电筒

时间时段

头晌——上午

晌乎——中午
过晌——下午
后晌——晚上
黑界——黑夜
夜来后晌——昨天晚上
夜来隔——昨天
前儿隔——前天
大前儿隔——大前天
今隔儿——今天
明隔儿——明天
后隔儿——后天
大后隔儿——大后天
老爷儿——太阳
出老爷儿——出太阳
没老爷儿——没太阳
多前儿——啥时候
这前儿——这时
那前儿——那时

其 他

梁——山
南梁——南山
北梁——北山
东梁——东山
西梁——西山
立架——上梁

小园——菜园
下地——出工
茅楼——厕所
尿尿——小便
拉屎——大便
涨包——张扬
唔的——等等
鼻子——鼻涕
唾沫——唾液
㞎人——骂人
约约[yāo]——过秤
贼星——流星
巴结——攀附
节在——小心
犟嘴——顶嘴
拌嘴——口角
撒泼——胡闹
秃撸——退毛
扎咕——治病
叨菜——夹菜
揍饭——做饭
焐炕——铺炕
换盅——订婚
没辙——没法
拉巴——抚养
熬发——发炎
要熊——闹事

淘澄——寻找　　　　相门户——相亲
探虚——了解　　　　土垃坷——土块
兴许——也许　　　　眵目糊——眼屎
哼是——就是　　　　吹牛逼——吹牛
赶情——当然　　　　愿不当——难怪
糟气——闹气　　　　哈喇子——口水
摆鼻——调皮　　　　长大疮——性病
坐窝——直接　　　　治不的——不行
拿捏——矜持　　　　拉倒——不行
膈应——讨厌　　　　管乎儿——见效
抬杠——拌嘴　　　　房笆儿——屋顶
干仗——打架　　　　碾道——碾房
胡呦——瞎说　　　　爪毛鼠腔——轻狂
胡吣——胡说　　　　龇牙花子——为难
胡扯——胡说　　　　马莲浆子——急雨
显摆——炫耀　　　　洋井——压水井
作鲁——惹事　　　　难受——不舒服
呆着——闲着　　　　晒洋洋——晒太阳
割东——打赌　　　　疙瘩鬏——发纂儿
耍钱——赌博　　　　不忌戒——不吉利
包胡——赔偿　　　　翻小肠——找后账
刺挠——发痒　　　　八成是——可能是
磕碜——丑陋　　　　那可难——不是的
迷昏——头晕　　　　请先生——请大夫
出门子——出嫁　　　改桄子——改主意
轧[gá]乎——相处　　嘎腚——擦屁股
轧[gá]亲——结亲　　叠炕——叠被褥

676

寒碜——不光彩
闹着玩——开玩笑
药着了——食物中毒
赔不是——赔礼道歉
咧大嘲——说下流话
半吊子——半精不傻
打尖——途中午饭
烧锅——烧酒作坊
熬啃——缺油肉吃
贼着——暗地看着
出骚巩——出坏主意
不起眼——看不上眼

可不呗——看法相同
那可呗——看法相同
老实巴交——忠厚老实
鬼门眼道——鬼点子多
三吹六哨——说话没谱
四六不懂——不懂情理
生破捂烂——半生不熟
着三不着两——不着边际
东一耙子西一扫帚——做事不专一
偏厦子——一顺水的小房
耳屋子——大房子头两顺水的小房

后　记

　　我生于一九五五年,一九七六年十月离开农村到城里读大学,时年二十二岁。二十多年的农村生活,给我的人生之初打下了深刻的印记,老一辈村人的那种乐观豁达的生活态度,面对艰难困苦那种坚韧不拔的勇气,热爱生活、创造生活的那种精神,深深地感染着我。他们的精神是后辈们的财富。那时虽然生活很苦、日子很穷,但是再穷没穷了志气,再穷没穷了精神,再穷没穷了人格,再穷没穷了做人的道德底线。在村人的生产、生活和人际交往中,他们也有矛盾也有摩擦但更多的是情义,有竞争有争斗但更多的是和谐,有烦恼有忧愁但更多的是快乐。他们最能吃苦,他们最能克服困难,他们最不怕出力,他们最容易满足,当园子里结出一个大倭瓜,每看一眼都是一种享受,都有一种满足感。村人的这种精神,这种品格,是我一生的精神力量。

　　本人业余爱好摄影也没爱出个名堂来,写作既不是我的爱好也不是我的长项,写这部纪实散文完全是出于对家乡的珍爱。我爱家乡的那片土地,我爱家乡的一草一木,更爱勤劳俭朴的家乡人,特别是在那个如火如荼的年代里发生的事让人铭记于心,难以忘怀。怀着对家乡的眷恋,带着对家乡深深的爱,一不为名,二不图利,三更不可能哗众取宠,仅仅是为了记载小村人在那段历史瞬间的衣食住行和生产生活，书写了这部拙作，权当一本老日记，让感兴趣的读者闲暇时浏览。好在本书内容真实，没有任何虚构的因素，更不是抄袭别人的，除了传说故事其余的都是真人真事，有时间、有地点、有人物，由于本人文字水平有限，对事物和故事渲染的成分也极少。

由于个人水平有限加之时间久远，尽管在写作过程中对记不清的、表达不准确的向有关人士做了调查和请教，但错漏之处在所难免，敬请各位读者海涵。

在资料搜集过程中，老水泉子村党支部书记、村委会主任孙成，村委会副主任、会计李永明，原姜家营子公社党委委员、老水泉子大队党支部书记王玉和，原老水泉子大队党支部书记李景，原大队会计李万贵，原姜家营子供销社职员李强，松山区姜家营子小学中学高级教师李奎，原大队兽医崔玉学，原水泉西生产队队长崔玉生，魏家沟村民组木匠夏国军等为本书提供了珍贵、翔实的历史资料，使本书的内容更丰富，资料更完整，说法更准确，有的还填补了我的记忆空白，在此表示真诚的感谢！

本书得到了赤峰日报社汉编部总编室主任丁建国、内蒙古科学技术出版社汉文图书编辑室主任季文波的鼎力帮助和支持；赤峰日报社副总编鲍喜章、赤峰日报社汉编部总编室主任丁建国为本书作序；赤峰日报社广告部美术编辑马郁林为本书作画，贾云梅、杨牡丹为本书打字校对，付出了艰辛的劳动。对此，本人不胜感激并表示由衷的感谢！

作　者

2018 年 7 月 8 日